이해조 문학 연구

저자

배정상(裵定祥, Bae Jeong Sang) 연세대학교 문리대학 국어국문학과를 졸업한 뒤 같은 학교 대학원에서 박사학위를 받았다. 성균관대학교 국어국문학과 박사후연구원을 거쳐, 현재 연세대학교 인문예술대학 국어국문학과의 조교수로 재직하고 있다. 주로 근대 시기의 신문, 소설, 작가에 대한 관심이 많으며, 요즘은 그동안 문학사에서 소외되었던 무명의 작가들을 새롭게 재조명하기 위한 일련의 연구를 진행하고 있다.

이해조 문학 연구

초판인쇄 2015년 2월 20일 **초판발행** 2015년 3월 2일
지은이 배정상 **펴낸이** 박성모 **펴낸곳** 소명출판 **출판등록** 제13-522호
주소 서울시 서초구 서초중앙로6길 15, 1층
전화 02-585-7840 **팩스** 02-585-7848 **전자우편** somyong@korea.com **홈페이지** www.somyong.co.kr

값 40,000원

ISBN 979-11-85877-25-9 93810

이해조 문학 연구

A Study on Lee Haejo's Literature

배정상

소명출판

책머리에

나의 아버지는 평생을 신문사에서 근무하셨고, 그 덕에 나는 신문을 가까이하며 자랐다. 매일 아침 대문 앞에는 일간신문, 스포츠신문, 경제신문 등 몇 가지 신문들이 놓여 있었고, 일어나서 신문을 챙겨오는 일은 항상 나의 몫이었다. 물론 연예, 스포츠, 만화, 소설 등이 주된 관심사였지만, 신문은 어른들의 세계를 엿볼 수 있는 합법적(?)인 텍스트이기도 했다. 그 이유야 어찌하였든 아침마다 아버지 옆에서 신문을 훑는 일은 어린 나에게 큰 기쁨이었다.

그 때문이었을까? 대학원에 진학하여 처음 『독립신문』을 접하고, 나는 일종의 벅찬 감동을 느꼈다. 현대어 표기로 곱게 정리된 '작품' 만을 읽어오던 내게 백여 년 전 언어 그대로의 모습을 간직한 신문 속 '텍스트'는 아침마다 어른들의 세계를 수줍게 뒤적이던 어린 날의 기쁨을 새삼 떠올리게 했다. 급격한 시대의 조류 속에서 도무지 제어되지 않던 다양한 주체들의 살아있는 날 것 그대로의 목소리들이 고스란히 들려오는 듯했다. 이들의 생생한 목소리들은 오늘날 내가 상상하던 '문학'에 대한 인식을 근본적으로 다시 성찰하게 하였다. 그러자 오랫동안 문학연구의 범주 바깥에 존재하던 까끄라기 같은 텍스트들이 본격적으로 내 시야에 포착되기 시작했다.

이후 나는 「『독립신문』의 '독자투고' 연구—'서사적 논설'과의 관련 양상을 중심으로」라는 국문학 연구의 범주에서는 비교적 낯선 제목의 석사학위논문을 제출할 수 있었다. 박사과정에 진학한 뒤에도 나는 여전히 근대 신문과 잡지를 뒤적거렸다. 그러면서 나는 근대의 새로운 미디어 중 가장 대중적이고 영향력이 컸던 '신문'이 근대 소설의 형성에 가장 중요한 토대가 되었다고 생각했다. 그리고 이러한 사실을 규명하기 위한 몇 편의 논문들을 발표하기도 하였다. 근대 초기의 매체, 언어, 제도, 양식 등에 대한 관심은 이 시기 문학의 위치를 나름의 방식으로 정리하는 데 도움이 되었다.

이후 나는 이러한 관심들을 정리하여 2012년 8월 「이해조 문학 연구—근대 출판·인쇄 매체와의 관련 양상을 중심으로」라는 제목의 박사학위논문을 제출하게 되었다. 내가 신소설 작가로 알려져 있는 '이해조'를 박사논문의 테마로 선택한 것은 아무리 생각해 보아도 우연보다는 필연에 가깝다. 한 작가의 삶과 문학 세계를 다루는 작가론은 요즘의 학문적 유행과는 거리가 멀었다. 그동안 다루어지지 않은 작가도 거의 없어졌을 뿐만 아니라, 작가론 자체가 마치 작가의 전기적 생애와 문학 작품들을 억지로 끼워 맞추는 고리타분한 인상을 주기 때문이었다. 그럼에도 불구하고 나는 대세를 따르기보다 '이해조'라는 작가를 중심으로 하는 근대 소설 연구를 시도하고자 했다. 그 이유는 아무래도 다음과 같은 나의 개인적 취향과 관련이 깊다.

먼저 나는 재미있는 논문을 쓰고 싶었다. 아카데믹한 글쓰기의 정점이라고 할 수 있는 박사학위논문이지만, 딱딱하고 어려운 글이 아닌 쉽고 재미있게 읽힐 수 있는 글쓰기의 방법이 없을까 고민했다. 기실 나는 '이해조'라는 인물 그 자체보다는, 근대 신문이 한국 소설의 형성에 지대한 영향을 미쳤다는 점을 실증적으로 밝히는 데 주력하고자 했다. 만약 한 인물 또는 그의 문학세계를 일대기 식으로 늘어놓는다면 이러한 시도가 학술 논문에 서사적 활력을 불어넣을 수 있을 거라 생각했다. 근대 미디어와 문학의 영향관계를 이야기하는 데 있어 이해조는 가장 적합한 대상이었으며, 작가 연구와 근대 미디어 연구를 결합시켜 전통적인 작가론을 넘어서고자 했다.

또 하나 내가 '이인직'이나 '이광수' 대신 '이해조'를 선택한 것은 내가 지닌 마이너(?) 성향과도 관련이 있다. 현재까지도 항상 나의 관심을 끄는 것은 중심을 이루는 것들보다는 주변에 흩어져 있는 것들이다. 주목받지 못한 그저 그런 것들에 대해 그것도 나름의 의미가 있다는 것을 증명하고 싶은 욕구가 강했다. 누구보다도 가장 활발한 작품 활동을 했음에도 불구하고, 최초가 아니라는 이유로, 또는 '문학성'이 떨어진다는 이유로 이해조는 오랫동안 문학사의 중심에서 소외되어 있었다. 나 역시 그동안 중심과는 거리가 먼 인생을 살아왔으니, 어쩌면 이 논문은 내 스스로에게 건네는 자기위안 같은 것일지도 모르겠다. 원래 문학이란 항상 중심이 지닌 강력한 힘으로부터 반발하는 운명을 지닌 것이 아니었던가.

나는 이해조라는 인물의 일대기를 줄기로 삼아, 그가 거쳤던 다양한 매체의 지면과 그의 문학이 어떠한 맥락 속에서 이루어진 것인지를 살피고자 하였다. 이해조는 1910년을 전후로 하여 누구보다 많은 작품을 발표한 영향력 있는 작가였으며, 신문・잡지・단행본 등 새롭게 형성된 근대의 미디어를 가장 적극적으로 탐색하였다는 점에서 의미가 크다. 따라서 이해조는 근대 초기의 출판・인쇄 매체를 가장 적극적으로 활용한 전문 작가였다는 점에서 내가 의도한 근대문학 연구방법에 가장 적합한 대상임에 틀림이 없었다. 하지만 학위논문을 완성하고 보니, 그 결과물은 기대한 효과를 충분히 실현하는 데에는 미치지 못했다.

이 책은 이러한 나의 박사학위논문을 최소한의 범위 안에서 수정·보완한 것이다. 따라서 새롭게 추가된 이해조 문학과 관련된 최근의 연구 성과들을 반영하였고, 그동안 모아 둔 각 작품의 사진 이미지들을 추가하였다. 특히, 최근의 연구 성과를 토대로 『조선일보』에 연재된 이해조 소설의 목록을 추가한 점은 이 책의 중요한 수확이었다. 또한 그나마 다행인 점은 이해조 문학의 각 매체별 연재 모습이나 단행본의 표지 사진을 빠짐없이 모을 수 있었다는 것이다. 이를 통해 그 시절 이해조 문학의 실상을 시각적으로 보여주고자 했는데, 이러한 사진 이미지들이 내용의 공소함을 채울 수 있다면 좋겠다.

또한 '보론'에는 박사학위논문 제출 이후 작성한 논문 한 편을 추가하였다. 「'정탐소설' 「박쥐우산」의 작자 문제」는 1920년 『조선일보』에 수록된 무서명 소설 「박쥐우산」이 실은 이해조 작품이었음을 입증한 것이다. 이를 통해 이해조가 초창기 『조선일보』 편집주임을 맡아 몇 편의 소설을 연재하였다는 점, 그리고 「박쥐우산」을 통해 한국 추리소설의 형성 과정에 중요한 영향을 미쳤다는 사실 등 학위논문에서 미처 다루지 못한 부분을 채워 넣고자 했다. 마지막 '부록'에서는 『제국신문』에 수록된 이해조의 「륜리학」 원문을 수록하였다. 1907년 5월 이후의 『제국신문』은 연세대도서관 귀중본실에 소장되어 있는데, 현재 열람이 어려운 상태이므로 여기에 수록된 이해조의 「륜리학」은 자료로서의 가치가 높다고 판단했다. 이 자료가 앞으로 이해조 소설에 관한 다양한 후속 연구들을 이끌어 낼 수 있기를 바란다.

이 책은 결코 나 혼자만의 성과가 아니다. 상투적인 말이지만 여러 선생님들의 가르침과 선후배 동학들의 조언이 없었다면 이렇게라도 꼴을 갖춰 출판되는 일은 불가능했을 것이다. 특히 지도교수이신 김영민 선생님의 은혜는 헤아릴 도리가 없다. 이 책의 시작에서 끝까지 어느 것 하나 선생님의 시선과 손길이 닿지 않은 곳이 없다. 공부는 물론 연구자로서 내지는 한 인간으로서 어떻게 살아야 하는지 매순간 귀감이 되어 주셨다. 이분의 제자가 되었다는 것이 아마도 내 인생에서 맞이한 가장 큰 행운 중 하나가 아닐까 싶다. 그리고 임성래, 윤덕진, 양정석, 한수영, 고석주 학과 선생님들께도 큰 은혜를 입었다. 그분들의 격려와 사랑으로 그동안의 힘겨운 시간들을 버텨낼 수 있었다. 지금은 은퇴하신 정현기 선생님의 따뜻한 사랑도 잊을 수 없다. 그밖에도 박사후연수의 지도를 맡아 주신 황호덕 선생님과 여러 가지 학술적 조언과 함께 다양한 사진 이미지들을 제공해 주신 박진영・함태영 두 분 선생님께도 진심으로 감사드린다. 기꺼이 이 책의 출판을 맡아주신 소명출판 박성모 선생님과 번거로운 부탁에도 책을 예쁘게 편집해주신 안솔 선생님께도 큰 후의를 얻었다.

가족에 대한 인사도 빼놓을 수 없다. 부족한 아들을 끝까지 믿고 오랫동안 응원해 주신 부모님의 한없이 크신 사랑이 없었더라면 지금의 나는 상상도 하기 어려울 것이다. 두 분은 거의 무조건적으로 나의 선택을 믿고 지지해주셨는데, 두 아이의 부모가 된 지금에도 그 크나큰 사랑을 가늠하기 어렵다. 마땅한 직업조차 없었던 대학원생에게 귀한 따님을 맡겨 주시고 늘 곁에서 보살펴 주신 장모님께도 큰 은혜를 받았다. 오래오래 건강하게 옆에 계셔주시길 바랄 따름이다. 그리고 공부하는 남편을 만나 그동안 함께 고생해 준 아내 혜진은 그 누구보다 가장 고마운 사람이다. 아내에게는 항상 미안한 마음이 컸는데, 앞으로는 더 행복하게 해주고 싶다. 령우, 윤슬 두 보물은 그 존재 자체로 팍팍한 생활을 버티게 하는 활력이 되어 주었다. 앞으로 살면서 갚아야 할 빚이 많다. 이 책이 가족들에게 작은 기쁨이 되었으면 좋겠다.

다 말하지 못한 여러 선생님들과 선후배 동학들의 이름이 입안에 맴돈다. 그저 항상 겸손하게 정진하는 모습 보여드리는 것이 그분들이 베푼 고마움에 답하는 길이라 생각한다.

2015년 1월

배정상

차례

제3장 1910년대 이해조 문학의 특질과 의미

제4장 결론

보론 '정탐소설' 「박쥐우산」의 작자 문제

부록 『제국신문』 소재 이해조의 「륜리학」

제1장

서론

1. 연구의 목적

본 연구는 한국 근대소설의 형성 과정에서 매우 중요한 역할을 하였던 동농(東農) 이해조(李海朝)의 문학 세계를 근대 출판・인쇄 매체와의 관련 양상을 중심으로 살피는 것을 목적으로 한다.

이해조가 가장 활발하게 작품 활동을 했던 1900년대에서 1910년대에 이르는 시기는 서구적 근대성으로 무장한 제국주의의 침탈이 가속화되던 때이다. 제도, 언어, 문화, 언어, 습속에 이르기까지 그 동안의 삶을 이루었던 모든 것들이 제국주의 열강의 침입으로 인해 커다란 위기를 맞이하였고, 청일전쟁과 러일전쟁을 통해 서구적 근대성의 우월함을 직시한 조선의 지식인들은 국가적 위기를 극복하기 위한 더욱 적극적인 방편을 찾고자 했다. 이때 소설은 1906년 무렵 새롭게 형성된 근대적 출판·인쇄 매체를 토대로 삼아 이루어진 '이야기'의 가능성을 적극적으로 실현하기 위한 양식으로 재발견 되었다. 특히, 『대한매일신보(大韓每日申報)』, 『만세보(萬歲報)』, 『제국신문(帝國新聞)』 등의 신문 매체는 차례로 소설란을 설치하고, 이를 통해 독자계몽이라는 시대적 요구를 적극적으로 실현코자 하였다.

이해조는 이러한 현실 속에서 부정적으로 인식되던 이전 소설의 한계를 지양하고 다양한 실험을 통해 새로운 소설의 가능성을 제시한 작가였다. 그는 신문·잡지·단행본 등 당시 새롭게 형성된 근대적 출판·인쇄 매체와 가장 밀접한 관련을 맺으며 누구보다 많은 작품을 남긴 작가이기도 하다. 그럼에도 불구하고 이해조에 대한 이후 문학 연구자들의 평가는 그다지 후하지 않았다. 이인직에 비해 훨씬 방대한 문학적 편폭을 지니며, 또 질적으로도 우수한 작품들을 다수 남긴 공적에도 불구하고 '최초' 또는 '서구적 근대'라는 수사에 집착하는 다소 편향된 시선에 사로잡힌 후대 연구자들에 의해 이해조의 업적은 실상에 비해 과소평가되었던 것이 사실이다.

지금까지 이해조 소설에 대한 연구가 적극적으로 이루어지지 않은 이유 중에 하나는 그간 신소설에 대한 연구자들의 인식이 다소 부정적인 시각을 내포하고 있었다는 점이다. 고소설과 현대소설을 잇는 신소설의 '과도기적' 성격은 완성된 근대 또는 현대소설을 지향하는 입장에서 볼 때 여전히 '미달' 또는 '결여'의 상태로 여겨졌기 때문이다. 그러나 연구 대상에 대한 해석주체의 편향된 시각은 연구 대상이 지닌 특질을 온전히 드러내는 데 방해가 된다. 만약 오늘날의 해석주체가 이미 서구적 근대성에 깊이 침윤되어 있는 상태에서 벗어나 연구 대상에 대해 최대한 객관적인 시각을 확보할 수 있다면 특정한 역사적 시공간에 존재하는 텍스트를 더욱 적극적으로 읽어낼 수 있는 가능성이 열리게 된다. 그렇다면 더 이상 신소설이 지닌 '과도기적' 특성은 '미달'과 '결여'가 아닌 낡은 것과 새로운 것, 전통적인 것과 근대적인 것, 민족적인 것과 제국주의적인 것들이 충돌하는 지점에서 탄생한 모색과 고투의 흔적으로 파악될 수 있다. 이해조 소설은 근대 초기 가장 적극적인 소설 실험들을 보여준다는 점에서, 이러한 지점들을 가장 구체적으로 확인할 수 있는 대상임에 틀림없다.

근대 초기 신소설 작가로 알려져 있는 이해조는 근대 초기의 출판・인쇄 매체를 토대로 삼아 매우 활발한 작품 활동을 하였다. 하지만 이해조 문학 세계의 편폭은 생각 이상으로 커서, 그를 신소설 작가로만 규정하기에는 부족한 점이 있다. 이해조의 작품들은 다수의 신소설을 중심으로, 한문소설, 번역소설, 토론체 소설, 판소리 산정(刪正), 한시, 역사소설, 가곡집 편찬에 이르기까지 매우 다채로운 문학적 편폭을 보여주기 때문이다. 또한 이러한 작품 활동은 『제국신문』, 『대한민보』, 『매일신보』, 『조선일보』와 같은 신문 매체를 중심으로, 『소년한반도(少年韓半島)』, 『기호흥학회월보(畿湖興學會月報)』와 같은 잡지, 그리고 근대적 출판 시스템을 거쳐 출간된 단행본까지 폭넓게 이루어졌다는 특징이 있다. 더욱이 이해조의 문학세계는 각각의 작품이 순한문・국한문・한글 중 어떠한 표기 방식을 사용했는지에 따라, 또는 신문・잡지・단행본 중 어떠한 매체를 선택하고 있는지에 따라 매우 다양한 스펙트럼을 보여준다.

지금까지 이해조 문학 연구는 이해조의 소설의 대부분이 신문 연재를 거쳤다는 점을 인정하면서도 신문연재본과 단행본의 차이점을 구별하지 않은 채 주로 단행본 위주로 진행되어 왔다. 물론 단행본의 경우 신문연재본에 비해 접근이 용이하고, 가독성이 높다는 점에서 좀 더 수월한 연구를 가능케 한다. 하지만 이러한 방식은 연구 범위를 텍스트 내부로 한정하여 주로 작품의 내용이나 주제, 당시 사회와의 관련 양상 등에 국한시킴으로써, 연구 대상을 이해하기 위한 폭넓은 시각을 제한하는 한계를 지닌다. 이와는 달리 신문, 잡지, 단행본 등 근대 출판·인쇄 매체와의 관련 양상을 살피는 일은 매체의 담론 및 지면 배치, 사용 언어나 독자 전략 등을 통해 이해조 문학의 특수한 성격을 더욱 입체적으로 다룰 수 있다는 장점을 지닌다.

결국 본 연구는 근대 초기 가장 왕성한 문학 활동을 했던 작가 이해조라는 개인의 삶과 문학 활동을 근대 출판·인쇄 매체와의 관련 양상 속에서 살피고자 한다. 이는 해석 주체가 지닌 과도한 규정력을 경계하고, 구체적이고 실증적인 작업을 통해 이해조 문학의 자리를 있는 그대로 복원하기 위한 것이기도 하다. 또한 이러한 시도는 단순히 한 작가에 대한 작가론적 탐색 자체에 머물지 않으며, 문제적인 한 개인의 삶과 작품 세계를 통해 근대소설의 형성과 전개 과정을 구체적으로 살피기 위한 효과적인 방법이 될 것이다.

2. 연구사 검토 및 문제 제기

> 이인직은 순수한 현대작가요, 이해조는 전통적 작가요, 최찬식은 대중작가라 부를 수 있다.[1]

임화는 근대계몽기 신시 운동과 대비되는 신소설 양식의 출현과 확산을 설명하며 이해조를 '전통적 작가'라 칭한 바 있다. 그는 이인직을 '현대소설의 건설자인' 이광수와 계보적으로 연결되는 작가로 규정하며, 이해조를 이인직에 의해 개척된 신소설의 기초를 확립하는 데 공헌한 작가 정도로 설명하고 있다. 하지만 임화의 평가는 서구의 문학을 문학사적 보편의 문제로 이해하여, 다분히 도식적인 준거틀에 각각의 작가들을 유형화시켰다는 문제를 내포하고 있다. 또한 이해조의 첫 작품을 『빈상설』이라고 언급하거나, 그의 작품이 『강명화실기(康明花實記)』까지 총 10여 편에 불과한 것으로 잘못 파악하고 있는데 이와 같은 오류는 이해조 문학에 대한 공정치 못한 평가를 내리는 중요한 요인으로 작동하고 있다. 이 같은 임화의 평가는 오랜 기간 동안 이 시기 소설 연구자들에게 적지 않은 영향을 미쳤다. 그 후 이 시기에 대한 몇 차례 문학사 기술이 있었지만, 대부분이 임화가 규정한 틀을 그대로 인정한 채 이인직 중심의 문학사 서술을 반복해왔다.

이해조 문학에 대한 본격적인 논의이자, 이해조 문학에 대한 새로운 가능성을 제기한 연구는 바로 이용남의 「이해조 연구」[2]이다. 이 논문

1 임화, 임규찬 · 한진일 편, 『임화 신문학사』, 한길사, 1993, 157쪽.

은 이해조의 전기적 사실들을 소상히 밝히고, 이해조가 지닌 신소설 작가, 언론출판인, 애국인사, 교육자로서의 다양한 면모를 제시하였다. 또한 「윤리학(倫理學)」, 『자유종』, 「학계의 건망증」 세 편의 글을 토대로 이해조의 문학관을 밝히고, 총 40여 편에 이르는 이해조 작품 목록을 정리하여 이후 이해조 연구의 초석을 마련하였다는 데 큰 의미가 있다. 하지만 그의 연구는 임화가 제시한 틀 안에서 크게 벗어나지 못한 채, 단지 개별 작가론에 그치고 있다는 점에서 다소 아쉬움이 남는다. 또한 그가 제시한 작품 목록에서 보이는 몇 가지 오류는 수정이 불가피해 보인다.

임화가 제시한 이인직 중심의 문학사를 거부하고, 이해조를 이 시기 문학사의 중심에 올려놓으려는 새로운 시도가 최원식에 의해 이루어졌다.[3] 최원식은 임화가 제시한 이인직, 이해조, 최찬식에 대한 언급을 일면 긍정하면서도, 애국계몽기(1905~1910)라는 시기와 용어를 설정하여 이인직과 구별되는 이해조 문학의 '차이'에 주목하였다. 최원식은 당시 유행하던 '민족문학' 담론을 적용하여, 이인직을 '일본 제국주의의 하수인'으로 이해조를 애국계몽운동에 투신한 작가로 새롭게 부각시켰다. 최원식의 이러한 작업은 기존에 드러나지 않았던 이해조의 전기적 사실들을 바탕으로 연구 대상을 신소설에 국한하지 않고 판소리 산정 작품이나 번안소설, 역사소설에까지 이해조 연구의 범위를 확장시키는 한편 각각의 텍스트들에 대한 섬세한 분석을 당대 사회 현실을 매개로 하여 매우 구체적이고 실증적인 형태로 완성하였다는 점에서

2 이용남, 「이해조 연구」, 서울대 석사논문, 1982.
3 최원식, 「이해조 문학 연구」, 서울대 박사논문, 1986.

큰 의미가 있다. 또한 이해조 작품의 다수가 이전 시대의 설화나 '한문단편'과 같은 이야기 화소에 크게 기대고 있다는 점을 밝혀, 전통적 소설 양식을 기반으로 이를 새롭게 근대적 소설 텍스트로 변환하였다는 문학사적 의의까지 부여할 수 있었다.

최원식의 연구는 현재까지도 이해조 문학에 대한 가장 탁월한 성과임에 틀림없다. 그럼에도 불구하고 그의 연구는 몇 가지 한계를 내포하고 있다. 가장 핵심적인 사안은 1910년 한일강제병합을 기점으로, 그 이전과 이후 이해조 문학의 성격을 '계몽성'과 '통속성'으로 규정하고 있다는 점이다. 그는 1910년 이전 애국계몽기에 발표되었던 이해조 작품들이 특유의 계몽적 성격으로 문학사적 위상을 획득한 반면, 1910년 이후 발표된 작품들은 식민지 체제에 대한 암묵적인 순응을 바탕으로 인해 다분히 통속적인 경향을 보인다고 파악하였다. 이러한 틀은 이후 이해조 문학 연구에 대한 결정적인 영향력을 행사해 왔으나, 과도한 민족주의적 입장을 바탕으로 이해조 문학을 도식화한다는 한계를 지닌다. 또한 그는 주로 단행본 위주의 작품 분석을 시도하였는데, 이는 이해조 소설의 대부분이 신문연재소설로서 기획되었다는 사실을 간과하여 당시 담론을 주도하던 출판·인쇄문화와의 관련 양상 속에서 이루어진 이해조 소설의 독특한 성격을 해명하지 못한다는 한계를 지닌다. 그밖에도 몇몇 중요한 사실들에 대한 서지적 오류들은 수정될 필요가 있다.[4]

---

4 작품의 발표 시기와 관련한 몇 개의 서지적 오류를 바로잡은 권영민의 연구와 그에 대한 최원식의 대응이 각각 한 차례씩 이루어진 바 있지만 이해조 문학 텍스트의 서지를 정리하는 일은 여전히 진행형이다. 권영민, 「『제국신문』에 연재된 이해조의 신소설－새로 밝혀진 이해조 문학평가에 대한 몇 가지 오류」, 『문학사상』 298, 1997, 151~169쪽; 최원식, 「『화성돈

이러한 최원식의 연구는 후대 연구자들에게 지대한 영향력을 행사하였다. 몇 편의 석사학위 논문과 개별논문들이 꾸준하게 발표되었지만 이들 연구는 대개 최원식이 규정한 이분법적 도식 안에서 각각의 관심사를 구체적으로 연구한 것에 머물고 있다. 이들 연구는 주로 1910년 이전의 작품들을 다루고 있다는 점에서 특징적이다. 가령 신소설의 양식적 특성을 설명하기 위해 이해조 소설을 부분적으로 언급하거나,[5] 특정한 주제에 맞는 몇 개의 작품들을 임의로 선택하여 다루는 것이 일반적이다.[6] 또한 비교적 상세하게 다루어지지 않은 개별 작품에 대한 작품론 역시 이 범주를 크게 벗어나지 못한다. 최원식의 논문이 발표되고 25년이 지났지만 아직까지 이해조 문학을 정면으로 다룬 박사학위 논문이 전무하다는 사실은 이해조 문학을 규명하기 위한 새로운 방법론을 찾지 못한 현실을 간접적으로 입증하는 셈이다.

전』 연구」, 『민족문학사연구』 18, 2001, 274～277쪽.

5 이용남, 「신소설(新小說)의 갈등양상(葛藤樣相) 연구(硏究)－이해조 소설(李海朝小說)을 중심(中心)으로」, 서울대 박사논문, 1986; 한기형, 「신소설(新小說)의 근대문학적(近代文學的) 위상(位相)」, 성균관대 박사논문, 1996; 강진구, 「한국 근대 초기 소설론(小說論) 연구(硏究)－우연성(偶然性) 논의를 중심으로」, 중앙대 박사논문, 2002; 김성렬, 「이해조 신소설의 재평가」, 『국제어문』 39, 2007.

6 '민족', '여성', '법률' 등의 키워드를 통해 이와 관련된 이해조 문학 텍스트들을 부분적으로 다루는 연구가 그것이다. 대표적으로 다음과 같은 논문이 있다. 문숙희, 「신소설에 나타난 민족주의와 근대의 이념－1900년대 이인직과 이해조의 소설을 중심으로」, 동국대 석사논문, 2000; 최희정, 「이해조의 재판소설 연구」, 서강대 석사논문, 2001; 정영선, 「애국계몽기 이해조 소설의 담론 분석」, 부산대 석사논문, 2002; 서형범, 「이해조 신소설의 '흥미 요소'에 관한 시론」, 『한국학보』 28, 2002; 최현주, 「신소설의 범죄 서사 연구」, 서강대 박사논문, 2004; 임선애, 「신소설(新小說)에 나타난 미국에 대한 인식 연구－이인직(李人稙)과 이해조(李海朝)의 소설을 중심으로」, 『한국 사상과 문화』 35, 2006; 이지훈, 「신소설에 나타난 법과 일상성의 의미 연구－근대 주체의 형성 과정을 중심으로」, 서울대 석사논문, 2009; 김태희, 「이해조 신소설에 나타난 여성상 연구－「구마검」, 「모란병」, 「자유종」, 「홍도화」를 중심으로」, 목원대 석사논문, 2011; 주형예, 「여성 이야기를 통해 본 20세기 초 소설 시장의 변모－이해조 「원앙도」, 「모란병」을 중심으로」, 『한국 고전 여성문학 연구』 22, 2011.

1990년대 후반부터 최근까지 이해조 문학에 대한 새로운 접근 방식의 연구 결과들이 간헐적이지만 이루어지고 있다는 사실은 반가운 일이다. 최원식 이후 오랜 기간 동안 1910년 이후의 작품들은 '친일' 내지 '통속'이라는 키워드로 집약되어 이전 작품들에 비해 주목받지 못했다. 하지만 최근의 연구들은 그동안 별다른 주목을 받지 못하고 있던 1910년 이후에 발표된 이해조 작품들에 대한 새로운 접근 방식을 보여준다. 특히, 1910년 이후의 작품들을 '통속성'이라 규정한 기존의 논의에 반발하여 좀 더 정치하게 그들 작품이 지닌 대중적 성격을 규명하려고 하거나,[7] 판소리 산정 작품에 대한 좀 더 진전된 논의를 보여주는 연구,[8] 그리고 이해조 작품을 그것이 연재된 『매일신보(每日申報)』라는 매체와의 관련 양상 속에서 파악하려는 연구들이 있다.[9] 이들 연구들은 1910년 한일강제병합이라는 외부적 사건이 지닌 과도한 규정력을 상쇄시키고, '계몽성'과 '통속성'이라는 이분법적인 도식성을 해체하는 한편, 이해조 문학이 지닌 편폭을 다양한 접근 방법을 통해 제시하고자 했다.

---

7 최수일, 「『소학령(巢鶴嶺)』 연구(硏究) – 통속성의 서사내적 원리」, 『반교어문연구』 10, 1999; 김석봉, 『신소설의 대중성 연구』, 역락, 2005; 박혜경, 「신소설에 나타난 계몽성과 통속성의 관계에 대한 고찰」, 『한국문학이론과 비평학회』 28, 2005; 박혜경, 「신소설의 통속화 문제를 바라보는 하나의 시각」, 『한국 현대문학 연구』 19, 2006; 박혜경, 「신소설에 나타난 통속성의 전개 양상」, 『국어국문학』 144, 2006.

8 최진형, 「『심청전』의 전승 양상」, 『판소리 연구』 19, 2005; 최진형, 「「흥부전」의 전승 양상」, 『어문 연구』 34, 2006; 오윤선, 「〈옥중화〉를 통해 본 '이해조 개작 판소리'의 양상과 그 의미」, 『판소리 연구』 21, 2006; 최진형, 「출판문화와 〈토끼전〉의 전승」, 『판소리 연구』 25, 2008.

9 이희정, 「『매일신보』에 연재된 이해조 신소설의 근대성 연구」, 『현대소설 연구』 22, 2004; 이영아, 「1910년대 『매일신보』 연재소설의 대중성 획득 과정 연구」, 『한국 현대문학 연구』 23, 2007; 엄태웅, 「이해조 산정(删正) 판소리의 『매일신보』 연재 양상과 의미」, 『국어문학』 45, 2008; 송민호, 「1910년대 초기 『매일신보』의 미디어적 변모와 '소설적 실감'의 형성」, 『한국문학연구』 37, 2009; 이문성, 「『매일신보』에 연재된 이해조 산정 〈강상련〉의 특징과 의미」, 『판소리 연구』 32, 2011.

또한 그동안 알려지지 않았던 이해조의 전기적 사실을 보충할 수 있는 논문이 발표되었다. 송민호의 두 논문 「열재 이해조의 생애와 사상적 배경」[10]과 「이해조의 근대적인 교육관과 초기 소설의 윤리학적 사상화의 배경」[11]은 그동안 제대로 알려지지 않았던 이해조의 관직생활과 국민교육회 활동 등을 소상히 드러내고, 『기호흥학회월보(畿湖興學會月報)』에 수록된 이해조의 「윤리학(倫理學)」이 모토우 유우지로의 책 『중등교육 원량씨윤리서(中等教育 元良氏倫理書)』의 번역이라는 점을 밝혀냈다. 이 두 편의 논문은 앞으로 이루어질 이해조 연구에 대한 새로운 가능성을 담보하고 있다는 점에서 중요하다.[12]

그럼에도 불구하고 지금까지의 연구는 여전히 본질적인 한계를 내포하고 있다. 이해조 문학은 워낙 방대한 스펙트럼과 질적인 편차를 지니고 있기 때문에, 부분적이고 지엽적인 부분에 몰두해서는 그 이상의 진전된 성과를 내기가 어렵다. 따라서 신소설, 번역소설, 토론체 소설, 역사소설, 판소리 산정, 한시, 가곡집 편찬에 이르기까지 매우 방대한 작품 세계를 보여주었던 이해조 문학을 전체적인 규모 안에서 읽어내려는 시도가 필요하다. 이러한 시도에는 기존 연구가 지닌 한계를

10 송민호, 「열재 이해조의 생애와 사상적 배경」, 『국어국문학』 156, 2010.

11 송민호, 「이해조의 근대적인 교육관과 초기 소설의 윤리학적 사상화의 배경」, 『한국 현대문학 연구』 33, 2011.

12 필자의 박사학위논문이 발표된 2012년 8월, 송민호의 박사학위논문이 나란히 학계에 제출되었다. 송민호의 「동농 이해조 문학 연구-전대(前代) 소설 전통의 계승과 신소설 창작의 사상적 배경을 중심으로」는 이해조 소설의 창작 원리를 다양한 접근 방법을 통해 규명하고자 하였다. 가령, 그동안 잘 알려지지 않았던 이해조의 1907년 이전의 행적을 소상히 드러내고, 이해조 소설의 상당수가 명대 백화 한문단편 소설집인 『금고기관』의 화소를 차용하고 있음을 밝혔다. 이러한 이해조 신소설의 특성을 동아시아의 서사 전통 속에서 살피고 있다는 점은 이 논문의 주목할 만한 성과이다. 송민호, 「동농 이해조 문학 연구-전대(前代) 소설 전통의 계승과 신소설 창작의 사상적 배경을 중심으로」, 서울대 박사논문, 2012.

극복하기 위한 새로운 연구 방법론이 필요하며, 실증적이고 세심한 텍스트 및 컨텍스트 분석이 요구된다. 이해조의 작품 활동과 관련한 정확한 서지정리와 전체 작품에 대한 섬세한 분석 역시 필수적이다.[13]

3. 연구의 대상과 방법

본 연구에서 주로 다루고자 하는 대상은 근대 초기 출판・인쇄 매체와 밀접한 관련 하에 이루어진 이해조 문학 텍스트 전체이다. 이해조는 근대 초기 신소설뿐만 아니라 한문소설, 번역・번안소설, 판소리 산정, 가곡집 편찬, 한시, 역사소설에 이르기까지 총 40여 편에 이르는 문학작품을 남겼다. 따라서 이해조 문학세계 전반을 이해하기 위해서는 위와 같은 텍스트를 모두 포괄하는 총체적인 접근이 필수적이다. 또한 이에 대한 연구가 단지 전기적 요소와 텍스트 분석에 머무는 개별 작가론에 그친다면 최근의 달라진 연구동향을 반영하는 그 이상의 생산적인 논의가 불가능해진다. 그러므로 본 연구에서는 각각의 작품들이 발표되었던 매체의 담론 및 생산 유통과정에 주목하여 그의 작품들이 당시의 근대적 매체

---

13 필자의 박사학위논문이 발표된 이후 이해조가 1920년 『조선일보』에 「춘몽(春夢)」이라는 소설을 '관해생(觀海生)'이라는 필명으로 연재하였다는 주장이 최성윤에 의해 제기되었다. 이러한 성과는 『매일신보』 이후 이해조 소설의 향방을 가늠하는 중요한 지표가 되며, 「춘몽」 다음으로 연재된 무서명 「박쥐우산」이라는 소설이 이해조의 작품임을 입증하는 데 중요한 아이디어를 제공하였다. 이에 대해서는 별도의 장을 마련하여 본격적으로 다루고자 한다. 최성윤, 「『조선일보』 첫 연재소설 관해생의 「춘몽」 고찰」, 『정신문화연구』 35-3, 2012.9.

들과 맺고 있는 관계에 주목하고자 한다. 따라서 이러한 작업은 『소년한반도(少年韓半島)』·『기호흥학회월보(畿湖興學會月報)』와 같은 잡지, 『제국신문(帝國新聞)』·『대한민보(大韓民報)』·『매일신보(每日申報)』와 같은 신문, 그리고 서포상을 중심으로 한 단행본 출판 유통 상황 등을 포괄한다. 또한 그가 몸담았던 학회활동 및 학회의 성격, 그리고 제국과 식민 체제에 대한 면밀한 분석도 연구 대상에 포함된다.

먼저 이해조의 저작 목록을 살펴보면 다음과 같다.[14]

〈표 1〉 이해조 저작 목록

번호	작품이름	신문 및 잡지		단행본		비고
		매체명	연재 기간	출판사	발행일	
1	岑上苔	小年韓半嶋	1906.11~1907.4			한문현토 소설
2	고목화	帝國新聞	1907.6.5~10.4			
3	빈상셜	帝國新聞	1907.10.05~12.25 (1부)			
			1907.12.26~1908.2.12 (2부)			
4	원앙도	帝國新聞	1908.2.13~4.24			
5	華盛頓傳			滙東書館	1908.4	번역소설
6	구마검	帝國新聞	1908.4.25~7.23			
7	륜리학(倫理學)	帝國新聞	1908.6.20~10.27			학술
8	홍도화	帝國新聞	1908.7.24~9.17			
	홍도화(하)			唯一書館	1910.5.10	
9	만월딕	帝國新聞	1908.9.18~12.3			
10	鐵世界			滙東書館	1908.11.20	번역소설
11	쌍옥젹	帝國新聞	1908.12.4~1909.2.12			
12	倫理學	畿湖興學會月報	1908.12.25~1909.7.25			학술
13	모란병	帝國新聞	1909.2.13~2.28(?)			
14	學界의 健忘証	畿湖興學會月報	1909.4.25			학술
15	顯微鏡	大韓民報	1909.6.15~7.11			
16	萬人傘	大韓民報	1909.7.13~8.18			

14 신문에 연재된 소설의 대부분이 이후 단행본으로 출간되었지만 여기에서는 따로 표기하지 않았다. 목록 오른편에는 애초에 단행본으로 출간된 것들만을 정리하였다.

17	薄情花	大韓民報	1910.3.10~5.31			
18	自由鐘			廣學書鋪	1910.7.30	토론체 소설
19	花世界	每日申報	1910.10.12~1911.1.17			
20	月下佳人	每日申報	1911.1.18~4.5			
21	花의血	每日申報	1911.4.6~6.21			
22	九疑山	每日申報	1911.6.22~9.28			
23	昭陽亭	每日申報	1911.9.30~12.17			
24	春外春	每日申報	1912.1.1~3.14			
25	獄中花 (春香歌講演)	每日申報	1912.1.1~3.16			판소리 산정
26	彈琴臺	每日申報	1912.3.15~5.1			
27	抱川途中, 贈人	辛亥唫社 (辛亥集)	1912.3.15			한시
28	江上蓮 (沈淸歌講演)	每日申報	1912.3.17~4.26			판소리 산정
29	燕의脚 (朴打令講演)	每日申報	1912.4.29~6.7			판소리 산정
30	巢鶴嶺	每日申報	1912.5.2~7.6			
31	兎의肝 (토기타령講演)	每日申報	1912.6.9~7.11			판소리 산정
32	鳳仙花	每日申報	1912.7.7~11.29			
33	琵琶聲	每日申報	1912.11.30~1913.2.23			
34	雨中行人	每日申報	1913.2.25~5.11			
35	누구의 죄			普及書館	1913.6.5	번역소설
36	(精選)朝鮮歌曲			新舊書林	1914.11.7	가곡집
37	洪將軍傳 (上, 下)			五車書廠	1918.5.20	역사소설
38	韓氏報應錄 (上, 下)			五車書廠	1918.5.27	역사소설
39	춘몽(春夢)	조선일보	1920.3.5(?)~7.7			
40	창승(蒼蠅)과 밀봉(蜜蜂)	조선일보	1920.3.(?)~3.9			
41	박쥐우산	조선일보	1920.7.14~9.5			
42	농가월령가 (農家月令歌)	조선일보	1920.7.23~8.6			시가
43	溫故而知新	儒道	1921.2			논설
44	(女의鬼)康明花實記 (上, 下)			滙東書館	1925.1.18	
45	(女의鬼)康明花傳			滙東書館	1927.1.25	

위 목록은 문학 작품 이외에도 이해조가 쓴 저작 목록을 모두 포함하여 정리한 것인데, 지금까지 알려졌던 것보다 훨씬 많은 텍스트를 포함하고 있다. 이 시기의 많은 작품들이 필명 또는 무서명으로 연재되었으며, 당시의 혼란했던 출판 관행을 정확하게 이해하지 못한 상황에서 이해조의 작품들을 확정하는 일은 꽤나 어렵고 복잡한 문제임에 틀림없다. 하지만 이해조의 저작으로서 충분한 자격을 갖춘 텍스트를 선정하여 연구 대상에 포함시키는 일은 여러 오해나 위험을 감수하고라도 충분히 의미 있는 작업이 될 수 있다. 이는 이해조 문학의 규모를 더욱 정확하게 규명하기 위한 바탕이 될 뿐만 아니라, 그동안 우리 문학사에서 방치되어 있던 다양한 텍스트를 학술적 논의의 장 안으로 끌어들일 수 있는 소중한 계기가 된다.

따라서 위 목록에는 이해조의 것으로 정리된 기존 목록에서 추가되거나 제외된 작품도 있다. 본 연구에서는 그동안 가능성만 제기되었던 『대한민보(大韓民報)』 소재 「만인산(萬人傘)」을 이해조의 작품으로 확정하고자 하였고,[15] 『여(女)의귀(鬼)강명화전(康明花傳)』 상・하권을 찾아 목록에 포함시켰다.[16] 또한 1920년 『조선일보』에 연재된 소설 「춘몽」과 「박쥐우산」, 단편우화 「창승과 밀봉」, 시가인 「농가월령가」를 이해조 저작 목

15 「만인산(萬人傘)」의 경우, 『한국 근대 민족문학사』나 한기형의 논문에서 이해조 작품일 가능성을 조심스레 제기한 바 있는데, 본 연구에서는 이해조의 작품으로 확정하고자 한다. 이에 대한 자세한 논의는 장을 달리하여 상세히 다루도록 하겠다. 김재용・이상경・오성호・하정일, 『한국 근대 민족문학사』, 한길사, 1993, 104쪽; 한기형, 「신소설과 풍자의 문제」, 『한국 근대소설사의 시각』, 소명출판, 1999, 204~210쪽 참조.

16 지금까지의 연구에서는 『강명화실기』만을 이해조 작품 목록에 포함시켜 다루고 있다. 본 연구에서는 『(여(女)의귀(鬼))강명화실기(康明花實記)』가 각각 상편과 하편으로 나뉘어 있으며, 『(여(女)의귀(鬼))강명화전(康明花傳)』이 이와는 또 다른 이해조 작품임을 확인하였다. 상세한 설명은 장을 달리하여 구체적으로 다루고자 한다.

록에 포함시켰다.[17] 그밖에도 『신해음사(辛亥唫社)(신해집(辛亥集))』 창간호에 수록된 「포천도중(抱川途中)」, 「증인(贈人)」이라는 한시(漢詩) 두 편과 『제국신문』에 연재한 「륜리학(倫理學)」이 이해조의 것임을 확인하고 추가하였다.[18]

그와는 달리 기존의 목록에서 이해조의 것으로 다루었던 텍스트들 중 제외한 것들도 있다. 최원식은 이명자의 회고에 의존하여 『구미호』(덕흥서림, 1922)를 이해조의 작품 목록 안에 포함시켰는데,[19] 서언이 끝나고 작품 서두에 '저작자 김동진(著作者 金東縉)'이란 표시를 확인할 수 있으므로 이해조 작품 목록에서 제외시켰다.[20] 또한 이해조와 관련 있는 몇 권의 작문, 문법에 관한 책들도 이해조의 목록에서 제외시켰다. 지금까지 연구에서는 1918년 '오거서창(五車書廠)'에서 간행된 『화(花)의혈(血)』(재판)의 판권지에 수록된 '지급광고(至急廣告)'에 따라 『신찬일선작문법(新撰日鮮作文法)』과 『일선대역한어속성(日鮮對譯漢語速成)』을 이해조의 저작으로 다루어져 왔으나,[21] 이해조가 이들 책의 발행에만 관여하였다는 판단 하

17 이해조의 『조선일보』 연재 사실은 최성윤의 연구에 의해 밝혀지게 되었다(최성윤, 「『조선일보』 첫 연재소설 관해생의 「춘몽」 고찰」, 『정신문화연구』 35-3, 2012). 필자는 이에 힘입어 『조선일보』에 연재된 두 번째 연재소설 「박쥐우산」이 이해조의 작품임을 입증할 수 있었다. 배정상, 「'정탐소설' 「박쥐우산」의 작자 문제」, 『한국 근대문학 연구』 27, 2013.

18 각각에 대한 논의는 이후 상세히 다루도록 하겠다.

19 이명자, 「새로 밝혀낸 이해조의 얼굴과 생애」, 『문학사상』 92, 1980.7, 60~61쪽; 최원식, 『한국 근대소설사론』, 창작사, 1986, 33쪽.

20 김동진은 덕흥서림(德興書林)의 사주인데, 『구미호』의 경우 직접 창작한 것으로 보인다. 이 무렵 단행본 발행 관례상 판권지가 아닌 작품 첫 머리에는 실제 저작자의 이름을 표기하는 것이 일반적이다.

21 『신찬일선작문법』의 경우 전광용이 발굴하여 이해조의 저작임을 분명히 제시하고, 그 특성을 대략 정리한 바 있으며, 『일선대역한어속성』의 경우 최원식에 의해 이해조가 "백화에도 정통했고 또한 백화문학에도 조예가 있었다"는 주장의 근거가 되기도 하였다. 전광용, 「신소설 소양정 고」, 『국어국문학』 10, 1954.7, 181쪽; 최원식, 『한국 근대소설사론』, 창작사, 1986, 37쪽.

에 저작 목록에서 제외하였다.[22]

물론 이해조의 저작 목록은 아직 미완의 상태이다. 신문과 잡지에 다양한 필명을 사용하여 작품을 연재했던 당시의 관행을 고려한다면 숨겨진 작품들이 상당수 존재할 가능성이 있으며, 당시의 출판 관행에서 판권지에 저자의 이름 대신 출판사주의 이름을 게재한 경우가 많다는 사실을 상기해 볼 때 실제 이해조의 작품은 더 많을 것으로 추정된다. 지난한 작업이겠지만 이해조 문학의 서지를 정리하는 일은 앞으로도 꾸준히 지속될 필요가 있으며, 이와 같은 실증 작업은 한국 근대문학의 특성을 올바로 규명하기 위한 바탕이 될 것이다.

살펴본 바와 같이 이해조가 남긴 문학 텍스트는 신소설은 물론 한문소설, 번역소설, 토론체 소설, 역사소설, 판소리 산정, 가곡집, 한시에 이르기까지 다양한 문학 양식을 포괄하고 있다. 이는 신소설 작가로 알려져 있는 이해조의 작품 세계가 예상과는 달리 매우 다양한 양상으로 존재하며, 이해조 문학의 실상을 온전히 이해하기 위해서는 이들 작품들에 대한 총체적인 접근 방법이 필요하다는 사실을 짐작케 한다. 또한 그동안 알려지지 않았던 『제국신문』 소재 「륜리학」의 존재는 이해조 문학의 사상적 배경과 구조적 특질을 이해하기 위한 매우 소중한 자료임에 틀림없다. 따라서 본 연구는 위에서 정리한 저작 목록 모두

22 최근 박진영은 1917년 오거서창에서 출판한 『독습 일선 작문법』을 찾아내고, 판권지의 '저작 겸 발행자'가 이해조의 이름으로 되어 있다는 사실을 밝혔다. 또한 이후 1922년 8월 15일 광동서국에서 출간된 『신찬일선작문법』이 『독습일선작문법』의 차례 면수만 조금 줄여서 그대로 출판한 것이라고 하였다. 이들 책 판권지에는 모두 저작 겸 발행자가 이해조로 되어 있지만, 본문에서는 몽련 송헌석의 교열임을 분명히 밝히고 있음을 제시하였다. 참고로 『일선대역한어속성』은 출판한 흔적을 찾을 수 없다. 박진영은 이러한 경우 이해조의 저술 목록에 포함시키기 보다는 책의 출판에 관여한 것으로 보는 것이 옳다고 주장하였다. 박진영, 『책의 탄생과 이야기의 운명』, 소명출판, 2013, 227쪽.

를 연구 대상으로 포괄하여, 이에 대한 입체적인 접근 방법을 통해 이해조 문학의 '자리'를 더욱 상세하게 드러내고자 한다.

이해조는 1906년 11월 잡지 『소년한반도』에 한문현토 소설 「잠상태(岑上苔)」를 시작으로 근대 초기 공론장에 진입하였다. 이해조는 중추원 의관직에서 물러나 고향인 포천에서 근대식 교육 사업을 하던 중 기독교를 접하게 되고, 이를 계기로 『소년한반도』에 참여하게 된다. 「잠상태」라는 작품은 당시 『소년한반도』라는 잡지가 지닌 특성과 밀접한 연관을 맺고 있는데, 이 잡지의 편집진, 편집 체제, 대상 독자, 사용 언어 등에 대한 연구는 「잠상태」란 작품이 지닌 특성을 이해하는 데 매우 필수적인 요소임에 분명하다. 또한 그가 직접 편집하고, 「윤리학(倫理學)」이란 글을 연재했던 『기호흥학회월보』 역시 그의 작품세계의 기저를 이루는 사상과 지향성 등을 파악하는 데 효과적이다.

1907년 『소년한반도』가 폐간되자 이해조는 『제국신문』으로 자리를 옮기게 된다. 『제국신문』은 1898년 여성을 중심으로 하여 한글에 익숙한 중인 이하 대중 독자들의 계몽을 주된 목표로 창간된 신문인데, 이해조가 참여할 시점에는 이전 소설과 다른 새로운 소설 연재를 기획하고 있었다. 이 무렵 소설은 러일전쟁과 을사조약 이후 점차 가시화되는 제국주의의 실체를 맞닥뜨린 상황 속에서 기존의 부정적 인식을 극복하고, 당대의 계몽적 요구를 실현할 수 있는 매력적인 글쓰기 양식으로 부각되고 있었다. 이러한 가운데 이해조는 『제국신문』에 「고목화」, 「빈상설」, 「원앙도」, 「구마검」, 「홍도화」, 「만월더」, 「쌍옥젹」, 「모란병」을 순차적으로 연재하였다. 지금까지 이들 작품에 대한 연구는 주로 단행본을 중심으로 이루어져 왔다. 물론 이러한 경향은 1907년 이후 『제국신문』 자료에 대한 접근이 용이하지 않았다는 점과 관련이 깊다.[23] 하지만 본 연구는 1907년 5월 14일부터 1909년 2월 28일까지의 『제국신문』 원문 자료를 입수하여 이를 분석 대상으로 활용하고자 한다.[24] 신문연재소설로서의 특성을 다루는 일은 그간 알려지지 않았던 이해조 소설의 새로운 면모를 드러내는 데 유용한 방편이 될 것이다.

결국 이들 작품은 1907년 실시된 『제국신문』의 체제 변화와 지면 배치 속에서 이루어졌으므로, 각각의 작품 연구는 그것을 담고 있는 매체와의 상관성 속에서 이루어져야 함이 옳다. 이러한 관점은 신문연재소설이 각각의 작품이 독립된 하나의 상품으로 출판 유통된 단행본과는 중대한 차이를 내포하고 있다는 점에 기인한다. 신문연재소설은 그것을 담아내고 있는 신문 매체의 담론, 표기언어, 독자전략과 밀접한 관련을 맺고 있으며, 각각의 지면에 배치된 논설, 학술, 관보, 외보, 잡보, 광고 등 다른 글쓰기와의 차이에 의해 기획된 것이기 때문이다. 결국 이러한 문제들을 종합적으로 고려해야만 『제국신문』 소재 이해조 소설의 특성을 올바로 규명할 수 있을 것이다.

1909년 6월 이후 이해조는 『대한민보(大韓民報)』에 「현미경(顯微鏡)」, 「박정화(薄情花)」 등을 연재하게 된다. 『대한민보』는 '대한자강회'의 후신

23 선행연구자 중 김주현과 권영민은 『제국신문(帝國新聞)』 후반부를 확인하여 이해조 소설에 대한 기존 연구의 서지적 오류를 확인하고 바로 잡은 바 있으나, 이러한 작업이 실제 작품의 입체적인 분석에까지는 활용되지 못했다. 김주현, 「개화기 토론체 양식 연구」, 서울대 석사논문, 1989, 62쪽; 권영민, 「『제국신문』에 연재된 이해조의 신소설–새로 밝혀진 이해조 문학평가에 대한 몇 가지 오류」, 『문학사상』 298, 1997, 151~169쪽.

24 이 자료는 현재 연세대학교 도서관 국학자료실이 소장하고 있으며, 자료의 상태가 좋지 않아 일반인의 열람이 불가능하다. 이 자리를 빌려 귀중한 자료의 열람을 허락해 주신 국학자료실 관계자 여러분께 감사의 말씀을 드린다.

인 '대한협회'의 대중 전략의 일환으로 기획된 신문이다. 『대한민보』는 '대한협회'의 복잡하고 중층적인 인적 구성을 반영하듯 다양한 성격의 소설들이 연재된 신문이다. 이 신문에는 단편소설, 신소설, 토론체 소설 등이 연재되었으며, 각각의 작품이 다루는 대상이나 주제의식 역시 다양한 편차를 보인다. 이미 알려진 두 작품 이외에도 「오경월(五更月)」, 「만인산(萬人傘)」과 같은 신소설 작품은 그 내용과 형식면에서 이해조 소설일 가능성이 상당히 높다. 따라서 이해조 소설이 '대한협회'가 지식인 독자를 대상으로 하는 『대한협회회보(大韓協會會報)』 대신 대중화 전략을 위해 창간한 『대한민보』라는 신문의 지면에 연재되었다는 사실을 충분히 고려할 필요가 있다. 따라서 '대한협회'의 성격 및 인적구성, 『대한민보』의 편집체제 및 지면배치, 사용 언어 및 대상 독자, 소설란의 특성 역시 『대한민보』 소재 이해조 소설의 특성을 파악하는 데 중요한 정보가 된다.

이해조는 1910년 이전 『제국신문』과 『대한민보』에 다수의 신소설을 연재하는 한편, 신문연재를 거치지 않은 채 『화성돈전(華盛頓傳)』, 『철세계(鐵世界)』, 『자유종(自由鐘)』을 단행본으로 출판하였다. 이들 작품 중 『화성돈전』과 『철세계』는 번역(번안)된 것이며, 그 성격이 『화성돈전』은 역사전기소설, 『철세계』는 과학소설, 『자유종』은 토론체 소설로 분류된다는 점이 특징적이다. 이들 작품은 신문연재소설과는 확연히 다른 특징을 지니고 있는데, 이는 이 시기 단행본 출판 시장의 특수한 성격을 반영하고 있다는 점을 감안해야 할 것이다. 신문이나 잡지에 연재되었던 소설들과 달리 이들 단행본 소설들은 강제병합 이후 모두 총독부에 의해 발행금지 처분을 받게 되는데, 이러한 공통점은 이 시기 단행본 소설 출판의 특징과 의미를 파악하는 데에도 효과적이다. 특히, 애국계몽 운동의 자장 안에서 이루어진 이해조의 다양한 사회활동은 이들 작품을 이해하는 데 일정한 도움이 될 수 있다.

1905년부터 조선에 대한 식민 지배 야욕을 본격화했던 일제는 1910년 8월 한일강제병합을 통해 결국 그들이 구상한 조선식민통치 계획을 달성하였다. 망국의 현실 앞에서 조선의 지식인들은 일제의 야욕에 맞서 저항하거나 혹은 적극적으로 이에 공모 또는 동조하는 한편, 새롭게 재편되던 제국과 식민체제 속에서 나름의 생존을 모색하기도 했다. 이때 일제는 조선의 언론에 대한 대대적인 억압과 통제 정책을 실시하여, 대다수의 신문과 잡지를 폐간시켰으며 식민지배에 방해가 될 수 있는 서적들에 대한 압수 금서 조치를 내렸다. 이러한 상황에서 발행된 『매일신보(每日申報)』는 조선총독부의 기관지로서 조선에 대한 식민지배를 정당화하고 언론을 통제하는 기능을 하였다.

이해조는 초기 『매일신보』의 소설란을 전담하여, 신소설 「화세계(花世界)」, 「월하가인(月下佳人)」, 「화(花)의혈(血)」, 「구의산(九疑山)」, 「소양정(昭陽亭)」, 「춘외춘(春外春)」, 「탄금대(彈琴臺)」, 「소학령(巢鶴嶺)」, 「봉선화(鳳仙花)」, 「비파성(琵琶聲)」, 「우중행인(雨中行人)」과 판소리 산정 작품인 「옥중화(獄中花)」, 「강상련(江上蓮)」, 「연(燕)의각(脚)」, 「토(兎)의간(肝)」을 연재하였다. 1910년 10월부터 1913년 5월까지 쉼 없이 지속된 그의 작품 활동은 좀 더 복잡하고 예민한 접근 방법을 요구한다. 한일병합 이후 조선총독부 기관지인 『매일신보』에서 작품 활동을 했던 이유로 그의 모든 작품을 '친일' 내지는 '통속'의 시각으로 바라보거나 혹은 그 연장선에서 '대중성'에 초점을 맞추어 접근하는 일 역시 1910년 이후 이해조 소설의 특성을 올바로 규명하기 어렵다는 한계를 지닌다. 사실 1910년을 기점으로 해서 그의 작품을 '계몽성'과 '통속성'으로 재단하는 방법은 식민화된 역사적 과정을 거친 오늘날 해석 주체의 입장이 과도하게 강조된 측면이 있다. 물론 이러한 연구 대상에 대한 역사적 평가가 지닌 긍정적인 가치를 이해하지 못하는 바는 아니나 연구자의 특정한 시각이 지나치게 개입되면 연구 대상에 대한 객관적이고 공정한 평가가 어려워질 수 있는 문제가 발생한다. 그러므로 연구 대상과 해석 주체간의 적절한 긴장을 유지하며 연구 대상이 지닌 특성을 그것을 둘러싸고 있는 현실 제반 조건 속에서 찾으려는 노력이 필요하다.

따라서 본 연구는 당대적 현실 세계가 가진 복잡다기한 제반 조건, 즉 제국과 식민지 사이의 긴장관계 속에서 구성되는 식민 지배 정책 또는 담론과 식민지 주체의 갈등 양상에 주목하고자 한다. 여기에서 식민 지배 정책은 자기 완결성을 지닌 총체가 아닌 식민지배 초기 다양한 식민정책을 추구하는 과정에서 일정한 분열양상을 내포하고 있었으며, 식민지 주체의 대응 양상 역시 '저항'과 '협력', '애국'과 '친일'과 같은 이분법적인 양상이 아닌 더욱 복잡한 스펙트럼을 지니고 있었다. 따라서 『매일신보』 연재소설로서의 특성을 다루는 일은 1910년대 이해조 작품에 대한 연구에 대한 새로운 가능성을 제시할 수 있을 것이다. 또한 이해조의 판소리 산정의 경우에는 판소리 창자에 의해 구현되는 구술문화의 형태를 근대적 독서물(讀書物)로 변환시키는 측면에 주목하여 논의를 진행하고자 하며 이를 당대의 연극공연 및 1912년 이후 새롭게 전기를 맞게 되는 구활자본 소설들의 출판유통 상황과 연결하여 살펴볼 것이다. 마지막으로 본 연구에서는 아직 한 번도 다루어지지 않은 이해조의 한시 두 편을 소개할 것인데, 『신해음사(辛亥唫社)』에 수록된 이들 작품은 당시 이해조 문학세계를 이해하는 유효한 텍스트가 될 것이다.

1913년 「우중행인」을 마지막으로 『매일신보』에서 퇴사한 이해조는 이후 『누구의 죄』, 『정선조선가곡(精選朝鮮歌曲)』, 『홍장군전(洪將軍傳)』, 『한씨보응록(韓氏報應錄)』, 『여(女)의귀(鬼)강명화전(康明花傳)』, 『여(女)의귀(鬼)강명화실기(康明花實記)』 등의 단행본들을 출간하였으며, 1920년 3월 『조선일보』가 창간되자 편집주임을 맡아 「춘몽」과 「박쥐우산」을 연재하기도 하였다. 신소설에 비해 크게 주목 받지 못했던 이들 단행본 작품들에 대한 상세한 연구가 이루어질 필요가 있으며, 새롭게 밝혀진 『조선일보』 소설 연재 사실은 이해조 문학 연구에 새로운 지평을 여는 계기가 된다. 특히, 「박쥐우산」은 「쌍옥적」, 『누구의 죄』를 잇는 이해조 '정탐소설'의 계보를 직접적으로 계승하고 있다는 점에서 연구의 가치가 크다.

결국 이해조 문학 세계를 근대 출판・인쇄 매체와의 관련 양상 속에서 살피려는 이와 같은 시도는 크게 다음과 같은 의미를 지닌다.

첫째, 신문과 잡지, 그리고 단행본은 기본적으로 정보전달 및 유통방식에서 몇 가지 차이점을 가지고 있다. 예컨대 신문이 다양한 글쓰기 양식이 혼재된 분할된 지면 안에 소설을 배치하여 매체가 지향하는 담론을 구체화한다면, 단행본은 소설 텍스트만을 독립시켜 이를 재화의 교환이 가능한 하나의 상품으로 유통시킨다. 단행본 위주의 연구는 이러한 차이를 인식하지 못하거나 배제하고 있는데, 이는 당대의 소설이 주로 신문 연재 후 단행본으로 출판되었다는 중요한 특성을 감안하지 못한 결과이다. 따라서 이해조 소설이 당시 여러 서포에서 판을 거듭하며 발매된 사정을 고려할 때, 신문연재본은 다양한 변이 가능성을 배제하고 작가의 의도를 가장 정확하게 파악할 수 있는 초판본 내지는 결정본의 지위를 갖는다.

둘째, 이러한 연구 방법은 기존의 연구가 주로 '신소설'이란 양식 범주를 이미 설정한 후 이해조 소설의 특징을 논하는 것과는 차별화된다. 1907년 이해조가 『제국신문』에 소설을 연재할 무렵만 해도 '신소설'이라는 용어는 흔히 후대 연구자들이 지칭하는 특정한 양식(樣式) 명칭이라기보다 수사(修辭)의 의미가 크다. 신소설을 하나의 양식으로 선규정한 채 이해조 소설에 접근해서는 근대문학의 형성과정에 놓인 이해조 소설의 특징을 올바로 규명하기 어렵다. 따라서 신문연재소설로서의 특징을 살피는 일은 '신소설'에 대한 과도한 의미부여를 지양하고 근대문학 형성과정에 놓인 이해조 소설의 위치를 구체적으로 드러내는 데 유효한 시각을 제시할 수 있다.

셋째, 이러한 연구 방법은 1910년을 기점으로 한 이분법적 도식성을 극복하기 위한 모색이기도 하다. 물론 1910년 한일병합이 이해조 문학에 미친 영향은 간과할 수 없지만, 이것을 그의 문학을 이해하는 절대적인 기준으로 설정하는 것 역시 무리가 따른다. 이해조의 문학세계를 근대 출판·인쇄 매체와의 관련 양상을 통해 접근하는 방법은 1910년 한일병합을 기준으로 한 이분법적 구도를 넘어설 수 있는 계기를 마련해준다. 이를테면 1910년 이전의 이해조 문학을 '계몽성'이란 단어 하나로 규정짓기엔 '계몽성'이라는 용어의 범위는 너무나 크다. '계몽성'이라는 범주는 1910년 이전은 물론 모든 소설 일반에 적용시킬 수 있는 특성이기도 하므로, 좀 더 정교한 방식으로 이해조 소설이 지닌 특성을 살필 필요가 있다. 또한 그 반대편의 위치에 존재하는 '통속성' 내지 '대중성'이라는 개념 역시 해석주체의 입장이 그것에 대한 비판적인 시각을 강하게 표출하는지 또는 그것에 적극적인 의미를 부여하려고 하는지에 따라 달라지는 것이지 근본적으로는 이 시기 소설 일반이 지닌 '재미'의 요소를 따지는 일과 관련이 깊다. 이 역시 텍스트 내적인 특성에만 주목할 것이 아니라 다양한 컨텍스트와의 관련 속에서 입체적으로 다룰 필요가 있다. 근대 출판·인쇄 매체와의 관련 양상을 살피는 일은 이러한 이해조 소설의 자리를 구체적으로 파악하는 데 도움이 된다.

결국 본 연구는 오늘날 해석주체의 욕망과 일정한 거리를 확보하고, 좀 더 객관적이고 실증적인 접근 방식을 통해 이해조 문학 세계를 살피고자 한다. 특히 본 연구는 가능한 시간적 순서에 따라 작품을 배치하고, 그 흐름과 변화 추이에 주목하고자 한다. 또한 모든 텍스트의 이름을 원문 그대로 작성하여 표기 언어의 차이에서 드러날 수 있는 작가의 의도를 객관적으로 제시하는 한편, 풍부한 자료를 인용하여 이해조 문학의 실상을 생생하게 전달하고자 한다.[25] 이러한 방법은 특정한 역사적 시공간에 존재하는 이해조라는 개인의 삶을 그가 남긴 문학 텍스트의 배치를 통해 이해하는 것이며, 더 나아가 한국 근대 초기 문학사의 일면을 한 개인의 작품 세계를 통해 살피는 일이 될 것이다.

---

25 다만 모든 인용문은 독자의 편의를 위해 현대 어법에 맞도록 띄어쓰기 하겠다.

제2장

1900년대 이해조 문학의 특질과 의미

1. 근대 잡지와 이해조 소설

1) 1906년 이전의 행적과 문학 활동의 계기

이해조는 1869년 2월 27일 경기도 포천(抱川)군 신북면(新北面) 신평리(新坪理)에서 이철용(李哲鎔, 1845~1919)의 장남으로 태어났다.[1] 이해조의 집안은 인조의 셋째 왕자 인평대군(麟坪大君, 1622~1658)의 후손인 왕족의 집안이나, 대원군파의 숙청으로 인해 조부인 이재만(李載晩, 1828~1883)이 처형당하면서 크게 위축된 것으로 보인다.[2] 부친인 이철용은 고종 10

1 이명자, 「새로 밝혀낸 이해조의 얼굴과 생애」, 『문학사상』 92, 1980.7, 60쪽.

2 이해조 가문에 대한 설명은 최원식의 연구가 상세하다. 최원식, 『한국 근대소설사론』, 창

동농(東濃) 이해조
(이명자 선생 소장)

년인 1873년 29세에 이르러서야 생원 진사시에 3등으로 합격하였는데, 그의 벼슬이 정9품 최하 말단직에 불과한 '참봉(參奉)'이었으니 왕족이라는 이유로 크게 위세를 떨치는 정도는 아니었던 것 같다.[3]

대원군에게 포천 신평리 일대의 광대한 토지를 하사받고, 1871년 알성과에 급제하여 홍문관수찬(弘文館修撰, 정6품)에 제수되는 파격적인 특혜를 받았던 조부 이재만은 임오군란의 실패 이후 1883년 민씨 세력에 의해 처형되었다.[4] 이때 이해조의 나이가 15세였는데, 비록 어린 나이지만 조부의 죽음을 경험하면서 이미 현실 정치에 대한 부정적인 인식이 배태되었을 법하다. 호시탐탐 조선의 이권을 노리는 일본과 청, 이를 등에 업은 개화파와 수구파의 정권 다툼 속에서 죽음을 맞이한 조부와, 과거에 급제하였으나 쇠락한 조선 왕조의 무덤을 지키는 관직을 얻은 부친의 모습을 보며 이해조는 과거를 통한 중앙 관직의 길을 일찌감치 포기했을지도 모른다.

이해조가 과거 시험에 응시하였거나 합격하였다는 자료는 찾을 수 없다. 그런데 1901년 『승정원일기(承政院日記)』에는 이해조가 양지아문

작사, 1986, 16~22쪽 참조.

3 기록에 따르면 이철용은 1896년에 '광릉참봉'(「관보」, 『독립신문』, 1896.4.25)에 임명되었다가 몇 달 후 '후릉참봉'(「관보」, 『독립신문』, 1896.9.29)에 임명되었으나, '후릉참봉'에 임명된 지 불과 이틀 만에 스스로 그만두었다. 이에 관한 내용은 『독립신문』 1896년 4월 25일 자, 1896년 9월 29일 자, 1896년 10월 1일 자 「관보」에서 찾아 볼 수 있다.

4 최원식, 앞의 책, 18~20쪽 참조.

양무위원(量地衙門 量務委員)에 임명되었다는 기록이 있어 눈길을 끈다.[5] 양지아문은 1898년 대한제국 정부가 근대적 토지 측량을 통해 정부의 조세 수입을 늘리고, 황제권을 강화하기 위한 목적으로 만들어진 기구이다. 당시 33세였던 이해조는 이러한 기구의 위원으로 임명되어 관직 생활을 시작했는데, 이는 포천 지역에서의 그의 입지와 관련이 깊은 것으로 보인다. 대한제국 『관보(官報)』(제1701호, 1900.10.10)에 실린 '양무위원임명규칙(量務委員任命規則)'에 따르면 양무위원의 임명은 "地方各府郡에 量役告竣을 隨ᄒᆞ야 該學員中의 文算效勞가 寂著者로 各該監理가 委員을 薦報"하는 것을 알 수 있다.[6] 이에 따라 각 지방 부군에 문장과 계산이 분명한 사람을 해당 감리가 천거하는 형식으로 이루어진 양무위원의 선출에 이해조는 포천 지역의 대표로 천거되어 양무위원으로 임명되었을 가능성이 높다.

1903년 1월 22일 자 『승정원일기』에는 이해조가 조한정(趙漢鼎), 윤호(尹瑚), 표경순(表慶淳), 이직상(李直相)과 함께 중추원 의관에 임용되었다는 기록이 보인다.[7] 1년여 간의 양지아문 양무위원으로 활동하던 이해조는 중추원 의관이라는 다소 높은 직책에 임명되었는데, 이틀 후인 1903년 1월 24일 자 『승정원일기』에 따르면 같은날 중추원 의관에 임명된 조한정, 윤호, 표경순, 이직상과 함께 동시에 의원면직 처분을 당하게 되었음을 알 수 있다.[8] 이러한 처분은 상식적으로 이해가 되지 않

---

5 『승정원일기(承政院日記)』, 1901.11.2.

6 이러한 사실은 이미 송민호의 논문에 상세히 밝혀진 바 있다. 다만 해당 『관보』의 날짜를 1900년 10월 10일로 바로잡는다. 송민호, 「열재 이해조의 생애와 사상적 배경」, 『국어국문학』 156, 2010, 245~249쪽.

7 이 같은 내용은 대한제국 『관보』 제 2419호 1903년 1월 26일 자에서도 확인할 수 있다.

8 이 같은 내용은 대한제국 『관보』 제 2420호 1903년 1월 27일 자에서도 확인할 수 있다.

는 특수한 경우인데, 아마도 이는 면직을 전제로 한 형식상의 절차였던 것으로 보인다.[9] 이 같은 일이 어떠한 경위를 통해 이루어졌는지는 현재로서는 정확하게 알기 어렵다. 다만 조창용의 『백농실기(白農實記)』에서 이해조의 직업을 '의관(議官)'이라고 기록한 것은 이러한 이력에 근거한 것임을 확인할 수 있다.[10]

중추원 의원에 임명된 지 이틀 만에 의원면직을 당한 이해조는 낙연의숙(洛淵義塾)으로 자리를 옮겨 근대적 교육활동을 시작한 것으로 보인다. 1904년 6월 15일 자 『황성신문(皇城新聞)』에는 다음과 같은 기사가 눈에 띈다.

> 前主事 李膺鍾 議官 李海朝 主事 徐丙吉 教官 朴挺東 諸氏가 私立 洛淵義塾의 學員으로 教育事務에 熱心監督홈으로 學徒가 日集하야 校會가 難容흔 故로 前樂◯學◯로 移接하얏스나 該教場도 尙且狹隘한 患이 有하다니 其學員의 興盛함을 可知 할지라 該教師난 兪鎭明 李範益 金瓊植 三氏라더라

위 기사에서처럼 전 주사 이응종, 의관 이해조, 주사 서병길, 교관 박정동이 사립학교인 낙연의숙의 학원(學員)으로 교육사무를 보고 있었다는 점과 당시 학생들이 한꺼번에 몰려 교장(校場)이 협소해질 정도로 인기를 얻었던 것을 알 수 있다. 낙연의숙은 1899년 8월 '소립동 김봉

9 이 같은 사정을 송민호는 1902년 양지아문이 지계아문으로 편입되는 사정과 관련하여 설명하고 있다. 송민호, 앞의 글, 247쪽 참조.

10 최원식은 최기영의 연구를 바탕으로 조창용의 『백농실기(白農實記)』를 검토하여 이해조가 "독립협회 이후 중추원이 다시 유명무실한 기관으로 돌아간 어느 때 의관을 지낸 것으로 추측된다"라고 지적한 바 있다. 최원식, 『한국 계몽주의 문학사론』, 소명출판, 2002, 168쪽.

기씨가(小笠洞 金鳳基氏家)'에서 일본인 교사를 두고 일본어를 가르칠 목적으로 설립된 학교였고,[11] 1905년 이후로는 보광학교(普光學校)라고 명칭을 바꾸는 한편 일본어 과목만이 아니라 '산술(算術)', '역사(歷史)', '지지(地誌)' 등의 일반 과목들까지 다루게 되었다.[12]

여기에서 언급된 서병길, 박정동은 '국민교육회'를 비롯하여 『소년한반도』와 『기호흥학회월보』에도 참여한 인물이다. 이해조가 국민교육회의 회원이었다는 사실은 기록으로 나타나지 않지만[13] 이후 포천에서 벌어진 토지문제로 인해 국민교육회의 도움을 받은 적이 있으며, 『소년한반도』와 『기호흥학회월보』에 같이 참여한 기록을 볼 때 이 '낙연의숙'에서 맺은 인적 네트워크는 이후 이해조의 중앙 공론장 진출 및 소설 창작에 중요한 계기로 작용했던 것으로 보인다. 특히, 서병길은 헌정연구회(이후 대한자강회)의 사무원으로도 활약했으며, 이인직과 함께 '국민신보사(國民新報社)'를 설립하여 1904년 11월에 신문을 창간할 계획

---

11 "小笠洞 金鳳基氏家에셔 洛淵義塾을 設ᄒᆞ고 日語를 教習ᄒᆞᄂᆞᆫᄃᆡ 學徒ᄂᆞᆫ 漸增ᄒᆞ고 其教師 日本人 尾田滿氏ᄂᆞᆫ 風雨를 不避ᄒᆞ고 教務上에 미우 誠勤ᄒᆞ다더라", 「낙연의숙(洛淵義塾)」, 『황성신문(皇城新聞)』, 1899.8.8.

12 송민호, 「이해조의 근대적인 교육관과 초기 소설의 윤리학적 사상화의 배경」, 『한국 현대문학 연구』 33, 2011, 71~72쪽; "洛淵義塾을 普光學校로 改名ᄒᆞ고 陽曆九月一日노 開學ᄒᆞ오니 僉學員은 來臨ᄒᆞ시고 新學員도 募集ᄒᆞ깃삽 課程 日語 筭術 歷史 地誌 私立普光學校", 『황성신문』, 1905.8.22, '광고'.

13 국민교육회는 학회의 기관지가 없었던 이유로 회원들의 인적구성을 파악하기가 어렵다. 신문 기사나 『백농실기』, 『이준선생전(李儁先生傳)』 등을 종합한 결과 다음과 같은 인물들이 국민교육회에서 활동한 것으로 보인다. 이원긍(李源兢), 이준(李儁), 홍재기(洪在箕), 전홍경(全興京), 유진형(兪鎭衡), 유승겸(兪承兼), 김정식(金貞植), 서상팔(徐相八), 김상천(金相天), 고찬익(高燦益), 양재건(梁在謇), 오상규(吳相奎), 유신혁(劉臣爀), 유성준(兪星濬), 전덕기(全德基), 윤철규(尹喆圭), 김명제(金明濟), 서병철(徐丙轍), 조창용(趙昌容), 박정동(朴晶東), 유치형(兪致衡), 민병두(閔丙斗), 유진호(兪鎭浩), 서병길(徐丙吉), 서상호(徐相浩), 이동휘(李東輝), 이갑(李甲), 안창호(安昌浩), 현채(玄采), 유근(柳瑾), 유정수(柳正秀), 유진태(兪鎭泰), 이도영(李道榮) 등. 최기영, 「한말 국민교육회의 설립에 관한 검토」, 『한국 근현대사 연구』 1, 1994, 38쪽.

으로 주식을 모으는 광고를 『황성신문』에 냈는데 신문발간에 이르지는 못했다.[14] 이러한 사실로 미루어 볼 때, 서병길과 이인직 사이의 관계가 꽤나 가까웠을 것으로 짐작된다. 이해조와 이인직의 교류 역시 서병길의 중개를 통해 자연스럽게 이루어졌을 것이라는 추측이 가능하며, 실제 이러한 관계는 『소년한반도』를 통해 구체적으로 드러난다.

이해조가 언제까지 '낙연의숙'의 학원으로 있었는지는 알 수 없지만,[15] 1906년 봄부터는 고향인 포천으로 돌아가 그의 아버지 이철용이 세운 '신야의숙(莘野義塾)'의 일을 보았던 것으로 보인다. 이해조의 고향인 포천에 세워진 신야의숙은 그의 아버지인 이철용과 조구식, 이기영, 이명응이 의연금을 모아 만든 근대적 교육기관이었다.[16] 이철용은 '신야의숙'을 설립하고, 이를 관립학교로 승인받았다. 근대적 교육에 대한 관심 때문인지 '신야의숙' 학생들은 점차 늘어나게 되었고, 그로 인해 이를 운영할 경비가 부족하게 되었다. 이때 '신야의숙'에서는 전

---

14 "本新聞은 國漢文으로 交作ᄒᆞ야 本年陰十月붓터 設始開刋할터이온ᄃᆡ 新聞의 宗旨ᄂᆞᆫ 國家의 文明을 開進케ᄒᆞ며 人民의 經濟을 裕足케할 目的으로 新聞紙面을 甚히 廣大케ᄒᆞ야 每日揭戰ᄒᆞᄂᆞᆫ바ᄂᆞᆫ 曰衛生部 曰教育部 曰農業部 曰商工業部 曰經濟部이오 其他 世界文明的 森羅萬象을 謄載할것이오니 設始開刋日붓터 購覽코ᄌᆞᄒᆞ시ᄂᆞᆫ 僉君子ᄂᆞᆫ 發刋前期ᄒᆞ여 臨時事務所로 通奇ᄒᆞ심을 望홈 本社에 資金은 株式으로 三萬元을 集合ᄒᆞᄂᆞᆫ것이온ᄃᆡ 一股에 五十元式合六百股를 今方募集中이오니 股金을 出ᄒᆞ고 社員에 願八ᄒᆞ시ᄂᆞᆫ 有志君子ᄂᆞᆫ 左記處로 來議ᄒᆞ시오 本社家屋統戶와 新聞定價ᄂᆞᆫ 第二回廣告에 告白할次 北署嘉會坊齋洞三十統四戶 李胤鍾氏家臨時事務所 發起人李人稙 徐丙吉 李胤鍾 告白", 「국민신문설시특별광고(國民新聞設始特別廣告)」, 『황성신문』, 1904.9.6, '광고'.

15 1905년 10월 9일 자 『황성신문』에는 "日昨에 各小學校學員 等이 教員의 減俸一事를 由ᄒᆞ야 悉皆廢業ᄒᆞ고 校洞高等小學校內에 會同評議홀 時에 各人의 補助金이 如左ᄒᆞ니" 하며 소학교원이었던 이해조가 4원이라는, 당시로서는 꽤 큰 액수의 보조금을 찬조한 것으로 기록되어 있다. 이때까지만 해도 '신야의숙'이 개교하기 이전이고 다른 학교에서 근무한 기록을 찾기 어려우니 '낙연의숙'에서 근무하였을 가능성이 높다.

16 "抱川郡에 有志人士 李哲鎔 趙龜植 李夔永 李命應 諸氏가 捐金出義ᄒᆞ야 莘野義塾을 設立ᄒᆞ고 尋常高等兩科로 熱心教育홈으로 該郡人士가 李趙諸氏의 開明에 注意홈을 贊頌ᄒᆞ더라", 「신숙주력(莘塾注力)」, 『황성신문』, 1906.2.28.

근대적 교육기관이라 할 수 있는 향교(鄕校)에 속해 있던 토지를 '신야의숙'의 것으로 옮겨 활용할 수 있도록 학부에 건의하였고 이에 따라 학부의 인허를 받았던 것이다.[17]

'신야의숙'의 이러한 일을 처리한 것은 바로 양지아문 양무위원으로 근무한 경력이 있던 이해조였다. 이해조는 1903년 1월 중추원 의관으로 임명되기까지 일년 정도 양무위원으로서의 활동을 했던 것으로 추정된다. 비록 얼마 되지 않은 짧은 시간이었지만, 이해조에게 양무위원으로서의 활동은 각 지방에 산재해 있는 토지제도와 관련된 여러 가지 문제점들을 인식하는데 충분했다. 특히, 각 지방의 향교에 귀속되어 있는 토지들은 토착 유림세력들의 전유물이었는데, 이를 근대식 학교를 세우고 새로운 교육을 실시하기 위한 기반으로 활용하겠다는 생각은 양무위원으로서의 경험이 이끌어낸 것으로 파악할 수 있다. 이해조는 부친 이철용이 세운 '신야의숙'을 사립이 아닌 관립으로 인허받고, 학부의 적극적인 지원을 통해 재정문제를 해결하고자 했다.

그러나 이러한 계획은 생각처럼 수월하지 않았고, '신야의숙'과 기존 향교 유림 사이에 있었던 토지 분쟁은 당시 커다란 사회적 이슈가 되었다. 기존 향교에 속해있던 유생들은 이에 크게 반발하였고, 이종직은 빼앗긴 땅을 다시 되돌려 주기를 학부에 청원하기도 하였다.[18] 이러한 분

17 "抱川郡鄕校小學校를 設立ᄒᆞ고 學部에 官立學校로 承認ᄒᆞᆫ지가 已有年所에 自今春으로 教育을 益加勉勵ᄒᆞ야 學徒가 漸多ᄒᆞ되 每以經費窘乏으로 既往校土를 該學校에 附屬ᄒᆞᆯ 次로 該郡多士덜이 會議ᄒᆞᄂᆞᆫ디 該郡內莘野義塾主務員이 該校土를 該塾에 移屬ᄒᆞ기로 學部에 先得認許ᄒᆞᆫ 故로 該郡士林덜이 該校宮小學校로 還附ᄒᆞ깃다고 論詰이 紛紜ᄒᆞ다더라", 「의종여론(宜從輿論)」, 『황성신문』, 1906.4.23.

18 "抱川郡校宮田畓을 新設ᄒᆞᆫ 莘野義塾으로 移屬ᄒᆞᆫ 事로 儒生等이 大段相持ᄒᆞᆫ다더니 更聞ᄒᆞᆫ 則莘野義塾을 設始ᄒᆞᆫ 人士의 家舍를 或毀撤도ᄒᆞ야 紛競이 日甚ᄒᆞᆫ디 校生 李種稷氏等이 該郡校畓은 還屬本校之意로 學部에 聯名請願ᄒᆞ얏다더라", 「교토청환(校土請還)」, 『황성신문』, 1906.6.9; "抱川

쟁이 점차 커지게 되자 학부에서는 시학관(視學官) 이만규(李晩奎)를 파견하여 '신야의숙'과 향교의 마찰을 해결하고자 하였다.[19] 여기에 '신야의숙 간사원 이해조'란 이름이 등장하는데, 이를 보아 이해조가 '신야의숙'이 설립된 1906년 봄부터 6월까지 '신야의숙'의 일에 적극적으로 참여하고 있었음을 알 수 있다. 그럼에도 불구하고 이러한 분쟁은 수그러들 기미를 보이지 않고, 무뢰배를 동원한 협박과 행패가 난무한 상황에 이르렀다. 이에 이해조는 이들을 엄하게 징치하여 다시는 이런 일이 벌어지지 않게 해달라며 학부에 청원[20]하는 한편 경성 내 개화 지식인들을 찬성원으로 청하여 찬성회를 개최하였다. 여기에는 박정수, 윤치호, 민병두, 유승겸, 이윤종, 장지연, 유근, 이준, 양재언, 김상범, 남궁훈, 이원극, 박승봉, 지석영 등 개화 지식인 약 30여 인이 참석하였다.[21] 이때 열린 찬성회에서 이해조는 포천 '신야의숙'과 관련된 그간의 사정을 알리고 이 사건을 공론화해서 해결하고자 하였으며, 이 모임에 참석한 내부 참서관 석진형(石鎭衡)은 해당 토지를 신야의숙에 옮겨 주고 사림들의 행패를

校宮畓土事로 莘野義塾과 該郡儒生들노 互相軋轢이 有홈은 本紙에 屢記하얏거니와 該儒生들이 該塾主務人의 家舍를 毁破하얏다홈은 虛言이더라", 「가칙불파(家則不破)」, 『황성신문』, 1906.6.12.

19 "學部에서 抱川郡에 訓令ᄒᆞ기를 頃接貴郡守報告書와 **莘野義塾幹事員李海朝**와 儒生李種稷等의 請願書則鄕校所屬田畓를 移付莘野義塾事로 互相煩訴於部府타가 自儒林으로 竟至嘯聚作擾之境ᄒᆞ니 此土所屬이 本非自來之物이온 卽不過近年權屬之土인 則以權附之土로 補用於敎育之費가 何所不可ᄒᆞ야 爲士林者가 若是悖擧리요 此必是幾個雜類輩가 揮動士林ᄒᆞ야 以至此境인바 爲念敎育에 不勝慨歎이기 査實歸正次로 視學官李晩奎를 派送訓令ᄒᆞ니 商確質定ᄒᆞ야 更無紛挐케ᄒᆞ라ᄒᆞ얏더라", 「시학고왕(視學派往)」, 『황성신문』, 1906.6.30.(강조-인용자)

20 "抱川郡 **莘野義塾事務員李海朝**氏가 學部에 請願ᄒᆞ기를 花山院畓土을 本塾에 移屬ᄒᆞ신 事에 對ᄒᆞ야 本郡齋任輩가 嘯聚衆人ᄒᆞ야 等訴本部에 至蒙視察歸正之題旨인 則當俟處分이거놀 百般沮戲에 今又聚羣ᄒᆞ야 以空齋等語로 恐動本守ᄒᆞ야 累發猛差ᄒᆞ야 本塾長을 期欲捉致ᄒᆞ니 此畓之付屬與否가 都在木部措處則有何關於本塾長이며 聚黨羣鬨之地에 勢甚急迫ᄒᆞ와 玆敢請願ᄒᆞ오니 卽派視學官ᄒᆞ야 嚴懲其習ᄒᆞ야 不得更踵前習케ᄒᆞ라ᄒᆞ얏더라", 「인토치료(因土致鬧)」, 『황성신문』, 1906.7.31.(강조-인용자)

21 「신숙찬성회(莘塾贊成會)」, 『대한매일신보(大韓每日申報)』, 1906.8.21.

철저히 막겠다는 연설을 하여 만장일치의 박수갈채를 받기도 하였다.[22]

이는 이해조의 중앙 공론장으로의 진입과 그의 작품활동의 근원을 설명하는 데 매우 의미있는 사건이었다. 이 사건은 단순히 토지 소유권을 둘러싼 개인적 차원의 문제가 아니라 구시대적 관습과 새로운 시대의 이념이 충돌하는 모습을 구체적으로 보여준다는 점에서 의미가 있다. 『황성신문』에서 이러한 사건에 주목하고 꾸준히 사건의 추이를 다루고 있다는 점은 이 사건이 개인의 차원을 넘어 사회적 의미를 획득하고 있다는 것을 짐작케 한다. 게다가 전통적인 한학을 기반으로 한자에 익숙한 독자들을 대상으로 한 『황성신문』이 전통적 교육기관인 향교 출신 유생들의 입장보다 근대적 교육기관인 '신야의숙'과 이해조의 입장에 손을 들어주고 있다는 점 역시 의미심장하다. 또한 이 같은 분쟁을 해결하는 데 결정적인 역할을 했던 것으로 보이는 찬성회가 국민교육회 사무소에서 열렸다는 사실은 이후 이해조의 애국계몽운동과 그 방편으로서의 작품 활동의 근거를 해명하는 데 중요한 바탕이 된다. 이해조는 서병길, 박정동 등 '낙연의숙'에서 맺었던 인적 교류를 바탕으로 국민교육회 활동을 하던 이들의 도움을 얻을 수 있었으며, 이와 같은 경험은 개화 지식인들의 연대와 이념 표출을 위한 학회활동이 얼마나 큰 힘을 지닐 수 있는지를 깨닫게 하였던 것이다.

22 "三昨日下午八時에 **抱川莘野義塾監李海朝氏**가 京城內各紳士들을 贊成員으로 請ᄒᆞ야 國民敎育會內事務所에 會集ᄒᆞ야 贊成會를 開ᄒᆞ고 該郡校土를 移屬該校ᄒᆞᆫ 事로 該郡士林들에 反抗을 被ᄒᆞᆫ 顚末을 朗讀ᄒᆞ고 學部에ᄂᆞᆫ 質問ᄒᆞ고 內部에ᄂᆞᆫ 請願ᄒᆞ기로 決定ᄒᆞ얏ᄂᆞᆫᄃᆡ 內部叅書官石鎭衡氏가 該校土를 莘野義塾에 期於移付ᄒᆞ기로 該郡士林들을 어ᄃᆡᄭᆞ지든지 抗拒ᄒᆞ기로 一場演說ᄒᆞᆷ의 滿場一致에 拍手相應ᄒᆞᄂᆞᆫ 氣像이 畢境大開伏을 將觀ᄒᆞ리라더라", 「숙교장전(塾校將戰)」, 『황성신문』, 1906.8.24.(강조-인용자)

2) 『소년한반도(少年韓半島)』와 한문현토소설 「잠상태(岑上苔)」

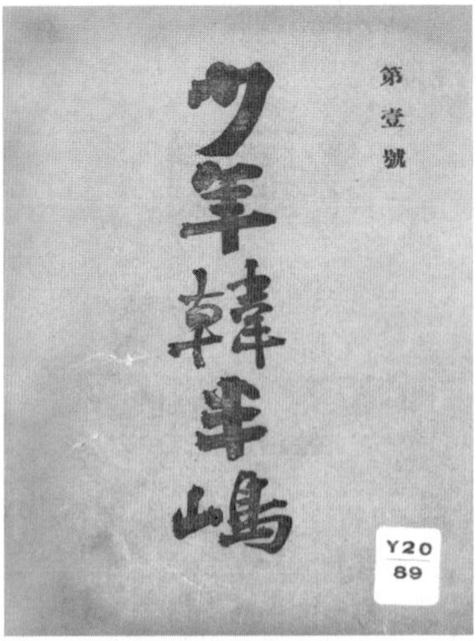

「소년한반도」 표지
(창간호, 1906.11, 서울대 중앙도서관 소장)

이해조는 국민교육회가 중심이 되어 만든 잡지 『소년한반도』에 참여하여 첫 번째 작품인 「잠상태」를 연재하였다. 『소년한반도』는 1906년 11월부터 1907년 4월까지 매달 한 호씩 총 6호가 발간되었던 잡지이다. 창간호 맨 마지막 판권지를 보면 사장 양재건, 총무 조진태, 찬술원에는 양재건, 원영의, 정교, 조중응, 박정동, 이인직, 이응종, 이해조, 서상호, 김경식, 유석태, 서병길, 이범익, 한익교, 유제달, 최재익 등이 참여하였고, "돈화문 내 사립 보광학교(敦化門 內 私立 普光學校)"에 '임시사무소(臨時事務所)'인 '소년한반도사(少年韓半島社)'를 만들어 창간했던 것을 알 수 있다.[23] 국민교육회는 당시 한국사회에 무엇보다도 교육이 시급하다고 인식한 지식인들에 의해 창립된 단체였고, 서적 · 신문 · 잡지 등의 발간이나 지원, 학교의 설립이나 지원을 그 목적으로 삼고 있었다.[24] 따라서 『소년한반도』가 국민

23 『소년한반도(少年韓半島)』 제1호, 1906.11, 48쪽.

24 최기영, 앞의 글, 32쪽; "대기 그 본의인즉 대한 형편에 가쟝 긴급한 거시 교육이라 교육이 ᄋᆞᆫ이면 후싱을 긔발ᄒᆞᆯ 슈 업고 후싱을 긔발지 못ᄒᆞ면 부강ᄒᆞᆫ 나라도 쟝차 후망이 업슬여던 ᄒᆞᆷ을며 위급ᄒᆞᆫ 쳐지에 잇난 나라이야 더욱 엇지 부지ᄒᆞ기를 바라리요 이럼으로 교육회의 본의가 인민교육샹 일에 죵ᄉᆞᄒᆞ자 ᄒᆞᆷ이라 혹 셔칙과 신문과 잡지 등을 발간ᄒᆞ거나 남의 발간ᄒᆞ난 거슬 찬셩ᄒᆞ거나 힘자라는ᄃᆡ로 ᄒᆞᆯ 거시오 학교를 셜시도 ᄒᆞ며 셜시ᄒᆞ는 자를 찬셩도 ᄒᆞ야 ᄂᆡ외국인이나 관민남녀를 물론ᄒᆞ고 교육에 유의ᄒᆞ는 일은 다 찬셩ᄒᆞᆯ 슈 잇는ᄃᆡ로

교육회가 목표한 교육사업의 일환으로 창간된 것은 자명해 보인다.

보광학교 내에 임시사무소를 개설하고 발간한 『소년한반도』는 자연스럽게 낙연의숙에서 비롯된 인적 네트워크를 바탕으로 이루어졌다는 특징이 있다. 낙연의숙의 학원(學員)으로서 교육사무를 보았다는 공통 경험을 가진 이응종, 이해조, 서병길, 박정동과 교사(敎師)였던 김경식과 이범익이 『소년한반도』의 찬술원으로 활동했던 것이다.[25] 또한 연동교회에서 인연을 맺은 『소년한반도』 사장 양재건과의 교류 역시 이해조의 참여에 중요한 역할을 했던 것으로 보인다.[26] 낙연의숙에서 맺어진 이 같은 관계를 바탕으로 이해조는 근대적 교육 사업에 대한 중요성을 깨닫고 『소년한반도』의 찬술원으로서 적극 가담하게 되었던 것이다.

『황성신문』에 수일 동안 게재된 다음의 광고는 『소년한반도』의 발간 취지를 잘 설명해주고 있다.

> 少年韓半島라ᄒᆞᄂᆞᆫ 襍志ᄂᆞᆫ 大韓帝國의 「獨立基礎」 「自由精神」 「平等主義」로뻐 國民的의 腦髓ᄅᆞᆯ 滋養ᄒᆞᄂᆞᆫ 神經元素오 敎育界의 學理ᄅᆞᆯ 發明ᄒᆞᄂᆞᆫ 海上燈臺라 有志同胞ᄂᆞᆫ 購讀ᄒᆞ시오[27]

위 광고에서 『소년한반도』는 신문과는 구별되는 '잡지(雜誌)'를 의식

ᄒᆞ쟈는 본의라", 「됴흔 ᄉᆞ업들의 셩취흠」, 『제국신문(帝國新聞)』, 1904.10.4.

25 낙연의숙에 참여하던 인적 구성은 다음의 기사를 참조할 것. 「의숙흥왕(義塾興旺)」, 『황성신문』, 1904.6.15.

26 송민호, 「열재 이해조의 사상적 배경」, 『국어국문학』 156, 2010, 261~262쪽 참조.

27 『황성신문』, 1906.11.27, '광고'.

적으로 표방하며, 대한제국의 '독립기초', '사유정신', '평등주의'로서 국민적 '뇌수'를 자양하고, 교육계의 학리를 발명하겠다고 선언하고 있다. 따라서 『소년한반도』는 매일 또는 격일로 발행되던 당시의 신문과는 달리 한 달에 한 권씩을 출간하였으며, 일상적 사건들에 대한 소식을 알리기보다 국민의식을 고양하기 위한 근대지식의 보급에 주안점을 두고 있음을 알 수 있다.

『소년한반도』는 이러한 목표를 실현하기 위해 '소년'이라는 표상을 적극적으로 호명하고, 이들을 근대적 교육 계몽의 대상이자 앞으로 대한제국을 이끌어나갈 주체로 파악하였다. 따라서 『소년한반도』의 창간은 '우리 역사상 구(舊)사회를 혁명하는 날'[28]로 수사되었으며, 이러한 혁명의 주체는 『소년한반도』 독자, 즉 한반도의 '소년'들이었다. 자연히 그 안에 담겨 있는 내용은 전문적이고 정치적인 담론들이 아니라, 새롭게 호명된 '소년'에게 필요한 초보적인 근대지식과 그들의 이목을 끌 만한 재미있고 유익한 요소의 글쓰기들이었다.

『소년한반도』의 창간 주체인 국민교육회의 설립 규칙에는 다음과 같은 항목이 있어 눈길을 끈다.

● 國民教育會規則의 大要

第一章　名稱과 目的

第一條 本會난 國民教育會라 名稱할 事

第二條 本會의 目的은 一般國民의 教育을 勉勵ᄒᆞ야 智識을 發達케호ᄃᆡ 泥古의 獘習을 革祛ᄒᆞ고 刷新의 規模을 確立할 事

28 「취지(趣旨)」, 『소년한반도』 제1호, 1906.11, 1쪽.

第三條 本會난 前條의 目的을 貫徹ᄒᆞ기 爲ᄒᆞ야 每開會時에 教育上有益ᄒᆞᆫ 意見을 互相講演호ᄃᆡ 政治上에 關ᄒᆞᆫ 事난 一切勿論ᄒᆞ고 但左開諸項에 從事할 事

一 學校를 廣設할 事

二 文明的學問에 應用할 書籍을 編纂或繙譯ᄒᆞ야 刊佈할 事

三 本國史記와 地誌의 古今名人傳蹟을 蒐輯廣佈ᄒᆞ야 國民의 愛國心을 鼓動ᄒᆞ고 元氣를 培養할 事 但書籍發刊費는 會金으로 支出ᄒᆞ고 發售納本後에 利剩의 三分之二는 編輯員의게 酬ᄒᆞ고 三之一은 會金에 補ᄒᆞᆯ 事

四 本會會報를 每月이나 或每週日에 刊行ᄒᆞᆯ 事 但發行期日은 隨時變通ᄒᆞᆯ 事[29]

이에 따르면 국민교육회의 설립 목적은 일반 국민의 교육과 지식 계발에 힘쓰고, 지난 폐습을 혁파하고 쇄신의 규모를 확립하는 것이었다. 흥미로운 점은 정치상에 관한 일은 일절 금한다는 조항을 만들고, 모임에서의 의견교류를 학교 설립에 관한 일이나 근대적 학문 및 역사·지지·위인에 관한 서적의 수집 및 번역 출판, 회보의 발간에 관한 것으로 제한한 점이다. 이러한 정치적 중립성은 다양한 스펙트럼을 지닌 개화 지식인들의 연대를 가능케 하였고, 이는 교육에 대한 공통적인 목표 아래 교과서, 학술서, 학회지 등의 결과물로 표출될 수 있었던 것이다.

특히 『소년한반도』의 창간은 제3조 4항에 해당하는 규칙이 실효를 거둔 결과로 이해할 수 있다. 『소년한반도』는 당시의 다른 잡지들에 비해 정치적 성향을 강하게 표출하는 글을 찾기 어렵다. 『소년한반도』에서 다루어지는 내용 중 가장 눈길을 끄는 것은 바로 근대 학지(學知)에 관한 것

29 「국민교육회규칙(國民教育會規則)의 대요(大要)」, 『황성신문』, 1904.9.19.

이다. 여기에는 「국가학(國家學)」, 「사회학(社會學)」, 「경제학(經濟學)」, 「물리학(物理學)」, 「지리학(地理學)」, 「수학(數學)」, 「농학(農學)」, 「공학(工學)」, 「상업학(商業學)」, 「위생학(衛生學)」 등 비교적 정론의 형태로 기술된 글들과 또 이러한 내용을 문답의 형태로 쉽게 설명한 「위생문답(衛生問答)」, 「지리문답(地理問答)」, 「심리문답(心理問答)」, 「동물문답(動物問答)」, 「식물문답(植物問答)」, 「광물문답(鑛物問答)」 등이 포함된다. 그밖에도 소년 독자들의 흥미와 관심을 끌기 위한 「아모권면」, 「교제신례(交際新例)」, 「동양담셜」, 「현상미화(어)(懸賞謎話(語))」, 「사조(詞藻)」, 「소설(小說)」 등 다양한 성격의 글들이 포함되어 있다.[30] 근대 학지를 다루고 있는 글들은 대부분 일본 유학 경험이 있는 회원들이 근대적 분과학문의 체계에 따라 각 분야의 기초적인 이론들을 소개하는 형태로 이루어져 있으며, 여성을 대상으로 가정교육의 지침서 역할을 하는 「아모권면」, 서양식 교제방법을 설명한 「교제신례」, 우스운 이야기를 다룬 「동양담셜」, 독자들에게 한자어 풀이를 공모한 「현상미화(어)」, 문예적 성격을 띤 「사조」와 「소설」 등이 병렬적으로 배치되어 있다는 특징을 지닌다.

이러한 가운데 이해조는 『소년한반도』 잡지의 찬성원으로 참여하여, 한문현토소설(漢文懸吐小說)인 「잠상태」를 제1호부터 제6호까지 꾸준히 연재하였다. 『소년한반도』는 제6호를 마지막으로 폐간되었으므로 「잠상태」는 연재를 종결짓지 못한 상태에서 미완으로 그치고 말았다. 회장

30 최근 『소년한반도』를 대상으로 이루어진 한 연구에서는 「아모권면」, 「교제신례(交際新例)」, 「동양담셜」, 「현상미화(懸賞謎話)(어(語))」, 「사조(詞藻)」, 「소설(小說)」 등의 글을 '일상문화'의 맥락에서 설명하고 있는데, 이는 『소년한반도』에 대한 본격적인 논의일 뿐 아니라 『소년한반도』의 성격을 '문화'라는 코드를 통해 입체적으로 설명하고 있다는 점에서 주목할 만하다. 문선영 · 한태문, 「문화로 읽는 근대 이행기 매체문학―『소년한반도(少年韓半島)』를 중심으로」, 『한국사상(韓國思想)과 문화(文化)』, 51, 2010, 239~278쪽.

체(回章體) 구성을 따른 이 작품은 제1회에 해당하는 '한식절가인제망모 천연동공자전귀객(寒食節佳人祭亡母 天緣洞公子餞貴客)'이 1호부터 4호 중반까지, 제2회에 해당하는 '진인연변주가인연 이기미상합일기미(眞因緣變做假人緣 二氣味相合一氣味)'이 나머지 6호까지 연재되었다.

賦納餘十斗官家苦嫌遲可憐中夜歎君王那得知

評曰十斗粟尙可舂中夜瓊樓之憂得之者幾何

◎小說 (一)

◎岑上苔 第一回

寒食節佳人祭亡母 天緣洞公子餞貴客

鐵은是無情的이오磁는是無知的이라鐵與磁ㅣ有甚相知며磁與鐵이有甚同情이리오마는一着에不得離는以其氣味不相異也ㅣ셔라況天帝地尊과嶽靈瀆神이闡闔和不惜秀麗淸淑之原素ᄒ야鍾不多佳人才子ᄒ되有靈性ᄒ며有風流性ᄒ며有情痴性者乎아所以滿車之艶詞와廣寒之奇緣와其相逢相別相思相夢이非磁鐵止也라又有一件好春辭ᄒ야要供讀天下多情的ᄒ노라

漢城之東山曰駱峰이니峰이不甚高ᄒ고不甚低ᄒ야古松與沙가繚繞一面ᄒ고四時에花ㅣ不絕이라、峰下에有金生者ㅣ居焉ᄒ니瑞圭는其名이오文蔚은其字이오安東人氏니簪纓第一家也ㅣ라容貌가粹良ᄒ고風度가絕倫ᄒ야年纔十九에已通經史子集ᄒ고詞藻는尤其長也라中蓮試第一ᄒ야芳名이震京華ᄒ니當時槐鉉大老ㅣ並遊人而無人不願嫁其女也러라、又有一個綽號ᄒ니人이見之에必曰英郎오이人이聞之에必曰英郎이라英郎英郎에不姓不字로되而知金進士不貳러라、一日에英郎이不能抵當得春情ᄒ야責小奚騰艸艸酒ᄒ고自策小驢ᄒ

小說 三十九

『소년한반도』 소재 「잠상태」의 연재 모습
(창간호, 1906.11, 서울대 중앙도서관 소장)

이 무렵 '소설'은 패관잡기라는 전대의 부정적인 인식에서 벗어나 새롭게 형성된 근대 출판인쇄문화와 결합을 부단히 시도하고 있던 터였다. 특히, 근대적 인쇄출판 기술을 토대로 탄생한 신문과 잡지는 이야기가 지닌 대중적 요소에 주목하고, 인쇄된 지면에 독자를 유인하거나 발행주체의 목소리를 더욱 효과적으로 전달할 수 있는 수단으로 '소설'을 선택하였다.[31] 『소년한반도』가 소설을 선택한 것도 이러한 사정과 무관하지 않다. 다만 중요한 것은 왜 하필 그 선택이 한문소설 『영영전(英英傳)』의 내용을 그대로 차용한 회장체 한문현토소설이었던가 하는 점이다.[32]

물론 이미 『독립신문』의 창간 이후 단형의 서사물들이 신문 매체의 지면 속에서 다양한 방식으로 활용되고 있었지만, 본격적으로 '소설'이

31 이와 관련해서는 다음의 연구를 참고할 것. 김영민, 『한국 근대소설사』, 솔, 1997; 김영민, 『한국 근대소설의 형성과정』, 소명출판, 2005.

32 「잠상태(岑上苔)」가 한문소설 『영영전(英英傳)』의 화소를 차용하고 있다는 사실은 최원식의 논문에서 확인할 수 있다. 최원식, 「이해조 문학 연구」, 서울대 박사논문, 1986, 26~28쪽 참조.

라는 표제 하에 연재물을 다루기 시작한 것은 1906년 무렵이었다. 『대한매일신보(大韓每日申報)』는 1906년 2월 6일부터 「청청루루의의녀녀전전(靑청樓루義의女녀傳전)」의 연재를 시작하였고, 『황성신문』이 1906년 5월 19일부터 「신단공안(神斷公案)」의 연재를 시작하였다. 또한 『만세보(萬歲報)』는 1906년 7월 22일부터 이인직의 소설 「혈(血)의루(淚)」를, 『제국신문』은 1906년 9월 18일부터 '소설'이란 표제 하에 제목이 없는 짤막한 이야기들을 연재하고 있었다. 이는 잡지의 경우도 마찬가지였는데, 비슷한 시기에 발간되었던 『조양보(朝陽報)』, 『대한자강회월보(大韓自强會月報)』 등이 소설란을 설치하고 있었다. 하지만 '소설'이라는 동일한 표제를 사용하고 있었음에도 불구하고, 그 안에 담긴 이야기들은 하나의 양식으로 통합되기 어려운 다양한 모습으로 표출되었다. 왜냐하면 각각의 매체들은 나름의 담론기획과 독자전략에 맞춰 이야기의 자질을 지닌 다양한 성격의 글을 단지 '소설'이란 이름으로 호출하였기 때문이다. 특징적인 점은 『황성신문』을 제외한 대부분의 신문이 '소설'의 표기 수단으로 순한글을 선택했다는 사실이다.[33] 그와는 달리 당시 대부분의 잡지들은 한자를 '소설'의 주된 언어로 삼고 있었는데, 이는 「잠상태」의 언어 선택이 주로 『소년한반도』라는 매체의 영향 안에서 이루어졌음을 짐작케 한다.

한문현토체라는 「잠상태」의 문체 선택은, 이해조 개인의 관심사를 전혀 배제하긴 어렵겠지만 『소년한반도』라는 잡지가 지닌 성격과 관

33 한문에 익숙한 전통적 지식인 계층을 주 독자로 삼은 『황성신문』의 경우에도 소설의 표기 수단을 두고 다양한 고민을 했음을 알 수 있다. 한문현토체로 쓰인 「신단공안(神斷公案)」 이후 연재된 「몽조」(1907.8.12~9.17)의 경우 순한글로 표기되어 있다.

련이 깊다. 『소년한반도』의 주된 독자층은 바로 그들이 전면에 내세운 '소년'이라는 새로운 그룹이었다. 생물학적으로는 아동기와 청년기 사이에 존재하는 시기이자 가까운 미래 부강한 근대국가를 건설할 국민으로서의 '소년', 그들에 대한 교육과 계몽이 바로 『소년한반도』의 주된 목적이었던 것이다. 따라서 『소년한반도』의 편집주체는 현재의 소년을 나라를 이끌어갈 문명한 개화 지식인으로 양성하는 일이었으며 한자는 지식인 계층이 갖추어야할 필수적인 문자였던 셈이다. 또한 매일 발간되는 신문과는 달리 한 달에 한 번 발간되는 잡지의 경우 신문에 비해 소설 연재를 위한 지면이 상대적으로 제한되어 있었다는 점도 배제할 수 없다. 축자적인 한문에 비해 구어적이며 풀어쓰는 특성을 지닌 한글의 경우에는 같은 내용이라도 더 많은 분량을 차지할 수밖에 없기 때문이다.

「잠상태」는 이미 알려진 바와 같이 고소설 『영영전』의 내용을 거의 그대로 차용한 소설이다. 따라서 이 작품은 이해조의 신소설 작품에 비해 그다지 주목을 받지 못하였고, 단지 이후 이해조 문학의 배경 정도로서의 의미를 지닌 것으로 평가되었을 뿐이다.[34] 그럼에도 불구하고 이 작품이 지닌 독특한 특징들을 살펴보면 다음과 같다.

먼저 이 작품은 문장표현에 있어서 구어체(口語體) 구사를 시도하고 있다는 점이다. 『영영전』을 비롯한 대부분의 한문소설이 문어체(文語體) 고문(古文)을 사용하고 있는 것과 달리 이 작품은 구어적 특성을 살리고자 애쓰고 있는데, 이러한 특성은 중국 백화체의 영향을 받은 것으로 설명된다.[35] 이 시기 한문소설 중 이와 같은 특성을 지닌 작품은

34 최원식, 앞의 글, 26~30쪽 참조.

1906년 5월 19일부터 12월 31일까지 『황성신문』에 장기간 연재되었던 「신단공안」을 들 수 있다.[36] 이처럼 한문현토소설에서 나타나는 구어적 현상은 한문 문체의 근대적 대응과 모색의 한 양상으로 보인다. 결국 이해조는 기존 중국 백화소설에 대한 독서경험과 당시 「신단공안」과 같은 작품의 문체 실험에 영향을 받았으며, 「잠상태」를 통해 이와 같은 문체 실험을 시도했던 것으로 파악할 수 있다.

또한 이 작품에서 특징적인 부분 중 하나는 다음과 같은 대목이다.

寒食節佳人祭亡母 天緣洞公子餞貴客

鐵은 是無情的이오 磁는 是無知的이라 鐵與磁ㅣ 有甚相知며 磁與鐵이 有甚同情이리오마는 一着에 不得離는 以其氣味不相異也已싀라 況天帝地尊과 嶽靈瀆神이 團團和不惜 秀麗淸淑之原素ᄒᆞ야 鍾不多佳人才子호ᄃᆡ 有靈覺性ᄒᆞ며 有風流性ᄒᆞ며 有情痴性者乎아 所以蒲東之艶詞와 廣寒之奇緣의 其相逢相別相思相夢이 非磁鐵止也라 又有一件好春辭ᄒᆞ야 要供普天下多情的ᄒᆞ노라[37]

위 예문은 「잠상태」의 제일 첫 부분인데, 이는 작가의 서언(序言)에 해당한다. 재미있는 점은 주인공 영랑과 운영의 만남을 철과 자석에 빗대어 설명하고 있다는 점이다. '인연'과 같이 특정한 질서와 법칙으로는 해명하기 어려운 인간 삶의 우연성을 물리적인 현상을 통해 설명

35 송민호, 『한국(韓國) 개화기 소설(開化期小說)의 사적 연구(史的硏究)』, 일지사, 1975, 93쪽.
36 정환국, 「애국계몽기 한문현토소설의 존재방식」, 『고전문학(古典文學) 연구(硏究)』 24, 2003, 195쪽.
37 「잠상태」, 『소년한반도』 제1호, 1906.11, 39쪽.

하고자 하는 점이 특이하다. 이는 이 작품이 『소년한반도』라는 잡지에 연재되었다는 점과 일정한 관련이 있는 것으로 보인다. 우선 이 작품은 소년 독자들이 좋아할 만한 재자가인(才子佳人)의 만남과 사랑을 다루되 그것을 특정한 삶의 인과율로 객관화시키고자 했다. 가령 『영영전』의 여주인공을 궁녀로 설정한 것과는 달리 「잠상태」의 여주인공인 운영을 대가집 여종으로 설정한 점은 주인공 영랑과의 인연에 좀 더 현실적인 개연성을 부여하려는 노력으로 이해할 수 있다. 이러한 특성은 이 작품이 '소년' 독자를 표상하는 『소년한반도』라는 잡지의 지면 속에 객관적이고 합리적인 근대지식과 나란히 배치된 소설이라는 점에서 그 이유를 찾을 수 있다. 이해조는 『소년한반도』의 중심이 되는 근대 학지가 단지 이론으로 그치는 것이 아니라 실제적인 삶의 구성 방식이 될 수 있다는 것을 인식하였고, 이러한 점을 '소설'이라는 문학적 양식으로 표현하고자 했던 것이다.

결국 「잠상태」는 『영영전』이라는 전통적인 이야기 화소를 차용하되 우연적이고 비현실적인 특성에서 벗어나고자 했으며, 구어체 문장의 구사를 통해 전통적 문체 형식을 근대적인 형태로 바꾸고자 시도한 작품이었다. '~전(傳)', '~록(錄)' 등의 표제전통을 따르지 않고 「잠상태」라는 다소 낯선 모습의 제목을 만들었던 점 또한 새로운 시도의 일환으로 볼 수 있겠다. 또한 이 작품은 재자가인의 만남과 사랑이라는 내용을 통해 소년 독자의 흥미와 관심을 유도하고, 근대 학지의 필요성을 소설 양식을 통해 구현하려 했던 점에서 의미가 있다. 이러한 특성은 전통적인 의미에서의 소설이 근대 잡지라는 매체와 결합했을 때 나타난 현상이며, 이후 이해조 소설의 위치를 해명하기 위한 핵심적인 사안이 된다.

그럼에도 불구하고 이해조의 첫 번째 소설 실험인 「잠상태」는 미완의 상태로 실패하게 되었다. 『소년한반도』가 6호를 마지막으로 폐간되었다는 외부적인 환경도 중요하겠지만, 이후 이해조의 소설 세계의 중심이 순한글체의 신소설로 온전히 옮겨졌기 때문에 「잠상태」의 소설 실험은 아쉽게도 실패로 보는 것이 타당하다. 그렇다면 이해조가 한문현토소설 대신 신소설을 선택하게 되는 계기에 초점을 맞출 필요가 있다.

먼저 「잠상태」에서 실험한 한문현토체는 중국의 백화체와는 달리 우리말의 언문일치를 추구하는 데 적합하지 않았다. 중국의 백화문(白話文) 운동은 '계몽', '과학', '민주'라는 근대화 이데올로기의 방향성에 의해 기획된 것으로, 글말과 입말의 일치를 추구하는 언문일치 운동이었다.[38] 지배계급의 전유물이었던 '문언문(文言文)' 대신 상대적으로 소외되었던 민중들의 글말인 '백화문'을 문자활동의 중심으로 세우는 일이 중국의 근대화를 앞당기기 위한 중요한 과제로 간주되었던 것이다. 「잠상태」의 표기 방법은 이러한 중국의 백화문 운동에 일정한 영향을 받은 것인데, 한문현토방식은 한국어가 지닌 구어의 세계를 효과적으로 표현하는 데 미치지 못하였던 것이다. 이전 소설이 지닌 허구적이고 비현실적인 한계를 극복하기 위해서는 현실 세계의 핍진한 묘사가 필수적이다. 또한 현실 세계의 핍진한 묘사가 생동감 있는 등장인물들의 대화나 인물 묘사를 통해 이루어질 수 있다는 점을 이해조는 「잠상태」의 연재를 통해 깨달았던 것으로 짐작된다.

또한 신문, 단행본과는 다른 잡지라는 매체가 지닌 분량상의 한계를 지적할 수 있다. 매일 또는 격일로 발행되는 신문과 온전히 한 작품을 위

38 이보경, 『근대어의 탄생—중국의 백화문운동』, 연세대 출판부, 2003, 3쪽.

해 출판되는 단행본과는 달리 잡지의 지면은 상대적으로 협소했다. 한 달에 한 번 그것도 다양한 성격의 글들과의 양적인 비율을 고려할 때 잡지의 지면은 새로운 소설을 기획하기에 충분치 못했다. 한문현토체라는 축자적 글쓰기를 통해 압축된 지면 안에서의 소설 연재를 시도하였지만 충분치 못한 잡지의 지면은 근대적 소설 실험에 한계로 작용할 수밖에 없었던 것이다. 결국 이해조는 이러한 분량상의 제약을 극복하기 위해 신문이나 단행본을 소설 쓰기의 중요한 토대로 삼게 되는 것이다.

뿐만 아니라 『소년한반도』가 상정한 독자층은 일반 신문 매체에 비해 매우 구체적이었으며 그 폭이 협소했다. 이해조는 재미와 교훈을 동시에 전달할 수 있는 '소설'이 지닌 가능성을 무기로 더 폭넓은 독자와 소통하고자 했던 것으로 짐작된다. 특히 이해조가 본격적인 소설 연재를 시작하는 『제국신문』은 순한글 신문으로 발행되어 한글에 익숙한 중인 이하의 계층에서 여성과 아동에까지 폭넓은 독자를 확보하고 있었다. 이러한 점은 『소년한반도』의 폐간 이후 『제국신문』으로 함께 자리를 옮기게 되는 이인직, 이해조, 박정동에게 중요한 영향을 미친 것으로 파악된다. 특히, 이해조는 『제국신문』을 통해 교육과 계몽을 담당할 새로운 소설을 연재할 안정적인 지면을 확보할 수 있었으며, 이를 바탕으로 다양한 소설 내적 실험들을 지속했던 것이다.

2. 근대 신문과 이해조 소설

1) 『제국신문(帝國新聞)』 소재 이해조 소설의 특질과 의미

(1) 1907년 『제국신문』의 체제 변화와 소설 배치

①1907년 5월, 『제국신문』의 지면 확장과 체제 변화

『소년한반도』를 통해 처음 근대 미디어를 통한 공론장에 등장한 이해조는 『제국신문』으로 자리를 옮기게 된다. 근대 미디어로서의 잡지는 아무래도 이해조가 구상하는 새로운 소설 실험에 적합하지 못했다. 무엇보다 잡지의 언어는 지식인 계층을 염두에 두고 있었기 때문에 순한문 또는 국한문이 중심이 되었다. 또한 신문에 비해 상대적으로 협소한 잡지의 지면은 충분한 분량이 필요한 새로운 소설을 담아내기에 어려운 점이 있었다. 그러던 중 애국계몽운동의 흐름 속에서 자신의 역할을 고민하던 이해조에게 드디어 기회가 찾아왔다.

『제국신문』은 1898년 8월 10일 창간되었으며, 그 운영에는 사장 이종일(李鍾一)을 비롯하여 유영석(柳永錫), 이승만(李承晩) 등이 참여하였다. 『제국신문』은 순한글 신문으로 발행되어 국한문 신문이었던 『황성신문』과 함께 십여 년간 발행되며 대한제국기 언론계를 주도했던 신문이다. 『황성신문』이 주로 한자에 익숙한 지식인 독자를 염두에 두었다면, 『제국신문』은 한글에 익숙한 여성 및 일반 평민을 주된 독자층으로 삼았다는 특징이 있다. 특히, 『제국신문』은 근대 국민국가의 수립을 위한

독자의 계몽을 최우선으로 삼고 있었다.[39]

그런데 1907년 이해조가 참여할 무렵, 『제국신문』은 지속적인 경영 악화와 독자들의 관심 부족으로 인해 매우 어려운 처지에 놓여 있었다. 그럼에도 불구하고 『제국신문』은 대대적인 지면 확장과 체제 개편을 계획한다. 다소 무리해 보이는 이러한 시도는 『제국신문』의 재정을 지원해 주겠다는 탁지부 대신 민영기(閔泳綺)[40]와의 약조를 통해 이루어질 수 있었다.[41] 을사조약 체결 직후 성립된 박제순 내각은 조약 강제로 인한 한국민의 동요와 반일 의병활동의 진정, 일진회의 발호에 대한 대책, 그리고 통감부와 한국황실세력 및 한국민과의 상호 절충 및 조화를 이뤄내야 하는 험난한 여정에 있었다.[42] 당시 탁지부 대신이었던 민영기는 『제국신문』의 어려운 재정 문제를 해결해주고, 지면 확장과 체제 개편을 지원하여 혼란한 정국을 안정시키는 데 『제국신문』을 활용하고자 했던 것으로 보인다. 이러한 가운데, 『제국신문』 사장이었던 이종일은 매우 공격적인 지면 확장과 체제 개편을 단행하였

---

39 『제국신문』의 창간과 그 성격에 관해서는 다음의 논문을 참고할 것. 최기영, 『『뎨국신문』 연구』, 서강대 언론문화연구소, 1989.

40 탁지부 대신 민영기는 을사조약 체결 시 반대를 했던 인물이지만, 한일병합 시에는 자작의 지위와 은사금을 수여받는다.

41 "帝國新聞廢刊ᄒᆞᆫ 事에 對ᄒᆞ야 警務中署에셔 刑事巡檢 金圭洙氏를 該社에 派送ᄒᆞ야 停刊ᄒᆞᆫ 理由ᄅᆞᆯ 警視廳에 査報ᄒᆞ얏ᄂᆞᆫᄃᆡ 其槪意를 得聞ᄒᆞᆫ 則 該社經用이 窘艱ᄒᆞ야 廢刊ᄒᆞᆯ 境에 至ᄒᆞ얏더니 閔泳綺氏가 度支部大臣在任時에 該社를 救護ᄒᆞ기로 爲約ᄒᆞ야 器械 等物를 整備ᄒᆞ며 紙面을 擴張ᄒᆞ얏더니 適其時에 閔氏가 度支大臣을 遞任된으로 前日 約條이 歸於烏有ᄒᆞᆫ 所以라 ᄒᆞ더라", 「오유약조(烏有約條)」, 『황성신문』, 1907.9.27, '잡보'; "뎨국신문이 폐지된 이유를 경무셔에셔 경시쳥에 보고 ᄒᆞ엿ᄂᆞᆫᄃᆡ 민영긔씨가 탁지대신으로 잇슬 ᄯᅢ에 ᄒᆡ 신문샤를 구호ᄒᆞᆫ다고 언약ᄒᆞᆫ고로 긔계와 지면을 확쟝ᄒᆞ엿더니 맛참 민씨가 탁대를 톄임ᄒᆞ고 약됴가 물시된즉 경비가 군ᄉᆡᆨᄒᆞᆫ ᄯᆞᄅᆞᆷ이라 ᄒᆞ엿다니 대신으로 잇지 아니ᄒᆞ면 샤회에 보조도ᄒᆞᄂᆞᆫ 권한이 업ᄂᆞᆫ지 알 수 업거니와 민씨ᄂᆞᆫ ᄌᆞ긔의 힘으로 보조를 아니ᄒᆞ고 탁지에 국고금으로 보조를 ᄒᆞ려고 ᄒᆞ엿던가", 『대한ᄆᆡ일신보』, 1907.9.29, '시ᄉᆞ평론'.

42 한명근, 「통감부 시기 이완용 연구」, 『한국 민족운동사 연구』 24, 2000, 89쪽.

다. 탁지부 대신 민영기와의 약조는 지속적인 재정문제를 해결하고, 더욱 적극적인 신문 사업을 펼칠 토대가 될 수 있기 때문이었다.

1907년 5월 4일부터 수일간 『제국신문』은 다음과 같은 광고를 지속적으로 게재하였다.

> 본보를 창간ᄒᆞᆫ지 십년 동안에 본샤샤원의 열셩이 쉬지 안이ᄒᆞ고 쳔신만고를 지내가면셔도 여일이 지ᄐᆡᆼᄒᆞᆷ은 여러분들의 ᄉᆞ랑ᄒᆞ시ᄂᆞᆫ 셩의로 인연ᄒᆞᆷ이오나 지면이 협착ᄒᆞ야 학슐의 됴흔의론과 관보와 외보등을 마암ᄃᆡ로 게ᄌᆡ치 못ᄒᆞ와 구람ᄒᆞ시ᄂᆞᆫ 이들의 ᄯᅳᆺ을 ᄯᆞᆯᄒᆞ지 못ᄒᆞᆷ은 비록 ᄌᆡ졍이 군졸ᄒᆞᆫ 연고오나 지금 이 ᄯᆡ를 당ᄒᆞ야 시국의 졍형과 학문상 됴흔 언론을 급급히 동포에게 알니지 안을 슈 업기로 간신이 긔계를 구득ᄒᆞ고 부죡ᄒᆞᆫ 쥬ᄌᆞ를 쥰비ᄒᆞ야 방장셜비 즁이온즉 이달 십륙일부터ᄂᆞᆫ 지면을 널펴 신문면목을 일신케ᄒᆞ고 론셜과 소셜도 일층 쥬의ᄒᆞ야 샤회의 졍신을 ᄃᆡ표ᄒᆞ려니와 관보와 외보를 긔ᄌᆡᄒᆞ야 쳠군자의 ᄉᆞ랑ᄒᆞ시ᄂᆞᆫ 후의를 갑고져 ᄒᆞ오니 더욱 ᄉᆞ랑ᄒᆞ시기 바라오며 이신문이 결단코 몃몃 샤원의 ᄉᆞ삿일이 안이라 전국샤회의 셩쇠에 큰 과계오니 유지ᄒᆞ신 동포들은 다 각기 남의 일노 ᄉᆡᆼ각들 말으시고 극력찬셩 ᄒᆞ시기 바라나이다[43]

『제국신문』의 이러한 변화는 박제순 내각의 정치적 이해관계에 따른 경비 지원 약속으로 인해 가능했으며, 대대적인 체제 개편은 이인직, 이해조, 박정동의 참여로 인해 이루어질 수 있었다. 이인직, 이해조, 박정동은 모두 『소년한반도』의 기고자였으며, 교육과 계몽에 대한 이들 세 명의 공통된 지향점은 '소년'의 범위를 넘어 여성을 중심으로 한

43 「본보를 확장ᄒᆞᄂᆞᆫ 일」, 『제국신문』, 1907.5.4, '특별고백'.

일반 대중 독자를 포괄하는 『제국신문』의 성격과 연결될 수 있었다. 『소년한반도』가 1907년 4월 1일 제6호를 마지막으로 폐간되자, 1호부터 6호까지 빠짐없이 참여했던 이인직, 이해조, 박정동은 모두 『제국신문』의 지면 확장과 체제 개편에 참여하게 된다.

예정되어 있던 바와는 달리 실제 지면 확장과 체제 개편은 17일부터 본격적으로 이루어졌다. 1907년 5월 14일 『제국신문』은 「본보정간(本報停刊)과 연기(延期)」라는 제목의 기사를 내보내고 이틀간의 준비기간을 거친 뒤 17일부터 쇄신판을 발행할 수 있었다.[44] 결국 『제국신문』은 1907년 5월 17일 자부터 지면을 확장하고 혁신적인 체제 변화를 실행하게 되었다. 『제국신문』은 4단에서 6단으로 지면을 확장하고, 그간 1면 첫머리를 장식하던 논설란을 2면으로 옮긴다. 또한 1면에는 근대지식과 '소설'을 나란히 배치하여 새로운 방식의 독자계몽을 기획하였다.

그런데 며칠이 지난 6월 7일에는 다음과 같은 기사가 게재된다.

> 광무이년 팔월에 본 신문을 창간할 ᄶᅵ에 이승만 류영석 량씨와 본긔쟈 리죵일 삼인이 동심함력ᄒᆞ야 ᄉᆞ무를 보더니 불과 일긔월에 리승만씨ᄂᆞᆫ 민권회복 ᄒᆞᄂᆞᆫ 일에 열심ᄒᆞ야 협회 ᄉᆞ무에 진력ᄒᆞ다가 칠년 감금을 당ᄒᆞ고 류영셕씨ᄂᆞᆫ 신병이 잇셔 본사 ᄉᆞ무를 ᄌᆞ퇴ᄒᆞ고 다만 본 긔자 일인이 젹슈단신으로 탐보겸 샤쟝겸 긔쟈로 지ᄂᆡ다가 그 이듬희 셧달 회록지변을 당ᄒᆞ야 심상익씨가 독ᄌᆞ판비ᄒᆞ얏던 긔계활ᄌᆞ 등속이 몰슈 소화되고 다만 뎨국신문 네글ᄌᆞ만 남은지라 그ᄶᅵ

44 "지면 확장ᄒᆞᄂᆞᆫ 일에 ᄃᆡᄒᆞ야 다소간 미비ᄒᆞᆫ ᄉᆞ를 인ᄒᆞ야 명일부터 잇흘 동안은 신문발ᄒᆡᆼ을 뎡지ᄒᆞ고 십칠일부터 ᄀᆡ량ᄒᆞ야 발ᄒᆡᆼᄒᆞᆯ 터이오니 쳠군ᄌᆞᄂᆞᆫ 셔량ᄒᆞ시옵", 「본보정간(本報停刊)과 연기(延期)」, 『제국신문』, 1907.5.20.

시국으로 말ᄒᆞ면 세상 사ᄅᆞᆷ이 신문을 원슈갓치 녁일지언뎡 일푼 연죠ᄒᆞ는 사ᄅᆞᆷ을 보지못ᄒᆞ고 다만 김효신씨로 더부러 남의 젼방슈간을 셰ᄂᆡ고 남의 활판에 셰를주고 인쇄ᄒᆞ니 (…중략…) 다힝히 본샤에 복셩이 빗치오고 본 신문 구람하시ᄂᆞᆫ 쳠군ᄌᆞ의 져바리지안으시ᄂᆞᆫ 광영을 닙어 학식과 ᄌᆡ예가 각샤회에 거슈라고 홀만ᄒᆞᆫ 신ᄉᆞ 졍운복씨가 ᄀᆡ연이 본샤 ᄉᆞ무의 곤란홈을 ᄉᆡᆼ각ᄒᆞ야 편즙 ᄉᆞ무를 담임ᄒᆞ기로 응락ᄒᆞ고 금일부터 시무ᄒᆞ게 되오니 이ᄂᆞᆫ 본샤 창셜ᄒᆞᆫ지 십년만에 본 신문의 면목을 금일부터 다시 일신 ᄀᆡ량ᄒᆞᄂᆞᆫ ᄯᅢ라 론셜 소셜 긔ᄉᆞ 등의 유식ᄒᆞ고 ᄌᆞ미잇ᄂᆞᆫ 말과 ᄂᆡ외국 시ᄉᆞ의 변젼 되야가ᄂᆞᆫ 상ᄐᆡ를 일일이 평판ᄒᆞ야 일반 졔인의 졍신을 ᄭᆡ치고 ᄯᅩ한 당국쟈의 잘잘못ᄒᆞᄂᆞᆫ 사졍득실을 낫낫치 긔탄인코 친소와 ᄉᆞ졍업시 쾌쾌이 평론ᄒᆞ야 억울한 쟈의 한을 풀고 공잇ᄂᆞᆫ 쟈로 ᄒᆞ야곰 더욱 표양ᄒᆞ게 될 것은 신임 편즙인의 본졍이오니 엇지 본샤에 다힝이 안이며 본샤에 다힝만 안이라 ᄯᅩ한 일반 사회에 다힝이온지라 그러ᄒᆞ나 본 긔자ᄂᆞᆫ 여러 ᄒᆡ를 여러분들과 ᄆᆡ일 상죵ᄒᆞ다가 이졔 ᄒᆡ임을 고홈이 심이 챵연ᄒᆞ야 두어말노 앙포 ᄒᆞ거니와 소위 샤쟝의 직칙은 여젼이 보ᄂᆞᆫ바오오니 여러분들은 ᄉᆡ사람의 됴흔 학문과 언론을 일층더 ᄉᆞ랑ᄒᆞ고 ᄌᆞ미잇게 만이 보아 문명진보의 실효가 잇도록 힘들쓰시기 쳔만 바라옵ᄂᆡ다[45]

『제국신문』의 주필이자 사장이었던 이종일은 정운복[46]을 주필로 초빙하여 1907년 5월의 대대적인 확장 개편 작업에 방점을 찍는다. 십여

45 「본샤의 힝복과 본긔쟈의ᄒᆡ임」, 『제국신문』, 1907.6.7, '샤셜'.

46 정운복은 『제국신문』에 참여하기 전까지 『경성일보(京城日報)』 한글판의 주필로 활동하고 있었다. 『경성일보』는 통감부의 기관지였으며, 조선에서 발행되던 『한성신보(漢城申報)』와 『대동신보(大東申報)』를 합병하여 1906년 9월 1일 창간하였다. 초기에는 일본어판과 한국어판을 발행하였는데, 한국어판의 주필이 바로 정운복이었다. 정진석, 『한국언론사』, 나남, 2001, 327쪽 참조.

년간 『제국신문』의 편집과 운영을 맡아오던 이종일은 일선에서 물러나 사장 직책만 맡고, 정운복을 새로운 편집인으로 초청한 것이다.

같은 날 2면에는 다음과 같은 기사가 게재된다.

> 본샤 편집원은 졍운복씨로 츄션되야 금일부터 일반 편즙ᄉᆞ무를 담임ᄉᆞ무 ᄒᆞ오며 물리학과 소셜은 박졍동 리인직 리해죠 삼씨가 담임 뎌술ᄒᆞᄂᆞᆫᄃᆡ 이상 졔씨ᄂᆞᆫ 본 신문이 우리 한국 ᄀᆡ명긔관에 요졈됨을 ᄉᆡᆼ각ᄒᆞ야 보슈의 다소를 구익치 안코 다 ᄌᆞ원 근무ᄒᆞ오니 일반동포ᄂᆞᆫ 죠량ᄒᆞ시기 바라오[47]

1907년 단행된 지면 확장과 체제 개편 작업은 그간 이종일을 중심으로 운영되었던 체제가 정운복 중심으로 바뀌면서 완성되었다. 이종일은 십여 년간 지속해 오던 『제국신문』 제작의 일선에서 물러나 사장 직임만 유지한 채 모든 신문 편집의 권한을 정운복에게 넘겨주었다. 그러나 정부의 자금 지원을 바탕으로 한 지면확장과 체제 변화, 편집진의 보강 등을 통해 이루어진 새로운 『제국신문』은 불과 며칠이 지나지 않아 커다란 위기를 맞게 된다.

『제국신문』의 지면 확장과 체제 변화에 대한 자금 지원을 약속했던 박제순 내각이 물러나고, 통감부에 의해 이완용 내각 체제가 새롭게 성립되었다. 박제순은 일진회의 사퇴 압력과 이른바 '을사오적'에 대한 테러 위협으로 인해 결국 스스로 참정 대신의 자리에서 물러나게 되고,[48] 민영기 역시 지속적인 상소를 통해 탁지부 대신의 자리에서 물

47 「사고(社告)」, 『제국신문』, 1907.6.7, 2면.

48 한명근, 「통감부 시기 이완용 연구」, 『한국 민족운동사 연구』 24, 2000, 92쪽.

러나게 되었다. 새롭게 정권을 잡은 이완용의 친일 내각은 민심을 장악하고 자신들의 권력을 더욱 공고히 하기 위한 언론의 필요성을 느끼고, 친일정부 기관지라 할 수 있는 『대한신문』의 창간에 착수하게 된다.[49] 이완용 내각은 일진회의 『국민신보』나 민족자강계열의 『황성신문』, 『대한매일신보』와 대등하게 자신들의 정치적 이념을 전파할 도구가 필요했던 셈이다.

이완용 내각의 성립은 자연스럽게 이전 내각의 탁지부 대신 민영기의 재정 지원 약속을 파기시키게 되었다. 민영기와의 약조를 통해 『제국신문』에 지급되어야 했을 보조금은 이완용 내각의 기관지 『대한신문』으로 옮겨졌던 것으로 보인다.[50] 재정 지원을 받지 못하게 된 『제국신문』은 사면초가에 빠지게 되었다. 그동안 누적된 받지 못한 구독료와 지면확장과 체제 개편에 투자한 엄청난 비용을 감당할 수 없게 된 『제국신문』은 결국 폐간의 위기에 처하게 된다.[51] 심각한 재정난에 봉착한 『제국신문』은 사장 이종일이 「엇지홀 슈 업는 일」,[52] 주필 정운복이 「붓을 들고 통곡홈」,[53] 리일정(李一貞)이라는 독자의 '기서(寄書)'[54]를 연이어

49 『대한신문(大韓新聞)』은 1907년 7월 18일 『만세보(萬歲報)』의 시설을 인계받아 이완용내각의 기관지로 창간되었으며, 사장은 이인직이 맡았다.

50 "현 정부긔관으로 압제졍티를 쥬챵ᄒᆞ는 소위 ᄃᆡ훈신문은 탁지부에셔 국고금으로 ᄆᆡ삭 五百元식 지츌ᄒᆞᆫ다더라", 「국고금쇼즁」, 『공립신보(公立申報)』, 1908.1.29.

51 1907년 5월에 시행된 『제국신문』의 확장 경비는 일천환(一千圜)에 이르렀다고 한다. "帝國新聞社의 財政이 窘絀ᄒᆞ야 諸般 經費를 維持홀 道理가 無ᄒᆞ야 一篇論述홈은 一般 公衆이 已所共知어니와 該社事實을 槪聞ᄒᆞᆫ 則 本年春間에 北村某大臣이 有何思想이던지 經費를 自擔支補ᄒᆞ리니 報面을 擴張ᄒᆞ라 홈에 鄭重ᄒᆞᆫ 言辭을 感激ᄒᆞ야 報面을 一層擴張ᄒᆞᆫ 經費가 一千圜에 達ᄒᆞ얏는ᄃᆡ 該大臣이 忽地變覆ᄒᆞ야 頓然不顧ᄒᆞᆫ 則 可謂 登樓去梯라 此事由를 因ᄒᆞ야 將次 廢刊홀 境遇에 至ᄒᆞ얏다니 愛惜ᄒᆞᆫ 事는 書不能盡言이며 該大臣의 食言홈은 不可使聞於人이라는 輿論이 浪藉ᄒᆞ더라", 「제사군간리유(帝社窘艱理由)」, 『황성신문』, 1907.9.13.

52 이종일, 「엇지홀 슈 업는 일」, 『제국신문』, 1907.9.5~9.7.

53 정운복, 「붓을 들고 통곡홈」, 『제국신문』, 1907.9.10.

게재하였다. 또한 평양 김유택이 투고한 '기서' 말미에는 독자들의 관심과 기부에도 불구하고, 『제국신문』의 재정 상황히 여전히 나아지지 않았음을 짐작케 하는 편집인의 말이 기록되어 있다.[55]

결국 『제국신문』은 대대적인 지면 쇄신과 편집진의 보강에도 불구하고, 9월 20일을 마지막으로 폐간됨을 고하고 있다. 정운복은 신문 폐간의 결정적인 이유를 신문지법에 의해 내부에 납부해야 하는 삼백 원 때문이라고 밝히고 있으며,[56] 이종일은 갑작스럽게 배일운동이 심각해진 이유가 통감부 당국자들의 억압적인 정책 때문이라며 강도 높은 비판의 목소리를 내고 있었다.[57] 수차례의 위기를 겪으면서도 십여 년 간 『제국신문』을 운영해 오던 이종일의 입장에서 마지막 호를 내는 심정은 매우 비통했을 것으로 짐작된다. 이 글에서 이종일은 마치 『제국신문』 폐간의 근본적인 원인을 통감부의 일방적인 정책에서 찾고 있는 듯 보인다. 결국 이러한 가운데 『제국신문』은 9월 20일 자를 마지막으로 한동안 모습을 보이지 않았다.

『제국신문』이 폐간되자 각 신문사들은 『제국신문』의 폐간을 위로하는 기사를 싣고, 『제국신문』이 다시 속간되길 바랐다.[58] 또한 『제국

---

54 리일정(李一貞), 『제국신문』, 1907.9.11, '긔셔'.

55 "긔쟈ㅣ 갈아ᄃᆡ 본샤의 졍황으로 말ᄒᆞ면 일시ᄅᆞᆯ ᄋᆡ과ᄒᆞ기 어려오나 여러 유지ᄒᆞ신 동포의 간절ᄒᆞ신 권면과 풍부ᄒᆞ신 긔부ᄅᆞᆯ 밧ᄉᆞ와 오날 ᄅᆡ일을 지ᄃᆡᆼᄒᆞ오며 본긔쟈 등도 힘과 졍셩이 밋ᄂᆞᆫᄃᆡᄭᆞ지는 붓을 놋치 안으려 ᄒᆞ오나 셰상의 가장 어려온 것은 지졍이라 엇지 영원히 유지ᄒᆞ기ᄅᆞᆯ 긔필ᄒᆞᆯ 슈 잇스리오 다만 하날을 울어러 츅슈ᄒᆞᆯ ᄯᆞ름이로라", 평양 김유탁, 『제국신문』, 1907.9.15, '긔셔'.

56 정운복, 「붓을 던져 신문 ᄉᆞ랑ᄒᆞᄂᆞᆫ 여러 동포에게 쟉별을 고ᄒᆞᆷ」, 『제국신문』, 1907.9.20.

57 "근일 ᄇᆡ일운동이 심ᄒᆞᆫ ᄭᆞ닭은 일본이 한국에 ᄃᆡᄒᆞᆫ ᄒᆡᆼ동이 셰계 사ᄅᆞᆷ의 공론에 화합지 못ᄒᆞᆫ ᄭᆞ닭이라고 안을 슈는 업도다 본보을 뎡간ᄒᆞᄂᆞᆫ 날에 당ᄒᆞᄆᆡ 그윽히 일본 근일 ᄉᆞ에 ᄃᆡᄒᆞ야 유감이 업지 못ᄒᆞᆫ고로 두어마ᄃᆡ 무식ᄒᆞᆫ 말노 경고ᄒᆞ노니 쳥컨ᄃᆡ 일본 당국 제공은 깁히 ᄉᆡᆼ각ᄒᆞᆯ지어다", 사장 리죵일, 「일본 당국자에게 경고함」, 『제국신문』, 1907.9.20, 3면.

신문』의 폐간을 아쉬워하는 일반 독자들은 『제국신문』에 성금을 보내 응원하였고, 각계각층 인사들이 찬성원을 조직하여 『제국신문』의 속간 운동을 지지하기도 하였다.[59] 이러한 『제국신문』의 속간 운동은 단순히 하나의 언론사의 폐간과 속간의 차원이 아니었다. 이때 『제국신문』은 조선인, 그리고 여성을 비롯한 일반 대중들의 목소리를 대변하는 민족지의 표상이었으며, 『제국신문』의 속간 운동은 일제의 탄압으로부터 자존을 지키고 독립을 쟁취하기 위한 상징적 의미를 지닌다. 이러한 노력으로 말미암아 결국 『제국신문』은 1907년 10월 3일 복간되었다. 이때부터는 사장이었던 이종일이 『제국신문』의 운영에서 완전히 손을 떼고, 정운복이 신문사의 발행과 편집을 책임지게 되었다.[60]

1907년 5월 17일부터 『제국신문』은 대대적인 체제 개편을 실행하였는데, 그 결과 다음과 같은 변화 양상을 보인다.

첫째, 각각의 지면이 4단에서 6단으로 확장되었다. 둘째, 대체로 1면 첫머리를 장식하던 논설란이 2면으로 옮겨가고, 빈자리에는 근대지식에 관한 내용으로 채워졌다. 셋째, 1면 하단에 '소설(小說)'란이 배치되고 '국초(菊初)'라는 필명으로 이인직의 소설 「혈(血)의루(淚)」 하편(下篇)이 연재되었다. 이 같은 변화는 『제국신문』의 소설 기획과 관련하여 매

58 「초제국신문혼(招帝國新聞魂)」, 『황성신문』, 1907.9.22.

59 창신사(彰信社)가 62환을 기부하였고, 여자교육회를 비롯한 후원회가 조직되어 『제국신문』의 속간을 기도하였다. 「과연창신(果然彰信)」, 『황성신문』, 1907.9.22; 「뎡지된 뎨국신문을 계쇽훌 방침 …」, 『대한미일신보』, 1907.9.25; 「여중군자(女中君子)」, 『황성신문』, 1907.9.26; 「하속간의연(賀續刊義捐)」, 『제국신문』, 1907.10.3.

60 1907년 10월 3일 자부터 속간된 『제국신문』 4면 하단에는 '편집 겸 발행인 정운복(編輯兼發行人 鄭雲復)'이라는 표기가 명시되어 있다.

우 중요한 의미를 담고 있다.

먼저 4단에서 6단으로의 지면 확장은 활자의 크기를 작게 하는 방식이 아니라, 기존의 종이보다 더 큰 종이를 사용한다는 점에서 더 많은 인력과 경비의 지출을 필요로 하는 것이었다. 게다가 만성적인 재정곤란을 겪던 『제국신문』의 입장에서 이러한 변화는 엄청난 모험이었다. 이러한 가운데 『제국신문』은 10년 남짓한 기간 동안 지속해오던 기존의 관례를 깨고 1면 논설을 2면으로 돌리는 한편, 1면을 새롭게 배치하려는 계획을 시도한다.[61]

신문의 1면은 각 매체의 지향점이 무엇인지를 가장 극명하게 보여주는 지면이다. 1896년 『독립신문』의 창간 이후 대부분의 신문은 1면에 항상 논설란을 마련하고 있었으며, 논설을 통한 독자계몽을 가장 중요한 목표로 삼고 있었다. 따라서 『제국신문』의 이러한 변화는 편집진의 신문 발행의 지향점이 논설에서 근대지식과 소설로 옮겨가고 있음을 보여주는 단적인 사례가 된다.[62]

『제국신문』의 지면 확장과 더불어 1면의 논설을 대체한 것은 다름 아

---

61 논설이 1면에서 2면으로 옮겨지고, 1면이 광고로 채워지던 시기가 잠시 있었다. 하지만 이는 일제의 검열로 인한 발행 시간 지연을 극복하기 위한 임시적 방편이었을 뿐, 특별한 지면 배치를 의도하여 기획된 것은 아니다. 이에 관해서는 다음의 논문이 상세하다. 구장률, 「근대계몽기 소설과 검열제도의 상관성」, 『현대문학의 연구』 26, 2005, 203~208쪽 참조. "본 신문을 ᄆᆡ양 첫 면에 긔지 ᄒᆞ더니 일인에게 검열을 밧기 시작ᄒᆞ야 가지고 검열을 밧아오면 일력이 부죡되야 긔계소에셔 젼후면을 밋쳐 박일 슈 업ᄂᆞᆫ고로 부득이 첫판에 광고ᄅᆞᆯ 계직ᄒᆞ야 ᄆᆡ양 오졍후부터 광고판을 박이고 나죵에 론셜과 잡보판을 검열ᄒᆞᆫ 후에 인쇄ᄒᆞ더니 신문 구람ᄒᆞᄂᆞᆫ 이들의 이론이 잇슬ᄲᅮᆫ외라 지금은 일력이 넉넉하기로 ᄌᆞ금 이후로ᄂᆞᆫ 첫면에 광고너기ᄅᆞᆯ 뎡지ᄒᆞ얏사오니 쳠군ᄌᆞᄂᆞᆫ 일층 애독ᄒᆞ시기ᄅᆞᆯ 바라오", 『제국신문』, 1906.4.25, '사고'.

62 이러한 변화는 당시 새롭게 창간된 『대한미일신보』 국문판과는 차별화되는 전략으로 파악된다. 『대한미일신보』 국문판의 창간은 동일한 독자층을 대상으로 삼고 있는 『제국신문』에게 위협이 될 수 있었다. 따라서 『제국신문』은 이에 대한 대응 전략의 일환으로 근대지식과 소설을 중심으로 한 체제 변화를 시도한 것으로 보인다.

니라 새로운 근대지식이었다. 주로 박정동[63]이 저술한 이 난은 첫날 '학문(學問)'이라는 표제로 연재를 시작하였으나 다음날인 21일부터 '학문의 필요(學問의 必要)'로 표제를 바꾸었으며, 다양한 근대지식을 독자에게 제공하고자 하였다. 그 세부 내용은 우주, 공기, 물, 수증기, 비, 눈과 우박, 이슬과 서리, 바람, 전기, 소리, 유성기, 빛, 렌즈, 눈, 사진, 광학, 열학 등으로 이루어져 있다. 「학문의 필요」는 이후 「물리학(物理學)」, 「리학(理學)」, 「화학(化學)」, 「생리(生理)」, 「심리(心理)」, 「철학(哲學)」, 「광물학(鑛物學)」, 「가정학(家庭學)」, 「륜리학(倫理學)」,[64] 「위생학(衛生學)」으로 표제를 달리하며 1908년 10월 31일까지 총 1년 5개월에 걸쳐 연재되었다.

특이한 점은 연재 초기에는 대부분 자연과학의 기초지식이 다루어지고 있지만, 「가정학」과 「륜리학」이 총 1년 5개월의 연재 기간 동안 가장 많은 비중을 차지하고 있다는 점이다. 「가정학」은 1907년 12월 11일부터 1908년 6월 19일까지, 「륜리학」은 1908년 6월 20일부터 동년 10월 27일까지 연재되었으니, 이 둘은 총 17개월의 연재기간 동안 절반이 넘는 10개월을 채운 셈이다. 이는 『제국신문』이 추구하는 근대지식

63 박정동(朴晶東)은 한성사범학교를 졸업하고 관립 소학교와 남원군의 공립 소학교, 그리고 한성사범학교에서 교사를 역임하였으며, 휘문의숙에서 이학(理學)을 강의하기도 하였다. 1904년 '국민교육회'에 가담하여 일본의 교육식민화 의도를 저지하고자 했으며, 홍사단의 편집부장을 맡아 국민교육을 위한 교과서 편찬에 주력했다. 주로 『소년한반도』, 『제국신문』, 『기호흥학회월보(畿湖興學會月報)』, 『교남교육회잡지(嶠南教育會雜誌)』 등의 신문과 잡지에서 근대지식의 교육과 보급에 활발한 활동을 하였으며, 저서로는 『신찬 가정학(新撰 家政學)』(1907), 『국제공법지(國際公法志)』(1907), 『경제원론(經濟原論)』(1907), 『초등본국지리(初等本國地理)』(1908), 『신찬척독완편(新撰尺牘完編)』(1908), 『신찬리화학(新撰理化學)』(1908), 『초등대동역사(初等 大東歷史)』(1909), 『초등본국사략(初等本國史略)』(1909), 『(개정)신찬리화학((改訂)新撰理化學)』(1910) 등이 있다. 김봉희, 『한국 개화기 서적 문화 연구』, 이화여대 출판부, 1999 참조.

64 「륜리학」은 이해조가 집필한 것이다. 이에 대해서는 장을 달리하여 상세히 설명하도록 하겠다.

이 주로 '가정학'과 '윤리학'과 같은 여성을 중심으로 한 일반 독자의 교육과 계몽에 초점을 두고 있다는 것을 보여준다.

또한 이러한 변화 가운데 1면에는 「본국력ᄉᆞ(本國歷史)」가 연재되기도 하였다. 『제국신문』은 1907년 6월 9일부터 기존에 연재 중이던 「학문의 필요」를 하단으로 내리고, 1면 첫 머리에 「본국력ᄉᆞ」의 연재를 시작한다.[65]

> 대뎌 나라이 잇슨 이상에ᄂᆞᆫ 력ᄉᆞ가 업지 못ᄒᆞᆯ지니 력ᄉᆞᄂᆞᆫ 무엇을 가라침이오 나라의 쳐음 긔국ᄒᆞᆫ 이후 시ᄃᆡ마다 졍치의 득실과 풍속의 션악을 긔록ᄒᆞᆫ 글이라 그런즉 인민이 되야 ᄌᆞ긔 나라의 력ᄉᆞ를 몰음이 엇지 가ᄒᆞ리오 ᄌᆞ긔 나라 력ᄉᆞ를 몰음이 엇지 가ᄒᆞ리오 ᄌᆞ긔 나라 력ᄉᆞ를 몰으면 ᄌᆞ긔 집안의 셰계를 아지 못ᄒᆞᆷ과 일반이라 엇지 힝셰ᄒᆞ기를 바라리오 본 긔자가 항상 ᄒᆞᆫ탄ᄒᆞᄂᆞᆫ 바ᄂᆞᆫ 우리 나라 동포가 우리 나라력ᄉᆞᄂᆞᆫ 캄캄히 몰으고 남의 나라 즁원 력ᄉᆞ만 알고쟈 ᄒᆞᄂᆞᆫ ᄭᆞ닭으로 글닑ᄂᆞᆫ 아희를 통감ᄉᆞ럑만 가라쳐셔 그 아희가 장셩ᄒᆞᆫ 후 우리 나라 일은 ᄒᆞᆫ아도 몰으고 즁원 일만 알기로 그 ᄉᆞ상이 ᄌᆞ쥬ᄒᆞᆯ 쥴은 죠곰도 ᄉᆡᆼ각지 안이ᄒᆞ고 남을 의뢰ᄒᆞᆷ을 달게 녁이니 엇지 슯호지 안으리오 ᄌᆞ금 이후로ᄂᆞᆫ 본보 젼면에 우리 나라 력ᄉᆞ를 긔지ᄒᆞ깃스니 우리 동포ᄂᆞᆫ 일층쥬의ᄒᆞ야 보시와 졔집 리력 몰으고 남의 셰계만 아ᄂᆞᆫ 붓그러옴을 면ᄒᆞ야 보기바라오[66]

65 「본국력ᄉᆞ」는 박정동이 집필한 것으로 추정된다. 박정동은 이후 『초등 대동역사』(1909년 8월 20일 동문사(同文社) 발행)를 출판하는데, 이 책의 초반부가 '본국역사'의 내용을 따르고 있다. 이 책은 「본국력ᄉᆞ」의 내용을 좀 더 구체적으로 보완하고 있는데, 책 겉표지에 보면 학부검정(學部檢定)을 거쳐 초등교육학도용으로 제작 출판되었음을 확인할 수 있다.

66 「본국력ᄉᆞ(本國歷史)」, 『제국신문』, 1907.6.9.

이 난은 '단군', '기자', '마한' 등 우리의 상고사를 알리려던 계몽적 기획의 일환이었는데, 외부적인 비판에 의해 지속적으로 연재되지 못하고 1907년 6월 26일 채 한 달을 넘기지 못한 채 중단되었다. 1907년 6월 27일 1면 「본국력ᄉᆞ」 대신 게재된 「남의 로예를 면치 못ᄒᆞᆯ 일」에는 다음과 같은 대목이 눈에 띈다.

> 근일에 본국력ᄉᆞ를 번역ᄒᆞᆷ은 비유ᄒᆞ건ᄃᆡ ᄌᆞ긔집 ᄉᆞ젹을 공부ᄒᆞᆷ과 갓흔지라 사ᄅᆞᆷ으로 ᄉᆡᆼ겨나셔 졔집안 보학을 몰으면 상놈이 분명ᄒᆞ고 제나라력ᄉᆞ를몰으면 남의로예를 면치못ᄒᆞᆯ지라 그런즉 신문보ᄂᆞᆫ 본의ᄂᆞᆫ 학문공부가 뎨일이거늘 근일 엇던친구들이 본신문에 력ᄉᆞ긔록ᄒᆞᄂᆞᆫ 것은 긴치안케 넉이ᄂᆞᆫ이가 잇다ᄒᆞ니 ᄉᆡᆼ업에 관계되야 학교에 가지못ᄒᆞᄂᆞᆫ 쳐디에 학교ᄃᆡ신 공부ᄒᆞᄂᆞᆫ 것은 ᄉᆡᆼ각지 안이ᄒᆞ니 ᄀᆡ탄ᄒᆞᆫ일이오

위 글에서는 최근 연재하고 있는 「본국력ᄉᆞ」란이 어떠한 취지로 신설되었는지를 설명하고 있는데, 이는 이 무렵 『제국신문』의 지향점이 어느 곳을 향하고 있는지 확인할 수 있는 대목이다. 결국 「본국력ᄉᆞ」는 「학문의 필요」와 마찬가지로 학교에 가지 못하는 독자들을 위한 '학문공부'의 일환으로 기획되었던 것이다. 『제국신문』의 편집진은 「본국력ᄉᆞ」 연재를 비판하는 사람들에 대해 강한 어조로 대응하며 자신들의 뜻을 내비치고 있지만, 「본국력ᄉᆞ」는 더 이상 연재되지 않았다.

뿐만 아니라 1907년 7월 6일부터 19일까지 연재된 「동서남북(東西南北)」은 일반 독자 대중에게 필요한 다양한 상식을 소개하고 있다는 점이 특징적이다.[67] 가령 빈대 잡는 법, 소 먹이는 풀 기르는 법, 토끼털로

양복 만드는 법, 송이버섯 재배법 등 실생활에 유익한 생활 상식과 농업과 관계된 새로운 아이디어 등이 소개되어 있다. 1907년 7월 21일부터 8월 16일까지는 「국가의 회지(須知)」라는 코너가 연재되었는데, 근대 국가의 정의와 범주 등에 대해 알기 쉽게 설명하고 있다.[68]

또한 1907년 지면 확장과 체제 변화 가운데 오랜 기간 1면을 차지하고 있던 난은 바로 「농업개요(農業概要)」이다.[69]

> 무릇 텬하의 ᄌᆡ물 ᄉᆡᆼ기ᄂᆞᆫ 근원과 사ᄅᆞᆷ이 일쳬히 쓰고 닙ᄂᆞᆫ 물건이 어ᄃᆡ셔 ᄉᆡᆼ기나냐 ᄒᆞ면 모다 농ᄉᆞ ᄒᆞᄂᆞᆫᄃᆡ셔 ᄉᆡᆼ기지 안ᄂᆞᆫ 것이 업나니 대뎌 농ᄉᆞᄅᆞᆫ 것은 먹을 것만 ᄉᆡᆼ길 ᄲᅮᆫ 안이라 닙ᄂᆞᆫ 의복이며 우리 집짓고 ᄉᆞᄂᆞᆫ ᄌᆡ목이며 불ᄯᆡ고 글읏 만드ᄂᆞᆫ 것이 다 농ᄉᆞᄒᆞᄂᆞᆫ 가온ᄃᆡ셔 나ᄂᆞ니 그런고로 농ᄉᆞ를 텬하대본이라 ᄒᆞᄂᆞᆫ 도다 이졔 농ᄉᆞ짓고 기타 직업의 대긔로 말ᄒᆞ면 봄에 밧갈고 가을에 것어들이ᄂᆞᆫᄃᆡ 잇슬 ᄯᆞ름이어니와 농ᄉᆞ의 잘되고 못되ᄂᆞᆫ 것으로 말ᄒᆞᆯ진ᄃᆡᆫ ᄯᅩᆨ갓흔 토디와 ᄯᅩᆨ갓흔 곡식을 심어도 곡식이 더 나고 덜 나ᄂᆞᆫ 리유가 잇슨즉 불가불 곡식 더 나ᄂᆞᆫ 방법을 강구ᄒᆞ고 산업이 증진ᄒᆞᆯ 도리를 힘쓰지 안이치 못ᄒᆞ깃도다 슯흐다 지금 시ᄃᆡᄂᆞᆫ ᄉᆡᆼ존경ᄌᆡᆼᄒᆞᄂᆞᆫ 시ᄃᆡ로 용렬ᄒᆞᆫ 쟈ᄂᆞᆫ ᄑᆡᄒᆞ고 지혜잇ᄂᆞᆫ쟈ㅣ 익의ᄂᆞᆫ 것은 하날의 조화로도 막지 못 ᄒᆞ나니 엇지 이젼 구습만 직희고 압흐로 나아가ᄂᆞᆫ ᄉᆡ법을 힘쓰지 안이리오 영국과 미국의 모ᄆᆡᆨ과 덕국과 법국에 포도와 감자 농

---

67 「동서남북(東西南北)」, 『제국신문』, 1907.7.6~7.19.

68 「국가의 회지(須知)」, 『제국신문』, 1907.7.21~8.16. 연재된 소제목은 다음과 같다. '국가본의', '국가와 황실의 분별', '국가와 정부의 관계', '군쥬와 졍부의 권ᄒᆞᆫ', '국민과 졍부의 관계', '군쥬의 쥬권', '국민의 의무', '국민의 권리', '독립국의 ᄌᆞ쥬민', '군쥬국', '민쥬국', '젼졔국', '립헌국', '젼부쥬권국', '단독국', '결합국', '련방국', '군합국', '졍합국', '합즁국', '일부쥬권국', '보호국', '부용국', '독립국', '불완젼독립국'.

69 「농업개요(農業概要)」, 『제국신문』, 1907.8.31~1908.3.1 / 1908.4.3~7.8.

ᄉᆞ가 셰계의 일등으로 지목ᄒᆞ나 원릭 그 ᄯᅡ이 길음져 그런 것도 안이오 하날이 퍼부어 쥬는 것도 안이오 다만 갓흔 ᄯᅡᆼ과 ᄀᆞᆺ흔 죵ᄌᆞ라도 사름의 공력을 더 들일 ᄯᅡ름이오 남이 한가지 ᄒᆞ면 나는 열가지식 ᄒᆞ고 남이 열가지 ᄒᆞ면 나는 빅가지식 ᄒᆞ는 용진셩을 가지고 밤낫으로 연구ᄒᆞ고 빅화셔 필경은 남보다 십비빅비식 더ᄒᆞᄂᆞᆫ 결과를 엇음이로다[70]

지금 셔양 리학자들의 연구ᄒᆞᆫ 바를 거ᄒᆞᆫ즉 셰계 각국에 인구가 날노 번식ᄒᆞ야 장ᄎᆞ 이빅년이 지나면 셰계에 사름이 농ᄉᆞ지어 먹고 살 ᄯᅡ이 부죡ᄒᆞ야 샤름이 살 슈 업겟다 ᄒᆞ고 북빙양 얼음 속에 먹을 것 심으기를 연구ᄒᆞᄂᆞᆫ 즁이니 이 ᄯᅢ를 당ᄒᆞ야 이젼 구식만 직희여 한거름도 나가지 못ᄒᆞ고 도로혀 퇴보ᄒᆞ고야 엇지 이 싱존경징 시ᄃᆡ에 ᄌᆞ긔 몸을 보젼ᄒᆞ며 ᄌᆞ긔 자손을 보존ᄒᆞᆫ다 ᄒᆞ리오 그런즉 우리도 남과 갓치 시법을 빅호기도 ᄒᆞ고 시로이 연구ᄒᆞ기도 ᄒᆞ되 농업에ᄂᆞᆫ (쳣지) 토디기량 (둘지) 죵ᄌᆞ취턱 (셋지) 긔계기량 (넷지) 농산졔죠 ᄒᆞᄂᆞᆫ 것이니 쳣지 토디기량부터 말합셰다 참 ᄌᆞ미잇스니 ᄌᆞ셰히들 보고 시힝들 ᄒᆞ시오[71]

「농업개요」는 1907년 8월 31일부터 1908년 3월 1일까지 1차로 연재되었으며, 잠시 휴재하였다가 1908년 4월 3일부터 1908년 7월 8일까지 총 10개월여에 걸쳐 연재되었다. 주된 내용은 '토디기량', '죵ᄌᆞ취택', '거름', '각종 식물 및 열매 기르는 법', '가축 기르는 법', '가축의 싱리', '가축의 ᄉᆞ료', '양계법', '텬시[天時]와 농업의 관계', '온도와 곡식의 관계', '바람', '포풍[暴風] 부는 시긔', '토지', '관개(灌漑)와 배슈[排水]'의 순으로 연

70 「농업개요」, 『제국신문』, 1907.8.31.
71 「농업개요」, 『제국신문』, 1907.9.5.

재되었다. 「농업개요」는 근대적 분과학문으로서 '농업'을 다루고 있다는 점이 특징적인데, 외국의 선진 농업 기술을 받아들여 이를 조선의 현실에 적용시키려는 노력이 엿보인다. 연재가 끝나는 마지막 날에는 다음과 같은 글이 게재되었다.

> 이 농업ᄀᆡ요ᄂᆞᆫ 시작ᄒᆞᆫ지 여러달에 그 대강을 필ᄒᆞ얏기로 장ᄎᆞᆺ ᄎᆞ셔를 정돈ᄒᆞ여 ᄒᆞᆫ ᄎᆡᆨᄌᆞ를 간츌ᄒᆞ야 일반 농업을 힘쓰ᄂᆞᆫ 동포의 만분지 일이라도 유죠케 ᄒᆞ랴 ᄒᆞ오나 긔쟈의 교정ᄒᆞᆯ 결을도 업ᄉᆞᆸ고 ᄯᅩᄒᆞᆫ 경비의 호대ᄒᆞᆷ을 감당키 어렵ᄉᆞ와 시긔를 기다리오며 명일부터ᄂᆞᆫ ᄉᆡ로히 유익ᄒᆞᆫ 것을 ᄐᆡᆨᄒᆞ야 ᄋᆡ독ᄒᆞ시ᄂᆞᆫ 쳠군ᄌᆞ의 ᄌᆞ미잇게 보시ᄂᆞᆫ 바를 공ᄒᆞ고져 ᄒᆞ노이다 농업ᄀᆡ요 긔쟈 ᄇᆡᆨ[72]

「농업개요」를 담당한 사람은 이각종(李覺種)으로 추정된다. 이각종은 우리나라 최초의 근대적 농서(農書)라 할 수 있는 『농정신편(農政新編)』[73]이 만들어진 이후 『실리농방신편(實利農方新編)』과 『농업대요(農業大要)』 등을 저술한 사람이다. 『실리농방신편』은 1909년 1월에 발행되었는데, 그 내용은 『제국신문』에 연재된 것처럼 '농리(農理)', '거름(肥料)', '재배(栽培)', '병리(病理)' 및 '치료법(治療法)' 등에 대해 기술하고 있다. 특히 '재배'에서는 곡류 이외에도 '과수(果樹)', '소채(蔬菜)', '연초(煙草)', '면(綿)', '차(茶)', '상수(桑樹)'의 재배에 관하여 다루고 있으며 '비료'에서는 '분(糞)' 이외에 '광물(鑛物)', '식물(植物)', '동물(動物)', '비료(肥料)'에 관해 설명하고

72 「농업개요」, 『제국신문』, 1908.7.8.

73 『농정신편(農政新編)』은 1881년 안종수가 신사유람단의 일원으로 일본에 다녀온 후 각국의 농서를 참조하여 만든 책이다.

있다.[74] 따라서 「농업개요」을 연재한 이각종은 이후 원고를 정리하여 『실리농방신편』을 발행한 것으로 보인다.

한 가지 재미있는 사실은 『실리농방신편』의 발행자가 이해조로 기록되어 있다는 점이다. 1909년 1월에 발행된 『실리농방신편』의 판권지에는 "著作者 李覺種, 發行者 李海朝, 印刷所 新文館印出局"이라고 표시되어 있다. 『제국신문』에 「농업개요」를 연재할 무렵 이각종은 21살에 불과했다. 이각종은 위 인용문에서 말한 것처럼, 「농업개요」를 정리하여 단행본으로 출판할 마음이 있었지만 이제 막 약관을 넘긴 나이의 그에게 단행본 출판은 힘에 부친 일이었다. 따라서 이해조는 자신의 인맥과 영향력을 통해 '신문관인출국'[75]에서 『실리농방신편』의 출판을 도운 것으로 보인다. 이해조의 이름이 다른 사람이 저술한 책의 발행인으로 등장한 경우는 지극히 드문 일이며, 이제까지 한 차례도 거론된 적이 없는 대목이다.[76] 이는 당대 출판·인쇄 문화와 밀접한 관련 하에 이루어진 이해조의 활동 영역이 학술 서적의 발행에까지 미치고 있었음을 확인할 수 있는 특수한 사례가 된다.

「농업개요」가 잠시 연재를 중단하였던 약 한 달간의 시간 동안에는 이를 대신하여 「초등디지[初等地理]」[77]가 연재되었다. '초등지리'는 근대

74 김봉희, 「한국 근대의(韓國近代)의 농서(農書)에 관한 서지학적(書誌學的) 연구(硏究)」, 『한국 문헌정보 학회지』 29, 1995, 215쪽.

75 1909년 1월 무렵 신문관은 '판매국'과 '인출국'으로 분리되어 운영되고 있었으며, '신문관인출소'는 신문관에서 발행하는 서적뿐만 아니라 여타 출판사의 서적까지도 인쇄 발행하고 있었다. 이에 관해서는 다음의 논문을 참조할 것. 권두연, 「신문관의 문화운동 연구」, 연세대 박사논문, 2011, 16~22쪽 참조.

76 이해조와 신문관인출국과의 관계를 추적해보면 지금까지 알려지지 않았던 흥미로운 사실들이 발견될 것으로 예상된다. 이에 대해서는 다음 연구의 과제로 미룬다.

77 「초등디지[初等地理]」, 『제국신문』, 1908.3.3~4.2.

학지의 분과 학문으로서의 지리학을 신문 독자의 교육수준을 고려하여 알기 쉽게 설명한 글이다.[78] 여기서 다루는 '지리'는 '역사', '농업'과 함께 '학문의 필요'가 다루지 못한 근대 학지를 보완하고 있다는 측면에서 공통점을 지니며, 새로운 체제가 지닌 1면 구성의 특징을 구체적으로 보여주는 사례가 된다.

1907년 5월의 대대적인 지면확장과 체제변화에서 또 한 가지 재미있는 사실은 1면에 '외보'를 중심으로 한 국외 관련 기사들의 지속적인 게재이다. '외보'는 국외에서 일어나는 소식들을 다루는 난인데, 『독립신문』의 창간 이후 대부분의 신문들이 '외보'를 지면 배치의 필수적 요소로 활용하고 있었다. 하지만 『제국신문』은 특이하게도 '논설'과 '잡보'가 거의 대부분의 비중을 차지하며, 1898년 창간 무렵부터 1905년까지 약 7년여의 기간 동안 『제국신문』에서 '외보'란은 거의 찾아볼 수 없다. 1906년에 접어들자 '외보' 기사가 간간히 눈에 띈다. 하지만 이 역시 대개 논설, 잡보에 이어 3면 말미에 약간의 분량을 차지하고 있으며, 마치 국내외 소식의 균형을 맞추기 위한 최소한의 역할을 의도한 것으로 여겨질 정도이다.

그런데 1907년 5월 대대적인 지면확장과 체제 개편을 시도하면서, '외보'는 '논설'과 '잡보' 대신 1면에 고정적인 자리를 확보하게 된다. 개편 초기에는 근대지식과 소설 사이에서 '외보'와 '잡보'가 조금씩 게재

78 세부적인 내용은 다음과 같다. '뎨일장 총론, 뎨일 방위와 거리, 뎨이 짜의 논흠, 뎨삼 물의 난홈, 뎨ᄉ 디구의 모양 / 뎨이장 대한-산일홈, 강일홈, 경기도, 황해도, 평안남도, 평안북도, 함경북도, 함경남도, 충청북도, 충청남도, 경상북도, 경상남도, 전라남도, 제쥬도 / 뎨삼장 일본, 청국 / 뎨ᄉ장 디구의 논홈 / 뎨오쟝 아시아-아시아아라ᄉ, 토이기국, 인도, 셤라국 / 뎨육장 구라파-아라사국'.

되었으나, 1907년 6월 4일부터 '잡보'는 2면으로 이동되고 '외보'만 1면에 남게 된다. '외보'는 새롭게 구성된 1면에서 근대지식과 소설 사이의 중간 자리를 채우며 국외 소식을 지속적으로 알리는 데 기여했다. 여타의 신문들과는 달리 유독 국내 소식의 비중이 높았던 『제국신문』은 1907년 5월의 지면확장 및 체제개편 이후 국외 소식의 비중을 점차 높이게 된다. 이는 지면의 확장과 함께 더욱 많은 정보를 담을 수 있는 상황에서 비롯된 자연스러운 현상일 수 있지만, 1면의 중요성을 상기해 볼 때 '외보'를 비롯한 국외 소식의 1면 배치에는 일정한 의도가 담겨 있다고 볼 수밖에 없다.

1907년 5월 17일의 체제 개편에서 1면의 가장 핵심적인 자리를 차지한 근대지식의 소개는 「학문의 필요」에서 「위생학」까지 1년 5개월에 걸쳐 연재되었다. 근대지식 소개에 뒤이어 그 빈자리를 채운 것은 대부분 나라 밖의 소식들이었다. '외보'가 이미 1면에 연재되고 있었음에도 불구하고, 『제국신문』은 1면에 다양한 외국의 소식이나 전망, 서구 근대문명의 특징 등을 산발적으로 게재한다. 그 내용을 살펴보면, 「청국의 장래」(1908.11.20), 「구미각국의 혼인 하는 법」(1908.11.23~12.1), 「청국의 위긔」(1908.12.2~5), 「아국 국치의 총익(1908.12.6~8), 「셰계긔문」(1908.12.6~12.17), 「청국 흉변의 경과」(1908.12.9~12), 「량계쵸씨의 말」(1908.12.13~15), 「덕국 소학교의 교슈법」(1908.12.20~24), 「덕국의 소학교」(1908.12.26~1909.1.20), 「북경졍국담」(1909.1.26~27), 「동아교통론(東亞交通論)」(1909.1.30~2.2), 「터셔 샤회의 문뎨」(1909.2.3), 「셔양 샤회 히셕 문뎨」(1909.2.4~17), 「미국의 졍월」(1909.2.18), 「인도 혁명당의 쥬의와 쥬쟝」(1909.2.20~23), 「인도의 풍쇽」(1909.2.25~26) 등의 기사가 순차적으로 게재되었다.

이러한 특성은 1907년 5월의 지면 확장 및 체제 변화, 그리고 편집진의 충원과 교체가 『제국신문』 십여 년의 역사에서 매우 중요한 변화를 가져왔다는 점을 보여준다. 특히, 신문의 얼굴이라 할 수 있는 1면의 주된 내용을 매우 급변하던 당시 국내 정세 대신, 국외 정세 및 근대지식의 소개로 채우고 있다는 사실은 이러한 지면 배치를 통해 독자의 시선을 외부로 돌리고자 하는 정치적 의도를 짐작할 수 있게 한다. 이러한 특징은 당시 『황성신문』이나 『대한매일신보』가 1면에 논설을 배치하고 국내 정치적 현안에 대해 강도 높은 비판의 목소리를 내었던 것과는 거리가 있다. 분명 이러한 『제국신문』의 특성은 여성을 중심으로 한 일반 대중을 독자층으로 설정하고, 근대문명에 기반을 둔 독자 계몽을 주된 목표로 삼았던 것과 관련이 있다. 또한 『제국신문』의 사장이자 주필이었던 정운복의 정치적 포지션과도 관련이 있을 터이다. 이해조의 소설은 이러한 『제국신문』의 편집 체제 및 담론과 일정한 관련을 맺으며 배치되었으며, 이러한 접근은 『제국신문』 소재 이해조 소설의 특성을 더욱 입체적으로 규명할 수 있는 방편이 된다.

② 서사 양식의 재편과 소설 배치

1898년 순한글 신문으로 창간된 『제국신문』은 1907년 무렵까지 다양한 서사 양식들을 실험해 왔다.[79] 『제국신문』은 일찍이 논설란을 통

---

79 장편의 신문연재소설인 이인직의 「혈(血)의루(淚)(下)」가 연재되는 1907년 5월 이전까지 『제국신문』 소재 단형 서사문학은 총 90여 편에 이른다. 김영민 · 구장률 · 이유미 편, 『근대계몽기 단형 서사문학 전집』, 소명출판, 2003.

해 '이야기'가 지닌 계몽적 효과에 주목한 바 있으며, 1906년 7월 12일부터 8월 11일까지는 '이어기담(俚語奇談)'이라는 고정 난을 만들어 총 5개의 짤막한 서사물을 연재하였다. 이 '이어기담'은 논설란을 벗어나 독립된 연재물로 기획되었다는 특징이 있으나, 각각의 연재물은 논설란에서 실험되던 기존의 단형서사의 내용과 형식을 넘어서지 못하고 있었다.[80]

그러던 중 『제국신문』은 1906년 9월 18일부터 본격적으로 '소설(小說)'란을 만들고 몇 편의 서사물을 연재하였다.[81] 이러한 '소설'란의 출현은 분명 그간 『제국신문』에서 보이지 않던 '소설'이라는 표제에 대한 전면적인 수용과 동시에, 간간히 다루고 있던 서사적 이야기들을 독립된 지면 안에 흡수했다는 의미가 있다. 이는 『제국신문』의 편집진이 동시대의 여타 매체들에서 보이는 소설에 대한 인식 변화를 민감하게 감지하고, 또 그것을 수용한 것으로 보인다.[82] 하지만 새롭게 만들어진 '소설'란의 이야기들은 이전에 연재되었던 '이어기담'의 성격과 별반 차이가 없으며, 대부분 조선 후기에 성행하던 야담이나 일화의 성격을

80 구장률은 '이어기담(俚語奇談)'의 특성을 상세히 다루고, 『제국신문』의 소설 연재를 당시 검열제도와의 상관성을 통해 논한 바 있다. 구장률, 「근대계몽기 소설과 검열제도의 상관성」, 『현대문학의 연구』 26, 2005, 199~228쪽 참조.

81 새롭게 설치된 '소설(小說)'란에는 먼저 제목이 없는 세 편의 이야기를 싣고, 「정기급인(正己及人)」(1906.10.9~10.12), 「보응소소(報應昭昭)」(1906.10.17~10.18), 「견마충의(犬馬忠義)」(1906.10.19~10.20), 「살신성인(殺身成仁)」(1906.10.22~11.3), 「지능보가(知能保家)」(1906.11.17), 「허생전(許生傳)」(1907.3.20~4.19)을 연이어 게재하였다. 이 중 「살신성인」은 이해조가 『매일신보』에 연재한 소설 「탄금대」와 유사한 화소를 지니고 있어 주목할 필요가 있다.

82 이 무렵 이미 여타 신문매체들은 '소설'이라는 표제를 달고 다양한 서사 양식들의 실험을 진행하고 있었다. 『대한매일신보』에서는 '소설'이라는 표제 하에 「青청樓루義의女녀傳전」(1906.2.6~2.18)을 연재하였고, 『황성신문』에서 역시 「신단공안」(1906.5.19~12.31) 연재 시 제목 밑에 '소설'이라는 표제를 분명히 하고 있었다. 또한 『만세보(萬歲報)』에서는 이인직의 소설 「혈의루」(1906.7.22~10.10)가 '소설'란에 연재되고 있었다.

벗어나지 못한다.[83]

특이한 점이 있다면 가장 마지막에 연재되었던 「허생전(許生傳)」이다. 「허생전」은 총 25회 연재되었는데 첫 회만 3면에 게재되고 이후 나머지 24회의 연재분은 모두 1면에서 연재되었다. 기존의 작품들이 3면에서 연재된 데 반해, 「허생전」은 논설과 함께 1면에서 연재되었다는 점이 특징적이다. 이러한 변화는 『제국신문』 내에서 '소설'의 비중이 점차 높아지고 있음을 확인할 수 있는 대목이다.

이러한 가운데 기존의 소설과는 완전히 다른 성격의 새로운 소설 연재가 시도된다. 1907년 5월 17일에 시작된 지면 확장과 체제 변화에서 새로운 소설은 『제국신문』의 핵심 전략으로 기획되었다.

1907년 5월 17일의 체제 개편에서 가장 중요한 대목 중 하나는 근대지식과 함께 1면에 배치된 소설이었다. 1907년 5월 17일부터 『제국신문』의 1면 하단에는 '소설'이라는 표제와 함께 '국초(菊初)'라는 필명으로 「혈(血)의루(淚)」 하편(下篇)이 연재되기 시작하였다.

먼저 비록 필명이지만 분명하게 저작자가 표기되었다는 점에서 이는 기존의 소설 연재와는 다른 특징을 보인다. 당시 이인직은 『만세보(萬歲報)』에 '국초'라는 필명을 이미 사용한 적이 있으며, 『제국신문』에 「혈의루(하편)」의 연재를 시작한 1907년 5월 17일에는 『만세보』에 「귀(鬼)의성(聲)」을 연재하던 도중이었다.[84] 이인직은 「귀의성」의 연재를 채 끝내기도 전에 『제국신문』에서 「혈의루(하편)」의 연재를 시작한 것

83 김영민, 『한국 근대소설의 형성 과정』, 소명출판, 2005, 145쪽.

84 『만세보』에서 연재된 이인직의 「귀(鬼)의성(聲)」은 '국초(菊初)'라는 필명으로 1906년 10월 14일부터 1907년 5월 31일까지 연재되었다.

이다. 분명한 저작자가 존재하지 않는 떠도는 이야기이거나 저작자의 존재를 드러낼 필요가 없었던 이야기에 불과했던 『제국신문』의 소설은 이제 개인 저작자의 창작물로서의 지위를 획득할 수 있었다.

또한 새로운 소설은 기존의 소설이 주로 3면에 연재되었던 것과는 달리 당당하게 1면을 차지하고 있다. 물론 새로운 소설의 1면 배치는 우선적으로 독자들의 관심을 끌고, 판매부수를 올리기 위한 사정과 무관하지 않다. 하지만 더욱 중요한 사실은 새로운 소설이 근대지식을 다루는 학술란과 함께 교육과 계몽을 실현할 또 다른 층위의 글쓰기 양식으로 기획되었다는 점이다. 당시 『제국신문』이 무엇보다 여성을 중심으로 한 일반 대중독자층을 주된 독자로 설정하고 있다는 사실은 『제국신문』의 연재소설의 담론 지향성을 확인할 수 있는 중요한 단서가 된다. 다양한 글쓰기 양식들과의 관계 속에서 이루어진 이러한 '배치'는 『제국신문』 연재 이해조 소설의 특성을 이해하기 위한 필수적 요소이다.

이인직의 「혈의루(하편)」은 연재가 시작되고, 채 며칠이 지나지 않은 1907년 6월 1일 자를 마지막으로 중단되었다. 6월 4일에는 다음과 같은 기사가 게재된다.

> 본보의 옥년젼은 소셜긔쟈가 유고ᄒᆞ야 몃일 동안 뎡지ᄒᆞ오니 죠량ᄒᆞ시옵[85]

이로 미루어 보아 이인직의 소설 연재는 일시적인 중단 상태였으며 언제든 다시 연재를 속개할 여지가 있었던 것으로 보인다. 하지만 「혈

85 「혈루잠정(血涙暫停)」, 『제국신문』, 1907.6.4, 3면.

의루(하편)」은 미완인 채로 마무리되었으며,[86] 더 이상 이인직의 소설은 『제국신문』에서 보이지 않았다. 당시 『만세보』에서 「귀의성」과 『제국신문』에서 「혈의루(하편)」을 연재하던 중, 이인직은 『대한신문(大韓新聞)』의 사장 제의를 받았던 것으로 보인다. 시류의 변화를 예민하게 감지하던 그는 『만세보』를 정리하는 한편, 『제국신문』의 소설 연재를 중단한 채 『대한신문』의 창간 준비에 몰두하였다. 이인직에게 소설 연재 따위는 그다지 중요하지 않았던 것으로 짐작되는데, 이러한 모습은 그의 기회주의적인 처세가 엿보이는 대목이다.

아무튼 『제국신문』의 소설란은 이러한 갑작스러운 변화에 따라 이해조가 맡게 되었고, 바로 다음날인 6월 5일에는 「고목화」 연재가 시작되었다. 사장인 이종일은 이인직의 소설 연재를 기다리지 않고, 이미 소설 연재를 준비하고 있었던 이해조를 투입시키기로 결정하였다. 『소년한반도』에서 함께 활동하던 박정동·이인직·이해조 삼 인은 1907년 5월의 체제 변화에 맞추어 이미 『제국신문』의 편집에 참여하기로 결정되어 있었으며, 이해조는 이미 이인직 이후의 소설 연재를 준비하고 있었던 셈이다.

이해조의 「고목화」 연재가 시작되자, 이틀 후인 6월 7일에는 편집진의 교체를 통해 5월부터 진행해 온 체제 변화가 완성된다. 6월 7일 자 사설에서 『제국신문』은 십 년간 유지해오던 이종일 중심의 편집 체제를 일신 개량하겠다고 선언한 것이다.[87] 이에 따라 창간부터 『제국신

86 『제국신문』에 연재되던 이인직의 「혈(血)의루(淚)(下篇)」은 불과 11회를 끝으로 더 이상 보이지 않는다. 「혈의루」의 하편은 이후 『매일신보』에 「모란봉」(1913.2.5~6.3)으로 제목을 바꾸어 본격적으로 연재된다.

87 「본샤의 힝복과 본 긔자의 힉임」, 『제국신문』, 1907.6.7, '샤셜'.

明治三十七年二月十 文部省檢定濟

中等教育 元良氏倫理書 上卷

文學博士元良勇次郎講話

成美堂編輯所編

東京 成美堂發行

朝鮮總督府保轉本

『원량씨윤리서』 상권 표지
(成美堂書店, 1902, 국립중앙도서관 소장)

中等教育 元良氏倫理書 下卷

文學博士元良勇次郎講話

成美堂編輯所編

東京 成美堂發行

『원량씨윤리서』 하권 표지
(成美堂書店, 1902, 일본국회도서관 소장)

히迅速히홀지니라

○倫理學　李海朝

第一章 緖論（釋義及範圍）

倫理學은人倫의眞理를究ㅎ야實行의方法을求ㅎ는바이라物理學과倫理學으로互相比較ㅎ야其差別을試觀ㅎ면足히其眞理를知홀지로다夫物理學은論理와應用의兩種을分ㅎ者ㅣ니論理라ㅎ는者는應用의與否를不求ㅎ고다만學理를研究ㅎ야天則을發明홈으로目的을삼고應用이라ㅎ는者는虛理를推ㅎ야實事에施ㅎ며且此를因ㅎ야未知ㅎ法을發明ㅎ기

二

「기호흥학회월보」에 연재된
「윤리학(倫理學)」(제5호, 1908.12)

帝國新聞

륜리학 (倫理學)

농업개요 (農業槪要)

『제국신문』에 연재된 「륜리학」
(1908.6.20)

문』의 편집을 도맡아 오던 이종일이 사장직임은 유지한 채 일선에서 물러나고, 정운복이 새롭게 편집을 맡게 되었다.[88] 정운복은 그 다음날인 6월 8일에 「첫인사」라는 글을 게재하며 본격적으로 『제국신문』의 편집에 참여하게 된다.

결국 이해조의 소설은 이러한 『제국신문』의 체제 변화와 밀접한 관련을 맺으며 연재되었으며, 정운복의 논설, 박정동의 학술과 함께 이후 『제국신문』을 이끌어가는 중추적인 역할을 하게 되었다.

(2) 이해조 연재소설의 특질과 의미

①『제국신문』 소재 「륜리학(倫理學)」과 이해조 소설의 사상적 기반

이미 알려진 것처럼 이해조는 자신이 편집을 맡았던 잡지 『기호흥학회월보(畿湖興學會月報)』에 1908년 12월에서 1909년 7월까지 총 8회에 걸쳐 「윤리학(倫理學)」이라는 글을 연재한 바 있다. 이 글은 『기호흥학회월보』 5~12호에 걸쳐 '학해집성(學海集成)'이라는 신학문 소개란에 연재되었는데, 이미 몇몇 연구자들에 의해 이해조 문학의 사상적 기반을 살피는 데 중요한 텍스트로 활용된 바 있다.[89] 그런데 최근의 한 연

88 "본샤 편집원은 정운복씨로 츄션되야 금일부터 일반 편즙ᄉᆞ무를 담임ᄉᆞ무 ᄒᆞ오며 물리학과 소셜은 박정동 리인직 리해죠 삼씨가 담임 뎌슐ᄒᆞᄂᆞᆫ딕 이상 제씨ᄂᆞᆫ 본신문이 우리 한국 긔명긔관에 요졈됨을 싱각ᄒᆞ야 보슈의 다소를 구ᄋᆡ치 안코 다 ᄌᆞ원 근무ᄒᆞ오니 일반 동포ᄂᆞᆫ 죠량ᄒᆞ시기 바라오", 「사고(社告)」, 『제국신문』, 1907.6.7.

89 『기호흥학회월보(畿湖興學會月報)』에 실린 「윤리학(倫理學)」은 대체로 다음의 연구들에서 이해조 문학 사상을 이해하기 위한 텍스트로 언급된 바 있다. 권영민, 「이해조의 소설관에 대하여」, 『관악어문연구』 3, 1978, 69~73쪽; 이용남, 「이해조 연구」, 서울대 석사논문, 1982, 17~33쪽; 최원식, 「이해조 문학 연구」, 서울대 박사논문, 1986, 19~20쪽; 한기형, 「신소설 작가의 현실인식과 그 의미－이인직과 이해조를 중심으로」, 『한국 근대소설사의 시각』, 소명출판, 1999, 100~118쪽 참조.

구에서는 『기호흥학회월보』에 연재된 「윤리학」이 모토우 유우지로(元良勇次郎, 1858～1912)가 1902년 중등교육용으로 펴낸 『중등교육 원량씨 윤리서(中等教育 元良氏倫理書)』 상권을 기본으로 하여 번역하고 내용을 덧붙인 것이라는 사실을 밝혀냈다.[90] 이러한 사실은 이해조 문학 연구에 있어서 새로운 전기를 마련할 수 있다는 점에서 의미가 크다.

본 연구에서는 앞에서 언급한 두 개의 '윤리학' 이외에 하나의 텍스트를 추가적으로 제시하고자 하는데, 『제국신문』에 연재된 「륜리학(倫理學)」(1908.6.20～10.27)이 바로 그것이다. 『제국신문』 소재 「륜리학」은 본 연구에서 발굴하여 최초로 소개하는 자료인데, 이는 이해조 문학의 사상적 기반을 밝히는 한편, 이해조 소설의 작법 원리와 구조를 이해하는 데 중요한 열쇠가 될 수 있다.

〈표 2〉 세 편의 '윤리학'과 그 목차

『中等教育 元良氏倫理書』 1902	『帝國新聞』「륜리학(倫理學)」 1908.6.20~10.27	『畿湖興學會月報』「倫理學」 1908.12~1909.7
上卷 第1章 緒論 (一) 倫理學の範圍及び定義 第2章 緒論 (二) 自己の觀念一 第3章 緒論 (三) 自己の觀念二 第4章 緒論 (四) 自己の觀念三 第5章 緒論 (五) 自己の觀念四 第6章 緒論 (六) 德性涵養の必要 第7章 家族倫理 (一) 家族組織 第8章 家族倫理 (二) 親子の道 第9章 家族倫理 (三) 兄弟姉妹の道 第10章 社會倫理 (一) 概論 第11章 社會倫理 (二) 公益論 第12章 社會倫理 (三) 禮儀論 第13章 社會倫理 (四) 信義論	뎨일장 륜리학의 셕의와 밋 범위 뎨이장 ᄌᆞ긔의 관념 뎨삼장 ᄌᆞ긔의 관념 뎨ᄉᆞ장 ᄌᆞ긔의 관념 뎨륙장 덕셩함양의 대요 뎨칠장 가족륜리 뎨팔장 가족륜리(부ᄌᆞ의 도리) 뎨구장 가족륜리(혼인) 뎨십장 샤회륜리 뎨십일장 샤회륜리(공익론) 뎨십이장 샤회륜리(례의론) 뎨십ᄉᆞ장 샤회륜리(ᄌᆞ션론) 뎨십오장 샤회륜리(명예론) 뎨십륙장 샤회륜리(소송론)	第一章 緖論 (釋義 及 範圍) 第一章 自己의 觀念(一) 第三章 自己의 觀念(二) 第四章 自己의 觀念(三) 第五章 自己의 觀念(四) 第六章 德性 涵養의 握要 家族倫理 家族의 組織 第八章 家族倫理 親子의 道 家族倫理 婚烟論 社會倫理

90 송민호, 「이해조의 근대적인 교육관과 초기 소설의 윤리학적 사상화의 배경」, 『한국 현대 문학 연구』 33, 2011, 81～84쪽 참조.

第14章 社會倫理 (五) 慈善論 第15章 社會倫理 (六) 名譽心 第16章 社會倫理 (七) 制裁論 第17章 社會倫理 (八) 訴訟論 第18章 社會倫理 (九) 娛樂論一 第19章 社會倫理 (十) 娛樂論二 第20章 社會倫理 (十一) 獻身論 第21章 社會倫理 (十二) 生命論 第22章 社會倫理 (十三) 財産論 第23章 社會倫理 (十四) 品格論 第24章 國歌倫理 (一) 國家組織一斑 第25章 國家倫理 (二) 國民相互の關係 第26章 國家倫理 (三) 納稅の義務 第27章 國家倫理 (四) 兵役の義務 第28章 國家倫理 (五) 權利義務の解釋	뎨십팔장 샤회륜리(오락론) 뎨십구쟝 샤회륜리(헌신론) 뎨이십장 샤회륜리(ᄉᆡᆼ명론) 뎨이십일장 샤회륜리(ᄌᆡ산론) 뎨이십이장 국가륜리(국가의 조직) 뎨이십삼장 국가륜리(국민의 피ᄎᆞ관계) 뎨이십ᄉᆞ장 국가륜리(납세와 병역의 의무) 뎨이십오장 국가륜리(권리와 의무)	
下卷	뎨이십륙장 국가륜리(ᄎᆡᆨ임론)	
第29章 國家倫理 (六) 責任論	뎨이십칠쟝 국가륜리(국졔론)	
第30章 國家倫理 (七) 國際倫理	뎨이십팔쟝 국가륜리(인류젼톄와 국가의 관계)	
第31章 國家倫理 (八) 一般人類と國家との關係	뎨삼십쟝 국가륜리(인민계급론)	
第32章 國家倫理 (九) 政府と人民との關係	뎨삼십일쟝 국가륜리(국민의 관념)	
第33章 國家倫理 (十) 人民階級論	뎨삼십이쟝 ᄉᆞ상륜리(思想倫理)(ᄉᆡᆼ죤경ᄌᆡᆼ과 덕의의 관계)	
第34章 國家倫理 (十一) 國民と云へる觀念		
第35章 思想倫理 (一) 生存競爭と德義との關係	뎨삼십삼쟝 ᄉᆞ상륜리(ᄌᆞ긔를 보존ᄒᆞᄂᆞᆫ 리법과 한도)	
第36章 (二) 自己保存の理法及び其の制限		
第37章 思想倫理 (三) 勤勞と安息	뎨ᄉᆞᆷ십ᄉᆞ쟝 ᄉᆞ상륜리(로동과 안식의 관계)	
第38章 思想倫理 (四) 自愛と他愛との關係	뎨삼십오장 ᄉᆞ상륜리(ᄌᆞ긔를 ᄉᆞ랑ᄒᆞᆷ과 타인을 ᄉᆞ랑ᄒᆞᄂᆞᆫ 관계)	
第39章 思想倫理 (五) 職業の選擇		
第40章 思想倫理 (六) 思想と實行との關係一	뎨삼십륙장 ᄉᆞ상륜리(직업의 션ᄐᆡᆨ)	
第41章 思想倫理 (七) 思想と實行との關係二	뎨삼십칠장 ᄉᆞ상륜리(지와 ᄒᆡᆼ의 관계)	
第42章 思想倫理 (八) 慾望論	뎨삼십팔쟝 ᄉᆞ상륜리(욕망론)	
第43章 思想倫理 (九) 沓儉と奢侈	뎨ᄉᆞᆷ십구쟝 ᄉᆞ상륜리(검소와 ᄉᆞ치)	
第44章 思想倫理 (十) 殘忍の情廢すべし	뎨ᄉᆞ십장 상륜리(잔인의 마암을 버릴 일)	
第45章 思想倫理 (十一) 安心と懷疑心	뎨ᄉᆞ십일장 ᄉᆞ상륜리(안심과 의심)	
第46章 思想倫理 (十二) 反省の習慣を養成すべき事	뎨ᄉᆞ십이장 ᄉᆞ상륜리(경우)	
第47章 思想倫理 (十三) 嗜好論一	뎨ᄉᆞ십삼장 ᄉᆞ상륜리(기호론)	
第48章 思想倫理 (十四) 嗜好論二	뎨ᄉᆞ십ᄉᆞ쟝 ᄉᆞ상륜리(ᄌᆞ유와 졔한)	
第49章 思想倫理 (十五) 自由及び其の制限	뎨ᄉᆞ십오장 ᄉᆞ상륜리(ᄀᆡ과론)	
第50章 思想倫理 (十六) 改正論	뎨ᄉᆞ십륙장 ᄉᆞ상륜리(도덕의 졔ᄌᆡ)	
第51章 思想倫理 (十七) 道德の制裁	뎨ᄉᆞ십칠쟝 ᄉᆞ상륜리(ᄉᆞ상과 실ᄒᆡᆼ의 관계)	
第52章 思想倫理 (十八) 宗教と倫理との關係	뎨ᄉᆞ십팔장 ᄉᆞ상륜리(종교와 륜리의 관계)	
第53章 思想倫理 (十九) 善惡の標準	뎨ᄉᆞ십구쟝 ᄉᆞ상륜리(션악의 표쥰)	
第54章 思想倫理 (二十) 常道論	뎨오십장 ᄉᆞ상륜리(상도론)	

위 표는 『중등교육 원량씨윤리서』, 『제국신문』 「륜리학」, 『기호흥학회월보』 「윤리학」 세 편의 목차를 비교한 것이다. 우선 『중등교육 원량

씨윤리서』와 『제국신문』 「륜리학」을 비교하여 보면, 그 체제와 순서가 거의 일치함을 알 수 있다. 따라서 『제국신문』에 연재된 「륜리학」과 『기호흥학회월보』에 연재된 「윤리학」은 모두 『중등교육 원량씨윤리서』를 저본으로 삼고 있음을 확인할 수 있다.

앞장에서 살펴본 바와 같이 1907년 5월의 체제변화 이후 『제국신문』은 1면에 근대 학지에 관한 다양한 글을 연재하였다. 「륜리학」은 「학문의 필요(學問의 必要)」 이후 「물리학(物理學)」, 「리학(理學)」, 「화학(化學)」, 「생리(生理)」, 「심리(心理)」, 「철학(哲學)」, 「광물학(鑛物學)」, 「가정학(家庭學)」 다음인 1908년 6월 20일에서 10월 27일까지 총 4개월이라는 꽤 오랜 기간 동안 연재되었다. 이들 중 대부분은 박정동(朴晶東)이 쓴 것이지만, 「륜리학」만큼은 이해조가 쓴 것으로 보인다. 이 연재물에는 필자의 이름이 구체적으로 명시되어 있지 않지만, 몇 가지 정황을 고려했을 때 이해조가 직접 집필한 것으로 보인다.

이에 대한 근거는 다음과 같다.

첫째, 『기호흥학회월보』에 수록된 이해조의 「윤리학」과 그 내용이 일치한다. 『기호흥학회월보』에 실린 이해조의 「윤리학」은 5호부터 12호까지 연재되다가 『기호흥학회월보』의 폐간과 함께 중단되었다. 「윤리학」은 '석의 급 범위(釋義 及 範圍)', '자기의 관념(自己의 觀念)', '덕성 함양의 악요(德性 涵養의 握要)', '가족륜리 가족의 조직(家族倫理 家族의 組織)', '가족륜리 친자의 도(家族倫理 親子의 道)', '가족륜리 혼연론(家族倫理 婚烟論)', '사회륜리(社會倫理)' 등의 순으로 되어있는데, 이는 『제국신문』에 연재된 「륜리학」의 초반 내용과 정확하게 일치한다. 『기호흥학회월보』의 「윤리학」은 『제국신문』 「륜리학」의 전체 내용 중 '뎨십장 샤회륜리'까지의 내용을 그대로 옮겨 놓은 것인데, 다만 알기 쉽게 풀어쓴 문답체 형식의 순한글 문장이 좀 더 정밀한 논리를 갖춘 국한문체로 쓰였다는 차이점이 있다. 「윤리학」이 주로 근대지식의 교환을 목적으로 하는 잡지의 성격에 따라 지식인 독자층을 고려한 것이라면, 「륜리학」은 독자들의 교육과 계몽을 주된 목적으로 삼은 『제국신문』의 성격에 따라 일반 대중독자들을 고려한 것임을 알 수 있다.

둘째, 1907년 5월 『제국신문』의 지면 확장과 체제 개편에 따라 1면의 학술란을 담당하던 박정동은 「가정학」의 연재를 마지막으로 『제국신문』을 떠난 것으로 보인다. 이 역시 『제국신문』의 「륜리학」이 이해조의 글일 가능성을 뒷받침하는 근거가 될 수 있다. 1908년 8월 내부(內部)에서 작성된 「각사회조사(各社會調査)」[91]에 따르면 『제국신문』의 편집진에 박정동의 이름이 보이지 않는다. 최기영은 이 자료를 근거로 이해조와는 달리 박정동과 이인직이 신문사의 직임을 가지지 않은 객원의 위치라고 주장하였으나,[92] 사실 「각사회조사」가 이루어진 1908년 8월에는 이인직과 박정동이 퇴사한 것으로 보는 것이 타당하다. 「각사회조사」에 따르면, 같은 시기 이인직은 『대한신문』의 사장으로, 박정동은 '흥사단(興士團)'의 편집부장 및 '교남학회(嶠南學會)' 회장으로 기록되어 있다. 또한 『제국신문』 1909년 1월 1일 자 신년 특집호에는

91 이원종이 제시한 「각사회조사(各社會調査)」는 1908년이라는 기록뿐 정확한 날짜가 기록되어 있지 않다. 하지만 다음의 기록을 통해 「각사회조사」가 '윤리학'이 연재되던 1908년 8월 무렵에 만들진 것임을 알 수 있다. "內部에서 京畿道以外各道에서 團體로 政治、宗教、教育實業의 目的을 達ᄒᆞ기 爲ᄒᆞ야 組織ᄒᆞᆫ 會와 社를 精密調査ᄒᆞ야 該成績을 各官廳에 通牒ᄒᆞ얏다더라", 「각사회조사」, 『황성신문』, 1908.8.7, '잡보'; 이원종, 「구한말(舊韓末) 정치(政治)·사회(社會)·학회(學會)·회사(會社)·언론단체 자료조사(言論團體 資料調査)」, 『아세아학보(亞細亞學報)』 2, 1966.10, 57~107쪽 참조.

92 최기영, 『『데국신문』연구』, 서강대 언론문화연구소, 1989, 47쪽.

『제국신문』에 관여하던 기자들의 「연하신년(年賀新年)」 광고가 실려 있다. 여기에는 정운복(鄭雲復), 한기준(韓基準), 선우예(鮮于叡), 이해조(李海朝), 장환선(張煥善), 민병옥(閔丙玉), 이사원(李師遠), 권병구(權炳銶) 총 8명의 이름이 게시되어 있는데, 이들이 1909년 1월 1일 현재 『제국신문』을 이끌어가던 핵심적인 인물임을 알 수 있다. 박정동의 이름이 보이지 않는 것으로 보아, 박정동은 이미 1909년 1월 1일 이전부터 『제국신문』에 참여하지 않았음을 알 수 있다. 따라서 「륜리학」이 연재되던 시점에 박정동은 『제국신문』을 떠나 흥사단과 교남학회 활동에 전념한 것으로 보인다. 흥사단은 1907년 11월 29일 국민보통교과서의 발행과 교원 양성, 학교의 설립과 유지 등을 주된 목적으로 설립되었다.[93] 교과서의 발행을 가장 시급한 과제로 삼았던 흥사단에서 편집부장이 차지하는 비중은 매우 컸을 것으로 짐작된다. 박정동이 저술한 10여 편의 교과서들이 1907년에서 1910년 사이에 집중되어 있는데, 이로 미루어보아 그가 이 무렵 신문보다 교과서 편찬에 주력했음을 짐작할 수 있다. 또한 박정동은 1908년 3월 교남학회를 설립하여, 문명개화에 상대적으로 보수적인 영남 지역 인사들의 인식을 바꾸고 이들을 통한 교육 사업에 힘쓰고자 했다. 교남교육회에서는 교육진흥을 위한 사범학교의 설립과 지회의 설치, 그리고 회보 및 서적의 발간을 구체적인 목표로 설정하고 있다.[94] 박정동은 교남학회의 설립을 주도하였으며, 『교남교육회잡지(嶠南教育會雜誌)』를 통해 「본지간행설(本誌刊行說)」, 「지도지거(地圖之據)」, 「물리학(物理學)」 등을 연재하였다.

93 「흥사단설립(興士團設立)」, 『황성신문』, 1907.12.1.

94 채휘균, 「교남교육회의 활동 연구」, 『교육철학(教育哲學)』 28, 2005, 94쪽.

셋째, 박정동이 『제국신문』의 실질적인 운영에는 관여하지 않았지만, 객원의 위치에서 「륜리학」을 투고했을 가능성이 있다. 하지만 박정동이 『제국신문』에서 연재한 「물리학」, 「가정학」, 「본국력ᄉᆞ」 등은 모두 단행본으로 출판되었음에 반해, 「륜리학」은 제외되어 있다. 만약 「륜리학」 역시 박정동이 저술하였다면, 이 역시 단행본으로 출판했을 가능성이 높다.

넷째, 박정동은 이해조보다 앞서 『기호흥학회월보』 1호부터 「지문략론(地文略論)」을 연재하고 있었다. 「지문략론」은 우주, 천문지리, 공전, 지층, 시차, 화산 등 지구과학에 대한 근대지식을 다루고 있다. 한편, 이해조는 『기호흥학회월보』 5호부터 12호까지 「윤리학」을 연재하였다. 특히, 『기호흥학회월보』 6호와 8호에는 박정동의 「지문략론」과 이해조의 「윤리학」이 나란히 게재되었다. 만약 『제국신문』의 「륜리학」이 박정동의 것이었다면, 이 같은 일은 쉽게 이해되지 않는다. 따라서 이해조는 『제국신문』에 1908년 10월 27일까지 「륜리학」을 연재하였고, 그 직후인 1908년 12월 25일 간행된 『기호흥학회월보』 제5호부터 학회지의 성격에 맞게 고쳐서 발표한 것으로 보인다.

위에서 설명한 몇 가지 근거들은 『제국신문』 소재 「륜리학」에 대한 이해조의 집필 가능성을 뒷받침한다. 그러므로 이해조는 모토우 유우지로가 저술한 『중등교육 원량씨윤리서』을 저본으로 삼아 『제국신문』에 「륜리학」을, 이후 『기호흥학회월보』에 「윤리학」을 연재한 것으로 볼 수 있다. 『제국신문』의 「륜리학」은 『제국신문』 독자들의 수준을 고려하여 순한글 문답체로 연재하였고, 『기호흥학회월보』의 「윤리학」은 학회지의 성격에 맞게 국한문체로 연재했다는 특징이 있다. 본 연구에서는 『제국신문』에 연재된 「륜리학」을 이해조의 것으로 확정하고, 「륜리학」과 이해조 소설의 상관성을 논하고자 한다. 특히 이 「륜리학」은 『기호흥학회월보』에 연재된 「윤리학」보다 훨씬 방대한 분량으로 되어 있어, 이해조 문학의 사상적 기반을 이해하는 데 매우 유용한 자료가 될 수 있다.

「륜리학」은 모토우 유우지로[元良勇次郎]의 『중등교육 원량씨윤리서』(1902)을 저본으로 삼아 번역하되, 전체 목차 중 필요한 부분을 선별하거나 저본에 없는 부분을 추가하여 작성한 것이다. 또한 각각의 내용을 그대로 번역하지 않고, 전문적인 지식을 필요로 하는 부분이나 당시 조선의 실정에 부합하지 않는 내용은 삭제하였다. 그밖에 각각의 항목 안에서의 구성을 바꾸어 『제국신문』의 독자 수준에 맞도록 적절하게 편집하고 있음을 확인할 수 있다. 가장 눈에 띄는 변화는 논설에 가까운 학술적인 글을 순한글 문답체의 형식으로 바꾸고 있다는 점이다.

문답체 산문의 전통은 역사적으로 오래된 것이지만, 한글 문장을 기반으로 한 문답체는 근대계몽기의 특수한 양상이다. 한글전용 신문이었던 『독립신문』은 일찍이 논설란에 실린 순한글 문답체 글쓰기를 통해 효과적인 독자 계몽을 시도한 바 있으며, 이러한 글쓰기 방식은 『매일신문』, 『제국신문』에서도 흔히 찾아 볼 수 있는 것이었다.[95] 문답체 형식은 일반적인 논설에서 반복되던 서술자의 직접적인 발화 대신 텍스트의 내용을 질문과 답변의 형식으로 바꾸어 놓음으로써 독자로 하

95 이와 관련해서는 정선태의 연구가 상세하다. 정선태, 『개화기 신문 논설의 서사 수용 양상』, 소명출판, 1999, 71~92쪽 참조.

여금 좀 더 쉽게 텍스트에 몰입하도록 만든다.[96] 학술적인 성격의 일반적 글쓰기를 문답체 형식으로 바꾸는 일은 상당히 많은 노력을 필요로 한다. 서술자의 직접적인 목소리를 더욱 객관화시키고, 독자의 입장에서 궁금한 내용들을 단계적으로 배치하고 풀어주려는 노력은 『제국신문』 소재 「륜리학」의 중요한 특성이다. 이는 일반적인 번역보다 번역자의 의도가 더욱 많이 개입될 수 있는 과정인 셈이다. 따라서 「륜리학」은 이해조 문학의 사상적 기반과 소설 작법의 원리를 이해할 수 있는 중요한 텍스트가 된다.

뎨일장　륜리학의 셕의와 및 범위

문　륜리학은 무엇ᄒᆞᄂᆞᆫ 학문이뇨

답　륜리학은 인륜의 리치를 궁구ᄒᆞ야 그 실힝ᄒᆞᄂᆞᆫ 방법을 구ᄒᆞᄂᆞᆫ 학문이니라

문　물리학과 윤리학을 셔로 비교ᄒᆞ면 그 ᄎᆞ별이 엇더ᄒᆞ뇨

답　무릇 물리학은 론리와 응용 두 가지로 난호아셔 론리ᄒᆞᄂᆞᆫ 쟈ᄂᆞᆫ 뷔인 리치를 밀우워 실ᄉᆞ를 베풀며 ᄯᅩ 이것을 인ᄒᆞ야 아지 못ᄒᆞ던 것을 발명ᄒᆞ기로 위쥬ᄒᆞ되 륜리학의 셩질은 그러치 안이ᄒᆞ야 다만 실답게 발바 힝ᄒᆞᆷ을 귀히 녁여 학리를 발명ᄒᆞᆷ을 위ᄒᆞ지 안나니 이ᄂᆞᆫ 곳 륜리학이 물리학보다 다른 소이니라

문　륜리학의 범위도 력학(力學) 화학(化學) 싱물학(生物學) 등과 갓치 일뎡ᄒᆞᆷ이 잇나뇨

답　륜리학은 일평싱을 한ᄒᆞ고 ᄇᆡᆨ만가지 힝위에 쓰ᄂᆞᆫ 것이니 그 계한이 멀고 아득ᄒᆞᆷ으로 엇더ᄒᆞᆫ 학쟈들이 츙효신의ᄌᆞ션(忠孝信義慈善)의 마암과 즉접 관

96　졸고, 「근대계몽기 토론체 서사의 특질과 그 위상」, 『현대소설 연구』 28, 2005 참고.

계 잇는 일만 륜리학 범위를 뎡ᄒᆞ고 직지긔능(才智技能) 등의 가히 션홀만ᄒᆞ고 가히 악홀만ᄒᆞᆫ 것은 륜리학 범위 밧그로 돌녀보니니 이는 실로 쓰이 좁은 범위오 ᄯᅩ 엇던 학자는 ᄉᆡᆼ각의 엇더홈을 물론ᄒᆞ고 그 ᄒᆡᆼ위에 ᄉᆡᆼ기는 바 션악의 결과로 륜리학의 결과를 뎡ᄒᆞ야 그 범위를 넓히어 이 세상사ᄅᆞᆷ ᄒᆡᆼ위로 ᄒᆞ야곰 누구던지 이 범위 안에 모다 들게 ᄒᆞᆫ다 ᄒᆞ니라 (1908.6.20)

문 두 학쟈의 언론을 비교ᄒᆞ야 보면 그 우열이 엇더ᄒᆞ뇨

답 덕의상으로 보면 가히 ᄉᆡᆼ각이 엇더케 동홈을 말미암아 그 션악이 판단되고 샤회발달상으로 보면 가히 ᄒᆡᆼ위의 결과로 그 션악이 판단되나니 두 학쟈의 말이 셔로 장단이 잇나니라

문 그 장쳐 단쳐를 깁히 론난홈이 가ᄒᆞ뇨

답 인류가 ᄉᆡᆼ긴 이상에 다만 한낫 샤회 가온ᄃᆡ에셔 ᄉᆡᆼ활ᄒᆞᄂᆞᆫ 것이 안이라 반다시 다른 샤회로 더부러 셔로 련락이 되나니 이는 우리 인ᄉᆡᆼ의 ᄉᆞ상과 ᄒᆡᆼ위가 하나도 샤회에 관계되지 않는 것이 업셔 즉졉(直接) 혹 간졉(間接)으로 그 발달을 돕기도 ᄒᆞ고 방애도 되나니 샤회는 본래 한 ᄉᆡᆼ명의 긔관이라 그 긔관 안에 잇는 기인이 일거일동과 밋 일졀 ᄉᆞ위를 학파(學派)와 학셜(學說)의 엇더홈으로 ᄡᅧ 한갓 닷홈은 모다 지엽의 의론이니라

문 륜리상으로부터 구별을 난호면 무엇무엇이뇨

답 한가지는 슈신(修身)이오 ᄯᅩ 한가지는 쳐세(處世)이라

문 슈신은 엇던 것이뇨

답 슈신이라는 것은 ᄡᅧ 그 덕셩을 함양ᄒᆞ며 그 품격을 고상케 ᄒᆞᄂᆞᆫ 바이니라

문 쳐셰는 엇던 것이뇨

답 쳐셰라는 것은 인류샤회를 발들케 ᄒᆞᄂᆞᆫ 큰 길을 ᄂᆡ몸으로 ᄡᅧ 먼져 인도ᄒᆞᄂᆞᆫ 바이니라 (1908.6.21)

문 그 두 가지 목뎍을 ᄃᆞᆯᄒᆞ랴면 엇더케 ᄒᆞ면 가ᄒᆞ뇨

답 이 목뎍을 달ᄒᆞ자면 반다시 한가지 쥬의(主義)를 셰워 표쥰을 삼아 힝ᄒᆞ면 이ᄂᆞᆫ 곳 도덕상의 이른바 착ᄒᆞᆫ 것이오 이것을 억의면 ᄉᆞ사ᄅᆞᆷ이 되나니 이ᄂᆞᆫ 곳 도덕상의 이른바 악ᄒᆞᆫ 것이라 그러나 셰상사ᄅᆞᆷ의 션악을 분별ᄒᆞ기를 왕왕 이왕 경험으로 츄칙ᄒᆞ야 소위 격언과 습관 등으로 쥬의를 삼고 샤회가 날로 복잡ᄒᆞ야 진보됨이 심히 속ᄒᆞ거날 샤회에 맛지 안일 것은 분명ᄒᆞᆫ 리치라 그런고로 반다시 여러 가지 륜리의 학셜을 비교ᄒᆞ고 그 리치를 연구ᄒᆞ야 오늘날 ᄉᆞ상에 맛도록 ᄒᆞᄂᆞᆫ 것이 가장 됴ᄒᆞᆫ 쥬의라 이 쥬의를 임의 뎡ᄒᆞᆫ즉 비단 참된 리치를 발명ᄒᆞᆷ에 족ᄒᆞᆷ ᄲᅮᆫ더러 곳 이로 말미암아 사ᄅᆞᆷ의 ᄉᆞ상 힝위를 관할ᄒᆞᆯ지니 그런즉 륜리학은 론리ᄒᆞᄂᆞᆫ 학문이 안이오 이에 실답게 밥ᄂᆞᆫ 학문이니라 (1908.6.23)

위 예문은 「륜리학」의 제일 첫 머리인 「륜리학의 석의와 및 범위」이다. 이에 따르면 '윤리학'은 '논리하는 학문이 아니라 실답게 밟는 학문'이다. 따라서 논리와 응용으로 나뉘어 이론을 만들고 학리를 발명하는 '물리학'과는 달리 '인륜의 이치를 구하여 그 실행하는 방법을 구하는 학문'이다. 이해조는 '윤리학'을 충효신의자선(忠孝信義慈善)으로 한정하지 않고 이 세상 사람들의 모든 행동에 그 범위를 넓히고 있다. 따라서 그 범주는 개인의 범주를 넘어 가족, 사회, 국가, 사상에까지 폭넓게 확장되고 있다. 각각의 범주는 혼인, 공익, 예의, 명예, 소송, 오락, 헌신, 재산, 국가, 국민, 납세와 병역, 권리와 의무, 책임, 국제, 계급, 국민, 생존경쟁, 노동, 직업, 욕망, 기호, 자유, 개과, 도덕, 종교 등으로 세분화되어 다루어지고 있는데, 세분화된 이들 항목들이 근대적 삶의 질서를 지탱하는 다양한 제도와 영역에 미치고 있다는 점을 알 수 있다.

이러한 '윤리'는 크게 '수신(修身)'과 '처세(處世)'로 나뉜다. '수신'은 개인적 덕성과 품격을 닦는 일이며, '처세'는 개인적 차원을 넘어 사회 공동체를 발전시키기 위한 노력을 일컫는다. 따라서 「륜리학」은 개인적 차원에서 그들을 둘러싼 사회 전반에까지 그 영역을 확대시키고, 한 가지 일관된 '주의(主義)'로서의 역할을 담당하고자 했다. 개인과 사회 전반에 걸쳐 형성된 선악의 분별은 주로 선조들의 '경험'에 의해 규정되어 존재해 왔다. 하지만 시대가 변함에 따라 그러한 윤리적 기준은 바뀌어야 하며, 오늘날 사상에 맞는 새로운 윤리를 제시하는 것이 바로 「륜리학」의 목표였던 것이다. 결국 「륜리학」은 개인과 사회 전반에 걸친 세분화된 제도와 영역을 다루고, 이를 통해 새로운 시대의 환경에 맞는 윤리적 기준을 제시하고자 했던 셈이다. 이는 결국 국가 간 생존경쟁의 장 안에서 독립국으로서의 자존을 지키기 위한 모색과 다름없다. 교육과 계몽을 통한 문명한 국민 만들기는 당시 애국계몽운동의 핵심적 과제이자, 이해조 「륜리학」의 공통된 지향점이라 할 수 있다.

「륜리학」은 이해조 소설의 창작 원리를 설명하는 데 매우 유효한 시각을 제공한다. 근대적 삶의 체제로의 전환과 제국주의 열강으로부터의 독립이라는 두 가지 목표를 동시에 수행해야 하는 급박한 상황 속에서 이해조 소설은 「륜리학」의 메시지를 '논리'의 차원이 아닌 서사적 '실천'을 통해 표현하고자 했던 것이다. 적어도 이해조 소설의 출발은 이러한 지점에서 발생하였고, 차츰 일정한 소설 작법의 원리로 구체화되었던 셈이다. 이해조 소설이 대부분 급속히 변화하는 당대 현실을 배경으로 삼고, 여전히 강력한 영향력을 행사하는 전통적 습속에 의해 발생하는 갈등과 사건에 주목한 것은 이 때문이다. 또한 개인의 윤리적 차이에 의해 발생한 갈등이 근대적 문물이나 제도에 의해 해결되는 구조를 반복한 까닭은 소설의 독자가 자연스럽게 시대의 변화를 깨닫고 새로운 세계의 질서에 편입되기를 원했기 때문이다.

예컨대 이해조 소설은 주로 개인 간의 윤리적 갈등에서 비롯된 사건이 경찰 및 재판과 같은 근대적 치안제도 및 법률 체계를 통해 해결된다는 공통점을 지닌다. 이는 근대적 삶의 질서 속에서는 상충하는 이해와 욕망을 더 이상 이전 시대의 방법으로 제어하기 어렵다는 인식을 반영한다. 이해조는 예전의 경우 '신도(神道)', '권력(權力)', '양심(良心)'을 통해 이해의 충돌을 막을 수 있었지만 오늘날의 사회에서는 그것이 더 이상 그 효력을 발휘하기가 어려워졌다며 '종교', '윤리', '법률'의 중요성을 강조하였다.[97] 그중 윤리는 악한 일이 생기기 전에 미리 막는 것을 위주로 하며, 법률은 악한 일이 발생한 이후에 그 사건의 해결을 막는 것을 본위로 한다.[98] 이는 윤리가 병이 생기기 전에 예방하는 것을 목적으로 삼고, 법률이 이미 발생한 병을 다스려 그 독해를 제거하는

97 "인류가 셔로 모혀 한 샤회가 되고 ᄯᅩ 샤회가 셔로 조직ᄒᆞ야 국가가 되ᄆᆡ 복잡 분운ᄒᆞ야 그 사이에 리힉의 츙돌을 면치 못ᄒᆞᆯ ᄉᆞ셰라 만일 각각 셔로 사양치 안이ᄒᆞ면 그 단톄를 유지ᄒᆞ기 능치 못ᄒᆞ나 녜젹에ᄂᆞᆫ 금일갓치 죵교와 륜리와 법률의 구별이 업고 오즉 신도(神道)와 권력(權力)과 량심(良心) 등을 셔로 향ᄒᆞ야 리힉의 츙돌을 방어ᄒᆞ며 인민의 악힝을 졔지ᄒᆞ더니 밋 샤회가 졈졈 진보되니 죵교 륜리 법률이 드듸여 각각 그 특별ᄒᆞᆷ을 발현ᄒᆞ야 크게 확장됨에 그 범위는 셰 가지가 안이니라", 「륜리학」, 『제국신문』, 1908.8.4.

98 "대기 륜리ᄂᆞᆫ 다만 량심의 졔지가 지식의 뎡도를 좃ᄎᆞ 각각 달나셔 법률의 넓히 밋침과 갓지 안이ᄒᆞ고 죵교ᄂᆞᆫ ᄌᆞ유를 신앙ᄒᆞ야 그 졔지가 밋ᄂᆞᆫ 쟈에 밋칠 ᄯᆞ름이라 능히 밋ᄂᆞᆫ쟈밧게 힝치못ᄒᆞ며 ᄯᅩ 국법의 통일ᄒᆞᆷ과 갓지 안이ᄒᆞ니 셰 가지가 비록 셔로 도리와 힝ᄒᆞ야 샤회의 질셔를 바르게 ᄒᆞ나 그러나 뭇참ᄂᆡ 그 샤이에 편벽되히 묵어온 바가 업ᄂᆞ니 죵교ᄂᆞᆫ 본ᄅᆡ ᄌᆞ유를 신앙ᄒᆞ야 함게 의론ᄒᆞᆯ 바 업거니와 시험ᄒᆞ야 륜리와 법률의 관계를 대강 연구ᄒᆞ리라 대톄상으로 의론ᄒᆞ면 륜리ᄂᆞᆫ 악ᄒᆞᆫ 일을 ᄉᆡᆼ기기 젼에 미리 막기로 위쥬ᄒᆞ고 법률은 악ᄒᆞᆫ 일이 임의 불표된 뒤에 비로소 졔지ᄒᆞ야 샤회의 죄악을 졔ᄒᆞ기로 위쥬ᄒᆞᄂᆞ니 그 관계가 위싱학과 의학 관계와 흡ᄉᆞᄒᆞ니라", 「륜리학」, 『제국신문』, 1908.8.5.

것과 같다.[99] 이해조 소설이 이미 복잡해진 당대의 현실을 대상으로 삼은 이상 '개개인의 욕망과 지식 정도의 차이'에서 발생한 갈등과 사건은 윤리의 차원에서 해결되기 어려운 것이었다. 더욱이 소설 속 인물 간의 갈등과 다툼은 개인의 문제를 넘어 국가사회 전체의 문제로 일반화되며 근대적 법과 제도를 통한 사회적 처벌은 독자들을 근대적 국가 체제 내의 구성원으로 규율하기 위한 손쉬운 방편이기도 했다.

중요한 것은 윤리와 법을 핵심적 가치로 삼고 있는 이해조 소설의 목표가 병이 발생하기 전에 그 병을 예방하는 데 있다는 점이다. 이해조는 소설이라는 글쓰기 양식을 통해 독자로 하여금 문명한 시대의 삶의 감각을 체득하게 하고, 이들을 근대적 법률을 기반으로 하는 국민국가의 구성원으로 이끌어 내고자 했다. 물론 이해조 소설의 갈등 해결 방식이 근대적 법률 제도를 통해 이루어지는 것은 단순히 이해조의 공안 취미 때문이라기보다는 이러한 근대적 법률 체제에 대한 뚜렷한 자기 확신이 있었기에 가능했던 일이다.[100]

이러한 근대적 법체계에 대한 믿음은 그의 입헌정치 체제에 대한 뚜

99 "륜리의 실제를 상고ᄒᆞᆯ 디경이면 비단 죄악을 예방ᄒᆞᄂᆞᆫᄃᆡ 긋칠 ᄲᅮᆫ 안이라 죄악이 임의 발표된 뒤라도 교정ᄒᆞ야 소멸케 ᄒᆞ나 그러나 죄악을 예방ᄒᆞ며 죄악을 교정ᄒᆞ기만 ᄒᆞᄂᆞᆫ 것이 륜리의 큰 묵뎍이 안이라 반ᄃᆞ시 인민으로 ᄒᆞ야곰 모다 착ᄒᆞᆷ에 향ᄒᆞ야 죄악의 ᄲᅮ리를 졔ᄒᆞᆷ이 극졈이 될지니 법률인즉 권리와 의무의 계한을 획뎡ᄒᆞ야 각각 타인의 권리를 침범치 못ᄒᆞ게 ᄒᆞᆷ에 긋치어셔 비록 그 가운ᄃᆡ ᄯᅩᄒᆞᆫ 죄악을 예방ᄒᆞ고 국가의 ᄒᆡᆼ복을 징진ᄒᆞᄂᆞᆫ 목뎍이 잇스나 그러나 그 시ᄒᆡᆼᄒᆞᄂᆞᆫ 바가 다만 권리 의무의 분경을 판단ᄒᆞ고 각인의 죄악을 졔지ᄒᆞᆯ ᄯᆞ름에 잇ᄂᆞ니라", 「륜리학」, 『제국신문』, 1908.8.5.

100 한기형은 "관념적 급진성에 근거한 이인직의 사고가 결국 대안 없는 자기 부정으로 귀결된 것과는 달리 이해조는 한국의 주체적 발전 가능성에 대한 기대를 버리지 않았다"라며, 이해조 소설에 "공안소설(公案小說)의 흔적이 유난히 많은 것 또한 전시대 소설 유형과의 안가한 타협으로 비판할 수도 있으나, 한편으로는 법의 지배에 대한 이해조의 신념과 연결지어 생각할 여지도 있는 것이다"라며 이해조 소설의 특징을 언급한 바 있다. 한기형, 『한국 근대소설사의 시각』, 소명출판, 1999, 100~110쪽 참조.

렷한 신뢰를 기반으로 이루어졌다. 그는 정치 체제를 크게 군주독재 정치, 귀족정치, 입헌정치로 나누어 설명하고, 그 중 입헌정치 체제의 중요성을 강조하였다. 특히, 입헌정치 체제는 '만 가지 일을 모두 헌법으로 근본을 삼아 정부의 시행 법률이 모두 국민의 의사로부터 나오는 것'이라며 근대적 법률 제도가 군주나 귀족이 아닌 국민의 '언론'에서 만들어진다고 생각했다.[101] 이러한 인식은 근대적 법률제도가 소수의 권력에서 비롯되며, 결국은 국민을 효율적으로 통치하기 위한 수단이 될 수 있다는 데에까지 미치지 못하고 있다는 점에서 한계를 보인다. 을사조약 이후 일본의 제국주의 침탈이 가속화되는 상황 속에서 통감부의 의병 탄압과 언론 검열이 근대적 법률제도를 바탕으로 이루어졌다는 사실을 떠올린다면 이해조가 구상한 입헌정치 체제가 얼마나 현실과 동떨어져 있는 것이었는지를 알 수 있다. 하지만 이러한 이해조의 낙관적 전망은 얼마간 조선 백성들에 대한 인간적 신뢰에서 비롯된 것으로 보인다. 계몽적 주체의 입장에서 이해조는 조선의 백성은 단지 무지한 상태에 머물러 있고, 그들이 무지몽매한 상태에서 벗어난다면 자신이 구상한 입헌정치 체제가 실현될 것이라 믿었던 것이다. 이러한 신념은 대외적인 교육과 계몽활동은 물론 새로운 소설 실험을 가능케 하는 중요한 원동력이 되었다.

또한 「륜리학」에서는 직접적으로 다루어지지 않았지만, 종교는 윤리・법과 함께 이해조 연재소설의 중요한 사상적 기반이 된다. 이해조는 "륜리를 말ᄒᆞ자면 샤회덕이라 ᄒᆞ고 죵교를 말ᄒᆞ쟈면 텬연덕이라 ᄒᆞ야도 불가홀 바가 업ᄂᆞ니라"라며 시대에 따라 변하는 사회의 입장을

101 「륜리학」, 『제국신문』, 1908.9.5.

반영한 것이 윤리라면 종교는 시대가 바뀌어도 변하지 않는 천연적인 성질을 가진 것으로 생각했다. 또한 불교, 회교, 기독교가 조금씩 차이는 있지만 그 본질은 같다고 말하며, 종교를 택하는 것이 미신(迷信)에 빠지지 않는 방편이 될 수 있다고 주장했다.[102] 실제로 이해조는 연동교회 신자였으며,[103] 「고목화」, 「만월디」, 「쌍옥젹」, 「모란병」, 「월하가인(月下佳人)」 등 다양한 작품에서 기독교적 세계관을 노출하고 있다.

가령 「고목화」에 등장하는 조 박사는 원래 야박하고 경솔했지만 미국에 유학을 가서 성경공부를 한 후 독실한 신자가 된 사람이며, 권 진사는 조 박사의 복음을 통해 마음의 병을 치유하고 괴산집과 오도령을 오히려 불쌍히 여기게 된다.[104] 또한 「만월디」는 이해조의 기독교적 입장이 가장 적극적으로 표현된 작품이다. 이해조는 작품 속 화자를 통해 악행을 저지르는 갑록과 정록을 비판하거나,[105] 사건의 진행과정을 하나님의 의도로 설명하기도 한다.[106] 그밖에도 류첨지[107]와 그의

---

102 「륜리학」, 『제국신문』, 1908.10.22.

103 조창용의 『백농실기』에는 1907년 3월에 조사한 황성(皇城) 연동예배당(蓮洞禮拜堂) 신자들의 명단이 기록되어 있는데, 그중 이해조의 이름이 포함되어 있다. "이해조(李海朝) 나이 38세. 입교 광무9년(1905) 7월. 직업 의관(議官). 북서 광화방(廣化坊) 원동 9통 11호", 조창용, 『백농실기』, 독립기념관 한국독립운동사연구소, 1993, 42쪽.

104 「고목화」의 기독교적 성격은 이미 여러 연구에서 다루어진 바 있는데, 특히 다음의 연구가 상세하다. 조경덕, 「구한말 소설에 나타난 기독교의 의미」, 『우리어문연구』 34, 2009, 576~579쪽 참조.

105 "아모죠록 망친의 유언을 잊지 말고 우애잇게 지닉쟈 ᄒᆞᄂᆞᆫ 것도 안이오 너나 ᄒᆞᆯ 것 업시 아모죠록 부즈러니 가ᄉᆞ를 보숣히어 불상ᄒᆞᆫ 족하들 혼인을 ᄎᆞ례로 ᄒᆞ야 죽은 아오의 령혼을 위로ᄒᆞ쟈ᄂᆞᆫ 것도 안이라 하나님이 귀가 잇셔 굽어드르시기만 ᄒᆞ면 마른 벼락을 작ᄭᅳᆫ작ᄭᅳᆫ 칠만ᄒᆞᆫ 심장을 가졋더라", 「만월디」, 『제국신문』, 1908.9.24; "갑록과 뎡록이 흉악절핆 ᄒᆞ기로 비ᄒᆞᆯ디 업던 위인으로 하나님이 밉게 넉이사 비상ᄒᆞᆫ 곤란을 쥬셧더니 착ᄒᆞᆫ 마음이 유연히 소사나셔 그 족하 빅남의 효슌간측ᄒᆞᆫ 정셩을 감복ᄒᆞ야", 「만월디」, 『제국신문』, 1908.12.2.

106 "하나님이 눈이 잇셔 보시ᄂᆞᆫ 것도 안이오 귀가 잇셔 드르시ᄂᆞᆫ 것도 안이오 입이 잇셔 말삼ᄒᆞ시ᄂᆞᆫ 것도 안이로디 이 셰상 사ᄅᆞᆷ의 악ᄒᆞᆫ 심슐 악ᄒᆞᆫ 힝동과 착ᄒᆞᆫ 마ᄋᆞᆷ 착ᄒᆞᆫ 경영을 일호차착업시 소소히 보시며 력력히 드르시며 슌슌히 말삼ᄒᆞ심과 갓흐심은 텬디기벽 이릭로

아내인 북술어멈,[108] 장의관[109] 등 다양한 인물들의 목소리를 통해 기독교에 대한 입장을 드러내고 있다. 「고목화」나 「만월ᄃᆡ」처럼 전면적이지는 않지만 「쌍옥적」,[110] 「모란병」,[111] 「월하가인」[112]에서도 역시 작가의 기독교적 세계관을 짐작할 수 있는 대목들이 발견된다.

그런데 이러한 작품 속 기독교적 성향은 작가의 개인적인 종교적 취향을 반영할 뿐, 독자들에게 기독교를 강요하거나 기독교의 우월함을 강조하지 않는다. 또한 모든 작품에서 기독교적 사상을 발견하기도 어렵다. 이해조는 전근대적 미신 등과 대척점에서 보다 합리적이고 이성적인 근대문명의 한 형태로 기독교를 수용한 것으로 보인다. 이때의 기독교는 근대문명을 받아들이고 국가라는 제도 속 국민의 정서적 안정을 도모하기 위한 장치와 다름없다.

션인악인의 력ᄉᆞ를 보면 가히 지금 사ᄅᆞᆷ의 장ᄅᆡ 일을 짐작ᄒᆞᆯ지로다 이ᄯᅢ 류쳠지가 한갈갓흔 착ᄒᆞᆫ 마암을 가지고 장ᄉᆞᄎᆞ로 나션 것을 하나님이 ᄯᅩᄒᆞᆫ 굽어 ᄉᆞᆲ히셧던지", 「만월ᄃᆡ」, 『제국신문』, 1908.10.9.

107 "하나님 죠화를 알 슈 업셔 비가오날 ᄀᆡ일지 ᄅᆡ일ᄀᆡ일지 비 곳 ᄀᆡ이면 무역ᄒᆡ 노은 베를 즉시 셔울로 사러다 팔 작뎡으로 하로 잇흘 ᄒᆞ다가 이 모양이 되엿삽ᄂᆞᆫᄃᆡ", 「만월ᄃᆡ」, 『제국신문』, 1908.10.18; "아모죠록 ᄃᆡᆨ에셔 이 고싱을 면ᄒᆞ시고 넉넉히 지ᄂᆡ시ᄂᆞᆫ 것을 보오면 죽어도 소원셩취가 되겟삽기로 쟝ᄉᆞ길로 나션 일이온ᄃᆡ 상사나신 셔방님 령혼이 도으시고 아씨 심덕을 하나님이 감동ᄒᆞ압셔 오늘ᄂᆞᆯ 이 ᄌᆡ물이 ᄉᆡᆼ겻지 그러치 안이ᄒᆞ오면 소인이 아모리 애를 쓰기로 되엿겟슴닛가", 「만월ᄃᆡ」, 『제국신문』, 1908.11.13.

108 "하나님 덕분에 예업던 장마가 져셔 만양농ᄉᆞ남아 쓰러지게 잘 되기ᄂᆞᆫ 힛소마는", 「만월ᄃᆡ」, 『제국신문』, 1908.10.18.

109 "당신 복력은 충량이 업소 난ᄃᆡ업ᄂᆞᆫ 이 은이 어ᄃᆡ셔 낫단 말삼이오 별슈업시 하나님이 당신 정셩을 감동ᄒᆞ사 그 집에 불이나게 ᄒᆞ야", 「만월ᄃᆡ」, 『제국신문』, 1908.11.11.

110 "죄 지은 쟈ᄂᆞᆫ 앙화를 밧고 무죄ᄒᆞᆫ 사ᄅᆞᆷ은 탕쳑이 됨은 소소히 하람ᄒᆞ신 하나님의 리치라", 「쌍옥젹」, 『제국신문』, 1909.2.12.

111 "날마다 하ᄂᆞ님게 축슈ᄒᆞ기ᄂᆞᆫ", 이해조, 『모란병』, 박문서관, 1911, 85쪽.

112 「월하가인」에는 멕시코 노동이민자들의 참혹한 실상을 묘사하며 공휴일을 '주일날'이라고 표현하기도 하였고, 멕시코와 미국을 각각 지옥과 천국으로 묘사하기도 하였다. 또한 왕대춘이 창손의 손에 들려있는 『예수교 하는 사람의 찬성시』라는 책을 발견하고 선대의 인연인 장판서의 딸 장씨부인을 돕게 된다.

「륜리학」의 마지막 제 오십 장은 사상윤리 중에서도 '상도론'을 다루고 있다.[113] 특히 이 장에서는 '상도(常道)'와 '권도(勸導)'를 제시하여, 윤리학의 본질적 목표라 할 수 있는 '사람이 처세하는 도리'를 설명하고 있다. 먼저 '상도'는 임금에게 충성하고 어버이에게 효도하는 등 '사회를 위하는 기초'를 말하며, 변하지 않는 삶의 도덕적 지향점을 의미한다. 또한 '권도'는 '변하는 때에 처치하는 도리', 즉 사회의 변화에 따른 행동을 의미한다. 예컨대 위생을 통해 병을 예방하는 것이 상도이고, 병이 발생하였을 때 독한 약을 통해 병을 고치는 것이 권도라는 것이다.[114] 결국 이해조는 현재의 급변하는 세계가 상도보다는 권도를 필요로 하며, 이것이 상도로부터 점점 멀어지는 것처럼 보이지만 결국에는 상도로 회복할 것이라는 낙관적 전망을 제시하였다.

이해조가 당시의 조선을 '권도'가 필요한 시대로 본 것은 자명해 보인다. 제국주의 열강의 침탈이 가속화되던 상황 속에서 국가의 자존을 지키기 위한 유일한 방법은 하루 속히 근대문명을 받아들이고, 그들과 대등한 실력을 갖추는 길뿐이었다. 이전 시대의 낡은 습속은 점차 삶의 보편적 가치를 의미하는 '상도'로부터 멀어지고 있었으며, 변화하는 시대의 흐름에 맞는 '권도'가 새로운 '처세의 도리'가 되어야 했다. 따라서 이전 시대의 잘못된 규범을 징계하고, 근대문명의 필요성과 교육에 대한 강조를 통해 실력을 양성하려 했던 이해조의 노력은 결국 변화하

---

113 「륜리학」, 『제국신문』, 1908.10.24~10.27.

114 "사ᄅᆞᆷ의 막ᄂᆞᆫ 바로 비유ᄒᆞ건ᄃᆡ ᄌᆞ양품(滋養品)으로ᄡᅥ 위ᄉᆡᆼᄒᆞᄂᆞᆫ 것은 상도라 ᄒᆞᆯ지오 불ᄒᆡᆼ히 병이 발ᄒᆞᆫ시에 쓰고 ᄆᆡ온 약을 먹어 독ᄒᆞᆫ 것으로 독ᄒᆞᆫ 것을 ᄉᆞ라지게 ᄒᆞᆷ은 권도라 ᄒᆞᆯ지며 ᄯᅩ 남녀가 친히 쥬고 밧지 안이 ᄒᆞᆷ은 ᄅᆡ라 곳 상도오 아쥬미가 물에 ᄲᅡ지거던 손으로ᄡᅥ 구원ᄒᆞᆷ은 권도이니 이ᄂᆞᆫ 상도와 권도의 분별이니라", 「륜리학」, 『제국신문』, 1908.10.27.

는 시대의 필요에 의해 선택된 '권도'였던 것이다. 한학을 수련한 전통적 양반 지식인이었던 이해조가 진문(眞文)으로서의 한자가 아닌 여성이나 일반 평민들이나 주로 사용하던 한글 글쓰기를 선택한 것도, 지금까지 양반 지식인들에게 외면 받던 소설이라는 양식을 선택한 것도 결국은 한 가지 '권도'의 방편이었던 셈이다. 하지만 이러한 '권도'는 결국 '상도'를 회복하기 위한 수단에 불과하다. 이해조 소설이 주로 개인의 도덕적 결함으로 인해 빚어진 사건을 근대문명 및 법과 제도에 의해 해결하는 것은 이러한 '상도'와 '권도'의 서사적 표현방식으로 볼 수 있다. 이렇듯 『제국신문』 소재 「륜리학」의 존재는 이해조 소설의 서사원리를 이해하는 데 유효한 시각을 제공한다.

② '표제' 선택과 '풍속개량'의 의지

앞 장에서 살펴본 바와 같이 이해조 소설은 1907년 『제국신문』의 체제 변화와 지면 쇄신의 일환으로 기획되었으며, 새로운 소설에 대한 당대 인식의 변화 양상을 반영하고 있기도 하다. 따라서 『제국신문』이라는 신문 매체의 지향성 및 담론 배치에 대한 이해는 이해조 소설의 특징을 온전하게 드러낼 수 있는 중요한 토대가 된다. 무엇보다 신문연재소설로서의 특성을 밝히는 일은 기존의 단행본 중심 이해조 소설 연구의 한계를 극복할 수 있는 방편이 될 수 있다.

『제국신문』에 연재된 이해조 소설은 다음과 같다.

〈표 3〉『제국신문』 연재 이해조 소설 목록

번호	표제어	작품 이름	저작표기	연재 기간
1	小說 → 소셜	枯木化 → 고목화(枯木花)[115]	東儂	1907.6.5~1907.10.4
2	소셜	빈상셜(鬢上雪)	동농(東儂)	1907.10.05~1907.12.25(1부) 1907.12.26~1908.2.12(2부)
3	소셜	원앙도(鴛鴦圖)	동농(東儂)	1908.2.13~1908.4.24
4	연극소셜	구마검(驅魔劍)	열지(悅齋)	1908.4.25~1908.7.23
5	졍치소셜	홍도화(紅桃花)	열지(悅齋)	1908.7.24~1908.9.17
6	가뎡소셜	만월디(滿月臺)	열지(悅齋)	1908.9.18~1908.12.3
7	뎡탐소셜	쌍옥젹(雙玉笛)	열지(悅齋)	1908.12.4~1909.2.12
8	신소셜	모란병(牧丹屛)[116]	열지(悅齋)	1909.2.13~1909.2.28(?)

『제국신문』에 연재된 이해조 소설은 총 8편인데, 각각의 소설들은 모두 『제국신문』의 1면 하단에 순한글로 연재되고 있었다. 특징적인 것은 다양한 표제어가 등장하고 있다는 점이다. 처음에는 '소설'이라는 일반적인 표제를 제목 앞에 명시하고 있었지만, '연극소설', '정치소설', '가정소설', '정탐소설', '신소설' 등으로 표제가 바뀌고 있다. '신소설'이라는 표제는 마지막으로 연재된 「모란병」에 가서야 비로소 나타나는데, 이러한 사정을 감안하면 이해조가 처음부터 '신소설'이라는 양식을 의식하고 소설을 연재한 것이 아님을 알 수 있다.[117] 따라서 이러

115 '소설 『고목화』(小說 枯木花)'는 1907년 6월 9일 자부터 표제와 제목을 한글로 표기하게 된다. 이는 한자를 모르는 독자의 목소리를 반영한 것인데, 그 이후 이해조 소설의 표제와 제목은 모두 한글 표기를 기본으로 하며 제목의 경우 괄호 안에 한자를 병기하였다. 이 같은 변화가 일어나기 하루 전인 6월 8일 자 「독자성(讀者聲)」에는 다음과 같은 독자투고가 게재되었다. "▲귀 신문에 식로 너는 쇼셜은 대단히 즈미 잇셔셔 늙은 사룸의 심심파젹이 잘 되나 그러나 그 일홈을 몰나 답답ᄒᆞ오 「무식로인」 긔쟈왈 고목화라 칭ᄒᆞ나니 그 뜻인즉 말은 나모의 꼿이란 말이오", 『제국신문』, 1907.6.8, 3면.

116 현재 확인이 가능한 『帝國新聞』은 1909년 2월 28일 자까지이다. 따라서 「모란병」의 경우 14회차 이후의 연재 분량을 확인할 수 없다. 따라서 14회차 이후의 「모란병」은 단행본에 근거하였다.

117 「모란병」 이후 『대한민보(大韓民報)』에 연재된 이해조의 소설 「현미경(顯微鏡)」(1906.6.15~7.11)에는 '소설(小說)'이, 「박정화(薄情花)」(1910.3.10~5.31)에는 '신소설(新小說)'이 표

한 사실은 이해조가 자신의 소설을 기존의 고소설과는 구별되는 의미의 '신소설'로 양식화하려 했던 것이라기보다는, 다양한 표제 선택을 통해 소설 내적 실험을 시도하고 그 가능성을 살피려 했던 의도가 강하게 작동한 것으로 보인다.

이인직의 경우 「혈(血)의루(淚)」와 「귀(鬼)의성(聲)」의 『만세보(萬歲報)』 연재 시 '신소설' 대신 '소설(小說)'이라는 표제를 작품 앞에 붙여 놓고 있었다. 다만 특징적인 것은 이인직의 「혈의루」의 단행본 출판 광고이다. 단행본 『혈의루』의 광고는 『만세보』에 처음 광고가 실렸을 때 '소설'이라는 표제로 소개되었으나, 다음날 '신소설(新小說)'로 그 표제가 바뀌었으며 저작자 및 가격 표시가 추가되었고, 작품에 대한 내용 소개 역시 달라졌다.[118] 하지만 이 같은 변화는 당시의 상황에서 매우 이례적인 사건으로 보인다. 단행본 『귀의성』 광고의 경우 반대로 처음 이틀간은 '신소설'이라는 표제로 소개되었으나,[119] 이후 내내 '가정소설(家庭小說)'이라는 표제로 광고되기 때문이다.[120] 이해조 소설은 물론 이 무렵 신문 매체에 실린 소설 광고에서 '신소설'이라는 표제는 몇 개의 예외를 제외하고는 거의 사용되지 않았다.[121]

제로 사용되었다. 이후 『매일신보』에 가서야 이해조 소설은 '신소설'이라는 표제를 고정적으로 사용하게 된다.

118 이에 대해서는 구장률의 연구를 참조할 것. 그는 단행본 『혈의루』 광고의 이러한 변화를 기존의 소설과는 차별되는 '신소설'에 대한 이인직의 구상이 적극적으로 반영된 결과로 파악한다. 구장률, 「신소설 출현의 역사적 배경」, 『동방학지』 135, 2006, 290~295쪽.

119 『만세보』, 1907.5.31.

120 『만세보』, 1907.6.2; 『황성신문』, 1907.6.5; 『제국신문』, 1907.6.8; 『대한매일신보』, 1907.6.21.

121 1907년 1월부터 1910년 8월까지 그 당시 주요 신문 매체였던 『만세보』, 『제국신문』, 『대한매일신보』, 『대한미일신보』, 『황성신문』를 확인한 결과 '신소설'이라는 표제를 사용한 광고는 『혈의루』, 『애국부인전』, 『자유종(自由鐘)』이 유일하다. 대부분의 소설광고는 표제를 사용하지 않거나 '가정소설(家庭小說)', '골계소설(滑稽小說)', '정치소설(政治小說)', '교육소

작품의 '표제'는 광고뿐만 아니라, 발행된 단행본의 표지에서도 찾아 볼 수 있다. 『제국신문』에 연재된 이해조 소설은 단행본으로 발매되면서 각기 다른 표제를 사용하는 경우가 많은데, 이러한 차이에는 작가의 영향보다는 단행본을 출판하는 출판업자의 의도가 좀 더 강하게 반영된 것으로 파악된다. 왜냐하면 이해조가 자신의 단행본을 출판하는 모든 출판사에 전적으로 영향력을 행사하기도 어렵고, 각각의 출판사에서 출간되는 자신의 작품들에 대한 모든 권리를 지니고 있었는지도 불분명하기 때문이다.

〈표 4〉 이해조 소설의 수록 매체에 따른 표제 비교

번호	신문연재본		단행본				표제변화
	작품명	표제어	작품명	표제어	발행소	발행일	
1	고목화	小說	고목화(상)	최근소설	東洋書院	1912.1.20	小說 → 최근소설
				최근소설	博文書館	1922.11.5	
2	빈상설	소설	빈상설		광학서포	1908.7.5	소설 → 없음
					東洋書院	1911.9.30 재판	
3	원앙도	소설	원앙도		普及書館 東洋書院	1911.12.30	소설 → 없음
					博文書館	1921.7.10	
4	구마검	연극소설	驅魔劍구마검		大韓書林	1908.12	연극소설 → 없음
			구마검		以文堂	1917.10.20	
5	홍도화	정치소설	홍도화	최근쇼설	唯一書館	1908	정치소설 → 최근소설
			홍도화(상권)	최근소설	東洋書院	1912.4.22	
6	만월딕	가뎡소설	滿月臺	륜리소설	東洋書院	1911.9.8 재판	가정소설 → 윤리소설
7	쌍옥적	뎡탐소설	쌍옥적	뎡탐쇼설	東一書館	1917.4.10 3판	동일
				뎡탐쇼설	五車書廠	1918.4.1 재판	
8	모란병	신소설	모란병	新小說	博文書館	1912.5.10 3판	동일

설(教育小說)', '실업소설(實業小說)', '과학소설(科學小說)' 등 다양한 표제를 활용하고 있음을 확인할 수 있다. 또한 위 세 작품이 '신소설'이라는 표제를 분명히 하며 광고되었으나, 이 작품들을 동일한 양식을 지칭하는 명칭으로 이해하기는 어렵다.

위 표에서 보이듯 신문연재본의 표제는 단행본으로 출간되면서 다소 변화된 양상을 보인다. 단행본 출판에 관여하던 사람들은 표제의 중요성을 인식하지 못하거나, 표제를 독자의 관심을 끌기 위한 대중적 전략으로 사용한 것으로 여겨진다. 가령 '최근'이라는 수사를 통해 고소설과의 구별을 강화시키거나 '정치'와 같은 다소 딱딱한 표현을 순화시키기도 하였고, '윤리소설'과 같이 기존에 사용되지 않았던 새로운 표제를 통해 독자의 호기심을 자극하려는 의도가 엿보인다.[122] 이는 소설을 하나의 상품으로 파악하고, 생산과 소비의 유통과정 속에 출판물을 위치시키려는 당대 출판업자들의 전략과 관련이 깊다.[123]

그렇다면 중요하게 남는 사실은 이해조 연재소설의 표제가 개별 작품의 특성을 가장 온전하게 드러낼 수 있는 중요한 단서가 된다는 점이다. 『제국신문』에 연재된 이해조 소설의 표제는 작가가 작품을 구상하는 단계에서부터 신중하게 결정된 것이며, 각각의 표제는 작품의 내적 특징과 긴밀한 연관을 맺고 있다. 이러한 점은 오직 신문연재본을 통해 발견할 수 있는 특징이며, 표제와 작품이 맺고 있는 상관성을 살피는 일은 이해조 소설의 특성을 규명하는 데 핵심적인 접근 방법이 될 수 있다. 다음으로는 『제국신문』에 연재된 이해조 소설들을 발표 순서에 따라 차례로 살펴보고자 한다.

---

122 '가정소설'이라는 표제는 당시 상당한 인기를 얻고 있던 이인직의 『귀의성』에서 이미 사용된 적이 있으므로, 동일한 표제의 사용보다는 '윤리소설'이라는 새로운 표제의 사용을 통해 독자들의 구매욕구를 자극하고자 했던 것으로 보인다.

123 이에 대해서는 다음의 논문을 참조할 것. 남석순, 「한국 근대소설 형성과정의 출판 수용 연구」, 단국대 박사논문, 2003.

『소년한반도』에서 한문현토소설 「잠상태」를 연재했던 이해조는 『제국신문』으로 자리를 옮겨 본격적인 소설 연재를 시작한다. 『제국신문』에 연재한 소설 8편은 모두 순한글로 쓰였으며, 「고목화」는 그중 가장 첫 번째로 연재된 작품이다. 「고목화」는 당시 신문연재소설의 일반적인 관습에 따라 '소설'이라는 표제를 사용하고 있었으며, 이후 단행본으로 발매될 때에는 '최근소설'이라는 표제를 사용하였다.[124] 1908년 2월 14일 자 『제국신문』에는 다음과 같은 광고가 실려 있다.

> 東儂 李海朝著 고목화(枯木花) 이 소셜은 풍쇽기량에 뎨일 필요훈 칙이라 춘향전 소더셩전 등 갓치 허탄 음란훈 말로 풍쇽을 병드리는 것에 비홀바 안이오니 인민 수상을 도덕상으로 인도코져 ᄒ시는 유지부인 신ᄉ의 불가불 보실칙이오

이 광고가 1908년에 게재된 것이니, 이 광고는 적어도 1912년 동양서원에서 발매한 판본보다 더 일찍 발행된 다른 판본을 대상으로 한 것이다. 이 광고에는 발행한 서포가 명시되어 있지 않지만 '최근소설'과 같은 특정한 표제를 강조하고 있지 않다는 점을 알 수 있다. 다만 1908년 2월 25일 자 『황성신문』에는 총 17개의 책들을 소개하고 있는 광고가 있는데, 그중 '신소설(新小說) 고목화(枯木花) 삼십 전(三十錢)'이라며 작품 이름 앞에 '신소설'이라는 표제를 작게 부기하고 있다. 이러한

124 현재 확인이 가능한 단행본은 1912년 동양서원과 1922년 박문서관 본이며, 모두 '최근소설'이라는 표제를 포함하고 있다. 참고로 전광용은 1923년 황성도서주식회사 유재익이 발행한 「고목화」가 '리상소셜'이라는 표제를 달고 있다는 점을 제시하였지만, 확인 결과 이는 제목만 같을 뿐 다른 내용의 작품이다. 전광용, 「「고목화(枯木花)」에 대하여」, 『국어국문학』 71, 1976, 138쪽 참조.

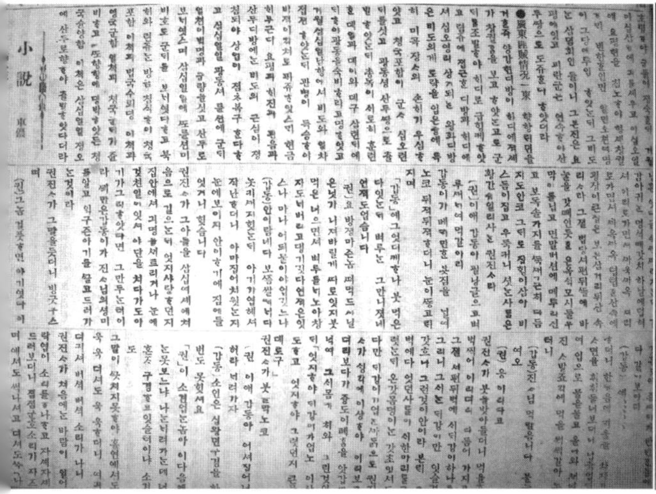

(좌) 「고목화」의 『제국신문』 연재 모습(1907.6.5)
(우) 단행본 『고목화』의 표지(동양서원, 1912, 국립중앙도서관 소장)

차이는 당대 출판업자들의 의도가 적극적으로 반영된 결과로 볼 수 있다. 이해조가 처음 『제국신문』에 소설 연재를 시작했을 때는 소설 표제에 대한 인식이 부족했거나, 『제국신문』 소설란의 일반적인 관습을 따르고 있었던 것으로 보인다. 하지만 단행본 출판업자들은 '신소설' 또는 '최근소설' 등의 표제어를 통해 여타소설과의 차별화된 점을 부각시키고, 이를 통해 더 많은 판매부수를 올리려고 했던 것이다. 이는 신문이라는 매체 안에 배치된 신문연재소설과 이에서 분리되어 오직 작품 하나가 재화의 교환이 가능한 상품으로 기획된 단행본 소설이 지닌 차이점으로 파악할 수 있다.

위 광고에서 강조하는 것처럼 「고목화」는 무엇보다 '풍속개량'을 목표로 삼고 있다. 『제국신문』의 소설란이 한글에 익숙한 여성과 평민 독자층을 주된 대상으로 삼고 계몽담론의 서사화를 실현시키고자 했다면, 「고목화」는 그 역할의 가장 모범적인 출발을 보이고 있다해도 과언이 아니다. 「고목화」는 당대 조선의 현실 속에서 매우 구체적인 시공간을 설정하고, 서사 진행 과정 속 다양한 장치들을 통해 독자의 '풍속개량'에 매우 적극적인 노력을 보이고 있다.

이 작품은 충북 황간에 사는 권진사가 시동(侍童)인 갑동이와 함께 보은 속리사에 갔다가 겪는 고초로부터 시작된다. 얼마 전 상처한 권진사는 마음을 달랠 겸 유람차 떠났다가 속리사 절 뒤편에 있는 머리 없는 새 그림을 괴상히 여겨 직접 그 머리를 그리게 된다. 그러자 한 무리의 사람들이 난데없이 나타나 권진사를 포박하여 간다. 그들은 마중군이 지휘하던 도당의 잔당들인데, 마중군이란 인물은 당시 신문 기사에 자주 등장하던 실존 인물이다. 작가는 실존 인물인 마중군의 이야기를 끌어들여 허구적 이야기에 사실성을 부여하고 독자의 관심을 이끌어낸다.[125] 이러한 장치는 머리 없는 새 그림에 머리를 그려 넣는 사람을 우두머리로 모신다는 설화적 세계의 서사에[126] 균형을 맞추며 이 이야기가 철저하게 현실에 기반한 이야기임을 부각시키고 있다.

또한 작품의 시공간적 배경 역시 이 작품의 '사실성'을 높이는 데 커다란 역할을 하고 있다. 먼저 권진사가 화적당에게 잡혀가던 때는 1900년이며,[127] 후반부의 주된 이야기는 러일전쟁 이후 경부선 철도가

---

125 작품에서는 마중군이 윤영철이라는 군수에게 잡혀 죽었다고 기술하고 있지만, 실제로 마중군은 1906년 무렵까지 끝내 체포되지 않았다. 이에 관해서는 일찍이 최원식이 언급한 바 있다. 최원식, 「이해조 문학 연구」, 서울대 박사논문, 1986, 57~59쪽 참조.

126 최원식은 이러한 화소가 한문단편이나 명말 단편집 『금고기관(今古奇觀)』의 영향을 받았다는 점을 밝힌 바 있다. 위의 글, 56~57쪽.

127 권진사가 탈출하여 집으로 돌아온 것이 '신축년(1901)'이라고 하였으니, 권진사가 속리사에서 잡혀가던 때는 1900년이다. "그쒸 너고 갓치 나가셔 칠팔삭이 되도록 소식이 돈절ᄒᆞ더니 무숨 긔힉 아마 그 힉가 신축년인가보다 그 힉 이월 금음게 일신에 유혈이 낭ᄌᆞᄒᆞ고 들어오

개통된 1905년 무렵을 배경으로 삼고 있다.[128] 이는 "인쳔셔 딕포소릭 난 이후로 여슈가 아죠 막키고 시계가 벗셕 올나 인심이 말 못 되엿네"[129]라던가 후반부 서사 진행의 중요한 배경이 되는 경인선 철도가 1899년, 경부선 철도가 1905년 1월 1일에 개통되었다는 점에서 확인할 수 있다. 그리고 이 작품의 공간 배경은 마치 작가가 지도를 펼쳐 놓고 공간 배경의 이동을 그려내는 듯이 매우 구체적으로 형상화되어 있다. 작품 전반부의 중심이 되는 공간은 충청 지역으로 보은(속리사), 청주(박부장의 집), 황간(권진사의 집), 음성(괴산집의 집)이며, 후반부에서는 서울(조박사의 집, 권진사의 이사한 집), 인천 문산포(납치당하던 청주집이 괴산집과 오도령의 도움을 받음)가 작품의 주된 배경이 된다. 이러한 이동 경로는 등장인물들의 도보나 경부선과 경인선 철도를 통한 이동을 통해 사실적으로 묘사되어 있다.

살펴본 바와 같이 이 작품은 이전 시대의 화소를 차용하되 이를 당대 현실의 구체적인 시공간으로 끌어들이고 있으며, 이러한 특징은 이전 소설의 전통과는 다른 새로운 소설에 대한 작가의 의식적 지향을 보여준다. 또한 단순히 시간적 흐름에 따라서 서사를 진행하기보다 시간의 역전이 가능한 장면 전환 위주의 서사 진행을 시도하고 있다는 점 역시 이전 소설과는 다른 차이점이다. 눈에 띄는 것은 서사를 완결시키는 마지막 대목이다. 작가는 작품의 마지막을 다음과 같이 끝마치고 있다.

시더니", 「고목화」, 『제국신문』, 1908.8.7.

128 "져의 덕 진ᄉ님게셔 을축싱이신디 오년 젼에 도젹을 만나 칼창에 젼신을 상ᄒ고 간신히 목숨을 도망ᄒ야", 「고목화」, 『제국신문』, 1907.8.15.

129 「고목화」, 『제국신문』, 1907.9.14.

오도령이 표 셕경을 열는 사가지고 괴산집과 갓치 청쥬집을 뷰축ᄒᆞ야 ᄎᆞ에 올나타고 남문 밧게 와 문안을 들어셔니 청쥬집은 권진ᄉᆞ 잇ᄂᆞᆫ 집 문 압까지 가 보앗건만 어ᄃᆡ가 어ᄃᆡ인지 짐작ᄒᆞᆯ 슈도 업고 다만 갑동이 편지에 젹어 보ᄂᆡᆫ 초동 리경무ᄉᆞ 집이라ᄂᆞᆫ 말만 ᄉᆡᆼ각이 ᄂᆞ셔 오가다려 일으고 초동골목을 ᄎᆞᄌᆞ간다 이ᄯᆡ 권진ᄉᆞᄂᆞᆫ 청쥬셔 오가와 괴산집을 쎄야 보ᄂᆡ고 박부장 집을 ᄎᆞᄌᆞ가 그 마누라에게 그 ᄯᆞᆯ과 그 영감이 셔울노 ᄀᆞᆺ다ᄂᆞᆫ 말을 듯고 분라케 셔울을 오니 청쥬집은 간곳지 업고 박부장만 만나 최복돌이게 속은 ᄌᆞ초지죵을 알고 ᄌᆞ긔로 ᄒᆞ야셔 청쥬집 고ᄉᆡᆼᄒᆞᄂᆞᆫ ᄉᆡᆼ각을 ᄒᆞ니 긔가 막히고 ᄋᆡ닯아셔 삼디ᄉᆞ방으로 슈소문을 ᄒᆞ다가 초동병문에셔 청쥬집 일ᄒᆡᆼ을 맛낫ᄂᆞᆫᄃᆡ[130]

청주집은 복돌에 의해 납치당할 위기를 겪게 되지만 개과천선한 괴산집과 오도령에게 구출되고, 길이 엇갈린 권진사는 그녀가 위기에 빠졌다는 소식에 놀라 그녀를 애타게 찾는다. 특이한 점은 애타게 서로를 찾던 두 주인공의 뒷이야기가 과감하게 생략되어 있다는 점이다. 이는 마치 새로운 소설 연재를 하기 위해 연재 도중에 중단된 것처럼 보이지만 실은 작가의 의도적 결말 방식으로 보는 것이 타당하다. 이해조는 '권선징악', '해피엔딩'과 같은 전대 소설의 천편일률적인 결말 방식을 극복하기 위해 이와 같은 결말을 구상한 것이다. 이처럼 과감한 생략의 결말 구성 방식은 극적인 효과를 창출하는 한편 이야기의 마무리를 독자들 각자의 몫으로 남겨 두어 더욱 소설에 몰입할 수 있도록 만드는 장치였다. 또한 완전히 해소되지 않은 강한 여운은 독자들을 다음 연재소설에 쉽게 끌어들이는 효과 또한 발생시킬 수 있었던

130 「고목화」, 『제국신문』, 1907.10.4.

것이다. 이는 이후 이해조 소설에서도 흔히 볼 수 있는 결말 방식이며, 이전 소설의 기법에서 벗어나기 위한 새로운 소설 실험의 과정이자 작가의 의식적인 시도로 파악할 수 있다.

「고목화」는 이러한 서사 기법을 통해 '풍속개량'이라는 주제를 드러내고자 했으며, 그것이 다루는 방식은 크게 세 가지 측면에서 이루어지고 있다.

첫째는 근대문명을 상징하는 도구나 장치가 사건 해결에 중요한 열쇠가 된다는 점이다. 이 작품에는 경부선과 경의선 철도가 서사 진행의 중요한 장치로 활용되고 있는데, 이에 대한 상세한 묘사는 이 작품이 추구하는 바가 무엇인지를 잘 보여준다. 갑동이는 박부장의 행방을 찾기 위해 서울로 가려고 하는데, 이때 박부장의 처와 나누는 대화가 인상적이다. 갑동이 "근일에 부산 텰로를 다 노아셔 몃 시간이면 셔울을 들어간다고 ᄒᆞ니 소인이 텰로를 타고 셔울이나 가셔 영감님 소식을 탐지ᄒᆞ야 보겟습니다"라고 하자 부인은 걱정스런 마음에 허락하며 다음과 같은 질문을 던진다.

> 텰로를 타고 가랴면 그 삭은 십 리에 몃 량 식이나 ᄒᆞᆫ다더냐
>
> (갑동) 안이랍니다 텰로는 교군이나 물삭쳐럼 십리에 얼마식 ᄒᆞ는 것이 안이라 여긔뎌긔 졍거장을 짓고 졍거장마다 표를 팔게 마련을 힛다는 걸이오
>
> (마누라) 예셔 셔울ᄭᆞ지 가자면 표를 만히 사야 되겟구나 돈이 얼마ᄂᆞ 든다더냐
>
> (갑동) 왜 표를 졍거장마다 산답닛가 우리 동리 압 졍거쟝에도 표를 파는ᄃᆡ 게셔 한 쟝만 사가지면 셔울ᄭᆞ지 간다고들 ᄒᆞ여오 그런ᄃᆡ 오고가는 표 갑이 지폐로 ᄉᆞ원이 다 들지 안이ᄒᆞᆫ다는 걸이오[131]

이러한 대화는 서사의 진행에 크게 도움이 되지는 않는 대목이다. 하지만 작가는 이러한 질문과 답변을 의도적으로 배치하여 경부선 철도에 대한 정보를 제공하고자 하였다. 이러한 노력은『제국신문』의 독자에게 근대문명의 상징과도 같은 철도가 공간의 이동을 훨씬 수월하게 할 수 있다는 점을 알리는 데 도움이 된다.

또한 이 작품에서는 갑동의 철도 체험을 매우 구체적으로 묘사하고 있는데, 이는 소설적 실감의 차원에서 새로운 근대문명의 우수함을 알리고, 독자에게 이를 간접적으로 체험하게 만드는 방편이 된다.

> 사ᄅᆞᆷ이 구름갓치 모혀 왁실왁실 ᄒᆞ며 비둘기쟝 문갓ᄒᆞᆫ 구멍 ᄋᆞᆸ으로 닷토아 가ᄂᆞᆫ지라 갑동이ᄂᆞᆫ 엇젼 영문인지 몰으고 결상 한편 머리에 우득커니 안졋더니 그 사ᄅᆞᆷ들이 졔각금 셕냥갑 한편 죠각갓ᄒᆞᆫ 발간 죠희 하나식을 손에다 들고 나오ᄂᆞᆫ 것을 보고 갑동이 ᄉᆡᆼ각에 올치 뎌것이 텰로 ᄐᆞᄂᆞᆫ 표로구나 나도 한 쟝 ᄉᆞ가져야 ᄒᆞ깃다 ᄒᆞ며 쥬머니ᄅᆞᆯ 부시럭 부시럭 글으더니 지폐ᄅᆞᆯ ᄂᆡ야들고 그 압ᄒᆞ로 들어가셔
>
> (갑동) 예셔 표ᄅᆞᆯ 파십닛가
>
> (표파ᄂᆞᆫ쟈) 오냐 어ᄃᆡ로 가는 표ᄅᆞᆯ 살터이냐
>
> (갑동) 예 셔울노 가깃슴니다
>
> (표파ᄂᆞᆫ쟈) 그러면 남대문밧 졍거장ᄲᅡ지 가ᄂᆞᆫ구나 시골 돈 열닷 량만 ᄂᆡ여라
>
> (갑동) 열닷 량이 지폐로ᄂᆞᆫ 얼마오닛가
>
> (표파ᄂᆞᆫ쟈) 지폐거던 이원을 이리다고 오십 젼만 거슬너쥴 것이니
>
> ᄒᆞ더니 표 한 쟝을 쑥 ᄶᅵ져 구멍 밧그로 ᄂᆡ여보ᄂᆡ니 갑동이가 밧아 들고 화륜

131 「고목화」,『제국신문』, 1907.7.31.

거 오기만 기다린다

오륙월 소낙비에 텬동ᄀᆞᆺ치 우루루 소릐가 졈졈 갓가히 들니며 디동ᄒᆞᆯ ᄯᅢ처럼 두 볼이 덜덜 ᄯᅥᆯ니더니 연긔가 펄셕펄셕 나며 귀청이 콱 막히게 ᄲᅵ익 ᄒᆞᄂᆞᆫ 한 마ᄃᆡ에 ᄉᆞ방이 두쥬 모양으로 싱긴 것이 크나큰 집치ᄀᆞᆺᄒᆞᆫ 륜거 ᄃᆡ여셧을 ᄯᅩᆼ문이에 ᄃᆞᆯ고 슌식간에 들어와 셔닛가 이 간 뎌 간에셔 혹 보ᄯᅡᆯ이도 들고 혹 짐짝도 메인 사ᄅᆞᆷ들이 ᄭᅮ역ᄭᅮ역 나온 후 죠곰 잇더니 일본 사ᄅᆞᆷ 하나가 상여 ᄋᆞᆸ헤셔 치ᄂᆞᆫ 요령ᄀᆞᆺᄒᆞᆫ 것을 흔들며 무엇이라고 소릐ᄅᆞᆯ 질으고 돌아ᄃᆡᆼ기닛가 표 사가지고 잇던 사ᄅᆞᆷ들이 분쥬히 올으ᄂᆞᆫᄃᆡ 갑동이도 ᄀᆞᆺ치탓더라 평싱에 신교밧탕도 한번 타보지 못ᄒᆞᆫ 갑동이가 쳐음으로 긔ᄎᆞ 우에 올나안즈니 콩길금시루ᄀᆞᆺ치 사ᄅᆞᆷ이 ᄲᅢᆨᄲᅢᆨᄒᆞᆫᄃᆡ ᄲᅵ익 소릐가 ᄯᅩ다시 나더니 몸이 별안간에 홰홰 ᄂᆡ둘녀 불아질이 난다 긔차 창문 밧그로 뵈이ᄂᆞᆫ 산과 나무들이 휙휙 달음질을 ᄒᆞ야 졍신이 엇득엇득 ᄒᆞ고 긔계간에셔 셕탄 넘시ᄂᆞᆫ 바ᄅᆞᆷ결에 코ᄅᆞᆯ 거슬너 비위가 뒤노으니 두 손으로 결상을 검쳐붓들고 아모리 진졍ᄒᆞ랴도 졈졈 견ᄃᆡᆯ슈 업스며 입으로 열물을 울걱울걱 토ᄒᆞ고 업ᄃᆡ엿ᄂᆞᆫᄃᆡ 어ᄃᆡᄅᆞᆯ 왓ᄂᆞᆫ지 다시 요동을 안이ᄒᆞ고 사ᄅᆞᆷ에 신볼 소릐가 우둥우둥 ᄒᆞ더니 누가 겻헤 와 억기ᄅᆞᆯ 흔들며[132]

작가는 의도적으로 갑동의 철도 이동 과정을 매우 생생하게 묘사하고 있다. 여기에는 표를 사는 과정이라든가 기차가 들어오는 모습, 사람들의 움직임, 일본인 역무원이 요령을 흔드는 모습은 물론 기차를 탔을 때의 갑동의 느낌까지 매우 구체적으로 묘사되어 있다. 독자들은 철도를 타는 과정과 그 느낌을 갑동이라는 소설 속 인물을 통해 생생하게 부여받고, 새로운 문명에 대한 관심과 동경을 가졌을 법하다.[133]

132 「고목화」, 『제국신문』, 1907.8.1~8.2.

소학교 운동회에 대한 묘사 역시 상세하다. 서울에서 우연히 조박사를 만난 갑동이는 소학교 운동회에 구경을 가게 되는데 작가는 운동회가 열리는 모습을 매우 구체적으로 묘사하고 있다.

> 가삼이 시원ᄒᆞ게 툭 터진 벌판에 차일을 구름ᄀᆞᆺ치 치고 사ᄅᆞᆷ이 ᄇᆡᆨ두산 모이듯 ᄒᆞ얏ᄂᆞᆫᄃᆡ 펄펄 놀니ᄂᆞᆫ 긧발들이 팟총들어 ᄇᆡᆨ이듯 ᄒᆞ고 긔밋마다 머리 ᄶᅡᆨ고 ᄲᅢ시 쓴 아ᄒᆡ들이 일ᄌᆞ로 ᄯᅦ를 지어 느러셧스며 그 밧건 물장을 돌녀 박고 망얼기를 쳐셔 구경ᄒᆞᄂᆞᆫ 사ᄅᆞᆷ들이 겹겹이 울셥 ᄭᆞ즌 모양이라 것흐로 돌아댕기다 ᄒᆞᆫ편을 가닛가 솔닙으로 홍예문을 틀어세우고 ᄐᆡ극 그린 긔를 엇ᄉᆞ괴야 ᄭᆞᄌᆞᆫᄃᆡ 슌검헌 병이 자우에 갈나셔셔 잡인을 업금ᄒᆞ니 구경ᄒᆞ러온 그 만은 사ᄅᆞᆷ이 들어갈수도 업고 들어갈 싱의도 못ᄒᆞ더라 죠박ᄉᆞ가 좁기에셔 편지 ᄒᆞᆫ 장을 ᄂᆡ여 슌검을 보이고 갑동의 손목을 쥐고 솔문 안에를 들어셔니 양복 입은 사ᄅᆞᆷ들이 교의에 거러 안졋다가 죠박ᄉᆞ 가졋던 편지를 밧고 가화 ᄒᆞᆫ 가지를 가삼에다 ᄭᆞ자쥬더라 ᄒᆡ가 ᄒᆞᆫ나잘이 ᄎᆡ 되지 못ᄒᆞ얏ᄂᆞᆫᄃᆡ 손ᄲᅧᆨ들 치난 소ᄅᆡ가 호도독 호도독 나며 엇더ᄒᆞᆫ 아ᄒᆡ가 일등 긔를 ᄲᅦ여들고 여러 학도 즁 뎨일 먼져 들어와 상품을 타가지고 나가난ᄃᆡ[134]

---

133 이는 청주집이 경인선 철도를 탔을 때에도 마찬가지이다. "압뒤에셔 텬동ᄀᆞᆺ흔 소ᄅᆡᄂᆞᆫ 정신을 ᄎᆞ일 슈 업고 평싱에 마주 보도 못ᄒᆞ든 본국 사ᄅᆞᆷ 타국 사ᄅᆞᆷ들이 들셕들셕 ᄒᆞ야 덩거ᄒᆞᆯ ᄯᅢ마다 ᄒᆞᆫ 편으로 ᄂᆡ리며 ᄒᆞᆫ 편으로 올나 되야들고 되야나ᄂᆞᆫᄃᆡ 그럴 ᄯᅢ마다 청쥬집은 ᄎᆡ가가 ᄂᆡ리ᄌᆞ ᄒᆞ기만 기ᄃᆡ리고 잇더니 언마를 왓든지 살갓치 나가던 챠가 별안간에 뒤로 물으청ᄒᆞ며 ᄯᅮᆨ 긋쳐 덩거들ᄒᆞ니 어셔 그러케 예비를 ᄒᆡᆺ던지 열ᄃᆡ여섯식 된 아ᄒᆡ들이 모판을 압흐로 메고 이 문 뎌 문으로 드나들며 못지가 요로시 못지가 요로시 외는 소ᄅᆡ에 귀가 식그럽고 긔계통에 김 ᄲᅦ는 소ᄅᆡ를 몃 번지 듯는 터이언만 들을 젹마다 가삼이 덜썩덜썩 ᄂᆡ려안는다", 「고목화」, 『제국신문』, 1907.9.1~9.4.

134 「고목화」, 『제국신문, 1907.8.4.

이러한 운동회에 대한 상세한 묘사는 당시 독자들에게 호기심을 불러일으키고 근대식 학교 제도에 대한 특성을 알리는 데 중요한 역할을 하고 있다. 이러한 운동회 장면은 다소 작위적인 설정처럼 보이기도 하지만 권진사의 아들인 옥남과의 만남을 가능케 하였다는 점에서 작가의 계몽적 의도와 서사의 구성이 자연스럽게 배치되어 있음을 확인할 수 있다. 이러한 운동회 장면 묘사의 구체적인 묘사는 이해조의 실제 활동과도 밀접한 연관을 맺고 있다. 이해조는 근대적 학교 교육에 매우 커다란 관심을 가지고 있었는데, 그가 수차례 운동회에 직접 방문하여 학생들을 격려하였다는 사실은 당시 신문 기사에서도 찾아 볼 수가 있다.[135]

또한 서사의 갈등해결에 가장 핵심적인 조력자 역할을 맡은 조박사가 미국 워싱턴에서 공부하고 돌아왔다는 설정은 외국 유학의 중요성을 강조하고 있으며,[136] 갑동이가 박부장의 부인에게 서울에서 권진사를 만난 소식을 전할 때 근대적 우편 제도인 '등기'를 이용하는 것 역시 근대문명에 대한 독자 계몽이 다양한 장치를 통해 이루어지고 있음을 확인할 수 있는 사례가 된다.

둘째, 이 작품은 과부의 재가 문제라든가 언문의 필요성 등을 다룸

---

135 「기교운동상황(畿校運動狀況)」, 『황성신문』, 1908.10.6; 「사립고등학교대운동(私立高等學校大運動)」, 『황성신문』, 1910.5.11.

136 "죠박ᄉᆞᄂᆞᆫ 십 여 년 젼에 미국 화셩돈 가셔 대학교에 공부ᄒᆞ야 의학을 졸업ᄒᆞ고 박ᄉᆞ짜지 된 사ᄅᆞᆷ이라 본국에 돌아와 왼갓 긔계와 약을 작만ᄒᆞ야 집에다 두고 즁병 든 사ᄅᆞᆷ이 잇다면 슈고를 불고ᄒᆞ고 치료ᄒᆞ여쥬니 이ᄂᆞᆫ 죠박ᄉᆞ가 싱의로 그리ᄒᆞᄂᆞᆫ 것이 안이오 ᄌᆞ션덕으로만 ᄉᆞ업을 삼ᄂᆞᆫ 터이라", 「고목화」, 『제국신문』, 1907.8.3; "죠박ᄉᆞᄂᆞᆫ 본ᄅᆡ 야박ᄒᆞ고 경솔ᄒᆞ기로 ᄑᆡ호ᄒᆞ얏던 사ᄅᆞᆷ인ᄃᆡ 미국을 가셔 셩경 공부를 ᄒᆞᆫ 후로 독실ᄒᆞᆫ 신ᄌᆞ가 되여 진리를 ᄭᆡ다름으로 젼에 ᄒᆞ던 ᄒᆡᆼ실을 낫낫치 회ᄀᆡᄒᆞ고 도덕군ᄌᆞ가 된 사ᄅᆞᆷ니라", 「고목화」, 『제국신문』, 1907.8.16.

으로 해서 당시 여성 독자들의 교육과 계몽에 힘쓰고 있다. 작가는 결혼한 지 얼마 지나지 않아 과부가 된 청주집을 서사의 중심에 두고, 그녀의 아픔과 상처를 강조하여 '우리나라의 개가 간 사람을 흠천으로 하는 고약한 풍속'[137]을 경계하고 있다. 특히, 과부인 청주집 역시 부모에게는 누구보다 귀한 자식임을 강조하고, 과부 역시 똑같은 사람이라는 점을 부각시킴으로써 독자에게 동정과 연민의 감정을 갖도록 유도하고 있다. 또한 이 작품에서는 자신의 상황을 직접 전달하기보다 편지를 써서 전달하는 청주집과 언문조차 읽지 못하는 괴산집을 대비시킴으로써 한글 교육의 필요성을 강조하고 있다. 이러한 특징은 『제국신문』이 여성과 일반 평민 대중 독자들을 대상으로 삼고 있다는 점과도 관련이 있다.

셋째, 기독교적 용서와 화해 역시 '풍속개량'과 관련하여 이 작품이 지닌 중요한 특징 중의 하나이다. 오도령과 괴산집에 대한 복수심으로 가득찬 권진사는 조박사의 기도와 인도로 인해 그들을 용서해 주기로 마음먹는다. 기운을 차린 권진사는 조박사와 함께 청주 관군에게 붙잡힌 그들을 찾아가 용서하고 방면하도록 주선하여 주는데, 방면된 오도령과 괴산집은 크게 감동받고 회개하여 이후 위기에 빠진 청주집을 구해주는 데 중요한 역할을 하게 된다. 용서와 회개는 앞선 근대문명의 상징과도 같은 기독교 정신으로 인해 가능했으며, 이는 이해조의 종교관과도 관련이 깊다. 조창용의 『백농실기』에서 확인할 수 있는 것처럼 이해조는 연동교회 신자였으며, 이러한 개인적 종교관을 통해 작품의 주제를 형상화할 수 있었던 것이다. 또한 이러한 용서와 화해는 근대

137 「고목화」, 『제국신문』, 1907.6.20.

적 국민국가에 포섭되지 않은 '경계인'에 대한 이해조의 입장과도 관련이 있다.[138] '국민'으로 포섭되지 않고 극단적 선택을 할 수밖에 없었던 기층민들을 근대적 규율제도로 엄하게 징치하거나 복수하지 않고 기독교적인 사상을 통해 회개하게 만들려는 노력은 근대 국민국가를 이루기 위한 이해조의 남다른 선택이기도 했던 것이다.

결국 「고목화」는 한글로 쓰인 이해조의 첫 장편소설임에도 불구하고 이해조 소설의 향방을 짐작할 수 있는 특질을 종합적으로 보여주고 있는 작품이다. 이전 소설의 전통을 따르되 이를 '개량'하여 새로운 근대적 소설로 바꾸려는 노력은 이후 『제국신문』 연재소설은 물론 이해조 소설 전반에 걸쳐 보이는 특징이다. 또한 작품 속 곳곳에 노출되어 있는 근대문명에 대한 관심과 계몽적 목소리는 이해조 소설의 '풍속개량'을 통한 독자계몽의 목표가 무엇이었는지를 살필 수 있는 근거가 된다.

『제국신문』의 두 번째 연재소설 「빈상셜」 역시 이전 소설과는 다른 새로운 형식을 추구하되 『제국신문』이 상정한 일반 대중 독자들에 대한 '풍속개량'의 목적이 두드러진 작품이다. 「빈상셜」은 1907년 10월 5일부터 1908년 2월 12일까지 4개월가량 연재되었는데, 비교적 긴 분량인 만큼 사건과 갈등의 축이 복잡하게 얽혀있는 한편 장면 및 인물 묘사가 구체적이고 생동감 있게 그려져 있다는 특징을 지닌다.

『제국신문』은 1908년 9월 13일부터 수일간 「빈상셜」에 대한 광고를 게재하였다.

---

138 '경계인'으로서의 마중군의 위치는 박대현의 논문을 참조할 것. 박대현, 「'국민' 담론 형성과 균열의 기원—『매일신문』을 중심으로」, 『한국문학논총』 45, 2007, 263쪽 참조.

本書ᄂᆞᆫ 風俗改良의 羅盤金針이니 輪簿子의 悖行과 妖孽女의 姦計를 一筆痛誅ᄒᆞ고 賢夫人의 貞德과 佳公子의 友情을 極口贊揚ᄒᆞ야 使色界에 沉惑ᄒᆞ야 家道가 乖破ᄒᆞ며 同氣에 失睦ᄒᆞ야 ◯倫을 斁傷ᄒᆞᄂᆞᆫ 者로 騂然自愧ᄒᆞ여 翻然有悟케 ᄒᆞᄂᆞᆫ 捷經 新小說이오니 有志 貴婦人 紳士ᄂᆞᆫ 家家案頭에 情供ᄒᆞ야 座席銘을 作ᄒᆞ시옵[139]

앞서 살펴 본 「고목화」 광고와 마찬가지로, 이 광고문은 '풍속개량'을 「빈상설」의 가장 중요한 특징으로 내세우고 있는데, 이는 소설이 지닌 효용적 가치를 전면에 내세워 소설에 대해 부정적인 인식을 지니고 있던 독자들을 효과적으로 유인하는 데 주력하고 있음을 알 수 있다. 「빈상설」의 '풍속개량'은 당대의 시공간적 배경 속에서 '인정세태'에 적합한 인물형을 창조하고, 이들 사이에 일어나는 사건과 갈등의 해결을 핍진하게 재현함으로써 이루어졌다. 이는 작가의 노골적인 개화의지를 일방적으로 설파하는 것과는 달리 신구 변화의 접점에서 첨예하게 갈등하고 있는 독자들에 대한 배려가 포함되어 있다는 점에서 효과적이다.

동시기 신소설 작품 중에서도 「빈상설」의 첫 장면은 매우 인상적이다.

군밤사오 군밤사오 셜셜 ᄭᅳᆯᄂᆞᆫ 군밤이오 물으니 덥소 군밤사오

셔양목테를 ᄒᆞᆫ 허리 쑥 써거 ᄆᆡᆫ든 밤 ᄶᅵᆸ게를 ᄯᅡᆼ에다 툭 더지고 오동빗ᄀᆞᆺ흔 검잉 뭇은 손으로 머리를 득득 글그며

이런 긔막힐 일도 잇나 ᄒᆡᄂᆞᆫ 거진 넘어가ᄂᆞᆫᄃᆡ 군밤은 그ᄃᆡ로 잇스니 돈이 잇셔야 쌀을 팔아다가 우리ᄃᆡᆨ 아씨 져녁진지를 지어들이지

139 「빈상설(鬢上雪)」, 『제국신문』, 1908.9.13, '광고'.

줌어니를 부시럭 부시럭 글으고 동젼 열암은 푼을 ᄂᆡ여 들고 눈먼 고양이 ᄃᆞᆰ의 알 어르듯 ᄒᆞᄂᆞᆫᄃᆡ

울는 ᄉᆞᆺ스로 양복을 말숙ᄒᆞ게 지어 입고 다ᄶᅡ쌰시에 불란셔 제죠 살쥭경을 쓰고 흰ᄯᅥᆨ가리만ᄒᆞᆫ 여송연을 반도 치 타지 못ᄒᆞᆫ 것을 훗덥게 휙 ᄂᆡ버리며 죵녀 단장을 오강ᄉᆞ공들 노질ᄒᆞ듯 휘휘 ᄂᆡ둘으며 가가 압헤 와 ᄯᅡᆨ 셔더니

이애 군밤 ᄉᆞᄌᆞ[140]

「고목화」를 비롯한 대부분의 신소설이 '화설 대명 연간' 등으로 시작하는 고소설의 서두를 지양하며 배경묘사를 중심으로 이루어진 데 반해 이 작품의 첫 대목이 등장인물의 발화로 시작하는 점은 매우 인상적이다. 특히 이 발화의 주체가 작품의 주인공이 아니라 주변인물이라는 점 역시 그렇다. 군밤 장사를 나선 장서방의 한탄과 동전 몇 푼을 내어 들고 '고양이가 닭의 알 어르듯'하는 모습은 자연스럽게 '우리댁 아씨'인 이씨부인의 고난을 연결시키는 세련된 장치이다. 또한 양복, 구두, 안경, 여송연, 단장으로 치장한 채 반도 채 타지 않은 여송연을 휙 내던지며 단장을 '오강사공들 노질하듯' 내두르며 나타난 서정길의 외향 묘사는 그의 취향과 성품을 미리 짐작케 한다. 또한 서정길의 첩인 평양집과 그의 몸종 금분이의 인물 묘사 역시 인상적인데, 특히 노골적이고 상스러운 발화 내용을 구체적으로 묘사함으로써 독자로 하여금 그들의 신분이나 성격, 취향 등을 쉽게 짐작하도록 하였다.

「빈상설」의 인물들은 비록 선악 또는 신구의 대립적 요소를 지니고 있지만 대부분 한 극단으로 치우치기 보다는 어떠한 순간에 양가적(兩

140 「빈상설」, 『제국신문』, 1907.10.5.

(좌) 「빈상셜」의 『제국신문』 연재 모습(1907.10.5)
(우) 단행본 『빈상셜』의 표지(동양서원, 1911, 국립중앙도서관 소장)

價的)인 모습을 드러내고 있다는 점이 흥미롭다.[141] 이는 오히려 등장인물의 인간적인 면모를 부각시켜 현실감 있는 성격을 부여하는 데 효과적인 장치로 여겨진다. 가령 악인의 유형인 금분이가 복단이의 시체를 보고 측은지심을 느끼는 장면이나, 물론 점잖게 묘사되었지만 선인의 유형인 이승학이 옥희를 겁탈하는 장면, 개화사상을 대표하는 이승지가 자신의 딸을 옛 방식대로 결혼시킨 것 등이 그러하다. 그런데 평양집의 경우에는 감옥에 갇혀서도 회개하지 않고 오히려 일관된 모습을 보여주고 있다.[142] 이는 악인이 벌을 받고 선인으로 개과천선한다

141 「빈상셜」은 특히 우리말이 지닌 풍부함을 다채로운 언어구사를 통해 표현하였다는 특징이 두드러지는 작품이다. 권보드래는 「빈상셜」에 나타난 이러한 수사적 특성을 '양가성(兩價性)의 수사학'이라 칭하고, 이것이 옛 것과 새로운 것, 낯선 것과 낯익은 것, 서양과 동양 등 대립적 가치를 포용하고 있다고 지적했다. 또한 이러한 양가성은 여러 갈래로 변주되어 인물의 성격에서도 드러난다고 했다. 권보드래, 「양가성(兩價性)의 수사학」, 『한국 개화기소설 연구』, 태학사, 2000, 258~260쪽.

142 "그 디경에도 졔 힝실을 버리지 못ᄒᆞ야 압뢰놈들에게 가진 아양을 다 부려 식은밥덩이를 엇

는 상투적인 소설 관습에서 비켜서 있다는 점에서 특징적인데, 오히려 회개하기보다는 변하지 않는 악한 성정을 드러냄으로써 현실감을 획득하고 있다. 작가는 이러한 대목에서 각 인물의 갈등묘사에 상당한 비중을 두고 있는데, 이러한 방식은 등장인물을 현실감 있는 존재로 그려 독자의 공감을 이끌어 내는 데 일정한 효과를 발휘할 수 있었다.

> 평양집 부용이를 그 쎡 겻헤셔 보던 사람은 고샤ᄒᆞ고 이후 몃 ᄇᆡᆨ년이라도 이 소셜만 보면 유덕ᄒᆞᆫ지 쳔착ᄒᆞᆫ지 유슌ᄒᆞᆫ지 요악ᄒᆞᆫ지 졍ᄃᆡᄒᆞᆫ지 간특ᄒᆞᆫ지 거울갓치 분변ᄒᆞᆯ지라[143]

위 예문은 2부를 시작하며 노출된 서술자의 목소리인데, '평양집'과 같은 현실감 있는 인물의 소설적 형상화가 지향하는 목표가 무엇인지를 강조하고 있다. 결국 작가는 소설 속 인물들의 모습을 구체적으로 형상화함으로써 윤리적 차원에서의 '풍속개량'을 시도하고 있음을 알 수 있다.

이 작품이 추구하는 '풍속개량'의 의지는 현실감 있는 인물의 구체적 묘사에 머물지 않고 다양한 방식으로 표출되어 있다. 예를 들어 혼인 문제의 경우 이승지 부부의 대화를 통해 서로의 마음에 부합하는 사람과 결혼하는 것이 옳다고 주장하기도 하고, 지체나 문벌을 따지는 것을 경계하기도 한다.[144] 또한 이씨부인의 어머니가 보낸 편지 내용을

어먹고 잔명을 보젼ᄒᆞ야 가더니 그렁져렁 여러 달이되미 년놈들이 졍의가 두터워져셔 그 일이 타텹이되야 옥문밧게를 나온ᄃᆡ도 그놈 쩌러져는 못살디경 쯤 되엿는ᄃᆡ", 「빈상셜」, 『제국신문』, 1908.1.24.

143 「빈상셜」, 『제국신문』, 1907.12.26.

구체적으로 삽입하여 여성들의 시집살이에 대해 경계하기도 하고,[145] 서술자의 목소리를 통해 교육과 상업의 중요성을 강조하기도 한다.[146] 그뿐 아니라 위기에 처한 이승학이 이를 모면하기 위해 지관 행세를 하는 것도 이전 풍속에 대한 어리석음을 비판하기 위한 장치이며, 근대적 법률 제도를 통한 사건의 해결 역시 '풍속개량'이라는 목표를 일관되게 지향하고 있다.

이러한 '풍속개량'은 '사실'을 기록하겠다는 새로운 소설의 지향점과 밀접한 관련이 있다. 「빈상설」 역시 당대적 시공간을 구체적으로 형상화하려는 노력을 기울이고 있는데, 이는 전대 소설의 허구성을 지양하고 새로운 소설이 당대의 현실과 밀접한 관련을 맺고 있다는 점을 독자에게 인지시키는 데 중요한 장치로 활용되고 있다. 가령 제주도에

---

144 "ᄀᆡ화ᄀᆡ화ᄒᆞ며 ᄀᆡ화ᄒᆞᆫ 나라에셔ᄂᆞᆫ ᄉᆡᆨ시신랑이 셔로 보아 마암에 마져야 혼인을 ᄒᆞᆷ으로 셔로 남으럴 것도 업고 다시 박ᄃᆡ도 못ᄒᆞ니 그 법이 히롭지 안이ᄒᆞᆫᄃᆡ 우리 나라에셔ᄂᆞᆫ ᄌᆞ식에 ᄇᆡᆨ년ᄃᆡ계를 정ᄒᆞ면셔 다만 문벌이니 형셰이니 ᄒᆞ야 신랑신부의 셩미ᄂᆞᆫ 셔로 합ᄒᆞ고 안이 합ᄒᆞᆷ은 도모지 ᄉᆡᆼ각지 안코 구구ᄒᆞᆫ 녯 규모만 직히다가 왕왕 ᄂᆡ소박이나 외소박을 ᄒᆞᄂᆞᆫ 악ᄒᆞᆫ 풍속이 잇다고 뉘입으로 말삼을 ᄒᆞ셧길ᄂᆡ 우리 란옥이ᄂᆞᆫ 신랑의 ᄌᆞ격이 엇더ᄒᆞᆫ지 ᄌᆞ셰 아지도 못ᄒᆞ고 덥허노코 셔판셔의 아달이라 ᄒᆞ닛가 두 말삼 안이ᄒᆞ시고 혼인을 ᄒᆞ야 그 불상ᄒᆞᆫ 것이 박ᄃᆡ를 밧다 못ᄒᆞ야 필경 몹쓸 죽엄ᄭᆞ지 ᄒᆞ엿스니 ᄌᆞ취가 안이고 무엇이란 말삼이오", 「빈상설」, 『제국신문』, 1908.1.21; "이젼 풍속말이지 지금이야 지체니 문벌이니 다 쓸ᄃᆡ 잇소 규슈 하나히 졔일이지", 「빈상설」, 『제국신문』, 1908.2.11.

145 "녀ᄌᆞ유ᄒᆡᆼ이 원부모형뎨니라 ᄂᆡ가 이러케 먼 곳에 잇다고 보고십어 셜워말지어다 타인이 보면 모르고 싀집살이가 고ᄉᆡᆼ이 되어 원망을 ᄒᆞᆫ다 비방ᄒᆞᄂᆞ니라 년소ᄒᆞᆫ 남편이 잘못ᄒᆞᄂᆞᆫ 거죠가 잇더릐도 화ᄒᆞᆫ 낫과 부드러온 말로 죵용히 간ᄒᆞᆯ디언뎡 로ᄒᆞᆫ ᄀᆡ식으로 불평이 말ᄒᆞ지 말지어다 남편은 소텬이라 하날과 일반이니 비를 나리다가도 날을 ᄀᆡ게도 ᄒᆞᄂᆞᆫ 능력이 잇ᄂᆞ니 ᄌᆞ연션악간 구별이 되야 후회ᄒᆞᄂᆞᆫ 날이 잇나니 범ᄉᆞ를 참고 기ᄃᆡ릴지어다", 이해조, 『빈상설』, 광학서포, 1908, 141쪽(이 대목은 제2부 22회에 삽입된 내용인데, 해당 날짜 신문이 누락되어 단행본으로 인용하였음).

146 "졈잔케 말ᄒᆞ면 교육에 ᄀᆡ본금을 삼아 간졉(間接)으로 리익을 취ᄒᆞ던지 공업이나 상업을 ᄒᆞ야 직졉(直接)으로 리익을 구ᄒᆞᆯ터이오 그러치 못ᄒᆞ고 쳔착ᄒᆞ게 말ᄒᆞ면 은ᄒᆡᆼ소에 임치ᄒᆞ야 변이라도 느릴 것이오 뎐답마직이를 다시 사셔 부모가 물녀쥰 ᄌᆡ산을 아죠 업시지 안이ᄒᆞ자고 ᄉᆡᆼ각ᄒᆞᆯ 터이어늘", 「빈상설」, 『제국신문』, 1908.1.9.

유배를 갔다가 돌아온 이승지[147]나 팔조호가 침몰하는 사건을 구체적으로 묘사[148]하여 현실 세계에서의 특정한 인물이나 사건을 떠올리게 만드는 것은 이 소설이 철저하게 현실 세계를 기반으로 하고 있음을 보여주는 사례가 된다. 또한 소설 속 시공간적 배경의 구체적인 묘사 역시 이러한 특성을 강화하고 있다. 작가는 여기가 조선인지 타국인지 분간하기 어려울 정도로 타국 사람들이 가득한 인천항의 모습을 구체적으로 묘사하는 한편, 지금은 '상놈들도 부지런히 공부를 해서 상등인물이 되는' 또는 '하인성청법이 없어진' 시대임을 강조하기도 한다. 기차, 륜선, 경무청, 신문에 대한 언급 역시 끊임없이 당대 현실을 환기시키는 중요한 장치임에 분명하다.

「빈상셜」에서 가장 눈에 띄는 대목은 바로 작품의 맨 마지막 결말 부분이다. 악행을 저지르던 평양집과 금분이는 경무청 감옥에서 처벌을 받고, 흩어졌던 이씨부인의 가족들은 모두 재회하게 된다. 승학과 옥희의 결혼식이 열리는 날 하인 거복이가 편지 한 장을 들고 들어오

147 이 작품에서는 주인공인 이씨부인과 이승학보다도 오히려 이승지에 대한 묘사가 두드러지는데 대략 다음과 같다. "에그 우리ᄃᆡᆨ 령감게셔 상소나 안이ᄒᆞ셧드면 졔쥬로 뎡비나 안이가셧슬걸", 1907.10.10; "화긔동 아씨 친졍 아버지 리승지 령감은 착ᄒᆞ지를 안아셔 귀양다리가 되엿나 남의 쳥 안이듯고 ᄌᆡ물 모로기로 유명ᄒᆞᆫ 양반으로 츌신을 갓가히 ᄒᆞ야 졍ᄉᆞ를 붉으게 ᄒᆞ고 간신을 물니쳐 법강을 셰우랴고 올코 반듯ᄒᆞᆫ 샹소ᄅᆞᆯ ᄒᆞ다가 그 디경이 되엿다ᄂᆞᆫᄃᆡ 지금 셰상에ᄂᆞᆫ 다 쓸ᄃᆡ업셔 못된짓 ᄒᆞᄂᆞᆫ 사ᄅᆞᆷ이 다 잘된다더라", 1907.10.18; "쟝안 각 샤회의 나라 사랑ᄒᆞᄂᆞᆫ 뜻이 잇다ᄂᆞᆫ 사람이라고ᄂᆞᆫ 하나 집에 드러잇지 안이ᄒᆞ고 마챠를 탄다 인력거를 탄다 뎐챠에도 오르고 것기도 ᄒᆞ야 남ᄃᆡ문 골통이 ᄲᅥᆨᄲᅥᆨᄒᆞ게 나아가더니 션풍도골갓흔 당당 명ᄉᆞ 한 량반을 마자 들어오ᄂᆞᆫᄃᆡ 거리거리에 관광쟈가 깃거 하례치 안이ᄒᆞᄂᆞᆫ ᄉᆞᄅᆞᆷ이 업고 각쳐 신문마다 환영ᄒᆞᄂᆞᆫ 축샤를 ᄃᆡ셔특셔 ᄒᆞ엿더라 원ᄅᆡ 리승지가 일즉이 문명각국에 만히 유람ᄒᆞ야 셰계형편을 요연히 아ᄂᆞᆫ고로 부ᄑᆡᄒᆞᆫ 졍부ᄅᆞᆯ 공박ᄒᆞ야 유신의 ᄉᆞ업을 셩취코ᄌᆞ ᄒᆞ다가 소인의 싀긔ᄅᆞᆯ 인ᄒᆞ야 졔쥬 위리안치로 일곱히를 잇더니 텬은을 다시 입어 ᄉᆡᆼ환고토 ᄒᆞ얏스이 깃거온 ᄆᆞᄋᆞᆷ이 한량이 업스련마ᄂᆞᆫ", 1908.1.19. 이상 모두 『제국신문』.

148 팔조호라는 배 이름과 스크렁쓰라는 선장 이름의 구체적인 명시는 이 사건의 실재 여부를 궁금하게 만든다. 「빈상셜」, 『제국신문』, 1908.1.22.

는데 그 봉투에는 다음과 같이 쓰여 있다.

대한황셩 북셔 송현 리승지뎍 입납 샹히 동아학교 일년급 싱도 셔졍길 상장[149]

이 편지는 그간 조강지처를 내치고, 그 많던 재산을 탕진한 채 상해로 떠났던 정길의 편지이다. 유람차 정처 없이 상해로 떠났던 정길은 무슨 변화가 있었는지 상해 동아학교에 입학하였고, 이씨부인에게 편지를 보냈던 것이다. 작가는 편지 봉투 안에 담겨 있는 정길의 편지 내용을 언급하지 않는다. 다만 편지를 읽은 이씨부인을 "평싱에 슈심이 쳡쳡ᄒᆞ야 쥬야쟝쳔 한숨으로 셰월을 보니며 됴흔 일이나 우슈온 일이나 눈셥을 펴지 안이ᄒᆞ던 셔집의 얼골이 구름에 잠겻든 가을달이 벽공에 소슴ᄀᆞᆺ치 반가온 빗을 씌웟더라"[150]라고 묘사하여 독자로 하여금 스스로 그 편지의 내용을 짐작케 만든다. 이 같은 마무리는 전대 소설의 천편일률적인 마무리를 지양하고 극적인 장면 처리로 이루어져 있다는 점에서 세련된 느낌을 준다. 또한 외국 유학이나 근대식 학교 교육에 대한 작가의 기대와 젊은 양반 계급에 대한 신뢰를 읽어낼 수 있다.

「원앙도」는 1908년 2월 13일부터 4월 23일까지 연재된 작품인데, 『제국신문』에 실린 중앙서관에서 출판된 단행본 『원앙도』 광고에는 다음과 같은 내용이 실려 있다.

149 「빈상설」, 『제국신문』, 1908.2.12.
150 「빈상설」, 『제국신문』, 1908.2.12.

본 소셜은 삼대 특ᄉᆡᆨ이 잇스니 일 말불의 츙례와 금쥐의 영오홈은 후진 청년의 ᄉᆞ상을 열어 줄만ᄒᆞ고 일 죠감ᄉᆞ의 혐의를 과히 본 것과 산월의 의리를 져바림은 남녀 샤회에 경계가 될 것이오 일 안션달의 보은홈과 윤군슈의 ᄌᆞ션홈은 귀쳔간 교졔에 모범이 될지라 그 착착ᄒᆞᆫ 쟈미가 이 소셜 보ᄂᆞᆫ ᄉᆞᄅᆞᆷ으로 ᄒᆞ야곰 ᄎᆡᆨ상을 두다리며 긔이홈을 칭도홀만 ᄒᆞ오[151]

위 광고문을 작성한 중앙서관의 편집진은 『원앙도』의 가장 중요한 특징을 '풍속개량'에서 찾고 있으며 이를 적극적으로 홍보하고 있다. 특히 청년의 사상을 열어주고, 남녀 사회에 경계가 되며, 귀천간 교제에 모범이 될 수 있다는 점을 내세워 폭넓은 소설 독자들을 포괄하고자 하였다. 또한 빼놓을 수 없는 부분은 역시 서사를 통한 '재미'의 강조이다. 재미있고 기이한 이야기를 통해 '풍속개량'이라는 계몽적 목표를 지향하고 있다는 점은 『제국신문』 연재소설의 중요한 특징 중 하나이다.

이 작품의 특징적인 부분 중 하나는 전반부와 후반부가 뚜렷하게 나뉘어 있다는 점이다.

이상은 ᄌᆡᄌᆞ와 긔녀의 아ᄅᆞᆷ다온 밧탕과 령민ᄒᆞᆫ 소견이 막상막하ᄒᆞ야 ᄉᆞᄅᆞᆷ을 놀니고 귀신도 ᄎᆡᆨ량치 못홀 ᄒᆡᆼ동으로 션셰의 슉혐을 츈셜갓치 풀고 ᄇᆡᆨ년의 가약을 금셕갓치 뎡ᄒᆞ야 만고의 긔이ᄒᆞᆫ 일이됨을 긔록ᄒᆞ얏거니와 이하에ᄂᆞᆫ 그 인연을 셩취ᄒᆞ던 ᄉᆞ젹을 말ᄒᆞ고자 ᄒᆞ노라[152]

---

151 「원앙도」, 『제국신문』, 1908.12.8, '중앙서관 광고'.
152 「원앙도」, 『제국신문』, 1908.3.6.

「원앙도」는 위 예문을 기준으로 크게 전반부와 후반부로 나뉘게 된다. 전반부의 이야기가 양덕군수 민씨의 아들인 말불과 조판서의 딸 금쥐의 지혜를 통해 선대의 원한을 풀고 결혼 약속을 정하는 것이라면 후반부의 이야기는 역적의 혐의로 몰락한 조판서의 딸 금쥐가 고난 끝에 말불을 만나 결혼을 하게 되고 결국 조판서를 구명하여 포아(하와이)로 떠나게 되었다는 것으로 이루어져 있다. 전반부의 이야기는 '갑오경장(1894)' 전 평양을 배경으로 이루어져 있으며 주인공에 해당하는 말불과 금쥐가 각각 11세 10세의 어린 나이로 등장한다. 반면 후반부의 이야기는 '갑오경장' 이후 금쥐의 나이가 18세가 된 무렵, 해주와 서울을 중심으로 진행된다.

갑오개혁을 기점으로 이루어진 전반부는 다분히 전대 소설의 분위기를 풍기고 있지만, 후반부는 갑오개혁 이후 비교적 가까운 당대의 현실을 끊임없이 환기시키고 있다. 흥미로운 점은 이러한 전체 서사 중 몇몇 화소를 전래되는 이야기나 명대(明代) 단편소설집인 『금고기관(今古奇觀)』에서 찾아 볼 수 있다는 점이다. 전반부의 이야기 중에는 해결하기 어려운 살인사건을 말불이 풀어내는 대목이 있는데, 이는 「범인을 찾아낸 어린 판관」의 이야기 화소를 옮겨 온 것이다.[153] 또한 후반부에서 금쥐가 안경지의 도움을 얻어 지내던 중 그의 처에 의해 구박을 당하다가 윤판관집 교전비로 팔려가는 대목은 『금고기관』 중 「양현령경의혼고녀(兩縣令競義婚孤女)」의 구성과 닮아있다.[154] 이를 고려해

153 최원식, 「이해조 문학 연구」, 서울대 박사논문, 1986, 93~95쪽.

154 손병국은 『원앙도』를 「양현령경의혼고녀(兩縣令競義婚孤女)」의 번안작품이라고 하였지만, 작품 후반부의 일부 이야기 화소만을 빌려왔을 뿐 번안으로 보기는 미흡하다. 손병국, 「『원앙도(鴛鴦圖)』 연구」, 『한국 어문학 연구』 47, 2006 참조.

(좌) 「원앙도」의 『제국신문』 연재 모습(1908.2.13)
(우) 단행본 『원앙도』의 표지(보급서관, 1912, 국립중앙도서관 소장)

볼 때 이해조는 기존에 전래하던 이야기 화소나 중국 단편 소설 등의 화소들을 전체 서사 진행의 중요한 뼈대로 삼고, 이를 새로운 소설 형식에 맞도록 바꾸어 놓았던 것이다. 따라서 작품의 시공간은 비교적 가까운 시기인 갑오경장(1894) 전후의 평양과 양덕, 해주 등을 중심으로 이루어졌으며, 당대적 사회 현실을 반영하고 자신의 목소리를 덧붙여 '풍속개량'의 목적에 충실하고자 했다.

이 작품에서 작가는 '갑오경장'을 중심으로 정치적 현실에 대한 비판적 목소리를 내세우고 있다. 먼저 '갑오경장' 이전은 다음과 같이 묘사된다.

> 요시 셰월 갓흐면 국가이나 ᄉ가이나 큰 혐의 젹은 혐의를 교계홀 것 업시 평화 ᄒ기로만 쥬장을 삼겟지마는 그ᄯᅢ는 갑오경장ᄒ기 이젼이라 죠판셔의 완고ᄒ ᄉ상에 듸쓸만ᄒ 혐의가 잇는 사ᄅᆷ도 부쇠쌈지 속에 젹어 너어두고 력력히

잇지 안이ᄒᆞᄂᆞᆫ 터이러니[155]

갑오경장 ᄒᆞ기 이젼에ᄂᆞᆫ 외국을 교통ᄒᆞ거나 졍치에 유의ᄒᆞᆫ 쟈면 열에 아홉은 국ᄉᆞ범으로 몰니ᄂᆞᆫᄃᆡ 지금 법률갓치 륙범죄인이라도 상당ᄒᆞᆫ 형벌이 당쟈 일신상에 긋치ᄂᆞᆫ 것이 안이라 그ᄯᅢᄂᆞᆫ 한 사ᄅᆞᆷ의 죄에 일문을 함몰ᄒᆞ고 삼족ᄭᆞ지 멸ᄒᆞᄂᆞᆫ 혹독ᄒᆞᆫ 법을 쓰던 셰월인ᄃᆡ[156]

위 인용문에서처럼 '갑오경장' 이전은 티끌만한 원한이나 잘못도 잊지 않거나, 외국에 다니거나 정치 관련한 사람들은 대부분 국사범으로 몰려 당사자는 물론 그 가족까지 모두 처벌을 당하던 시대이다. 이러한 시대에 조판서의 아우 조참판은 국가의 쇠약함을 분히 여겨 정부를 개혁하고자 하다가 흉한 죽음을 당하였으며 그 연좌로 인해 조판서와 그의 딸 금취까지도 위기에 처하게 된 것이다. 작가는 금취의 고난을 발생시키는 장치로 조판서의 아우 조참판을 등장시키는 한편, 이를 통해 갑오경장 이전의 혹독한 법률을 비판하고자 했다.

이러한 정치에 대한 불신은 작가 자신의 개인적인 체험과 관련이 있는 듯하다. 앞 장에서 살펴본 바와 같이 이해조의 집안은 왕족의 집안이었지만 조부 이재만이 임오군란 이후 민씨 세력에 의해 처형당하면서 크게 위축되었다. 이후 이해조의 집안이 크게 몰락했을 것은 쉽게 짐작할 수가 있다. 이해조의 부친인 이철용은 갑오경장 이후가 되어서야 비로소 '광릉참봉'과 '후릉참봉'이라는 말단직에 간신히 이름을 올릴 수가

155 「원앙도」, 『제국신문』, 1908.2.15.
156 「원앙도」, 『제국신문』, 1908.3.6.

있었다. 조판서의 부임에 노심초사하던 민군수에게 그의 아내는 "차라리 릉령[157]으로나 그디로 계셧드면 후항젼과 삭시은 그져 잇슬걸"[158]이라고 한탄하는 장면이 있는데, 이는 부친과 자신의 집안이 겪었던 어려움과 중앙 정치에 대한 커다란 불신을 담지하고 있는 대목이다.

갑오개혁 실시 이후 연좌제와 같은 전근대적 악법은 폐지되었다. 하지만 작가의 정치에 대한 불신은 갑오경장 이후를 다루고 있는 후반부에도 계속된다. 이제는 권력 다툼에 눈이 먼 중앙 정부의 정치적 현실이 비판의 대상이 된다. 감옥에 갇혀 있는 조판서를 구명하기 위해 말 붙은 안경지와 함께 부패한 법부대신을 매수하고자 한다.

> 지금 졍부 대관이 다 ᄒᆞᆫ 모양이지마는 그 즁 법부대신은 년젼 경장 ᄒᆞ기 젼에 다년 형죠 판셔로 잇셔 죄가 잇고 업고 걸녀만 들면 반찬단지나 만ᄂᆞᆫ 듯시 그 사롬에 가산이 잇ᄂᆞᆫᄃᆡ로 ᄲᅢ아먹기로 유명ᄒᆞ던 분이라 졔 버릇 ᄀᆡ 쥬엇겟소[159]

> 몃달 안이되야 졍부대관의 교의가 ᄯᅩ 한 번 밧귀엿ᄂᆞᆫᄃᆡ 가량 악ᄒᆞᆫ 졍부가 밧귀여 착ᄒᆞᆫ 졍부가 된 것이 안이라 이ᄂᆞᆫ 다만 셰력닷톰으로 이 ᄑᆡ가 드러오면 뎌 ᄑᆡ가 물너가고 뎌 ᄑᆡ가 드러오면 이 ᄑᆡ가 물너가셔 쇽담에 엇은 독긔나 일은 독긔나 일반씀 되엿ᄂᆞᆫ지랴 신 졍부가 드러오더니 ᄒᆞᄂᆞᆫ ᄉᆞ업은 국셰가 엇던지 민졍이 엇던지 도모지 쑴밧게 이져바리고[160]

---

157 '릉령(陵令)'은 조선 시대에 능을 지키는 일을 맡아보던 벼슬을 말한다.
158 「원앙도」, 『제국신문』, 1908.2.14.
159 「원앙도」, 『제국신문』, 1908.4.22.
160 「원앙도」, 『제국신문』, 1908.4.24.

'지금 정부 대관이 다 한 모양'이라는 표현이나 경장하기 전이나 후에나 변하지 않는 법부대신의 부패한 행태는 현실 정치에 대한 작가의 뿌리 깊은 불신을 보여준다. 또한 정부대관들은 세력다툼으로 인해 수시로 바뀌지만 그들은 모두 국세나 민정에 대해서는 도무지 관심이 없다. 그런데 한 가지 특이한 점은 근대적 법치에 대해 강한 신뢰를 보이던 이해조가 이 작품에서만큼은 고관대작들을 뇌물로 매수하는 방법을 선택하고 있다는 것이다. 정치권력을 사이에 두고 벌어지는 세력다툼 사이에서 과연 근대적 법률이 정당한 힘을 발휘할 수 있었을까. 이 역시 도무지 희망이 보이지 않는 현실 정치에 대한 체념을 엿볼 수 있는 대목임이 분명하다. 실제 이해조가 죽을 때까지 정치보다는 교육과 계몽을 선택하였고, 작가로서의 삶을 일관되게 걸어갔던 근본적 이유가 여기에 있었던 셈이다.

「원앙도」에서 가장 특징적인 부분은 바로 마지막 결말을 맺는 방식이다. 작가는 갈등의 해결과정을 매우 독특한 방식으로 설정하고 있으며, 여기에 계몽적 목소리를 추가하였다.

> 말불의 궁통ᄒᆞᆫ 의ᄉᆞᄂᆞᆫ 어려셔부터 유명ᄒᆞ던 터이라 안션달과 의론ᄒᆞ고 죠판셔 나오게 운동ᄒᆞᆯ ᄶᅧᆨ에 벌셔 얼마 안이되야 ᄯᅩ 무슨 번복이 잇슬쥴 짐작ᄒᆞ고 나오ᄂᆞᆫ 길로 포아로 건너가게 ᄒᆞᆫ 일인ᄃᆡ ᄌᆞ긔 ᄂᆡ외가 갓치 간 것은 두 가지 ᄉᆞ졍이 잇스니 쳣ᄌᆡᄂᆞᆫ 셔양 문명ᄒᆞᆫ 학문을 하로 밧비 공부ᄒᆞ야 졸업ᄒᆞᄂᆞᆫ ᄂᆞᆯ ᄂᆡ 나라에 도라와 ᄌᆞ긔ᄂᆞᆫ 남ᄌᆞ샤회ᄅᆞᆯ ᄀᆡ도ᄒᆞ고 ᄌᆞ긔 안악은 녀ᄌᆞ샤회ᄅᆞᆯ 고동ᄒᆞ야 국가 긔쵸ᄅᆞᆯ 공고케 ᄒᆞ고 인민 ᄒᆡᆼ복을 징진케 ᄒᆞ야 우흐로 황상셩덕을 보답ᄒᆞ고 아ᄅᆡ로 부모 희망을 셩취ᄒᆞ랴ᄂᆞᆫ 큰 ᄯᅳᆺ이오 둘ᄌᆡᄂᆞᆫ 죠판셔가 슬하에 다른 ᄌᆞ식업시

> 한낫 ᄯᆞᆯ 하나 ᄲᅮᆫ인ᄃᆡ 륙십당년에 고국을 ᄯᅥ나 외로히 이역 풍셩을 격글일을 인졍에 참아 모로ᄂᆞᆫ뎨 ᄒᆞᆯ 슈 업셔 얼마동안 갓치 가 잇셔 쳐량ᄒᆞᆫ 마암을 위로ᄒᆞ쟈ᄂᆞᆫ ᄉᆞ졍이라 포아로 건너온 후 십오년을 작뎡ᄒᆞ고 말불은 남ᄌᆞ학교에셔 공부하고 금쥐ᄂᆞᆫ 녀ᄌᆞ학교에셔 공부ᄒᆞ더라[161]

이 작품의 경우 「고목화」, 「빈상설」에 비해 당시 조선의 현실을 다소 회의적인 시각으로 그려내고 있다는 특징을 지닌다. 특히, 갑오경장 이후가 되어 전근대적인 악습 등이 폐지되기도 하였지만, 여전히 조선의 정치 현실은 나아질 기미가 보이지 않는다. 결국 작가는 조판서를 포아(하와이)로 망명시키는 결정을 내리게 되는데, 이는 중앙 정치에 기대를 걸 수 없다는 작가의 판단이 작동한 결과이다. 흥미로운 점은 말불과 금쥐가 조판서와 함께 하와이로 떠난다는 설정이다. 그 두 가지 이유 중 하나는 서양의 문명한 학문을 공부하여 남자사회와 여자사회에 각각 큰 힘이 되고자 하는 것이며, 또 하나는 조판서 홀로 고국을 떠나보낼 수 없어 얼마 동안 처량한 마음을 위로하자는 것이다. 이는 작가의 계몽적 신념을 덧붙이는 동시에 외국 유학이라는 말불과 금쥐의 선택에 서사적 개연성을 부가하는 세련된 장치이기도 하다. 민족과 국가를 위해 모든 것을 버리고 유학을 선택하는 비장함 대신, 정치적 망명을 택할 수밖에 없는 조판서의 처지를 '효'의 차원에서 배려하는 대목은 오히려 이해조식의 리얼리티가 살아있는 대목으로 해석할 수 있다. 뜬금없이 국가와 민족을 위해 계몽투사가 되는 것이 아니라 「빈상설」의 서정길처럼 방랑하다 상해 유학생도가 되도록 하거나, 조

161 「원앙도」, 『제국신문』, 1908.4.24.

판서가 어쩔 수 없이 망명을 택하는 가운데 말불과 금쥐가 유학을 선택하게 만드는 대목은 당대의 인정세태에 적합할 뿐더러 작가 나름의 탁월한 연출력이 돋보이는 구성이라 할 수 있다.

『제국신문』의 이해조 연재소설에서 본격적인 표제 실험이 일어나는 것은 바로 「구마검」부터이다. 「구마검」은 '연극소설'이라는 표제를 명확히 하고 있는데, 단행본에서는 표제 자체가 생략되어 있다.[162]

이 무렵 신문연재소설에 표제가 붙은 것도 낯선 일이지만, '연극소설'이라는 표제가 붙은 경우는 매우 특수한 경우이다. 이인직의 『치악산』이 '연극신소설(演劇新小說)'이라는 표제를 사용하여 단행본으로 출판되었지만,[163] 이는 이인직의 의도인지 출판업자의 의도인지 파악하기 어려우며 실제 연극으로 공연되었다는 기록을 찾을 수 없다. 최근의 한 연구에서는 『치악산』이 단행본 출판 이전에 『대한신문(大韓新聞)』에 연재되었다고 추정하였으나,[164] 현재 『대한신문』이 남아 있지 않아 연재 시에 '연극신소설'이라는 표제가 사용되었는지는 확인할 수 없는 상황이다. 그밖에 이인직의 『은세계』가 원각사에서 공연되었으나, 1908년 11월 20일 '동문사(同文社)'에서 출간된 단행본에는 '신소설'이라는 표제가 게시되어 있다. 실제로 「구마검」은 소설 연재를 마친 후 원각

162 지금까지 「구마검」에 대한 연구는 단행본 위주로 이루어졌기 때문에, 이 '연극소설'이라는 표제와 작품의 내적인 상관성에 대한 논의가 거의 없었다. 그러나 최근 양세라의 연구는 '연극소설'이라는 표제에 주목하여 「구마검」이 지닌 '연행성'을 풍부하게 밝히고 있다는 점에서 의미가 크다. 양세라, 「근대계몽기 신문 텍스트의 연행성 연구」, 연세대 박사논문, 2010, 149~170쪽 참조.

163 이인직, 『치악산』, 유일서관, 1908.9.20.

164 강현조, 『이인직 소설 연구』, 연세대 박사논문, 2010, 32~33쪽.

「구마검」의 『제국신문』 연재 모습(1908.4.25)
(우) 단행본 『구마검』의 표지(대한서림, 1908, 서강대 로욜라도서관 소장)

사에서 연극으로 공연되었는데,[165] 이러한 사실로 보아 이해조는 연극 공연을 염두에 두고 「구마검」을 집필한 것으로 보인다. 따라서 「구마검」은 『제국신문』에 연재된 다른 소설들과 차별화된 특성을 지니고 있다.

「구마검」은 함진해 집안이 전근대적인 미신에 의해 몰락해 가는 과정을 치밀하게 그려내고, 그들의 재산을 탈취한 악인들을 근대적 법률에 의해 처벌함으로써 근대 교육과 법률의 중요성을 주장한 작품이다. 이 작품의 경우 '연극소설'이라는 표제를 내세운 만큼 『제국신문』에 연재된 다른 소설들과는 뚜렷한 차이점을 지니고 있다. 그 중 가장 두드러지는 특성은 판소리 사설을 연상시키는 독백조의 발화 형식이다.

165 "再昨日下午十時量에 新門內 圓覺社에서 小說驅魔釼을 實地演劇ᄒᆞᄂᆞᆫᄃᆡ 盲人 三名을 雇入(雇金은 每名 五十錢式)ᄒᆞ야 誦經의 貌를 行ᄒᆞᄂᆞᆫᄃᆡ 層階를 上ᄒᆞ다가 其中 一名이 失足仆地ᄒᆞ야 右股를 傷홈으로 該盲人이 其誣欺事를 詰問退去ᄒᆞ얏다더라", 「맹인피기(盲人被欺)」, 『황성신문』, 1909.7.27.

㉠ 만득아 시원ᄒᆞ지 만득아 상쾌ᄒᆞ지 너의 젼 어머니 귀신들을 다 갓우어 버려셔 다시 못오게 하얏다 응 응

어머니는 그까짓 것들이 네게 무슨 어머니 죽은 고혼이라 어머니 소리를 드러보랴면 그까지로 힝셰를 힛실싸 만득아 그러치 응 응

인져난 알치 말고 잘자라셔 어미 이 애쓴 본의 잇게 ᄒᆞ여라 응 응[166]

㉡ 셰간놋는ᄃᆡ 손보기

음식보면 고시레ᄒᆞ기

식그릇사면 쑥으로쓰기

쥐구멍을 막아도 토왕보기

ᄃᆞᆰ을잡아도 터쥬에 빌기

ᄋᆡ삿기낫는데 삼신메짓기

쌈아귀만 울어도 살푸리ᄒᆞ기

족졉이만나와도 고ᄉᆞ지닉기[167]

㉢ 그것이 그 모양으로 덧업시 죽을쥴이야 엇지아라……

인간은 몰나도 무슨 부졍이 드럿든 것이지……

허구ᄒᆞᆫ날 눈에 발펴 엇지사나……

한이나 업게 큰 굿을 힉보앗드면 령감이 하도 고집을 ᄒᆞ닛가 마암의 잇는 노릇을 힉볼 슈가 잇셔야지……

졔가 됴흔 곳으로나 가게 룡산 나아가셔 지노귀식남이나 ᄒᆞ야쥬어야……[168]

---

166 「구마검」, 『제국신문』, 1908.4.30.
167 「구마검」, 『제국신문』, 1908.5.1.

㉠은 최씨부인이 자신의 아들인 만득이에게 건네는 발화인데, 이는 일상적 대화라기보다 리듬감이 살아 있는 노래에 가깝다. ㉡은 작가가 미신에 빠진 최씨부인의 한심한 작태를 사설로 늘어놓은 것인데, 판소리 사설을 연상시키는 대목이다. 또한 ㉢은 아들 만득이가 죽자 굿이나 실컷 해보았으면 하는 최씨부인의 한탄조 독백인데, 이 역시 일상적 발화와는 거리가 있다. 이러한 특징은 여기서 그치지 않는다. 특히 작가는 금방울의 '진배송',[169] 임지관의 '땅풀이',[170] 최씨부인의 '자탄가'[171]를 매우 구체적으로 묘사하고 있는데 이 역시 여타 이해조 소설에서는 찾아보기 어려운 특징이다.

> ㉠ 금방울이 신옷을 ᄂᆡ야 입고 장단을 맛치어 춤한밧탕을 느러지게 츄더니 ᄆᆡ암 ᄒᆞᆫ 번을 씽 돌며 왼손에 드럿던 방울을 쪌네쪌네 흔들더니 숨 ᄒᆞᆫ 번을 오려논에 ᄉᆡ 쫒듯 위 — 위 — 쉬고셔 공슈를 쥬되 호구별셩이 금방 온 듯시 최씨를 불너 셰고 슈죄를 ᄒᆞᄂᆞᆫᄃᆡ 셰상 부졍은 모다 모라다 함진희 집에다 포부은 듯이 쥬어셍긴다
>
> 어허 괘심ᄒᆞ다 최씨계쥬야 네 죄를 네 몰를가 별셩힝ᄎᆞ를 몰나보고 물로드러 슈살부졍 불로드러 화살부졍 거리거리 셩황부졍 아참져녁 쥬왕부졍 사ᄅᆞᆷ죽어 상문부졍 그릇씌셔 악살부졍 쇠털갓치 ᄉᆞᆺᄒᆞᆫ부졍을 안이 범ᄒᆞᆫ 것이 업고나
>
> 안져셔 삼쳔리오 셔셔는 구만리라 너의 인간은 몰나도 ᄂᆡ야 엇지 속을소냐
>
> 어허 괘심ᄒᆞ다 네 죄를 ᄉᆡᆼ각거던 네 아달 ᄃᆡ려간 것을 원통타 말아라[172]

168 「구마검」, 『제국신문』, 1908.5.3.
169 「구마검」, 『제국신문』, 1908.5.9~5.14.
170 「구마검」, 『제국신문』, 1908.6.10~6.12.
171 「구마검」, 『제국신문』, 1908.5.23~5.24.

㉡ 이 산소도 ᄆᆡㅊ은 ᄌᆞ손이 업셔도 그덕에는 ᄌᆞ손들이 션션ᄒᆞ겟소[173]

㉢ 팔ᄌᆞ를 엇더케 못 타고 나셔 이 모양인가 으 으 으
떡두겁이 ᄀᆞᆺ흔 ᄌᆞ식을 잡아먹고 청승굿게 사라잇셔셔 어 어 어
눈먼ᄌᆞ식이라도 하나 졈지ᄒᆞ실가 ᄒᆞ고 정셩을 드려 보짓더니 이 이 이
무슨 대텬디 원슈로 그것좃ᄎᆞ 방망이를 드누 으 으 으
인져는 ᄉᆞ촌도 다 아라보고 대소가도 다아라 보앗소 어 어 어
우리 만득이도 뎌 모양으로 춍부리들을 ᄃᆡ여셔 죽엇지 이 이 이 이[174]

㉠은 죽은 만득이를 좋은 곳으로 보내고 다시 아들을 낳길 기원하는 의미에서 시작된 금방울의 '진배송' 장면 중 일부이다. 작가는 금방울이 굿하는 모습을 실감나게 묘사한 뒤 긴 사설을 늘어놓는다. 금방울은 함진해의 전부인이 접신한 것처럼 꾸며 주변 사람들을 놀라게 하고, 최씨부인과 주위 사람들은 눈물을 흘리고 장단을 맞추는 등 '진배송'은 절정으로 치닫는다. 금방울의 입만 바라보던 함진해는 결국 '두눈에 눈물이 핑돌며' 귀신의 존재를 인정하게 되는데, 작가는 이러한 '진배송' 장면을 1908년 5월 9일에서 14일까지 총 5회에 걸쳐 상세히 묘사하였다.

㉡은 임지관이 함진해를 유혹하기 위해 늘어놓는 복지(卜地) 사설 중 일부이다. 작가는 임지관의 발화를 생생하게 재현하고 있는데, 이는 풍수지리와 관련된 당시 풍속을 구체적으로 보여주고 있다는 점에서 흥미

172 「구마검」, 『제국신문』, 1908.5.9.
173 「구마검」, 『제국신문』, 1908.6.11.
174 「구마검」, 『제국신문』, 1908.5.24.

롭다. 특히 이러한 '땅풀이'는 일상적인 구어체가 아니라 대부분 한자어로 이루어졌는데, 작가는 한글로 표기했을 때 그 의미를 짐작하기 어려운 한자어의 경우 한자를 괄호로 병기하여 독자들의 이해를 돕고 있다. 작가는 이러한 발화를 생생하게 재현하여 당시 풍수문화를 구체적으로 기록하는 한편, 당시 지관들이 의도적으로 어려운 한자어들을 동원하여 일반 백성들을 현혹시키고자 했음을 구체적으로 제시하고 있다.

㉢은 최씨부인이 자신의 신세를 한탄하며 울며 부르는 '자탄가'이다. 함진해의 사촌동생 함일청이 미신에 빠져 있는 모습을 비판하자 최씨부인은 자기 남편을 의식하며 온갖 사설을 늘어놓으며 자탄가를 부른다. 작가는 '이 이 이', '어 어 어' 등 의성어를 활용해가며 최씨부인의 능청스런 모습을 해학적으로 묘사하고 있는데, 이 역시 일상적인 발화방식과는 달리 연극적인 요소를 내포하고 있는 부분이다.

이렇듯 「구마검」에서는 여타 이해조 소설과는 뚜렷하게 구별되는 발화형식이 비중 있게 다루어지고 있다. 또한 "~하지마오" 등의 반복표현이나, 문장의 길이가 길게 늘어지는 등 판소리 사설을 연상시키는 대목들도 눈에 띈다.[175] 이는 연극공연을 염두에 둔 작가의 의도를 반영하는데, 둘 이상의 인물이 나누는 비교적 짧은 형식의 대화 지문이 아닌 독백조의 긴 사설로 되어 있다는 특징이 있다. 만약 「구마검」이 연극을 염두에 두지 않았다면 금방울이 굿하는 장면이나, 임지관이 땅풀이를 하는 장면 등은 장황하게 인용될 필요가 없었으며, 단지 요약된 장면처리를 통해 전근대적 관습을 비판하는 사례로만 기능했을 것이다. 이는 '진배

175 최원식은 일찍이 「구마검」을 분석하면서 「흥부가」와 「배뱅이굿」의 영향을 언급한 바 있다. 최원식, 『한국 근대소설사론』, 창작사, 1986, 93~94쪽 참조.

송'과 '땅풀이'를 전근대적 관습을 비판하는 중요한 대상임과 동시에 연극 공연을 위한 예술적 코드로 형상화하고자 했던 작가의 의도를 보여주는 구체적인 사례가 된다.[176] 그 밖에 다른 소설에 비해 비교적 단순한 구성을 취하고 있으며, 비교적 등장인물의 숫자가 적다는 점도 「구마검」의 연극소설로서의 특징을 보여주는 사례가 될 수 있다.

또한 「구마검」 역시 여타 『제국신문』 연재소설과 마찬가지로 '풍속개량'에 대한 적극적인 의지를 보여주고 있다는 특징이 있다. 먼저 이 작품은 함진해와 최씨부인이 무당의 굿과 풍수에 빠지고 가산을 탕진해 가는 과정을 일면 설득력 있게 그려내고 있다. 당시의 『제국신문』이 상정했던 계몽의 대상이 대부분 여성을 중심으로 한 일반 대중독자였음을 상기해 볼 때, 대부분의 독자들이 오랫동안 전해오던 무속과 풍수에 익숙했음을 짐작할 수 있다. 이해조는 금방울과 임지관이 온갖 술수를 사용하여 재물을 강탈하는 모습을 생생하게 묘사하여 함진해와 최씨부인이 원래부터 나쁘고 어리석은 존재가 아니라는 점을 부각시키고 있다. 결국 함진해와 최씨부인은 사촌인 일청과 양아들로 삼은 종표에 의해 미신에 의지하여 재산을 탕진한 지난날의 과오를 반성하게 된다. 작가는 무속과 풍수를 무조건적인 악으로 규정하기보다 금방울과 임지관의 사기적인 수법을 강조하였으며, 쉽게 독자들에게 공감과 안타까움을 불러일으켰을 만한 함진해와 최씨부인을 개과천선하는 모습

176 특히, 임지관의 '땅풀이'는 매우 사실적일 뿐만 아니라 많은 어휘들이 한자병기로 되어 있다는 점이 흥미롭다. 어려운 한자들로 가득 채워진 임지관의 '땅풀이'는 중인출신이지만 선대로부터 물려받은 재산으로 양반행세를 하는 함진해를 현혹시키는 중요한 장치로 활용된다. 이는 이해조가 어려운 한자어휘를 통해 당시 무지한 백성들을 현혹시키는 풍수지리의 전형을 임지관의 발화를 통해 구체적으로 재현하려는 노력으로 보인다.

으로 그려냄으로써 독자들을 배려하였다. 또한 함진해 부부는 양자가 된 종표를 중학교와 법률 전문학교에 보내고, 학교를 졸업한 종표는 결국 평리원 판사가 되어 금방울과 임지관 등을 처벌하게 된다. 이러한 구성은 근대적 교육과 법률의 당위성을 독자에게 자연스레 전달하는 장치가 되었다. 뿐만 아니라 작가는 함일청이 보낸 편지 내용을 2회에 걸쳐 그대로 인용함으로써 '풍속개량'의 의지를 더욱 노골적으로 표출하기도 하였다.[177] 함일청이 보낸 편지 내용은 실제 연극 공연 시 마치 연설(演說)과도 같은 효과를 발생시켰을 것으로 짐작된다.

『제국신문』에 게재된 논설 「연극장을 급히 ᄀᆡ량ᄒᆞᆯ 일」는 '연극소설'로 기획된 「구마검」의 지향점이 무엇이었는지를 살펴볼 수 있는 중요한 단서가 된다. 다소 장황하지만 처음 소개되는 자료이므로 전문 인용하겠다.

> 셔양 정치가가 말ᄒᆞ되 풍속을 ᄀᆡ량ᄒᆞᆷ에 속ᄒᆞ기ᄂᆞᆫ 연셜이 학교보다 낫앗고 소셜이 연셜보다 나앗고 소셜보다 더 나은 것은 연극이라 ᄒᆞ니 그 말이 극히 유리ᄒᆞᆫ지라 그럼으로 문명ᄒᆞᆫ 나라에ᄂᆞᆫ 연극이 쳐쳐에 잇셔 구경ᄒᆞᄂᆞᆫ 사ᄅᆞᆷ이 ᄂᆞᆯ마다 구름갓치 답지ᄒᆞᆯ ᄲᅮᆫ 안이라 친왕과 황족의 죤즁ᄒᆞᆫ 디위와 졍부대관의 고귀ᄒᆞᆫ 신분으로도 죵죵 관람ᄒᆞ며 유지신ᄉᆞ와 농공상업에 죵ᄉᆞᄒᆞᄂᆞᆫ 사ᄅᆞᆷ들도 마ᄋᆞᆷ이 울젹ᄒᆞ던가 졍신이 로고ᄒᆞ면 각기 연극장에 가셔 유쾌히 소창ᄒᆞ며 기타 려항부녀와 일반 로동쟈들도 다슈히 구경ᄒᆞ야 부지불각 즁에 감각ᄒᆞᆷ도 잇고 경셩ᄒᆞᆷ도 잇셔 ᄌᆞ국의 션악간 력ᄉᆞ와 후박간 풍속이며 나라를 ᄉᆞ랑ᄒᆞ고 동포를 앗기ᄂᆞᆫ 여러 가지 ᄉᆡᆼ각이 유연히 ᄉᆡᆼ기나니 이 일로 밀우워 볼진ᄃᆡ 연극장은 나라마다

177 「구마검」, 『제국신문』, 1908.7.10~7.11.

업지 못ᄒᆞᆯ 것이라 ᄒᆞ야도 과도ᄒᆞᆫ 말이 안이기로 본 긔쟈도 연극장을 어ᄃᆡᄭᆞ지 찬셩치 안이ᄒᆞᄂᆞᆫ 바 안이로ᄃᆡ 소위 우리나라 각쳐 연극장은 남의 나라의 됴흔 취지ᄂᆞᆫ 츄치 안이ᄒᆞ고 한갓 방탕ᄒᆞᆫ 거동과 음란ᄒᆞᆫ 소리로 목젼의 환영을 밧기 위ᄒᆞ야 영원히 ᄒᆡ됨은 돌아보지 안이홈으로 연극장ᄆᆞ다 ᄑᆡ가탕ᄌᆞ와 로류쟝화의 도회장이 되야 구경ᄒᆞᄂᆞᆫ 사ᄅᆞᆷ의 ᄉᆞ상을 됴흔 방향으로 인도ᄒᆞ기ᄂᆞᆫ 고샤ᄒᆞ야 졈졈 침혹ᄒᆞᆫ 디경에 드러가 국가의 긔쵸될 후진 쳥년들이 모다 부랑ᄒᆞᆫ 무리가 되고 ᄆᆞᆯ지니 쟝구히 이와갓고 보면 남의 나라에ᄂᆞᆫ 연극이 업지못ᄒᆞᆯ 것이라 ᄒᆞ나 우리나라에ᄂᆞᆫ 연극이 잇지못ᄒᆞᆯ 것이로다 그러면 졍부나 경시쳥에셔 응당 풍속을 병들게 ᄒᆞᄂᆞᆫ 각쳐 연극장을 일톄 금지ᄒᆞᆯ 놀이 잇스리니 연극을 셜시ᄒᆞᆫ 졔군들이어 불소ᄒᆞᆫ ᄌᆞ본을 드려 국가사회에 큰 방되ᄂᆞᆫ 일을 힝치말고 진시 그 ᄌᆞ본으로 다른 ᄉᆞ업을 ᄒᆞ야 보던지 그러치 못ᄒᆞ면 기왕 셜치ᄒᆞᆫ 연극을 일신ᄀᆡ량하야 구경ᄒᆞᄂᆞᆫ 귀쳔남녀로 ᄒᆞ야곰 됴흔 ᄉᆞ상이 감발ᄒᆞᆯ만ᄒᆞᆫ 력ᄉᆞ의 연혁이나 션악을 징창될 과목을 셜힝ᄒᆞ고 음담ᄑᆡ셜은 일졀 다시 말면 젼일에 비평ᄒᆞ던 사ᄅᆞᆷ이 모다 칭찬ᄒᆞᆯ 것이오 이왕에 안이보던 사ᄅᆞᆷ이 닷토아 구경하야 공익으로 ᄆᆞᆯᄒᆞ면 야ᄆᆡᄒᆞᆫ 풍속이 션량홈으로 변ᄒᆞᆯ지오 ᄉᆞ익으로 말ᄒᆞ면 손ᄒᆡ를 날로 당ᄒᆞ던 영업에 젹지 안이ᄒᆞᆫ 리익이 ᄉᆡᆼ길ᄲᅮᆫ 안이라 졍부와 경시쳥에셔도 얼마즘 보호ᄒᆞ리니 쥬의ᄒᆞᆯ지어다 연극쥬인이어 ᄀᆡ량ᄒᆞᆯ 지어다 연극쥬인이여[178]

위 논설은 「구마검」의 연재가 끝난 뒤 한 달가량이 지난 시점에 게재된 논설이다. 이 글은 당시 『제국신문』의 논설을 담당하던 정운복이 쓴 것으로 보이는데, 『제국신문』의 편집 방침과 필자 개인이 가진 '연극개량'에 대한 의견을 구체적으로 살필 수 있는 자료이다. 첫 머리에

178 「연극장을 급히 ᄀᆡ량ᄒᆞᆯ 일」, 『제국신문』, 1908.9.12, '론셜'.

는 서양 정치가의 말을 인용하여 풍속을 개량하기 위해 필요한 것 중 가장 중요한 것이 바로 연극임을 강조하고 있다. 풍속개량은 학교보다는 연설이 낫고, 연설보다는 소설, 소설보다는 연극이 중요하다는 이 언표는 『제국신문』의 소설 연재가 어떠한 목표로 배치되었는지를 짐작케 한다. 『제국신문』의 연재소설은 '풍속개량'의 목표 아래 장기간 신문의 1면에 배치되었으며, '연극소설'이라는 표제를 강조한 「구마검」은 소설이 지닌 한계를 넘어 더욱 효과적인 '풍속개량'을 위해 연극을 지향했다는 점을 알 수 있다.

다만 연극 대본으로서의 소설 창작과 이후의 연극 공연이 더욱 효과적인 '풍속개량'의 방식이라면 왜 이러한 시도가 지속적으로 이루어지지 않았는지는 의문으로 남는다. 이후 1913년 무렵 『매일신보(每日申報)』에 연재된 이해조의 작품 중 「봉선화(鳳仙花)」와 「우중행인(雨中行人)」 두 작품이 신파극으로 공연되었다는 기록이 있다. 하지만 이들 작품의 공연은 '연극 개량'이라는 목표 의식을 통해 이루어졌다기보다 신파극인 〈쌍옥루〉의 대중적 성공을 반영하고 있다는 점에서 차이가 있다.[179] 「구마검」은 1909년 무렵 '원각사(圓覺寺)'에서 신연극으로 상연되었는데, 당시 '원각사'는 신연극을 표방하며 '연극개량'을 목적으로 이인직에 의해 창설되었으나 〈은세계〉를 공연한 뒤에는 다시 '춘향가', '심청가' 등 전래하던 레파토리를 공연하여 큰 비판을 받고 있었다.[180] 이는 새로운 연극을 공연할 만한 여건이 아직 갖추어지지 못한 당시의 사정을

179 「봉선화(鳳仙花)」와 「우중행인(雨中行人)」의 연극 공연에 대해서는 장을 달리하여 구체적으로 논의하고자 한다.

180 「연극장에 독갑이」, 『대한미일신보』, 1908.11.8; 「원각사폐지설」, 『대한미일신보』, 1909.3.13, '잡보'.

짐작케 하는데, 신연극을 공연할 '창부(昌夫)'를 모집하고, 그들에게 새로운 연극 대본을 익히게 하는 데 너무나 많은 경비와 시일을 소모할 수밖에 없는 상황이었기 때문이다.[181] 이러한 가운데 연극공연을 위한 이해조의 소설 창작이 지속적으로 이루어지기는 어려웠을 것으로 짐작된다. 결국 '연극소설'을 표방한 『제국신문』에서의 소설 창작은 「구마검」에 한해 일회성으로 그칠 수밖에 없던 것으로 보인다.

「홍도화」는 '정치소설'이라는 표제로 연재되었는데, 이 역시 다른 작품과는 구별되는 '정치소설'로서의 특징이 두드러진다. 「홍도화」는 '태희'라는 매우 현실감 있는 여성 주인공을 형상화하여, 『제국신문』의 주된 독자층인 당대 여성들을 본격적으로 계몽하려는 의지가 가장 직접적으로 드러난 작품이다.

> 우리 나라의 일즉 혼인ᄒᆞ는 폐단과 쳥샹과부의 참혹ᄒᆞᆫ 경샹은 셰샹사ᄅᆞᆷ이 항샹 탄식ᄒᆞ는 바어니와 이 괴악ᄒᆞᆫ 풍쇽을 곳치고져 ᄒᆞ야 우리 셔관에셔 ᄌᆞ미잇ᄂᆞᆫ 쇼셜 (홍도화)를 박여셔 발매ᄒᆞ오니 쳠군ᄌᆞᄂᆞᆫ 부디 사보시옵[182]

위 예문은 1908년 유일서관에서 발매된 단행본 『홍도화』의 광고문이다. 위 광고는 '정치소셜'이라는 표제 하에 조혼과 과부의 재가를 허

181 "大韓新聞社長李人植氏가 我國演劇을 改良ᄒᆞ기 爲ᄒᆞ야 新演劇을 夜珠峴前協律社에 創設ᄒᆞ고 再昨日븟터 開場ᄒᆞ얏ᄂᆞᆫᄃᆡ 銀世界라 題ᄒᆞᆫ 小說로 唱夫를 教育ᄒᆞ야 二個月後에ᄂᆞᆫ 該新演劇을 設行ᄒᆞᆫ다ᄂᆞᆫᄃᆡ 衆多ᄒᆞᆫ 娼夫教育費가 巨大ᄒᆞᆷ으로 其經費를 補助키 爲ᄒᆞ야 七月二十六日로븟터 二個月間은 每月下午七時로 同十二時ᄭᆞ지 營業的으로 我國에 固有ᄒᆞ던 各種演藝를 設行ᄒᆞᆫ다더라", 「소설연극(小說演劇)」, 『황성신문』, 1908.7.28.

182 『제국신문』, 1908.12.24, '광고'.

소설

홍도화 (紅桃花) (二)

(좌) 「홍도화」의 『제국신문』 연재 모습(1908.7.25)
(우) 단행본 『홍도화』의 표지(유일서관, 1908, 국립중앙도서관 소장)

용하지 않는 '괴악한 풍속'을 고치고자 발행하였다는 목표를 분명히 하고 있다. 하지만 발행된 단행본에는 '정치소설'이라는 표제 대신 '최근쇼셜'이라는 다소 순화된 표제를 사용했는데, 이는 출판업자들의 상업적 판매 전략과 관계가 깊은 것으로 보인다.

이 작품은 '정치소설'이라는 표제에서 유추해 볼 수 있듯이 『제국신문』에 연재된 여타 이해조 소설과는 달리 '정론적' 특성이 두드러진 작품이다. 여기서 '정론성'은 조혼과 과부의 재가 문제라는 기존의 결혼 관습에 대한 공격적인 비판과 새로운 결혼 예법에 대한 제시를 통해 표출되는데, 이는 사건의 발생과 그것의 해결과정이라는 서사 진행을 통해 이루어지기보다 인물묘사나 대화지문, 독백, 신문논설, 연설 등의 장치를 통해 복합적으로 이루어지고 있다는 특징을 지닌다. 이는 마치 서사적 이야기 곳곳에 논설을 삽입한 느낌마저 준다.

먼저 주요 인물에 대한 묘사를 살펴보자.

리직각이 본ᄅᆡ 힝셰로 유명ᄒᆞ야 눈치 빠르게 붓침붓침이와 알음알이가 썩 대단ᄒᆞ야 언의 셰도 ᄌᆡ상에게 안이 긴ᄒᆡ본ᄃᆡ가 업더니 갑오경ᄌᆡᆼ 이후로 시셰가 한번 변ᄒᆞ닛가 남과갓치 머리도 짝고 양복도 ᄒᆞ야 이 샤회 뎌 샤회로 도라단이며 국가독립이니 인민 ᄌᆞ유니 입으로ᄂᆞᆫ 유지자의 흉ᄂᆡ를 다 ᄂᆡ지만 심즁에ᄂᆞᆫ 량반도 그ᄃᆡ로 잇고 교만도 그ᄃᆡ로 잇고 완고도 그ᄃᆡ로 잇ᄂᆞᆫ 얼ᄀᆡ화군이라 무남독녀 십세된 ᄯᆞᆯ을 ᄌᆞ긔 ᄉᆡᆼ각에ᄂᆞᆫ 글ᄌᆞ를 가라치던지 침션을 가라치던지 집국셕에 쳐박아 두고 십흐되 셰상이 모다 학교학교 ᄒᆞᄂᆞᆫᄃᆡ 만일 남 ᄒᆞᄂᆞᆫᄃᆡ로 안이ᄒᆞ면 샤회에 명예나 못 엇을싸 ᄒᆞ야 그 ᄯᆞᆯ ᄐᆡ희를 녀학교에 보ᄂᆡ여 공부를 식이ᄂᆞᆫᄃᆡ 져의 아버지ᄂᆞᆫ ᄉᆡᆨ칙으로 마지못ᄒᆞ야 학교에를 보ᄂᆡᆺ것마는 이 아ᄒᆡᄂᆞᆫ 실심으로 안이ᄒᆞ면 못쓰겟다 ᄒᆞ고 공부를 ᄒᆞ야 시험마다 우등셩젹으로 입학ᄒᆞᆫ지 ᄉᆞ년만에 졸업긔한이 멀지 안이ᄒᆞ얏스니 그 부모가 지각이 잇고보면 마암에 ᄌᆡ롱시럽고 긔특ᄒᆞ야 아모죠록 더 부즈런이 열심ᄒᆞ야 남의 밋헤 들지말고 우등으로 졸업ᄒᆞᆫ 후 녀ᄌᆞ 샤회에 괴슈가 되야 국민의 큰 의무를 다 ᄒᆞ라고 시시로 당부를 ᄒᆞ며 각 학교 학도 즁에 디별도 볼 것 업고 형셰도 볼 것 업시 뎨일 인물이 긔걸ᄒᆞ고 지ᄀᆡ가 헌앙ᄒᆞ고 공부도 썩 잘ᄒᆞᄂᆞᆫ 신랑을 구ᄒᆞ야 다 각기 셩년이 된 뒤에 혼인을 ᄒᆞᆯ 것이어ᄂᆞᆯ 리직각은 사위보기가 그리도 밧부던지 졸업긔한도 참지를 못ᄒᆞ고 골으고 골나 뎡혼ᄒᆞᆫ다ᄂᆞᆫ 것이 오즉 아모 ᄌᆞ손에 몃ᄃᆡ 홍문록이라ᄂᆞᆫ 량반만 취ᄒᆞ야 영평 홍ᄉᆡᆼ원의 아오와 혼인을 뎡ᄒᆞ얏ᄂᆞᆫᄃᆡ[183]

위 인용문은 태희의 아버지 리직각에 대한 설명이다. 작품의 서술자

183 「홍도화」, 『제국신문』, 1908.7.26.

는 리직각이란 인물의 성격을 '얼개화꾼'으로 묘사함으로써 개화사상의 유입과 함께 급격히 변모하는 당시 풍속의 일면을 그려내는 한편, 그 딸을 학교에 보낸 일과 홍생원의 아우에게 시집보낸 이유를 구체적으로 설명하고 있다. 서술자는 이러한 인물 묘사에 그치지 않고, 이러한 상황에 대한 자신의 입장을 노골적으로 제시하고 있다. 서술자는 리직각의 잘못을 지적하는 한편 우등으로 졸업한 후 여자 사회의 괴수가 되어 국민의 큰 의무를 다하도록 조언해야 한다거나 집안과 형세보다는 인물을 보고 신랑을 골라 둘 다 성년이 된 뒤에 혼인하도록 하여야 한다고 주장한다.

태희와 상호의 결혼에 중요한 역할을 하는 외삼촌 김참서는 "외국에 만히단겨 ᄀᆡ화의 션도쟈로 우리나라 젼ᄅᆡᄒᆞ던 졔반악풍을 일톄ᄀᆡ혁ᄒᆞ기로 열심 창도 ᄒᆞᄂᆞᆫ 즁 뎨일 급션무가 ᄀᆡ가법을 실힝ᄒᆞᄂᆞᆫ 일이라 ᄒᆞ야 즁츄원에 헌의도 여러번 ᄒᆞ고 각 샤회로 단이며 연셜도 여러번 ᄒᆞ엿ᄂᆞᆫ"[184] 인물이다. 작가는 김참서의 입을 빌려 다음과 같은 계몽적 메시지를 전달한다.

ᄌᆞ식을 ᄂᆡ가 낫다 ᄲᅮᆫ이지 남녀를 물론ᄒᆞ고 막즁ᄒᆞᆫ 국민의 한 분ᄌᆞ된 이상에 엇지 쥭기를 바라며 ᄯᅩ 지금 이갓치 ᄀᆡ명ᄒᆞ여 오ᄂᆞᆫ 이십셰긔(二十世紀)에 그져 졍신을 못차리고 량반이니 상것이니 잠고ᄃᆡ를 ᄒᆞᆫ단 말인가 ᄀᆡ가ᄒᆞᆫ ᄌᆞ손은 쳥환을 안이식인다ᄂᆞᆫ 나라 망ᄒᆞᆯ 몰에 몃ᄇᆡᆨ년 젼국의 화긔를 손상ᄒᆞ던 그 악ᄒᆞᆫ 습관을 타파ᄒᆞ야 버리지 못ᄒᆞ고 사졍으로 말ᄒᆞ면 나의 금옥갓치 귀ᄒᆞᆫ 자식에 못ᄒᆞᆯ 노릇을 ᄒᆞ야 움을 자르고 소곰을 치러들며 ᄯᅩ 공익으로 말ᄒᆞ면 쳥상과부를 억

184 「홍도화」, 『제국신문』, 1908.9.8.

지로 슈졀케 ᄒᆞ야 국가 싱산에 큰 손히가 되게 ᄒᆞᆫ단말인가 하늘이 사ᄅᆞᆷ을 ᄂᆡ실 ᄯᅢ에 음양화육(陰陽化育)의 리치ᄂᆞᆫ ᄯᅩᆨ갓치 쥬셧실 터인ᄃᆡ 무슨 ᄭᅡ닭으로 남ᄌᆞᄂᆞᆫ 두번셰번 ᄌᆡ취삼취를 ᄒᆞ야도 아모 흠졀이 업다ᄒᆞ며 녀ᄌᆞᄂᆞᆫ ᄂᆡ외의졍의ᄂᆞᆫ 잇고몰고 한번 셩례만 ᄒᆞᆫ 뒤에 과부곳되면 졍리에 갓갑지 안이ᄒᆞᆫ 슈졀을 억지로 식여 만리젼뎡에 빙설이 가득ᄒᆞ게 ᄒᆞ면 그 부모된 마암에 그다지 상쾌ᄒᆞ고 됴흘 것이 무엇인고[185]

위 인용문은 김참서가 태희를 재가시키기 위해 그의 아버지 이직각을 설득하는 대목이다. 이는 일반적인 대화체 발화라기보다는 노골적인 교설에 가까운데, 여타 소설에 비해 「홍도화」에서 두드러지게 나타나는 특징이다. 결국 작가는 이러한 '정론성'을 '정치소설' 「홍도화」의 중요한 특징으로 부각시킨 셈이다.

이러한 특성은 태희의 경우에도 쉽게 찾아볼 수 있다.

엇그졔도 가뎡슈신(家庭修身) 가라치시ᄂᆞᆫ 션싱님게셔 학도들을 ᄃᆡᄒᆞ야 권면ᄒᆞ시기를 나라의 인민되기ᄂᆞᆫ 남녀가 일반이라 이십셰긔(二十世紀) 시ᄃᆡᄂᆞᆫ 이왕 쇄국시대(鎖國時代)와 갓지 안이ᄒᆞ야 녀ᄌᆞ가 규즁에 갓쳐 오즉 술밥이나 지을 줄 알고 지ᄂᆡᆯ 것이 안이라 각죵 학문을 넓히 닥가 국가 샤회의 큰 ᄉᆞ업을 셩취ᄒᆞᄂᆞᆫ 것이 당연ᄒᆞᆫ 직분이니 여러 학도 즁에 셔양 라란부인갓치 학문을 열심ᄒᆞ야 유시무죵치 말고 몸을 나라에 밧쳐 쳔츄에 아람다온 일홈을 ᄉᆞ칙에 빗ᄂᆡ고져 ᄒᆞᄂᆞᆫ 학도ᄂᆞᆫ 손을 들나 ᄒᆞ시기에 나도 다른 학도와 갓치 손을 드럿ᄉᆞ오니 지금 공부를 즁도이폐ᄒᆞ면 졔 마음을 속이고 션싱님도 속인 것이 안이되엿습ᄂᆞᆫ가[186]

185 「홍도화」, 『제국신문』, 1908.8.26.

태희가 아버지 리직각과의 대화 도중 학교 선생님께 배웠다며 여성교육의 중요성을 주장하자, 이에 대해 리직각은 '라란부인은 서양풍속에 따른 것이며 너는 대한여자이니 대한풍속대로 시집을 가서 남편이나 잘 섬기고 부모나 잘 봉양하는 것'[187]이 옳다며 강하게 반발한다. 작가는 이들의 대화를 통해 여성문제에 대한 고루한 시각을 보이는 리직각과 근대적 여성상을 대표하는 태희를 대비시켜 당대 신구대립을 둘러싼 가정 안에서의 충돌을 핍진하게 묘사하는 한편 자연스럽게 태희가 주장하는 여성교육의 중요성에 우위를 두어 독자들을 설득하고 있다.

심상호는 병신년(1896년) 봄 국사범이 되어 귀양을 갔다가 죽은 심협판의 아들로 과부인 태희와 결혼하게 되는 인물이다. 상호는 소학교 다닐 적 자수궁다리에서 만나던 태희를 잊지 못하고 있다가 과부과 된 태희를 발견하고 그녀를 아내로 맞이한다. 당시 과부가 재가하는 것도 예삿일이 아니지만, 더구나 그 상대가 총각이라는 사실은 꽤나 놀랍다. 작가는 상호와 태희 사이에서 일어나는 사랑의 감정을 적극적으로 표현하지는 않았지만 자유연애의 초기적인 단계를 분명히 의식하고 있다. 상호 역시 기존의 관습에 맞서 자신의 의지를 관철시키고자 노력하는데, 그의 어머니를 비롯한 가족 친지들을 설득하기 위한 발화가 매우 구체적으로 제시되어 있으며 이 역시 강한 '정론성'을 띠고 있다. 특히, 작품의 마지막 부분에서 문중 어른들을 모시고 자신의 뜻을 밝히는 심상호의 연설은 9월 15일부터 9월 18일까지 장장 4일에 걸쳐 장황하게 서술된다. 이때 개가의 문제는 단지 개인적 선택의 차원에 머물지 않

---

186 「홍도화」, 『제국신문』, 1908.7.28.
187 「홍도화」, 『제국신문』, 1908.7.29.

고, 국가 전체의 이익을 위해 시급히 해결해야 할 문제로 확장된다.

결국 '정치소설' 「홍도화」에서 사용된 '정치'라는 표제는 당대 현실 정치의 문제보다는 '정론적'이라는 의미로 사용되고 있음을 짐작할 수 있다. 이러한 '정론성'은 이해조가 「홍도화」를 구상할 때부터 이미 준비된 것이며, '정치소설'이라는 표제는 이러한 작품의 특징을 구체적으로 드러내는 기표가 된다.

조혼과 과부의 재가를 금하던 풍속을 강하게 비판하고, 자유의지에 의한 결혼과 과부의 재가 허용을 국가 사회 전체의 문제로 확산시킨 「홍도화」의 주제의식은 그것이 연재된 『제국신문』의 담론과 밀접한 관련을 맺고 있다. 『제국신문』의 주된 독자가 여성을 중심으로 한 평민 대중독자였음을 상기했을 때 이는 매우 자연스러워 보인다. 특히 「홍도화」는 『제국신문』 연재소설 중 매체가 지향하는 담론과 유기적인 결합 양상을 보이고 있다는 점에서 특징적이다.

「홍도화」의 연재가 한창이던 1908년 9월 8일에서 12일까지 『제국신문』에는 「민쇽의 큰 관계」라는 글이 '별보'에 연재되었다. 이 글은 『서북학회월보(西北學會月報)』 제4호에 실린 류원표(劉元杓)의 「민속(民俗)의 대관건(大關鍵)」[188]이라는 글을 번역한 것인데, 과부의 재가 문제를 본격적으로 다루고 있다는 점에서 눈길을 끈다.

이 글은 류원표를 찾아온 한 과부 여인의 이야기가 액자식으로 구성되어 있다. 12살에 시집을 가 14살에 과부가 된 지 8년이 되었다는 과부 여인의 이야기 속에는 운양 김윤식의 외손녀와 이시종, 즉 이교영(李喬永)의 결혼 이야기가 포함되어 있다. 평소 『제국신문』을 즐겨 읽던

188 류원표, 「민속(民俗)의 대관건(大關鍵)」, 『서북학회월보(西北學會月報)』 4, 1908.9.1.

그녀는 김윤식의 과부 손녀와 상처한 이교영의 재혼에 크게 기뻐하였지만, 결혼 이후 여러 가지 갈등을 겪으며 고생하고 있다는 잡보 기사를 읽고 크게 실망하여 죽기를 결심하였다는 것이다. 이 사연을 들은 류원표는 과부의 재가 문제에 대한 자신의 생각을 길게 늘어놓는다. 이 글 말미에는 이를 번역 게재하는 이유가 구체적으로 드러나 있다.

> 긔쟈ㅣ 갈아ᄃᆡ 밀아ᄌᆞ의 의견이 인정과 풍속에 젹당ᄒᆞᆯ는지는 몰으나 그러나 엇더ᄒᆞ든지 청상의 ᄀᆡ가ᄒᆞᄂᆞᆫ 길을 여ᄂᆞᆫ 것은 우리나라의 급무인고로 그 젼문을 번역ᄒᆞ야 지리히 긔진ᄒᆞ얏노니 우리 동포 즁에 청상을 둔 쟈ᄂᆞᆫ 세 번 ᄉᆡᆼ각ᄒᆞᆯ지어다[189]

김윤식의 외손녀와 이교영의 결혼은 당시 명문 집안 과부의 재가라는 점에서 커다란 사회적 이슈가 되었던 것으로 보인다. 그들의 결혼은 "두 번 싀집가며 두 번 쟝가드ᄂᆞᆫ 쟈의 죠상이 됨을 억만세에 긔념ᄒᆞᆯ"[190]만한 사건이었으며, 당시 언론들은 앞다투어 그들의 결혼을 기사화하였다.[191] 그들의 결혼은 20년의 세월이 흐른 뒤에도 최초의 사건으로 기억될 정도로 파격적인 사건이었다.[192] 「홍도화」는 분명 이들

189 「민쇽의 큰 관계」, 『제국신문』, 1908.9.12, '별보'.
190 「민쇽의 큰 관계」, 『제국신문』, 1908.9.8, '별보'.
191 "시죵 리교영씨가 상비ᄒᆞ엿ᄂᆞᆫᄃᆡ 일젼에 졔도국 총직 김윤식씨를 가 본즉 ᄌᆞ긔의 과거ᄒᆞᆫ 외손녀 홍쇼ᄉᆞ로 결혼ᄒᆞ기를 ᄌᆞ쳥ᄒᆞ야 일ᄌᆞ를 뎡ᄒᆞ고 셩례ᄒᆞ엿다더라", 「김씨ᄌᆞ쳥」, 『대한미일신보』, 1908.7.8; "前校理洪思弼氏의 令孃은 中樞院議長金允植氏의 外孫女로 二十一歲에 靑孀이되야 年今二十九歲인ᄃᆡ 媤家와 親庭에ᄂᆞᆫ 赤貧홈으로 四五年을 金議長家에 依托ᄒᆞ얏ᄂᆞᆫᄃᆡ 金允植氏가 恒常其靑孀의 情狀을 矜惻히역이더니 西署九谷洞居ᄒᆞᄂᆞᆫ 宮內府侍從李喬永氏가 喪配홈을 聞ᄒᆞ고 李氏에게 通婚ᄒᆞ야 去金曜日에 金議長小室家에셔 納幣成禮ᄒᆞ고 其翌日에 于歸ᄒᆞ얏다더라", 「도영화기(導迎和氣)」, 『황성신문』, 1908.7.8.
192 "약 수십년전에 雲養 金允植씨는 朝鮮의 破天荒으로 寡居하는 甥姪女와 李喬永군과 정식결혼식을 하게 한 일이 잇섯다. 그것이 그때에는 다소 物論이 잇섯지만은 지금에 보면 雲養은

의 이야기를 모티프로 삼은 것으로 보인다. 다만 「홍도화」는 모티프로 삼은 실제 사건보다 한층 강도 높은 상황을 연출하여 과부의 재가 문제를 다루고 있다. 김윤식의 손녀와 이교영 모두 두 번째 결혼임에 반해 「홍도화」의 경우 과부인 태희와 결혼하게 되는 상호를 총각으로 설정하여 당대의 일반적인 결혼 풍속을 전복시키고자 하였던 것이다.

또한 「홍도화」에는 자살을 결심하던 태희의 마음을 바꾸어 놓는 장치로 『제국신문』에 실제 실렸던 논설을 활용하였다. 세상을 떠나려던 태희는 친정어머니가 보내주신 옷가지를 싸고 있는 신문지에 실린 한 편의 글을 보고 마음을 돌리게 된다. 다소 장황하게 인용되어 있는 이 글은 『제국신문』의 논설이며, '탄해생'이 쓴 「풍속개량론」 시리즈의 첫 번째 글이다. '탄해생'은 새롭게 『제국신문』의 주필을 맡게 된 정운복의 필명이며, 「풍속개량론」은 「졍치기량보담 풍속기량이 급홈」[193]이라는 논설을 통해 풍속 개량의 중요성을 언급한 다음날부터 본격적으로 연재되는 기획 논설이었다.[194] 이해조는 그 중 첫 번째 논설인 「녀ᄌᆞ의 기가를 허홀 일」을 본문에 직접 인용하여, 자살을 결심하던 태희의 마음을 돌리는 장치로 활용하는 한편 과부의 개가 문제에 대한 자신의 입장을 '정론적'으로 제시하였다.[195] 「홍도화」에서 다루는 조혼

寡婦해방의 선각자이다", 관상자(觀相者), 「각계각면(各界各面) 제일(第一) 먼저 한 사람」, 『별건곤(別乾坤)』 제16・17호, 1928.12.1.

193 『제국신문』, 1907.10.9, '논설'.

194 『제국신문』에 연재된 논설 「풍속개량론」은 다음과 같다. '탄히싱' 정운복 이외에도 태극학회 회원 김낙수와 윤정원이 필진으로 참여하였다.

〈표 5〉 『제국신문』에 연재된 「풍속개량론」

날짜	회차	제목	저자 표기
1907년 10월 10일	풍속기량론 (一)	녀ᄌᆞ의 기가를 허홀 일	탄히싱
1907년 10월 11일	풍속기량론 (二)	닉외ᄒᆞᄂᆞᆫ 폐습을 곳칠 일	탄히싱

및 과부의 개가 문제는 결국 『제국신문』이 기획하였던 '풍속개량론'과 밀접한 연관을 맺고 있었음을 확인할 수 있다. 이는 「홍도화」의 신문 연재소설로서의 특성을 잘 보여주는 사례이며, 신문에 연재된 소설이 그것을 담고 있는 매체의 담론과 맺는 관계 양상을 구체적으로 보여주는 대목이다.

그런데 재미있는 점은 「홍도화」에 인용된 마지막 부분이 실제 논설과 달라졌다는 것이다.

㉠ 만일 남ᄌᆞ나 녀ᄌᆞ가 음란ᄒᆞᆫ ᄒᆡᆼ실로 ᄉᆞᄉᆞ로히 합ᄒᆞ야 부부라 칭ᄒᆞᆯ지라도 륙례를 갓초지 안이ᄒᆞ엿거든 그 사이에셔 나는 ᄌᆞ식은 남녀를 물론ᄒᆞ고 ᄉᆞᄉᆡᆼᄌᆞ(私生子)라 칭ᄒᆞ야 샤회에셔 쳔ᄒᆞ게 ᄃᆡ졉ᄒᆞ야 인류의 명분을 바르게 ᄒᆞᆷ이 가ᄒᆞ니 우리나라의 이왕부터 잇던 혼인법과 오날ᄂᆞᆯ 세계각국의 ᄒᆡᆼᄒᆞᄂᆞᆫ 혼인법을 참작ᄒᆞ야 ᄒᆞᆫ 법규를 졔뎡ᄒᆞ야 즁외에 반포ᄒᆞ야 이십셰긔(二十世記) 텬하의 아름다온 풍속을 일우기를 간졀히 바라노라

1907년 10월 12일	풍속기량론 (三)	압졔혼인의 폐풍을 곳칠 일	탄히싱
1907년 10월 13일	풍속기량론 (四)	압졔혼인의 폐풍을 곳칠 일(젼호쇽)	탄히싱
1907년 10월 15일	풍속기량론 (五)	ᄐᆡᆨ일ᄒᆞᄂᆞᆫ 폐풍을 버릴 일	탄히싱
1907년 10월 16일	풍속기량론 (六)	위ᄉᆡᆼ에 쥬의ᄒᆞᆯ 일	탄히싱
1907년 10월 18일	풍속기량론 (七)	샹업게의 폐풍을 고칠 일	탄히싱
1907년 10월 19일	풍속기량론 (八)	온돌을 폐지ᄒᆞᆯ 일	탄히싱
1907년 10월 20일	풍속기량론 (九)	음식 먹ᄂᆞᆫ 습관을 고칠 일	탄히싱
1907년 10월 27일	풍속기량론 (十)	아ᄒᆡ 길으ᄂᆞᆫ 방법	ᄐᆡ극학회원 김락슈
1907년 10월 29일	풍속기량론 (十二)	아ᄒᆡ 길으ᄂᆞᆫ 방법 (련쇽)	ᄐᆡ극학회원 김락슈
1907년 10월 30일	풍속기량론 (十三)	츄풍일진	윤정원
1907년 11월 5일	풍속기량론 (十一)	아ᄒᆡ들의 운동을 힘쓸 일	없음

195 본문에 인용된 『제국신문』 논설은 1908년 8월 18일부터 19일까지 이틀 동안 장황하게 인용되었다. 부모가 딸에게 직접 개가를 권하지 못하고, 이 논설이 실린 신문으로 옷을 싸 보냈다는 설정은 작가의 섬세함이 돋보이는 대목이다.

> ㉡이 법을 남ᄌᆞ는 셜혹 힝코져 ᄒᆞ는쟈ㅣ 잇스나 미양녀ᄌᆞ들이 편협ᄒᆞᆫ 마암으로 쳥죵치 안일지니 그 쳥죵치 안임이 엇지 쳥상의 슯흔 신셰를 즐겨셔 그리 ᄒᆞᆷ리오 다만 박졀ᄒᆞᆫ 가풍과 무식ᄒᆞᆫ 습쇽에 엇지지 못ᄒᆞᆷ을 인ᄒᆞᆷ이니 엇지 오히가 안이리오 슯ᄒᆞ다 쳥상으로 규즁에셔 늙으시는 부인들이여

㉠은 「녀ᄌᆞ의 ᄀᆡ가를 허ᄒᆞᆯ 일」의 마지막 대목인데, 이 부분이 「홍도화」에서는 ㉡와 같은 내용으로 바뀌었다. ㉠에서는 개가를 하더라도 혼인 절차에 맞게 예를 갖추어야 한다고 주장하고 있으나, ㉡에서는 여성이 개가를 선택하기 어려운 이유가 사회적 관습 또는 시선 때문이라며 여성이 스스로 그것을 뛰어넘을 것을 요청하고 있다. 이해조는 남녀독자는 물론 정부에까지 시선을 확장시키는 논설의 마지막 부분을, 여성의 주체적인 결정의 문제로 구체화함으로써 작품 속 태희의 선택에 개연성을 부여하고 있다. 이는 '풍속개량'에 대한 작가의 의지가 독자적인 나름의 원칙과 신념에 기반하고 있음을 보여주는 한편, 「홍도화」의 '정론성'이 매우 안정감 있는 서사 구조 안에서 이루어지고 있음을 보여주는 대목이다.

그 밖에도 『제국신문』 논설을 장황하게 인용한 뒤에는 "이 신문은 우리나라에 뎨일 유공ᄒᆞᆫ 신문인ᄃᆡ 언론이 졍당ᄒᆞ고 비평이 공번되여 하날로 머리둔 우리나라 사ᄅᆞᆷ쳐노코는 불가불 사 볼 신문이라더니 참 말 안이 볼 슈 업는 신문이지"[196]라는 태희의 발화를 통해 슬쩍 『제국신문』을 광고하고 있음을 확인할 수 있다. 이 역시 「홍도화」가 지닌 신문연재소설로서의 독특한 면모를 살펴볼 수 있는 사례가 된다.

196 「홍도화」, 『제국신문』, 1908.8.19.

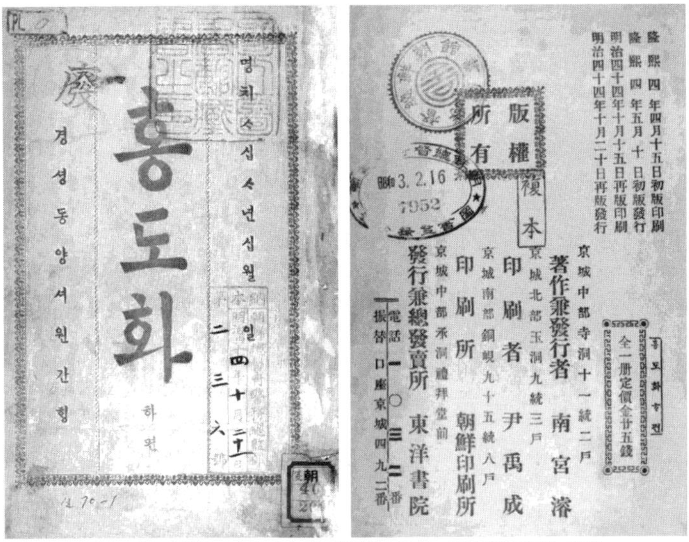

『홍도화』 하편의 표지와 판권지(동양서원, 1911, 국립중앙도서관 소장)

한편 1910년 5월 10일 『홍도화』 하편이 유일서관에서 발행되었다. 이 책의 판권지를 살펴보면 '저작 겸 발행자(著作兼發行者)'에 유일서관의 사주인 남궁준(南宮濬)의 이름이 표시되어 있다. 또한 1911년 10월 20일에는 동양서원에서 재판이 발행되었는데, 초판이 1910년 5월 10일에 발행된 것으로 기록되어 있다. 1910년 유일서관과 1911년 동양서원에서 출판된 두 판본 모두 '저작 겸 발행자'에 남궁준의 이름이 기재되어 있는 것으로 보아, 유일서관에서 출판된 『홍도화』 하편의 판권을 동양서원에서 사들여 재판을 찍은 것임을 짐작할 수 있다.

그런데 『제국신문』에서 「홍도화」의 연재를 마치고 2년이 지난 시점에 『홍도화』 하편이 단행본으로 출간되었다는 사실에는 다소 의문스러운 점이 있다. 이해조의 신소설이 대부분 신문 연재를 거쳐 단행본으로 발행되었던 것과는 달리 『홍도화』 하편의 경우 신문연재의 흔적을 찾을 수 없기 때문이다. 유일서관은 1908년에 『홍도화』 상편을 1910년에 하편을 각각 출판하였는데, 상편의 경우 '저작자 이해조 발행자 남궁준(著作者 李海朝 發行者 南宮濬)'로 이해조의 저작임이 분명하게 표시되어 있으나 하편의 경우에는 '저작 겸 발행자 남궁준(著作兼發行者 南宮濬)'이라고만 표시되어 있다. 『제국신문』에 연재된 「홍도화」나 이를 단행본으로 출판한 유일서관본 『홍도화』(1908)의 경우 상편이라는 표시가 없는데, 이를 감안하면 『홍도화』 하편을 과연 이해조가 썼는지 아니면 전작의 인기에 편승하여 이해조가 아닌 다른 누군가가 썼는지 확신하기 어렵다.[197] 또한 『홍도화』 하편의 경우 작품의 수준이 『제국신문』에 연재되었던 「홍도화」에 미치지 못하다는 점도 의문을 가중시킨다.[198] 지금까지의 연구에서는 이러한 문제에 대해서 별다른 의심 없이 『홍도화』 하편을 이해조의 작품으로 파악하고 있다. 그렇다면 『홍도화』 하편이 이해조의 작품이 분명한지, 만약 그렇다면 『홍도화』가 애초에 상·하권으로 기획되었던 것인지 아니면 전작의 성공을 통해 갑작스럽게 단행본으로 출간된 것인지를 살펴볼 필요가 있다.

다음의 기사는 『홍도화』 하편의 발행 상황을 이해하는 데 도움이 된다.

---

197 비슷한 시기에 발표된 이인직의 『치악산』의 경우 판권지에 상편은 이인직, 하편은 김교제가 저술한 것으로 적혀 있어 최근까지 학계의 논란이 되어 왔다. 이 경우 대체로 판권지의 표기대로 상편은 이인직, 하편은 김교제가 저술한 것으로 정리되고 있는데, 그 결정적인 근거나 이러한 발행 이유를 찾기는 어려운 상황이다. 『치악산』 역시 상편에 비해 하편의 작품성이 떨어진다거나 『치악산』 상편과 하편이 각각 유일서관과 동양서원에서 출판되었다는 점에서 『홍도화』의 경우와 유사하다.

198 최원식은 『홍도화』 하편이 계모형 가정소설의 구태의연한 이야기를 차용하여 상편에 비해 그 활력이 급격히 쇠약해졌다고 평가한 바 있다. 최원식, 「이해조 문학 연구」, 서울대 박사논문, 1986, 82~83쪽 참조.

> 본보의 계지ᄒᆞᄂᆞᆫ 소셜 홍도화ᄂᆞᆫ 상권을 임의 맛치엿ᄂᆞᆫᄃᆡ 독자졔군이 지리ᄒᆞ실가 념려ᄒᆞ야 그 하권은 이 다음에 게지홀 ᄎᆞ로 오날부터ᄂᆞᆫ 만월ᄃᆡ라 ᄒᆞᄂᆞᆫ 가뎡 신소설을 게지ᄒᆞ오니 ᄉᆞ량ᄒᆞ야 보심을 바라오[199]

위 인용문은 『제국신문』에서 「홍도화」 연재가 끝나고, 「만월ᄃᆡ」의 연재를 시작하는 날 2면 하단에 게재된 기사이다. 이를 통해 알 수 있는 것은 애초에 「홍도화」가 하편을 예비하고 있었다는 사실이다. 「홍도화」 상편은 심상호가 문중 어른들을 설득하여 이태희와의 결혼을 허락받는 것으로 끝을 맺었는데, 그 둘의 결혼과 그 이후에 벌어질 갈등을 하편을 통해 서술할 계획이었던 것이다. 따라서 『홍도화』 하편은 이해조의 작품임이 분명하며, 상편의 성공에 힘입어 갑작스럽게 출판되었던 것이 아니라 애초부터 기획된 것임을 알 수 있다. 또한 이해조의 신소설이 모두 신문연재를 거쳐 단행본으로 출판되었다는 점을 상기한다면, 『홍도화』 하편이 「모란병」의 연재 이후 『제국신문』에서 연재되었을 가능성 또한 배제할 수 없다.[200]

『제국신문』에 연재된 「홍도화」, 즉 상편이 '정치소설'이라는 표제를 전면에 내세우며 조혼과 과부의 재가 문제에 대한 정론적 목소리가 강하게 표출되었던 것과는 달리 『홍도화』 하편은 고부간 또는 악한 계모와의 갈등을 서사의 중심축으로 한 일반적인 '가정소설'의 범주에 머물고 있다. 상편에서 전근대적 습속으로부터 벗어나 근대적 주체로서 각

---

199 「샤고」, 『제국신문』, 1908.9.18.

200 『제국신문』은 「모란병」이 연재되던 1909년 2월 28일 자까지 확인할 수 있으며, 그 이후 발간된 신문은 현재 소실되어 전해지지 않는다.

성한 모습을 보였던 심상호와 이태희가 하편에서 결국 전근대적 가족 윤리의 틀 안에 갇히게 되는 것은 여러 모로 아쉬운 부분이다.[201] 하지만 작품의 실제 모델이 되었던 김윤식의 외손녀 홍소사와 이교영의 결혼 후 사정을 감안한다면,[202] 당대의 현실 세태를 핍진하게 그려내려는 의도 역시 발견된다.

작품의 서두에서 작가는 시간의 흐름에 따라 달라지는 계절의 변화를 묘사한 뒤, 사람의 일도 그와 다르지 않다며 옛 것 좋은 줄만 알고 변하지 않는 사람을 "감각성[感覺性] 업는 토목"[203]에 비유한다. 작가는 시대가 변하였음에도 불구하고 변하지 않는 악한 풍속 중 여성의 개가 문제를 제시하며, 자연스럽게 심상호와 이태희의 결혼 문제로 독자의 시선을 이동시키고 있다. 특히, 이들의 결혼에 대한 상반된 입장을 등장인물의 발화를 통해 제시하는 수법은 각각의 입장에 서 있는 독자들의 공감을 불러일으키는 한편, 나와는 다른 입장을 확인함으로써 독자

201 이에 대해 최원식은 "논리적 파탄", "퇴행" 등의 용어를 사용하여 비판하였고, 한기형 역시 "신소설 작가들이 지녔던 현실에 대한 예술적 파악 능력의 미숙성을 반영하는 문제"라고 지적한 바 있다. 최원식, 「이해조 문학 연구」, 서울대 박사논문, 1986, 82쪽; 한기형, 『한국 근대소설사의 시각』, 소명출판, 1999, 61~62쪽.

202 실제로 많은 사람들의 관심을 받았던 그들의 결혼은 여전히 강력한 구습으로 인해 순탄치 못한 것으로 보인다. "김윤식씨의 왼손녀 홍쇼ᄉᆞ가 리교영씨와 혼인ᄒᆞ여 간 후애 리교영씨의 대부인이 폐빅도 밧지 아니ᄒᆞ엿거니와 말ᄒᆞᆯ 때에도 호모를 못ᄒᆞ게 ᄒᆞᄂᆞᆫ고로 집안이 ᄌᆞ연 불화ᄒᆞᆫ 모양이라더라", 「가뎡불화」, 『대한미일신보』, 1908.7.22; "洪思弼氏의 寡居女가 李喬水氏에게 再醮ᄒᆞᆫ 後에 李氏의 母氏洪召史ᄂᆞᆫ 其婦의 呼母ᄒᆞᆷ을 不受ᄒᆞ며 其從弟ᄂᆞᆫ 不以呼嫂ᄒᆞ며 其侄은 不以呼姑ᄒᆞ야 多年閨中에셔 惡歲月을 經過ᄒᆞ던 寡女로 幸히 刷新ᄒᆞᄂᆞᆫ 時代를 當ᄒᆞ야 和氣를 暫叙ᄒᆞ얏다가 該家에 入ᄒᆞᆫ 後如此無理ᄒᆞᆫ 虐待를 受ᄒᆞ니 彼何人斯며 此何人斯오 使李氏家로 如斯ᄒᆞᆫ 行爲를 肆行ᄒᆞᆯ진ᄃᆡ 當初에 不肯ᄒᆞᆷ이 可ᄒᆞᆯ것거ᄂᆞᆯ 既爲成禮ᄒᆞᆫ 後에 如此ᄒᆞᆫ 無理行色을 發布ᄒᆞ니 是ᄂᆞᆫ 世界에 正理를 妨害ᄒᆞᄂᆞᆫ 者이라 內外國社會上公論으로 評辦ᄒᆞᆷ을 免치못ᄒᆞ려니와 自家로 思ᄒᆞ더라도 天地和氣를 損傷ᄒᆞ고 豈大慶福을 享ᄒᆞᆯ가 從當李氏家의 事實을 探ᄒᆞ야 大筆로 記誅ᄒᆞ깃노라", 「대상화기(大傷和氣)」, 『황성신문』, 1908.7.24.

203 이해조, 『홍도화』 하편, 동양서원, 1911, 2쪽.

들로 하여금 균형 있는 시각을 확보하도록 유도하고 있다. 이러한 특성은 시어머니와 며느리 태희 사이의 갈등에서도 충분하게 드러난다. 작가는 귀신단지를 두고 벌어지는 두 인물의 갈등을 최대한 공정하게 묘사하고자 하며 각각의 입장을 배려하고 있다. 물론 작가의 중심이 결국은 변화하는 시대에 맞도록 사람의 삶도 바뀌어야 한다는 쪽에 기울어져 있음은 서두에서부터 짐작할 수 있지만, 작가는 오랜 세월 과거로부터 이어져 온 관성이 쉽게 바뀌지 않을 것을 인정하고 양측의 입장을 객관적으로 제시하여 전통적 가치에 익숙한 독자들을 배려하고 있다.

작가는 이러한 갈등을 해소하기 위해 이씨부인(이태희)의 계모 시동집을 등장시켜 주인공 태희를 곤경에 빠뜨린다. 계모 시동집의 등장과 갈등은 다소 작위적인 느낌이 들지만, 이는 전통적인 가족제도에 대한 또 다른 모순을 드러내기 위한 장치이기도 하다. 작가는 과부의 재가와 더불어 무분별한 축첩제도에 대한 문제점을 추가하여 전통적인 가족제도가 지닌 한계를 극대화시킨다. 이러한 계모와의 갈등은 결국 시댁에서 벌어진 고부간의 갈등을 해소하기 위한 장치로 작동하며, 작가는 이러한 어려움을 극복하는 과정을 통해 자연스럽게 근대문명의 필요성을 제시하고 있다. 특히, 이씨부인을 중심으로 한 고난과 갈등은 외삼촌인 김참서에 의해 해결되는데, 김참서는 전형적인 개화 신사이다. 일본에서 다년간 근무하던 김참서는 귀국 길에 시동집의 오라비 유가에게 납치되던 이씨부인을 구출하고, 시동집의 간악한 술수를 폭로하여 모든 갈등을 해결한다. 또한 이씨부인은 교군(轎軍)이 강원도 원주에 있는 묘막으로 가려면 동소문 밖으로 가야 하는데, 경부선이 있는 남문 밖 정거장에 도착한 것을 의심하기 시작한다. 여기서 작가는 이씨부인이 잘못된 방향으로 가고 있다는 것을 의심하는 것이 결국은 근대적 학교 교육을 받았기 때문이라고 슬쩍 강조한다.[204] 그밖에 시동집과 룡녜부녀, 유가 등이 순사에 의해 잡혀가고 결국 법정에서 그 죄를 자복한다는 설정 역시 근대문명의 당위를 드러내기 위한 장치임에 분명하다. 결국 이 작품은 전통적인 가족관계 속에서 발생한 갈등이 근대적 문물이나 제도에 의해 해결되는 과정을 통해 새로운 시대의 삶의 질서를 제시하고 있다. 자신의 주장을 전면에 내세우기보다 특정한 사안에 대한 상반된 목소리를 핍진하게 재현하고, 갈등이 해결되는 과정을 통해 자연스럽게 자신의 의도를 담아내는 방식은 이해조 소설의 중요한 특징 중 하나이다.

「만월ᄃᆡ」는 여타 연재소설과는 달리 '가정소설'이라는 표제를 사용하여 가정 안에서의 윤리, 종교(기독교), 상업, 위생 등의 문제들을 집중적으로 다루고 있다. 이 작품은 서두부터 '가정소설'이라는 표제를 노골적으로 서사화하여 다루고 있는데, 만월대 아래 넓은 벌에서 밭을 갈던 왕감역이 어린 아들 삼 형제를 불러 앉히고 당부하는 이야기로 시작한다.

---

204 "리씨부인으로, 말ᄒᆞ면, 날마다, 학교에를, 단이노라고, 평시에, 별노, 내외ᄒᆞᆫ 적이 업서, 우리 대황뎨 폐하ᄭᅴ압셔, 동셔릉에, 젼비ᄒᆞ압실 ᄯᅢ에, 학도단톄로, 지송지영ᄒᆞ노라고, 남문도, 나아가보고, 동문도, 나아가, 보앗스며, 본국력사를, 일과로 ᄒᆞ야, 무슨 고을은, 엇던 도에 잇고, 무슨 도ᄂᆞᆫ, 엇던 편에, 잇ᄂᆞᆫ 것을, 쇼연히, 다, 알아셔, 좀쳬 부녀와, 달으것마는", 이해조, 『홍도화』 하편, 동양서원, 1911, 65쪽.

> 이익 너의 삼형뎨가 어서 자라야 늙은 네 아비가 밧갈기를 면ᄒᆞ지 안이ᄒᆞᄂᆞ냐 오냐 아즉도 닉 근력이 남불지 안이ᄒᆞ니 그 걱졍은 말고 동긔일신이라니 너의들이 우애잇게 지닉여 공부를 ᄒᆞ더릭도 모로ᄂᆞᆫ 것을 셔로 가라쳐 쥬고 먹을 것을 보아도 셔로 난호아 먹어라 사ᄅᆞᆷ의 자식이 우애가 업스면 금슈만도 못ᄒᆞ니라[205]

이처럼 '가정소설'이라는 표제에 걸맞게 이야기 초입부터 '형제간의 우애'를 전면에 내세우며 시작된 이 작품은 단번에 아들 삼 형제를 성취시키고 난 뒤 임종을 앞둔 왕감역의 유언 장면으로 빠르게 넘어간다. 왕감역은 젊은 시절 열심히 노력한 끝에 남부럽지 않을 만큼의 재산을 모았지만 갑작스러운 병으로 아내를 잃고 이내 자신마저 병이 들어 이제는 장성한 아들 형제와 며느리들을 불러 앉혀 유언을 남긴다. 이때 형제간 또는 며느리 간의 우애를 강조하는 작품의 주제는 다시 한 번 강조된다.

> 닉가 아모죠록 더 살아 너의들 자미를 더 보졋더니 셰상 일이 마암과 갓지를 못ᄒᆞ야 엇그졔 너의 어머니가 도라가고 지금 닉가 마자 죽겟스니 아즉 료량미뎡ᄒᆞᆫ 너의를 싱각 곳ᄒᆞ면 눈이 감기지 안이ᄒᆞᆫ다 그런딕 너의에게 ᄒᆞᆫ가지 부탁ᄒᆞᆯ 일은 다른 일이 안이라 나 죽은 뒤에 너의 삼형뎨가 아모됴록 우익잇시 지닉여 시속경박한 ᄌᆞ식들갓치 다긩이에 피도 안이 말나 셰간 나는 것을 본밧지 말고 한 마암 한 ᄯᅳᆺ이 되야 셔로 앗기고 셔로 위ᄒᆞ야 죽은 아비 령혼이라도 구쳔지하에셔 춤을 츄게 ᄒᆞ여라 만일 너의가 불목ᄒᆞ야 골육이 상젼ᄒᆞ면 네 아비를 아비로 넉이지 안이ᄒᆞᄂᆞᆫ 불초ᄒᆞᆫ ᄌᆞ식이니라

---

205 「만월딕」, 『제국신문』, 1908.9.18.

ᄒᆞ고 또 며나리 삼 동셔를 불너 안치고

이ᄋᆡ 너의들의 효셩으로 우리 ᄂᆡ외가 편히 지ᄂᆡ다가 하날이 돕지 안이ᄒᆞ심으로 너의 싀머니 도라간지 얼마 안이되야 또 ᄂᆡ가 쥭는구나 ᄌᆞ고로 집안의 불목홈은 미양 동셔간 화합지 못홈을 인ᄒᆞ야 열 번 찍는 나무와 갓치 우애잇던 남편의 마음ᄭᆞ지 변ᄒᆞ게 ᄒᆞ는 일이 왕왕 잇ᄂᆞ니 우리 ᄂᆡ외의 졍혼을 즐겁게 ᄒᆞ려거던 아모죠록 구ᄃᆡ 동거ᄒᆞ던 장공예(張公藝)를 본밧아 분호ᄒᆞ야 나아갈 ᄉᆡᆼ각을 말고 한 집에셔 화평히 지내여라[206]

'장공예'는 중국 당나라 사람으로 9대가 한 집에서 화목하게 살았다는 고사(古事) 속 인물인데, 왕감역은 이를 예로 들며 아들 삼 형제와 세 며느리가 분호하지 말고 함께 행복하게 살라는 유언을 남겼다. 이어서 왕감역의 장례를 치르며 부르는 상여소리가 구체적으로 묘사되어 있는데, 여기에도 형제간의 우애를 강조하는 내용이 서술되어 있다.

북망산쳔이 멀다더니 ᄃᆡ문밧기 져승일셰 워화워화
명ᄉᆞ십리 ᄒᆡ당화는 명년봄에 다시퓌되 워화워화
인ᄉᆡᆼ한번 도라가면 다시올길 망연하다 워화워화
여보우리 군방네야 이ᄂᆡ말솜 드러보소 워화워화
인자ᄒᆞ고 착혼자은 연ᄒᆡᄃᆡ로 갈것이오 워화워화
각박ᄒᆞ고 악혼쟈는 디옥으로 드러간다 워화워화
우리동리 왕감역의 평ᄉᆡᆼᄉᆞ적을 볼작시면 워화워화
인자홈도 한이업고 착ᄒᆞ기도 거룩ᄒᆞ데 워화워화

206 「만월ᄃᆡ」, 『제국신문』, 1908.8.18~8.19.

여러아달 불너세고 우익ᄒᆞ라 유언말솜　워화워화

도척갓흔 심술로도 듯고보면 회긔ᄒᆞ야　워화워화

그아오 류화헤와 우익잇게 지닉겟데　워화워화[207]

위 예문은 당시 장례 절차 중 상여소리가 어떻게 불리고 있었는지를 짐작케 한다는 점에서 흥미롭다. 여기에서는 현인(賢人)인 류화해(柳下惠)와 악인의 대명사인 도척(盜跖) 형제를 예로 들어 형제간에 우애 있게 살 것을 당부한 왕감역의 유언을 다시 한 번 강조하고 있다. 이처럼 작품의 초입부터 강조된 가정 안에서의 우애는 전체 서사를 이끌어가는 핵심적인 주제로 기능하며, 이를 통해 '가정소설'이라는 표제가 작품의 주제와 얼마나 긴밀하게 연결되어 있는지를 확인할 수 있다.

전체 서사를 이끌어 가는 주인공은 막내 신록의 아내 라씨부인이다. 착하고 성실하기만 했던 신록이 뽕잎을 따다가 떨어져 죽자 라씨부인에게 고난이 닥쳐온다. 아버지의 유언에도 불구하고 갑록과 정록은 죽은 동생의 부인과 아이들이 그저 자신들의 재산을 축낼 것이라고 생각하고 온갖 구박 끝에 결국 집에서 쫓아낸다. 착하고 여린 심성을 지닌 라씨부인은 백남과 중남 두 아들을 데리고 분호하여, 충성스러운 하인 류첨지의 도움을 받아 부자가 된다. 그녀가 많은 재산을 얻게 되자 갑록과 정록은 온갖 수단을 통해 라씨부인의 재산을 빼앗고 라씨부인은 다시 매우 가난한 지경에 처한다. 그러나 라씨부인의 착한 심성과 류첨지의 충성스러운 마음은 장의관과 최주부 등의 마음을 얻고, 그들의 도움으로 인해 다시 남부럽지 않은 재산을 모으게 된 라씨부인은 서울

---

207 「만월딕」, 『제국신문』, 1908.9.20.

(좌) 「만월대」의 『제국신문』 연재 모습(1908.9.18)
(우) 단행본 『만월대』의 표지(동양서원, 1911, 함태영 박사 소장)

로 도피하여 비참한 삶을 살고 있던 갑록 · 정록 형제 부부를 불러온다는 것으로 이야기는 마무리된다.

「만월디」의 서사를 이끌어가는 중심은 형제간 또는 동서지간에서 요구되는 '가정윤리'이다. 또한 전대 왕감역 때부터 충직한 하인이었던 류첨지와 라씨부인 사이의 신의, 백남이 자신의 큰아버지에게 행하는 도리, 장의관이나 최주부가 보여주는 의리와 정리 등은 가족을 중심으로 한 서사 진행에 매우 중요한 의미로 부각되어 있다. 따라서 이 작품은 전면에 내세운 '가정소설'이라는 표제를 적극적으로 형상화한 작품임을 알 수 있다.

뿐만 아니라 이 작품에서 눈에 띄는 부분은 상업에 대한 강조이다. 류첨지에게 도움을 주고 그 인연을 통해 라씨부인과 사돈을 맺은 장의관과 최주부는 모두 상업을 통해 재산을 모은 사람이며, 류첨지가 재산을 모으게 되는 것도 상업에 의한 것이다. 류첨지는 라씨부인이 분호하며 얻게 된 병든 소에서 얻은 우황을 팔아, 그 돈을 자본을 삼아 장사를 하고자 길을 떠난다. 그 길에서 우연히 삼베를 싸게 구입하고, 그것을 팔아 큰 이윤을 남긴다. 그리고 그 돈은 장의관의 조언에 따라 서울에 있는 집 한 채를 마련하여 재산을 불리는 데 사용된다. 또한 그때 구입한 집은 원인 모를 화재로 인해 불타게 되는데, 그 집 불탄 자리에서는 커다란 은덩어리가 발견되어 위기를 모면하게 된다. 여기에서 발견된 은덩어리의 출처를 작가는 다음과 같이 설명한다.

> 당초의 그 집 지은 사ᄅᆞᆷ은 쥬셕골 살던 현지ᄉᆞ니 현지ᄉᆞ가 슈십년 청국을 드나들며 큰 장ᄉᆞ를 ᄒᆞ야 ᄌᆡ물을 젹지 안이 모앗ᄂᆞᆫᄃᆡ 그 ᄯᆡᄂᆞᆫ 지금 셰월갓치 안이ᄒᆞ야 디톄 업고 셰력 업ᄂᆞᆫ 사ᄅᆞᆷ은 불안당보다 더 ᄒᆞᆫ 남북촌 토호량반으로 ᄒᆞ야 졔ᄌᆡ물을 가지고도 어엿이 ᄂᆡ노코 쓰지를 못ᄒᆞ고 훔쳐온 물건갓치 쉬숨듯 감초아 두고 소문도 ᄂᆡ지 안이 ᄒᆞ던 어림 업ᄂᆞᆫ 텬디라 현지ᄉᆞ 역시 허혁지 못ᄒᆞᆫ 쳐디에 그 념려가 업지 안이ᄒᆞ야 ᄒᆞᆫ가지 의견을 ᄂᆡ야 ᄌᆞ긔집에셔 멀즉이 느리골 ᄂᆡ려다 죠고마ᄒᆞ게 집 ᄒᆞᆫ ᄎᆡ를 짓되 다른ᄃᆡ는 범상 집과 쏙갓치 짓고 다만 안방 다락을 특별ᄒᆞᆫ 졔도로 밋바닥 마루를 두켜로 노아 그 틈이 장뼘 하나 될만치 뷔이게 ᄒᆞ고 우칭 ᄒᆞᆫ편 구셕에 도나기 마루청을 ᄂᆡ여 열고 닷게 ᄆᆞ련을 ᄒᆞ얏ᄂᆞᆫᄃᆡ 그 마루청을 열어 노으면 아모라도 알녀니와 쏙 닷아두면 셰상업ᄂᆞᆫ 사ᄅᆞᆷ도 몰을만치 ᄒᆞ고 돈을 모ᄂᆞᆫ ᄃᆡ로 물굽은을 사셔 아모도 아지 못ᄒᆞ게 그 속에다 집어넛코 집어넛코 ᄒᆞ야 몃ᄒᆡ를 그와갓치 ᄒᆞ얏던지 은이라셔 젹지 안이 모혓ᄂᆞᆫᄃᆡ[208]

---

208 「만월ᄃᆡ」, 『제국신문』, 1908.11.11.

청국을 드나들며 장사를 하던 현지사는 은밀히 자신의 재산을 지키기 위해 몰래 집 한 채를 지어놓고 마루밑에 비밀창고를 만들어 은전을 모아놓고 있었던 것이다. 불행히도 현지사는 가족에게조차 이 사실을 비밀로 한 채, 더 욕심을 내어 홍삼장사를 떠났다가 객사를 당하고 만 것이다.

이러한 상업에 대한 강조는 당시 상업을 천한 것으로 여기던 독자들의 인식을 바꾸기 위한 노력으로 보인다. 농업만으로 밀려들어오는 서구적 근대를 효과적으로 수용할 만한 토대를 마련하기 어렵다는 판단은 당시 대다수 지식인들이 공유하던 입장이었으며, 작가는 이러한 생각을 소설을 통해 전달하고자 했던 셈이다.

또한 이 작품에서는 학술적 글쓰기에나 나올 법한 '위생'에 대한 서술이 구체적으로 표현된 대목이 있어 흥미를 끈다.

> 쥐통이라 ᄒᆞᄂᆞᆫ 병이 셔양 사ᄅᆞᆷ의 말로 ᄒᆞ면 호렬ᄌᆞ라 ᄒᆞᄂᆞᆫ 징셰니 젼염이 심히 잘되야 사ᄅᆞᆷ의 싱ᄉᆞ가 경각니에 잇ᄂᆞᆫ고로 그 병이 류힝ᄒᆞᄂᆞᆫ 긔미가 잇고보면 음식거쳐에 소독을 별반 쥬의ᄒᆞ야 만연(蔓延)되지 안이케 ᄒᆞ여야 위험ᄒᆞᆷ을 면ᄒᆞᆯ지며 ᄆᆡ양 이 병은 막걸이와 푸셩귀를 죠심 업시 함부루 먹고 힝길바락에셔 돌을 베고 밤마다 자ᄂᆞᆫ 로동쟈에게 젼염이 잘 된다 ᄒᆞ지마는 그도 그럿치 안이ᄒᆞᆫ 것이 우리나라의 베빅베쳔이나 츄슈를 ᄒᆞᆫ다던지 벼살낫이나 단여 젼만젼쳔이나 모게 되면 의례히 교만ᄒᆞᆫ 마암이 나셔 귀인ᄌᆞ쳐를 ᄒᆞ면셔도 소미평싱에 위싱이라ᄂᆞᆫ 것이 무엇인지를 아지 못ᄒᆞ야 긔구가 사ᄅᆞᆷ 쥭인다고 입에 맛ᄂᆞᆫ 싱닝지물과 유리ᄒᆞᆫ 음식을 사들여 먹으며 ᄉᆞ지륙신을 ᄊᆞᆺ딱 안이ᄒᆞ고 들어 안졋스니 신톄가 ᄌᆞ연 약히지고 음식이 소화도 잘 못되야 위싱이 로동쟈보다 오히려 못ᄒᆞᆫ지라 그런 ᄶᅡ

ᄃᆞᆰ에 젼염병이 류ᄒᆡᆼᄒᆞ면 ᄆᆡ양 귀골이 몃갑졀 더 만히 죽ᄂᆞᆫ 법이라[209]

위 예문은 '쥐통(호열자)'을 문화론적인 접근 방식을 통해 설명하고 있는 특이한 대목이다. 전염병의 원인과 확산을 단순히 위생의 측면에서 다루는 것이 아니라, 돈 많은 부자들이 위생관념이 부족한 상황에서 입맛에만 좋은 음식들만 먹고 운동을 하지 않는 것에서 찾고 있다는 점이 흥미롭다. 또한 이러한 내용은 서사 진행의 인과관계 속에서 매우 유기적으로 결합하고 있는데 이는 작가의 섬세한 구성력이 돋보이는 대목이다. 류첨지가 헐값에 구입한 베는 마침 서울에서 '쥐통(호열자)'이 유행하는 바람에 매우 높은 값에 팔리게 되는데 이러한 서사 진행 속에 '위생'에 대한 계몽적 목소리를 덧붙이고 있는 것이다.

소설의 마지막 부분에 노출된 작가의 목소리는 '가정소설'이라는 표제를 전면에 내세워 목표했던 「만월ᄃᆡ」의 주제를 직접적으로 드러낸다.

긔쟈왈 사ᄅᆞᆷ의 ᄒᆡᆼ실에 뎨일 웃듬은 츙효뎨라 인군에게 츙셩ᄒᆞ고 부모에게 효도ᄒᆞ고 동긔에게 우애ᄒᆞᆫ 연후에야 금슈보다 낫다 ᄒᆞᆯ지라 만일 그러치 안이ᄒᆞ면 엇지 츙셩잇ᄂᆞᆫ 긔ᄋᆞᆷ이와 효ᄒᆡᆼ잇ᄂᆞᆫ 감악귀와 우애잇ᄂᆞᆫ 쳑령ᄉᆡ가 붓그럽지 안이ᄒᆞ리오 그럼으로 사ᄅᆞᆷ이 쳐엄 남애 그 부모되ᄂᆞᆫ 니가 희망ᄒᆞ고 기ᄃᆡᄒᆞ기를 츙효뎨의 ᄒᆡᆼ실이 츌듀발군ᄒᆞ야 나라에 빗잇ᄂᆞᆫ 신하되고 가뎡에 영화로온 ᄌᆞ손됨이라 (…중략…) 슯흐다 만월ᄃᆡ을 교훈ᄒᆞ던 것과 라씨부인과 ᄇᆡᆨ남 형뎨의 효우ᄒᆞᆷ을 본밧아 몸소 ᄒᆡᆼᄒᆞ고 갑록 뎡록의 불효불뎨ᄒᆞᆷ과 윤씨 고씨의 괴ᄑᆡ가도ᄒᆞ던 일을 거울삼아 징계ᄒᆞ야 본긔쟈의 ᄯᅳᆺ 둔바를 져바리지 말지어다[210]

---

209 「만월ᄃᆡ」, 『제국신문』, 1908.10.14~10.15.

결국 「만월딕」는 국가를 형성하는 최소한의 단위인 가정, 그 안에서 이루어지는 이야기를 통해 일정한 '교훈'과 '징계'를 목표로 삼고 있음을 확인할 수 있다. 이러한 작가의 직접적인 개입은 작품의 문학적 성취를 떨어뜨리게 되는 한계로 작용하지만, 반대로 『제국신문』 그리고 소설의 독자가 주로 여성을 중심으로 한 일반 대중이었다는 점을 떠올려 볼 때 소설을 통한 '풍속개량'의 의지가 매우 간절한 것이었음을 확인시켜 주는 대목이기도 하다.

「쌍옥적」은 '정탐소설'이라는 표제 하에 연재되었는데, 이 작품 역시 '정탐소설'로서의 특징이 잘 나타난 작품이다. 이 작품은 '정탐소설'이라는 표제에 걸맞게 지금의 사복경찰에 해당하는 별순검을 주인공으로 하여 잃어버린 결세 상납금을 되찾는 과정을 부각시키고 있다. 따라서 이 작품은 한국 근대 추리소설의 시작을 알리는 작품으로 거론되기도 하였다.[211] 이러한 표제는 작품의 내적 특질과 긴밀한 연관을 맺고 있으며, 작품의 특질을 온전히 밝혀내는 중요한 지표가 될 수 있다.

'정탐소설' 「쌍옥적」은 『제국신문』을 통한 이해조의 소설실험이 매우 다양한 영역으로 확장되고 있음을 확인할 수 있는 중요한 텍스트이

210 「만월딕」, 『제국신문』, 1908.12.3.

211 「쌍옥적」은 단행본으로 출판될 때 '정탐소설'이라는 동일한 표제를 사용하였다. 따라서 「쌍옥적」이 '정탐소설'이라는 표제와 맺고 있는 관련성은 이미 여러 연구에서 밝혀진 바 있다. 최원식, 『한국 근대소설사론』, 창작사, 1986, 140~141쪽; 임성래, 「개화기의 추리소설 「쌍옥적」 연구」, 『추리소설이란 무엇인가』, 국학자료원, 1997, 145~161쪽; 서형범, 「이해조 신소설의 '흥미 요소'에 관한 시론―서사 전개의 변환 장치로서의 '편지'와 '추리의 구조'를 중심으로」, 『한국학보』 28, 2002, 167~193쪽; 오혜진, 「근대 추리소설의 기원」, 『한민족문화 연구』 29, 2009, 175~206쪽; 고은지, 「'정탐소설' 출현의 소설적 환경과 추리소설로서의 특성」, 『비평문학』 35, 2010, 7~25쪽.

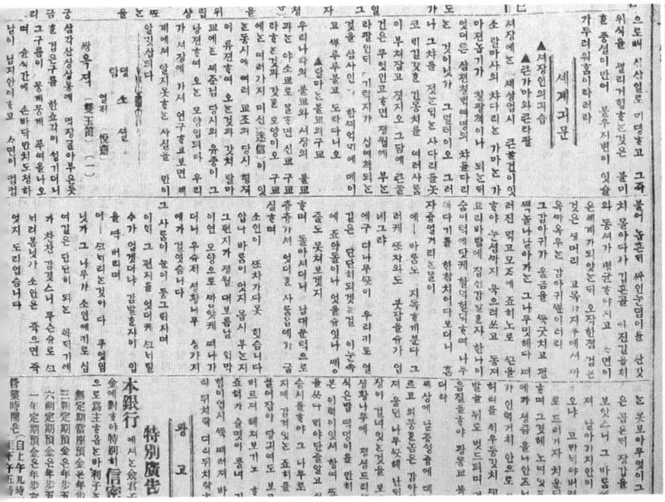

(좌) 「쌍옥적」의 『제국신문』 연재 모습(1908.12.4)
(우) 단행본 『쌍옥적』의 표지(동일서관, 1917, 국립중앙도서관 소장)

다. 이 작품은 나주군수인 김승지의 아들인 김주사가 정부에 상납할 결세 상납금을 도난당하는 사건을 중심으로, 주인공 정순검이 김순검, 고소서와 함께 그 사건을 해결하는 과정으로 이루어져 있다. 특히, 사건을 해결하기 위한 '정탐'이 부각된 만큼, 치밀한 구성이 여타 소설들에 비해 돋보인다.

작품의 대개는 다음과 같다.

① 김주사는 결세 상납금을 비밀히 상납하기 위해 약조한 날짜가 써 있는 아버지 김승지의 편지를 잃어버리고, 까마귀에 의해 어떠한 사람 둘이 그 편지를 얻게 된다.

② 김주사는 약속한 장소에서 결세 상납금을 받아 서울로 오는 도중 기차에서 결세 상납금이 들어 있는 가방을 도난당한다.

③ 김주사는 정순검에게 사건 해결을 부탁한다.

④ 정순검은 몇 가지 단서를 가지고 사건을 추적하던 중 고소사에게 도움을 받고자 한다.

⑤ 고소사는 김주사에게 받은 돈 사천량으로 주막을 열어 정보를 얻고, 범인을 유인하고자 한다.

⑥ 고소사는 수상한 인물 둘을 찾아내었는데, 그 둘은 아들을 유학 보낸 안사용과 이오위장이었다.

⑦ 고소사가 누군가에 의해 살해당하고, 정순검은 범인이 안사용과 이오위장임을 확신한다.

⑧ 고소사 살인 사건에 대한 의문 때문에 정순검과 김순검, 김주사는 경무청 감옥에 갇힌다.

⑨ 가까스로 방면된 정순검과 김순검은 자신을 살해하려 하는 음모가 있다는 사실을 알고 순검 자리를 내놓고 금강산으로 도피한다.

⑩ 금강산을 유람하던 정순검과 김순검은 괴한들에 의해 잡혀 죽을 위기를 맞이하지만, 금강산 유점사에 기거하던 안사용과 이오위장 등에게 구출된다.

⑪ 안사용을 유력한 범인으로 생각하던 정순검과 김순검은 오해를 풀었지만 고소사의 남동생이었던 유점사의 원각대사에게 포박되어 이송된다.

⑫ 이송 중 탈출한 그들은 단소 소리를 단서로 삼아 범인을 추적한다.

⑬ 결국 범인을 잡고, 잃어버린 결세 상납금을 되찾는다.

이러한 구성은 이 작품이 우연적인 사건을 지양하며, 사건 발생의 원인과 결과가 나름의 치밀한 조직으로 이루어져 있음을 알 수 있는 대목이다. 물론 근대적인 추리소설의 기법에는 미치지 못하지만 '별순검'이라는 직업의 주인공을 등장시켜 잃어버린 결세 상납금과 고소사를 죽인 범인을 찾아내는 과정을 다룬 점은 동시대 독자들에게 매우 흥미로운 시도였음이 분명하다.

이 작품은 사건 해결의 인과성을 부여하기 위한 몇 가지 장치들을 구사하고 있다.

먼저 정순검은 김주사의 증언을 통해 맞은 편 양약을 팔러 다니는 사람들의 커다란 가방에 주목한다. 정순검은 "그 사룸의 가방은 나 가지고 오던 가방보다 자칫 큰딕 식로 샷는지 네모가 번듯훈 것이 죠곰도 즙으러지지도 안이힛습듸다"[212]라는 김주사의 증언에 주목하여 정탐을 시작하는데, 수상한 사내가 커다란 가방을 들고 남문밖 정거장에서 인천가는 차표를 구입하는 것을 보고 그 뒤를 쫓는다. 독자들은 이러한 정탐 과정에서 정순검의 시선에 감정이입하여 범인을 추적하게 되는데, 이 '가방'이라는 소품은 독자로 하여금 호기심을 지속적으로 유지시키는 장치로 활용된다.

또한 '녀정탐'이라는 별호를 듣는 고소사는 처참하게 살해되고 그 방안에서 안사용의 이름이 적힌 명함과 김주사가 잃어버린 편지가 발견되는데, 이 소품들은 정순검과 김주사가 안사용과 위오위장을 범인으로 확신하게 만드는 증거가 된다. 하지만 안사용과 이오위장이 범인이 아니라는 점을 짐작하고 있는 독자들은 왜 그 방에서 명함과 편지가 발견되었는지 의문을 갖게 된다. 과연 고소사를 누가 죽였는지, 왜 안사용의 명함과 김승지의 편지가 고소사의 살해 현장에 놓여 있는지에 대한 궁금증은 독자의 호기심을 지속적으로 유지시키는 중요한 장치

212 「쌍옥젹」, 『제국신문』, 1908.12.8.

로 기능한다.

마지막으로 이 작품에서 가장 핵심적인 기능을 하는 소품은 바로 작품의 제목인 '쌍옥적', 즉 두 개의 단소 소리이다. 이 소품은 작가의 악기와 소리에 대한 관심을 보여주는 동시에 서사의 진행과 해결의 중심이 되는 장치로 활용된다. 가령 첫 번째 정탐을 시작한 정순검이 편지를 잃어버렸던 성황당 나뭇가지를 살피다가 듣게 되는 단소 소리를 작가는 다음과 같이 묘사하고 있다.

> 어ᄃᆡ셔 단소를 병창ᄒᆞ야 부ᄂᆞᆫᄃᆡ 곡조가 도져ᄒᆞᆫ지라 본ᄅᆡ 풍유를 조아ᄒᆞ야 십여년 거문고로 죵ᄉᆞᄒᆞ던 터에 홍치가 절노 나셔 그ᄃᆡ로 도로 쥬저 안저 영산회상 ᄒᆞᆫ밧탕을 다 듯고 나니 그렁져렁 밤이 이경은 단々이 되엿는지라 벌썩 이러나며 에그 이것보게 신선노름에 독긔자루를 썩인다더니 ᄂᆡ야말로 단소 소리 듯다가 밤가는 쥴도 몰낫네 그런ᄃᆡ 그 단소가 썩 잘 부는 단소인걸 한두ᄒᆡ 공부만 ᄒᆞ야가지고는 병창으로 부는 소리가 가락 ᄒᆞᆫ 번 실슈 읍시 져러케 장단에 썩々 마질 슈가 잇다구 이 다음에 슈소문 ᄒᆞ야 그 사람과 풍유 ᄒᆞᆫ밧탕 ᄒᆞ야 보겟다[213]

또한 '쌍옥적'의 단소 소리는 사건의 진행이 한계에 다다를 때마다 서사의 진행을 도와주는 소품으로 기능한다. 복잡한 시국에 아들을 유학보낸 안사용과 이오위장은 금강산 유점사에 머물다가 바깥 큰 방에 머문다는 서울 손님의 단소 소리를 듣고, 단소 소리도 듣고 서울 소식도 들을 겸 그들의 방을 찾는다. 마침 유점사에 머물던 '쌍옥적'은 안사용과 이오위장을 알아보고 급히 몸을 피하게 되는데, 이 때 역시 단소

213 「쌍옥젹」, 『제국신문』, 1908.12.10.

가 중요한 역할을 하고 있다. 그리고 고소사의 남동생인 삼보중은 밥값을 내지 않고 도망간 '쌍옥적'의 단소소리를 듣고 쫓아가다가 그만 그들에게 살해당하고 마는데, 남아 있던 중은 정순검과 김순검이 죽지 않고 살아난 이유도 저 단소 소리 때문이라고 설명한다.[214]

그뿐 아니라 '쌍옥적' 형제를 추적하던 정순검은 그들을 잡기 위한 계교를 발휘하는데, 작가는 여기서 '초금(草琴)'이라는 소품을 활용한다. 정순검은 버들잎으로 만든 초금을 불어 동네 아이들에게 '쌍옥적'의 이동 경로를 파악하는 한편, 그들을 유인할 도구로 사용하고자 한다. 쌍옥적 형제는 이웃 주막에서 들리는 초금 소리에 "쵸금을 엇던 사람이 부는지 졔법 부는걸 슘도 아니찬지 상영산오장(上靈山五章)을 쉬지도 아니ᄒᆞ고 ᄂᆡ리부네 가락이 ᄉᆞ토리도 읍고 우리 단쇼 가락과 쏙 맛게는걸"[215] 하며 관심을 보이다가 유점사 중들에게 발각될까 참고 만다. 이 초금을 부르던 사람은 정순검으로 그는 원래부터 음악에 조예가 있던 사람이다.[216] 그는 "이 놈이 음률에 익슉ᄒᆞᆫ 놈인ᄃᆡ ᄂᆡ가 ᄂᆡ 짐작을 ᄒᆞ건ᄃᆡ ᄂᆡ 곡조와 갓튼률을 들으면 자연 신이나셔 듯고십고 갓치ᄒᆞ야 보고십흔즉 허〻실슈로군 이놈이 혹 이 근쳐에 잇다가 ᄂᆡ 률쇼리를 듯고 차자오거든 잡아보리라"[217] 하며 초금을 범인을 유인할 도구로 사용하고 있다. 이 같은 대목을 통해 이해조의 음악에 대한 깊은 관

---

214 "말이 낫스니 리약이지 당신이 쥭지 안이ᄒᆞ고 오날놀ᄭᆞ지 살아 잇기ᄂᆞᆫ 단소 소리 덕분이온다", 「쌍옥젹」, 『제국신문』, 1909.2.2.

215 「쌍옥젹」, 『제국신문』, 1909.2.6.

216 "그 초금 불던 ᄉᆞᄅᆞᆷ은 즉 졍슌검이니 졍슌검이 본ᄅᆡ 풍류를 됴화ᄒᆞ야 여러히 죵ᄉᆞᄒᆞ던 터이더니 ᄉᆞ무에 골몰ᄒᆞᆫ 이후로ᄂᆞᆫ 언의 한가ᄒᆞᆫ 겨를이 업셔 음률ᄀᆡᆨ과 츄축은 못ᄒᆞ나 원ᄅᆡ 귀에 졋고 손에 익어 지나다가 률소리만 듯게되면 밧분길을 멈츄고 한참식 듯고야 가ᄂᆞᆫ터이라", 「쌍옥젹」, 『제국신문』, 1909.2.6.

217 「쌍옥젹」, 『제국신문』, 1909.2.6.

심과 조예를 확인할 수 있으며, '정탐소설'을 표방하는 서사 진행이 매우 밀도 있게 그려져 있음을 알 수 있다.

「쌍옥적」은 당대 사회 현실을 매우 구체적으로 그려내고, 그것을 서사 진행의 중요한 축으로 삼고 있다는 점이 흥미롭다. 작품의 배경은 동학이 평정된 이후 그 여당이 화적이 되어 촌락을 소탕하고 행인을 노략하거나, 각 지방에서 정부로 올리는 세금을 탈취하는 일이 빈번하게 일어나던 시기를 다루고 있다.[218] 이러한 시대적 환경 속에서 나주 군수로 있던 김승지는 아들인 김주사를 통해 비밀스럽게 결세를 상납하려다가 결국 '쌍옥적' 형제에게 도둑 맞게 되는 것이다. 또한 안사용과 이오위장은 작품의 초반부터 범인으로 오인되어 정순검, 김순검, 고소사의 표적이 되는데, 그 이유 또한 당대 사회 현실과 매우 밀접한 관련이 있음을 알 수 있다.

> (안) 허허 ᄉᆞ이도ᄎᆞ에 ᄌᆞ네다려야 말 안이ᄒᆞ겟나 우리가 졍순검을 보고 피신ᄒᆞᆫ 것은 다른 곡절이 안일셰 우리 아희와 뎌 령감 아달이 지금 류학ᄉᆡᆼ으로 가 잇지 안이ᄒᆞᆫ가 학비금은 불가불 보ᄂᆡ쥬어야 ᄒᆞᆯ터인ᄃᆡ 지금 세월에 류학ᄉᆡᆼ이라면 국ᄉᆞ범보다 못지 안이ᄒᆞ게 지목을 ᄒᆞ야 셔ᄉᆞ왕복은 비밀통신이나 잇ᄂᆞᆫ 쥴 알고 별슌검이 ᄂᆞ려셔 툭ᄒᆞ면 잡아다 몃칠식 고ᄉᆡᆼ을 식이ᄂᆞᆫ고로 뎌 령감과 의론을 ᄒᆞ고 오막살이집들을 팔아 졸업 젼ᄭᆞ지 지ᄂᆡᆯ 학비금을 한 번에 보ᄂᆡ랴고 인쳔을 젼위ᄒᆞ야 ᄂᆞ려가ᄂᆞᆫᄃᆡ 졍슌검이 얼골은 ᄂᆡ가 이왕 짐작ᄒᆞᄂᆞᆫᄃᆡ 이러 안셔부터

218 "그ᄯᅢᄂᆞᆫ 동학을 ᄉᆡ로 평뎡ᄒᆞᆫ ᄯᅳᆺ이이라 여당이 화젹이 되야 각쳐로 도라단이며 촌락을 소탕ᄒᆞ고 ᄒᆡᆼ인을 로략ᄒᆞ야 삼남각군 슈령들이 결세를 상납ᄒᆞ랴면 극히 비밀단속ᄒᆞ야 환젼을 ᄇᆞᆺ치던가 젼인을 ᄒᆞ던가 집안식구도 별로 아지 못ᄒᆞ게 ᄒᆞ건마는 왕왕 봉젹을 ᄒᆞ야 즁률을 당ᄒᆞᄂᆞᆫᄃᆡ", 「쌍옥적」, 『제국신문』, 1908.12.4.

자국을 듯테지 안이ᄒᆞ고 인쳔ᄭᆞ지 ᄯᆞ라오는 것을 보니 마음에 과상시러워 ᄒᆞ던 ᄎᆞ에 뎌 령감은 졍슌검이 겻헤 잇는 줄 모로고 학비금 보낸 일을 뭇길ᄂᆡ 눈짓을 ᄒᆞ야 말을 못ᄒᆞ도록 ᄒᆞᆫ 것이오 남 눈밧게셔도 죵시 마암에 실여셔 여러 사ᄅᆞᆷ들이 분답히 ᄂᆡ릴 승시ᄒᆞ야 슬며시 피신ᄒᆞᆫ 일일셰

(리) 피ᄎᆞ 과갈지의는 다 잇는 터에 범연ᄒᆞ실리야 잇겟슴ᄂᆡᆺ가마는 이런 말삼을 소문ᄂᆡ시지 말으시오 셰상이 하도 위험ᄒᆞᄂᆡᆺ가 발을 펴고 잠도 편히 못 자겟소[219]

위 인용문은 정순검과 김순검의 의심을 받던 안사용과 이오위장이 결세 상납금을 훔친 도둑으로 오인되자 오해를 풀기 위해 자신들의 사정을 털어놓는 장면이다. 1909년 12월 23일 자 연재분 중 한 대목인 위 예문은 단행본에서 생략되어 있는데, 안사용과 이오위장이라는 인물과 사건 진행의 개연성을 부과하는 중요한 대목이므로 특히 주목할 필요가 있다. 단행본에서는 23일 자 한 회분이 통째로 빠져 있는데, 단행본 출판업자의 단순한 실수인지 사건의 진행을 빠르게 전개시키기 위한 생략인지는 정확히 알기 어려우나 위 대목이 인물과 사건의 개연성을 높이는 데 필수적인 대목이므로 단행본 업자의 실수로 보는 것이 적절하다.[220] 당시 정부는 외국 유학을 금지시켜 유학생은 물론 그의 부모까지 처벌하고 있었는데,[221] 안사용과 이오위장은 외국 유학을 간

219 「쌍옥적」, 『제국신문』, 1908.12.23.

220 참고한 텍스트는 아세아문화사에서 영인한 『신소설 · 번안소설』 4권에 수록된 것인데, 판권지가 누락되어 정확한 서지 정보를 확인하기 어렵다. 이해조, 「쌍옥적」, 『신소설 · 번안소설』 4, 아세아문화사, 1978, 38쪽.

221 "안ᄉᆞ용과 리오위쟝도 역시 취즁이라 류학ᄉᆡᆼ이 무슨 죄가 잇다고 역젹 일테로 잡으려 ᄒᆞ며 더구나 학ᄉᆡᆼ의 부형을 련좌를 보아 잡으려드ᄂᆞ니 마ᄂᆞ니 ᄒᆞ야 정부의 부정당ᄒᆞᆫ 쳐ᄉᆞ를 여지업시 비평ᄒᆞ다가", 「쌍옥적」, 『제국신문』, 1908.12.25.

아들의 학비를 은밀하게 전달하려다가 범인으로 의심받고 있었던 것이다. 이러한 현실은 작품 안에서 수차례 강조되고 있다.[222]

한편 정순검과 김순검, 안사용과 이오위장은 고소사 살인 사건의 용의자 혐의를 받고 경무청 감옥에 갇히게 되는데, 여기에서는 당시 감옥 제도의 실상과 그에 대한 비판이 제시된다. 작가는 '도적들의 학교'라는 감옥에 대한 세간의 평가를 언급하기도 하고,[223] 나라의 경사스러운 날 사면된 죄인들이 감옥에서 교화되기는커녕 더 많은 범죄를 저지른다고 하며 당시 감옥 제도의 실상을 드러내고 있다.[224] 재미있는 것은 이러한 현실이 정순검 일행을 사면시키는 중요한 장치로 사용되고 있다는 점이다. 사면된 죄인들 때문에 더 많은 범죄가 발생하자, 경무청은 이들을 다시 잡아들이기 위해서 정순검 같은 뛰어난 별순검이 필요하다며 그들을 다시 방면시킨 것이다. 이 역시 현실 사회의 한 국면을 나름의 인과적 서사 진행에 중요한 장치로 활용한 작가의 노력이 엿보이는 대목이다.

222 "요사이 경무사쏘의 비훈을 못보앗나 외국 간련 잇ᄂᆞᆫ 자 한나만 잡아 밧쳐도 상여금을 강도 몃 놈 포박ᄒᆞᆫ 것보다 썩 만히 쥬신다ᄂᆞᆫᄃᆡ 그쟈들 잘 맛낫네 두 말 물고 잡아가세 (…중략…) ᄌᆞ식을 외국보ᄂᆡ며 문명ᄒᆞᆫ 공부 식이ᄂᆞᆫ 것이 그다지 큰 죄란 물인가 그 사ᄅᆞᆷ네가 ᄌᆞ식 둘을 외국 보ᄂᆡᆯ ᄯᅢᄂᆞᆫ 관비싱이나 ᄉᆞ비싱이나 웬 셰상이 모다 보ᄂᆡ도록 권ᄒᆞ얏다네 지금 경무ᄉᆞ게셔ᄂᆞᆫ 보ᄂᆡᄂᆞᆫ 것이 좃타고 다만 ᄒᆞᆫ마듸라도 찬죠ᄒᆞ던 량반이 안이라던가 지금은 대역부도나 지지 안이ᄒᆞ게 넉이나보데마ᄂᆞᆫ 이 다음 얼마 못되야 그네들을 일등 인물로 ᄃᆡ우ᄒᆞ게 될ᄂᆞᆫ지 누가 안다던가", 「쌍옥젹」, 『제국신문』, 1908.12.24.

223 "감옥셔는 도젹놈의 학교라는 시쇽비평이 잇더라", 「쌍옥젹」, 『제국신문』, 1909.1.8.

224 "이번 사면에 노여 나아간 강도절도놈들이 그만치 고싱을 ᄒᆞ다가 텬은을 입엇스니 악ᄒᆞᆫ 힝실을 버리고 량민이 될 것이어날 량민되기ᄂᆞᆫ 고사ᄒᆞ고 젼보다도 한칭 더 흉악ᄒᆞ야 언의날 언의 밤에 젹경이 업ᄂᆞᆫ ᄯᅢ가 업셔 이 골목에셔도 관망을 ᄲᅢ앗다 뎌 골목에셔 의복을 ᄲᅢ앗다 남쵼 언의집에ᄂᆞᆫ 문을 도리고 드러왓더라 북촌 언의집에ᄂᆞᆫ 환도를 둘으고 드러왓더라 예셔 뎨셔 이집 뎌집 도젹맛진 보고가 ᄭᅳᆫ일날이 업시 경무쳥에 답지ᄒᆞ니", 「쌍옥젹」, 『제국신문』, 1909.1.9.

공간 배경의 치밀한 묘사 역시 이 작품의 특징 중 하나이다. 김주사는 아버지 김승지의 편지를 받아 목포로 가서 결세 상납금을 받아 서울로 올라오던 도중 가방을 도난당하는데 이러한 과정이 매우 세밀하게 묘사되어 있다. 서울에서 출발한 김주사는 기차를 타고 인천으로, 인천에서 륜선을 타고 목포로 향한다. 목포에서 결전을 받은 김주사는 다시 '만월호(滿月號)'라는 일본 '상고선'을 타고 인천으로 올라오고, 인천에서 경인철로를 타고 남대문 밖 정거장에 도착하는 순간 가방을 도단당한 사실을 깨닫는다.[225] 또한 정순검과 김순검이 금강산에 당도하여 장안사, 표훈사, 정양사에서 며칠 묶다가 만폭동에서 '원화동천(元化洞天)' 네 글자를 보다가 쌍옥적 두 도적에게 붙잡히는 장면이나,[226] 정순검과 안사용, 김순검과 이오위장이 쌍옥적을 찾기 위해 각기 흩어져 한 편은 인제, 양구, 춘천을 지나 서울로 가고, 둘은 양양, 강릉, 충청북도를 지나 서울로 추적하는 장면[227]은 이 작품의 공간 배경이 작품의 사실성을 높이는 데 효과적으로 기능하고 있음을 알 수 있는 부분이다.

그밖에도 몇몇 특징적인 부분을 찾아볼 수 있다. 서사의 진행 도중 도깨비불에 놀란 중에게 '물리학'을 통해 설명하는 부분은 박정동이 연재하였던 「물리학(物理學)」을 연상시키고,[228] 신문의 위력을 새삼 강조하기도 한다.[229] 또한 신문연재소설답게 연재가 쉬는 날에는 작가의

225 「쌍옥젹」, 『제국신문』, 1908.12.5.

226 「쌍옥젹」, 『제국신문』, 1909.1.14.

227 「쌍옥젹」, 『제국신문』, 1909.2.9.

228 "우리 졀에 와 묵으시는 안씨 시쥬님의 물리학 말삼ᄒᆞ시는 것을 드러보지 못힛늬 독갑이 불이라는 것은 린(燐)이라 ᄒᆞ는 것이 밤이면 빗이 불갓치 보이는 것이오 인젹 모양으로 왓다 갓다 ᄒᆞ는 것은 뎐긔(電氣)의 죠화로 그러ᄒᆞ다 ᄒᆞ시지 안이ᄒᆞ더냐", 「쌍옥젹」, 『제국신문』, 1909.1.19.

229 "요ᄉᆞ이 관보를 보닛가 만원이상 미납슈령도 쳐교률를 쓴다는듸", 「쌍옥젹」, 『제국신문』,

사정을 설명하며 독자의 양해를 구하기도 하였다.[230] 마지막회에서는 결국 '쌍옥적' 손가 형제를 잡아들이는 대목에서 작가의 기독교적인 세계관을 노출하기도 하였다.[231] 벽장 안에 숨어 있던 김주사가 안사용을 만나 벽장 안에 숨어 있었던 이유를 설명하고, 안사용과 이오위장을 범인으로 오해하고 있었던 사실과 그에 대한 안사용의 설명이 포함되어 있는 1908년 12월 23일 자 연재분의 내용이 단행본에는 빠져 있다는 점도 특징적이다. 또한 연재소설 마지막회에서는 "김슌검과 리오위장은 즉시 빅방ᄒᆞᆫ 후 손가의 가산을 집힝ᄒᆞ야 김쥬ᄉᆞ의 돈을 차자쥬더라"[232]라고 이야기를 끝맺었지만, 단행본의 경우 "김슌금과 리오위장은 즉시 빅방ᄒᆞᆫ 후 손가의 가산 루거만을 압슈ᄒᆞ야 김쥬ᄉᆞ의 돈도 물어쥬고 고소ᄉᆞ의 유족 구휼과 두 슌금의 상급을 후이 쥬엇더라"[233]라며 더욱 구체적인 결말을 맺고 있다는 차이점도 발견할 수 있다.

「모란병」은 '신소설'이라는 표제 하에 연재되었는데, 이 작품의 경우 '연극', '정치', '가정', '정탐'과 같은 뚜렷한 지향점을 갖추고 이루어진

1908.12.6.

230 "본소셜 긔쟈가 신병을 인ᄒᆞ야 붓을 잡지 못ᄒᆞ얏슴으로 금일은 게지치 못ᄒᆞ오니 익독ᄒᆞ시ᄂᆞᆫ 귀부인신ᄉᆞᄂᆞᆫ 죠량ᄒᆞ오셔 ᄎᆞ호를 기ᄃᆡ리압소셔", 「쌍옥젹」, 『제국신문』, 1909.1.12; "본쇼셜 긔쟈가 려힝ᄒᆞᄂᆞᆫ 즁이오니 익독ᄒᆞ시ᄂᆞᆫ 쳠군ᄌᆞᄂᆞᆫ 차호를 기ᄃᆡ리시압", 「쌍옥젹」, 『제국신문』, 1909.1.31.

231 "죄 지은 쟈ᄂᆞᆫ 앙화를 밧고 무죄ᄒᆞᆫ 사름은 탕쳑이 됨은 소소히 하람ᄒᆞ신 하나님의 리치라", 「쌍옥젹」, 『제국신문』, 1909.2.12.

232 「쌍옥젹」, 『제국신문』, 1909.2.12.

233 「쌍옥젹」, 『신소설 · 번안(역)소설』 4, 아세아문화사, 1978, 118쪽. 아세아문화사 영인본에는 「쌍옥젹」의 판권지가 누락되어 있어 구체적인 정보를 찾을 수 없으며, 국립중앙도서관에 소장되어 있는 동일서관(東一書館)의 『쌍옥뎍』(3판, 1917)과 서울대 도서관이 소장하고 있는 박문서관의 『쌍옥젹』(재판, 1918)에서도 아세아문화사 수록 단행본과 동일한 방식으로 끝맺고 있다.

창작이 아니기 때문에 이무렵 통용되던 '신소설'이라는 표제를 자연스럽게 수용한 것으로 보인다.[234] 따라서 「모란병」은 지금까지 『제국신문』에서 이루어지던 소설 실험을 통해 이루어졌던 다양한 특성들을 일정부분 종합하고 있다는 특징을 지닌다.

이 작품은 각각의 등장인물들을 당대 현실의 핍진한 묘사 위에서 형상화하고 있으며, 학교, 외국유학, 기차, 법률, 기독교 등 근대문명을 표상하는 다양한 장치들을 서사 진행의 도구로 삼고 있다. 또한 서울·인천·강화·강원 등 조선의 영토 경계는 물론 일본·미국까지 서사의 무대를 확장시키고 있으며, 기방 또는 술집에서 벌어지는 시정세태를 구체적으로 재현하고 있다는 특징을 지닌다.

먼저 작품의 서두는 '아산둔포'에서 들리는 총소리를 시작으로 청일전쟁으로 인해 일본이 조선 내 주도권을 잡게 된 과정과 갑오개혁 이후 몰락한 중인계층의 모습을 생생하게 다루고 있다.[235] 주인공 금선은 선혜청 관리였던 현고직의 딸인데, 지독한 가난으로 고생하다가 민며느리로 보낸다는 변설달의 계략에 의해 기생집에 팔려가게 된다. 금선은 두 번째로 팔려간 인천의 색주가에서 이조서리의 딸이었으나 술집 작부의 신세로 전락해버린 벽도를 만나게 되는데, 벽도라는 인물 역시 중인계급의 몰락이라는 당대의 사회 현실을 기반으로 형상화되었다는 특징이 있다. 하지만 총명하고 절개가 있는 금선은 송순검의

234 「모란병」은 1909년 2월 13일부터 연재가 시작되었는데, 『제국신문』은 현재 남아있는 지면이 1909년 2월 28일 자까지이므로 14회까지만을 확인할 수 있다. 따라서 이후의 텍스트는 1911년 박문서관에서 발행된 단행본을 참조하였다.

235 이에 대해서는 최원식의 논문이 상세하다. 최원식, 「이해조 문학 연구」, 서울대 박사논문, 1986, 116~117쪽 참조.

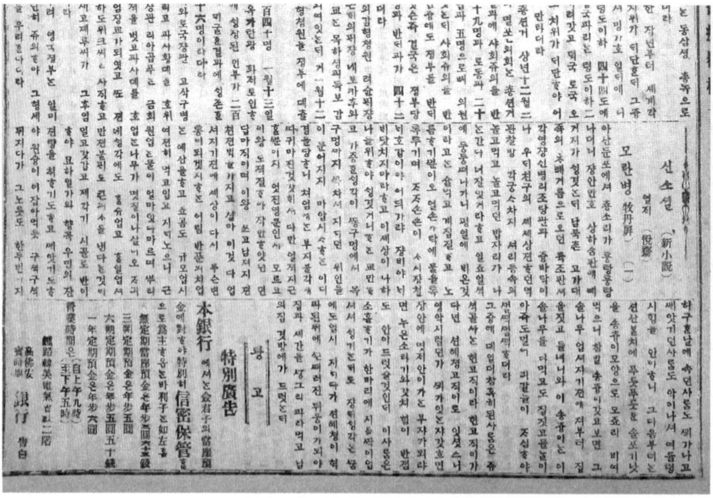

(좌) 「모란병」의 『제국신문』 연재 모습(1909.2.13)
(우) 단행본 『모란병』의 표지(박문서관, 1911, 국립중앙도서관 소장)

도움으로 장씨부인에게 맡겨져 근대식 학교 교육을 받고, 우여곡절 끝에 황수복과 결혼하여 미국으로 유학을 떠나게 된다.

이러한 서사 진행을 통해서 작가가 당시의 시정세태를 핍진하게 묘사하는 데 주력하고 있음을 확인할 수 있다. 가장 눈에 띄는 것은 기생집과 색주가에서 벌어지는 장면의 구체적인 묘사이다. 금선이 팔려간 기생집에는 박별감이라는 기둥서방이 있는데, 그는 금선을 기생으로 만들기 위해 다양한 노래와 춤을 가르치고자 한다.

> 어셔어셔 몃칠니로 평죠 질음 역금 편 롱 츈면곡 어부사 빅구사 황계사 등 가사로는 한 가지 쌔지지 말고 대무 승무 포고락 가인젼목단시가무 항장무 남무 검무 등 춤이란 것은 가지각식으로 모도 다 가라치고 십어셔[236]

236 이해조, 『모란병』, 박문서관, 1911, 28쪽.

위 예문을 볼 때, 당시 기방에서 기생들이 부르던 노래와 춤의 레파토리가 무엇이었는지 쉽게 짐작할 수 있다. 이해조는 이러한 기방 풍경을 통해 독자들의 호기심을 자극하고, 일류 기생이 갖춰야할 재예(才藝)들을 기록한 셈이다. 또한 박별감은 자신의 의지대로 금선이 따라주지 않고 자살을 시도하자 그녀를 다시 인천의 한 색주가에 팔아넘기게 되는데, 금선은 그곳에서 우연히 어린 시절 알고 지냈던 이조서리의 딸 벽도를 만나게 된다. 벽도는 금선의 마음을 돌리기 위해 자신이 즐겨 부르던 노래를 들려준다.

> 두어 번 ᄒᆞ더니 손길을 버들입 뒤집듯 무릅을 짝々치며 청々ᄒᆞᆫ 음셩으로
>
> 놀셰 졀머셔놀셰 이팔청춘에 쥬야장천 임셕겨놉시다 늙고도 쇼김치되며 ᄂᆞᆫ 못노ᄂᆞ니 ᄭᅩᆺ이라도 락화되면 오든나뷔 돌쳐서고 나무라도 고목되면 눈먼ᄉᆡ도 안이온다 인ᄉᆡᆼᄒᆞᆫ번 늙어지면 언으졍든임이 ᄯᅩ차자오나
>
> 이ᄋᆡ 금션아 ᄂᆡ 소리 엇더ᄒᆞ냐 잡가 고만두고 시죠 한마듸 ᄒᆞ랴
>
> 이러니 져러니 ᄒᆡ도 — 나다려ᄂᆞᆫ말을마소 나죽은무덤우에 논을풀지 밧을 갈지 쥬부도유령분상토라 안이취고
>
> 위염은 상셜갓고 졀기ᄂᆞᆫ 허ᄉᆞ로다 가자니 가기슬코 안이가든못ᄒᆞ리라 찰하리
>
> ᄒᆞ더니 ᄒᆞ던 시조를 ᄯᅮᆨ긋치며"[237]

벽도는 완고한 금선의 마음을 돌리기 위해 잡가와 시조를 한 곡조씩 부른다. 두 노래는 모두 절개 있는 금선의 마음을 회유하기 위한 가사

---

237 위의 책, 36~37쪽(노래 부분은 원문 그대로 인용함).

로 이루어져 있는데, 이러한 레파토리는 당시 색주가에서 흔히 들을 수 있었던 노래로 여겨진다. 또한 벽도의 색주가에 찾아온 손님들이 청하자 벽도는 "약산동디 야지러진바위"[238] 하며 소리를 풀어낸다. 하지만 한 손님은 바로 손을 저으며 "주인댁 소리는 잘 ᄒᆞ네만 나는 무식한 놈이 되야 뎌런 됴 잇는 소리 듯기 슬여 고만두고 잡가를 ᄒᆞ게"[239]라고 말한다. 중도에 노래를 끊은 손님을 다른 친구가 꾸짖자 그 손님은 흥분하여 "뎌게 명식이 무엇이야 귀가 산호가지로 듣기는 엇의서 드럿나 보다마는 이놈아 예가 기싱방으로 알고 왓느냐 안이꼬은 경계를 퓌오고 잇게 잡가좀 청ᄒᆞ면 엇디"[240]라고 반박한다. 여기에서 벽도가 처음에 불렀던 "약산동디 야지러진바위" 하고 시작한 노래는 주로 기생집에서 부르던 '권주가'로 '조 있는 노래'임을 알 수 있으며, 잡가는 주로 일반 서민들이 다니던 색주가에서 흔히 부르던 대중적인 노래임을 알 수 있다. 그러자 벽도는 잡가나 몇 마디 하겠다며 다음의 노래를 부른다.

> 일ᄒᆞ기슬코요 흐응 잠자기됴커던 홍 날만짜라서 인쳔을가보셰 흐응 오날도 놀구요 흐응 릭일도 놀아서 홍 주야나장쳔을 놀구나보셰요 흐응 무졍도셰월이 흐응 살갓치가는디 홍 안이나놀며는 무엇을ᄒᆞ랴나 흐응[241]

위의 노래는 당시에 즐겨 부르던 잡가의 한 종류임을 짐작할 수 있다. 작가는 이와 같은 풍경을 상세하게 묘사함으로 해서 시정세태를

238 위의 책, 39쪽.
239 위의 책, 40쪽.
240 위의 책, 40쪽.
241 위의 책, 41쪽(노래의 리듬감을 살리기 위해 원문 그대로 인용함).

있는 그대로 재현하고 이를 통해 독자들의 호기심을 충족시키고자 한 것으로 보인다. 또한 「모란병」의 이러한 특성은 작가가 음악에 대한 관심과 조예가 깊었음을 짐작케 하는데, 「쌍옥적」의 단소가락이나 초금(草琴), 이후 『매일신보』에서의 판소리 산정, 『(정선(精選))조선가곡(朝鮮歌曲)』과 함께 이해조의 예술적 취향을 이해할 수 있는 단서가 된다.

『제국신문』 연재소설이 지닌 '풍속 개량'의 의지는 「모란병」에서도 쉽게 찾을 수 있다. 그 중 장씨부인은 금선을 '정동여학교'에 보내 근대식 학교 교육을 받도록 도우며, 수복은 일본 유학길에 올랐다가 돌아와 금선과 결혼하여 어머니 장씨부인을 모시고 온 가족이 미국 유학길에 오른다. 작품의 말미에는 그들의 미국유학에 대한 주변 사람들의 각기 다른 목소리를 있는 그대로 재현하고 있어 주의를 끈다.

> ᄭᅳ쎡 그 힝식을 보ᄂᆞᆫ 사ᄅᆞᆷ은 얼마쯤 시비ᄒᆞ기를
>
> 외국이란 것은 큰일 날 곳이야 사ᄅᆞᆷ이 한번만 갓다오면 환장이 되ᄂᆞᆫ 것이루구 황아모로 말ᄒᆞ면 졀문 사ᄅᆞᆷ으로 범졀이 믜오 아졍ᄒᆞ야 랑픠론 일이 업슬쥴 알앗더니 외국 한번을 갓다 오더니 엇더케 환장이 되엿ᄂᆞᆫ지 그 규모에 틔평지 널만ᄒᆞᆫ 논마직이 밧날갈이를 몰슈히 팔아가지고 솔가를 ᄒᆞ야 외국으로 이사를 갓다 ᄒᆞ니 어 — 큰일 날쎼ᄂᆞᆫ 외국이로구 사ᄅᆞᆷ의 심장이 그다지 변ᄒᆞ야 죠국을 헌신짝 버리듯 ᄒᆞ고 외국으로 가기로 말ᄒᆞ면 졔 나가셔 공부를 ᄒᆞ던가 장ᄉᆞ를 ᄒᆞ던가 ᄒᆞᆯ 것이지 집ᄭᆞ지 팔아 쪽쳐가지고 솔권을 ᄒᆞ고 다 아죠 반이를 ᄒᆞᆫ다니 어 — 큰일 ᄂᆞᆯᄃᆡ로구
>
> 이쳐럼 말을 ᄒᆞ얏슬 터이나 지금 ᄉᆞ젹을 듯ᄂᆞᆫ 우리ᄂᆞᆫ 입에 침이 업시 그 칭도ᄒᆞ기를

사룸이라는 것은 우물에 긔골이 모양으로 드러업드려 잇셔々는 못쓰겟구 황아모로 말ᄒᆞ면 그 졸규모로 죠곰 변통이 업던 사룸이 외국 ᄒᆞᆫ번을 갓다오더니 안목이 넓어지고 시셰를 쌂혀 보아 좀쳬 사룸은 싱젼 먹고 살 큰 밋쳔으로 알아셔 부시씻갓흔 문셔뭉치를 나는 죽어도 너는 못놋켓다ᄒᆞ고 쥐고늘것을 죠곰도 셔슴지 안이ᄒᆞ고 활々 팔아가지고 식구ᄃᆡ로 미국으로 가 몃히 안인 동안에 그 밋쳔에 긔빅긔쳔비 되는 공부를 ᄒᆞ야 그 ᄂᆡ외가 상등인물이 되엿스니 과연 이지 사룸은 싀공긔를 마시어야 록々ᄒᆞᆫ 루틱를 면ᄒᆞ는 것이야[242]

위 인용문에는 외국유학에 대한 양면적인 시각이 드러나 있다. 작가는 먼저 지난 시대의 일반적인 사람들이 지닌 외국유학에 대한 다소 부정적인 인식을 그대로 드러내고, 그 다음에 그와는 반대되는 입장을 상세히 제시하고 있다. 이 같은 방식은 당대의 현실을 핍진하게 재현해내는 한편, 대립된 의견의 충돌을 최소화하고 자연스럽게 외국유학의 당위성을 설득할 수 있는 효과적인 방편이 될 수 있었다. 결국 작가는 작품의 맨 마지막을 "언의듯 ᄃᆡ학교에 졸업을 각々 ᄒᆞ고 고국으로 돌아오니 젼국인ᄉᆞ의 환영ᄒᆞ는 소리가 쳔인문인의 졍신을 씨우칠만하더라"[243]라는 문장으로 끝맺음으로써 그들의 미국으로의 반이가 '조국을 헌신짝 버리듯 하는' 행위가 아니라 조국 발전을 위한 희망적 선택이었음을 강조하였다.

또한 이 작품의 '풍속개량'은 학교교육과 외국유학에 그치지 않는다. 작가는 이미 두 번의 부인과 상처한 수복과 금선을 맺어주기 위해, 그

---

242 위의 책, 110~111쪽.
243 위의 책, 112쪽.

들의 결혼이 전근대적 결혼과는 달리 각자의 주체적인 결정에 의한 것임을 재차 강조하고 있다. 수복은 이미 박별감의 기생집에서 절개를 지키기 위해 자살을 시도했던 금선의 이야기를 듣고 혹시 그녀를 도울 수 있을까 인천까지 금선의 뒤를 쫓았던 경험이 있으며, 그녀의 인물과 품성을 보고 그녀에 대한 생각을 어머니에게 솔직하게 고백한다. 특히 작가는 금선의 심리 묘사를 통해 그녀의 선택이 주체적 인간의 욕망과 관계있음을 드러낸다.

> 금션이ᄂᆞᆫ 위인이 번잡스럽게 남의 남ᄌᆞ 얼골을 두 번 거듭다 본젹이 업더니 슈복의 당々ᄒᆞᆫ 풍치가 죡히 사ᄅᆞᆷ으로 ᄒᆞ야금 흠션ᄒᆞ게 될 ᄲᅮᆫ 안이라 곤경을 당ᄒᆞ야 죽을 쳐디에 구제ᄒᆞ야 준 은혜가 감ᄉᆞᄒᆞᆫᄃᆡ도 유심히 보지 안이ᄒᆞᆯ 슈 업셔 ᄒᆞᆫ 번 보고 두 번 보니 아모리 규즁녀ᄌᆞ로 입밧게 말은 발표ᄒᆞ지 못ᄒᆞᄂᆞᆫ 터이나 사ᄅᆞᆷ의 뎨일 웃듬되ᄂᆞᆫ 남가녀혼의 욕망이야 달을ᄃᆡ 엇의 잇으리오 (…중략…) 언의집 규슈가 이ᄃᆡᆨ으로 싀집을 올터인지 그 사ᄅᆞᆷ은 팔ᄌᆞ도 죠켓지 쥬인 양반의 인물이던지 덕힝이던지 이 셰상에 다시 업슬ᄯᅳᆺᄒᆞᆫ걸 남이 드르면 흉보고 욕ᄒᆞᆯ 말이지만 우리부모게셔 나도 뎌런 량반갓흐니에게 싀집이나 보ᄂᆡ쥬셧드면 여복 됴화쓸가[244]

물론 그들의 서로에 대한 연정은 수복의 어머니 장씨부인의 중개를 통해 결혼으로 이어지지만, 작가는 그들의 결혼이 전근대적인 혼인관습에서 한걸음 비켜서 있다는 점을 강조하고 있다. 또한 이 소설은 작품 속에서 자신의 다른 작품을 소개하거나 그것을 담고 있는 신문 매

---

244 위의 책, 107쪽.

체의 중요성을 은근 슬쩍 삽입하여 광고효과를 노리고 있다. 작가는 개명한 장씨부인의 목소리를 빌려 『제국신문』에 이미 연재하였던 작품 「빈상설」을 통해 상심한 금선의 마음을 위로하거나,[245] 학교교육의 중요성을 강조하였으며,[246] 그녀의 지식과 인품의 상당부분이 신문구독을 통해 이루어졌음을 강조하기도 하였다.[247] 이러한 '풍속개량'의 의지는 여성을 중심으로 일반 대중을 독자로 삼고 있는 『제국신문』 연재소설의 중요한 특성임을 알 수 있다.

③다층적 독자의 견인

결국 이해조의 소설 연재는 1907년 5월 진행된 『제국신문』 편집진의 보강, 지면 확장 및 체제 변화와 밀접한 연관을 맺으며 이루어졌다. 『제국신문』은 근대문명을 기반으로 한 일반 국민의 교육과 지식 계발에 힘쓰고자 했던 『소년한반도』의 성격을 일정부분 수용하였으며, 이를 더욱 대중화시키기 위한 전략을 시도하였다. 따라서 오랜 기간 신문의 1면을 차지하던 논설을 2면으로 옮기고, 근대지식과 소설을 1면에 배치하는 파격을 단행하였다. 이에 따라 『제국신문』의 정치적 색채

245 "엇 져녁에 보든 빈상셜(鬢上雪)이라ᄂᆞᆫ 리약이ᄎᆡᆨ ᄉᆡᆼ각을 못ᄒᆞ늬 옥희가 그 고ᄉᆡᆼ을 다ᄒᆞ고 무념이 안마을 리동지의 집에 가 잇다가 져의 어머니를 반가히 만나지 안이 ᄒᆞ엿더냐 너도 ᄂᆡ집에 이러케 와 잇다가 너의 부모를 만나 뵈오면 이런 일 옌말삼을 것이니 여북좃캣늬", 위의 책, 64쪽.

246 "요사이 날마다 신문을 보니 녀ᄌᆞ도 지식이 업스면 쓰지 못ᄒᆞ겟다고 몃곳에 녀학교를 셜립ᄒᆞ얏다 ᄒᆞ니 ᄅᆡ일부터ᄂᆞᆫ 집에 쏙 드러잇셔 셜워ᄒᆞ지만 말고 학교에나 단이며 공부를 ᄒᆞ여 보아라", 위의 책, 65쪽.

247 "늙은 어미를 본체 안이ᄒᆞ고 타국으로 갓스리 십어 하로도 몃 번식 죽고 십지마는 신문의 론셜을 간々히 보던지 다른 사ᄅᆞᆷ 리약이를 드르면 고명ᄒᆞᆫ 신ᄉᆞ가 되자면 셔양공긔를 마시지 못ᄒᆞ고ᄂᆞᆫ 안이되고 위ᄃᆡᄒᆞᆫ ᄉᆞ업을 셩취ᄒᆞ자면 가뎡의 ᄉᆞ졍을 돌아볼 겨를이 업다 ᄒᆞᄂᆞᆫ 말에 얼마씀 마음을 진뎡ᄒᆞ고", 위의 책, 89쪽.

는 점차 약화되었으며, 계몽적 성격이 강화되었다. 특히 이해조의 소설은 전대 국문 소설이 지닌 서사적 전통을 일부 계승하면서도 당대 현실을 기반으로 한 새로운 소설 실험에 몰두하였다. '연극소설'·'정치소설'·'가정소설'·'정탐소설' 등 다양한 표제를 제시하며, 여성을 중심으로 한 일반 대중 독자에게 근대문명의 우수성과 풍속 개량의 당위성을 이야기의 차원에서 구현하였다는 점은 『제국신문』 연재 이해조 소설의 중요한 특징이 된다.

또한 『제국신문』에 연재된 총 8편의 이해조 소설은 다양한 층위의 독자 전략을 취하고 있다는 점에서 특징적이다. 기본적으로 이해조의 연재소설은 신문 매체의 독자와 소설 독자를 하나로 결합하는 특성을 지닌다. 논설, 잡보 등의 기사에 관심을 갖던 기존의 『제국신문』 독자들은 이해조 소설을 통해 소설 독자가 되었고, 반면 이해조 소설을 통해 『제국신문』을 읽게 된 독자들은 이를 계기로 논설과 잡보의 독자가 될 수 있었다. 물론 이러한 독자 전략은 이해조 소설이 '사실성'을 소설 작법의 핵심적 원리로 삼고 있었기에 가능했다. '있는 그대로의 사실'만을 전달하겠다는 당대 신문 매체의 속성은 '허탄무거'로 대표되는 이전 소설과는 달리, 당대 현실을 구체적으로 재현하고자 하는 새로운 소설의 이념과 적극적인 결합이 가능했던 것이다. 이러한 변화는 1907년 5월 『제국신문』의 지면 쇄신과 함께 시작되었으며, 이해조의 소설은 정운복의 논설, 박정동의 학술과 함께 매체가 지향하는 담론을 구체화시키는 데 일조했다. 학술, 논설, 소설을 중심으로 한 계몽의 기획 하에 이해조 연재소설은 더 많은 독자를 확보하고 담론을 이야기의 층위에서 재현하는 역할을 충실히 한 셈이다.

무엇보다 『제국신문』 소재 이해조의 소설은 다양한 소설실험을 통해 전통적 소설 독자층을 유인하고, 이를 새로운 소설의 독자로 견인해 내는 것을 목표로 삼고 있다. 따라서 이해조 연재소설은 대부분 이전 이야기의 화소를 통해 사건이 진행되고, 근대문명을 상징하는 도구나 장치에 의해 사건이 해결된다는 공통점을 지닌다. 이미 잘 알려진 바와 같이 이해조 연재소설들은 대부분 설화나 한문단편 등 이전 이야기의 화소들을 적극적으로 차용하고 있다.[248] 이러한 특징은 이전 서사의 전통을 계승하고 있다는 점에서 긍정적인 평가를 받기도 했지만, 이전 서사 전통을 온전히 극복하지 못했다는 점에서 한계로 지적되곤 했다. 하지만 이러한 특징을 한계로 지적하는 것은 당대 매체와의 결합을 통한 새로운 소설 실험의 과정을 있는 그대로 바라보지 못한 결과로 보인다. 신소설을 완성된 근대소설을 향해 나아가는 미완의 양식으로 선규정한 채 이해조 소설을 이해하는 것은 통합된 질서를 요구하는 근대적 관점이 지나치게 간섭한 결과일 뿐, 이해조 소설의 당대적 특성을 온전히 드러내는 데 도움이 되지 않는다.

이해조가 전대 이야기의 화소를 차용하는 것은 오히려 『제국신문』이라는 특정 매체의 성격에 맞는 소설 전략으로 보는 편이 타당하다. 『제국신문』은 1898년 창간된 이후로 주로 순한글 독자층의 계몽을 주된 목적으로 삼아 발행되었다. 여기서 순한글 독자층은 상대적으로 한자 교육으로부터 소외되어 온 일반 평민 대중 독자들을 말하며, 이해조 소설이 설정한 주된 독자층과 일치한다. 따라서 이해조는 상정한 독자층이 익숙하게 여기는 이야기의 화소들을 적극적으로 차용하여

248 최원식, 『한국 근대소설사론』, 창작사, 1986 참조.

독자들을 유인하고, 이를 기반으로 다양한 소설 실험은 물론 『제국신문』이 추구하는 계몽적 목표를 실현하고자 했던 것이다.

다음은 『제국신문』의 편집진이 지향하던 '소설'에 대한 입장을 잘 드러내고 있는 글이다.

> ᄂᆡ 나라 사ᄅᆞᆷ의 긔이ᄒᆞᆫ 일을 긔록지 안코 항상 송나라이나 명나라 사ᄅᆞᆷ의 일을 들어 말ᄒᆞ얏슨즉 이ᄂᆞᆫ 일반 우부우부(愚夫愚婦)로 ᄒᆞ야곰 남의 나라 잇ᄂᆞᆫ 쥴만 알게ᄒᆞ고 ᄂᆡ 나라 잇ᄂᆞᆫ 쥴을 몰으게 ᄒᆞᆷ이라 우리나라 사ᄅᆞᆷ의 나라사랑ᄒᆞᄂᆞᆫ 마암이 부족ᄒᆞᆫ 원인이 소셜에 잇스며 명산대쳔이나 부쳐의게 긔도ᄒᆞ야 낫치 못ᄒᆞ던 ᄌᆞ식을 나앗다 ᄒᆞ니 이ᄂᆞᆫ 인심을 고혹케 ᄒᆞ야 무녀 복슐을 확실히 밋게 ᄒᆞᆷ이라 우리나라 사ᄅᆞᆷ이 ᄌᆞ긔의 ᄒᆡᆼ할 바 의무와 직분을 닥지 안이ᄒᆞ고 귀신 셤기기를 일삼ᄂᆞᆫ 원인이 소셜에 잇스며 젼장에 나아가 ᄊᆞ홈을 익인즉 그 공으로 부귀공명을 누린다 ᄒᆞ얏스니 이ᄂᆞᆫ 션비의 긔운이 비루ᄒᆞ야 쳔츄만셰에 유젼ᄒᆞᆯ 큰 ᄉᆞ업은 셰우고져 안이ᄒᆞ고 목젼의 영화ᄅᆞᆯ 탐ᄒᆞ게 ᄒᆞᆷ이라 우리나라 사ᄅᆞᆷ이 ᄉᆞ농공상 간에 직업을 힘쓰지 안코 다만 벼살ᄒᆞ기에만 욕심이 간졀ᄒᆞᆫ 원인이 ᄯᅩᄒᆞᆫ 소셜에 잇도다 그런즉 소셜과 풍속의 관계ᄒᆞᆷ이 진실로 막대ᄒᆞᆫ지라[249]

위 인용문은 『제국신문』 사장이자 주필인 정운복이 쓴 논설의 일부이다. 이 글은 정운복 개인은 물론 당시 『제국신문』의 소설 정책이 어떠한 지향점 위에 위치해 있는지를 선명하게 보여준다. 정운복은 소설이 국가사회의 풍속과 긴밀한 연관을 맺고 있다고 주장한 뒤, 이전 소설이 풍속을 해치는 원인이 된다며 비판한다. 따라서 새로운 소설은

249 탄해생, 「소설(小說)과 풍속의 관계」, 『제국신문』, 1908.5.14~5.15.

당대 우리의 현실을 다루어야 하며, 독자로 하여금 미신에서 벗어나 자기의 의무와 직분을 다하고 국가사회에 이바지할 수 있는 큰 사업에 힘쓰도록 해야 하는 것이다. 이러한 입장은 이해조의 소설관과 크게 다르지 않다.

이해조는 이전의 소설과는 완전히 다른 새로움을 추구하기보다는 기존의 이야기 전통에 익숙한 독자들을 자신의 소설 독자로 유인하고, 단행본과는 다른 안정적인 신문연재를 기반으로 다양한 소설 실험을 시도했다. 특히, 이해조 연재소설은 이전 이야기의 화소를 적극적으로 차용하되, 근대적 제도나 장치들이 항상 서사의 진행과 갈등의 해결과정에 중요한 역할을 한다는 특징을 지닌다. 편지(등기 · 전보), 신문, 학교, 운동회, 기차, 륜선, 경무청, 감옥, 해외유학 등은 사건이 진행되는 시간적 배경이 현재 독자들이 살고 있는 동시대임을 끊임없이 환기시키며, 근대문명의 당위성을 자연스럽게 주입시킨다.

한편 이해조의 『제국신문』 연재소설에는 당시 '대한제국'이라는 영토경계를 상상하게 만드는 다양한 공간 배경들이 구체적으로 지시되어 있다. 대부분의 작품이 서울과 경기를 작품의 주된 공간적 배경으로 삼고 있으나, 충청 · 인천(고목화), 부산 · 인천(빈상셜), 평양 · 양덕(원앙도), 개성(만월더), 강원 · 전라(쌍옥젹), 인천 · 강화(모란병) 등의 지역이 서사 전개의 주요 배경으로 구체화 되어 있다. 이러한 다양한 공간 배경은 소설 독자에게 공통된 실감과 정서를 부여하는 데 중요한 장치이다. 이해조 소설은 작품의 공간을 한반도 경계 내의 다양한 지역으로 확장하고, 이를 구체적으로 재현함으로써 다양한 지역에 흩어져 존재하던 독자를 대한제국의 국민으로 통합해 내고자 했던 것이다.

결국 이해조의 소설은 이전 소설과는 구별되는 새로움을 나름의 논리를 갖추어 조직해야 했으며, 이러한 과정을 통해 새로운 소설이 담당해야할 시대적 의무를 다할 수 있었다. 이해조 소설은 이전 소설과는 달리 구체적인 시공간 제시를 통해 당대 조선인의 이야기를 다루고자 했으며, 전대 소설이 지닌 우연적이고 비현실적인 속성을 사실적인 해결 과정을 통해 극복하고자 했다. 또한 사건이 해결되어 주인공이 입신양명하거나 큰 복을 받는다는 개인적 차원의 결말을 지양하고, 보다 현실감 있는 비교적 다양한 결말 방식을 작품 안에서 고민하였다.[250] 물론 이러한 작품 속 결말의 최종 목표가 풍속개량을 통한 독자 계몽에 있었다는 점은 재론의 여지가 없을 것이다.

실물을 확인할 수는 없지만 『제국신문』은 1910년 3월 31일 자까지 발행되었던 것으로 추정된다. 현재 남아 있는 『제국신문』 원본은 1909년 2월 28일 자까지인데, 당시 이해조는 「모란병」을 연재하던 중이었다. 「모란병」의 연재 이후 이해조가 『제국신문』이 정간되던 시점까지 지속적으로 소설을 연재했는지의 여부는 확인하기 어렵다. 다만 이해조의 신소설이 대부분 신문 연재를 거쳐 단행본으로 출판되었다는 점을 염두에 둔다면 적어도 『홍도화』 하권이 『제국신문』에 연재되었을 가능성이 있

250 특히 승학과 옥희의 결혼식날 도착한 서정길의 편지 한 통으로 이씨부인의 얼굴에 웃음이 피는 장면으로 마무리된 「빈상설」이나 심상호의 일장 연설 뒤 문중 어른들과 친구들이 "가하오 가하오" 하고 외치는 「홍도화」의 마지막 장면은 이전 소설과는 차별화되는 이해조 소설의 결말 방식을 구체적으로 확인할 수 있는 대목이다. 이해조는 모든 사건이 해결되고 결국 주인공이 부귀영화를 누린다는 천편일률적인 이전 소설의 결말 방식을 지양하고, 독자들에게 여운을 줄 수 있는 보다 극적인 결말 방식을 시도하였다. 또한 사건의 해결이 개인적 차원에서 그치기보다 구체적으로 재현된 주인공과 사건의 해결과정을 통해 국가 사회 전반에 좀 더 폭넓은 영향력을 미치길 희망했다.

다.[251] 그러나 이해조가 『대한민보(大韓民報)』에서 「현미경(顯微鏡)」, 「만인산(萬人傘)」, 「박정화(薄情花)」를 연재하는 것이 1909년 6월 15일부터이니, 이 시점에는 이미 『제국신문』을 떠났을 가능성도 존재한다.

특징적인 사실은 『제국신문』의 사장 정운복이 1909년 이후 급속히 친일(親日) 성향을 보인다는 점이다. 통감부 기관지인 『경성일보(京城日報)』 국문판의 주필이었던 정운복이 애초부터 친일적 성향을 지니고 있었음은 쉽게 짐작할 수 있지만, 그것은 어디까지나 보호국 체제라는 현실 인식을 기반으로 한 실력 양성에 방점이 놓여 있었을 뿐 이완용 내각이나 일진회 등과는 달리 친일 성향을 노골적으로 드러내지 않고 있었다.[252] 하지만 1909년 10월 26일 이등박문(伊藤博文)이 안중근의 손에 의해 죽자 정운복은 한일기자단 대표로 류근과 함께 통감부로 가서 애도의 뜻을 표하였고,[253] 각 신문단 대표 자격으로 이등박문의 장례식에 참석하기

---

251 『홍도화』 하권은 1910년 5월 10일 동양서원에서 출간되었는데, 이를 감안하면 1909년 「모란병」을 마친 직후 게재되었을 것이다.

252 하지만 1909년 2월 23일 자 『통감부문서』에는 당시 정운복의 정세 판단 및 친일적 성향을 비교적 구체적으로 확인할 수 있는 기록이 있어 소개하고자 한다. 이에 따르면 정운복은 나인영(나철)을 비롯한 유지 신사들을 자택에 불러 현 시국을 한탄하며, 지나친 배일행동을 자제할 것을 촉구하였다. 일본의 보호를 받지 않으면 백인종에게 점령당할 것이 분명하므로, 일본의 동정을 구해 친목을 두텁게 함으로써 독립을 구하는 것이 마땅하다는 것이 이 무렵 정운복의 판단이었다. "大韓協會 評議員) 右者昨日午後二時頃ヨリ羅寅永外四五名ノ有志紳士輩ヲ自宅ニ招キ韓國現時局ヲ嘆シ我同胞等カ餘リニ排日行動ヲ敢テセムトテ却テ日本ノ同情ヲ失シ强テ日韓兩國ノ親睦ヲ沮害シツヽアルハ一大病根トスル處ナリ今ニ於テ之ヲ根治セサレハ將來如何ナル禍ヲ釀スヤモ難計我韓ハ日本ノ保護ニ賴ラサレハ到底獨立スルヲ得サル而已ナラス終ニハ白人種ノ爲メニ韓全土ヲ占領セラルヽニ到ルヤ必セリ故ニ我韓飽クマテ日本ニ同情ヲ求メ親睦ヲ厚フシ以テ其獨立ヲ期セサル可カラス蓋シ同胞ノ多クハ日本ヲ猜疑スル元ヨリ誤解ニ基クモノニシテ之ヲ氷解セシムルノ責ハ政府ニアリ然ルニ政府當局者ハ恬然トシテ之ヲ不顧ルハ慨嘆ノ至リナリ故ニ我等極力之等誤解ノ徒ヲ說キ以テ日韓兩國ノ親睦ヲ厚フセムコトヲ計ラム日本トテ我等ヨリ進ンテ同情ヲ求メ親睦ヲ期セントスルヲ拒絶スル如キコトナカルヘシ若シ目下ノ狀態ヲシテ久シキニ亘ラシメハ終ニハ我韓ハ自然滅亡スルニ至ラム云々ト之等善後策ヲ協議シタリト云フ", 「『제국신문』 사장 정운복의 배일행동 자제촉구 및 친일론 주장 건(헌기 제416호)」, 『통감부문서』 6, 1909.2.23.

도 하였다.[254] 또한 같은 해 12월 4일에 있은 일진회의 합방청원성명(合邦請願聲明)에 대해 아무런 대응도 하지 않아 『대한매일신보』, 『황성신문』, 『대한민보』 등 다른 언론사에게 많은 비판을 받기도 하였다.[255] 합방청원성명이 있기 불과 며칠 전인 11월 28일 정운복은 경시부감 구연수와 함께 일진회장 이용구를 찾아가 무언가 비밀히 의논하였다는데,[256] 일진회의 합방청원성명에 관한 내용이었을 것으로 짐작된다.[257] 이러한 가운데 『제국신문』의 총무 한기준(韓基準)이 "該社에 對ᄒᆞ야 不協ᄒᆞᆫ 事"를 계기로 스스로 사임하였고,[258] 결국 정운복은 친일혐의로 인해 '대한협회'에서 제명당하는 수모를 겪게 된다.[259] 이후 정운복은 1910년 3월

253 「됴샹ᄒᆞᆫ다」, 『대한미일신보』, 1909.10.31.

254 장례식 참석을 위해 일본에 간 정운복은 동행한 서북학회 대표 김환을 먼저 귀국시키고 유길준과 회동한 뒤 이틀 뒤에 귀국하였는데, 이러한 과정은 정운복의 친일 행위가 점차 노골화되는 계기가 된 것으로 판단된다. 이에 대해서는 다음의 자료를 참조할 것. 「량일발졍」, 『대한미일신보』, 1909.11.2; 「김씨귀국」, 『대한미일신보』, 1909.11.16; 「갓다왓다」, 『대한미일신보』, 1909.11.17.

255 「제사가의(帝社可疑)」, 『대한매일신보』, 1912.12.10; 「의심난다」, 『대한미일신보』, 1909.12.10.

256 "지작일 오후 팔시량에 뎨국신문샤쟝 정운복 경시부감 구연슈 량씨가 일진회쟝 리용구씨를 심방ᄒᆞ고 무슴 ᄉᆞ건을 비밀히 의론ᄒᆞ엿다더라", 「량씨방문」, 『대한미일신보』, 1909.11.30.

257 최기영 역시 같은 견해를 제시한 바 있다. 이에 대해서는 최기영, 『『뎨국신문』 연구』, 나남, 1989, 68쪽, 각주 170 참조.

258 『제국신문』의 총무였던 한기준은 "該社에 對ᄒᆞ야 不協ᄒᆞᆫ 事가 有ᄒᆞᆷ으로 請願自退" 하였다고 하는데, 이는 합방청원성명에 침묵하던 『제국신문』의 입장과 관련된 것으로 보인다. 한편 『제국신문』을 퇴사한 한기준은 국채보상금처리회에 서기로 참여하게 되는데, 이후 정운복은 국채보상운동을 통해 모금된 돈을 개인적으로 유용한 혐의를 받아 가산집물을 몰수 집행하게 된다. 한기준의 자퇴 이유가 국채보상금에 대한 정운복의 비리혐의와 관련이 있었을 가능성도 있다. "帝國新聞社 總務 韓基準氏가 該社에 對ᄒᆞ야 不協ᄒᆞᆫ 事가 有ᄒᆞᆷ으로 請願自退ᄒᆞ얏다더라", 「제사총무자퇴(帝社總務自退)」, 『대한민보(大韓民報)』, 1909.12.9; 「국채보샹금쳐리회」, 『대한미일신보』, 1909.12.21; 「졍씨가산집힝」, 『대한미일신보』, 1910.7.16.

259 "議事員會의 決議案報告에 依하야 議員 鄭雲復氏는 會規中黜會罰則 第三項 (不正ᄒᆞᆫ 行動으로 本會目的을 違背하야 會體를 汚損ᄒᆞᆫ 者) 에 偕當ᄒᆞᆫ 줄로 認 ᄒᆞ야 依規黜會 하기로 可決ᄒᆞ얏다더라", 「의회보고서가수(議會報告書可受)」, 『대한민보』, 1910.2.20; "뎨국신문샤댱 뎡운복은 일진회에 졉근ᄒᆞ야 진고기에 츌몰ᄒᆞ는 반복무샹의 간셰비라 ᄒᆞ야 대한협회에셔 츌회ᄒᆞ얏다더라", 「간셰비츌회」, 『신한민보(新韓民報)』, 1910.2.2.

31일을 마지막으로 정간한 뒤, 『제국신문』을 매도하기 위해 다양한 인사들과 접촉하였다.[260] 하지만 결국 『제국신문』은 새로운 주인을 찾지 못한 채 10년 남짓 지속되었던 역사에 종지부를 찍게 되었다.

이러한 가운데 이해조는 정운복과는 다른 정치적 행보를 보인다. '대한협회'에서 제명당한 정운복과는 달리 이해조는 여전히 '대한협회'의 회원으로 열성적인 활동을 하였다. 이해조는 '대한협회'의 이념을 공유하여 일진회의 합방청원성명에 반대하는 국민대연설회에 서기로 임명되어 활동하였으며,[261] '대한협회'의 기관지인 『대한민보』에 여러 편의 소설을 연재하였다. 게다가 이해조는 강제병합 직전까지도 대한의 독립에 대한 자신의 신념을 『자유종(自由鐘)』이란 토론체 소설로 형상화하여 이를 독자계몽의 중요한 방편으로 활용하였다. 결국 이러한 차이를 감안한다면 이해조가 『제국신문(帝國新聞)』이 정간되던 1910년 3월 31일까지 소설을 연재하고 있었을 가능성은 적다고 판단된다. 1909년 이후 『대한민보』에 연재된 이해조 소설에 대한 연구는 이러한 맥락을 고려하여 이루어져야 할 것이다.

260 이에 대해서는 최기영의 연구가 상세하다. 최기영, 『『뎨국신문』 연구』, 나남, 1989, 70~71쪽.

261 "국민대연셜회를 ᄒᆞᆷ은 별항과 ᄀᆞᆺ거니와 림시 회쟝은 민영소씨로 셔긔ᄂᆞᆫ 리희죠 리츈셰 량씨로 간ᄉᆞᄂᆞᆫ 리즁하 김교헌 리응죵씨 등 십인으로 션뎡ᄒᆞ고 일진회에 극히 악ᄒᆞᆷ을 노렬ᄒᆞ야 쟝ᄎᆞ ᄂᆡ각과 통감부에 쟝셔ᄒᆞ고 계쇽ᄒᆞ여 국민대연셜회를 ᄒᆞ기로 결심ᄒᆞ엿다더라", 「국민회결심」, 『대한미일신보』, 1909.12.7.

2) 『대한민보(大韓民報)』 소재 이해조 소설의 특질과 의미

『대한민보』는 신문 매체를 소설 실험의 중요한 바탕으로 삼고 있는 이해조 문학의 특성을 이해하는 데 빼놓을 수 없는 중요한 신문이다. 『대한민보』에 연재된 이해조 소설은 『제국신문』과 『매일신보』 연재소설과는 또 다른 특징을 내포하고 있는데, 이러한 특징은 일본의 대조선 식민화 정책이 점차 노골화되는 상황에서 발간된 『대한민보』의 특성과 밀접한 연관을 가진다.

『대한민보』에 연재된 이해조 작품은 「현미경」과 「박정화」 두 편으로 알려져 있다. 이 작품들은 『제국신문』이나 『매일신보』와 같은 신문연재소설은 물론, 『화성돈전(華盛頓傳)』, 『철세계(鐵世界)』, 『자유종(自由鐘)』과 같이 바로 단행본으로 출간된 소설과도 차별화된 특성을 보인다. 이러한 특이성은 이해조 소설이 그것이 연재되는 지면의 특성과 밀접한 관련을 맺고 있다는 점을 확인시켜준다. 그러므로 이 장에서는 『대한민보』의 편집 체제와 담론 전략을 살펴보고, 이해조 연재소설의 특성을 살피고자 한다.

(1) 『대한민보』의 편집 체제와 소설 배치

『대한민보』는 '대한협회'의 대중화 전략에 의해 창간된 종합 신문이다. 1907년 11월에 설립되어 1910년 8월까지 존속한 '대한협회'는 대한제국 말기에 전개된 애국계몽운동의 중심 단체의 하나로서 제국주의 일본의 반식민지적 한국 지배의 틀 속에서 합법적인 형태로 활동한 정치 단체였다. 『대한민보』는 『대한협회회보(大韓協會會報)』의 정간 이후 '대한협회'의 기관지로서의 역할을 수행하기 위해 만들어진 신문이다.

'대한협회'는 1906년 3월에 설립되어 1907년 7월 해산된 '대한자강회'의 이념과 체계를 계승하고 있는 단체이다. '대한자강회'는 일반적으로 이무렵 일제의 식민화 전략에 적극적으로 대항한 애국계몽운동의 대표적 단체 중 하나로 평가받고 있다. 하지만 '대한자강회'의 인적 구성과 활동 양상으로 볼 때 이 단체는 애국과 친일이라는 극단적인 경향으로 설명할 수 없는 매우 복잡한 성격을 띠고 있다. '대한자강회'는 대원장부 · 윤효정과 같이 핵심적 대일협력 그룹, 장지연으로 대표되는 자강주의 대의명분 그룹, 이기 · 박은식과 같은 한시적 동조 그룹, 김성희 · 유근 · 설태희와 같은 근대 지(知)의 번역 주력 그룹 등이 미묘하게 얽혀 있어 그 성격을 정확히 무엇이라 정의하기 어렵다.[262] 또한 '대한자강회'는 1907년 2월의 국채보상운동에의 호응, 같은 해 7월 고종 양위에 대한 저항 움직임을 보이다가 강제 해산된 것으로 알려져 있는데, '대한자강회'를 해산시킨 통감부가 대부분의 인적 구성과 조직 체계를 이어받은 '대한협회'를 불과 3개월 만에 허가하였다는 사실은 쉽게 납득하기 어렵다.[263] 이러한 가운데 '대한자강회'에서 활동하던

---

262 최근 한 연구에서는 『대한자강회월보(大韓自强會月報)』를 바탕으로, '대한자강회' 내부의 이질적 그룹을 세분화하고 다음과 같이 평가하였다. "대한자강회의 운동성과 지향은 사실상 근대주의를 내세운 이익 집단 및 정치 단체로서의 성격에 가까운 것이었으며, 이는 결과적으로 대한자강회가 근대계몽기라고 하는 시대적 모순과 계급 모순의 집결체였음을 증명한다고 할 수 있다", 홍인숙 · 정출헌, 「『대한자강회월보(大韓自强會月報)』의 운동성과 지향 연구–자강회 내부의 이질적 그룹과 그 성격을 중심으로」, 『동양 한문학 연구』 30, 2010, 353~378쪽 참조.

263 이러한 부분에 대해서는 다음과 같은 주장을 참고할 만하다. "대한협회의 설립에는 한국의 배일적인 지식인들을 하나의 단체로 규합, 회유하여 그들을 의병 투쟁과 같은 보다 적극적인 항일 투쟁에 참여하지 않게 함으로써 일제의 한국 통치 내지는 강점 계획을 효과적으로

이기 · 박은식 등의 비타협적 자강주의자들이 탈퇴하고, 그 나머지 인물들이 통감부의 공식적인 허가를 얻어 활동한 단체라는 점에서 '대한협회'의 성격을 조심스럽게 가늠해 볼 수 있다. 결국 '대한협회'는 통감부가 허가한 합법적인 테두리 안에서 이완용 내각 및 일진회 세력과 경쟁하며 정치적 · 계급적 이권을 장악하려 했던 정치 단체의 하나로서 그 성격을 규정할 수 있다.

'대한협회'는 1907년 11월 10일 권동진, 남궁준, 여병헌, 유근, 이우영, 오세창, 윤효정, 장지연, 정운복, 홍필주 등의 주도로 설립되었다. 이후 1908년 4월 『대한협회회보』라는 잡지를 발간하여 자신들의 정치적 이념과 목표를 구체화시키고자 했다. 이 잡지는 국한문이라는 문체 선택에서 짐작할 수 있듯이 일반 대중보다는 지식인 계층을 염두에 두고, 논설 · 식산 · 정치 · 법률 등 모임의 정치적 입장 및 근대지식 보급과 확산에 힘을 쏟았다. 그러나 오래지 않아 '대한협회'는 기관지 『대한협회회보』가 지닌 한계를 인식하고, 좀 더 대중적인 방향으로 정치 운동의 노선을 수정하게 된다. 이에 따라 매월 발행되던 『대한협회회보』는 1909년 3월 통권 12호를 마지막으로 중단되었으며, 1909년 6월 2일 일간지인 『대한민보』가 창간되었다. 이러한 일간 신문의 발행은 '대한협회'의 세력을 강화하고, 그들이 목표로 삼았던 정치적 의도를 좀 더 대중화시키는 데 효과적이었다.[264]

추진하고자 하는 일본인 고문 大垣丈夫, 統監 伊藤博文 그리고 일본 군부 등 일본 측의 숨은 의도가 강력하게 작용하고 있었다고 할 수 있을 것이다", 김항구, 「대한협회 연구」, 단국대 박사논문, 1992, 62쪽.

264 『대한민보』는 이완용 내각의 기관지인 『대한신문(大韓新聞)』과 일진회 기관지인 『국민신보(國民新報)』와 대립하여, '대한협회'의 이념 및 정치적 목표를 달성하기 위한 기관지로서의 성격이 강하다.

『대한민보』는 1909년 6월 2일 창간되어 1910년 8월 29일까지 발행되었으며, 한일병합 직후 『민보(民報)』라는 제호로 변경되어 8월 31일 하루치를 발간하고 폐간되었다. 사장은 오세창(吳世昌), 발행 겸 편집인은 장효근(張孝根), 주필은 이종린(李鐘麟)이 맡았다.[265] 이들은 모두 천도교도이면서 『만세보(萬歲報)』의 주도적인 인물이었다는 공통점이 있다. 『대한민보』의 편집 체제 역시 『만세보』와 상당한 유사성을 띠고 있는데, 이러한 특징은 『대한민보』의 편집 체제와 지면 배치가 대체로 비슷한 담론적 지향점을 향하고 있다는 것을 예상케 한다. 『대한민보』는 창간 시 4면 6단으로 발행되었으며, 소설란을 제외하고는 순한문 내지는 국한문을 주된 언어전략으로 선택하였다. 『대한민보』는 이러한 언어 선택을 통해 주로 한자에 익숙한 계층을 주된 독자층으로 확보하고자 했으며, 소설・만화・시조 등을 지속적으로 게재함으로써 독자들의 흥미와 관심을 유도하고 있었다.

『대한민보』는 총 4면으로 발행되었는데, 각각의 지면은 다음과 같은 난으로 구성되었다. 먼저 1면에는 '관보(官報)', '외보(外報)', '신래성어문답(新來成語問答)', '일총화(一叢話)', '소설(小說)', '삽화(揷畵)', '보감(寶鑑), '사조(詞藻)', '가요(歌謠)' 등이 게재되었다. '관보'의 경우 25호부터는 3면으로 이동하였으며, 1면의 남은 자리는 '리훈각비(俚訓覺非)'와 '광고(廣告)'가 채워졌다. 2면에는 주로 '잡보(雜報)', '전보(電報)', '보감(寶鑑)', '풍림(諷林)', '지방단신(地方短信)' 등이 채워졌으며, 비정기적으로 '사론(社論)'과 '언단(言壇)'이 게재되었다. 3면에서는 '관보(官報)', '휘보(彙報)', '산록(散錄)', '인뢰(人籟)', '광고(廣告)' 등이 게재되었으며, 4면은 전면이 '광고'로 채워졌다.

265 한원영, 『한국 신문 한 세기(개화기 편)』, 푸른사상사, 2002, 226쪽.

이러한 지면 구성은 이 신문의 중심이 '논설' 또는 '사설'과 같은 난을 중심으로 하는 정론성보다는 다양한 형식의 난을 배치하는 한편 소설·삽화·시조 등 문예적 요소를 강화하고 있다는 특징을 지닌다. 이러한 특성은 다분히 정치적 목소리를 정론적 형태로 발화하기 어려워진 당시의 현실을 짐작케 하며, 소설·삽화·시조 등의 양식은 당대 현실의 제 조건을 돌파하기 위한 나름의 고육책이기도 했다. 또한 이러한 특성은 『대한민보』 편집진의 취향과도 밀접한 연관을 맺고 있으며, 통감부 체제를 인정하며 그 속에서의 실력 양성을 기도했던 대한협회 그룹이 지닌 한계를 보여주는 지점이기도 하다.

『대한민보』에서 특징적인 부분은 논설(사설)의 비중이 극히 미미하다는 점이다. 전체 발행 호수 중 논설(사설)의 총 수는 불과 30여 편에 지나지 않으며 이 역시 1면이 아닌 2면에 게재되었다. 당시 『황성신문』이나 『대한매일신보』와 같은 민족 정론지들이 논설을 매우 중요하게 취급하고 있던 것과는 달리 『대한민보』는 불가피하게 신문사의 입장을 발표해야 하는 경우에만 사용하였다. 이러한 논설의 주된 논조는 당시의 보호 정치 체제를 수용하고, 그 체제의 유지를 주장하면서, 합방과 같은 급격한 정책의 변화에 반대하는 입장을 분명히 하고 있다.[266] 이러한 사실의 배경을 통감부 검열의 강화에서 찾을 수도 있겠지만, 아무래도 논설은 『대한민보』 편집진에게 그리 매력적인 글쓰기 양식이 아니었던 것으로 보인다. 『대한민보』의 편집진은 논설 대신 '언단(言壇)'[267] 또는 '형제자매(兄弟姉妹)'[268]라는 난을 만들어 사론의 성격이 강한 글을

266 김항구, 「대한협회 연구」, 단국대 박사논문, 1992, 172쪽.

267 '언단'은 1908년 8월 10자부터 1909년 12월 4일 자까지 모두 70여 회 가량 2면 하단에 게재되었다.

게재하거나, '소설' · '삽화'와 같은 우회적인 방식의 담론 전략을 시도하기도 하였다.

또한 『대한민보』에서 발견할 수 있는 가장 큰 특징은 '삽화'의 게재이다. 『대한민보』에는 총 346편의 삽화가 실렸는데, 1면 중앙에 2단으로 고정적으로 연재되었다. 『대한민보』의 '삽화'는 동양화가인 이도영(李道榮, 1884~1933)[269]이 그림을 그리고 사장인 오세창이 글을 쓴 것으로 알려져 있다.[270] 따라서 이것을 이도영 개인의 전적인 창작으로 보기는 어렵고, 『대한민보』 편집진이 주로 아이디어를 구상하고 이도영이 그림을 그린 공동 창작물로 보는 것이 타당하다. 『대한민보』의 삽화는 시사만평의 성격을 띠고 있는데, 근대문명에 대한 계몽적 성격의 만화부터 일본인, 친일세력에 대한 풍자와 비판 등의 내용이 주를 이룬다. 하지만 한일병합을 압두고 점차 자조적인 성격이 두드러지거나 현실에 대한 순응적인 태도의 만화도 찾을 수 있다.[271]

---

268 '형제자매'는 1910년 1월 5일부터 1910년 6월 17일까지 총 12회에 걸쳐 1면 상단에 게재되었다.

269 1884년 3월 7일 명문양반가에서 부친 이인승(李寅承)과 모친 서씨 사이의 넷째로 서울 연건동(蓮建洞)에서 출생하였다. 초명(初名) 중일(仲一), 호는 관재(貫齋), 벽허자(碧虛子) 등을 썼다. 18세에 심전(心田) 안중식의 문하에서 본격적인 그림 공부를 하였으며, 22세이던 1905년 11월 국민교육회에서 편찬 사무를 시작으로 애국계몽운동에 참여하기 시작했다. 1906년에는 대한자강회를 거쳐 1907년부터 대한협회에서 활동하였으며, 1906년 9월 휘문의숙 도화(圖畵) 교사 활동을 시작으로 1921년 무렵에는 보성중학교 도화교사로 재직하였음을 확인할 수 있다. 『대한민보』의 삽화는 물론, 교과서의 표지 및 삽화, 딱지본 소설의 표지 등 다수의 출판 인쇄물에 그림을 그렸으며, 대표적인 서화 작품으로는 「연화백로도(蓮花白露圖)」 · 「기명절지도(器皿折枝圖)」 등이 있다. 현영이, 「관재 이도영의 생애와 인쇄미술」, 이화여대 석사논문, 2004 참조.

270 고희동, 「잊혀지지 않는 사람들(오세창선생)」, 『신천지』 65, 1954.7, 184~189쪽.

271 이토 히로부미와의 이별을 아쉬워하는 내용의 삽화(1909년 7월 17일 자)와 창덕궁 안에 설치된 박물관과 동물원 관람을 권하는 내용의 삽화(1909년 11월 23일 자)가 대표적이다. 『대한민보』는 1909년 7월 14일에서 15일 양일간 「전통감(前統監) 이등공작(伊藤公爵)을 송(送)함」이라는 제목의 사설을 통해 이토 히로부미에 대한 칭찬과 이별의 아쉬움을 표현한 바 있으며, 창덕궁에 설치된 박물관과 동물원 관람을 권장하는 삽화는 조선왕조의 권위를 땅에

시조를 수록하고 있는 '가요(歌謠)' 역시 『대한민보』의 성격을 잘 보여주는 대표적인 난 중에 하나이다. 『대한민보』는 1909년 9월 15일 자부터 1면에 「가요」란을 만들어 시조 작품만을 고정적으로 게재하였다. 이 난은 1910년 1월 5일부터 「청구신요(青丘新謠)」라는 이름으로 바뀌었으나, 폐간될 때까지 꾸준히 매일 시조 한 편씩을 수록하고 있다. 여기에 수록된 시조들의 내용을 살펴보면 이 역시 하나로 규정할 수 없는 『대한민보』의 복잡한 성격을 잘 드러내고 있다. 『대한민보』의 시조에는 당대 현실에 대한 시사성 강한 비판적 목소리와 신문사 내부 갈등이 첨예화되고 이후의 실천방향을 설정하지 못한 채 흩어지게 된 내부인의 목소리가 공존하고 있다.[272]

그리고 '소설'은 창간호부터 폐간될 때까지 『대한민보』가 가장 주력했던 난 중의 하나이며, 『대한민보』가 지향하던 담론 지향성을 가장 적극적으로 반영하는 란이기도 하다. 『대한민보』의 소설란은 1면에 지속적으로 게재되었으며,[273] 부득이한 사정으로 연재를 못한 경우에는 '휴게 공고'를 내고 있다.[274] 또한 『대한민보』에서는 유일하게 순한

떨어트리고자 했던 일제의 의도를 간과하고 있다. 정희정, 「『대한민보(大韓民報)』의 만화에 대한 연구」, 홍익대 석사논문, 2001, 59~61쪽 참조.

272 조해숙, 「『대한민보(大韓民報)』 시조에 나타난 계몽기 시가의 전환과 대응 양상(1)」, 『한국시가 연구』 26, 2009, 101쪽.

273 무슨 이유인지는 정확히 알 수 없지만 소설란이 잠시 3면으로 이동한 적이 있었다. 소설란은 「만인산(萬人傘)」의 연재 도중 1909년 8월 10일부터 18일 연재 종료 시까지, 이어서 연재된 「병인간친회록(病人懇親會錄)」이 8월 19일부터 21일까지 3면에서 연재되었다. 또한 19010년 6월 2일 「상린서봉(祥麟瑞鳳)」이 3면에 게재되었다.

274 김재영은 『대한민보』의 '휴게 공고'가 유독 '소설'에는 빠지지 않고 게시되는 것을 지적하며, 『대한민보』가 '소설'란을 대단히 중요하게 생각했을 뿐만 아니라 필수 구성요소로 인식하고 있다고 주장하였다. 김재영, 「근대계몽기 '소설' 인식의 한 양상—『대한민보』의 경우」, 『국어국문학』 143, 2006, 434~435쪽.

글로 쓰였다는 점이 특징적이다.

『대한민보』는 창간호부터 1면에 소설란을 설치하여 총 12편의 장단편 소설을 게재하였다.

〈표 6〉『대한민보』 소설 목록

번호	표제	제목	저자	연재날짜
1	短篇小說	花愁	桃花洞隱	1909.6.2~6.13
2	小說	顯微鏡	神眼子	1909.6.15~7.11
3	小說	萬人傘	白鶴山人	1909.7.13~8.18
4	諷刺小說	病人懇親會錄	轟笑生	1909.8.19~10.12
5	滑稽小說	絶纓新話	白痴生	1909.10.14~11.22
6	小說	五更月	一旴生	1909.11.25~12.28
7	短篇小說	花世界	舞蹈生	1910.1.1
8	新小說	小金剛	憑虛子	1910.1.5~3.6
9	新小說	薄情花	隨聞生	1910.3.10~5.31
10	短篇小說	祥麟瑞鳳		1910.6.2
11	新小說	禽獸裁判	欽欽子	1910.6.5~8.13
12	新小說	鏡中美人	伐柯生	1910.8.27

위 목록에 제시된 것처럼, 『대한민보』의 소설은 모두 '단편소설(短篇小說)', '소설(小說)', '풍자소설(諷刺小說)', '골계소설(滑稽小說)', '신소설(新小說)'과 같은 다양한 표제를 사용하고 있으며, 저자의 이름은 실명이 아닌 필명으로 연재되었다. 또한 총 12편의 소설 중 '단편소설'이라는 「화수(花愁)」, 「화세계(花世界)」, 「상린서봉(祥麟瑞鳳)」은 실제로 1~2회 분량의 짧은 단편 형식이며,[275] 이를 제외한 나머지 9편은 중편 내지 장편의 분량으로 기획되었음을 알 수 있다.[276]

『대한민보』에 연재된 소설들은 크게 단편소설, 신소설, 토론체 소설

275 「화수(花愁)」의 경우 연재 기간이 6월 2일에서 13일까지 연재된 것으로 표기되어 있으나, 6월 3일부터 12일까지는 결호이므로 실제로는 2회 분량에 불과하다.

276 「경중미인(鏡中美人)」은 '단편소설(短篇小說)'이 아닌 '신소설(新小說)'이라는 표제를 사용하고 있는 것으로 보아, 중편 이상의 분량으로 기획된 것으로 보인다. 하지만 한일병합과 함께 『대한민보』가 폐간되면서 단지 하루 만에 연재가 중단되고 말았다.

로 구분할 수 있다. 「화수」, 「화세계」, 「상린서봉」과 같이 짧은 분량의 소설에 '단편소설'이라는 일관된 표제를 붙이고 있다는 사실은 『대한민보』의 편집진이 이를 다른 소설과는 구별되는 하나의 양식으로 인식하고 있었다는 점을 보여준다.[277] 또한 「현미경(顯微鏡)」, 「만인산(萬人傘)」, 「오경월(五更月)」, 「소금강(小金剛)」, 「박정화(薄情花)」, 「경중미인(鏡中美人)」의 경우 그 표제는 각기 다르지만 내용과 형식에 있어 신소설, 「병인간친회록(病人懇親會錄)」, 「절영신화(絶纓新話)」, 「금수재판(禽獸裁判)」은 토론체 소설에 포함된다고 할 수 있다. 이렇듯 『대한민보』가 보여주는 다양한 소설 실험은 '신소설의 만화경'[278]이라던가, '계몽담론의 우회적 전략'[279]으로 평가되기도 하였다.

이 중에서 이해조의 작품으로 알려진 것은 「현미경」과 「박정화」이다. 먼저 「현미경」에는 연재 시 '신안자(神眼子)'라는 필명이 표기되어 있다. 최원식은 처음 「현미경」을 이해조의 작품 목록에 포함시켰다.[280] 최원식은 「현미경」이 '신안자'라는 필명으로 발표되었다는 점만을 설명하고 구체적인 이유를 제시하지는 않았다. 하지만 이후 「현미경」은 별다른 논쟁 없이 이해조의 작품으로 여겨져 왔다. 물론 최원식이 이 작품을 이해조의 작품 목록에 포함시킨 이유는 이해조가 『매일신보』에서 「구의산(九疑山)」을 연재할 때 '신안생(神眼生)'이라는 필명을 썼기 때문

277 『대한민보』 소재 '단편소설'의 특징에 대해서는 다음의 논문이 상세하다. 이유미, 「근대계몽기 '단편소설(短篇小說)'의 위상」, 『현대문학의 연구』 22, 2004, 130~166쪽.

278 신지영, 「『대한민보』 연재소설의 담론적 특성과 수사학적 배치」, 연세대 석사논문, 2003, 21~29쪽 참조.

279 정여울, 「근대계몽기 민족담론의 경계와 그 균열」, 『한국 근대문학 연구』 8, 2003, 23~29쪽 참조.

280 최원식, 『한국 근대소설사론』, 창작사, 1986, 31~32쪽.

문일 것이다. 필명이 비슷하다는 이유만을 가지고는 이해조의 작품으로 단정 짓기는 어려운 일이다. 최원식은 「현미경」이 "우리나라 단편소설 형성과정에서 기여하는 바가 작기 때문에 논외로 돌린다"[281]며 작품 분석에서 제외시켰지만, 이 작품을 이해조의 것으로 규정하기 위해서는 작품 내적인 특성을 통한 구체적인 논의가 추가적으로 필요할 것이다.

「박정화」는 '수문생(隨聞生)'이라는 필명으로 발표되었으며, 『대한민보』 연재소설 중에서는 물론 이해조의 작품 중에서도 가장 탁월한 작품이라는 평가를 받고 있다. 이 작품은 『매일신보』에 연재되었던 「화의혈」 서언의 내용인 "근일에 져술훈 박정화 화셰계 월하가인 등 수삼죵 쇼셜은 모다 현금에 잇는 사름의 실디 사젹이라"[282]라는 대목을 볼 때 이해조의 작품임을 확인할 수 있다.

『대한민보』의 연재소설 중 이 두 작품 이외에 작가가 밝혀진 작품은 아직까지 없다. 『대한민보』 소설의 작가가 동일한 인물이었을 가능성이 제기된 바 있지만,[283] 『대한민보』의 소설들은 매우 다채로운 형식과 주제를 담고 있어 몇 명의 객원 작가들이 참여했을 가능성이 더 큰 것으로 판단된다. 그 중 이해조의 작품은 「현미경」, 「박정화」 이외에도

281 위의 책, 34쪽.

282 「화(花)의혈(血)」, 『매일신보』, 1911.4.6.

283 한원영은 「현미경(顯微鏡)」에는 '한희년', 「만인산(萬人傘)」에는 '한주사', 「화세계(花世界)」에는 '한부흥', 「상린서봉(祥麟瑞鳳)」에는 '한민보'와 같이 한씨(韓氏)를 주인공으로 설정하고 있는 점과 소설의 휴게 시 '本日 小說은 同記者가 未操觚ᄒᆞ얏기 休揭ᄒᆞᆷ'이라는 표현, 유사한 서술방법, 철자, 어휘 사용 등을 들어 『대한민보』 소속 소설기자의 존재 가능성을 제기한 바 있다. 김재영 역시 다양한 필명이, 동일한 작자의 글이 너무 반복된다는 인상을 피하기 위한 선택일 수 있다며 한두 명의 작가가 『대한민보』 소설을 연재했을 가능성을 조심스레 제기하였다. 한원영, 『한국 신문 한 세기(개화기 편)』, 푸른사상사, 2002, 235~236쪽; 김재영, 「근대계몽기 '소설' 인식의 한 양상—『대한민보』의 경우」, 『국어국문학』 143, 2006, 443쪽.

더 있을 가능성이 높다. 특히, 「만인산」, 「오경월」의 경우는 이해조 작품일 가능성이 있는데, 그 이유는 다음 장에서 구체적으로 살펴보겠다.

(2) 현실 비판의 목소리와 개별 주체의 욕망

『대한협회회보』의 '회원명부'나 '본회역사'에 따르면 이해조 역시 '대한협회'에서 교육부사무장 및 평의원으로 참여하였음을 확인할 수 있다.[284] 이해조가 대한협회에서 주도적인 역할을 한 것으로 보이진 않지만, 이러한 '대한협회'의 입장 및 정치 노선에 상당부분 공감하고 있었던 것으로 판단된다. 특히 『대한민보』라는 매체 안에서 이루어진 이해조의 소설 연재는 '대한협회'의 입장 또는 정치적 위치는 물론 『대한민보』의 편집체제와 독자전략과 밀접한 연관성 속에서 이루어진 것임을 짐작할 수 있다.

이해조는 『제국신문』의 확장된 지면을 바탕으로 이전과는 다른 새로운 소설 실험을 실행할 수 있었으며, 이들 소설의 성공으로 인해 당대 가장 인기 있는 작가의 지위를 얻을 수 있었다. 이해조는 『제국신문』에 「모란병」 연재를 마지막으로 『대한민보』에 「현미경」과 「박정화」를 연재한 것으로 알려져 있다. 하지만 이해조가 「모란병」 연재를 마지막으로 『제국신문』에서 퇴사하였는지, 아니면 「모란병」 이후 또 다른 작품을 연재하였는지는 단언키 어려운 측면이 있다. 현재 실물을 확인할 수

---

284 「회원명부(會員名簿)」, 『대한협회회보(大韓協會會報)』 1, 1908.4.25; 「본회역사(本會歷史)」, 『대한협회회보』 4, 1908.7.25; 「본회역사」, 『대한협회회보』 5, 1908.8.25; 「본회역사」, 『대한협회회보』 8, 1908.11.25; 「회중역사(會中歷史)」, 『대한협회회보』 9, 1908.12.25.

있는 『제국신문』은 1909년 2월 28일 자까지이다. 이해조는 당시 「모란병」을 연재하고 있었는데, 이후 단행본으로 출간된 『모란병』이 총 107쪽이니 대략 3개월이 지난 5월경까지 연재된 것으로 추정된다.[285]

이해조가 『제국신문』의 소설 기자로 『제국신문』 연재 소설란을 전담하였던 것과는 달리, 『대한민보』에서는 신문사의 운영에 깊이 관여하지 않은 채 단지 몇 편의 소설만을 게재한 것으로 보인다. 『제국신문』이나 이후 『매일신보』에서 연재된 이해조의 작품들 대부분이 단행본으로 출간되었던 사정을 감안할 때, 만약 『대한민보』 소설란을 전담하였을 경우 연재를 마친 대부분의 소설들은 단행본으로 출간되었을 것이다. 하지만 『대한민보』에 연재된 소설들은 「만인산」, 「박정화」 두 편만이 단행본으로 출간되었다. 『대한민보』의 연재소설들이 대체적으로 상당한 문학적 성취를 이루고 있으면서도 단행본으로 출간되지 않은 이유는 무엇일까. 그 이유에는 대부분의 작품들이 당시 출판업자들에게 그다지 매력적인 작품으로 인식되지 못하였거나 통감부의 압력과 같은 외부적인 요소가 작동했을 가능성이 있다. 비슷한 시기에 『자유종』과 같은 작품이 출간된 사정을 고려할 때, 얼마나 많이 팔릴 것인가의 문제는 애국계몽운동의 연장선에서 단행본을 출판하던 당시의 상황에서 큰 영향을 미치지 못했을 것이다. 따라서 출판법이나 통감부의 압력과 같은 외부적 요인이 단행본 출간을 억제하였을 가능성이 높다.

단행본 출판 시 고려 대상에서 배제될 수밖에 없는 단편소설 세 편

285 강현조 역시 각 작품의 연재기간과 단행본 쪽 수를 감안하여, 「모란병」의 연재 마감날짜를 4~5월경으로 추정하고 있다. 강현조, 「필사본 신소설 연구－새 자료 필사본 「황금탑」·「추풍감수록」을 중심으로」, 『현대문학의 연구』 42, 2010, 261쪽 참조.

과, 「현미경」(24회 완결), 「오경월」(22회 연재중단)과 같은 비교적 짧은 분량의 소설을 제외한다면 단행본으로 출간되지 않은 나머지 소설들은 모두 소외받은 약자 내지 소수자들이 주인공으로 등장한다는 공통점을 지닌다. 「병인간친회록」에서는 절름발이, 애꾸눈, 귀머거리와 같은 장애인이, 「금수재판」에서는 주로 까치, 토끼 등의 약한 동물, 「절영신화」에서는 상놈인 덤벙이, 「소금강」에서는 의병이 된 몰락 양반이 주인공이다. 단행본으로 출간된 「만인산」과 「박정화」의 경우 한말 부패한 양반가의 이야기를 다루고 있다는 점에서 차이가 있다. 아무래도 소외받은 약자 내지 소수자의 발화가 중심이 되는 소설들이 단행본으로 발간되지 않은 이유는 당시 통감부의 검열 문제와 관련이 깊은 것으로 여겨진다.

이에 앞서 1909년 2월 23일에는 조선에서 발행되는 모든 도서에 적용되는 출판법이 제정 공포되었다. 출판법은 제11조에 따라 "국교를 저해하고 정체의 변괴를 꾀하여 국헌을 문란시키는 문서와 도화를 출판하는 경우 3년 이하의 형, 외교 군사 기밀에 관한 것의 출판시 2년 이하의 형, 기타 안녕 질서의 방해나 풍속 괴란의 경우 10개월 이하의 금옥, 기타 위반시 100원 이하의 벌금"에 처하도록 하였다. 이에 따라 모든 단행본들은 사전 검열을 통과해야만 출판이 가능했으며, 출판이 되었을 경우에는 제본 2부를 내부에 납부해야 했다.[286] 출판법의 제정 직후 1909년 5월에는 『중등교과동국사략』, 『월남망국사』, 『유년필독』, 『유년필독석의』, 『금수회의록』, 『이십세기조선론』, 『우순소리』 등의 책들이 압수되어 불태워졌다.[287] 특히 『금수회의록』의 압수 처분은 「병인

286 정근식, 「식민지적 검열의 역사적 기원—1904~1910년」, 『사회와 역사』 64, 2003, 24~25쪽.

간친회록」, 「금수재판」, 「절영신화」의 출판에 영향을 미쳤을 것으로 판단된다. 또한 「소금강」은 항일의병운동을 형상화한 작품으로 당대 현실에 대한 비판의 강도가 매우 거센 문제적인 작품이다. 이 작품 역시 출판법을 피해 단행본으로 출간되기는 어려웠을 것으로 짐작된다.[288]

이와는 달리 「만인산」과 「박정화」는 당시 부패한 양반가의 문제들을 매우 현실적으로 그리고 있다는 공통점을 지닌다. 소외받은 약자 소수자들이 주인공으로 등장하는 작품들의 경우 그 비판의 대상이 힘을 가진 자 내지 기득권 계층이라는 점에서 다소 포괄적인데 반해, 「만인산」과 「박정화」는 구시대를 상징하는 양반계층 또는 타락한 귀족문화를 비판적으로 그려내고 있다. 따라서 「만인산」과 「박정화」가 목표한 비판의 대상은 이전 시대를 대표하는 양반들의 낡은 관습과 문화였으며, 이러한 측면은 결과적으로 통감부의 조선통치정책과 일면 상통하는 부분이 있었던 것이다. '역사전기소설', '토론체 소설'과는 달리 '신소설'이 1910년 한일병합이라는 커다란 사건을 통과하면서도 살아남을 수 있었던 것은 바로 이러한 측면 때문이었다.

따라서 이해조 소설이 주로 이전 시대 양반 계층의 관습과 문화를 비판하였던 점을 떠올려볼 때 「만인산」은 이해조의 작품일 가능성이 높다. 「만인산」에 대해 언급한 기존의 연구에서도 이를 이해조의 작품으로 추정한 사례를 찾아 볼 수 있다. 한 연구자는 『한국 근대 민족문

287 이중연, 『책의 운명』, 혜안, 2001, 389쪽.

288 재미있는 점은 『대한민보』의 편집진이 이러한 검열 제도에 대해 옹호하는 입장을 드러내고 있다는 것이다.(「서적검열(書籍檢閱)에 대(對)ᄒᆞ야」, 『대한민보』, 1909.11.23, '언단(言壇)'. 이러한 상황을 볼 때, 『대한민보』에는 매우 다양한 언표들이 각각의 글쓰기 형식으로 발화하고 있다는 것을 알 수 있다. 연재된 소설 역시 매우 다양한 층위에서 각자의 문제의식을 표출하고 있다.

학사』에서 "부패한 봉건체제를 아주 생생하고 구체적인 인물형상과 세태묘사를 통해 폭로 비판하는 한편, 근대적인 재판소 제도를 빌어 봉건세력의 몰락을 확정하는 공안소설적인 결말과 거기서 드러나는 점진적 개량주의의 입장"[289]을 근거로 이해조의 창작일지도 모른다는 조심스런 추정을 한 바 있다. 또한 한기형은 이해조 저작설에 대해 결정적 근거가 부족하다며 조심스러운 입장을 취하였지만, 이인직과 이해조 소설의 특징을 대조한 뒤 「만인산」이 이해조의 소설 경향에 가까운 작품이라는 견해를 제시한 바 있다.[290]

『대한민보』에서 소설을 창작했을 만한 인물들은 이해조 이외에 '대한협회'에 참여했던 안국선과 육정수를 예상할 수 있다. 그리고 '대한협회' 회원 명단에서는 그 이름을 찾을 수 없지만, 『대한협회회보』에 몇 편의 글을 기고한 신채호 역시 『대한민보』에서 소설을 연재했을 가능성이 있다.[291] 이러한 가운데 「만인산」은 대부분의 이해조 소설이 그랬던 것처럼 신문 연재를 거쳐 단행본으로 출간되었다는 점과, 『만월대(滿月臺)』, 『빈상설(鬢上雪)』, 『홍도화(紅桃花)』, 『화세계(花世界)』, 『원앙도(鴛鴦圖)』, 『고목화(枯木花)』, 『쌍옥적(雙玉笛)』, 『월하가인(月下佳人)』 등과 함께 '동양서원 소설 총서'로 발행되었다는 점에서 이해조의 것으로 추정된다. 따라서 본 연구에서는 「만인산」을 이해조의 작품에 포함시켜 논의하고자 한다.[292] 이후 진행될 상세한 작품 분석은 이해조 저

---

289 김재용・이상경・오성호・하정일, 『한국 근대 민족문학사』, 한길사, 1993, 104쪽.

290 한기형은 이해조 소설의 특징이 이인직의 것과는 달리 "부정한 현실을 극복하는 주체로서 양반층의 역할을 비교적 적극적으로 상정하고 있다"는 점을 지적하였다. 한기형, 『한국 근대소설사의 시각』, 소명출판, 1999, 206~210쪽.

291 김복순은 『대한민보』 연재소설 「소금강」의 저자를 신채호로 조심스레 추정한 바 있다. 김복순, 「신소설(新小說) 「소금강(小金剛)」과 항일의병운동」, 『연세어문학』 20, 1987.

작의 가능성을 더욱 높여 줄 것이다.

『대한민보』가 창간되고 단편소설 「화수(花愁)」에 이어 「현미경」이 연재되었다. 「현미경」은 1면 하단에 '소설'이라는 표제 하에, '신안자'라는 필명으로 연재되었다. 그리고 1909년 6월 15일에서 7월 17일까지 24회라는 비교적 짧은 분량으로 이루어져 있다. 이 작품은 이경 주임관을 지내던 한회녕이 혼란스러운 정치현실에 회의를 느끼고 낙향하였다가 임진사라는 악질 부랑배에 의해 고초를 겪는다는 이야기이다. 대한제국 말기의 혼란스러운 정치적 현실과 동학에 관한 작가의 시각을 읽어낼 수 있는 대목이 특징적이다.

최원식에 의해 이 작품이 논의된 이후 지금까지 이 작품은 이해조의 작품으로 다루어져 왔다. 하지만 그는 「현미경」을 이해조 작품 목록에 추가하면서도 그에 대한 근거를 제시하지 않았고, 작품 분석 역시 "우리나라 단편소설 형성과정에서 기여하는 바가 작기 때문에 논외로 돌린다"며 제외하였다.[293] 최원식이 「현미경」을 이해조 작품 목록에 포함시킨 것은 이해조가 「구의산」 연재 시 사용하였던 '신안생'이란 필명이 '신안자'과 흡사하다는 이유 때문이었겠지만, 단지 필명이 비슷하다는 이유로 「현미경」을 이해조의 작품으로 단정하기는 어렵다.[294] 그러

---

292 「오경월(五更月)」 역시 이해조가 썼을 가능성이 높은 작품이다. 「오경월」 역시 양반계층인 박좌수와 그 며느리가 주인공으로 등장하며, 의병운동에 대한 부정적인 시각을 담고 있다. 또한 이해조의 고향인 포천이 작품의 배경으로 설정되어 있다는 점도 이해조 저작 가능성의 근거가 된다. 하지만 이 작품은 22회로 연재가 중단되어 이해조 소설의 특징을 더욱 깊이 있게 살펴보기 어렵기 때문에 자세한 분석은 제외하도록 하겠다.

293 최원식, 『한국 근대소설사론』, 창작사, 1986, 31~34쪽.

294 김재영, 「근대계몽기 '소설' 인식의 한 양상—『대한민보』의 경우」, 『국어국문학』 143, 2006, 442쪽.

「현미경」의 『대한민보』 연재 모습(1909.6.15)

므로 「현미경」을 이해조 작품으로 규정하기 위해서는 필명의 유사성 이외의 근거들을 추가적으로 확보할 필요가 있다. 또 이 작품을 단지 분량이 상대적으로 적다고 하여 굳이 '단편소설' 양식의 계보 안에서 논의할 필요는 없다. 이 작품은 단지 길이가 조금 짧은 것을 제외하고는 여타 신소설과 매우 흡사한 특징을 지니기 때문이다.

먼저 이 작품은 마지막 24회에 '완(完)'이라는 글자가 분명하게 표시되어 있지만, 이야기가 한참 진행되는 도중에 갑작스럽게 중단되었다는 느낌이 강하게 든다. 한회녕의 부인은 남편의 마지막 모습이라도 볼까하여 길 떠날 채비를 하던 중 죽은 줄 알았던 사기장수를 만나게 된다. 그런데 사건의 전말을 알게 된 사기장수가 임진사의 음모를 밝혀내고 한회녕의 억울한 누명을 풀어주기 위해 읍내로 향하는 장면에서 이 작품은 갑작스럽게 완결되었다. 이 작품에서 남겨진 이야기는 결국 사기장수의 등장으로 인해 한회녕의 누명이 풀어지고, 흉계를 꾸몄던 임진사와 오길은 처벌받는다는 것일 텐데, 작가는 권선징악 또는 해피엔딩처럼 독자들이 쉽게 예상할 수 있는 결말 대신 과감한 생략을 통해 나름의 효과를 꾀한 것으로 보인다. 이전 소설의 천편일률적인 마무리 방식을 지양하고자 한 점은 이해조 소설의 중요한 특징 중 하나이다. 다만 아쉬운 점은 나름의 참신한 또는 극적인 결말을 시도하기보다, 소설 연재를 중단하고 새로운 소설 연재를 시작하고자 했다는 점이다. 「현미경」이 완결되고 바로 다음날 「만인산」이 연재되는데, 이는 독자들의 지속적인 관심을 새로운 작품의 연재를 통해 유지하고자 한 것으로 이해할 수 있다. 이러한 수법은 이해조 소설에서 흔히 발견할 수 있는 특징인데, 이러한 특징은 작품의 내적 완결성을 떨어트리는 부분으로 지적되기도 한다.

또한 이 소설은 서사의 진행 방식과 그것의 해결 방식이 여타 이해조 소설의 구조와 거의 유사하다. 따라서 이 소설은 소금장수의 죽음이라는 사건을 중심으로 이루어지며, 그 해결 방식이 근대적 법률 체계에 기대고 있다. 작가는 한주사에게 갑작스러운 위기의 상황을 제시하며 독자의 관심을 고조시킨 뒤, 죽은 줄로 알았던 소금장수가 살아서 나타났다는 나름의 반전을 통해 그 사건을 풀어나간다. 물론 이러한 반전이 의도했던 효과를 충분하게 담아내지 못한 채 그간 쌓아왔던 극적 긴장감을 한순간에 무너뜨리는 한계를 보이긴 하지만, 시도 자체는 여타 이해조 소설에서 쉽게 찾을 수 있는 서술 방식이다. 또한 대부분의 이해조 소설이 근대적 법률을 사건 해결의 중요한 장치로 활용하는 것과 마찬가지로 「현미경」은 군수에게 잡혀간 한주사와 사건을 고발한 소금장수의 친척, 증인으로 출석한 임진사의 모습을 중요하게 다루고 있다. 여기서 근대적 법체계에 근거한 이성적이고 합리적인 증거만이 주인공의 다소 억울한 상황을 해결할 수 있다는 작가의 신념을 확인할 수 있다.

이러한 점을 미루어 볼 때, 『대한민보』에 연재된 「현미경」은 이해조의 작품으로 보는 것이 타당하다. 또한 「현미경」 연재 시 표기되었던 '신안자'이라는 필명 역시 이해조의 다양한 필명 중의 하나로 포함시켜야 한다.

「현미경」은 『대한민보』의 소설 전략은 물론, 매체의 특성에 따라 변화하는 이해조 소설의 중요한 특징을 보여주는 작품이다. 따라서 「현미경」은 『대한민보』의 체제와 지면배치, 독자 및 담론전략과 밀접한 관련을 맺고 있음을 확인할 수 있다.

앞서 살펴본 바와 같이 『대한민보』는 대한협회의 이념과 사상을 보다 대중적으로 전파하기 위한 기관지로 창간되었다. 당시 민족지 계열에서는 『황성신문』, 『대한매일신보』, 『제국신문』이 순한글 · 국한문 · 순한글 등 문체를 달리하며 각각의 문체에 맞는 독자전략을 구사하고 있었다. 또한 『국민신보』, 『대한일보』 등의 친일지 또한 나름의 정치적 목표를 수행하기 위해 발간되고 있었다. 이러한 와중에 『대한민보』는 국한문체를 중심으로 하여 주로 지식인 계층을 위한 신문으로 발간되었다. 하지만 『대한민보』에서 유독 소설만은 순한글로 쓰였는데, 이는 이 시기 소설과 순한글 문체가 갖는 강한 친연성을 보여주는

사례이다.[295]

그럼에도 불구하고 『대한민보』의 소설들은 지식인 계층을 주된 독자로 상정한 만큼 그 내용이나 표현방식에서 차별화된 특징을 보인다. 특히 순한글 문체를 통해 평민 대중독자를 주된 독자층으로 삼고 있던 『제국신문』과는 확연히 다른 점을 발견할 수 있다. 이해조는 오랜 기간 『제국신문』에서 소설을 연재하였는데, 『대한민보』에서 연재한 소설은 『제국신문』의 소설과는 또 다른 특징을 보인다.

『대한민보』 연재소설에서 가장 쉽게 눈에 띄는 부분은 표현 방식에서의 차이이다. 「현미경」은 순한글 문체를 선택하고 있음에도 불구하고, 한자어휘들을 빈번하게 사용하고 있다. 가령, '우승열패(優勝劣敗)', '귀거래부(歸去來賦)', '유사불여무사(有事不如無事)', '충고지담(忠告之談)', '옥셕구분(玉石俱焚)', '도탕부화(蹈湯赴火)'와 같은 한자어의 경우 괄호 안에 한자를 병기하였으며, '우로지택', '역려과객', '옥교반졸', '불하일장', '개개승복' 등 한자병기를 하지 않은 한자어들도 빈번하게 등장한다. 이 같은 한자어들은 쉽게 한글로 풀어쓸 수 있음에도 불구하고 의도적으로 사용되었던 것으로 보이는데, 이는 독자층을 의식적으로 고려한 선택으로 보인다. 이는 상대적으로 한자어에 익숙한 지식인 계층들을 겨냥한 문장 구사임을 쉽게 짐작할 수 있으며, 소설이 그것을 담아내고 있는 매체의 환경과 밀접한 관련을 맺고 있음을 확인할 수 있는 대목이다.

또한 이 작품은 『제국신문』에서 연재된 이해조 소설과는 달리 소설

295 '국한문 신문의 한글소설'이라는 특징은 『만세보(萬歲報)』에서 시작하여 『대한민보』를 거쳐, 『매일신보』로 이어지게 된다. 이에 대해서는 다음의 논문이 상세하다. 김재영, 「근대계몽기 '소설' 인식의 한 양상—『대한민보』의 경우」, 『국어국문학』 143, 2006, 437~439쪽.

을 통해 전달하고자 하는 작가의 주제가 분명하게 드러나지 않는다는 특징을 지닌다. 『제국신문』의 이해조 소설이 주로 평민 대중독자들을 염두에 둔 계몽적 목소리를 비교적 적극적으로 담아내고 있다면, 『대한민보』의 「현미경」은 다소 이상적인 세계를 지향하며 계몽적 목소리를 적극적으로 표현하기보다는 현실 세계와 일정한 거리를 둔 채 있는 그대로의 모습을 담아내는 데 주력한다.

「현미경」의 첫 장면은 다음과 같은 배경묘사로 시작한다.

> 가시덤불 잡풀이 길이 넘게 욱어진 가온딕 조고마훈 솔나무 한쥬가 나셔 쳐엄에는 해빗을 쏘이지 못ᄒᆞ야 가지가 옹종ᄒᆞ고 입이 참지 ᄒᆞ더니 한해 두해 지나 뿌리가 널리 벗으며 원쥬가 튼튼ᄒᆞ야지닛가 우로지택을 온젼히 밧아 어언간 락락장송이 되니 여간 방해ᄒᆞ던 가시덤불 잡풀 등속은 졔절로 슬어지고 맑은 그늘이 바다갓ᄒᆞ야 다슈훈 역려 과객들로 ᄒᆞ야곰 편히 쉬게 홀만ᄒᆞ더라 그 나무 밋에 반듯훈 집 훈 채가 잇는딕 별로 굉걸ᄒᆞ든 안이ᄒᆞ나 소쇄정졀ᄒᆞ야 아모리 성품이 츄솔훈 쟈이라도 그 집에를 드러가랴면 자연 압뒤를 굽어살혀 항혀나 부졍훈 태도를 쥬인의 눈에 뵈일까 죠심죠심ᄒᆞ는 마암이 생기겟는딕 년긔가 삼십남짓ᄒᆞ고 긔골이 건강ᄒᆞ고 미목이 쳥수훈 남자가 단졍히 안져 글을 홀으는 물갓히 읽는 사람은 그 집 쥬인 한회녕이라[296]

주인공 한회녕은 전 이경주임관으로 벼슬을 살다가 돌연 사직하고, 고향인 충청도 보령 청라동(保寧 靑蘿洞)에 내려와 때를 기다리고 있는 인물이다. 그는 마을사람들에게 마음만 먹으면 복직은 물론 협판대신

296 「현미경(顯微鏡)」, 『대한민보』, 1909.6.15.

까지 할 위인으로 평가되며, 같은 뜻을 품은 동지보다 자신을 시기하는 사람들이 많다는 사실을 알고 낙향하여 사회가 진보되기를 기다린다. 소설의 첫 부분에 묘사된 소나무는 뿌리를 넓게 뻗으며 원주를 튼튼하게 만들고자 하는 한주사의 상황을 상징적으로 드러내는 장치이다. 하지만 이러한 바람과는 달리 한주사에게는 가시덤불, 잡풀에 비유할 수 있는 커다란 위기가 닥친다.

한회녕은 이 시기 소설 속 인물과는 조금 다른 특징을 가진 인물이다. 어려운 현실 속에서도 꿋꿋하게 자신의 신념을 실천하는 인물도 아니고, 정치적 신념을 온전히 버리고 학문에만 매진하는 인물도 아니다. 그는 비록 낙향하였지만, '가슴에 우승열패(優勝劣敗)의 동서대세(東西大勢)'를 인정하며 '태평양 바다를 용납할만한' 자질을 가진 인물이다. 그는 사회진화론으로 표상되는 서구문명의 도래를 인정하지만, 이를 인정하지 않는 세력들의 시기와 방해로 인해 결국 조용히 낙향하여 때를 기다린다. 이렇게 한회녕이란 인물은 그 당시 애국계몽운동의 자장에 놓여 있던 대부분의 소설 속 주인공과는 일정한 거리가 있다. 한회녕은 자신을 둘러싼 세계와의 대결에서 적극적인 모습을 보이기보다 자신이 뜻을 펼칠 수 있는 세상을 다소 소극적인 자세로 기다린다. 이러한 인물은 작가의 계몽적 신념을 표출하기보다, 당대 현실의 제반 모습을 있는 그대로 그려내는 데 적합한 인물이다. 작가는 주인공 한회녕을 통해 독자를 계몽하기보다, 매우 현실적인 인물을 창조하여 당대 사회 현실을 핍진하게 묘사하고자 하였다. '현미경'이라는 제목 역시 이러한 작가의 의도에서 비롯된 것임을 쉽게 짐작할 수 있다.

또한 한회녕은 자신의 하인에게 얻어맞은 사기장수에게 마치 자신의 잘못인 것처럼 후의를 베푸는 사려 깊은 성격임에도 불구하고, 임진사의 흉계에 넘어가 남몰래 사기장수의 시체를 자신의 선산에 묻기로 결정한다. 이러한 주인공의 성격은 당시의 계몽적 소설에서 기대하는 영웅적 모습과는 매우 거리가 멀다. 한회녕은 '동서대세를 눈앞에 두고 태평양 바다를 용납할 만한' 포부가 있지만, 자신의 개인적인 이해관계에 의해 쉽게 정의를 포기할 수도 있는 인물이다. 이러한 주인공의 선택은 임진사의 흉계에 넘어가 고초를 겪게 되는 빌미를 제공하지만, 죽은 줄로만 알았던 사기장수의 등장으로 인해 결국 위기를 모면하게 된다.

이해조는 매우 급박하고 혼란스러운 시대 속에서 과연 어떠한 행동을 취하는 것이 옳은 일인가를 한회녕의 이야기를 통해 독자에게 묻고 있다. 이야기가 도중에 갑작스레 마무리되는 바람에 작가의 의도를 명징하게 파악하기는 힘들다. 다만 확실한 것은 자신의 신념을 독자들에게 강요하는 방식이 아니라 혼란한 시대 속 한 개명한 지식인의 현실적 선택과 자기 안위를 위해 진실을 외면하는 나약한 선택을 있는 그대로 보여주고 있다는 점이다.

또한 이 작품에는 동학에 대한 작가의 시각이 다소 뜬금없이 드러나는데, 이는 이해조 소설에서 쉽게 발견하지 못하는 특징적인 대목이다. 『대한민보』의 창간 및 운영 주체가 천도교 세력이었다는 점을 생각한다면 이는 『대한민보』의 연재소설로서의 특징을 보여주는 한 가지 사례가 될 수 있다.

임진사가 본래 안면도에서 살던터인대 셔울가셔 각궁 배지를 위죠를 ᄒᆞ야 가지고 와셔 셤 백셩의 뎐답을 ᄒᆞᆷ부로 ᄲᅢ앗다가 여러 백셩들이 악이나셔 임진사를 장작덤이 우에다 올녀 안치고 태여죽이랴 ᄒᆞ는 것을 손이 발이 되도록 애걸을 ᄒᆞ야 간신히 살아 나셔는 동학당을 ᄭᆞᆷ여가지고 그 백셩들을 모죠리 잡아다가 생쥬리를 붓셕붓셕 틀어가며 뎐답도 ᄲᅢ앗고 우마도 ᄲᅢ앗스면셔도 유위부족ᄒᆞ야 집에 불싸지 싸노키도 ᄒᆞ더니 급기 동학이 관군에게 해ᄒᆞ야 괴슈 이ᄒᆞ로 허여질 디경이 되닛가 엇더케 슈단을 부렷던지 관군에 투탁을 ᄒᆞ야 안팟벽을 쳐셔 뎌의 동모를 차례로 포박을 ᄒᆞ며 비단 동모ᄒᆞ던 도당 ᄲᅮᆫ안이라 말 ᄒᆞᆫ마듸만 제게 불쾌히 ᄒᆞᆫ 사람이면 모다 동학 여당으로 무ᄒᆞᆷᄒᆞ야 암상도 ᄒᆞ고 포살도 ᄒᆞ던 임진사이어날[297]

위 지문은 자신의 집에서 하룻밤 묵었던 사기장수를 죽은 것으로 위장하여, 한회녕의 돈을 가로채려 한 임진사의 내력이다. 임진사라는 호칭은 과거시험을 통해 얻은 것이 아니라, 상대하는 누구든 다 죽게 만든다고 해서 붙여진 이름이다.[298] 이 불한당 같은 임진사는 서울에서 배지를 위조하여 백성들의 전답을 함부로 빼앗고 횡포를 부리다가 분노한 백성들에게 죽다 살아난 인물이다. 하지만 그는 자신의 죄를 뉘우치기는커녕 동학당을 꾸며 그 백성들에게 복수하였으며, 관군에 의해 자신의 조직이 위태롭게 되자 자신의 동료들을 모두 팔아버리는 등 악행을 저질렀던 이력이 있다.

여기에서 동학은 긍정도 부정도 아닌 매우 객관적이고 현실적인 대

297 「현미경」, 『대한민보』, 1909.7.7.

298 "그 사람이 소과를 해셔 진사 진사 ᄒᆞ는 것이 안이라 누구던지 상관만 ᄒᆞ면 다 죽게 만드러 놋난다고 다ᄒᆞᆯ진ᄉᆞ자 죽을사ᄉᆞ자 진사라고 별호를 지엇는대 임씨난 진사라 ᄒᆞ닛가 가장 죤대나 ᄒᆞ야쥬는 것으로 넉이고 진사인체 행셰를 ᄒᆞ는 위인인대", 「현미경」, 『대한민보』, 1909.7.6.

상으로 묘사되고 있다. 위 지문을 얼핏 읽다보면 동학당이 백성들을 괴롭히다가 결국 관군에 의해 해체된 것처럼 보이지만, 엄밀하게 살펴보면 여기서 동학당은 실제 동학당이 아니라 임진사가 거짓으로 꾸며서 작당한 패거리에 불과하다는 점을 알 수 있다. 임진사는 가짜 동학당을 만들어 자신을 불태워 죽이려 했던 안면도 백성들을 괴롭혔으며, 이를 진짜 동학당인 줄로 안 관군에 의해 조직이 해체될 위기에 처하자 자신의 동료는 물론 제 맘에 들지 않는 사람들은 모두 동학 여당으로 모함하여 '암상'도 하고 '포살'도 했던 것이다. 결국 이해조는 이러한 삽화를 통해 일반 백성들과 정부 사이에 존재하던 '동학'의 위치를 객관적으로 그려내고 있다. 작가는 의도적으로 동학에 대한 가치판단은 회피하고, 단지 동학이 현실 속에서 맺고 있는 역학관계의 일단을 묘사하고 있다. 백성을 구제하고자 만들어진 동학이 불순한 무리에 의해 오히려 악용되어 백성을 압제하는 무리로 전락하는 현실을 작가는 예리하게 포착해내고 있다.

이 작품에서 임진사의 과거 삽화는 전체적인 서사 전개에 큰 영향을 미치지 못하는 부분이다. 만약 이 삽화가 빠진다 할지라도 뼈대를 이루고 있는 한주사를 둘러싼 이야기 전개에는 별다른 무리가 생기지 않는다. 작가는 임진사라는 인물의 과거 행적을 통해 악인으로서의 성격을 강하게 부여하는데, 이때의 동학 관련 내용은 서사를 이끌어 나가는 데 필연적인 장치라기보다 작품 외적인 부분과 관련이 있다고 보는 것이 적합하다. 『대한민보』를 창간한 주도적인 인물들은 주로 천도교와 밀접한 관련을 맺고 있었는데, 이러한 분위기는 자연스럽게 작가로 하여금 동학에 관심을 갖게 하였던 것이다. 만약 이 작품이 『대한민보』에 연재된 것이 아니라 다른 신문이나 단행본으로 출간되었다면 동학관련 삽화는 등장하지 않았을 가능성이 높다. 따라서 「현미경」의 이러한 특징은 신문연재소설이 그것을 포함하는 매체의 담론에 일정한 영향을 받고 있음을 보여주는 사례가 된다. 하지만 이해조는 이미 기독교인이었으므로, 동학에 대해서는 직접적인 언급을 피하고 단지 동학에 대한 일부 독자들의 오해를 풀기 위한 수단으로 활용하였던 것이다.

「만인산」은 「현미경」 연재가 완료된 후 바로 다음날인 1909년 7월 13일부터 1909년 8월 18일까지 31회 연재되었으며, 1912년 동양서원에서 단행본으로 출판되었다. 이 작품은 '백학산인(白鶴山人)'이라는 필명으로 연재되었는데, 이 '백학산인'이 누구인지는 아직까지 명확하게 밝혀진 바 없다. 그런데 『대한미일신보』 국문판에는 '빅학산인'이라는 필명으로 게재된 독자투고 기사가 있어 눈길을 끈다. 이 글은 1907년 10월 2일부터 9일까지 3회에 걸쳐 연재된 '긔셔(寄書)'인데, 의병에 대한 글쓴이의 입장이 잘 드러나 있다. 글쓴이는 나라를 위하고 백성을 위하는 마음에서 일어난 의병의 입장을 십분 이해하지만 의병활동이 '세계의 형편과 천지의 운수를 돌아보지 못하고 나의 능력과 나의 계책을 헤아리지' 못한 것이라며 비판한다. 결국 그는 의병활동이 '백성을 위하려다가 백성을 더욱 멸망케' 하는 것이라며, 국민의 의무를 지켜 '일심단체로 교육을 발달하고 실업을 힘써 문명에 진보'하자는 주장을 펼친다. 이러한 주장은 무력을 통한 의병활동 대신 교육과 실업의 발달을 중요시하는 이해조의 입장과 동일하다. 또한 이 글에서는 이해조의 「륜리학」을 연상시키는 대목이 있어 눈길을 끈다. 글쓴이는 "첫재는

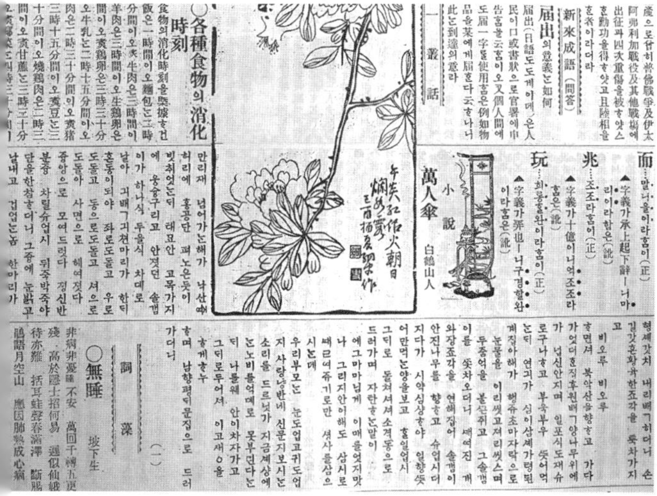 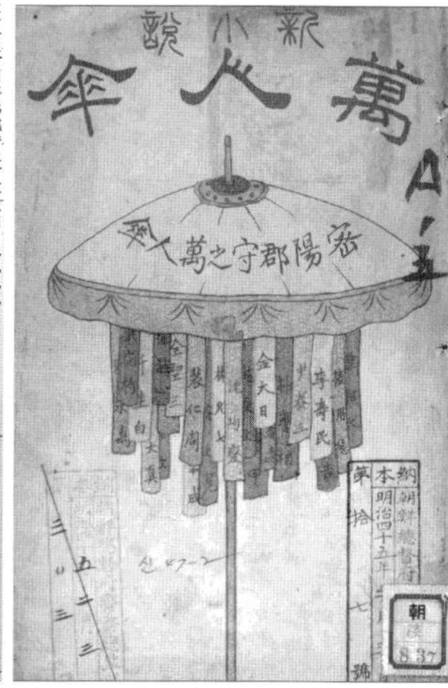

(좌) 「만인산」의 『대한민보』 연재 모습(1909.7.13)
(우) 단행본 『만인산』의 표지(동양서원, 1912, 국립중앙도서관 소장)

ᄀᆞᆯᄋᆞᄃᆡ 셰납ᄒᆞᄂᆞᆫ 의무오 둘재ᄂᆞᆫ ᄀᆞᆯᄋᆞᄃᆡ 군ᄉᆞ노릇ᄒᆞᄂᆞᆫ 의무"라고 하며 국민의 의무를 납세와 병역이라고 설명한다. 이는 『제국신문』에 연재된 「륜리학」 중 "뎨이십ᄉᆞ장 국가륜리(납셰와 병역의 의무)"의 내용과 일치하는 대목이다.[299] 이해조는 「륜리학」에서 납세와 병역 두 가지를 국민의 의무로 제시하고 설명한 바 있다. 이로 미루어 보아 『대한미일신보』에 기서를 투고한 '빅학산인'은 당시 『제국신문』에서 「빈상셜」을 연재하고 있던 이해조일 가능성이 높다. 물론 「만인산」의 '백학산인'과 『대한매일신보』의 '빅학산인'이 동일한 인물이라고 단정 짓기는 어렵다. 하지만 이러한 부분은 「만인산」이 이해조 작품일 가능성을 높여주는 단서가 될 수 있다.

「만인산」은 이 무렵 신소설 중에서도 뛰어난 작품으로 인정받는데,

---

299 「륜리학」, 『제국신문』, 1908.8.26~8.27.

가령 "당대사회의 봉건 관료들의 학정과 부패상을 매관매직 행위를 중심으로 풍자적으로 형상하여 반봉건사상을 고취한 뛰어난 작품"[300]이라거나 "소설 속에 구현된 관인층에 대한 날카로운 풍자는 여타 신소설 작품 속에서 찾아보기 힘든 시대적, 예술적 의미를 지니고 있다"[301]는 평가를 얻은 바 있다. 이러한 평가는 작품을 쓴 작가도 밝혀지지 않은 「만인산」이라는 작품의 문학적 존재 양상을 드러내고 있다는 점에서 매우 환영할 만하다. 하지만 기존 연구는 주로 주제의식에 초점을 맞추고 있다는 점에서 아쉬운 점이 있다. 따라서 여기에서는 「만인산」이라는 작품의 특질을 좀 더 구체적으로 살펴보고자 한다.

'만인산(萬人傘)'은 '생사당(生祠堂)'이나 '선정비(善政碑)'와 같이 수령의 선정(善政)을 기리는 현창의식(顯彰儀式) 중 하나인데, 19세기 말에 비로소 나타난 것으로 추정된다.[302] '만인산'은 "만사람이 열복ᄒᆞ야 그 한사람을 머리에 이고져 ᄒᆞᄂᆞᆫ 뜻으로 빗나고 갑진 비단으로 일산을 만드러 애민션졍의 공덕을 삭이고 그 아래 만사람의 셩명을 렬록ᄒᆞᆫ 것"[303]이다. 작품의 제목인 '만인산'은 인정과 청탁에 의해 인사가 좌우되는 구한말 부패한 관료들의 매관매직과 폭정, 백성들의 수탈을 함축적으로 드러내는 장치이다. 대개의 줄거리는 주인공 한주사가 매관매직과 백성들을 수탈하여 많은 재산을 모았으나, 첩인 해주집의 배신으로 인해 결국 죄상이 드러난다는 이야기이다.

---

300 김재용 · 이상경 · 오성호 · 하정일, 『한국 근대 민족문학사』, 한길사, 1993, 102쪽.

301 한기형, 『한국 근대소설사의 시각』, 소명출판, 1999, 205쪽.

302 구완회, 「수령에 대한 현창의식의 전개와 19세기 말의 「만인산(萬人傘)」」, 『경북사학』 21, 1998, 2~7쪽 참고.

303 「만인산(萬人傘)」, 『대한민보』, 1909.7.30.

주인공 한주사는 구한말 부패한 관리의 전형으로, 아첨과 뇌물을 통해 관직을 사고 자신의 지위를 이용하여 백성들을 수탈하여 재물을 모으는 인물이다. 그는 민판서와 함께 청렴하고 정직한 ○국장을 몰아내고 내부지방국장 자리를 얻게 되었으며, 이후 밀양군수로 부임하여 백성들을 수탈하여 많은 재산을 축적하지만 결국 해주집에 의해 몰락하게 된다. 특징적인 부분은 한주사가 부정한 방법으로 재산을 모으는 데는 남다른 재주가 있지만, 가정 안에서는 첩에게 그저 휘둘리는 다소 모자란 인물로 그려진다는 점이다. 특히, 해주집에게 배신을 당하여 모든 재산을 빼앗기고, 재판소에 소환되면서도 끝까지 해주집을 믿으려고 하는 대목은 무척 인상적이다.

> 안이 바로 말이지 계집인즉 인문이나 마암세나 썩 드문드문훈걸 이 일이 필경 언의 몹쓸 놈의 꾀임을 드른 것이지 졔 본심으로야 셜마 나를 영 몰으는테 훌리 만무훈지 오냐 무슨 변통을 훈던지 긔어코 다시 대려오고야 말겟다 훈야 호박씨 까서 한 입에 드리트리고 빈쥬먹만 남은 궐짜라셔 그 즁에 경륜훈는 것은 텬하 가관이라[304]

어리숙한 주인공 한주사는 매관매직을 일삼는 탐관오리의 전형인 동시에 첩에게 눈이 멀어 정신을 차리지 못하는 전근대적 가부장을 대표한다. 그는 이러한 주인공의 모습을 통해 구한말 사회의 부패한 실상을 폭로하고, 축첩제에 대한 비판적 목소리를 내고 있다. 이러한 주인공의 모습은 작가가 비판하고자 하는 대상을 효과적으로 드러내는 데 적합한

304 「만인산」, 『대한민보』, 1909.8.14.

장치이며, 이 작품이 지닌 풍자적 특성을 잘 보여주는 부분이다.[305]

해주집은 한주사의 첩으로 한주사의 재산을 빼앗고 결국 그를 파멸시키는 인물이다. 한주사와는 달리 해주집은 전근대적 인물이 지닌 전형성에서 탈피하였다는 점에서 특별하다. 해주집은 매우 탐욕스럽고 능청스럽지만, 기존의 관습을 넘어 자신의 욕망에 충실하고자 하는 인물이다.

해주집이 자신을 배신하고 재산을 모두 빼돌려 잠적했다는 사실을 알게 된 한주사는 해주집의 이종사촌 오빠인 권가와 몸종인 차금이의 부모를 잡아들인다. 해주집은 이 소식을 듣자 오히려 한주사의 집에 돌아와 거침없이 막말을 쏟아 놓는다. 여기에서 해주집은 독자의 예상을 깨고 제발로 한주사에게 돌아온다. 이는 이종사촌 오빠에 대한 걱정 때문이 아니라 만만한 한주사에게 자신의 분노를 표출하기 위한 것이다.

> (해) 이놈 이 키 크고 소견 없는 놈아 무지막지ᄒᆞᆫ 병문놈보다도 더ᄒᆞ구나 누구다려 이년뎌년 내가 네 집 죵년이더냐 내 재물을 송도릿재 빼갓셔 무엇이야 그 재물이 네 재물인듯 십더냐 내 입 한번만 빗써러지면 이 집까지 업시 될 위인이라셔 졔법 큰소리 ᄒᆞ네 이놈아 계집을 잇해 삼년이나 대리고 살고 귓도람이만ᄒᆞᆫ 아해 죵년 ᄒᆞ나 차지ᄒᆞᆫ 것이 그리 앗가오냐 나를 육포를 켜보렴으나 그년을 내 놋나[306]

305 한기형은 「만인산」을 풍자소설의 범주에서 논한 바 있다. 한기형, 「신소설과 풍자의 문제」, 『한국 근대소설사의 시각』, 소명출판, 1999, 197~216쪽 참조.

306 「만인산」, 『대한민보』, 1909.8.7.

한주사의 고함치는 소리를 듣자 해주집은 조금도 주눅들지 않고 오히려 포달스러운 독설을 쏟아 붓는다. 어쨌든 간에 해주집이 자신을 사랑하는 남편을 배신하고, 그의 재산을 송두리째 빼돌린 것은 윤리적으로 잘못된 것이다. 그럼에도 불구하고 해주집의 돌발적인 언행은 독자들에게 일종의 반어적인 재미를 선사한다. 작가는 이러한 장면을 통해 전근대적 남성과 여성을 중심으로 한 관계를 역전시키고 그 풍자적 의도를 달성한다.

> 한가의 우박맞질 시대가 되닛가 귀신이 지시훈 듯이 뎌 사람이 왓구나 신슈로 후야도 한가 열드러 못당후겟는걸 졔기를 후지 우리네가 못생긴 놈을 만나셔는 등쌀을 쎕아도 잘생긴 사람을 만나셔는 졔것을 드려가며 살기가 의례 잇는 일인대 말이야 발오후지 한가후고야 사람보고 살앗나 돈보고 살앗지 사람이 뎌만치 출중훈 바에야 돈은 잇고 업고 상관훌 것 업시 한번 살아보지 못후면 내가 병신이지[307]

한주사의 몰락을 예감하고 착실하게 그의 재산을 빼돌린 해주집은 우연하게도 한주사의 모략에 의해 관직을 빼앗긴 ○국장을 만나게 된다. 해주집은 한주사를 완전히 파멸시키기 위해 전 지방국장인 ○국장과 손을 잡으려 하는데, 해주집은 한술 더 떠 ○국장에 대한 이성으로서의 욕망을 품는다. 이 장면 역시 기존의 관습을 전복시키는 해주집이라는 매우 새로운 인물 형상을 구체화시키는 대목이다. 그러나 ○국장은 해주집의 욕망을 간파하고, 순순히 그녀의 의도에 넘어가지는 않는다.

---

307 「만인산」, 『대한민보』, 1909.8.10.

◯국장은 청렴한 내부지방국장이었으며, 오직 자신의 실력으로만 그 위치에까지 오른 인물이다. 하지만 한주사와 민판서의 음모로 인해 관직을 빼앗기고 정처 없이 떠돌던 중 해주집을 만나 한주사와 민판서의 죄상을 밝히게 된다.

> 이때나 그때나 각부의 국장과 장단이 ᄂᆞᆫ 사람들이 졔 자격은 넉넉ᄒᆞ나 불급ᄒᆞ나 발벗고 나셔셔 뒤 보아쥬ᄂᆞᆫ 상뎐이 의례히 몃몃식 잇셔 그 벼살자리를 륙월에 굿은 박갓치 든든히 굿치고 지내것만는 유독 내부디방국장 ◯◯◯는 본래 하방 인물로 셔울 올나오니 사고무친이라 문필은 매오 쑥쑥함으로 읏지읏지ᄒᆞ다 내부고원을 단이다가 여러해 이력으로 차차 승차를 ᄒᆞ야 쥬사참셔로 디방국장까지 ᄒᆞ얏ᄂᆞᆫᄃᆡ 위인이 녹녹ᄒᆞ지 안이ᄒᆞ야 시속 벼살에 허긔진 무리와갓치 환득환실을 ᄒᆞᄂᆞᆫ 셩미가 안인고로 대신이 새로 나거나 협판이 새로 나거나 공사 곳 안이면 사사로이 차자보ᄂᆞᆫ 버릇이 업스되 일반 공의로 아모도 그 벼살을 쳔동치 못ᄒᆞ더니[308]

◯국장은 별다른 인맥 없이도 혼자 힘으로 내부지방국장의 자리에까지 올라간 인물이다. 하지만 ◯국장은 결국 한주사와 민판서에 의해 벼슬을 빼앗기게 되는데, 어떠한 측면에서 보면 「현미경」의 주인공인 한회녕과 닮은 점을 발견할 수 있다. 물론 「현미경」의 한회녕이 스스로 벼슬을 버리고 은거한 것과는 달리 「만인산」의 ◯국장은 타의에 의해 벼슬자리에서 물러나게 되었다는 차이가 있다. 하지만 한회녕과 ◯국장은 원칙이나 이상을 신뢰하는 심지가 굳은 사람들이며, 부패한 정

308 「만인산」, 『대한민보』, 1909.7.20.

부의 관리들과는 뚜렷하게 구별되는 인물이라는 공통점이 있다. 두 작품은 공통적으로 정부에 대한 부정적인 입장을 나타내고 있다. 이는 구한말의 현실을 비교적 상세하게 드러내고 있다는 점에서 성공적이며, 또한 이완용 내각 및 일진회 세력과 경쟁하던 '대한협회'의 기관지 『大韓民報』의 정치적 입장을 반영하는 대목이기도 하다.

작가는 한주사의 공적을 칭송하는 '만인산'의 사실 여부에 초점을 맞추기 보다는 이러한 현상을 만들어낸 외적 조건에 주목하고 이를 예리하게 포착해 내고 있다. 「만인산」은 작품이 연재된 1909년에서 그리 멀지 않은 당대 현실을 배경으로 삼고 있다. 하지만 관리들의 부도덕한 매관매직과 백성들을 수탈하는 봉건적인 지배구조는 여전히 해소되지 않았고, 이러한 문제는 일제의 식민침탈이 가속화되는 상황 속에서 더욱 심화되고 있었다. 작가가 이러한 문제를 해결하기 위해서 만들어 놓은 장치는 바로 근대적인 법률이다. 더 이상 희망이 보이지 않는 부패한 봉건사회를 극복하기 위해서는 옳고 그름을 명백히 가려줄 수 있는 근대적 법률 제도가 필수적인데, 이러한 사건 해결 방식은 이해조 소설의 매우 중요한 특성 중 하나이다.[309]

흥미로운 사실은 이 작품의 결말이 신문연재본과 단행본에서 커다란 차이를 보이고 있다는 점이다. 신문연재본의 경우 한주사의 죄상이 재판소에서 낱낱이 밝혀지고, 민판서 역시 정부대신들의 탄핵으로 감

309 한기형의 다음과 같은 지적은 이러한 문제를 이해하는 데 도움이 된다. "작가가 문제해결의 종국적 방략으로 사적 복수담 대신 재판소라는 공적 기구를 끌어들인 것은 곧 근대적 제도와 그것의 운용을 통해 현실의 제반 문제를 해결하겠다는 의지의 소산이다. 법과 제도의 확립이야말로 인간의 무한한 욕망과 거기에서 파생하는 온갖 불합리를 견제하고 징치할 수 있는 가장 효과적인 근대의 기획이기 때문이다", 한기형, 『한국 근대소설사의 시각』, 소명출판, 1999, 215쪽.

옥에 갇히게 된 것으로 마무리가 되었다. 작가는 그래서 한주사가 어떠한 벌을 받게 되었는지, ○국장이 다시 복직되었는지, 해주집 역시 벌을 받았는지 등에 대한 서술을 과감히 생략해 버렸는데 이러한 결말 방식은 이해조 소설에서 흔히 발견할 수 있는 특징이다. 이러한 구성은 권선징악이나 해피엔딩과 같은 전대 고소설에서 흔히 발견되던 결말 방식을 지양하고 극적인 긴장감이 남아 있는 채로 독자들의 관심을 바로 다음 작품으로 이끌 수 있다든지, 이후의 이야기를 독자의 판단에 맡김으로써 다양한 해석의 가능성을 열어 놓을 수 있다는 특징이 있다. 또한 작품의 주제를 직접적으로 노출시키지 않고, 당대 현실세태를 있는 그대로 담아내기 위한 목적을 달성하기 위한 방법이 되기도 한다. 하지만 단행본으로 출간된 『만인산』(동양서원, 1912)에는 신문연재본에서는 찾아 볼 수 없는 이야기의 뒷부분이 마저 서술되어 있어 주목을 끈다.

단행본에서는 해주집의 죄상이 낱낱이 드러나고, 결국 빼돌렸던 재산을 모두 빼앗기고 감옥에 갇힌 해주집의 이야기가 추가되었다. 매우 요악하고 거침없는 성격의 해주집은 작품의 말미에서 급속도로 개과천선하였고, '자신편(自新篇)'이라는 노래를 지어 '남의 소실되는 여러 사람'에게 전파하였다며 그 노래의 전문이 작품 말미에 인용된다.

어화벗님네야　　이ᄂᆡ노ᄅᆡ드러보소
음양오ᄒᆡᆼ품부ᄒᆞ야　　이셰상에ᄐᆡ여날졔
현헌장부못되고셔　　녀ᄌᆞ의몸원통ᄒᆞ다
녀ᄌᆞ로되엿거던　　륙례가춘졍실로셔

효렬을슝상ᄒᆞ야　　유방빅셰못ᄒᆞ고셔
팔ᄌᆞ를자죠곳처　　남의소실되엇스니
어화분ᄒᆞᆫ지고　　소실일홈분ᄒᆞᆫ지고
철모로ᄂᆞᆫ이소견은　　됴흔긔회만난듯이
눈우숨에아양퓌여　　장부간장녹여가며
집을ᄉᆞ쥬셰간ᄉᆞ쥬　　의복업소픠물업소
못보ᄂᆞᆫᄃᆡ나드리와　　무릅베고낫잠자기
남편은삿갓써도　　ᄂᆡ랑탁만치오더니
귀신이미워보고　　텬리가용셔업셔
가이업슨ᄂᆡ신세가　　이디경되엿세라
어화벗님네냐　　이ᄂᆡ일을거울삼아
예버릇을다버리고　　새론힝실힘을써셔
남판ᄒᆞᆫ번맛낫거던　　종신의탁결심ᄒᆞ야
ᄃᆡ소ᄉᆞ를진진으로　　속일경륜두지말고
징연부익말젼쥬로　　남의리간ᄒᆞ지말소
남잡이졔잡이로　　반좌지률당ᄒᆞᄂᆞ니
유한졍뎡됴흔덕이　　귀쳔계급분간잇나
귀ᄒᆞᆫ쟈도요악ᄒᆞ면　　나와일반앙화밧고
쳔ᄒᆞᆫ쟈도인덕ᄒᆞ면　　영원복록밧으리다
어화ᄂᆡ신셰야　　속죄ᄒᆞᆯ것바이업다[310]

이 '자신편'이라는 1909년 『대한민보』에 실렸던 신문연재본에는 없

310 『만인산』, 동양서원, 1912, 38~40쪽.

었지만, 1912년 단행본으로 출간되면서 추가된 부분이다. 이 노래는 단순히 작품의 서사를 종결하는 데 그치지 않고, 해주집이라는 인물을 통해 작가가 말하고자 하는 주제를 집약적으로 표현하고 있다는 점에서 의미가 있다. 해주집은 여러달 옥중에서 고초를 겪으며, 그간의 요악한 행동들을 반성하고 이 노래를 지었는데, 특히 '남의 소실되는 여러 사람에게 전파하였다'는 표현에서 이 노래가 겨냥하고 있는 주된 독자층이 누구인지 또 이러한 노래를 통해 전달하려는 메시지가 무엇이었는지를 알 수 있다. 이 '자신편'이라는 노래는 이 작품의 주제를 가장 직접적으로 담아내고 있는 부분이다. 하지만 아쉽게도 '만인산'이라는 제목에서부터 시작하여 전편에 걸쳐 진행된 사회 비판적 주제 의식은 마지막에 추가된 이 한 편의 노래로 인해 기존의 남성중심 이데올로기를 강화시키는 의미로 전락하게 된다. 이 시기 문학작품들 중에서도 매우 수준 높은 문학적 성취를 보여주던 작품이 마지막에 추가된 두 페이지 분량의 내용에 의해 그 가치가 훼손된 점은 분명 아쉬운 부분이다.

단행본으로 출간되면서 이같은 변화가 일어난 사정에는 복합적인 이유가 있을 것으로 보인다. 먼저 1909년 『대한민보』에 연재될 당시의 사정과는 달리 1910년 한일병합이라는 사건을 겪게 되면서 부패한 중앙 관료에 대한 신랄한 풍자가 부담이 되었을 것으로 짐작된다. 보다 강화된 식민지 검열 체제 하에서 수월하게 작품을 출간하기 위해 작품의 방향을 풍자에서 계몽으로 바꾸어 놓으려는 의도를 엿볼 수 있다. 또한 『대한민보』가 국한문을 주된 표기 수단으로 설정한 데서 알 수 있듯이 이 신문은 주로 지식인들을 주된 독자층으로 선택하고 있지만, 이와는 달리 단행본은 보다 폭넓은 대중 독자를 지향하고 있다. 따라서 일반 대중 독자층의 지적 수준과 정서반응을 고려하여 작품의 뒷이야기를 마무리 짓고, 당대에 통용되던 가장 일반적인 윤리적 이데올로기를 적용시킨 것으로도 짐작된다. 전근대적 인물 유형에서 벗어나 파격적인 인물 형상으로 제시된 해주집이 '자신편'을 통해 남성 이데올로기의 틀 안에 갇혀 특유의 생동감을 잃게 된 것은 매우 유감스러운 일이 아닐 수 없다.

그밖에 「만인산」은 신문연재본이 단행본으로 출간되면서 등장인물을 지칭하는 표기 방식이 바뀌었다. 신문연재본에서는 한주사의 음모로 인해 관직을 빼앗긴 이전 지방국장의 이름이 '○○○' 또는 '○국장'으로 표현되어 있지만, 단행본에서는 '김○○' 또는 '김국장'으로 표기되어 있다. 또한 내부대신으로 한주사와 함께 부패한 관리의 전형을 보여주는 '민판서'는 단행본에서는 '리판서'로 이름이 바뀌었다. 이러한 차이를 발생시키는 원인을 정확하게 파악하기는 어려운 일이지만, 이 작품이 당대 현실 세계 속의 실제 인물들을 형상화한 것이거나 실재 사실을 기반으로 삼고 있는 이야기라는 점을 부각시키기 위한 전략으로 보인다. 신문연재 시 선택된 '○○○' 또는 '○국장'이라는 표현은 마치 소설 속 등장인물이 실제 현실 속 누군가를 모델로 취하고 있다는 인상을 풍긴다. 물론 실제로 현실 속 누군가를 모델로 취하고 있을 가능성도 있겠지만 중요한 점은 이러한 기법이 독자에게 호기심을 불러일으키는 한편 이 소설이 실제 현실을 기반으로 이루어져 있다는 것을 부각시키는 장치로 이용되고 있다는 것이다. 또한 '민판서'라는 이름이 '리판서'로 바뀌었다는 점도 '민판서'가 실제 현실 속 누군가를 지시하고 있었다는 추측을 가능케 한다. 결국 이처럼 당대의 소문 또는 사실을 소설 작법에 중요한 가치로 삼고 있는 점은 『대한민보』 소재 이해조 소설이 지닌 중요한 특징 중 하나이다.

「만인산」의 특징 중 하나는 어려운 한자어의 사용 빈도가 매우 높다는 점이다. 『제국신문』에 실린 이해조 소설의 경우 한자어의 사용이 극히 제한적이지만, 「만인산」의 경우 잦은 한자어의 사용이 눈에 띈다.[311] 이들은 대부분 사자성어나 전고가 있는 어휘 등에 사용되었는데, 대부분이 괄호 안에 한자병기를 하였다. 이러한 특징은 이 작품이 『대한민보』라는 신문에 연재되는 것을 염두에 두고 쓰였기 때문이다. 『대한민보』가 국한문 혼용체를 사용하여 중류 이상의 지식인 독자를 염두에 두고 있었다는 사실은 이 소설이 그것을 담고 있는 신문 매체의 전략과 무관하지 않다는 것을 방증하는 것이다.

이 작품에서는 다양한 속담이 포함되어 있다. 속담은 작가가 우리말이 지닌 다양한 표현방식들을 의식적으로 복원하고자 하는 의도와 관련이 깊다. 이 작품에 쓰인 속담들을 몇 가지 나열해 보면 다음과 같다.

> 화용도 좁은 길에셔 관운장이 조죠나 맛나 호통흔듯이(1909.7.14)
>
> 건너다보니 절터라고(1909.7.22)
>
> 먹을 사로 냥냥ᄒᆞ다고(1909.7.23)
>
> 다갱이 터진놈 덤뷔듯ᄒᆞ더니(1909.7.23)

---

311 이 작품에 쓰인 한자어는 다음과 같다. 설모주계, 솔구이발(率口而發), 설모주계(設謨做計), "소동파(蘇東坡)가 나랴고 미산(嵋山) 초목이 다 말나짜더니", 춘치자명(春雉自鳴), 인진(引進), 백폐구생(百弊俱生), 출장입상(出將入相), 주야배도, 분정지도, 춘츄필법(春秋筆法), 일도셩찰(一道省察), 충목지장인개유지(衝目之杖人皆有之), 여인슈졉(女人酬接), 언어동작(言語動作), 초체, 가거문자(可據文子), 피축(被逐).

죠흔 노래도 오래 드르면 실코 역마도 갈아타야 죠타는ᄃᆡ(1909.7.24)

북벌ᄒᆞ러가는 셜비ᄒᆞ듯 ᄒᆞ고셔(1909.8.4)

불붓흔 강변에 덴 소 날쒸듯(1909.8.5)

오라는 님은 안이오고 오지 말나는 팔이만 온다(1909.8.13)

독장사 헷셰음 치듯ᄒᆞ고(1909.8.17)

이러한 속담의 빈번한 사용은 이해조 소설이 지닌 중요한 특질 중 하나이다. 이해조는 우리말이 지닌 다양하고 풍부한 어휘사용법들을 통해 같은 언어를 사용하는 독자에게 친근한 정서적 유대감을 확보하고자 했으며, 이와 같은 다양한 문학적 언어 실험을 통해 한글 소설의 문학성을 한 차원 높일 수 있었다.

'신소설' 「박정화」는 1910년 3월 10일부터 동년 5월 31일까지 '수문생(隨聞生)'이라는 필명으로 『대한민보』에 연재된 작품이다. 이후 단행본에는 『산쳔초목』이라는 이름으로 바뀌어 발행되었다.[312] 단행본에서는 이해조의 이름을 찾을 수 없으며, 판권지에는 '저작 겸 발행자 남궁준(著作兼發行者 南宮濬)'이라고 표시되어 있다. 남궁준은 유일서관의 사장이었으므로, 당시의 단행본 출판 관행상 실제 작가로 보기는 어렵다. 「박정화」와 『산쳔초목』의 관계를 처음 밝힌 것은 최원식인데, 그는 『화(花)의혈(血)』(五車書廠, 1918) 서언에 실려 있는 "근일에 저술한 박정화 · 화세계 · 월하가인 등 수삼종 소설은 모다 현금의 있난 사람의 실지 사적이라"는 대목을 들어 「박정화」와 『산천쵸목』이 동일한 작품

312 『산쳔초목』, 유일서관(唯一書館), 1912.1.20.

(좌) 「박정화」의 『대한민보』 연재 모습(1910.3.10)
(우) 단행본 『산천초목』의 표지(유일서관, 1912, 국립중앙도서관 소장)

이며 모두 이해조가 저술한 것을 밝힌 바 있다.[313] 이러한 대목은 「화의혈」의 『매일신보』 연재분에서도 동일한 내용을 찾을 수 있다.[314]

「화의혈」 서언에서 언급한 것처럼 「박정화」는 당대의 실제 사건에서 소재를 취하여 그것을 재료로 소설적 형상화를 시도한 작품이다. 한기형은 1910년 2월 20일부터 25일까지 『황성신문』에 연재되었던 「소시종투신향 노참령읍구연(少侍從偸新香 老參領泣舊緣)」이라는 작품의 존재를 밝히고, 「박정화」가 이것을 기본 골격으로 재창작한 작품이라는 점을 검토한 바 있다.[315] 조상우의 경우에는 『별계채탐』을 작품의 제목으로 「소시종투신향 노참령읍구연」을 소제목으로 파악하였으며, "『별

313 최원식, 『이해조 문학 연구』, 서울대 박사논문, 97쪽.

314 석춘자(惜春子), 「화(花)의혈(血)」, 『매일신보』, 1911.4.6.

315 한기형, 「한문단편의 서사전통과 신소설」, 『한국 근대소설사의 시각』, 소명출판, 1999, 157~195쪽.

계채탐』은 『산천초목』을 완성하기 위해 이해조가 자신의 초안을 『황성신문』에 미리 실었고, 이어 『대한민보』에 『박정화』를 실어 이야기를 가다듬은 다음에 최종적으로 『산천초목』을 지었다"고 주장했다.[316] 또한 한기형이 이 작품을 한문단편으로 파악한 것과는 달리 조상우는 이를 한문소설로 파악하고 있다는 차이점이 있다.

그러나 '별계채탐(別界採探)'은 작품이름이라기보다는 신문편집에서의 섹션(section), 즉 난(欄) 이름으로 보는 것이 타당하다. '별계채탐'은 그 이름에서 드러나는 것처럼 시정의 특별한 소문을 취재하여 서술한 특집 기사의 표제이며, '논설(論說)', '잡보(雜報)', '소설(小說)', '광고(廣告)' 등의 난 명칭과 동일한 층위의 표현이다. '별계채탐'에는 「소시종투신향 노참령읍구연」과 「몽매야취우전언 산화천석불생진(夢梅夜翠羽傳言 散花天石不生嗔)」[317] 두 편의 기사가 포함되어 있는데, 이는 모두 구한말 상층 귀족들의 엽색행각을 소재로 삼고 있다.[318] 이미 『황성신문』에 연재된 소설 「신단공안(神斷公案)」[319]과 「몽조(夢潮)」[320]에는 모두 작품 제목 앞에 '소설'이라는 양식 명칭이 표기되어 있으며, 「몽조」의 경우에는 '반아(槃阿)'라는 필명을 매회 명기하였다. 「소시종투신향 노참령읍구연」이 '소설' 대신 '별계채탐'이라는 표제를 사용한 것으로 미루어 볼 때, 『황성신문』의 편집진은 이 작품을 소설로 인식하고 있지 않았

316 조상우, 「『황성신문(皇城新聞)』 소재 한문단편 「별계채탐(別界採探)」 연구」, 『한국 언어문학』 65, 2008, 213~234쪽.

317 「몽매야취우전언 산화천석불생진(夢梅夜翠羽傳言 散花天石不生嗔)」은 1910년 3월 10일에서 12일까지 총 3회 연재되었다.

318 한기형, 앞의 책, 158쪽.

319 「신단공안(神斷公案)」, 『황성신문』, 1906.5.19~12.31.

320 반아(槃阿), 「몽조(夢潮)」, 『황성신문』, 1907.8.12~9.17.

던 것으로 보인다. 또한 「소시종투신향 노참령읍구연」의 마지막 부분에서 "後報를 且待ᄒᆞᆫ깃노라"[321]라는 표현을 발견할 수 있다. '보(報)'라는 표현은 문학 양식을 지칭하는 용어보다 신문의 기사를 지칭하는 것에 가깝다. 당시 신문 매체의 다양한 기사들이 상당부분 서사적 자질들을 포함하고 있었다는 점을 떠올린다면, 여타 기사들과는 구별되는 뚜렷한 서사적 특성에도 불구하고 당시 편집인들은 「소시종투신향 노참령읍구연」을 하나의 기사로 인식했을 가능성이 높다.

물론 「소시종투신향 노참령읍구연」과 「박정화」가 동일한 서사적 골격을 공유하고 있다는 점은 분명한 사실이다. 하지만 당시 전문 소설 작가로서 명성을 날리던 이해조가 『황성신문』에 소설도 아닌 일반 기사를 게재하였을 가능성은 낮아 보인다. 게다가 「소시종투신향 노참령읍구연」의 말미에는 "광문생유시위증왈(廣聞生有詩爲證曰)"라는 표현과 함께 오언절구의 한시를 덧붙였는데, '광문생(廣聞生)'은 이 기사를 작성한 사람을 뜻하며 이해조와는 다른 인물인 것으로 여겨진다. 결국 「박정화」는 한기형이 지적했던 것처럼 시정에 떠도는 상층귀족들에 대한 추문을 '채탐(採探)'한 기사를 읽은 이해조가 그 기사의 골격에 살을 붙여 소설적으로 형상화한 작품으로 보는 것이 좋겠다. '현금에 있는 사람의 실제 사적'을 바탕으로 창작했다는 「화의혈」 서언의 표현도 이러한 가능성을 뒷받침해준다.

「소시종투신향 노참령읍구연」과 「박정화」, 『산천초목』 사이에는 눈에 띄는 차이점이 존재한다. 주요 인물들의 경우 이시종과 박참령, 신

321 「소시종투신향 노참령읍구연(少侍從偸新香 老參領泣舊緣)」, 『황성신문』, 1910.2.25, '별계채탐(別界採探)'.

마마 등은 모두 동일한 이름으로 표기되어 있다. 하지만 여성 주인공의 경우 「소시종투신향 노참령읍구연」에서는 '별실(別室)' 또는 '미인(美人)'으로 지칭하고 있으며, 「박정화」에서는 '○○집'으로, 『산쳔초목』에서는 '강릉집'으로 표기하고 있다. 시정의 염색 추문을 '채탐'한 「소시종투신향 노참령읍구연」의 경우 기사의 내용이 실제 인물과 사건을 다루었다 할지라도 실명을 그대로 다루기는 어려웠을 것으로 짐작된다. 「소시종투신향 노참령읍구연」의 내용이 공적인 영역이 아닌 개인의 사적 영역을 다루는 것이기 때문이다. 또한 상층 귀족의 이야기를 다루려다보니 이 이야기가 기사화되었을 때 발생할 수 있는 여러 가지 상황도 고려해야 했을 것이다. 이름 대신 '시종(侍從)'이나 '참령(參領)'과 같이 관직 명칭으로 표기하고 있다는 점도 이러한 사실을 뒷받침한다.

「박정화」에서는 이시종과 박참령의 경우 「소시종투신향 노참령읍구연」 표기와 동일하지만, 여성 주인공의 이름을 '○○집'으로 바꾸어 놓았다. 이는 '별실'이나 '미인'에 비해 등장인물에 개성 있는 성격을 부여하기 위한 장치로 볼 수 있다. '별실'은 박참령과의 관계 속에서만이 그 의미를 얻을 수 있고, '미인'은 다소 추상적이고 보는 이에 따라 달라질 수 있는 상대적인 기준에 의해 만들어진 표현법이기 때문이다. 실제로 「소시종투신향 노참령읍구연」의 '별실'이 '재빠른 이해타산을 지닌 노류장화의 형상'으로 단순화되어 있는데 반해 「박정화」의 '○○집'은 인간적인 면모가 두드러지거나 자기 존재에 대한 근본적 갈등을 통해 주체적 결단을 내리는 인물로 그 성격이 풍부하게 묘사되어 있다.[322] 이후 단행본으로 출간된 『산쳔초목』의 경우 '○○집'을 '강릉집'

322 한기형, 앞의 책, 180쪽.

이라고 바꾸었는데, 이러한 차이는 신문연재본과 단행본의 물질성과 관련이 깊다. 신문연재본 소설의 경우 사실성을 기사 게재의 중요한 원리로 삼은 신문 매체의 속성에 일정 부분 영향을 받을 수밖에 없지만, 단행본의 경우 신문매체의 속성에서 벗어나 그 나름의 독립된 자질로 구성된 이야기책의 계보 안에 포섭되기 때문이다.

또한 '○○집'이라는 표현은 이 소설이 실제 인물을 바탕으로 이루어져 있다는 사실을 환기시키며, 작가가 알고 있는 정보를 의도적으로 감추고 있다는 느낌을 줘 독자의 호기심을 자극할 수 있었다. 「박정화」에 등장하는 이러한 수법은 몇 차례 반복해서 사용된다. 「소시종투신향노참령읍구연」에서는 '이시종'을 "富貴가 雙全흔 某大監의 令男"[323]이라고 했으나, 「박정화」에서는 "○○○씨의 아달이오 ○○○씨의 죡흐요구려"[324]라고 표현하였다. 또한 단행본인 『산쳔초목』에서는 이를 "리대신 아모씨의 아달이오 아모씨의 죡흐요구려"[325]로 바꾸어 놓았다. 또한 「박정화」에서는 이시종의 집안을 언급하면서 "리시죵으로 말흐면 그 집안 가도가 ○○○○○ 흔터이라 기쳔에셔 룡나기가 쉽소 그 위인이 역시 일반일터이오"라며 비판하였는데, 단행본에서는 "○○○○○"를 "망칙망칙"[326]으로 바꾸어 놓았다. 이처럼 '○○' 표현은 유독 「박정화」에서만 찾을 수 있는데, 이는 신문연재본인 「박정화」가 지닌 중요한 특징 중 하나이다.

「박정화」는 신문연재소설이므로 그것을 담고 있는 『대한민보』의 편

323 「소시종투신향 노참령읍구연」, 『황성신문』, 1910.2.22, '별계채탐'.
324 수문생(隨聞生), 「박정화(薄情花)」, 『대한민보』, 1910.4.24.
325 『산쳔초목』, 유일서관, 1912.1.20, 49쪽.
326 『산쳔초목』, 유일서관, 1912.1.20, 54쪽.

집 체제 및 담론 지향성과 밀접한 연관을 맺고 있다. 특히 「박정화」는 한자에 익숙한 중류 이상의 독자를 대상으로 삼고 있다.

순한글 문체를 통해 여성을 중심으로 한 일반 대중독자를 대상으로 한 『제국신문』과는 달리 국한문 문체를 통해 중류 이상의 지식인 독자를 대상으로 삼은 『대한민보』는 그 안에 담겨 있는 소설 역시 동일한 독자층을 염두에 두고 있었다. 「박정화」에는 「현미경」, 「만인산」과 마찬가지로 『제국신문』 연재소설에서는 찾기 어려운 한자어들이 다수 포함되어 있다. 「박정화」에 사용된 한자어들을 순서대로 나열해 보면 '교목(喬木), 유지사경성(有志事竟成), 상미만(尙未晩), 반계곡경, 용젼여슈, 슈용산출, 닥산[澤山], 화죠월셕[花朝月夕], 당이별론, 만지장셜, 죡불이디, 추일사가지(推一事可知), 출기불의(出其不意), 만사무한(萬事無恨), 와석죵신, 반계곡경, 치지도외' 등이 있는데, 이는 이 소설이 비교적 한자에 익숙한 독자들을 배려하고 있음을 보여주는 사례이다. 이러한 한자어의 대부분은 「박정화」가 염두에 둔 독자층이 일상에서 흔히 사용하던 관용적 표현이며, 한글 표기로만은 이해하기 어려운 단어의 경우 한자를 괄호 안에 병기하여 독자의 편의를 돕고자 했던 것으로 보인다.

또한 『제국신문』 연재소설이 여성을 중심으로 한 일반 대중독자들에 대한 '풍속개량'을 핵심적인 가치로 삼고 있었던 것과는 달리 「박정화」는 '풍속개량'의 의지를 적극적으로 표현하기보다 실제 있었던 사건을 서사의 뼈대로 삼아 현실 속의 인정세태를 핍진하게 묘사하는 데 주력하고 있다. 작품의 주요 등장인물인 이시종, ○○집, 박참령은 모두 선인과 악인이라는 단순한 이분법적 구도에서 벗어나 모두 제 나름대로의 욕망에 충실한 현실적 인물이다.[327]

이 일을 공평훈 의론으로 말호게 되면 찍으랴는 황새나 안이 찍히랴는 죠개나 일반이라 호노니 엇지해 그러호냐 호면 백발로인이 소폅을 두엇다가 한 번 배번하고 간 이상에 구구히 차자드려 내소박을 바다가며 심력을 허비호는 박참령도 졈잔치 못호다 훌 것이오 일시부강을 자셰호고 부집존장의 가속을 통간호야 긔어히 빼셔々 동거호랴다가 긔위 탄로되엿스니 자긔 죄를 회과호야 다시는 엿보지 안이호여야 가호거날 빅가지 계교로 ○○집의 마암을 유인호는 리시죵도 인사불셩이라 훈 것이오 계집의 몸이되야 개즘싱 안인바에 몸을 긔위 졈자는 재상에게 허락을 하얏스니 행실을 단졍히 가져 남편의 낫을 안이 짝기도록 호여야 올커날 간부에게 침혹하야 배부도쥬를 하얏스며 다시 온 이후로 말훈대도 아모죠록 개과쳔션호야 그 남편의 후훈 뜻을 져바리지 말미 가하거날 돌오혀 내소박을 호고 궁흉극악훈 계교를 품고 잇는 ○○집도 살지무셕훈 인물이로다[328]

위 예문은 「박정화」의 주요인물인 이시종, ○○집, 박참령에 대한 서술자의 시각이 직접적으로 표출된 대목이다. 작가는 소설 속 등장인물들을 선인과 악인의 구도로 단순화시키기 보다는 선과 악이라는 이분법적 구도를 넘어서 존재하는 각각의 등장인물을 입체적으로 형상화하였다. 실제 현실 속 인물은 각자의 내부에 나름의 욕망을 지닌 채 살아간다. 이 작품을 통해 작가는 완전무결한 선인이나 국가의 운명을 짊어진 영웅 대신 개별적 주체들의 욕망을 섬세하게 포착하고 이러한 욕망의 갈등이 충돌하는 양상을 있는 그대로 묘사하고자 했던 것이다.

327 양문규 역시 등장인물들의 개성이 생동감 있게 형상화되어 있다는 점을 『산천초목』의 중요한 특징으로 지적한 바 있다. 양문규, 『한국 근대소설사 연구』, 국학자료원, 1994, 95~97쪽 참조.

328 수문생, 「박정화」, 『대한민보』, 1910.5.12~5.13.

결국 작가는 이러한 현실적 인물들을 있는 그대로 묘사함으로써 상류사회의 부정한 현실세태를 있는 그대로 그려내고자 했다. 이는 「박정화」가 염두에 둔 주된 독자층의 성향과도 밀접한 관련이 있는 것으로 보인다. 「박정화」가 다루는 상층 사회의 부조리한 현실과 개인의 욕망, 애정문제에서 비롯된 삼각관계 등은 중류 이상의 독자층에게 매력적인 소재였으며, '풍속개량'과 관련한 작가의 계몽적 목소리 대신 현실 속 인정세태의 핍진한 묘사를 통해 대상 독자에 적합한 소설 기법을 발전시킬 수 있었던 것이다. 결국 「박정화」는 『제국신문』 연재소설과는 달리 풍속개량의 의지가 크게 약화되었지만, 오히려 이러한 점은 후대 연구자들에게 이 시기 소설 중 유독 빛을 발하는 작품이라는 후한 평가를 받는 원인이 되기도 하였다.[329]

특히 구한말 귀족 집안의 자제인 '이시종'을 등장시켜 그를 매우 부정적인 모습으로 그려낸 것은 『대한민보』의 정치적 성향과도 관련이 있다. 이시종은 기존 연구에서 이미 지적했듯이 실제로 이완용 일가 중 한 사람을 모델로 삼은 것으로 보인다.[330] 당시 『대한민보』의 발행 주체인 '대한협회'는 이완용 내각과 일진회라는 양대 친일 세력들과 경쟁 및 갈등 관계에 놓여 있었으며, 『대한민보』의 발행이 이완용 내각

329 특히, 어느 누구의 손도 들어주지 않는 이 작품의 마무리는 이해조 소설은 물론 이 시기 소설 중 가장 매력적인 것으로 생각된다. "졔 죄는 하여ᄒᆞ고 졍경이 칙은ᄒᆞᆫ 싱각이 들던지 뒤방 구셕ᄒᆞᆫ 곳에다 쳐소를 뎡ᄒᆞ야 쥬고 의복음식은 여일이 ᄃᆡ여쥬나 다시는 겻헤도 갓가이 안져 ᄶᅡ닷한 리약이 한마듸 안이 ᄒᆞ더라", 수문생, 「박정화」, 『대한민보』, 1910.5.31.

330 최원식은 「박정화」의 '이시종'이 이완용을 비롯한 친일고관 가문과 관련이 있음을 지적하였고, 한기형은 구체적으로 실제 '시종'이라는 관직을 역임했던 이완용의 아들 항구(恒九) 또는 이완용의 서형인 이윤용(李允用)의 아들 명구(明九)를 실제 '이시종'의 모델로 파악하고 있다. '이시종'이라는 인물이 이완용 가문은 물론 친일 관료배들을 모델로 만들어진 것임은 분명해 보인다. 최원식, 앞의 글, 98~99쪽 참조; 한기형, 앞의 책, 188~190쪽 참조.

의 기관지 『대한신문(大韓新聞)』이나 일진회의 기관지인 『국민신보(國民新報)』를 염두에 두고 있었다는 점은 상술한 바와 같다. 이러한 점을 고려할 때 다음과 같은 대목은 의미심장하다.

> 리시죵이라는 자식으로 말ᄒᆞ면 그런 후레개자식이 엇의 잇슬구 내가 제 아비 친구인대 졔 아비 친구의 계집을 빼여돌려 응 쳔참만륙을 홀 놈 이래런말이 내가 돌오혀 졈잔치 안이ᄒᆞ지마는 추일사가지(推一事可知)로 이 일 ᄒᆞᆫ 가지로 보면 셰상에 못홀 것 업시 다홀 놈이지 그랴 네 집안도 가히 알겟다 오날날 부귀셰력이 몃칠이나 부지ᄒᆞ리[331]

박참령의 표현에 따르자면 이시종은 아버지의 친구인 자신의 첩을 빼돌린 '천참만륙'한 자이며, 이러한 비판적 목소리는 그 집안은 물론 더 나아가 친일 귀족 전체에 미치고 있다. 작가는 주요 인물 모두를 자신의 개인적 욕망에 충실한 불완전한 모습으로 형상화 했는데, 특히 이미 기울어져 가는 조선의 현실 가운데 친일 귀족들의 부패한 행태를 가장 비판적인 시각으로 그리고 있는 셈이다. 이러한 시각은 「박정화」가 '대한협회'의 기관지인 『대한민보』에 연재되었던 작품이라는 점과 관련이 깊다. 신문연재소설인 「박정화」는 『대한민보』라는 매체의 편집체제나 담론과 일정한 영향을 주고받고 있었으며, '대한협회' 그리고 『대한민보』가 지닌 이완용 내각 또는 친일 귀족에 대한 부정적인 입장이 자연스럽게 그 안에 연재된 「박정화」에 삼투되었던 것으로 보는 것이 마땅하다. 이러한 측면은 단행본 『산쳔초목』에서는 발견하기 어려

331 수문생, 「박정화」, 『대한민보』, 1910.5.5.

운 특성이며, 「박정화」가 『대한민보』라는 신문 매체의 연재소설이라는 점에 주목할 때만이 얻을 수 있는 결과이다.

3. 단행본 소설과 교육·계몽운동

1900년대 이해조는 잡지 『소년한반도』에서 한문현토소설 「잠상태」를 연재하였고, 당시 유력한 신문 매체인 『제국신문』과 『대한민보』에서 꾸준하게 소설을 연재하여 근대 출판인쇄 매체를 기반으로 한 대표적인 소설 작가로 자리매김하였다. 이러한 가운데 이해조는 신문연재를 거치지 않고 『화성돈전(華盛頓傳)』, 『철세계(鐵世界)』, 『자유종(自由鐘)』을 단행본으로 출판하였다. 1900년대 이해조의 신문연재소설이 대부분 순수 창작한 작품이고, 서사적 특성을 강조한 '신소설'인 것과는 달리, 단행본으로 직접 출판된 이들 세 작품은 번역(번안)소설이거나 토론소설이라는 점에서 차이를 보인다. 이해조의 신문연재소설이 각각의 신문 매체의 언어 및 담론, 독자 전략과 밀접한 관련을 맺고 있었던 것과는 달리 이들 단행본 소설은 당시 단행본 출판 시장의 특수한 성격을 반영하고 있다는 점에서 특징적이다. 기본적으로 신문연재소설은 신문의 발행 부수를 올리기 위한 상업적 성과를 중요한 목표로 설정하고 있다. 신문연재소설은 각각의 신문 매체가 설정한 대상 독자층을 소설 독자로 유인하고, 이를 고정적인 신문 구독자로 만드는 역할을 담당하고 있기 때문이다. 하지만 이 무렵 단행본 소설의 출판은 이윤을 남기기 위한 상업적인 성격보다는 교육과 계몽의 수단으로서의 의미가 강하였다.[332]

이해조의 신문연재소설에 비해 『화성돈전』, 『철세계』, 『자유종』은 '재미'보다는 '영향'에 초점이 맞춰져 있다. 물론 이들 작품이 모두 소설이라는 점에서 수신서, 교과서, 역사서 등의 개화기 출판물에 비해 '재미'의 요소가 강한 것은 사실이나, 신문에 연재된 신소설에 비해 소설이 지닌 '영향' 즉 교육과 계몽을 주된 목표로 삼고 있음을 쉽게 짐작할 수 있다. 따라서 이러한 단행본 소설의 번역(번안) 및 창작은 외세의 침략으로부터 국권을 지키기 위한 애국계몽운동의 일환이었으며, 적극적인 교육·계몽운동에 참여했던 이해조의 관심을 반영하는 것이기도 하다.

이해조는 애국계몽운동이 한창이었던 1905년에서 1910년 사이에 소설 창작 이외에도 다양한 사회 활동을 수행한 바 있다.[333] 그는 『소년한반도』의 찬술원(撰述員)[334] 및 『대한협회』의 교육부 사무장,[335] 교육부 평의원[336]을 고루 역임하였으며, 『기호흥학회월보』에서는 편집인[337]을 맡은 바 있다. 그리고 근대 교육과 관련된 활동으로는 신야의숙(莘野義塾) 간사원(幹事員)[338] 및 사무원(事務員),[339] 숙감(塾監)[340]으로 활동하였으며, 돈명

332 채백, 「근대 민족주의의 형성과 개화기 출판」, 『한국 언론정보 학보』 41, 2008, 7~40쪽 참조.
333 이에 관해서는 김도형의 연구가 상세하다. 김도형, 「한말 계몽운동과 동농 이해조(東儂 李海朝)」, 『동농 이해조선생 기념 심포지엄 자료집』, 동농이해조선생기념사업회, 2009.8.17, 15~28쪽 참조.
334 「찬축(贊祝)」, 『소년한반도(少年韓半島)』 1, 1906.11, 48쪽.
335 「회원명부(會員名簿)」, 『대한협회회보(大韓協會會報)』 1, 1908.4, 58쪽.
336 「본회역사(本會歷史)」, 『대한협회회보』 4, 1908.7, 56쪽.
337 『기호흥학회월보(畿湖興學會月報)』 1, 1908.8, 60쪽.
338 「시학고왕(視學沠往)」, 『황성신문』, 1906.6.30.
339 「인토치료(因土致鬧)」, 『황성신문』, 1906.7.31.

의숙(敦明義塾) 숙감(塾監),[341] 기호학교(畿湖學校) 겸임교감(兼任校監)[342]을 맡은 바 있다. 또한 학교문제나 학생들의 재정적 어려움에 관심을 갖고 보조금을 내기도 하였고,[343] 학교 졸업식이나 운동회에 참석하여 축사를 하거나 상품을 보조하기도 하였다.[344] 그 밖에도 국채보상운동의 맥락에서 조직된 '광무사(光武社)'의 발기인이었으며,[345] 일진회의 '합방 청원'에 반대하여 조직된 '국민연설회'에서 임시 서기(書記)와 장서제술위원(長書製述委員)을 맡았다.[346] 또한 그는 실용적인 '국민복'을 만들고자 조직된 '국민예복의정회(國民禮服擬定會)'의 발기인으로 참여하였는데[347] 이는 애국계몽운동의 일환으로 이루어진 그의 사회 활동에 대한 관심이 매우 다양한 방면에 미치고 있었음을 확인할 수 있는 대목이다.

결국 이해조의 교육·계몽운동은 1900년대에 발표된 이해조의 다양한 소설 실험이 지닌 지향점을 확인할 수 있는 중요한 바탕이 된다. 특히, 신문연재소설에 비해 '정론적' 성격이 짙은 『화성돈전』, 『철세계』, 『자유종』은 잡지나 신문의 연재소설과는 달리 상업적 성공이나 매체의 담론으로부터 비교적 자유로운 단행본 출판을 통해 이루어진

---

340 「숙교장전(塾校將戰)」, 『황성신문』, 1906.8.24; 「돈명의숙(敦明義塾)의 학도해산(學徒解散)」, 『황성신문』, 1908.10.6.

341 「재일본단지류학생학자의연(在日本斷指留學生學資義捐)」, 『황성신문』, 1907.3.30.

342 「학교임원명부(學校任員名簿)」, 『기호흥학회월보』 9, 1919.2, 48쪽.

343 『황성신문』, 1905.10.9; 「재일본동경대한류학생태극학회찬조금(在日本東京大韓留學生太極學會贊助金)」, 『황성신문』, 1907.7.17.

344 「한교졸업식(漢校卒業式)」, 『황성신문』, 1908.4.9; 「기교운동상황(畿校運動狀況)」, 『황성신문』, 1908.10.6; 「양원기념(養源紀念)」, 『황성신문』, 1909.7.16; 「한교졸업식」, 『황성신문』, 1910.4.12; 「사립고등학교대운동(私立高等學校大運動)」, 『황성신문』, 1910.5.11; 『황성신문』, 1910.5.18; 『황성신문』, 1910.5.20; 『황성신문』, 1910.8.20.

345 「광무사취지서(光武社趣旨書)」, 『대한자강회월보(大韓自强會月報)』 9, 1907.3, 56쪽.

346 「장서기초(長書起草)」, 『황성신문』, 1910.2.16.

347 「국민례복의금회취지서(國民禮服擬金會趣旨書)」, 『황성신문』, 1908.2.12.

『화성돈전』
(회동서관, 1908, 함태영 박사 소장)

것이며 교육·계몽운동에 대한 이해조의 관심을 보다 직접적으로 확인할 수 있는 작품들이다.

『화성돈전』은 1908년 4월 회동서관에서 발행되었으며, 판권지에는 '역술자 이해조(譯述者 李海朝)', '교열자 원영의(校閱者 元泳義)', '발행자 고유상(發行者 高裕相)'이라고 적혀 있어 이해조의 작품임을 확인할 수 있다.[348] 이 작품은 한주국종의 국한문 혼용체를 사용하고 있으며, 본문을 1장에서 6장까지로 나눈 회장체 형식을 따르고 있다.[349] 최원식의 연구에 따르면 이해조의 『화성돈전』은 일본의 후쿠야마 요시하루[福山義春]의 『화성돈(華聖頓)』(博文館, 1900)을 중국의 띵 진[丁錦]이 『화성돈(華聖頓)』으로 번역하고, 이를 다시 한국어로 번역한 것이다.[350] 당시 애국계몽운동을 주도하던 많은 지식인들이 양계초와 같은 중국의 지식인들에게 많은 영향을 받았음은 이미 알려진 바와 같다.[351] 제국주의의 침입으로부터 국권을 지키기 위해 근대문명을 받아들이고, 이를 교육과 계몽운동을 통

348 『화성돈전(華盛頓傳)』은 현재 인천문화재단에 계신 함태영 선생의 도움을 받아 구해 볼 수 있었다. 이 자리를 빌려 감사의 인사를 전한다. 이해조, 『화성돈전』, 회동서관, 1908.

349 각 장의 제목은 다음과 같다. '제일장(第一章) 학교생도급측량기수(學校生徒及測量技手)', '제이장(第二章) 영법식민지전쟁급육군대좌(英法植民地戰爭及陸軍大佐)', '제삼장(第三章) 영국왕(英國王)의 압제급주회의원(壓制及州會議員)', '제사장(第四章) 독립전쟁급미군총독(獨立戰爭及美軍總督)', '제오장(第五章) 북미합중국(北美合衆國)의 독립급대통령(獨立及大統領)', '제육장(第六章) 화성돈(華盛頓)의 고도급인물(高蹈及人物)'.

350 최원식, 「『화성돈전(華盛頓傳)』 연구」, 『민족문학사연구』 18, 2001, 280~287쪽 참조.

351 우림걸, 『한국 개화기 문학과 양계초』, 박이정, 2002 참조.

해 이루고자 하는 점은 당시 중국과 한국 지식인들의 공통적인 과제였다. 중국에서 발행된 이 같은 번역소설 역시 당시 지식인들에 일정한 영향을 미치고 있었으며, 이해조의 번역 역시 이러한 맥락에서 이루어져 있음을 짐작할 수 있다.[352]

다음은 『황성신문』에 게재된 『화성돈전』의 광고이다.

> 此傳은 英政府의 非常ᄒᆞᆫ 壓制를 脫却ᄒᆞ고 北美一大共和國을 建設ᄒᆞ든 大英雄華盛頓의 事蹟이라 其砲烟彈雨의 艱苦를 備嘗ᄒᆞ고 刀山釰水의 危險을 累冒ᄒᆞ야 百折不回ᄒᆞᄂᆞᆫ 力으로 同胞를 水火中에 拯救ᄒᆞ고 宏業을 宇宙間에 特立ᄒᆞᆷ은 實로 讀者로ᄒᆞ야곰 自由心과 忍耐力과 保種愛國의 種種思想이 油然應發케ᄒᆞ오니 社會의 有志ᄒᆞ신 諸君子ᄂᆞᆫ 此傳을 是讀ᄒᆞ야 此人을 是師ᄒᆞ시오[353]

위 광고문에서처럼 『화성돈전』은 영국 정부의 압제로부터 벗어나 미공화국을 건설한 화성돈의 이야기를 다룸으로 해서, 독자로 하여금, '자유심(自由心)'과 '인내력(忍耐力)' 및 '보종애국(保種愛國)의 종종사상(種種思想)'을 키울 것을 목표로 삼고 있다. 이는 이 작품의 저술 의도가 외세의 침입으로부터 국권을 지키기 위한 애국계몽운동의 일환으로 기획되었음을 명백히 밝히고 있는 대목이다. 또한 『화성돈전』의 '수장(首章)', 즉 머리말에는 "現時社會의 情形을 觀ᄒᆞ건ᄃᆡ 忍言치 못ᄒᆞᆯ 者ㅣ 多ᄒᆞ니 願五後의 人은 華盛頓을 鑑ᄒᆞ야 自由及公理와 國家及國民을 發起

352 최원식은 「『화성돈전』 연구」에서 일본판이 '인류'와 같은 보편적 기준을 내세우는 것과는 달리 중국판은 '국민'이라는 개별적 가치를 전면에 부각시키고 있다며, 이해조의 『화성돈전』 역시 중국판의 영향을 받은 것으로 정리하였다. 최원식, 앞의 글, 280~287쪽 참조.

353 「화성돈전」, 『황성신문』, 1908.4.18.

홀지어다"라는 표현이 있는데, 이 역시 이 작품의 저술의도를 알 수 있는 중요한 대목이다.[354]

1908년 무렵 외국의 역사나 전기의 번역은 교육과 계몽을 통해 애국심을 고취시키고, 근대적 자주국가의 국민을 만들기 위한 유용한 방편이었다.[355] 특히, 외세의 침입에 맞서 조국을 지켜낸 국가적 영웅의 일대기는 백성에 머무르고 있었던 독자들을 '무명의 영웅'으로 호출하기 위한 효과적인 전략으로 고안되었다.[356] 『갈소사전(噶蘇士傳)』(1907), 『비사맥전(比斯麥傳)』(1907), 『의국부인전』(1907), 『라란부인전(羅蘭夫人傳)』(1907), 『성피득대제전(聖皮得大帝傳)』(1908), 『나파륜전사(拿破崙戰士)』(1908), 『싸퀴일트전』(1908) 등 외국 영웅들의 일대기와 『강감찬전(姜邯贊傳)』(1908), 『을지문덕(乙支文德)』(1908), 『이충무공실기(李忠武公實記)』(1909) 등 국내 영웅들의 일대기가 이 무렵에 집중되어 있다는 사실은 당시의 절박한 사정을 짐작케 한다. 특히, 『화성돈전』은 이해조의 작품 활동이 '신소설'에 국한되지 않고 외국소설의 번역에까지 미치고 있다는 점, 그리고 이러한 노력이 개신유학자 그룹의 애국계몽운동의 경향을 반영하고 있음을 확인할 수 있는 텍스트이다. 또한 이는 이인직과는 구별되는 이해조 문학의 특수한 성격을 보여주는 사례이기도 하다.[357]

『철세계(鐵世界)』는 1908년 11월 20일 회동서관에서 발행되었으며, 판권지에는 이해조가 '역술자(譯述者)'로 표기되어 있다. 제목 앞에는 '과

354 이해조, 『화성돈전』, 회동서관, 1908, 2쪽.

355 이승윤, 「한국 근대 역사소설의 형성과 전개」, 연세대 박사논문, 2005, 16~19쪽 참조.

356 이에 대해서는 다음의 논문이 상세하다. 노연숙, 「한국 개화기 영웅서사 연구」, 서울대 석사논문, 2005 참조.

357 이인직이 애국계몽운동의 일환으로 기획된 역사전기소설의 창작이나 번역을 한 사례는 찾을 수 없다.

학소설[科學小說]'이라는 표제가 부기되어 있으며, 『화성돈전』과는 달리 순한글체로 쓰였다는 특징이 있다. 1909년 1월 1일 자 『제국신문』에는 다음과 같은 광고가 게재되어 있다.

> 이 쇼셜은 화학가의 웅상훈 경영과 자션가의 널니 사랑ᄒᆞᄂᆞᆫ ᄉᆞ업과 위싱제도를 도져히 모방ᄒᆞ야 사룸으로 ᄒᆞ야곰 가히 씨닷게 ᄒᆞ며 가히 두렵게 ᄒᆞ고 가히 깁부게 ᄒᆞ며 가히 질겁게 ᄒᆞ오니 과학에 죵ᄉᆞᄒᆞ시ᄂᆞᆫ딕 가장 요긴훌 쑨안니라 식 지식을 여러쥬ᄂᆞᆫ딕 큰 힘이 잇ᄂᆞᆫ 것시오니 ᄉᆞ랑ᄒᆞ시ᄂᆞᆫ 모든 군ᄌᆞᄂᆞᆫ 쇽키 사다 보시기를 바라나이다[358]

『화성돈전』이 한주국종의 국한문혼용체로 쓰인 것과는 달리 『철세계』는 순한글체를 사용하였다. 비슷한 시기에 출판된 두 개의 작품이 각각 다른 언어 표기 방식을 선택하고 있다는 것은 각각의 작품이 사용언어에 따른 각기 다른 독자층을 염두에 두고 있다는 점을 짐작케 한다. 예컨대 『화성돈전』은 한자에 익숙한 지식인 계층을, 『철세계』는 한글에 익숙한 중류 이하의 계층을 주된 독자로 설정하고 있다. 또한 각각의 제목 역시 각각 작품이 염두에 둔 대상 독자층의 차이를 짐작할 수 있는 대목이다. 『화성돈전』의 경우 '~전(傳)'이라는 양식에 익숙한 전통적 지식인들을, 『철세계』는 신소설에 근접한 제목을 통해 새로운 소설 양식에 익숙한 대중 독자들을 유인하고자 했다. 결국 『철세계』는 순한글 표기를 통해 일반 대중독자들을 계몽하고자 했으며, '과학

358 1909년 4월 29일 자 『황성신문』에는 같은 내용의 광고가 국한문 혼용체로 게재되어 있다. 다만 "美國 迦爾威尼 原著 大韓 李海朝 譯述"라는 표현이 추가되어 있다.

『철세계』
(회동서관, 1908, 국립중앙도서관 소장)

에 종사'하거나 '새 지식을 열어주는 데 큰 힘이' 되는 소설로 기획되었음을 알 수 있다.

이해조의 『철세계』는 당시 근대 서구문학의 복잡한 유입 경로를 확인할 수 있는 작품이다. 원작은 프랑스 소설가 쥘 베른의 『인도 왕녀의 오억 프랑(*Les Cinq Cents Millions de la Begum*)』(1879)인데, 이 작품은 영역본 『*The Begum's Fortune*』(1880), 일역본 『철세계(鐵世界)』(1887), 중역본 『철세계(鐵世界)』(1903)를 차례로 거쳐 이해조에 의해 한국어로 번역되었다.[359] 특히, 이해조의 『철세계』는 상해 문명서국(文明書局)에서 발행된 포천소(包天笑)의 『철세계』를 대본(臺本)으로 삼아 '역술(譯述)'한 것인데, 중역본을 대본으로 삼아 번역되었다는 점에서 『화성돈전』과 공통점을 지닌다.

'과학소설(科學小說)'이란 표제에서 짐작할 수 있듯, 『철세계』는 강철로 대표되는 서구 근대 과학에 대한 관심을 적극적으로 표현하고 있다. 프랑스인 좌선과 독일인 인비를 대비시키고, 이들이 추구하는 세계를 각각 장수촌과 연철촌으로 형상화한 내용은 독자로 하여금 과학에 대한 관심을 불러일으키고자 했던 이해조에게 매우 매력적인 이야기였던 것이다. 표기언어와 대상독자 등에서는 차이가 있지만 『철세계』 역시 『화성돈전』과 마찬가지로 애국계몽운동의 흐름 속에서 역술

359 『철세계(鐵世界)』의 수용 과정에 대해서는 김병철, 전광용, 최원식, 김교봉, 김종욱의 연구가 대표적이다. 특히, 최근에 발표된 김종욱의 연구는 선행연구를 기반으로 『철세계』의 수용 양상을 상세히 정리하고 있다. 김종욱, 「쥘 베른 소설의 한국 수용과정 연구」, 『한국문학논총』 49, 2008, 66~69쪽 참조.

된 책이다. 『철세계』는 근대적 과학 지식에 대한 관심을 불러일으키는 한편 이상적인 과학 지식의 활용 방향을 제시하고, 잘못된 과학 지식의 활용에 대해 경계하고 있다. 또한 연철촌의 전체주의에 상반되는 장수촌의 민주적 의사결정방식 역시 독자들에게 상당한 영향을 줄 수 있는 것이었다.[360] 결국 이러한 작품의 주제는 자연스럽게 제국주의의 폭력에 맞서 싸우기 위한 방편으로써 근대적 과학 지식을 필요로 하는 당시 조선의 현실을 환기시킨다.

『자유종』
(광학서포, 1910, 디지털한글박물관 소장)

『자유종(自由鐘)』은 1910년 7월 30일 광학서포에서 출판되었다.[361] 이 작품은 순한글 표기를 사용하고 있으며 네 명의 여성인물들이 등장하여 여성 교육에 대한 목소리를 반영하고 있다는 점에서 주로 한글에 익숙한 여성독자층을 대상으로 삼고 있음을 짐작할 수 있다. 또한 표지에는 '신소설(新小說)'이라는 표제가, 안쪽 첫 페이지에는 제목 앞에 '토론소설'이라는 표제가 부기되어 있다. 『자유종』은 신문연재를 거치지 않고 바로 단행본으로 출간되었는데, 이는 기존의 신문연재소설과는 달리 '토론소설'의 형식을 띠고 있다는 점과 관련이 있다. 기존의 신문연재소설이 특유의 서사성을 바탕으로 이루어진 것에 비해 『자유

360 김교봉, 「『철세계』의 과학소설적 성격」, 『대중서사연구』 5, 2000, 133쪽.

361 『황성신문』에는 『자유종(自由鐘)』 광고가 게재되어 있어 눈길을 끈다. "是書ᄂᆞᆫ 我國婦人이 男子에게 壓制를 脫却ᄒᆞ고 自由를 樹立ᄒᆞᄂᆞᆫ 教育討論에 關ᄒᆞᆫ 新小說이오니 有志君子ᄂᆞᆫ 速速 購覽ᄒᆞ시ᄋᆞᆸ", 「신소설(新小說) 자유종(自由鐘)」, 『황성신문』, 1910.8.14.

종』은 '토론'의 형식을 차용하여 정론적 성격이 강하다.

『자유종』에서 가장 두드러지는 특징 중 하나는 바로 다양한 비유와 예시를 동원하고 있다는 점이다. 가령 프랑스 파리대학에서의 토론회, 양계초의 동물담, 맹모삼천지교 이야기, 활멸사 이야기, 오뚝이 이야기 등 다양한 일화를 차용하고 있으며, 양계초, 퇴계 이황, 증자, 강유위, 이성호, 조은당 부인 김씨, 송귀봉, 서고정, 정금남 등의 인물을 등장시켜 자칫 단순한 주장으로 일관될 수 있는 발화 내용에 활기를 불어넣는다. 이러한 특징은 정론적 성격의 다소 딱딱한 내용에 얼마간 재미를 부여하며, 여성 독자의 이해를 돕기 위한 장치로 활용되었다.

또한 특징적인 것은 작가의 점진적인 개량론을 확인할 수 있다는 점이다. 가령 작가는 양반중심의 신분제 폐지를 일면 긍정하면서도, "ᄉ천년 젼리ᄒ던 습관이 졸디에 잘 변ᄒ겟소"[362]라며 갑오개혁에서부터 이루어진 급진적인 개혁에 대해서 부정적인 시각을 보인다. 또한 작가는 급진적인 한자 폐지론에 대해서도 일정한 거리를 두고 있는데, 적절한 한글 텍스트를 만들어 교육하다보면 자연스럽게 한자가 필요 없어질 때가 올 것이라고 주장하였다.[363] 이는 결국 급진적인 혁명이나 의병운동과 같은 무력을 이용한 대응 대신 교육과 계몽의 중요성을 누구보다 강조하였던 이해조의 시각을 확인할 수 있는 근거가 된다. 이러한 교육과 계몽에 대한 이해조의 신념은 국권상실의 위기가 눈앞에 닥친 시점이라는 점에서 다소 늦은 감이 있지만, 이러한 낙관적 전망이 있었기에 식민지 현실에서도 여전히 소설 창작을 통한 나름의 노력을 지속

---

362 이해조, 『자유종』, 광학서포, 1910, 33쪽.
363 이해조, 『자유종』, 광학서포, 1910, 10~12쪽.

할 수 있었을 것이다. 특히, 이후 『매일신보』에서 이루어진 판소리 산정(刪正) 작업은 전통적 이야기 문학이 지닌 강력한 영향력을 인정하고, 이를 올바른 한글 텍스트로 만들려는 구체적 노력이었다.[364]

특히, 이 작품은 국권을 상실하기 바로 직전에 발표된 작품임에도 불구하고, 작가의 가장 직접적인 목소리가 반영되어 있다는 특징을 지닌다. 작가는 신설헌, 이매경, 홍국란, 강금운 네 부인들의 발화를 통해, 전근대적 관습의 폐해를 지적하고 여성들의 각성을 통해 교육의 중요성을 강조하고 있다. 또한 이러한 작가의 목소리는 국민의 어머니인 여성에 대한 계몽적 성격을 띠고 있으며, 대한제국의 자주독립과 안녕 만세를 염원하고 있다는 점에서 특징적이다.

가령 작품의 후반부에서는 네 명의 인물들이 "융희이년 뎨일상원", 즉 1908년 정월대보름에 꾸었던 꿈들을 각각 이야기한다. 상원(上元)일 밤에 꾸는 꿈은 그해 일 년의 길흉화복을 예지해준다는 풍습이 있는데, 각각의 인물들이 발화하는 꿈 이야기가 모두 대한제국의 자주독립과 영구한 지속을 염원하고 있는 문장으로 시작한다는 점에서 주목할 만하다. 먼저 "나ᄂᆞᆫ 어제밤에 대한뎨국 ᄌᆞ쥬독립ᄒᆞᆯ ᄭᅮᆷ을 ᄭᅮ엇소"[365]라고 시작된 설헌의 꿈은 활멸사라는 사회에 자활당과 자멸당이 있었는데, 소수당파인 자활당의 노력으로 결국 '자활주의'가 가결되었다는 이야기이다. 또한 "ᄃᆡ한뎨국의 ᄀᆡ명ᄒᆞᆯ ᄭᅮᆷ을 ᄭᅮ엇소"[366]라고 시작된 매경의

---

364 이해조는 『자유종』에서 통렬하게 비판했던 『춘향전』, 『심청전』 등을 이후 『매일신보』에서 판소리 명창의 구술을 바탕으로 산정하게 된다. 특히, 판소리 산정 작업은 음란천착한 표현 등을 산삭(刪削)하여 신소설 독자와는 구별되는 구소설 독자층에게 좋은 한글 텍스트를 제공하기 위한 의도를 지니고 있었다. 이는 장을 달리하여 구체적으로 다루도록 하겠다.

365 이해조, 『자유종』, 광학서포, 1910, 34쪽.

366 이해조, 『자유종』, 광학서포, 1910, 36쪽.

꿈은 전국에 가득한 병증을 고치기 위해 명의의 처방을 따라 구태를 벗고 근대문명을 받아들이고자 노력한다는 이야기이다. 그리고 금운과 국란은 각각 "나는 어제밤에 대한뎨국의 독립훌 꿈을 꾸엇소,"[367] "나는 어졔밤에 대한뎨국이 쳔만년 영구히 안녕훌 꿈을 꾸엇소"[368]라며 자주독립에 대한 이야기를 '오뚝이'에 빗대어 설명하거나, 절에서 만난 어떤 부인과의 이야기를 통해 대한제국이 천만년 안녕할 것을 기원하고 있다. 각각의 꿈 이야기는 모두 당대의 현실을 비유적으로 제시하고 있으며, 대한제국이 자주독립하기 위해 필요한 노력들을 구체적으로 제시하고 있다.

이미 신문지법과 출판법이 제정되어 통감부의 검열이 강화되고, 실제 많은 수의 도서들이 '치안방해'라는 명목으로 압수처분되었던 상황에서 이러한 소설을 저술하고 출판하였다는 사실이 놀랍다. 또한 이미 강제병합을 목전에 둔 현실에서 낙관적 전망을 잃지 않고 있다는 점도 예사롭지 않다. 결국 『자유종』은 『화성돈전』, 『철세계』와 마찬가지로 애국계몽운동의 일환으로 출판된 저작물임을 확인할 수 있는데, 더 나아가 1910년 이전 이해조 소설의 지향점이 결국 어느 곳을 향하고 있었는지를 가장 명료하게 드러내는 작품이다. 다시 말해 『자유종』은 『제국신문』에서의 '풍속개량'이나, 『대한민보』에서의 현실 비판, 번역(번안)소설의 출판 등 1910년 이전 이해조의 소설 창작이 애국계몽운동의 한 방식이었으며, 결국 대한제국의 자주독립이라는 하나의 목표에 수렴된다는 점을 확인시켜 주는 작품인 것이다.

---

367 이해조, 『자유종』, 광학서포, 1910, 38쪽.
368 이해조, 『자유종』, 광학서포, 1910, 39쪽.

애국계몽운동의 일환으로 저술된 『화성돈전』, 『철세계』, 『자유종』 이들 세 작품은 모두 강제병합 이후 총독부에 의해 출판금지되는 운명에 처한다. 『화성돈전』은 1910년 11월 16일, 『자유종』은 1913년 7월 3일, 『철세계』는 1913년 7월 19일에 각각 불허가출판물로 지정되었다.[369] 이해조의 신문연재소설 중 금서조치 당한 것이 단 한편도 없는 점을 떠올려 보면, 이들 단행본 소설의 지향점이 좀 더 직접적인 애국계몽운동의 일환으로 기획되었다는 공통점을 확인할 수 있다. 대부분의 역사전기소설과 동시에 금서로 지정된 『화성돈전』에 비해 『자유종』과 『철세계』는 꽤나 과격한 표현과 직접적인 언설에도 불구하고 꽤나 뒤늦게 금서 처분을 받았다. 이는 '조선 제일 소설가'[370] 이해조를 이용하려는 총독부의 입장이 반영된 결과로 보인다. 이해조가 1913년 5월 11일 「우중행인(雨中行人)」을 끝으로 『매일신보』를 떠나고, 그 직후인 7월에 『자유종』과 『철세계』가 금서처분을 받았다는 사실은 단순한 우연으로 보이지 않는다.

369 『월간 신동아』 편집실 편, 『일정하(日政下)의 금서(禁書) 33권(卷)』, 동아일보사, 1980, 257~259쪽.

370 '조선 제일 소설가'라는 표현은 이해조 연재소설을 통해 구독률을 높이려는 『매일신보(每日申報)』 광고 전략의 일환이었다. "現時朝鮮第一小說家되는 李悅齋君의 小說은 錦上添花의 佳趣가 有ᄒᆞ야 반다시 讀者의 喝采를 博ᄒᆞᆯ지오", 「본신보(本申報)의 대쇄신(大刷新)」, 『매일신보』, 1911.6.15~6.20.

제3장
1910년대 이해조 문학의 특질과 의미

1. 『매일신보(每日申報)』 소재 이해조 소설의 특질과 의미

1) 『매일신보』 국한문판의 독자전략과 초기 이해조 연재소설의 특징

(1) 『매일신보』의 소설 기획과 이해조

1910년 8월 한일병합 이후 총독부는 언론・출판에 대한 대대적인 억압 정책을 실시하였다. 무엇보다 총독부는 대한제국시기 애국계몽운동에 앞장섰던 다양한 언론 매체들을 탄압하는 한편, 애국계몽운동의 선두에서 가장 활발한 언론활동을 벌이던 『대한매일신보(大韓每日申報)』를 총독부 휘하의 기관지로 만들었다. 결국 『대한매일신보』는 『매일

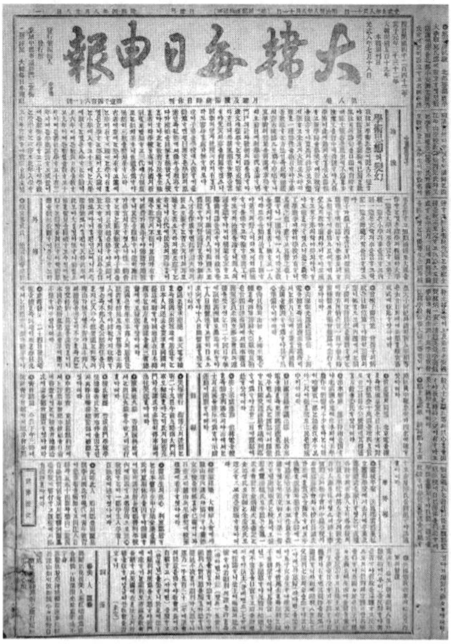
大韓每日申報

『대한매일신보』 마지막호(1910.8.28)

每日申報

『매일신보』 창간호(1910.8.30)

신보(每日申報)』로 제호를 바꾼 채 총독부 기관지로 탈바꿈하였다.

총독부는 통감부 시절부터 일찍이 『대한매일신보』를 인수하기 위한 다양한 노력을 기울여 왔었다. 통감부는 언론을 통제하고 식민주의 담론을 유포시키기 위한 신문 매체를 필요로 했으며, 그 중 조선인에게 가장 많은 사랑을 받았던 『대한매일신보』를 선택했던 것이다. 통감부는 당시 배설(裵說, Ernest Thomas Bethell)의 뒤를 이어 『대한매일신보』를 발행하던 만함(萬咸, Alfred Weekley Marnham)을 회유하여 1910년 5월 21일 700파운드를 주고 신문을 매수하였다.[1] 통감부는 이러한 사실을 숨긴 채 『대한매일신보』를 장악하여, 병합 절차에 유리한 방향으로 여론

1 정진석, 『언론조선총독부』, 커뮤니케이션북스, 2005, 20쪽.

을 이끌고자 했다. 하지만 이를 눈치 챈 『대한매일신보』의 핵심적 인사들은 하나 둘 자리를 떠나기 시작했다. 5월 26일에는 신채호가 '위인유적(偉人遺蹟)'이라는 난에 연재하던 「동국거걸 최도통(東國巨傑 崔都統)」을 중단하였고, 6월 14일에는 실질적인 편집을 맡아하던 양기탁이 통감부의 회유와 설득에도 불구하고 신문사를 사퇴하였다. 통감부는 양기탁이 사퇴하자 같은 날 즉시 발행인 겸 편집인의 명의를 이장훈(李章薰)으로 바꾸고, 노골적인 신문 인수 작업에 박차를 가했다.

한일병합조약을 체결한 다음날인 1910년 8월 30일, 통감부는 『대한매일신보』에서 '대한(大韓)'이라는 두 글자를 삭제하고 『매일신보』라는 이름으로 고쳐 발행하였다. 당시 『대한매일신보』는 국한문판과 국문판의 두 체제로 발행되고 있었는데, 『대한매일신보』 국한문판이 1910년 8월 28일 1461호로 마감하고 『매일신보』가 1910년 8월 30일부터 1462호부터 시작되는 것으로 보아 『매일신보』는 특히 국한문판 『대한매일신보』의 제호와 편집체제를 계승하고 있음을 확인할 수 있다.[2] 편집체제 역시 『대한매일신보』 국한문판의 것을 그대로 이어받은 것인데, 주로 논설 · 관보 · 외보 · 세계역사 · 가조(訶藻) · 잡보 · 전보 · 광고의 순으로 이루어져 있다.

『매일신보』는 『대한매일신보』의 지령(紙齡)을 이어받아 그 정체성을 계승하는 것처럼 위장하였으나, 그 효과는 그리 크지 않았던 것으로 보인다. 이미 『대한매일신보』가 통감부에 인수되면서 신채호 · 양기

2 『대한매일신보(大韓每日申報)』 국문판의 경우 1910년 8월 28일 938호가 확인할 수 있는 마지막 호수이다. 『매일신보(每日申報)』는 『대한매일신보』를 계승하여 국한문판과 한글판 두 체제로 발행되었다고 하나, 한글판은 현재 전해지지 않는다. 정진석, 『한국언론사』, 나남, 2001, 317쪽 참조.

탁과 같은 주요 필진들이 퇴진하였고, 항일민족언론으로서의 가치가 퇴색되어버린 상황에서 더 이상 이전과 같은 독자들의 성원을 얻기는 어려운 일이었다. 게다가 주요필진들의 사퇴 이후 기사의 분량을 채우는 일도 쉽지 않았던 것으로 보이는데, 점차 기사 대신 광고의 비중이 늘어나게 된 것은 이러한 가정을 뒷받침한다. 결국 『매일신보』는 대대적인 체제 변화를 통해 안정적인 출판 환경을 조성하고, 이를 기반으로 총독부 기관지로서의 역할을 충실하게 수행하고자 하였다.

다음은 1910년 9월 20일에서 21일 양일 동안 게재된 '사고(社告)'이다.

> 近日京城에 在혼 報舘은 漸次 減少ᄒᆞ고 時事의 廣布ᄒᆞᆯ 事ᄂᆞᆫ 日益層生 ᄒᆞᄂᆞᆫ ᄃᆡ 本申報가 紙面이 狹小ᄒᆞ야 記事가 未盡ᄒᆞᄂᆞᆫ 歎이 有ᄒᆞᆯ ᄲᅮᆫ더러 廣告件의 揭載도 踐約지 못ᄒᆞᄂᆞᆫ 弊가 有ᄒᆞ야 本社에서 經費가 窘絀홈을 不顧ᄒᆞ고 二面을 加設ᄒᆞ야 紙面을 改良ᄒᆞ고 記事도 從詳ᄒᆞ도록 注意ᄒᆞ고 廣告도 無碍揭載ᄒᆞ오니 購覽ᄒᆞ시ᄂᆞᆫ 僉君子ᄂᆞᆫ 益々愛讀ᄒᆞ심을 務望홈

그동안 총 4면으로 구성된 『매일신보』는 1・2면을 제외한 나머지 3・4면이 모두 광고로 채워져 있어 지나치게 광고의 비중이 높았다. 협소한 지면은 기사의 질을 떨어뜨리고 원활한 광고 게재를 막는 요인으로 작용하였으며, 이는 곧 판매 부수와도 직결되는 사안이었다. 따라서 『매일신보』 편집진은 경비의 추가 소요에도 불구하고, 기존의 지면보다 '이면(二面)'을 늘려 협소한 지면을 확장하고자 한다. 이러한 의도에는 지면의 개량을 통해 상세한 기사를 제공하고 원활한 광고 게재를 유도할 수 있으며 이는 곧 판매량의 증가를 가져올 것이라는 계산

이 포함되어 있었다.

여기에서 '이면'은 실제 지면의 두 페이지를 말하는 것은 아니다. 위 기사가 난 이후 실제로는 거의 3·4면 전체가 광고로 유지되던 것과는 달리 3면의 광고를 절반 정도 축소하고 기사의 양을 늘렸다. 여기에는 일반 잡보 기사는 물론 한국어 회화 상황을 제시하고 일본어번역을 한국어 음으로 바꾸어 놓은 일본어 회화 공부를 위한 난이 추가되기도 하였다. 이 역시 지면 구성의 변화를 통해 판매 부수를 늘이려는 전략의 일환으로 파악할 수 있다.

하지만 이러한 노력은 판매 부수의 확장에 별다른 영향을 미치지 못한 것으로 보인다. 이에 따라 『매일신보』의 편집진은 판매 부수의 확장을 위해 더욱 효과적인 방편을 찾고자 했다. 결국 『매일신보』는 중대한 결단을 내리게 되는데, 그것이 바로 소설 연재였다. 『매일신보』는 제호를 바꾼 뒤 한 달이 조금 지난 1910년 10월 12일부터 일본어 공부를 위한 난 등을 폐지하고 1면에 이해조의 소설 「화세계(花世界)」 연재를 시작한다.

물론 이 무렵 신문 매체에서 소설의 연재는 새로운 것은 아니다. 이미 1900년대에도 『대한매일신보』, 『만세보(萬歲報)』, 『제국신문(帝國新聞)』, 『경향신문(京鄕新聞)』, 『대한민보(大韓民報)』 등의 신문들은 '소설란'을 마련하여 활발하게 소설 연재를 하고 있었기 때문이다. 하지만 중요한 것은 『매일신보』의 전신인 『대한매일신보』의 경우 소설 연재는 주로 국문판에서 이루어지고 있었다는 점이다. 『대한매일신보』 국한문판에서 소설은 국문판이 아직 존재하지 않았던 1906년 무렵 「청루의녀전」과 「거부오해」 두 작품만이 '소설(小說)'이라는 표제 하에 연재되었을 뿐이고, 국문판의 창간 이후 국한문판에서 '소설'이라는 표제는 더 이상 보이지 않는다.[3] 따라서 국한문체를 중심으로 하는 『매일신보』에서 한글 소설의 출현은 『대한매일신보』 국한문판의 관습을 지양하는 가운데 발생했다는 점에서 의미가 있다. 오랜 기간 동안 유지되어 온 『대한매일신보』 국한문판의 소설 정책은 『매일신보』로 바뀌게 되면서 더 이상 지속될 수 없었던 것이다. 이는 편집진의 교체와도 관련이 있다. 박은식, 신채호를 중심으로 한 개신유학자 그룹이 『대한매일신보』 편집과 운영에 참여할 수 없게 되자, 그들이 지향하던 소설에 대한 구상이 지속될 수 없었음은 이미 예견된 일이었다. 『매일신보』의 새로운 편집진에게 『대한매일신보』의 소설 구상 따위는 별반 중요하지 않은 것이었다. '소설'이라는 허구적 글쓰기에 새롭게 그 가치를 부여하려던 『대한매일신보』 편집진의 소설 구상은 더 이상 지속될 수 없었던 것이다. 『매일신보』의 편집진에게 기존의 글쓰기 관습 따위는 고려 대상이 아니었으며, 소설은 단지 식민통치의 일환으로 기획된 『매일신보』의 사세확장을 위한 도구에 지나지 않았다.[4] 결국 『매일신보』의 소설 연재는 어려운 출판 환경을 극복하기 위한 지면 개혁의 일환으로 말미암은 것이며, 국한문체의 독자와 한글 독자를 동시에 겨냥

3 「수군제일위인(水軍第一偉人) 이순신(李舜臣)」(1908.5.2~8.18)과 「동국거걸(東國巨傑) 최도통(崔都統)」(1909.12.5~1910.5.27)의 경우 국문판에서는 소설이라는 표제 하에 연재 되었지만, 국한문판의 경우 '소설(小說)'이란 명칭 대신 '위인유적(偉人遺蹟)'이라는 표제 하에 연재되었다. 이러한 특성은 위 두 작품이 국한문체라는 표기 형태를 선택하고 있다는 점과 밀접한 관련이 있으며, 이무렵 소설에 대한 인식이 국문(순한글)과 매우 밀접한 관련 하에 작동하고 있음을 보여주는 사례이다. 졸고, 「『대한매일신보(大韓每日申報)』의 서사 수용 과정과 그 특성 연구」, 『현대문학의 연구』 27, 2005, 247~248쪽 참조.

4 이에 관해서는 다음의 논문이 상세하다. 이희정, 「1910년대 『매일신보』 소재 소설 연구」, 경북대 박사논문, 2006; 함태영, 「1910년대 『매일신보』 소설 연구」, 연세대 박사논문, 2008.

하고 있다는 점에서 특징적이다.

그렇다면 왜 하필 『매일신보』는 이해조를 선택하였으며, 이해조는 어떠한 이유 때문에 그 제안을 받아들였을까? 1910년 병합 이전 이해조의 언론출판활동을 고려하여 볼 때, 분명 이해조는 애국계몽운동을 통한 국권 회복에 부단한 노력을 기울이고 있었음을 알 수 있다. 특히, 그는 다수의 신문연재소설과 단행본 소설들을 발표하여 일반 대중에 대한 교육과 계몽의 역할을 수행하고자 했으며, 다양한 학회활동은 물론 학회지의 편집을 주관하기도 하였다. 또한 다양한 집회나 운동회 등에 참석하여 연설과 후원활동을 하기도 하였다. 그런데 그러던 그가 국권을 상실한지 채 두 달이 못된 시기에 총독부 기관지인 『매일신보』에서 소설 연재를 시작했다는 사실은 쉽게 납득하기 어려운 문제이다. 기존의 연구에서는 이를 이해조 개인의 불철저한 역사인식으로 이해하기도 했으며, 왕족이라는 출신 계층이 지닌 한계로 파악하기도 하였다.[5] 이러한 질문에 쉽게 답하기는 어렵다. 다만 여러 정황을 고려하였을 때, 다음과 같은 이유를 찾을 수 있을 것이다.

먼저 『매일신보』의 입장에서 볼 때, 이해조는 이미 다수의 신소설을 창작하여 독자들에게 좋은 반응을 얻고 있었기 때문에 판매부수를 올리고 독자 대중들의 시선을 『매일신보』로 잡아끄는 데 반드시 필요한 인물이었다. 또한 이미 '역사전기소설'이나 '토론체 소설' 등을 금서처분 조치한 상황에서 이해조의 소설은 식민체제의 질서를 유지하고, 독자들의 관심을 일상적 차원의 것들로 이동시키는 데 안성맞춤이었을 것이다. 이해조의 소설이 주로 봉건적 구습들에 대한 비판과 풍속개량

5 최원식, 「이해조 문학 연구」, 서울대 박사논문, 1986 참조.

에 초점을 맞추고 있으며, 정치나 사회적 문제 대신 주로 가족 내지는 개인의 문제를 다루고 있었기 때문이다.

이해조가 총독부 기관지 『매일신보』의 제안을 받아들여 다수의 작품을 연재한 점은 민족적 관점에서 볼 때 분명 아쉬움이 남는 선택이다. 많은 애국지사들이 국권의 상실 앞에서 망명 또는 절필하고, 국권 회복의 방법을 끊임없이 모색한 것과는 달리 의도가 어떠했던 간에 그의 선택은 친일세력들의 노선과 같은 방향성을 보이기 때문이다. 하지만 이해조의 입장에서 볼 때, 그가 선택할 수 있는 방법은 그리 다양하지 않았다. 1900년대 활동했던 대부분의 작가들이 소설을 나름의 정치적 수단으로 택한 것과는 달리 이해조는 무엇보다 소설이 우선이었던 전문작가였기 때문이다.[6] 더욱이 검열로 인해 단행본 출판 시장이 크게 위축되고 대부분의 신문이 강제 폐간된 현실 속에서 소설 연재를 위한 안정적인 지면은 전문작가인 이해조에게 너무나 매력적인 기회로 다가왔을 것이다. 또한 이해조를 영입하면서 『매일신보』의 편집진은 이해조에게 의도적인 친일소설을 쓸 것을 요구하지는 않았던 것으로 보인다.[7] 『매일신보』가 이해조를 영입하면서 원했던 점은 이념이나 체제의 홍보가 아니라 대중적 흥미의 제고였던 것으로 짐작되며,[8] 이해조는 이러한 점 때문에 『매일신보』의 제안을 수락했을 가능성이

6 김영민은 "이해조야 말로 신문의 경영에 관계하지 않으면서 소설을 집필한 우리나라 최초의 전문적 직업 작가였다"라고 평한 바 있다. 김영민, 「근대 작가의 탄생－근대 매체의 필자 표기 관행과 저작의 권리」, 『현대문학의 연구』 39, 2009, 12쪽.

7 물론 1912년 이후의 작품들에서는 일본인 조력자의 등장을 통해 내지인과의 화합을 강조하거나, 식민체제의 안정된 질서를 공공연히 부각시키는 요소들을 발견할 수 있지만 노골적인 친일 작품들과는 성격이 다르다. 이에 대해서는 다음 장에 구체적으로 설명할 것이다.

8 김영민, 『한국 근대소설의 형성과정』, 소명출판, 2005, 159쪽.

높다. 여기에 『제국신문』 시절 함께했던 정운복이 『매일신보』의 창간에 관여하였던 점도 일정한 영향을 미쳤을 것으로 짐작된다.[9]

결국 이해조는 『매일신보』의 제안을 받아들여 「화세계」의 연재를 시작하였다. 그런데 『매일신보』는 「화세계」 연재를 시작한지 채 며칠이 지나지 않아 '특별사고(特別社告)'를 게시한다.

> ㉠ 本社는 前告와 如히 左記處에 移接ᄒᆞ고 公平ᄒᆞᆫ 言論과 神速ᄒᆞᆫ 報道로써 社會의 萬般事를 無漏揭載ᄒᆞ며 且 東京特電으로 世界狀況을 如指諸掌케 ᄒᆞᆯ뿐 안이라 每日 一萬二千餘張을 刊出ᄒᆞ야 京城及十三道各地의 志士의 購覽을 供ᄒᆞᄂᆞᆫ 故로 廣告의 效力이 亦是絶大 ᄒᆞ오니 大方僉彦은 鑑亮ᄒᆞ시ᄋᆞᆸ[10]

> ㉡ 來月三日은 天長佳節인 故로 聖壽를 奉祝ᄒᆞ기 爲ᄒᆞ야 特히 數十萬枚의 新聞을 美麗히 印刷ᄒᆞ야 京城及地方의 一定ᄒᆞᆫ 愛讀 諸彦外에라도 多數分呈 ᄒᆞᆯ터인즉 廣告의 效力이 平日에 比ᄒᆞ면 十倍以上에 達ᄒᆞᆯ지니 江湖諸君子ᄂᆞᆫ 鑑亮ᄒᆞ시ᄋᆞᆸ[11]

『매일신보』는 판매 부수를 확장하기 위해 지면을 늘리거나 소설의 게재를 시작했음에도 불구하고, 구독자를 늘리기 위한 지속적인 노력을 시도하고 있었다. ㉠와 ㉡는 「화세계」가 연재를 시작한 지 불과 6회

---

9 정운복은 『매일신보』의 편집과 제작에 실질적 업무를 총괄했던 나카무라 켄타로[中村健太郎]와 함께 초기 인수 실무 작업을 수행하였던 것으로 알려져 있다. 이에 관해서는 함태영의 논문이 상세하다. 함태영, 「1910년대 『매일신보』 연구」, 연세대 박사논문, 2008, 19~20쪽 참조.

10 「특별사고(特別社告)」, 『매일신보』, 1910.10.19~10.21.

11 「특별사고」, 『매일신보』, 1910.10.22~10.26.

째 되던 날부터 게재된 '특별사고'인데, 이러한 광고 역시 판매 부수를 확장하기 위한 다양한 노력의 일환으로 파악된다. ㉠에서는 '동경전보'의 신설을 통해 독자를 유인하고, 매일 만 이천여 부가 출간된다는 사정을 홍보하여 광고 수를 늘리고자 한다. 또한 ㉡에서는 오는 3일 '천장가절(天長佳節)'을 기념하여 특별히 수십만 부의 신문을 인쇄할 예정이라고 알림으로 해서 광고주를 유인하고 있다. 여기에서 알 수 있는 점은 다양한 읽을거리와 효과적인 지면배치가 결국 구독자의 수를 증가시키기 위한 방편이었으며, 늘어난 구독자 수는 출판 부수의 확대 및 광고주들의 확대로 이어지게 된다는 것이다. 이러한 『매일신보』의 사세 확장이 영향력 있는 출판 매체를 통해 식민주의 담론을 전파하기 위한 총독부의 대중 정책과 깊은 관련이 있다는 것은 자명한 사실이다.

다음의 기사를 보자.

◉ 本申報의 大刷新 ◉

敬啓本報가 愈益隆盛ᄒᆞᄂᆞᆫ 地域에 達홈은 特히 江湖諸君의 贊成ᄒᆞ심을 偏被홈이니 玆에 深謝홈을 不已ᄒᆞᄋᆞᆸ거니와 今回平素에 愛顧ᄒᆞ신 厚意ᄅᆞᆯ 仰酬ᄒᆞ기 爲ᄒᆞ야 最新式의 輪轉機ᄅᆞᆯ 購入ᄒᆞ얏슨즉 其設備도 本月內에 全部ᄅᆞᆯ 完了ᄒᆞᆯ지오 且本社員 一同이 大活動으로써 全紙面을 刷新ᄒᆞ되 政治, 經濟, 殖產은 勿論ᄒᆞ고 各社會의 万般事爲ᄅᆞᆯ 網羅ᄒᆞ며 現時朝鮮第一小說家되ᄂᆞᆫ 李悅齋君의 小說은 錦上添花의 佳趣가 有ᄒᆞ야 반다시 讀者의 喝采ᄅᆞᆯ 博ᄒᆞᆯ지오 且全世界의 상황은 본지 東京電報가 誇耀ᄒᆞᄂᆞᆫ 바인즉 實로 朝鮮에 唯一無二ᄒᆞᆫ 好個新聞이라 若本報一部ᄅᆞᆯ 案頭에 設置ᄒᆞ면 世界의 大勢와 社會의 狀況이 眼前에 瞭然ᄒᆞᆯ 것은 已無可論오니 諸君은 愛讀ᄒᆞ심을 希望홈

▲購讀者의 便宜

又本社ᄂᆞᆫ 愛讀諸君의 便利ᄒᆞ심을 爲ᄒᆞ야 七月一日브터 各樞要地에 支社를 多數設置ᄒᆞ야 分傳케 ᄒᆞ고 該附近에 在ᄒᆞ야 支社로 購讀을 請求ᄒᆞ시ᄂᆞᆫ 諸君에게ᄂᆞᆫ 京城內에셔 購讀者와 壹般으로 郵稅를 不受ᄒᆞ고 定價二十錢으로 提供ᄒᆞ겟ᄉᆞ오니 江湖諸君은 一層奮發ᄒᆞ야 本報를 愛讀ᄒᆞ심을 希望홈

◉ 本申報의 大特色 ◉[12]

「화(花)의혈(血)」이 마무리되어 가고 「구의산(九疑山)」 연재를 앞둔 1911년 6월 15일부터 20일까지 「본신보(本申報)의 대쇄신(大刷新)」이라는 광고가 실린다. 여기에서는 최신식 윤전기를 도입하고 전 사원이 힘을 모아 전지면의 쇄신하는 한편, 각 지방에 지사(支社)를 설치하여 지방 구독자들에게 따로 우편료를 받지 않겠다는 내용이 담겨져 있다. 특히, 주목할 점은 지면쇄신에 있어 이해조의 소설이 가장 비중 있게 다루어지고 있다는 사실이다. "現時朝鮮第一小說家되ᄂᆞᆫ 李悅齋君의 小說은 錦上添花의 佳趣가 有ᄒᆞ야 반다시 讀者의 喝采를 博ᄒᆞᆯ지오"라는 대목에서 알 수 있듯이 『매일신보』의 편집진이 이해조의 소설을 사세 확장에 적극적으로 활용하고 있음을 확인할 수 있다.

(2) 남성독자와 보수적 가치의 재현

근대 초기의 신문연재소설이 그것을 담고 있는 매체의 체제와 담론

12 「본신보(本申報)의 대쇄신(大刷新)」, 『매일신보』, 1911.6.15~6.20.

에 일정한 영향을 받고 있었다는 점을 상기한다면 『매일신보』에 연재된 이해조 소설 연구 역시 이러한 영향관계에 대한 분석이 필수적이다. 특히 초기 『매일신보』가 『대한매일신보』의 체제를 이어받아 국한문판과 국문판으로 나뉘어 발행되었다는 사실은 여기에 연재된 이해조 소설을 이해하는 데 중요한 단서가 된다. 『대한매일신보』가 그러했던 것처럼 『매일신보』 역시 표기 언어를 통한 독자 분리 정책을 실시하고 있었다. 이해조의 신소설들은 한자에 익숙한 지식인 독자들을 대상으로 한 『매일신보』의 국한문판에 연재되었는데 이러한 특성은 이 무렵 이해조 연재소설을 이해하는 데 매우 중요한 시각을 제공한다.

그렇다면 왜 이해조의 소설이 하필이면 국한문판에 연재되었을까? 『매일신보』의 전신이었던 『대한매일신보』는 국문판에 소설란을 설치하고, 소설을 주로 한글에 익숙한 일반 대중독자들을 계몽하기 위한 도구로 사용하였다. 적어도 『대한매일신보』 안에서 소설은 국문판에 적합한 글쓰기 양식이었던 셈이다. 그럼에도 불구하고 이해조의 소설연재가 국문판 『매일신보』가 아니라 국한문판에서 이루어져 있다는 사실은 이해조의 소설이 국문판 신문과는 구별되는 국한문판의 기획과 관련이 있다는 점을 명백히 보여준다. 이러한 특성을 좀 더 구체적으로 확인하기 위해서는 국문판 『매일신보』와의 비교가 절실해진다. 국문판 『매일신보』의 소설 연재 여부, 참여한 작가 등을 확인할 수 있다면 국한문판에 연재된 이해조 소설의 특성을 더욱 구체적으로 밝힐 수 있을 것이다. 하지만 유감스럽게도 현재 국문판 『매일신보』의 흔적은 찾을 수 없다. 따라서 남은 방법은 국한문 혼용표기 방식을 주된 문자로 활용한 국한문판 『매일신보』가 지닌 특성을 면밀하게 살피는 일이다.[13]

『매일신보』 국한문판은 국문판과는 달리 한자에 익숙한 독자들을 대상으로 기획되었다. 국문판의 독자들이 주로 한글에 익숙한 여성 중심의 일반 대중독자였음을 감안할 때, 국한문판의 독자들은 주로 한자에 익숙한 중류 이상의 남성들이었을 가능성이 높다.[14] 표기 언어에 따라 독자를 구분하는 『매일신보』의 정책은 적어도 1912년 3월 1일 국문판을 폐간하고, 국문판을 병합하기 전까지 지속되었을 것으로 짐작할 수 있다. 순한글체를 선택한 『제국신문』과 국한문체를 선택한 『대한민보』의 대상 독자가 달랐던 것처럼, 『제국신문』와 『대한민보』에 연재되었던 이해조 소설은 각기 다른 특성을 보여준다. 이와 마찬가지로 『매일신보』가 국한문 혼용표기를 선택하여, 한자에 익숙한 중류 이상

13 2014년 10월 아단문고에서 1910년 8월 31일부터 1910년 12월 21일까지 『매일신보』 한글판 총 44호를 발굴하여 소개하였다. 이러한 사실에 따라 이해조의 「화세계」가 1910년 10월 12일부터 국문판, 국한문판에 동시에 연재되었음을 확인할 수 있었다. 결국 이해조의 『매일신보』 연재소설은 국문판의 독자와 국한문판의 독자를 동시에 만족시키려는 의도로 집필되었음을 확인할 수 있다. 이러한 점은 한글 독자를 주로 염두에 두었던 『제국신문』의 연재소설이나, 국한문 독자를 주로 염두에 둔 『대한민보』 연재소설과는 구별되는 『매일신보』 연재소설의 중요한 특성이라 할 수 있겠다. 하지만 이해조의 『매일신보』에서의 새로운 시도는 분명 국한문판 독자의 취향에 주된 초점을 두고 있다는 점이 특징적이다. 『대한매일신보』의 경우 국한문판의 발행 부수가 국문판보다 상대적으로 많았던 점을 상기해 본다면, 이는 판매부수와도 밀접한 관련이 있을 것으로 짐작된다. 박천홍, 「바스러질 듯한 옛 신문 더미에서 식민지의 표정을 읽다–『매일신보』 한글판 발굴」, 『문자와 상상』 1, 아단문고, 2014, 22～29쪽 참조.

14 한글에 익숙한 여성을 주된 독자층으로 설정한 『제국신문(帝國新聞)』 연재소설의 경우 처음에는 표제와 제목이 '小說 枯木花'처럼 한자로 표기되었으나, 며칠 뒤인 1907년 6월 9일 자부터는 한자를 잘 모르는 독자의 반응으로 고려하여 '소셜 고목화(枯木花)'로 바뀌게 되었다. 이후 연재된 작품 모두 작품의 표제와 제목을 한글로 표기하였다. 이에 반해 『매일신보』에 연재된 이해조 소설들은 작품의 표제와 제목을 모두 한자로 표기하였는데, 이를 통해 이들 작품이 한자에 익숙한 독자층을 우선적으로 고려하고 있었음을 확인할 수 있다. 『제국신문』의 경우 이러한 변화가 일어나기 하루 전인 1907년 6월 8일 자 「독자성(讀者聲)」에는 다음과 같은 독자투고가 게재되었다. "▲귀 신문에 식로 닉는 쇼셜은 대단히 ᄌ미 잇셔셔 늙은 사름의 심심파젹이 잘 되나 그러나 그 일홈을 몰나 답답ᄒ오 「무식로인」 긔쟈왈 고목화라 칭ᄒ나니 그 뜻인즉 말은 나모의 쏫이란 말이오", 『제국신문』, 1907.6.8, 3면.

의 남성들을 주된 독자로 겨냥한 이상 여기에 연재된 이해조의 소설 역시 동일한 대상 독자들을 주로 염두에 두었을 것이다. 실제로 1912년 3월 체제변화가 실시되기 이전까지, 『매일신보』에 연재된 초기 작품들의 경우 순한글 독자들을 주로 염두에 두었던 『제국신문』 연재소설과는 또 다른 차이를 보인다. 먼저 1912년 이전에 발표된 작품들을 차례로 살펴보기로 하자.

『매일신보』에 제일 먼저 연재된 작품은 「화세계」(1910.10.12~1911.1.17)인데, 이 작품은 '선음자(善飮子)'라는 필명으로 연재되었다. 작가는 '선음자'라는 필명이 의미하는 바를 다음과 같은 대목을 통해 드러내고 있다.

> 셰월이 덧업도다 언의듯 삼복염증이 지나가고 구십월이 되엿는가 간밤 부든 바람 뜰 압에 섯는 나무를 이리흔들 뎌리흔들 흔들흔들 말지안터니 무수ᄒᆞᆫ 락엽이 분분히 날아너리는고나 락엽 뎌를 무심ᄒᆞᆫ 사ᄅᆞᆷ이 무심히 보게 되면 발ᄭᅩ 가고 발ᄭᅩ 오며 비를 들어 쓸어버릴 ᄯᆞ름이라 조곰도 사랑ᄒᆞ고 어엽비 넉이며 불샹ᄒᆞ고 슬피 넉이지 안이홀터이로ᄃᆡ 풍상을 만히 격거 강ᄀᆡᄒᆞᆫ 마암이 가삼에 가득ᄒᆞᆫ 유지남아는 큰잔에 ᄉᆞᆯ을 가득 부어 한ᄉᆞᆷ에 다 마신 후에 ᄀᆡ쳔으로 굴너드러가는 뎌 락엽을 두손으로 얼픗 집어 다졍히 들어보며 말 ᄒᆞᆫ 마듸ᄅᆞᆯ 불가불 물러보리로다
>
> 락엽아 말무러 보자 너는 엇지타 락엽이 되여 지금 뎌 모양으로 옛 가지를 샤례ᄒᆞ고 동셔로 표박ᄒᆞ야 부듸칠 곳이 압는다
>
> 머리를 돌여 너의 젼신을 ᄉᆡᆼ각ᄒᆞ건ᄃᆡ 삼월동풍에 영화로온 빗과 번셩ᄒᆞᆫ 그늘이 사ᄅᆞᆷ으로 ᄒᆞ야곰 무궁ᄒᆞᆫ 흥을 잇슬게 하던 네가 안이런가

두어라 텬시의 ᄃᆡ샤ᄒᆞᆷ은 자연ᄒᆞᆫ 리치라 동물즁 가장 신령ᄒᆞᆫ 사ᄅᆞᆷ의 심으로도 도면키 어렵거던 하물며 식물된 네야 닐너 무엇ᄒᆞ리오

그러나 무근 입이 ᄯᅥ러짐은 ᄉᆡ로온 싹을 기르고져 ᄒᆞᆷ이니 너ᄂᆞᆫ 부ᄃᆡ 몸을 가뷔여히 가져 ᄉᆞ면팔방으로 날녀가지 말고 낫낫치 예 ᄲᅮ리로 돌라와 명년에 다시 돗을 ᄉᆡ입을 보호ᄒᆞᆯ지어다

슬프다 이ᄂᆞᆫ 락엽을 ᄃᆡᄒᆞ여 탄식ᄒᆞᄂᆞᆫ 바어니와 이 셰상에 신셰가 뎌와갓흔 쟈 몃몃인고[15]

작가는 작품의 서두에 국권상실의 아픔을 서술자의 목소리를 통해 은근히 내비친다. 물론 이러한 서두는 혼인을 약조했던 구참령과의 약속이 파기되고 여승으로 변복한 채 고난길을 떠난 주인공 수정의 심정을 헤아리는 서술자의 발화이지만 그 이면에는 나라를 잃고 『매일신보』에서 소설 연재를 시작한 작가의 복잡한 심경이 고스란히 담겨 있다. '풍상을 많이 겪어 강개한 마음이 가슴에 가득한 유지남아는 큰 잔에 술을 가득 부어 한숨에 다 마신 후'에라는 표현은 그동안 사용해왔던 '동농(東儂)', '열재(悅齋)' 대신 '선음자'라는 그간 사용하지 않았던 필명 사용의 이유를 짐작케 한다.

비장한 도입에도 불구하고 작가는 이내 당면한 현실을 떠나 철저하게 소설적 세계로 침잠(沈潛)한다. 이 작품은 1907년 8월 군대해산을 시간적 배경으로 삼고 있으며, 여주인공 수정이 혼인 약조를 지키기 위해 구참령을 찾는 고난의 과정을 서사의 중심축으로 삼고 있다. 작가는 주인공 수정의 이름이 어떠한 의미를 지니고 있는지 친절하게 설명

15 「화세계(花世界)」, 『매일신보』, 1910.10.12.

(좌) 「화세계」의 『매일신보』 연재 모습(1910.10.12)
(우) 단행본 『화세계』의 표지(동양서원, 1911, 국립중앙도서관 소장)

하고 있다. 수정이란 이름은 한자로 '수정(守貞)', 즉 '정절을 지킨다'는 의미인데, 여기에서 이 작품의 지향점이 무엇인가를 쉽게 짐작할 수 있다.[16] 또한 수정은 '깊은 동산에 아름다운 꽃이 피면 아무리 문을 첩첩에 닫았더라도 그 향기가 이웃에 미치'는 것처럼 '아름다운 명예'가 의성 일군은 물론 인근 읍에 모르는 사람이 없어 사면 각처에서 다투어 통혼(通婚)을 하는 매우 아름다운 여성으로 묘사되어 있다.[17]

이렇게 아름다운 여성주인공을 등장시키고, 정절 이데올로기를 삶의 최우선의 가치로 생각하는 인물로 설정한 것은 다분히 『매일신보』의 보수적 남성 독자층을 의식한 결과이다. 인근 고을 남자들 모두

---

16 "김리방이 그 ᄯᆞᆯ을 쳐엄 나셔 그 부인 박씨와 의론을 ᄒᆞ고 극턱ᄒᆞ야 일홈을 짓는다는 것이 마음에 무슨 감동ᄒᆞᆫ 일이 잇던지 허구마는 글ᄉᆞᄌᆞ에 직힐 슈 곳을 졍 두 ᄌᆞ롤 턱ᄒᆞ야 슈졍(守貞)이라 일홈을 지엇는듸", 「화세계」, 『매일신보』, 1910.10.13.

17 「화세계」, 『매일신보』, 1910.10.13~10.14.

가 탐내는 미녀 주인공은 남성 독자들의 관심을 불러일으키기 충분하며, 게다가 정절을 목숨보다 소중히 여기는 모습은 이 소설이 상정한 남성독자들의 판타지를 의식한 것이다. 이는 보수적 남성독자들의 시선을 매체의 지면으로 유혹하는 한편 자연스럽게 보수적 가치를 복원시키고자 했던 언론을 통한 식민화 전략의 일환인 셈이다. 이해조의 의도가 어떠했던 간에 이 소설은 결과적으로 식민체제의 논리에 포획된 채 자기동일성의 함정에서 벗어나지 못하는 결과를 낳는다.[18] 아쉽게도 이러한 특성은 이후에 연재된 「월하가인(月下佳人)」, 「화의혈」, 「구의산」, 「소양정(昭陽亭)」에까지 일관된 흐름으로 지속된다.

이러한 시도는 이해조에게 있어서는 매우 낯선 방식이었다. 정치나 사회의 문제를 직접적으로 다루지 않아야 하는 당시의 검열도 작가의 자기검열을 강화하는 기제로 작용했겠지만, 보수적인 남성 독자들의 취향을 고려한 작품 창작 역시 그에게는 매우 낯선 작업이었다. 이러한 가운데 보수적인 남성 독자들의 대중적 흥미를 추종하고, 정절 이데올로기를 강조하려다 보니 이전 작품들의 성과에 비해 인물과 사건의 개연성이 크게 떨어지고 작품 곳곳에 균열이 나타나는 결과를 초래하게 되었다.[19]

---

18 「화세계」에서는 그간 『제국신문』이나 『대한민보』에 연재되었던 소설 작품에 비해 근대적 문물이나 제도에 대한 관심을 거의 찾아보기 어렵다. 우편제도를 이용하여 편지를 보내는 대목 한 군데를 제외하고는 철도, 학교, 유학 등 근대적 문물이나 제도가 등장하지 않는다. 이는 이 작품의 의도가 풍속 개량이나 독자 교육 및 계몽보다는 남성독자들을 대상으로 한 보수적 가치의 실현에 있음을 짐작케 한다.

19 참고로 최원식은 이 작품을 다음과 같이 평한 바 있다. "작가의 애국적 자세는 행간을 통해 암시되고 있지만 이 작품은 돌연 통속적 구소설로 퇴행하여 이해조의 문학세계가 국치를 경계로 추락의 길로 들어섰음을 생생히 보여주는 것이다", 최원식, 『한국 근대소설사론』, 창작사, 118쪽.

먼저 구참령은 "본릭 호식을 엇더케 ᄒᆞ던지 쳡을 네다셧 식을 두고도 유위부족ᄒᆞ야 엇의 ᄶᅩᆨ々ᄒᆞᆫ 게집이 잇다면 반계곡경으로 긔어히 샹죵ᄒᆞ고야 말던 위인"[20]으로 수정의 소문을 듣고 불같은 욕심이 나서 수정의 아비인 김리방을 다짜고짜 잡아다가 은근히 협박하는 인물이다. 그러던 그가 군대해산 이후 개과천선하여 "인ᄌᆞᄒᆞ고 슌후ᄒᆞ고 청렴ᄒᆞᆫ 도덕군ᄌᆞ"가 되었다는 설명은 쉽게 이해되지 않는다.

또한 수정이 정절을 지키는 이유 역시 서사 내적인 과정에서 도무지 납득할 수 없는 방식으로 그려지고 있다. 수정은 다만 부모의 결정에 의해 '사주단자'를 받았다는 이유만으로 구참령에 대한 정절을 지키고자 하며, 부모의 뜻을 거스른 채 자결을 시도하거나 속세를 떠나고자 방황한다. 수정은 「홍도화」의 '태희'나 「박정화(薄情花)」의 '○○집'에 비해 근대적 주체로서의 면모를 찾아 볼 수 없는 평면적인 인물 형상에 머문다.

수정의 아버지 김리방 역시 독자들의 동의를 구하기 어려운 인물로 파악된다. 작품 서두에 김리방은 무당판수의 말을 믿고 재취자리로 딸을 시집보내려는 박씨부인과는 달리 이성적이고 합리적인 선택을 하는 인물인 것처럼 그려진다. 구참령에게 끌려가 고초를 당하자 꾀를 내어 위기를 모면할 때만 해도, 그는 박씨부인과는 구별되는 합리적 인간형으로 묘사된다. 하지만 그는 독자의 기대와는 달리 아끼던 딸을 너무나 쉽게 구참령의 후취로 보내고자 한다.

또한 서사의 진행 역시 대부분 우연에 의존하고 있어 작품 곳곳에 균열을 드러낸다. 가령 수월암이 속세에 있을 때 죽은 남편과 있지도

20 「화세계」, 『매일신보』, 1910.10.14.

않은 자식 꿈을 꾸고 죽은 남편 무덤을 찾아가다가 수정을 도와주는 대목이나,[21] 수정이 반지 색깔이 변했다며 불길한 징조를 이야기 하거나[22] 난데없는 까치 한 마리의 등장으로 자살하려던 생각을 버리는 것[23]도 '우연'에 의존하고 있는 서사구조의 허약함을 보여주는 단적인 사례가 된다.

그리고 재미있는 점은 신문연재본의 마무리가 단행본의 것과 다르다는 점이다.

> ㉠사룸이 ᄌᆞ긔 일이 츄셔되얏다고 남의 은혜ᄅᆞᆯ 져바리면 인류가 안이라 ᄒᆞ야도 과ᄒᆞᆫ 말이 안이라 김씨부인이 ᄌᆞ긔 령감을 ᄃᆡᄒᆞ야 보은ᄒᆞᆯ 의론을 ᄒᆞ며 슈월암 리대구 닉외와 황동지 닉외로 둑겁이ᄭᅡ지 ᄎᆞ례로 손ㅅ가락을 쏩아 세여보더니(신문연재본)[24]

> ㉡사룸이 ᄌᆞ긔 일이 츄셔되얏다고 남의 은혜ᄅᆞᆯ 져바리면 인류가 안이라 ᄒᆞ야도 과ᄒᆞᆫ 말이 안이라 김씨부인이 ᄌᆞ긔 령감을 ᄃᆡᄒᆞ야 보은ᄒᆞᆯ 의론을 ᄒᆞ며 **일변으로ᄂᆞᆫ 의셩에 젼인ᄒᆞ야 자기 부모를 모세오며** 수월암 리대구 닉외와 황동지 닉외로 둑겁이ᄭᅡ지 ᄎᆞ례로 손ㅅ가락을 쏩아 세여보더니[25](단행본, 강조—인용자)

21 「화세계」, 『매일신보』, 1910.11.15.
22 「화세계」, 『매일신보』, 1910.12.14.
23 「화세계」, 『매일신보』, 1910.12.24.
24 「화세계」, 『매일신보』, 1911.1.17.
25 『화셰계』, 동양서원, 1911.10.10, 150쪽.

작품의 결말은 우여곡절 끝에 결국 구참령과 수정이 살림을 시작하고, 그동안 자신들을 도와주었던 은인들에게 보답할 의논을 하는 것으로 마무리 되어 있다. 하지만 『매일신보』 연재본에서는 빠져 있던 부모님에 대한 이야기가 단행본에는 추가되어 있다. 작품의 마무리에 부모님의 이야기가 빠져 있는 것은 실로 심각한 결함일 수밖에 없다. 만약 부모와의 상봉 또는 화해가 생략되었다면 수정은 그야말로 이름밖에 모르는 사랑을 쫓아 부모를 배신한 불효자식이 될 것이다. 단행본에서는 이러한 결함을 의식하였는지 한 문장을 추가하여 이러한 결함을 봉합하였다. 이는 『매일신보』에 연재된 「화세계」가 얼마나 심각한 서사적 균열을 내포하고 있는지를 보여주는 단적인 사례가 된다.

그밖에 기왕에 발표되었던 이해조의 신문연재소설이 그것을 담아내고 있는 신문매체의 담론 및 체제와 일정한 연관을 맺고 있었던 바와 같이 이 작품 역시 『매일신보』라는 신문 매체의 담론에 일정한 영향을 받고 있었음을 확인할 수 있다. 당시 총독부 기관지 『매일신보』가 갑작스런 한일병합 직후 혼란해진 민심을 수습하고 식민체제의 새로운 질서를 구성하려던 의도를 이 작품이 일정부분 수용하고 있다는 점을 찾을 수 있다.

가령 서사 진행의 중요한 배경으로 설정된 군대해산이라는 역사적 사건은 단지 폭정(暴政)을 행하던 탐욕스런 지방 관리였던 구참령이 개과천선하는 계기로만 이용될 뿐 전체 서사 진행에 유기적인 역할을 하지 못한다. 군대해산 소식에 아무런 대응을 하지 못한 채, 갑작스럽게 개과천선한 구참령의 모습은 상식적으로 납득하기 어렵다. 만약 작가가 염두에 둔 그 이상의 의미가 있다면 군대해산이라는 사건은 제국주의 침탈이 가시화 되는 사건이라기보다는 오히려 '각 지방 진위대의 토색질'을 중단시킨 긍정적 시선이 포함되었음을 짐작할 수 있다.[26] 작품 후반부에는 '화적당'이 등장한다. 여기에서 화적당은 "인명을 함부루 살해ᄒᆞ고 지물을 도쳐에 로략ᄒᆞᄂᆞᆫ"[27] 무리로 그려지고 있는데, 이들은 통감부 휘하 각군 순사들에 의해 소탕되었다. 또한 화적 잔당으로 의심받은 구참령은 경성 검사국 신문계에서 취조 받게 되는데, 사건의 해결이 일제의 식민정책 기관에 의해 해결된다는 점 역시 식민체제에 대한 작가의 긍정적인 시선을 내포하고 있음을 짐작케 한다.

두 번째로 연재된 「월하가인」은 1911년 1월 18일부터 4월 5일까지 '하관생(遐觀生)'이라는 필명으로 연재되었다. 「월하가인」은 '하관생'이라는 필명에서 짐작할 수 있듯이 멀리 '묵서가(멕시코)'라는 낯선 곳까지 공간적 지평을 확장시키며 조선인 이주노동자의 참상을 실감나게 재현하고 있다는 점에서 문제적이다. 기존 신소설에서 종종 일본이나 미국 등 해외 공간을 다루기는 하였지만, 대부분 구체성을 획득하지 못한 채 근대적 지식을 체험하고 학습해야 할 이상적 세계로 제시되어 있는 것이 일반적이다.[28] 하지만 「월하가인」은 '묵서가'라는 생소한 재

26 "나라에셔 군ᄉᆞᄅᆞᆯ 둔 본의ᄂᆞᆫ 안으로 ᄂᆡ란을 진졍ᄒᆞ며 밧그로 외적을 방어ᄒᆞ야 국가와 인민을 보호ᄒᆞᄂᆞᆫ 울타리를 ᄉᆞᆷ고져 ᄒᆞᆷ이어ᄂᆞᆯ 슯흐다 그ᄯᅢ 소위 진위ᄃᆡ 병뎡은 직칙이 그갓치 무거움을 알지못ᄒᆞ고 오쟉 긔셰ᄅᆞᆯ 쟈뢰ᄒᆞ야 량민의게 토식ᄒᆞ기로 뎨일 능ᄉᆞᄅᆞᆯ ᄉᆞᆷ아 샹관의 명령이 한마듸만 잇스면 져의들은 챠포오졸 더보티여 려항으로 단이며 횡악이 야차ᄉᆞ쟈보다 더ᄒᆞᆷ으로 하향에셔 반상을 물론ᄒᆞ고 진위ᄃᆡ 병뎡의게 봉욕ᄒᆞᆫ 사ᄅᆞᆷ이 비일비지라 밤즁에 ᄀᆡ만 컹컹 지져도 무ᄉᆞᆷ 죄가 잇셔 병뎡이 잡으러오나 문밧게셔 누가 부르기만 ᄒᆞ야도 병뎡이 웨 ᄯᅩ와셔 나를 찻나ᄒᆞ야 돈량 숑아지 바리만 잇ᄂᆞᆫ 사ᄅᆞᆷ이면 즁에 안진 ᄉᆡ 몸갓치 조심조심 지ᄂᆡᄂᆞᆫ 그 셰월인ᄃᆡ", 「화세계」, 『매일신보』, 1910.10.15.

27 「화세계」, 『매일신보』, 1911.1.10.

28 이인직의 『혈의루』, 『은세계』, 이해조의 「빈상설」, 「원앙도」, 「모란병」 등이 대표적이다.

(좌) 「월하가인」의 『매일신보』 연재 모습(1911.1.18)
(우) 단행본 『월하가인』의 표지(보급서관, 1911, 국립중앙도서관 소장)

외(在外) 공간을 다루고 있으며, 이는 서구적 근대를 표상하는 추상적 공간에서 벗어나 구체적인 생존의 장(場)으로 그려지고 있다는 점에서 예외적이다.

「월하가인」은 멕시코 노동이민의 실상을 구체적으로 재현해 내고 있다는 점에서 의미가 있으나, 멕시코를 배경으로 일어나는 심진사의 고난 과정은 전체 서사에서 일부분에 그친다.[29] 따라서 작품 전체를 관통하는 이야기의 초점은 심진사의 부인인 장씨부인의 고난과 그것의 극복에 맞춰져 있다. 작가는 낯선 해외 공간을 등장시키는 변화를 꾀하지만, 「화세계」와 마찬가지로 주인공 장씨부인의 고난과 극복을 통해 보수적 남성 독자들의 취향을 배려하고 있다.

29 「월하가인(月下佳人)」에는 총 62회 연재분 중 총 12회만이 해외 공간에서 이루어지는 심진사의 고난을 다루고 있다.

장씨부인은 '앵도같은 입과 백옥같은 이'[30]를 가졌으며, '인물이 천하일색일 뿐 아니라 심덕이 매우 유순한'[31] 인물로 묘사된다. 남의 집 젊은 유부녀를 유인하여 소개비를 받아먹는데 이골이 난 방물장사 또성어미에게도 장씨부인은 제 평생에 처음 볼 정도의 미모를 갖추고 있는 인물로 평가받으며, 수많은 여성과 선을 보았음에도 불구하고 내내 거절을 해 오던 장시어도 장씨부인을 보자 바로 흡족해 한다. 작품의 주인공인 장씨부인을 이와 같이 묘사한 것은 「화세계」의 수정을 매우 아름다운 여성으로 형상화한 것과 동일한 맥락에서 이해할 수 있다. 이 같은 아름다운 외모의 여주인공은 보수적 남성 독자들의 관심을 끌기에 적합하며, 이러한 주인공이 고난 속에서도 꿋꿋이 정절을 지키는 모습은 이 작품이 상정한 독자들의 보수적 이데올로기를 충족시키는 효과를 발생시킨다.

하지만 「월하가인」은 신소설의 공간 지평을 확장시켰다는 의의와 함께 서사의 진행이 당대적 현실 세계에 기반하고 있다는 점에서 「화세계」에서 실추된 서사적 개연성을 일부 만회하는 데 성공하고 있다. 특히 멕시코 노동 이주의 계기와 이주노동자의 실상을 비교적 구체적으로 재현하고 있다는 점은 이 무렵 신소설이 지닌 가능성의 일면을 드러낸다.

충청북도 충주목에서 살던 심진사는 "범절이 소탈ᄒᆞ고 지조가 단정ᄒᆞ야 츙쥬 일군에 명하ᄉᆞ로 유명ᄒᆞᆫ" 인물이다.[32] 갑오년 동학란을 당

30 「월하가인」, 『매일신보』, 1911.1.27.

31 「월하가인」, 『매일신보』, 1911.2.18.

32 「월하가인」, 『매일신보』, 1911.1.18.

하여 생겨난 '부랑잡류'들은 심진사의 명성을 이용하여 자신들의 세력을 확장하고자 납치하였으나,[33] 탈출한 심진사는 장씨부인과 급히 서울로 반이(搬移)한다. 리강동 내외의 도움을 얻은 심진사는 동네 학동들을 모아 글을 가르치고, 장씨부인은 남의 바느질을 하며 근근이 지낸다. 그러던 중 근대식 학교가 도처에서 일어나니 심진사에게 글을 배우던 아이들이 하나 둘 떠나가게 되고, 결국 심진사는 궁핍함을 견디지 못해 '묵서가'로 떠나게 된다. 갑오년 동학란의 혼란한 상황에서 삶의 기반을 잃게 되었다거나, 학교들이 생겨나 가르치던 학생들이 줄어들었다는 대목은 양반인 심진사가 머나먼 타향으로 떠날 수밖에 없는 상황에 나름의 개연성을 부가한다. 또한 친구 윤조의 설명은 당시 값싼 노동인력을 착취하기 위한 제국주의의 거짓된 진술을 생생하게 증언하고 있다는 점에서 특징적이다.

(윤) 허々 참혹ᄒᆞᆫ 일일세 여보게 그리ᄒᆞᆯ 것 업시 나와ᄀᆞ치 믁셔가로 건너가세

(심) 믁셔가에ᄂᆞᆫ 가면 별 수 잇스며 가기ᄂᆞᆫ 무슨 ᄌᆞ본으로 간단 말인가

(윤) ᄌᆞ네 춤 움ㅅ속에 잇셧네 ᄀᆡ발회샤 소문도 듯지 못ᄒᆞ얏나

(심) ᄀᆡ발회샤가 무엇인가 나ᄂᆞᆫ 듯ᄂᆞ니 쳐음일셰

(윤) ᄀᆡ발회샤라ᄂᆞᆫ 것이 별것이 안이라 우리 나라 빈한ᄒᆞᆫ 사ᄅᆞᆷ ᄉᆡᆼ수날 자리일세 믁셔가 디방에 진황디가 썩만흔ᄃᆡ 엇지 토옥ᄒᆞᆫ지 아모 곡식이던지 되로 심어

33 이와 같은 화소는 이해조 소설에 여러 차례 등장한다. 일찍이 「고목화」에서 사용된 바 있으며, 이후 연재된 「우중행인(雨中行人)」에서도 비슷한 화소가 등장한다. 하지만 「고목화」와 「월하가인」의 경우 명망 있는 선비를, 「우중행인」은 근대적 군사학교를 졸업하고 러일전쟁에 참여하였던 군인을 납치하였다는 점에서 차이가 있다. 최원식은 이러한 특징을 「홍길동 이후」, 「선천 김진사」, 「성동격서」 등의 한문단편과의 연관 관계로 파악하고 있다. 최원식, 『한국 근대소설사론』, 창작사, 1986, 274쪽 참조.

셤으로 츄슈ᄒᆞᄂᆞᆫ 고로 지금 그 나라 ᄌᆞ본가가 졔각기 거대ᄒᆞᆫ 금화롤 드려 닷호아 긔쳑을 ᄒᆞᄂᆞᆫᄃᆡ 후히 고ᄉᆞ가를 주고 로동쟈롤 모집ᄒᆞᄂᆞᆫ 고로 그 일에 ᄃᆡᄒᆞ야 긔발회샤라는 것을 셜립ᄒᆞ야 동양사름즁 로동을 ᄌᆞ원ᄒᆞᄂᆞᆫ쟈를 쇼개ᄒᆞ야준다네

(심) 이사름 우리가 칙상물님으로 돈 안이라 금을 준들 로동을 엇지ᄒᆞ며 셜혹 죽을힘을 다ᄒᆞ야 로동을 ᄒᆞᆫ들 고ᄉᆞ가를 얼마나 주어셔 긔디에 먹고 닙고 나머지로 수만리 고국에 잇ᄂᆞᆫ 쳐ᄌᆞ롤 살닌단 말인가

(윤) ᄌᆞ네 말이 그러케 나오기가 용혹무괴 ᄒᆞ지마는 ᄂᆡ용을 자셰히 듯고보면 아모라도 한번 가볼만 ᄒᆞ데 긔척을 ᄒᆞᆫ다닛가 우리나라ᄀᆺ치 홈의 광의 가릐롤 가지고 인력으로 ᄯᅡᆼ을 파고 곡식도 손으로 심으고 손으로 베여드리는 것이 안이라 일동일졍을 모다 긔계로 ᄒᆞᄂᆞᆫᄃᆡ 일홈이 로동이지 별것이 안이라 긔계를 둘너주기나 ᄒᆞ고 고동을 틀어노키나 ᄒᆞᄂᆞᆫᄃᆡ 그것도 시간을 작뎡ᄒᆞ야 하로 몃시동안씀 ᄒᆞ고 그 남아 시간은 졔 ᄌᆞ유로 공부롤 ᄒᆞ랴면 공부도 ᄒᆞ고 쟝ᄉᆞ롤 ᄒᆞ랴면 쟝ᄉᆞ롤 ᄒᆞ며 고ᄉᆞ가는 아모리 박ᄒᆞᆫ 쥬인을 맛난ᄃᆡ도 ᄆᆡ일 거기ᄉᆞ돈 삼ᄉᆞ원은 된다니 거기ᄉᆞ돈 ᄉᆞ원이면 여긔ᄉᆞ돈 팔원일세 ᄆᆡ일 가ᄉᆞ것 먹ᄂᆞᆫᄃᆡ도 일이원밧긔 안이들 터이니 의례히 륙칠원은 남을 것 안인가 그것을 몃칠만 붓쳣스면 당년에 긔가를 ᄒᆞ고 말 것이니 그런 자리가 이 셰상에 ᄯᅩ 엇의 잇겟나

(…중략…)

그때에 긔발회샤의 풍셜을 듯고 한ᄉᆞ입 건너 두 입 건너 엇더케 풍셜이 ᄶᅥᆨ 버려젓던지 ᄉᆡᆼ활에 곤궁ᄒᆞᆫ 사룸들과 셩졍에 혀욕만ᄒᆞᆫ 사룸들이 너도 나도 나도 너도 닷호아 드러가ᄂᆞᆫ 바룸에 혹 ᄭᅩᆺᄀᆺᄒᆞᆫ 가쇽을 더져두고 가기도 ᄒᆞ고 혹 늙은 부모를 ᄯᅥ나셔 가기도 ᄒᆞᄂᆞᆫᄃᆡ 쳐음에ᄂᆞᆫ 그 부모 그 가쇽들이 모다 ᄉᆡᆼ수나 더럭 날줄알고 녯적으로 말ᄒᆞ면 샹부ᄉᆞ 역관이나 되야가는 듯이 지금으로 말ᄒᆞ면 공령ᄉᆞ 셔긔관이나 되야가는 듯이 한업시 깃버 보내기도 ᄒᆞ고 ᄆᆞ옴에 됴키ᄂᆞᆫ 히

도 멀니 써나는 것을 싱각ᄒᆞ야 대단히 셥々히 보내기도 ᄒᆞ고 혹 부모쳐ᄌᆞ가 손목을 잡고 빌어먹을지라도 졔발 못ᄒᆞ게 ᄒᆞᄂᆞᆫ 것을 감쪽ᄀᆞᆺ치 속이고 가기도 ᄒᆞ야 이리가고 뎌리가ᄂᆞᆫ 통에 빈한에 젹상이된 심진ᄉᆞ도 그 친구 윤조의 권ᄒᆞᄂᆞᆫ 말을 열ᄉᆞ되 드리 졍말로만 쏙 밋고 아모됴록 참여ᄒᆞ게 쥬션ᄒᆞ야 달나 단々히 부탁ᄒᆞᆫ 후에 ᄌᆞ긔집으로 도라와 쟝씨부인을 향ᄒᆞ야 믁셔가 갈일을 말ᄒᆞ더라[34]

위 예문은 심진사와 그 친구 윤조의 대화 중 일부이다. 살길이 막막한 심진사에게 그 친구인 윤조가 '개발회사' 이야기를 하자 심진사는 좀처럼 의심을 거두지 않는다. 하지만 윤조는 개발회사 측의 감언이설을 온전히 신뢰하고 있으며, 이내 심진사 역시 이러한 진술에 귀가 솔깃해진다. 이러한 대화는 당시 식민회사들이 어떠한 감언이설로 당시 조선백성들을 속여서 멕시코에 팔아넘겼는지를 비교적 생생하게 재현하고 있다. 이러한 대목은 실제 사실을 기반으로 하되, 작가적 상상력에 힘입어 일반 백성들이 '묵서가' 행을 선택할 수밖에 없는 이유를 풍부하게 재현하고 있다.

'묵서가'에 대한 묘사 역시 매우 구체적이고 사실적이다.

㉠ 그곳은 아즉도 문명진화(文明進化)가 못다되야셔 인류를 우마와 ᄀᆞᆺ치 쳔ᄒᆞ게 ᄃᆡ우ᄒᆞᄂᆞᆫ 악풍이 그져 잇ᄂᆞᆫ고로 토인(土人)들이 일반 동양에셔 건너간 사름을 젼신에 류혈이 랑쟈ᄒᆞ도록 치쓱질을 ᄒᆞ야가며 쎠가 싸지도록 로동을 식이며 사름은 참아 견ᄃᆡ기 어려온 악ᄒᆞᆫ 음식을 주어 만일 괴로히 녁이고 계으른 빗이 잇스면 무지ᄒᆞᆫ 발길과 우악ᄒᆞᆫ 줌억으로 차고 싸리어 모다 죽을 디경에 니르

34 「월하가인」, 『매일신보』, 1911.1.22~1.24.

럿스나 쳣지 언어를 통치 못ᄒᆞ니 ᄋᆡ걸 한마듸 ᄒᆡ볼 수 업고 ᄯᅩ 단속이 엄ᄒᆞ니 타쳐로 도망ᄒᆞᄂᆞᆫ 수도 업셔 다만 두 손을 묵고 죽이고 살니기ᄅᆞᆯ 토인의 쳐분만 바라ᄂᆞᆫᄃᆡ 그 즁에 심진ᄉᆞᄂᆞᆫ ᄎᆡᆨ상물님으로 셤々약질이라 굿은ᄯᅡᆼ을 파고 무거온 슈레ᄅᆞᆯ ᄭᅳᆯ어 두 손바닥이 먹쟝갈아 부은듯 ᄒᆞ고 두 억긔가 뒤웅박ᄀᆞᆺ치 부은 즁 입에 곡긔ᄅᆞᆯ 여러날 ᄭᅳᆫ어 긔력이 시진ᄒᆞ얏것마는 사오나온 ᄆᆡ가 무셔워 억지로 긔동을 ᄒᆞ야 죵일토록 로동을 ᄒᆞ다가 밤이 됨ᄋᆡ ᄌᆞ긔 쳐소로 도라오니 ᄡᆞᆯ것도 업고 덥흘 것도 업ᄂᆞᆫ 우마의 외양ㅅ간 ᄀᆞᆺ흔 토굴 속이라[35]

㉡ ᄆᆞᆨ셔가 농막에 악ᄒᆞᆫ 풍쇽의 뎨일 가통ᄒᆞᆫ 쟈ᄂᆞᆫ 고용즁 일을 실히 못ᄒᆞᄂᆞᆫ 쟈ᄂᆞᆫ 말안이듯ᄂᆞᆫ ᄆᆞᆯ이나 소모양으로 삼시로 ᄆᆡ질을 ᄒᆞ야가며 부리다가 졍 ᄒᆞᆯ 수 업스면 금젼을 밧고 다른 농막에다 팔면 ᄉᆡ쥬인이 ᄯᅩ한 젼 쥬인 모양으로 부리ᄂᆞᆫᄃᆡ 힝여나 금젼을 모으면 몸갑ᄒᆞ야 속량을 ᄒᆞ야갈가 의심ᄒᆞ야 ᄇᆡᆨ가지로 금젼 져축을 져희 ᄒᆞᄂᆞᆫ 고로 여러쳔명 동양사ᄅᆞᆷ이 무뢰빈의 ᄭᅬ임을 듯고 그곳에 와셔 죵신토록 토인의 노례 노릇을 ᄒᆞ다가 신세를 맛칠디경이라[36]

㉢ 토인이 ᄎᆡ쪽을 들고 수십명 고용하ᄂᆞᆫ 사ᄅᆞᆷ을 양의ᄣᅦ 모양으로 모라오ᄂᆞᆫᄃᆡ ᄀᆡ々히 의복이 람루ᄒᆞ야 드러온 감초지 못ᄒᆞ고 얼골에 줄々이 ᄯᆡ가 흘너 눈만 겨오 ᄲᆞᆫᄶᆞᆨ々々 ᄒᆞᄂᆞᆫᄃᆡ 심진ᄉᆞᄅᆞᆯ 보고 피ᄎᆞ간 인ᄉᆞᄂᆞᆫ 본ᄅᆡ 업ᄂᆞᆫ쟈들이나 동시 동양사ᄅᆞᆷ이라 반가옴을 니긔지 못ᄒᆞ야 무엇이라 말을 ᄒᆞ랴ᄒᆞᆫ즉 토인이 소리ᄅᆞᆯ 버럭 질으며 발ㅅ길질을 ᄒᆞ니 다시 ᄉᆞᆯ쩍 말을 못ᄒᆞ고 지나더라[37]

---

35 「월하가인」, 『매일신보』, 1911.2.19.
36 「월하가인」, 『매일신보』, 1911.2.23.
37 「월하가인」, 『매일신보』, 1911.2.25.

㉣ 그 몹쓸 믹를 마져가며 힘에 붓치는 로동을 ᄒᆞ다가 하로는 병이나셔 누엇는ᄃᆡ 뎌 몹쓸 쥬인놈이 오더니 손목을 ᄭᅳ러내여 큰 나모가지에다 동고라케 ᄆᆡ달고 잔치질을 엇더케 ᄒᆞ얏던지 젼신에 셩ᄒᆞᆫ곳이 업시 터져셔 류혈이 랑쟈ᄒᆞᆫ 것을 디고속에다 가두고 물한목음 주지를 안이ᄒᆞ더니 그날부터 쟝독이 나셔 몃칠을 못살고 인ᄒᆞ야 셰샹을 하직ᄒᆞ얏는ᄃᆡ 그 사름 잇는 근쳐를 현영을 못ᄒᆞ게 홈으로 문병 한번도 ᄒᆞ야보지 못힛셔요[38]

위 예문들은 멕시코 이주노동자들의 참혹한 정경을 구체적으로 묘사한 대목이다. 이처럼 작가는 멕시코 이주노동자들의 현실을 매우 구체적으로 재현하는 데 성공하였는데, 이는 상당부분 실제 그들의 현실을 목격한 증언들을 토대로 한 것으로 보인다.[39] 이러한 멕시코 이주노동자의 참상은 1905년 8월 인삼장수 박영순(朴永淳)에 의해 미국 교포사회에 알려졌는데, 이러한 사실은 당시 조선에서 발행되던 각종 신문매체에 의해 기사화되어 당시 조선 사회에 큰 충격을 안겼던 바 있다.[40]

이처럼 작가는 '외양간 같은 토굴'에서 짐승처럼 혹독한 대우를 받아 고통스러워하는 조선인들의 현실을 상세하게 묘사하는 한편, 청인 왕대춘의 도움을 받아 탈출하는 과정 역시 구체적으로 제시하여 나름의 서사적 개연성을 확보하고 있다. 왕대춘은 조선에서 여러 해 장사를 하던 사람으로 심진사의 측은한 경상을 보고 그를 구제해 주고자 한

38 「월하가인」, 『매일신보』, 1911.2.25~2.26.

39 참고로 이해조가 몸담았던 『제국신문』에는 멕시코 거주 동포들의 정형을 매우 구체적으로 다루고 있는 기사가 있다. 이는 미국 유학생인 박봉래의 기서(寄書)인데, 이해조는 이러한 기사를 읽고 그것을 소설화할 계획을 이전부터 품고 있었을 가능성이 높다. 박봉릐, 「유학생기서(留學生寄書)」, 『제국신문』, 1907.5.22~5.23.

40 최원식, 「신소설과 노동이민」, 『한국 근대소설사론』, 창작사, 1986, 278~281쪽 참조.

다. 그는 미국 워싱턴에 있는 사촌에게 편지를 보내 미국으로 국경을 넘을 수 있는 '빙표'를 구했으며, 심진사의 몸값을 대신 치러주기도 하였다.[41] 미국으로 탈출한 심진사는 어느 예수교 목사의 집에서 사환을 하며 집으로 돌아갈 여비를 모으는데, 집으로 보낸 편지에 답이 없자 '상업야학교'에 입학하여 공부를 한다. 그러던 중 한국 주미공사와 함께 미국을 떠나 고국으로 돌아온다. 이 여정 역시 구체적으로 묘사되어 있는데, 심진사가 탄 륜선은 일본에 도착하였고, 일본에서 수일 후 다른 배를 타고 인천항에 도착한 후 기차를 타고 남대문 정거장에 도착하였다. 작가는 '묵서가'에서의 탈출 경로를 비교적 상세하게 다루고 있는데, 이는 작가가 서사의 개연성 확보에 상당한 노력을 기울인 흔적으로 파악된다.

이주노동의 계기나 '묵서가'의 참혹한 현실, 그리고 탈출과정이 나름의 서사적 개연성을 확보하고 있는 데 반해, 조선을 배경으로 이루어지는 장씨부인의 고난과 심진사와의 재회는 다소 우연적인 계기에 의해 이루어진다는 점에서 아쉽다. 장씨부인을 탐내 자신의 아내로 삼으려던 장시어는 너무도 쉽게 자신의 무례함을 사죄하는 한편, 그녀와 의남매를 맺고 식량과 의복 등을 넉넉히 대어준다. 이후 장시어는 벽동집이라는 여성과 재혼하게 되는데, 장시어는 장씨부인을 못마땅하게 생각하는 벽동집의 간계에 속아 장씨부인을 내치게 된다. 그때 장씨부인을

41 청인 조력자 왕대춘의 등장은 1912년 이전 『매일신보』에 연재된 이해조 소설의 특수한 국면을 드러내고 있다는 점에서 주목할 만하다. 이해조의 소설이 총독부 기관지 『매일신보』의 담론을 전적으로 수용하고 있었다면, 오히려 청인 조력자보다는 일본인 조력자를 등장시키는 편이 효과적이었을 것이다. 이해조가 굳이 청인 조력자를 등장시킨 것은 적어도 「월하가인」이 『매일신보』 또는 식민주체의 담론으로부터 비교적 자유로운 상태에서 연재되었음을 알 수 있는 단서가 된다.

도우는 조력자가 등장하는데, 그는 다름 아니라 심진사의 은인이었던 청인 왕대춘이다. 작가는 장씨부인의 친정 아버지 장판서와 왕대춘 아버지의 인연[42]을 설명하며 나름의 개연성을 확보코자 하지만 이는 한문 단편의 화소를 차용하여 엮어놓은 것으로 작위적인 느낌을 준다.[43] 또한 작품의 맨 마지막 부분에서 심진사가 왕대춘 집안의 '방불한 소경력'이 무엇이냐 묻자 왕대춘은 "샹히 쇼셜 대가々 내 집 일을 회한히 녁여 동뎡츄월[洞庭秋月]이라ᄂᆞᆫ 신쇼셜을 편즙발ᄒᆡᆼ ᄒᆞ난 것이 잇스니 그 ᄎᆡᆨ을 구ᄒᆡ보시면 ᄌᆞ셰히 알으시리다"라고 대답하는 것으로 마무리하였다.[44] 이러한 마무리는 왕대춘 집안의 내력과 『동정추월』이라는 작품에 대한 독자의 관심을 불러일으키는 효과를 발생시키지만, 작품 전체의 통일성을 떨어뜨리는 요인이 된다.

결국 「월하가인」은 멕시코 이주노동자의 문제를 구체적으로 재현하고 있다는 점에서 큰 의미가 있으며, 이를 아름다운 부인이 정절을 지키고 결국 가족과 재회한다는 서사적 골격과 결합시킴으로써 당시 『매일신보』가 상정한 보수적 남성 독자의 취미에 부합시키고자 한 작

42 "본릭 왕대츈은 샹고츌신이 안이라 그 부친이 븍경에 와셔 벼ᄉᆞᆯ을 단이다가 국고금 흠축ᄂᆞᆫ 일이 잇셔 그 나라 법률에 죽기롤 면치못ᄒᆞᆯ 디경이러니 맛춤 죠션 ᄉᆞ신으로 왓던 장판셔가 왕씨의 정경을 불상히 녁여 죠션인 홈숨 쟝ᄉᆞ의 돈을 여러만금 챠관을 ᄒᆞ야 왕씨의 포흠을 무러준 일이 잇셧ᄂᆞᆫᄃᆡ 얼마 안이되야 왕씨가 병이드러 셰샹을 버릴 디경에 그 아ᄃᆞᆯ 왕대츈에게 유언을 ᄒᆞ고 아모됴록 죠션 쟝판셔의 은혜를 갑흐라 ᄒᆞ얏슴으로 왕대츈이가 죠션으로 쟝ᄉᆞ롤 오기ᄂᆞᆫ 젼수히 쟝판셔를 ᄎᆞ질 경륜이러니 쟝판셔ᄂᆞᆫ 이작고인ᄒᆞ고 그집 후예라고ᄂᆞᆫ ᄯᆞᆯ 한아 ᄲᅮᆫ이라ᄂᆞᆫᄃᆡ 엇의로 가 잇ᄂᆞᆫ 곳을 몰나 션부의 유언을 봉힝치 못ᄒᆞ고 항샹 ᄆᆞᄋᆞᆷ에 조민ᄒᆞ던 터이라", 「월하가인」, 『매일신보』, 1911.3.26.

43 최원식은 이 대목이 「북경거지」와 「홍역관」이라는 한문단편의 화소를 차용한 것이라고 말한 바 있다. 최원식, 「신소설과 노동이민」, 『한국 근대소설사론』, 창작사, 1986, 277쪽 참조.

44 이후 1년이 지난 후 1912년에 민준호의 이름으로 동양서원에서 『동정추월』이라는 작품이 발표되었으나, 그 내용이 왕대춘 집안의 내력을 다룬 것과는 동떨어진 것이다. 이 작품은 배경만 상해일 뿐 일본인 여성의 복수담을 그리고 있다는 점에서 관련이 멀다.

품임을 알 수 있다.

「화의혈」은 1911년 4월 6일부터 6월 21일까지 '석춘자(惜春子)'라는 필명으로 연재되었다. 이 작품은 연재 방식에서 단행본과 차이점을 지니고 있다. 신문연재본의 경우 전체가 '뎨일회', '뎨이회'로 나뉘어 구성되어 있으나, 단행본은 이러한 구성을 따르지 않고 있다. 1912년 보급서관에서 발행된 단행본의 경우 전체가 하나의 구성으로 이루어져 있으며, 1918년 오거서창(五車書廠)에서 발행한 단행본의 경우 전체의 구성을 '뎨칠회'까지 나누어 놓고 있다. 특징적인 것은 1918년 3월 30일 발행된 오거서창 발행 단행본은 1912년 6월 30일 초판을 재판한 것인데, '저작 겸 발행자'의 이름에 보급서관 사주인 김용준의 이름이 보이며, 1912년 6월 30일은 1912년 보급서관판 『화의혈』이 출판된 날짜와 일치한다. 따라서 1918년에 발행된 오거서창판 단행본은 1912년 보급서관에서 발행된 것을 초판으로 삼아 재판된 것이며, 오거서창은 보급서관이 이름을 바꾸어 만든 출판사임을 확인할 수 있다.[45]

여기에서 중요한 점은 이러한 각 판본의 차이를 인식하지 못한 채 진행된 연구가 개별 텍스트의 특성을 오독(誤讀)하게 만드는 요인이 될 수 있다는 것이다. 실제로 최원식은 "이 작품에서 작가는 처음으로 회장체를 사용하였다. 총 7회로 구성되었는데, 이 역시 『한씨보응록』(1918)

---

45 1918년 오거서창판 단행본 『화(花)의혈(血)』의 판권지에 게재된 '지급광고(至急廣告)'에서는 이해조의 작품 『화의혈』, 『쌍옥적(雙玉笛)』, 『빈상설(鬢上雪)』, 『누구의 죄』 등을 광고하고 있는데, 각 작품들의 판권지를 확인한 결과 『빈상설』을 제외한 나머지 세 작품은 모두 보급서관에서 김용준의 이름으로 발행된 것임을 알 수 있었다. 『빈상설』의 경우 현재 동양서원과 광학서포에서 발행된 것만 확인할 수 있는데, 하나의 작품이 다수의 출판사에서 발행된 당시의 관행을 고려할 때 보급서관에서 발행된 판본도 있었을 것으로 추정된다.

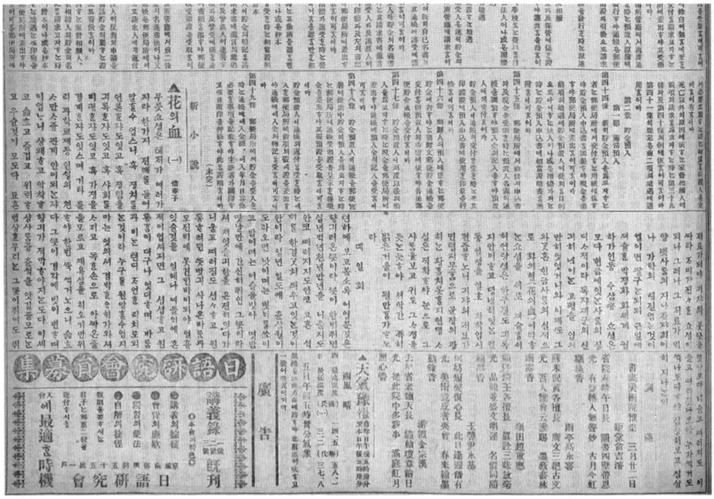

(좌) 「화의혈」의 『매일신보』 연재 모습(1911.4.6)
(우) 단행본 『화의혈』의 표지(보급서관, 1912, 국립중앙도서관 소장)

과 『홍장군전』(1918)의 정통 회장체로의 복귀를 예고하는 것이다."[46]라며 「화의혈」의 구성상의 특징을 구소설과의 관련 양상 속에서 이해하고 있다. 그는 이 작품이 회장체의 구성을 사용하여 이후 『한씨보응록』이나 『홍장군전』에서 보이는 구소설적인 경향을 예비하고 있다고 파악하였다. 이러한 주장은 1918년 오거서창 판본에 전적으로 의지하고 있는데, 전체의 구성을 2회로 구분한 『매일신보』 연재본이나 아예 구성을 나누지 않은 1912년 보급서관의 판본을 사용하였다면 이러한 해석 역시 달라질 수 있었을 것이다.

이러한 차이는 아무래도 각 출판사의 출판전략과 관계가 깊다. 1918년 오거서창에서 발행된 『화의혈』, 『한씨보응록』, 『홍장군전』은 모두 '뎨일회', '뎨이회' 등 전체의 구성을 내용 전개에 따라 분리하여 배치하

46 최원식, 『한국 근대소설사론』, 창작사, 1986, 130쪽.

고 있는데, 이는 대상 독자나 양식상의 차이 등을 고려한 출판사의 구성전략으로 파악하는 것이 적합하다. 『매일신보』 연재본의 경우 작품 제목 앞에 '신소설(新小說)'이라는 표제를 분명히 하고 있으며, 1912년 보급서관 단행본의 경우에도 그 표지에 '신소설'이라는 표제를 붉은 글씨로 표기하고 있다. 하지만 1918년 오거서창 단행본은 1912년 보급서관본을 초판으로 삼고 있음에도 불구하고 '신소설'이라는 표기는 어디에도 찾아볼 수 없다. 이에 비해 같은 해 오거서창에서 발행된 『한씨보응록』과 『홍장군전』의 경우 '고대소설(古代小說)'이라는 표제를 사용하고 있는데, 1918년의 상황에서 『화의혈』을 '고대소설'과 '신소설' 어디에도 포함시키기 어려워했던 오거서창 출판부의 인식을 확인할 수 있다. 『홍장군전』과 『한씨보응록』의 경우에는 그 제목에서도 알 수 있듯이 '전(傳)'과 '록(錄)'이라는 이전 소설의 양식을 차용하고 있으며, 그 표현 방식에 있어서도 '각설', '화설' 등 고소설의 문투를 그대로 사용하고 있다. 오거서창은 보급서관의 사주 김용준이 고소설 독자들을 대상으로 한 작품들을 전략적으로 출판할 목적으로 만든 것으로 보이는데, 이러한 사정을 고려할 때 오거서창본 『화의혈』은 그 구성을 7회로 나누어 이전 소설에 익숙한 독자들의 독서관습을 고려했을 가능성이 높다. 결국 이러한 특성을 고려할 때 『화의혈』은 출판업자의 의도가 개입된 단행본보다는 초판본 내지 결정본이라 할 수 있는 신문연재본을 통해 살피는 것이 바람직할 것이다.

앞에서 언급했듯이 『매일신보』 지면에 연재된 「화의혈」은 '뎨일회', '뎨이회' 총 2회로 나뉘어 있다. '뎨일회'가 1회부터 15회 첫 부분까지 주요 인물들의 캐릭터(character)를 구축하는 데 할애하고 있다면, '뎨이회'는 그 나머지 66회까지 갈등이 발생하며 그것이 해결되는 일련의 과정들을 모두 포괄하고 있다. 이는 고소설의 '회장체'와는 별다른 관련이 없는 것으로 보인다. 이러한 구성은 이미 『제국신문』에 연재된 「빈상셜」(1907.10.5~1908.2.12)에서 찾을 수 있는데, 신문연재본 「빈상셜」의 경우 전체의 구성이 1부와 2부로 나뉘어져 있다. 신문연재본 「빈상셜」은 1907년 10월 5일부터 12월 25일까지 아무런 표시가 없이 68회 연재되었는데, 1907년 12월 26일 자 연재분부터는 제목 아래 '뎨이'라고 표시하고 있으며 연재 횟수 표기도 1부터 다시 시작한다.[47] 이러한 사정을 고려해 보았을 때, 이전 소설과는 다른 새로운 소설임을 표방한 '신소설' 「화의혈」이 고소설의 '회장체' 구성을 따르고 있다고 보기는 어렵다. 『매일신보』 연재본 「화의혈」의 경우 전체 서사 구조를 전반부와 후반부로 크게 나누어 독자들의 편의를 고려한 것으로 보인다.

이미 많은 연구자들이 다루었듯이 「화의혈」 제1회 연재분에는 작가의 소설관을 짐작할 수 있는 서언이 포함되어 있다. 이 글은 지금까지 써왔던 작품에서는 볼 수 없었던 새로운 시도이며, 작가의 직접적인 발화를 통해 독자와의 거리를 좁히고 있다는 점에서 의미가 있다.

> 무릇 쇼셜은 톄지가 여러 가지라 한 가지 젼례롤 들어 말홀 수 업스니 혹 졍치롤 언론훈 쟈도 잇고 혹 졍탐을 긔록훈 쟈도 잇고 혹 샤회롤 비평훈 쟈도 잇고 혹 가뎡을 경계훈 쟈도 잇스며 기타 륜리 과학 교졔 등 인싱의 쳔ᄉ만ᄉ 즁 관계 안이되는 쟈이 업ᄂ니 샹쾌ᄒ고 악챡ᄒ고 슯흐고 즐겁고 위티ᄒ고 우ᄉᆫ 것이

47 지금까지 「빈상셜」의 이러한 특징을 언급한 사례는 한 차례도 없었는데, 이는 지금까지의 연구가 주로 단행본만을 대상으로 이루어졌다는 점을 방증한다.

모도다 됴흔 지료가 되야 긔쟈의 붓긋을 따라 즈미가 진々훈 쇼셜이 되나 그러나 그 지료가 미양 녯 사룸의 지나간 자최어나 가탁의 형질업는 것이 열이면 팔구는 되되 근일에 져술훈 박졍화 화셰계 월하가인 등 수삼죵 쇼셜은 모다 현금에 잇는 사룸의 실디 사젹이라 독쟈졔군의 신긔히 녁이는 고평을 임의 만히 엇엇거니와 이졔 또 그와굿흔 현금 사룸의 실젹으로 화의혈(花의血)이라ᄒᆞ는 쇼셜을 시로 져술홀 식 허언랑셜은 한 구졀도 긔록지 안이ᄒᆞ고 뎡녕히 잇는 일동일졍을 일호 차착업시 편즙ᄒᆞ노니 긔쟈의 지됴가 민텹지 못홈으로 문쟝의 광치는 황홀치 못홀지언뎡 ᄉᆞ실은 젹확ᄒᆞ야 눈으로 그 사람을 보고 귀로 그 ᄉᆞ졍을 듯는 듯ᄒᆞ야 션악간 죡히 밝은 거울이 될만홀가 ᄒᆞ노라[48]

이때까지 『제국신문』이나 『대한민보』에 연재된 소설에는 위와 같은 서문을 찾아보기 어렵다. 그런데 「화의혈」의 이 같은 서문은 작가의 심경에 무언가 변화가 찾아왔음을 보여주는 사례가 된다. 이해조는 『제국신문』에 소설 연재를 할 때에만 해도 자신을 독자보다 우월한 계몽적 주체로서 인식했을 가능성이 높다. 근대계몽기의 신문 매체가 주로 객관적인 사실의 나열보다는 독자계몽에 초점을 두고 있었음을 상기할 때, 그 안에 실려 있는 소설 역시 이러한 지향점을 일정한 부분 반영하고 있었음을 쉽게 짐작할 수 있다. 하지만 1910년 한일병합 이후에 발행된 총독부 기관지 『매일신보』의 경우에는 독자계몽보다는 식민체제의 정착과 안정에 주로 그 초점을 맞추고 있었으며, 『매일신보』의 소설은 소설이 지닌 교훈성보다는 재미의 측면을 강조하여 『대한매일신보』 때보다 감소한 독자들의 구독을 확장하려는 목적이 크다

48 「화의혈」, 『매일신보』, 1911.4.6.

고 파악할 수 있다. 이러한 사정을 감안할 때, 「화의혈」의 서문은 작가 스스로가 계몽적 주체라는 우월한 지위에서 내려와 독자의 입장을 배려하고 자신의 소설에 대한 독자들의 비판에 대응하려는 시도의 일단으로 볼 수 있다.

앞에서 밝혔듯이 지금까지 이해조는 다양한 종류의 소설 실험을 해왔다. 각각의 표제를 선택하여 '연극소설' 「구마검」, '정치소설' 「홍도화」, '정탐소설' 「쌍옥적」, '가정소설'·'윤리소설' 「만월디」[49], '과학소설' 『철세계(鐵世界)』 등을 써왔다. 서문에 표현된 것처럼 이들 작품은 '매양 옛 사람의 지나간 자취나 가탁의 형질 없는' 이야기를 다루는 고소설과는 달리 대부분 동시대 사람들의 이야기를 다루고 있으며, 특히 최근에 저술한 「박정화」, 「화세계」, 「월하가인」의 경우에는 모두 현재의 실제 사적을 바탕으로 이루어졌음을 강조하고 있다. 그는 「화의혈」 역시 '현금 사람의 실적'을 바탕으로 쓰였으며 '허언낭설'을 배제하고 실제 있었던 행동과 목소리를 있는 그대로 '편집'하겠다는 나름의 소설관을 피력하고 있다. 또한 독자들이 직접 눈으로 그 사람을 보듯이, 그리고 귀로 그 사정을 직접 듣는 것처럼 묘사하여 핍진한 재현을 목표로 삼고 있으며, 이를 통해 이 작품이 선악간의 밝은 거울이 되길 바라고 있다.

물론 이해조의 입장을 고려하면 일련의 작품들이 실제 있었던 사건들을 기반으로 만들어졌을 가능성이 높다. 하지만 여기서 「화의혈」 등이 실제 사건을 바탕으로 이루어졌다는 진술의 진위여부는 사실 크게

49 「만월디」의 경우 『제국신문』에 연재할 때는 '가정소설'이라는 표제를 사용하였지만, 단행본(동양서원, 1910)의 경우 '윤리소설'이라는 표제로 발행되었다.

중요하지 않다. 이 같은 진술은 그저 독자를 소설 속 이야기 안으로 몰입하도록 만들기 위한 수사적 장치이기 때문이다. 작가는 이를 통해 소설을 '허탄무거'한 것으로 이해하고 있는 사람들을 자신의 소설 독자로 포섭하고자 했다. 전술하였듯이 『매일신보』는 『대한매일신보』 국한문판을 계승한 것인데, 『대한매일신보』가 대상 독자에 따라 국한문판과 순한글판으로 분리하여 발행하고 있었던 것처럼 주로 한자에 익숙한 중류 이상의 남성 독자들을 대상으로 삼고 있었다. 따라서 이러한 점을 감안할 때, 위의 서문은 '소설'이란 양식을 그저 '허탄무거'한 것으로 이해하고 있는 보수적 남성 독자들에 대한 발화임을 짐작할 수 있다. 이해조는 소설에 대한 부정적 시각을 여전히 고수하고 있던 그들에게 '옛 사람들의 지나간 자취나 가탁(假託)의 형질 없는' 고소설과는 달리 자신의 소설이 현금의 실제 사적을 기반으로 이루어졌다는 점을 강조하고, 새로운 소설이 지닌 효용적 가치를 부각시키고 있다.

이러한 점을 감안할 때 「화의혈」은 동학농민운동이 활발하게 진행되던 시대를 배경으로 삼아, 시찰관으로 부임한 이도사의 탐학과 이로 인한 백성들의 고난을 다루고 있다는 점에서 사실적이다. 하지만 이 작품은 새로운 이전 풍속의 부정적 측면을 비판하고 근대문명에 대한 새로운 비전을 제시하였던 이전 작품들에 비해 다분히 의고적(擬古的)인 분위기를 띠고 있다. 사실을 기반으로 삼고 있다는 것은 단지 전대 소설에 대한 부정적 속성과 결별하고, 소설에 대한 비판적 시각을 지닌 독자들을 포용하기 위한 부수적인 장치에 지나지 않았던 셈이다. 결국 작가가 이 작품을 통해 표현 하고자 했던 궁극적인 지향점은 바로 '정절', '효', '우애', '권선징악'과 같은 보수적 가치의 재현이었다.

「화의혈」은 「화세계」, 「월하가인」과 마찬가지로 작품 초입에 '선초'라는 인물의 묘사에 상당한 공을 들이고 있다. 가령 "쏫ᄀᆞᆺ흔 얼골과 둘ᄀᆞᆺ흔 틱도가 한곳도 범연ᄒᆞᆫ ᄃᆡ가 업ᄂᆞᆫ 일ᄉᆡᆨ"이라던지, "짝이 업시 총명령리ᄒᆞᆫ 녀ᄌᆞ라 한번 듯고 한번 보ᄂᆞᆫ 것을 능통치 못ᄒᆞᄂᆞᆫ 것이 업셔 글시 가무 음률이 교방분ᄃᆡ 즁 뎨일 웃듬", "거울ᄀᆞᆺ치 맑은 텬셩으로 왼갓 물졍을 모도 짐작ᄒᆞᄂᆞᆫ 터"이라는 등의 수사를 아끼지 않는다.[50] 선초가 태어난 전라남도 장성군은 대대로 명기(名妓)가 끊이지 않는 곳인데, 아비인 채호방은 선초의 인물을 아까워해 그곳 풍속대로 기안(妓案)에 올렸다. 한 달이 멀다하고 갈리어 오는 관찰사, 군수들이 모두 선초의 소문을 듣고 수청을 요구하나 선초는 기생의 신분에도 불구하고 이를 모두 거절하는데, 이러한 선초의 소문은 서울에까지 널리 퍼지게 되었다. 선초에 대한 소문은 "인물은 양귀비 셔시 명함을 못드리겟고 직질은 반쳡여 소ᄉᆞ미가 현신도 못ᄒᆞ겟ᄂᆞᆫᄃᆡ"라며 서울에 널리 퍼지게 된다.[51]

이 같은 선초에 대한 묘사는 남성독자들의 대중적 흥미를 반영하는데 중요한 장치가 되었을 것으로 짐작된다. 이러한 인물 묘사는 독자들로 하여금 과연 이렇게 아름다운 여인이 기생의 신분임에도 과연 정절을 지키고 원하는 사랑을 이룰 수 있을지, 또는 그녀의 신념이 과연 어떠한 인물에 의해서 허물어지게 되는지 등에 대한 관심을 지속적으로 유지시키는 데 필요한 중요한 장치가 된다.[52] 또한 재자가인(才子佳

50 「화의혈」, 『매일신보』, 1911.4.7.

51 「화의혈」, 『매일신보』, 1911.4.9.

52 이 작품은 이미 많은 연구자들이 지적한 것처럼 『춘향전』의 모티프를 차용하여, 이를 나름의 방식으로 재구성하였다는 특징이 있다. 작가는 이미 대중적인 사랑을 받고 있던 『춘향전』의 모티프를 차용하여 이를 현실적으로 재구성하고자 했는데, 이는 다분히 보수적 가치의 남성독자들을 유인하는 데 효과적인 장치였음이 틀림없다. 특히 작가는 "광대타령의 말

人)의 여성을 등장시키고 그녀가 정절을 목숨보다 중요하게 여기는 모습은 문란해진 가정 내 풍속을 규율하고, 남성 중심의 보수적 이데올로기를 실현시키는 데 효과적인 방편이었던 셈이다.[53]

실제로 이 작품의 초반부에는 선초가 어떻게 정조를 지키는지보다는 그녀의 신념이 어떻게 허물어지는지가 중요하게 부각되고 있으며, 후반부에서는 선초의 동생 모란의 복수가 서사의 중심을 이루고 있다. 하지만 작품 전체의 주인공은 선초나 모란이 아니라 이도사라고 볼 수 있다.[54] 작가는 이도사라는 인물에 초점을 맞추고, 그가 어떻게 선초를 취하게 되고, 또 모란에 의해 파멸되는지의 과정을 그려내고 있다. 게다가 이러한 이야기 구성의 바탕에는 이도사라는 인물이 당시의 시대적 배경 속에서 어떻게 권력을 취하게 되고, 또 몰락하게 되었는지를 구체적으로 제시하고 있다. 두 여성이 전대 서사의 유형에서 크게 벗어나지 못한 평면적인 인물임에 비해, 이도사는 매우 입체적인 인물로

ᄉᆞ다나 녜날 츈향이ᄂᆞᆫ 남원기싱으로 헛탄히 몸을 버리지 안이ᄒᆞ고 년긔와 지질이 덕당ᄒᆞᆫ 리도령을 맛나 일부죵ᄉᆞ를 ᄒᆞ얏슴으로 그 아람다온 일흠이 몃ᄇᆡᆨ년을 썩지 안이ᄒᆞ얏ᄃᆞᄂᆞᆫ ᄃᆡ"(1911.4.8), "츈향이 ᄎᆞ자가ᄂᆞᆫ 리도령과 ᄀᆞᆺ치 션초의 집을 ᄎᆞᄌᆞ가ᄂᆞᆫᄃᆡ"(1911.5.13) 등 『춘향전』을 의식한 대목들을 의도적으로 노출시키고 있다. 이에 관해서는 다음의 논문을 참조할 것. 전광용, 『신소설 연구』, 새문사, 1986, 215~216쪽; 최원식, 『한국 근대소설사론』, 창작사, 1986, 135쪽.

53 또한 작가는 '절행'뿐만 아니라 '효(孝)'라는 전통적 가치의 중요성을 강조한다. 이도사는 수청을 거절하는 선초를 취하기 위해 그녀의 아버지인 채호방을 동학당으로 몰아 옥에 가둔다. 결국 선초는 이도사에게 몸을 허락하기로 마음을 먹는데, 정절은 효라는 가치에 의해 그 의미를 상실한다. "에그 쌈아귀ᄂᆞᆫ 미물이라도 졔 어미에게 효셩이 잇ᄂᆞᆫ고로 만고에 효됴(孝鳥)라ᄂᆞᆫ 아람다온 일흠을 엇엇ᄂᆞᆫᄃᆡ ᄉᆞᄅᆞᆷ이 되고 부모에게 불효가 되면 미물만도 못ᄒᆞ지 (…중략…) 에라 홀일업다 부모없ᄂᆞᆫ ᄌᆞ식이 엇의 잇겟늬 ᄂᆡ 몸 한아 버려 아바지만 살아 나셧스면 오ᄂᆞᆯ 죽어도 내 도리ᄂᆞᆫ 다 찰엿지", 「화의혈」, 『매일신보』, 1911.5.6.

54 최원식은 일찍이 이도사를 작품의 중심인물로 파악하고, 이 작품의 우수성이 양반층의 위선적 특징을 고도로 형상화한 이도사라는 인물을 통해 구현될 수 있었다고 주장한 바 있다. 최원식, 『한국 근대소설사론』, 창작사, 1986, 130쪽.

그려지고 있다는 점이 특징적이다.

이도사는 자신의 지위와 권력으로 힘없는 백성이자 여성인 선초의 순결을 빼앗은 악인으로 묘사된다. 그는 오직 자기 잘난 맛에 사는 인물로서 세력 있는 재상의 집에 출입하며, 동학 난리가 났다는 말을 듣고 그것을 출세의 기회로 삼는 영리한 인물이다. 그는 평소 친분이 있는 신대신에게 찾아가 동학 세력이 확장되는 현상의 원인을 비교적 정확하게 진단하며, 그 해결책을 내놓는다.[55] 결국 신대신의 신임을 얻은 이도사는 시찰 임무를 맡게 되었는데, 어릴적 자신을 자식처럼 예뻐하던 임씨 어머니의 간청도 거절하고 동학관련으로 자수한 죽마고우 임씨를 죽인다. 이렇게 교활하고 잔인무도한 이도사는 선초를 취하기 위해, 그 아버지 채호방에게 동학 관련자 혐의를 뒤집어씌우고, 선초는 결국 자신의 몸을 허락하기로 마음먹는다. 선초는 나름대로 지혜를 짜내어 채호방을 풀어주면 몸을 허락하겠다거나 백년해로하겠다는 약조를 받아 내지만, 이도사는 제 욕심을 채우고 나자 타지로 떠나버린다. 자신이 순간의 욕심을 채우기 위한 도구에 불과하였다는 사실을 깨달은 선초는 아편을 먹고 그만 자결하게 된다.

작가는 이러한 이도사를 철저하게 희화화 시킨다. 코를 "드르렁々々々" 골며 흉몽을 꾸다가 깨어나자 벽에다 "야몽극흉 셔벽대길(밤꿈이 극히 흉흔즉 벽에 글을 쓰노니 크게 길하라)"[56]라고 글씨를 쓰거나, 죽은 선초의 무덤에 찾아가 "술 한잔을 쌘々ᄒᆞ게 부어노고 글한구롤 지어 고셩대독" 한 뒤 "가쟝 션초의 혼이 ᄌᆞ긔의 술을 달게 흠향이나 ᄒᆞᆫ듯

55 「화의혈」, 『매일신보』, 1911.4.14~4.16.

56 「화의혈」, 『매일신보』, 1911.6.3.

십이 희ᄉᆡᆨ이 만면"해 한다.[57] 또한 그날 밤 비가 내리자 "이 눈셥만 ᄲᅦ도 ᄯᅩᆼ이 나올 분네ᄂᆞᆫ" 자신이 술을 붓고 글을 지어 선초가 감동한 것이라고 생각한다.[58] 이도사는 감옥에 갇혀 자신의 아들 손자들이 차례로 죽었다는 소식을 들은 후에는 "종ᄅᆡ 흰소리로 ᄌᆞ긔 조상탓부터 ᄒᆞᆫ다"거나 "오냐 칠십에 ᄉᆡᆼ남ᄌᆞ도 ᄒᆞᆫ다는ᄃᆡ 아즉도 내가 년부력 강ᄒᆞᆫ즉 연의ᄯᅢ던지 이 ᄌᆡ판 ᄉᆞᆺ만나거던 복셩스러온 규슈에게 후취도 ᄒᆞ려니와 ᄋᆡ나이ᄒᆞᄂᆞᆫ 적은 마누라가 잇스니 셜마 ᄯᅩ 날터인즉 후취 마누라 소ᄉᆡᆼ은 학문가에 보내여 공부ᄅᆞᆯ 식여 봉제ᄉᆞᄅᆞᆯ ᄒᆞ고 적은 마누라 소ᄉᆡᆼ은 학교에 보내여 ᄀᆡ화 공부를 식여 먹을 버리ᄅᆞᆯ ᄒᆞ게 ᄒᆞ겟다"며 절대 회개하지 않는 모습을 보여주기도 한다.[59] 이후 이도사는 삼 년 만에 감옥에서 풀려나왔으나 모란의 꾀에 의해 자신의 죄상이 낱낱이 드러나게 되는 수모를 겪는다. 그럼에도 불구하고 여전히 그 버릇을 고치지 못하고 모란의 집에 밥을 구걸하러 갔다가도 색탐을 드러내고 결국 망신을 당하고 도주하였다는 것으로 이야기는 마무리된다.

결국 작가는 철저하게 이도사라는 이전 시대의 부패한 탐관오리의 전형을 형상화하고, 그의 욕망과 파멸의 과정을 구체적으로 드러내고 있다. 이는 조선 말기 봉건제의 모순이 심화되고 동학이 일어나는 데는 지배층의 탐학이 결정적인 역할을 했다는 작가의 역사 인식을 반영한다. 하지만 이러한 역사인식은 전근대적 가치에 대한 비판으로 그칠 뿐 역사의 주체적인 발전가능성을 제시하지 못한다는 점에서 한계를

57 「화의혈」, 『매일신보』, 1911.6.4.
58 「화의혈」, 『매일신보』, 1911.6.6.
59 「화의혈」, 『매일신보』, 1911.6.9.

지닌다. 더욱 아쉬운 점은 이러한 작품 속 논리가 언제든 식민체제의 정착과 안정을 꾀하는 식민주체의 입장을 옹호하는 방향으로 귀결될 수 있다는 점이다. 한편 작가는 한자에 익숙한 보수적인 남성독자들을 대상으로 선초의 '정절'이나 '효', 모란의 '우애'와 같은 이전 시대의 윤리적 가치를 강조하고 있는데, 이러한 측면 역시 작가가 의도한 바가 무엇이었는지를 짐작할 수 있게 한다.

작품의 연재를 마친 뒤 작가는 자신의 심경을 직접적인 발화로 제시하고 있다.

> 긔쟈왈 쇼셜이라 ᄒᆞᄂᆞᆫ 것은 ᄆᆡ양 빙공착영(憑空捉影)으로 인졍에 맛도록 편즙ᄒᆞ야 풍쇽을 교졍ᄒᆞ고 샤회를 경셩ᄒᆞᄂᆞᆫ 것이 뎨일 목뎍인즁 그와 방불ᄒᆞᆫ 사ᄅᆞᆷ과 방불ᄒᆞᆫ ᄉᆞ실이 잇고보면 ᄋᆡ독ᄒᆞ시ᄂᆞᆫ 렬위부인, 신ᄉᆞ의 진々ᄒᆞᆫ ᄌᆞ미가 일층 더 싱길 것이오 그 사ᄅᆞᆷ이 회긔ᄒᆞ고 그 ᄉᆞ실을 경계ᄒᆞᄂᆞᆫ 됴흔 영향도 업지 안이ᄒᆞᆯ지라 고로 본긔쟈ᄂᆞᆫ 이 쇼셜을 긔록ᄒᆞᆷᄋᆡ 스々로 그 ᄌᆞ미와 그 영향이 잇슴을 바ᄅᆞ고 ᄯᅩ 바ᄅᆞ노라[60]

작가는 서언에 이어 작품 후기를 통해 자신의 입장을 다시 한 번 강조하고 있다. 여기에서 작가는 소박한 단계이지만 자신이 생각하는 소설관을 직접적으로 드러내고 있다는 점에서 특징적이다. 소설이라는 것은 본질적으로 허구성을 기반으로 창작되는 것이지만 이것이 인정세태에 맞도록 적절하게 가공된다면 풍속을 교정하고 사회를 경성하는 효과를 발생시킬 수 있다는 것이다. 또한 이러한 소설이 실제 인물

60 「화의혈」, 『매일신보』, 1911.6.21.

이나 비슷한 사건을 기반으로 한다면 독자들의 관심과 재미를 더할 수 있으며, 이도사와 같은 인물의 몰락 과정을 통해 독자들에게 일정한 교훈을 줄 수 있다고 주장한다. 결국 이해조는 '사실'과 '허구'를 적절하게 '편집'한 소설을 통해 독자들로 하여금 '?미'와 '영향'을 주고자 했으며, 이것이 이해조 소설을 관통하는 핵심적 논리였음을 확인할 수 있다.

「구의산」은 1911년 6월 22일부터 9월 28일까지 '신안생(神眼生)'이라는 필명으로 연재된 작품이다. 「구의산」이 연재를 시작한 날 같은 면 상단에는 다음과 같은 광고가 게재되어 있다.

> 小說九疑山
>
> 多數愛讀諸彦의 喝采롤 博ᄒᆞ던 前小說 「花의血」은 昨日로써 擱筆ᄒᆞ고 本日브터ᄂᆞᆫ 家庭의 喜劇悲劇과 壯絶快絶ᄒᆞᆫ (九疑山)이라ᄒᆞᄂᆞᆫ 小說을 揭載ᄒᆞ야 愛讀者의 興味롤 添ᄒᆞ오니 一層愛讀ᄒᆞ시면 家庭整理上에 一大好材料가 되겟습[61]

위 소설예고는 비록 「구의산」이 연재되는 날이 되어서야 비로소 작품 바로 앞에 게재되었으나, 처음으로 『매일신보』에 나타난 '소설예고' 기사이다. 바로 며칠 전 『매일신보』의 '대쇄신'을 예고했던 광고에서 "現時朝鮮第一小說家되ᄂᆞᆫ 李悅齋君의 小說은 錦上添花의 佳趣가 有ᄒᆞ야 반다시 讀者의 喝采롤 博ᄒᆞᆯ지오"[62]라며 이해조의 소설을 사세확장에 가장 중심적인 전략으로 삼고 있었다는 점은 이미 앞 장에서 살펴

61 「구의산(九疑山)」, 『매일신보』, 1911.6.22.
62 「본신보(本申報)의 대쇄신(大刷新)」, 『매일신보』, 1911.6.15~6.20.

(좌) 「구의산」의 『매일신보』 연재 모습(1911.6.22)
(우) 단행본 『구의산』 상 · 하권의 표지(신구서림, 1912, 국립중앙도서관 소장)

본 바와 같다. 이와 마찬가지로 『매일신보』 편집진은 「구의산」부터 '소설예고'를 통해 이해조의 소설 연재를 더욱 적극적으로 활용하려는 노력을 보인다. 여기에서 강조되는 점은 바로 '흥미(興味)'의 요소이며, 이는 '가정정리상(家庭整理上)'의 좋은 재료가 될 수 있다는 것이다.

먼저 「구의산」은 이해조 소설이 본격적으로 통속화되는 경계에 있다는 평가를 받는 작품이다.[63] 이 작품이 이러한 평가를 받는 이유는 엽기성, 신파적 복수담, 추리소설적 요소 등으로 종합할 수 있는데, 이

63 최원식, 『한국 근대소설사론』, 창작사, 1986, 137~138쪽; 김영민, 『한국 근대소설의 형성과정』, 소명출판, 2005, 159~160쪽.

는 '소설예고'에서도 강조했던 것처럼 '흥미'의 요소를 강화시켰기 때문이다. 하지만 무엇보다 중요한 점은 「구의산」이 독자의 '흥미'를 이끌어내기 위한 전략으로 독자에게 친숙한 이야기 화소를 차용하였다는 점이다. 「구의산」은 첫날밤 신랑이 목이 잘려 죽었다는 엽기적인 살인 사건을 주된 모티프로 삼아 이를 해결하는 과정을 다루고 있는데,[64] 이는 익숙한 전대 이야기의 화소를 통해 독자들의 관심을 이끌어내고 또 그것을 새로운 소설 형식에 적합한 낯선 방식으로 변용시키는 이해조 소설 특유의 전략과 관련이 깊다. 이러한 측면은 『제국신문』 연재소설에서도 흔히 발견할 수 있는 특성으로 작가 스스로가 '창작'보다 '편집'이라는 용어를 즐겨 사용했던 점과도 상통한다.[65] 이는 '술이부작(述而不作)'과 같은 전통적 글쓰기 관습에서 비롯된 측면이 강하나, 이해조가 전통적 이야기의 근대적 재편이라는 전략을 줄곧 사용하였던 점과도 관련이 있어 보인다. 작가는 모티프로 삼았던 설화나 고소설이 지닌 비합리성 또는 우연성을 제거하고, 이를 합리적 근대성을 기반으로 한 새로운 소설로 변용시키고자 하였다.[66]

---

64 이러한 특성은 「구의산(九疑山)」에 대한 지금까지의 연구가 주로 비슷한 소재를 모티프로 사용한 다른 작품과의 관련 양상 속에서 논의되고 있는 점과 관계가 깊다. 「구의산」은 주로 『김씨열행록』, 『조생원전』과의 관련 양상 속에서 다루어지고 있는데, 세 작품은 모두 첫날밤에 신랑이 목이 잘려 죽는다는 화소를 공통적으로 차용하고 있다. 이러한 점에 주목한 연구는 주로 고전문학 연구자들에 의해 진행되었으며, 김영권과 서혜은의 논문이 대표적이다. 김영권, 「'첫날밤 신랑 피살담'의 서사적 양상과 의미」, 『한국문학논총』 44, 2006, 189~218; 서혜은, 「이해조 「구의산(九疑山)」의 『조생원전』 개작 양상 연구」, 『어문학』 113, 2011, 327~351쪽.

65 「구의산」이 연재되기 직전 「화의혈」 후기에서 작가는 다음과 같은 맥락에서 '편집'이라는 표현을 사용한 바 있다. "긔쟈왈 쇼셜이라 ᄒᆞ는 것은 미양 빙공착영(憑空捉影)으로 인졍에 맛도록 편즙ᄒᆞ야 풍쇽을 교졍ᄒᆞ고 샤회를 경셩ᄒᆞ는 것이 뎨일 목뎍인즁", 「화의혈」, 『매일신보』, 1911.6.21.

66 「구의산」은 무엇보다 필사본의 형태로 전해지는 『조생원전』의 영향을 받은 것으로 보인

「구의산」은 '첫날밤 신랑 피살담'을 다루고 있는 구전 설화나 작가가 직접적으로 참고했을 가능성이 높은 필사본 『조생원전』과는 달리 우연에 의지한 사건전개를 보다 구체적이고 합리적으로 제시하여 작품의 개연성을 확보하고 있다. 가령 작품의 초입에 서판서가 왜 재혼을 하지 않는지의 이유를 꼼꼼하게 제시하고 있다. 서판서는 "계집이라는 것은 편셩이 되야 용납ᄒᆞ난 일이 젹은고로 후취가 전실 소싱을 구박ᄒᆞ는 것이 열이면 아홉은 의례되야 심ᄒᆞᆫ쟈는 집안에 큰 변괴를 내는 일이 흔이 잇는 법이라"[67]고 하며 두 번째 죽은 부인이 남긴 오복이를 위해 독신을 고수하는 서판서의 입장을 구체적으로 제시하고 있다. 하지만 결국 이동집을 만나 결혼을 하게 되는데 그 과정을 설명하는 대목이 흥미롭다. 어느 날 밤 술에 취한 서판서는 인력거 사고로 인해 몸을 다치게 되는데, 마침 근처 여염집을 빌려 의원을 청하여 수일간 치료를 받다가 이동집을 만나 결혼하게 된다. 이때 작가는 다음과 같은 설명을 부연하고 있다.

> 지금셰월 ᄀᆞᆺᄒᆞ면 즉시 담예를 ᄒᆞ야 아모 병원으로 가던지 치료를 어렵지 안이케 ᄒᆞ얏스련마는 그때는 녯날이라 병원도 그리 만히 잇지 못ᄒᆞ고 여간 닉외국인간에 몃군ᄃᆡ 병원이 잇더리도 병원에셔는 싱사름을 잡아셔 피로는 옷에 물을 드리고 살은 물을 먹인다는 야미ᄒᆞᆫ 말이 셩힝ᄒᆞ야 셰상업시 즁ᄒᆞᆫ 병이 들러

다. 하지만 『조생원전』에서는 주인공이 죽은 남편의 꿈을 통해 그의 머리를 찾게 되지만, 「구의산」에서는 김씨부인이 남장을 하고 시가의 근처에서 칠성어미를 매수하여 사건을 해결하게 된다. 이에 대해서는 서혜은의 논문이 상세하다. 서혜은, 「이해조 「구의산(九疑山)」의 『조생원전』 개작 양상 연구」, 『어문학』 113, 2011, 341~347쪽 참조.

67 「구의산」, 『매일신보』, 1911.6.24.

도 병원에ᄂᆞᆫ 가셔 치료ᄒᆞᆯ 줄은 모다 모로ᄂᆞᆫ 터이라 셔판셔가 집으로ᄂᆞᆫ 당장 가ᄂᆞᆫ 수 업고 구죵을 식여 그즁 갓가온 려염집을 빌어 간신히 메여 드러가 눕고 의원을 청ᄒᆞ야 치료ᄅᆞᆯ ᄒᆞ는ᄃᆡ[68]

이 같은 설명은 생략해도 작품의 서사 진행에 크게 무리가 되지 않는 대목이다. 하지만 작가는 서판서와 이동집의 만남을 우연적인 것이 아니라 논리에 합당한 개연성 있는 것으로 제시하고자 한다. 아마도 작가는 그들의 만남을 작위적인 것으로 비판할 수 있는 독자들을 의식한 듯한데, 이러한 빈틈을 당시 병원에 대한 잘못된 소문으로 봉합하여 서판서의 선택과 그들의 만남에 일정한 개연성을 부여하고 있다. 이러한 특성은 몇 차례 더 나타나는데, 칠성이가 대로변에서 불륜 남녀를 죽일 때 아무도 그 사실을 알지 못했다는 이유라든가,[69] 이동집을 법정에서 심문할 때 오복이가 살아서 돌아왔다는 사실이 서판서의 귀에 들어간 이유를 작가가 직접 개입하여 설명하고 있다.[70]

이러한 대목은 모두 '그때는 옛날이라', '그때가 지금만 같아도', '그때 법정은 지금과 달라'와 같이 작품이 연재되는 현재와의 '차이'에 의

68 「구의산」, 『매일신보』, 1911.6.25.

69 "그ᄯᆡ가 지금만 ᄀᆞᆺ히도 거리〻〻 교번소가 잇고 시〻로 힝슌〻사가 잇셔 칠셩이가 방약무인ᄒᆞ게 사ᄅᆞᆷ을 둘이나 죽엿슬 수도 업고 셜혹 죽엿더리도 즉시 포박을 당ᄒᆞ야 셔판셔 집에 그러ᄒᆞᆫ 변괴가 안이 나렷스련마는 그ᄯᆡᄂᆞᆫ 잇다금 도라단이ᄂᆞᆫ 소위 슌라라 ᄒᆞᄂᆞᆫ 것이 잇지마는 파루곳치면 다 것어드러가 사ᄅᆞᆷ의 죵젹이 불고쓴듯이 업ᄂᆞᆫ지라", 「구의산」, 『매일신보』, 1911.8.30.

70 "그ᄯᆡ 법뎡은 지금ᄀᆞᆺ치 규모가 ᄶᆡ지못ᄒᆞ야셔 비밀을 도뎌히 직히지 못ᄒᆞᆯ뿐안이라 셔판셔가 북촌혁〻ᄒᆞᆫ 량반으로 직샹ᄃᆡ위에 오ᄅᆡ 잇셧스니 소위 ᄃᆡᆨ 사ᄅᆞᆷ이라ᄂᆞᆫ 쟈가 ᄌᆞ연 다수ᄒᆞ야 법소에셔 고용ᄒᆞᄂᆞᆫ 쟈가 한아둘뿐 안인즁 무론 아모고 남의 구진 일에ᄂᆞᆫ 혹야 침탈이 도라올가 ᄒᆞ야 ᄒᆞ야주기를 시려히도 경ᄉᆞ의 날에ᄂᆞᆫ 각기 요공을 ᄒᆞ랴고 닷호아 고ᄒᆞ야 주ᄂᆞᆫ 법이라", 「구의산」, 『매일신보』, 1911.9.26.

해 구별되며, 작가의 목소리가 직접적으로 개입하고 있다는 점에서 특징적이다. 이러한 작가의 노력은 전대 이야기의 화소를 근대적 소설로 변용시킬 때 발생할 수 있는 논리적 균열을 당시 사정에 맞도록 봉합하려는 의도로 파악할 수 있으며, '허탄무거'한 전대소설의 우연성 내지 비합리성을 '사실성'을 기반으로 한 근대적 소설로 바꾸려는 시도로 읽어낼 수 있다. 또한 이러한 '차이'는 과거와 현재를 대비시키고 과거를 야만의 시대로 규정하고, 현재를 과거에 비해 문명한 시대로 인식하게 만드는 효과를 독자들에게 자연스럽게 학습시킨다. 이는 작가의 식민통치 체제에 대한 입장을 노출하고 있는 대목이기도 하다. 그밖에도 곳곳에 화륜선, 감옥, 외국유학, 리학박사 등 근대문명을 상징하는 다양한 장치들을 배치하거나, 갈등의 해결이 근대적 재판 제도에 의해 마무되는 것 역시 같은 맥락에서 이해할 수 있다.

이렇게 이미 익숙한 전대 이야기의 화소를 차용한 맥락은 앞에서 다룬 『매일신보』 연재 소설과 마찬가지로 보수적인 남성 독자들의 대중적 취향을 적극적으로 고려한 선택으로 이해할 수 있다.[71] 이해조는 가정 내 엽기적인 살인사건을 모티프로 삼아 기존의 이야기 화소에 익숙한 남성 독자들의 흥미를 만족시키고, 또 이를 통해 남성독자들의 보수적 가치를 반영 또는 확산시키고자 하였다. '소설예고'에서 나타난 "家庭整理上에 一大好材料"라는 표현은 작가의 의도를 직접적으로 반영하고 있는 셈인데, 특히 이 작품은 가정 내에서의 재가의 문제나 정

71 작품 후반부 오복과 칠성의 삽화 속에는 중의적인 문장 짓기에 관한 대목이 등장한다. "팔영팝십에등팔영ᄒᆞ니 팔영불로팔영로", "오복오알을류오복ᄒᆞ니 오복불안 오복안이라", "칠성 칠월에 비칠셩ᄒᆞ니 칠셩은불러 칠성러라"와 같은 문장 짓기는 이 작품이 한자에 익숙한 남성독자들을 대상으로 삼고 있음을 짐작케 한다. 「구의산」, 『매일신보』, 1911.9.12~9.13.

절의 중요성을 강조하고 있다. 이를테면 작가는 이동집의 악행과 칠성이가 죽인 불륜 남녀의 모습을 통해 이러한 인물들을 징계(懲戒)하고, 죽은 남편의 억울함을 풀기 위해 고군분투 하는 김씨부인의 절행 및 현숙함, 그리고 칠성이라는 충복의 양심적 행동을 제시하여 독자들을 계몽하고자 하였다. 또한 '첫날밤 신랑 피살담' 화소에서는 죽은 신랑의 원혼을 풀어주는 방식으로 이야기가 진행되나, 이 작품의 경우에는 신랑이 죽지 않았다는 반전을 통해 서판서와 오복, 김씨부인과 효손이가 모두 재회하는 것으로 마무리되어 있다. 악한 계모가 처벌되고, 남은 가족들이 모두 재회하여 행복하게 살았다는 이러한 마무리 역시 결국 이 작품이 의도한 바를 짐작케 한다. 결국 이러한 특성은 이 작품이 남성 중심 독자들의 보수적 가치를 적극적으로 반영하고 있음을 확인시켜주며,[72] 의도적이든 아니든 간에 결과적으로는 식민체제의 정착과 안정에 일정한 기여를 하게 되었던 셈이다.

「소양정(昭陽亭)」은 1911년 9월 30일부터 12월 17일까지 '우산거사(牛山居士)'라는 필명으로 연재되었다. 본격적으로 작품이 연재되기 하루 전에는 다음의 '소설예고'가 게재되어 있다.

◀ 소 셜 예 고 (小 說 豫 告) ▶

72 이와 관련하여 김택호는 「구의산」이 로만스(구소설적 형식)를 차용하고 있으며, 이를 기반으로 보수적 이데올로기를 강하게 지향하고 있음을 밝힌 바 있다. 특히, 김씨부인이 스스로 문제 해결을 시도하는 것 역시 유교적 가부장제에 기초한 가족질서의 유지에 있다고 지적한 부분은 주목할 만하다. 김택호, 「「구의산(九疑山)」에 나타난 이해조의 보수적 이데올로기」, 『한국 개화기소설 연구』, 태학사, 2000, 267~284쪽 참조.

변ᄒᆞᄂᆞᆫ 것은 텬디의 ᄌᆞ연ᄒᆞᆫ 리치라 그럼으로 무슴 물건이던지 굼홈이 오ᄅᆡ면 반ᄃᆞ시 통ᄒᆞ고 난홈이 오ᄅᆡ면 반ᄃᆞ시 합ᄒᆞ고 그남아치란, 흥망, 셩쇠, 강약, 부귀, 빈쳔이 모다 슌환홈을 말지안이ᄒᆞ야 무궁ᄒᆞᆫ 조화가 ᄣᅢ마다 ᄉᆡᆼ기거ᄂᆞᆯ 만일 한가지ᄅᆞᆯ 교수(膠守)ᄒᆞ고 변ᄒᆞᆫ줄을 모로ᄂᆞᆫ 쟈ᄂᆞᆫ 텬디리치를 위반ᄒᆞ고 스ᄉᆞ로 부패홈을 취홈이로다 본긔쟈가 십여년 광음을 쇼셜에 죵ᄉᆞᄒᆞᆯ식 구쇼셜의 부패ᄒᆞᆫ 언론이 지금 이십셰긔 시ᄃᆡ에 맛지 안임을 ᄭᆡ닷고 한 번 변ᄒᆞ기를 위쥬ᄒᆞ야 신쇼셜 톄식ᄅᆞᆯ 발명ᄒᆞ야 임의 이삼십죵의 쇼셜을 져슐ᄒᆞᆫ 바 ᄋᆡ독ᄒᆞ시ᄂᆞᆫ 강호졔군의 격졀탄상ᄒᆞ심을 엇엇ᄉᆞ오나 쇽인에 됴흔 노ᄅᆡ도 오ᄅᆡ 부르면 듯기실타ᄂᆞᆫ 것과 ᄀᆞᆺ치 신쇼셜도 여러히ᄅᆞᆯ 날마다 ᄃᆡᄒᆞ면 지리ᄒᆞᆫ ᄉᆡᆼ각이 ᄌᆞ연 ᄉᆡᆼ기리니 이ᄂᆞᆫ 독쟈졔군만 그러실ᄲᅮᆫ 안이라 져슐쟈도 날로 붓을 잡음ᄋᆡ 지리ᄒᆞᆫ ᄉᆡᆼ각을 금치못ᄒᆞ니 이ᄂᆞᆫ 다름이 안이라 ᄉᆡ것이 오램ᄋᆡ 변ᄒᆞᆯ 긔회가 니름이로다 그럼으로 긔쟈가 연구ᄒᆞ고 ᄯᅩ 연구ᄒᆞ야 쇼셜 톄지ᄅᆞᆯ 참쟉ᄒᆞ야 구쇼셜의 허탄ᄆᆡᆼ랑홈은 ᄇᆞ리고 졍대ᄒᆞᆫ 문법만 취ᄒᆞ며 신쇼셜의 쳔근 각삭홈은 ᄇᆞ리고 졍밀ᄒᆞᆫ 의취만 취ᄒᆞ야 쇼양뎡(昭陽亭)이라ᄂᆞᆫ 쇼셜을 져슐ᄒᆞ노니 이 쇼셜의 ᄌᆡ료ᄂᆞᆫ 긔쟈가 졍신을 오ᄅᆡ 허비ᄒᆞ야 비로소 엇은바이라 모범될만ᄒᆞᆫ ᄒᆡᆼ실과 감각ᄒᆞᆯ만ᄒᆞᆫ 사졍이 진々ᄒᆞᆫ 흥미ᄅᆞᆯ 죡히 도을만ᄒᆞ오니 독쟈졔씨ᄂᆞᆫ 쳥창졍궤하(晴牕靜几下)에셔 ᄎᆞ호를 열람ᄒᆞ시오[73]

위 예문은 이해조의 소설관을 직접적으로 드러낸 글 중 하나로, 근대 초기 소설사에서 보기 드문 '소설론'의 하나로 다루어져 왔다. 이 글은 신구소설의 절충 내지는 고소설의 현대적 변용이라는 이해조 소설의 중요한 특질을 설명하는 데 유용한 자료이며, 특히 「소양정」이라는

73 「소설예고」, 『매일신보』, 1911.9.29.

(좌) 「소양정」의 『매일신보』 연재 모습(1911.9.30)
(우) 단행본 『소양정』의 표지(신구서림, 1912, 국립중앙도서관 소장)

작품의 창작 원리를 파악할 수 있다는 점에서 의미가 있다. 잘 알려져 있듯이 이해조는 『자유종(自由鐘)』에서 고소설이 지닌 한계를 신랄하게 비판한 바 있다. 그는 『춘향전』, 『심청전』, 『홍길동전』으로 대표되는 고소설은 음란하고, 처량하고, 허황된 이야기를 통해 풍속을 어지럽히며, 더욱이 학교에서 배우는 교과서와는 달리 이들 소설의 경우 시간과 구역이 정해지지 않아 전국 남녀들에게 더욱 커다란 영향력을 행사할 수 있음을 지적한 바 있다.[74] 따라서 이해조의 신소설 체제는 음란하고, 처량하고, 허황된 고소설의 부정적 속성을 타자로 설정하여 만들어진 것임을 짐작할 수 있다. 하지만 위 '소설예고'에서 이해조는 신소설도 반복하면 '지루한 생각'이 자연스럽게 생기게 마련이라며, 고소설이 지닌 '정대한 문법'을 취하겠다는 생각을 밝히고 있다. 여기에서

---

74 이해조(李海朝), 『자유종(自由鐘)』, 광학서포(廣學書鋪), 1910, 10~11쪽.

'지루하다'라는 표현은 작가와 독자 모두에게 적용되는 것으로 결국 다른 가치보다 '재미' 또는 '흥미'의 요소를 중요한 속성으로 다루겠다는 의식을 보여준다. 이는 '재미'나 '흥미'의 측면보다는 '청년정신을 이롭게 하는 교과서'[75]의 역할을 주장했던 『자유종』에서의 언급과 상반된 입장이라는 점에서 흥미롭다.

그러므로 위 '소설예고'는 작가가 계몽적 주체로서 독자를 상대화하기보다 비교적 동등한 지위에서 독자의 취향을 배려 또는 고려하는 방식으로 이동하고 있다는 점을 보여준다. 정형화된 신소설의 체제가 더 이상 새롭다는 느낌을 주지 못하게 된 상황에서 작가는 지루해 할 수 있는 독자들의 취향을 고려하여 새로운 체제를 구상하게 된 것이다. 결국 이해조는 새로운 방식의 소설 체제를 구상하게 되는데, 이것이 바로 「소양정」의 중요한 특질이 된다. 지금까지의 이해조 소설이 주로 이전 이야기 화소를 차용하여 그것을 새로운 소설 형식으로 변용시켜 왔다면, 「소양정」은 구소설이 지닌 속성을 좀 더 강화하는 방식으로 이루어졌다. 작가는 구소설이 지닌 대중적 속성을 바탕으로 삼되 '허탄맹랑함', 즉 우연적이고 비현실적인 속성을 제거하고, 이를 사실적이고 개연성 있는 구성으로 바꾸고자 했다. 또한 구소설이 지닌 '정대한 문법', 즉 이전 소설의 독자에게 익숙한 의고적인 문체를 구사하여 중후하고 품격 있는 소설로 표현하고자 했던 것이다.[76]

「소양정」의 서두를 소개하면 다음과 같다.

---

75 이해조, 『자유종』, 광학서포, 1910, 14쪽.

76 최원식은 「소양정(昭陽亭)」의 전반부를 '『원앙도』와 같은 우아한 격조'라고 표현하였으나, 후반부에 가서는 이를 유지하지 못하고 신파조로 떨어졌다고 평가한 바 있다. 최원식, 『한국 근대소설사론』, 창작사, 1986, 139쪽.

> 죠션 즁고 시디에 인지가 만히 나셔 죠야에 희한훈 스적이 한둘이 안인 즁 그 쟝 듯고 본밧을 만훈 훈 쟈를 긔록코져 ㅎ노라
>
> 각셜 강원도 랑쳔 간쳑면 금계촌에 졍세즁이라 ㅎ는 일위명ᄉ — 잇스니 본릭 경셩 잠영셰족으로 오작 ᄌ긔몸에 니르러 운수가 비싀ㅎ야 유여훈 문필로 풍우를 불계ㅎ고 쟝즁츌입을 ᄉ십이 넘어 빅발이 셩々토록 ㅎ야도 일초시의 참방을 못ㅎ고 억울 강개홈을 니긔지 못ㅎ더니 죠뎡 공의로 지랑초ᄉ를 식여 몃둘 안이되야 츌륙을 훈 후 랑쳔군슈 뎨슈가 되얏는지라 졍군슈가 텬은을 감샤ㅎ야 즉시 예궐슉비훈 후 그 부인 죠씨로 더브러 임소에 다々롤 식 일군인민이 졍군슈의 덕망을 일즉이 흠앙ㅎ야 디경밧게 닷토어 나아와 영졉ㅎ더라[77]

위 예문을 살펴보면 '소설예고'에서 취하고자 했던 '구소설의 정대한 문법'이 무엇을 의미하는지를 쉽게 파악할 수 있다. 지금까지의 이해조 소설이 비교적 현재와 가까운 시대를 배경으로 삼아왔던 것과는 달리 이 작품은 시대적 배경이 '조선 중고시대'임을 명확하게 밝히고 있다. 따라서 문체 역시 그 시대의 소설 문법을 차용하고 있는데, 지금까지 이해조의 신소설이 주로 장면묘사로 시작하는 것과는 달리 이 작품은 '정세중'이라는 인물의 사적을 제시하며 서두를 열고 있다. 또한 구소설의 일반적인 관습에 따라 '각설'이라는 명사를 시작으로 본격적인 이야기를 풀어가고 있으며, 문장은 길게 늘어지고, '~더라'라는 종결어미를 사용하고 있다.[78] 이러한 표현 방식은 작품이 끝날 때까지 지속

---

77 우산거사(牛山居士), 「소양정」, 『매일신보』, 1911.9.30.

78 '~더라'는 직설과 구분되는 회상의 화법으로, 화자의 경험 영역 안에 들어와 있는 일을 지시함을 뜻하는 표현이다. 이러한 표현의 주체인 화자는 일종의 집합적 화자, 즉 집단적 경험의 축적을 기반으로 하고 있는 설화적 세계의 존재이다. 권보드래, 『한국 근대소설의 기

되는데, 지문과 대화를 구분하지 않고 '왈(曰)', '가로대' 등의 표현을 주로 사용하거나 '한문투식'을 즐겨 사용하는 것 또한 이 작품이 지향하는 '구소설적 문법'의 사례로 볼 수 있다.[79]

또한 작가는 이러한 '구소설의 문법'을 의도적으로 사용하되, '사실성', '개연성'과 같은 신소설이 지닌 '정밀한 의취'를 통해 구소설이 지닌 '허탄맹랑함'을 지양하고자 했다. 이 작품은 의고적인 형식뿐만 아니라 전대 소설의 이야기 화소를 차용하여 이전 소설에 익숙한 독자들을 유인하고 있다. 특히 이 작품은 『소대성전』이나 『조웅전』의 이야기 화소를 적절하게 차용한 것으로 보이는데,[80] 이들 작품은 고소설 중 『춘향전』 다음으로 방각본이나 활자본의 수가 많은 작품이다.[81] 이해조는 이미 많은 독자층을 확보하고 있었던 『소대성전』이나 『조웅전』의 화소를 차용하여 독자의 관심을 유도한 채, 허구적이고 비현실적인 요소들을 제거하여 사실적이고 개연성 있는 작품으로 바꾸고자 하였던 것이다.[82] 그가 『소대성전』과 『조웅전』과 같은 영웅소설의 이야기 화소를 차용하고, 고소설의 표현 형식을 차용한 것은 고소설의 내용과 형식에 익숙한 독자들을 주된 대상으로 설정했기 때문이었다.

원』, 소명출판, 2002, 236~237쪽 참조.

79 전광용, 『신소설 연구』, 새문사, 1986, 239쪽 참조.

80 서혜은은 '채란과 정혼했던 봉조가 부모의 갑작스런 죽음으로 인해 채란의 모친의 구박과 음해를 견디지 못하고 가출하여 온갖 시련을 극복하고 채란과 혼인하게 되는 내용은 『소대성전』과 흡사하고, 봉조가 최영세의 음모로 억울하게 죽은 부친의 원수를 갚는 것과 채란이 신씨로부터 도망가서 소양강에서 자결하려는 모습은 『조웅전』을 연상시킨다'고 주장한 바 있다. 서혜은, 「이해조의 「소양정」과 고전소설의 교섭 양상 연구」, 『고소설 연구』 30, 2010, 41~72쪽 참조.

81 조동일, 「영웅소설 작품구조의 시대적 성격」, 『한국학논집』 4, 1980, 586~587쪽.

82 이에 대해서는 서혜은의 논문이 상세하다. 서혜은, 「이해조의 「소양정」과 고전소설의 교섭 양상 연구」, 『고소설 연구』 30, 2010, 41~72쪽 참조.

특징적인 점은 『소대성전』과 『조웅전』의 이야기 화소를 차용하되, 「소양정」에서는 군담 또는 영웅소설적인 면모를 제거하고 이를 가정소설의 얼개로 바꿨다는 점이다. 「소양정」이 고소설 중심의 변용을 시도했다 하더라도, 이 작품은 표제 선택에서 드러나듯 여전히 '신소설'을 지향하고 있었다.[83] '신소설'이 '사실성'을 핵심 원리로 선택한 이상 군담 또는 영웅소설의 형식은 주인공의 초월적인 능력을 부각시키고 있다는 점에서 신소설과 어울리지 않았다. 따라서 이해조는 익숙한 이야기 화소를 차용하되 이를 '모범될 만한 행실과 감각할 만한 사정'이 담긴 가정소설의 형태로 변용시켰으며, 이는 독자에게 '진진한 흥미'를 이끌어내기 위한 나름의 방편이었던 셈이다.

「소양정」 역시 지금까지 『매일신보』에 연재되었던 다른 소설들과 마찬가지로 주로 보수적인 남성독자들을 주된 대상으로 삼아 효(孝)와 충(忠), 절행(節行) 등과 같은 유교적 덕목들에 대한 인정 내지 확산을 의도로 삼고 있다. 채란이 몰락한 가문의 자식인 봉조보다 더 좋은 혼처로 결혼을 시키고자 하는 어머니의 뜻 대신 봉조를 선택하는 것, 채란의 시비(侍婢) 금단이 주인인 채란에게 보이는 충직한 모습, 봉조가 죽은 아버지의 복수를 하는 것 모두가 유교적 이데올로기의 강화와 관련이 깊다. 이러한 특성은 남성 독자층의 취향을 적절하게 반영하는 수단인 동시에 이 작품이 전통적인 가치체계를 통해 식민체제를 안정시키기기 위한 『매일신보』의 전략에서 크게 자유롭지 못했음을 확인할 수 있는 단서가 된다.

---

83 「소양정」은 『매일신보』 연재 시는 물론 단행본에서도 '신소설(新小說)'이라는 표제를 사용하고 있었다. 여기서 이해조 개인은 물론 당대 출판업자들의 인식 역시 이 작품을 신소설로 여기고 있었다는 점을 확인할 수 있다.

2) 1912년 체제 변화와 이해조 문학의 두 가지 갈래

(1) 독자 통합과 지면 분할

1912년 신년호를 앞두고 『매일신보』는 대대적인 체제 변화를 기획하게 된다. 1912년을 중심으로 한 『매일신보』의 변화는 『매일신보』 소재 소설의 변화 양상을 살피는 데에도 무척이나 중요한 대목이다.[84] 특히, 이 무렵 『매일신보』 연재소설은 이해조의 소설이 전부였으므로 이해조 소설의 변모 양상을 살피는 데 역시 중요한 지점이 된다.

『매일신보』는 1911년 12월부터 이미 1912년 신년호의 변화를 대대적으로 홍보하고 있었다.

> 我紙의 新面目은 現今本紙도 往日에 比ᄒᆞ면 多大ᄒᆞᆫ 發展과 多大ᄒᆞᆫ 改良이라 ᄒᆞᆯ지라도 社會의 進運을 伴ᄒᆞ야 讀者諸氏의 智識이 愈益發達ᄒᆞᆫ 今日에ᄂᆞᆫ 到底히 現在의 本報로써 滿足타 ᄒᆞ야 諸君의 前에 提供키 不能ᄒᆞᆫ 고로 何時에 現出ᄒᆞᆯ가 全社員이 大々的活動을 試ᄒᆞ야 記事의 綜核詳悉을 爲主ᄒᆞ고 社會의 森羅万象을 包括ᄒᆞ야 日月所照와 霜露所墜 凡有血氣者ᄂᆞᆫ 莫不捕捉ᄒᆞ야 我筆端으로 模寫ᄒᆞ고 我紙面에 配藏ᄒᆞ되 新年一月頃브터ᄂᆞᆫ 현재보다 紙面을 擴張

84 최근 1910년 한일병합 직후 유일한 한국어 발행 신문이었던 『매일신보』에 주목하여, 1912년의 체제변화를 다양한 관점에서 검토한 연구들은 다음과 같다. 이희정, 「1910년대 『매일신보』 소재 소설 연구」, 경북대 박사논문, 2006; 이영아, 「1910년대 『매일신보』 연재소설의 대중성 획득 과정 연구」, 『한국 현대문학 연구』 23, 2007; 함태영, 「1910년대 『매일신보』 소설 연구」, 연세대 박사논문, 2008; 송민호, 「1910년대 초기 『매일신보』의 미디어적 변모와 '소설적 실감'의 형성」, 『한국문학연구』 37, 2009; 이혜진, 「1910년대 초 『매일신보』의 '가정' 담론 생산과 글쓰기 특징–'독자'와의 상호작용을 중심으로」, 『현대문학의 연구』 41, 2010.

ᄒᆞ고 法令, 政治, 實業, 敎育, 電報, 外報, 雜報, 文藝, 衛生 地方通信 及 其他奇聞奇見을 無漏揭載ᄒᆞ며 且鮮明ᄒᆞᆫ 寫眞銅版을 每日挿入ᄒᆞ고 小說에도 逐日挿畵ᄒᆞ야 讀者에게 趣味ᄅᆞᆯ 感케ᄒᆞᄂᆞᆫ 同時에 加之而五號活字로 本社特別注文의 諺文活字를(某女史의 有名ᄒᆞᆫ 筆法) 使用ᄒᆞ야 全紙面을 改良刊出ᄒᆞ니 朝鮮에 在ᄒᆞᆫ 新聞界에ᄂᆞᆫ 五號活字新聞이 本報로서 嚆矢라 謂ᄒᆞᆯ지오 記事의 行數字數가 現紙보다 倍以上에 達ᄒᆞᆯ 것은 不待明算而可知인즉 假令 一時間에 閱覽ᄒᆞ던 것을 其時에ᄂᆞᆫ 二時間以上을 費ᄒᆞᆯ터이니 無聊閑寂ᄒᆞᆫ 時 의 一好友가 안이리오

本紙의 特色

▲社說의 綜詳 ▲法令의 周知 ▲政界의 瞭然 ▲實業의 開導 ▲電報의 明確 ▲雜報의 迅速 ▲文藝의 宗匠 ▲小說의 趣味 ▲寫眞과 挿畵 ▲記事의 數多 ▲奇見과 怪聞 ▲珍談과 滑諧[85]

위 광고에 따르면 『매일신보』는 신년(1912년) 1월경부터 지면을 확장하여 법령, 정치, 실업, 교육, 전보, 외보, 잡보, 문예, 위상, 지방통신, 기타 기이한 이야기들은 물론 사진동판(寫眞銅版)과 소설의 삽화(揷畵)를 게재하겠다고 강조한다. 사회의 다양한 모습들을 상세히 다루는 기사 일반은 물론 사진동판과 소설 삽화의 도입은 독자의 취미를 만족시키는 데 유효한 도구로써 기획되었다. 사진과 삽화는 '읽을거리' 위주에 머물고 있던 신문에 '볼거리'를 추가하여 독자들의 시각적인 호기심을 한 눈에 자극할 수 있는 효과적인 장치였다. '시각'이 근대성을 이루

85 『매일신보』, 1911.12.7~12.20.

는 중요한 특성 중 하나라면,[86] 사진과 삽화의 도입은 『매일신보』라는 미디어의 혁신적인 변화를 이끌어내는 중요한 계기가 된다. 특히, 이해조 소설에 포함된 삽화의 경우 독자의 시선을 소설 텍스트로 유인하고, 소설 속 인물의 형상이나 사건에 시각적 이미지를 부여하여 독자로 하여금 이야기에 몰입하게 만드는 데 효과적인 장치였다.

이러한 기획이 가능했던 결정적인 계기는 바로 '5호 활자'의 사용에 있었다. 『매일신보』는 현재 사용하고 있는 4호 활자보다 크기가 작고 정교한 5호 활자를 '모여사(某女史)'의 유명한 필법을 본떠 개발하였다고 광고한다. 새롭게 사용될 언문 5호 활자는 조선 신문계의 '효시(嚆矢)'로서의 자격을 얻을 수 있으며, 1912년부터 시행될 지면 쇄신의 물적 토대가 될 수 있었다. 5호 활자의 개발은 한정된 지면의 공간을 대폭 확장시킬 수 있었으며, 이러한 변화는 단순히 기사량의 양적인 증가만을 넘어선 질적인 변화를 가능케 했다. '한 시간이면 보던 신문을 두 시간 정도는 볼 수 있을 것'과 같은 수사는 충분한 볼거리를 원하던 당대 신문 독자들의 인식을 충분히 반영하고 있으며, 『매일신보』의 체제 변화가 판매량을 중시하는 자본주의적 속성에 크게 기대어 있었음을 짐작할 수 있다.

1939년 4월 3일에는 『매일신보』 창간 24년을 기념하여 「본사선배(本社先輩)의 좌담회(座談會)」라는 특집 기사를 게재하였는데, 이것이 물론 편집진의 회고라는 점에서는 한계가 있겠지만 1912년의 체제변화가 얼마나 커다란 의미를 지니고 있었는지를 확인할 수 있는 자료가 된다.

---

86 이효덕, 「제6장 시각혁명」, 박성관 역, 『표상공간의 근대』, 소명출판, 2002, 176~209쪽 참조.

柳部長 諺文五號活字도 每申서 第一 먼저 使用하얏다지요

中村氏 그러치요 當時 京城日報는 東京에 잇는 民友社와 關係가 깁허 만흔 便宜를 보와주엇습니다 諺文五號活字를 使用한 것은 每申이 最初이지요

李副社長 그뿐 아니라 紙面七段制를 採用한 것은 全日本에서 每申이 最初가 안입니까

中村氏 그러치요

柳部長 諺文五號活字 字母가 「나인」체라지요

李副社長 아니 그것은 閔友植氏 夫人의 글시를 바든 것인데 그것을 宮체라고 합니다

中村氏 그때 鄭雲復君이 만히 애썻습니다

柳部長 그것이 어느 해입니가

中村氏 明治四十五年입니다 七段制도 同時이지요

柳部長 輪轉機가 온 것은 어느 해입니까

中村氏 가튼 해인데 이것도 民友社를 通하야 가저온 것입니다 이 輪轉機를 備置할 때 勿論 東京서 技師가 와서 햇지만 그때 技術者로 小川君이 따라와서 그대로 工場에서 일을 보앗습니다

李副社長 그 사람 昨年에 退社햇습니다 寫眞班도 그 해부터 두게 되엿지요

柳部長 그러면 現代的新聞體制를 大綱 가추게 되엿군요

中村氏 그럿습니다 社會部에 注力하기 始作함과 同時에 編輯方法을 비로서 일본의 新聞을 模範하게 되엿습니다[87]

1938년 5월 1일에 명월관에서 열린 이 좌담회에는 전 주필 변일, 전

87 「본사선배(本社先輩)의 좌담회(座談會)」, 『매일신보』, 1938.5.5.

편집국장 나카무라 겐타로, 전 편집부장 심우섭 등과 당시 부사장 이상협, 논설부장 유광렬 등이 참석하여 진행되었다. 위 예문에서 알 수 있듯이 1912년 체제 변화는 '5호 활자'의 도입을 통해 가능했는데, '5호 활자'는 '궁(宮)체'라고 명명한 민우식씨 부인의 필체를 동경에 있는 민우사(民友社)의 도움을 얻어 만든 것이다. 눈길을 끄는 대목은 이러한 과정에 정운복의 역할이 컸다는 점이다. 앞 장에 살펴보았듯이 정운복은 이종일 이후 『제국신문』의 사장이었으며, 직접 논설을 집필하고 이해조 소설 연재를 적극적으로 지원하였던 인물이다. 이러한 점을 감안할 때 『매일신보』의 편집과 운영에 정운복이 깊숙이 개입하고 있었다는 사실은 이해조의 소설 연재 역시 『매일신보』의 편집 체제와 운영 방침 등과 밀접한 연관을 맺고 있었다는 추론을 가능케 한다. 그리고 '5호 활자'와 동시에 이루어진 '7단제',[88] 그리고 사회면을 확장시켜 이에 주력하게 된 1912년의 변화가 일본 신문의 편집방법을 모범으로 삼아 만들어진 것임을 알 수 있다.

다음의 예문 역시 1912년의 체제 변화가 가진 의미가 얼마나 중요한 것인지를 보여준다.

> 조선에서 신문지를 완전히 현대의 신문지형으로 만든 것이 명치 四十五년 三월 一일에 본보가 시작한 것이요 정치, 경제는 한문과 조선문을 석거쓰고 려항세사는 순조선문으로만 써서 사회부 긔사라고 세상에서 부르는 말의 근본을 만들어 노흔 것도 본보의 창안이다[89]

88 나카무라 겐타로는 1912년 '7단제'를 새롭게 도입하였다고 회고하였으나, 이는 착오이다. 실제로는 기존의 '7단제'가 '5호 활자'의 도입과 함께 '8단제'로 바뀌었다.

위 기사는 1939년 3월 3일 자 『매일신보』에 게재된 기사 중 일부이다. 위 예문에서 보이듯 1912년 지면 개혁은 현대의 신문지 모양으로 바꾸는 결정적인 계기가 되었으며, 정치·경제면과 사회면을 분리하여 이를 각기 다른 문체로 다룬 것도 역시 『매일신보』의 창안이라며 자평하고 있다. 실제로 이른바 '경파기사(硬派記事)'인 정치와 경제 기사를 싣는 1·2면에는 국한문으로, '연파기사(軟派記事)'인 사회와 문화 기사를 3·4면에 순한글로 편집한 방식은 이후 『조선일보(朝鮮日報)』와 『동아일보(東亞日報)』에도 영향을 주어 우리나라 신문 제작의 패턴이 되었다.[90]

1911년 12월 말에는 『매일신보』 지면개혁의 핵심을 간추려 1912년 신년 특집호를 다음과 같이 예고하고 있다.

新春의 每日申報

▲元日出의 記事는

曰 東西洋의 電報通信及社會의 萬般事項을 總括一束無餘

▲元日出의 頁數는

曰 十六頁이니 朝鮮에셔 漢諺文新聞이 誕生ᄒᆞᆫ 後一新紀元

▲元日出의 挿畵는

曰 寫眞木刻等이니 新年에 關ᄒᆞᆫ 習俗의 活畵가 都出來紙面

▲元日出의 小說은

曰 春外春이니 挿畵만 見ᄒᆞ야도 趣味가 多ᄒᆞᆯ 것은 不言可想

---

89 「창간이래삼십오성상(創刊以來三十五星霜) 신문화개척(新文化開拓)의 선봉(先鋒)!」, 『매일신보』, 1939.3.3.

90 정진석, 『언론 조선총독부』, 커뮤니케이션북스, 2005, 94쪽.

▲元日出의 雜筆은

曰 奇聞怪見珍談滑諧等이니 元日 屠蘇酒後에 讀之면 有趣[91]

위 예문처럼 『매일신보』의 편집진은 1912년 신년특집호를 예고하고 있는데, 특히 소설과 삽화에 대한 강조가 두드러진다. 이를 통해, 삽화가 포함된 새로운 소설이 1912년의 체제변화에 핵심이었음을 확인할 수 있는데, 편집진은 새롭게 연재될 「춘외춘(春外春)」의 '삽화'를 독자의 취향과 흥미를 이끌어낼 수 있는 중요한 수단으로 인식하고 있었음을 확인할 수 있다.

이러한 한 달여간의 대대적인 홍보 끝에 드디어 1912년 신년호가 출간되었다. 특히, 1912년 신년호의 변화는 1910년 이후 이해조 소설의 변모 양상을 살피는 데 매우 중요한 분기점이 된다. 『매일신보』는 1911년 12월 17일 「소양정」의 연재를 마친 뒤 거의 하루도 쉬지 않던 소설 연재를 보름 정도 중지한다. 아마도 이러한 휴식 기간은 5호 활자의 개발과 새로운 지면 구성이라는 신년의 새로운 변화에 맞추어 소설 연재를 시작하려는 준비의 시간으로 보인다.

1912년 『매일신보』에서 가장 두드러진 변화는 바로 이해조 소설의 확장이다. 『매일신보』는 1912년 신년호부터 1면에는 「옥중화(獄中花)」를 4면에는 「춘외춘」을 동시에 연재하기 시작했다. 이해조는 1912년부터 1면에 「옥중화」, 「강상련(江上蓮)」, 「연(燕)의각(脚)」, 「토(兎)의간(肝)」으로 이어지는 판소리 산정(刪正) 작품을 연재하였고, 4면에는 「춘외춘」에서 「탄금대(彈琴臺)」, 「소학령(巢鶴嶺)」, 「봉선화(鳳仙花)」, 「비파성(琵琶聲)」, 「우중행인(雨中行人)」

91 『매일신보』, 1911.12.27~12.28.

까지의 신소설을 삽화와 함께 연재하였다. 매일 동시에 두 개의 작품을 연재하기는 결코 쉬운 일이 아니었음에도 불구하고, 이해조는 『매일신보』의 1912년 변화에 맞춰 자신의 작품 두 개를 동시에 연재하게 된다.

이때 당대 판소리 명창들의 구술을 산정한 작품들과 삽화를 포함한 신소설은 각각 1면과 4면에 배치되었다. 이것은 판소리 산정과 신소설이라는 이해조의 연재물들이 각각 상이한 특성으로 분류되고 있었다는 것을 의미한다. 분화된 두 개의 연재물들은 모두 5호 활자의 개발을 통해 폭넓은 지면을 확보하게 된 조건을 바탕으로 독자들의 취미를 만족시켜 판매 부수를 확장시키려는 의도로 기획되었다. 하지만 이해조의 연재물들은 독자들의 취미를 만족시키기 위한 읽을거리라는 공통점에도 불구하고, 1면과 4면이라는 각기 다른 지면에 배치됨으로 해서 서로 다른 효과를 의도하고 있었던 것이다.

사실 1월경부터 사용하겠다던 5호 활자는 1912년 3월 1일이 되어서야 본격적으로 실시될 수 있었다. 『매일신보』는 그간 발행되던 국문판 『매일신보』를 폐지하고, 그 대신 1·2면을 국한문으로, 3·4면을 순한글로 발행하였다. 이는 '삼십 전(三十錢)에 일 개월 치 두 신문을 모두 볼 수 있는'[92] 기회로 수사(修辭)되었고, 각기 다른 대상 독자층을 하나의 신문으로 통합시키는 계기가 되었던 것이다. 재미있는 점은 국문판의 폐간이라는 위기를 독자통합이라는 기회로 바꾸어 놓는 편집진의 발상이다. 5호 활자의 개발로 인해 확장된 지면을 확보한 『매일신보』는

---

92 "고로 純諺文新聞을 廢止ᄒᆞ고 諺漢文三面紙上에 純諺文記事를 揭載ᄒᆞ얏스되 已往보다 諺文記事가 尤多ᄒᆞ고 諺漢文記事도 亦然ᄒᆞ니 由來에 比ᄒᆞ면 不過三十錢에 一個月兩種의 신문을 購覽ᄒᆞᆷ과 如ᄒᆞᆫ즉 購讀者의 利益이 比에 過ᄒᆞᆯ 者ㅣ 更無ᄒᆞ리라 ᄒᆞᄂᆞ이다", 「사고(社告)」, 『매일신보』, 1912.3.1.

'경파기사'를 1 · 2면에 배치하여 이를 국한문으로 표기하였고, '연파기사'를 3 · 4면에 배치하여 이를 순한글로 표기하였는데, 이러한 분할 배치는 사용언어가 다른 두 계층의 독자들을 하나의 지면에 통합시키는 효과를 발생시킬 수 있었던 셈이다. 결국 『매일신보』는 1912년 3월 1일 자부터 지면 혁신을 단행한 결과 1 · 2면은 국한문 혼용 표기에 익숙한 독자층을, 3 · 4면은 순한글 표기에 익숙한 독자층을 대상으로 삼고자 했다. 이미 1면과 4면에 각각 연재되고 있던 「옥중화」와 「춘외춘」의 배치는 우연이 아니었던 것이다.

이렇게 1912년을 기점으로 한 『매일신보』의 체제 변화와 지면 배치는 이해조 소설 연재와 매우 깊은 연관을 맺고 있었다. 이는 1912년 이후 이해조 소설이 어떠한 맥락 하에서 배치되고 있었고, 결국 어떠한 방향으로 분열하게 되는지를 암시하는 중대한 사건임에 분명하다.

(2) 식민담론의 삼투(滲透)와 균열

이해조의 신소설이 국한문판 『매일신보』의 독자를 지향했을 때, 하나의 문학 양식으로서의 신소설은 이미 일정한 한계를 노출할 수밖에 없는 형국이었다. 처음 신소설이 구소설 양식을 타자화시키며 독자 계몽이라는 시대적 요구에 강하게 긴박되어 형성된 것임을 상기할 때, 신소설은 1910년 한일강제병합이라는 사건을 거치며 이미 그것이 지닌 건강성에 치명적인 상처를 입은 채로 유지되었기 때문이다. 특히, 이해조의 신소설은 『제국신문』의 여성을 중심으로 한 일반 대중독자들을 대상으로 그들의 풍속 개량에 주된 초점을 맞추어 연재되었다.

하지만 이해조의 신소설은 1910년 이후 한자에 익숙한 남성중심의 대중독자들을 동일한 양식으로 포섭하고자 했는데, 이는 한자식 어휘들을 빈번한 사용이나 구소설의 이야기 화소를 적극적으로 차용한 것, 남성 중심의 보수적 이데올로기의 강화에서 확인할 수 있다.[93] 이러한 현상은 「소양정」에 이르러 매우 극단적인 방식으로 표출되었는데, 이해조는 불과 1년여 전에 통렬하게 비판했던 구소설 양식을 적극적으로 수용하는 파격을 단행하기도 하였다.

이해조는 5호 활자의 도입으로 가능해진 1912년의 체제변화와 지면 개혁과 함께, 자신의 소설이 봉착한 내적인 한계를 극복하기 위한 새로운 소설 기획을 실행에 옮긴다. 특히, 1912년 1월 1일부터 3월 14일까지 '이열재(怡悅齋)'라는 필명으로 연재된 「춘외춘」은 작가의 이러한 노력을 구체적으로 살펴볼 수 있는 텍스트이다.

新年紙의 新小說은 新年紙의 大特色

本紙小說은 旣히 江湖 諸彥의 批評을 多蒙ᄒᆞ얏거니와 一般愛讀者의 趣味ᄅᆞᆯ 一層助應키 爲ᄒᆞ야 新年第一葉에ᄂᆞᆫ 特히 本記者의 多月硏究ᄒᆞᆫ 바

聖世化育에 涵養ᄒᆞ야 內外人民의 相愛相恤ᄒᆞᄂᆞᆫ 狀態ᄅᆞᆯ 畵出ᄒᆞ야 大光彩ᄅᆞᆯ 發ᄒᆞᆯ 만ᄒᆞᆫ 價値가 有ᄒᆞᆫ 春外春이라ᄒᆞᄂᆞᆫ 新小說을 揭載ᄒᆞᆯ 터이오니 愛讀 諸彥은 庸常ᄒᆞᆫ 稗說로 浪視치 勿ᄒᆞ시고 性情의 陶鑄와 風化의 改易ᄒᆞᆯ 一部頂針으로 思維ᄒᆞ야 多數愛賞ᄒᆞ심을 望ᄒᆞᆷ

93 예전에는 찾을 수 없었던 소설예고나, 작품의 서문, 후기 등에서 노출된 작가의 소설관 역시 자신의 소설이 지닌 이러한 한계에 대한 조급증을 단편적으로 드러내는 사례라고 볼 수 있다.

新小說의 新挿畵는 新小說의 大光彩[94]

위 예문은「춘외춘」에 대한 소설예고 기사이다. 이 소설예고는 처음「소양정」 연재가 끝난 직후 1911년 12월 19일부터 4면에 연재되었는데, 12월 24일, 26일에는 약간의 문구를 추가하여 1면에 게재되었다. 위 예고는 비록 짧지만 이해조 소설의 변화를 이해하기 위한 많은 정보를 담고 있다는 점에서 매우 중요한 가치를 지닌다. 먼저 지금까지 이해조의 연재소설은 독자들의 '비평(批評)'을 다수 받아왔으며, 이를 바탕으로 '일반 애독자(一般愛讀者)'의 취미에 '일층조응(一層助應)'키 위하여 '다월연구(多月研究)'했다는 점이다. 이는 지금까지의 연재소설이 다수 독자들의 취미를 만족시키지 못하고 있음을 스스로 인정하는 대목이며, 이해조 신소설이 봉착한 모순과 한계를 드러내는 부분이다. 특히 편집진이 굵은 글씨체를 통해 강조한 것처럼 '내외인민(內外人民)의 상애상휼(相愛相恤)하는 상태(狀態)를 화출(畵出)' 하겠다는 진술은 주목할 만한데, 이는 이후 이해조 소설의 방향을 암시하는 중요한 대목임에 분명하다. 이러한 표현은 식민주체와『매일신보』그리고 이해조 소설이 맺는 상관관계를 집약적으로 보여주며, 이해조 소설에 나타나는 이후의 변화를 이해하는 데 유효한 단서가 된다. 또한 '삽화(挿畵)'의 게재를 적극적으로 홍보하고 있는데, 삽화는『매일신보』에서 처음으로 시도되는 것이며 독자의 취미를 이끌어 내기 위한 효과적인 장치였음에 틀림없다.

1912년부터「춘외춘」은 1면에 연재된 판소리 산정 작품「옥중화」와

94 「사고(社告) 춘외춘(春外春)」,『매일신보』, 1911.12.24.

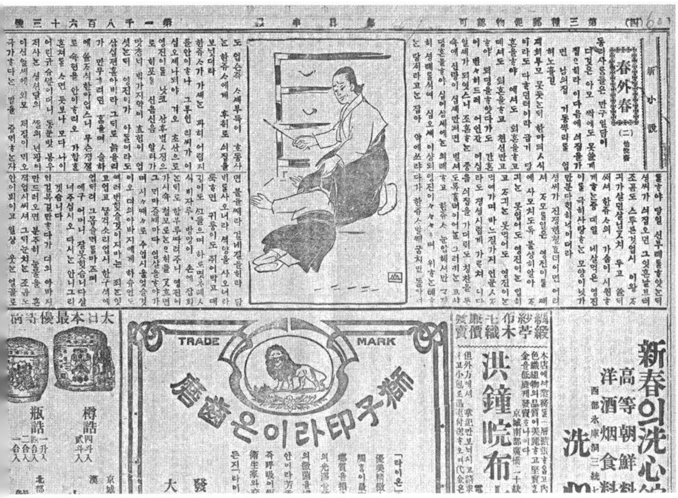

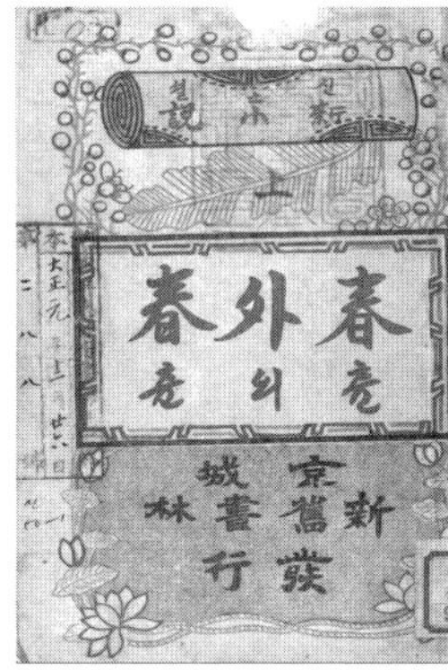

(좌) 「춘외춘」의 『매일신보』 연재 모습(1912.1.6)
(우) 단행본 『춘외춘』 상 · 하권의 표지(신구서림, 1912, 국립중앙도서관 소장)

함께 4면에 연재되었다. 이러한 변화는 1911년 12월부터 이미 예고한 바와 같이 5호 활자의 도입으로 인한 지면 확장, 그리고 한글판 『매일신보』의 합병과 관계가 깊다. 하지만 예고와는 달리 5호 활자의 도입은 예상보다 늦게 진행되었고, 새로운 체제 변화는 1912년 3월 1일부터 실행되었다. 그럼에도 불구하고 1912년 1월 1일부터 『매일신보』는 새로운 체제 변화에 맞춰 기획한 소설 연재 방침을 그대로 진행시킨 것으로 보인다. 「춘외춘」과 「옥중화」의 동시 연재는 기존의 국한문판 신문과 한글판 신문을 합병하였을 때를 염두에 두고 이루어진 것이며, 이는 각기 다른 문자에 익숙한 독자들을 배려한 정책이었다.[95] 1면에 게재된 「옥중화」는 한자에 익숙한 보수적인 남성들을 주된 독자층으로 설정하고, 4면에 게재된 「춘외춘」은 한글에 익숙한 여성을 중심으로 한 일반 대중독자들을 대상으로 연재되었다.

더욱이 1912년 1월 1일, 「춘외춘」을 기점으로 시작된 이해조 소설의 가장 중요한 변화 중 하나는 소설의 분량이 크게 확대되었다는 점이다. 지금까지 『매일신보』에 연재된 이해조 소설이 모두 매회 2단 분량으로 기획된 것과 달리 「춘외춘」은 3단으로 분량을 확대하였다. 삽화가 추가되었다곤 하지만 그것을 제외하고라도 매회 연재분의 분량은 확대되었으며, 전체적인 규모 역시 점차 확대되기 시작한다. 5호 활자의 도입과 체제 변화가 실행된 3월 1일 자부터는 다시 2단으로 축소되는데, 활자가 작아진 것을 감안하면 이전의 3단 분량이 그대로 유지되고 있음을 알 수 있다. 또한 3월 1일부터는 활자의 크기가 작아진 것은 물론 단어와 단어 사이의 빈칸 띄어쓰기가 사라졌음을 확인할 수 있는데, 이러한 특징은 이해조 소설의 규모가 1912년을 계기로 전체적으로 확대되었음을 보여주는 사례이다.

이해조 소설의 양적 확대는 생각보다 중요한 의미를 갖는다. 이는 삽화의 도입과 함께 재미있는 소설을 통해 독자를 유인하려는 『매일신보』의 기획에 따른 것이었겠지만, 단순한 분량의 확대는 소설 내적인 균열을 확대시킬 위험성을 내포하고 있었기 때문이다. 이해조는 갑작스럽게 늘어난 분량을 감당할 만한 준비가 부족했으며, 이러한 한계

95 지금까지의 『매일신보』 소설이 모두 2단 분량으로 연재된 것과 달리 「춘외춘」은 3단으로 분량을 확대하였는데, 이러한 점 역시 「춘외춘」의 연재가 5호 활자의 도입 및 국문판의 합병을 염두에 두고 이루어진 것임을 짐작케 한다.

는 결국 "분량과 구성의 부조화"[96]로 인한 신소설의 내적 모순을 가중시키게 되었던 것이다.

1912년 이전 『매일신보』에 연재되었던 기존의 소설들이 주로 보수적인 남성독자들을 대상으로 기획되었던 것과는 달리 「춘외춘」은 여성을 중심으로 한 일반 대중독자와의 소통을 주된 목표로 삼고 있다. 「춘외춘」은 근대식 학교 교육을 받은 한영진이라는 여성 주인공의 수난을 강조하고, 결국 일본 유학생인 강학수와 혼인하게 된다는 줄거리로 이루어져 있다. 특히, 「춘외춘」의 영진은 지금까지 『매일신보』에 연재되었던 「화세계」의 수정, 「월하가인」의 장씨부인, 「화의혈」의 선초와 모란, 「구의산」의 김씨부인, 「소양정」의 채란과는 달리 신식 교육을 받은 여학생이며, 유교적 이데올로기에 함몰되기보다 근대적 주체로서의 면모를 단편적이나마 지향하고 있다는 점에서 차이가 있다.

예컨대 이 작품에는 주인공 영진을 중심으로 근대식 학교 교육에 대한 강조가 눈에 띄게 드러난다. 이 작품은 여타 작품들이 배경묘사로 시작되는 것과는 달리 작품 초입부터 하굣길 여학생들의 모습을 묘사하며 시작되며, 영진의 학교생활과 그것을 시기하는 계모 성씨와의 갈등이 비교적 구체적으로 그려지고 있다. 또한 영진은 부모에게 학교에 다닐 의지를 스스로 밝히고 있으며, 영진의 든든한 조력자가 되어주는 사람이 영진이 다니던 개진여학교 교사 하나다 선생이라는 점 역시 이전 작품과의 차별성을 보여주는 대목이다. 근대적 학교 교육에 대한 강조는 영진의 배필이 되는 강학수의 일화에서도 드러나는데, 학수는 군인이었던 아버지의 뜻을 좇아 일본 동경에 있는 육군유년학교에 입

96 한기형, 「신소설의 양식 특질」, 『한국 근대소설사의 시각』, 소명출판, 2002, 58~62쪽 참조.

학하게 된다. 학수의 어머니 오씨의 집에서 유숙하던 영진은 하루꼬 선생과 연락이 닿아 동경에 유학을 떠나게 되고, 학수는 집안의 우환을 같은 동경유학생 출신 김경무관의 도움을 받아 해결하게 된다.

또한 주인공 영진은 이전 연재소설의 주인공에 비해 근대적 자아의 각성을 단편적이나마 보여주고 있다는 점에서 차별화된다. 앞서 연재되었던 소설 속 주인공들이 주로 정절이나 효, 우애와 같은 유교적 가치에 따라 자신의 운명에 순응하는 태도를 보이고 있다면 「춘외춘」의 영진은 한 걸음 근대적 인물 형상에 다가서고 있다. 가령 부친에게 자신의 언문 실력을 자랑하면서 학교에 다니고 싶다는 의지를 적극적으로 표현한다거나, 계모의 갖은 학대에도 불구하고 열심히 공부하여 우등 성적을 놓치지 않는다. 특히, 영진과 학수의 혼인에 앞서 그들의 심정을 노출시켜 단편적이나마 자유연애에 대한 가능성을 제시하고 있다는 점이 특징적이다. 작가는 "에그 부모를 원망ᄒᆞᄂᆞᆫ 것은 자식의 도리가 안이지문은 나를 뎌런 신랑에게 싀집을 보닛스면 고싱도 안이ᄒᆞ얏슬걸"[97]이라며 학수에 대한 흠모의 감정을 영진의 독백을 통해 노출시킨다. 이 같은 영진의 모습은 「홍도화」의 태희를 연상시키며, 이 작품이 여성독자의 취미를 만족시키는 데 특히 주력하고 있음을 짐작케 한다.

한편 이 작품이 지닌 가장 중요한 특징은 연재 시작 전 예고하였듯이, 식민주체의 담론을 유포하는 데 비교적 적극적인 노력을 기울이고 있다는 점이다.[98] "聖世化育에 涵養ᄒᆞ야 內外人民의 相愛相恤ᄒᆞᄂᆞᆫ 狀態

97 「춘외춘」, 『매일신보』, 1912.3.2.

98 일찍이 최원식은 이 작품을 "총독 통치의 완벽한 선전물"이라고 혹평한 바 있다. 최원식, 『한

로 畵出" 하겠다는 표현은 식민주체의 동화정책을 직접적으로 반영하고 있다는 점에서 특징적이다.[99] 「춘외춘」의 영진은 여학교 교사인 '하나다 하루꼬[花田春子]'에게 크게 의지하며 여러 가지 도움을 얻게 된다. 일본인 조력자가 등장한 것은 처음이 아니지만 '하나다 하루꼬'는 「구의산」에 등장했던 '등정수태랑' 보다 훨씬 비중 있는 인물로 묘사된다. 작가는 영진의 집에 찾아가서 공손히 인사를 하는데 덤덤히 그대로 서서 대하는 성씨부인에게 조금도 개의치 않고 다정한 말소리로 자신을 소개한다고 묘사하여 하나다의 성격에 활력을 부여하거나, 몸져누운 영진의 머리도 집어보고, 손도 만져보며 좋은 말로 영진의 마음을 위로하는 한편 자비를 들여 영진을 한성병원에 입원시키려는 모습을 통해 그녀의 '자선심'을 부각시키고 있다. 또한 서사 진행에 있어서도 하나다는 매우 중요한 비중을 차지하는데, 일본에 돌아가 학비가 넉넉하지 못해 고생하는 학수를 자기 집에 데려다가 친남매처럼 대해주고 영진을 일본으로 불러들여 공부를 시키는 한편 영진과 학수가 혼인하는데 중매 역할을 하기도 한다. "교육계(敎育界)의 츌신으로 ᄌᆞ션심이 츙만ᄒᆞ야 닉외디롤 분간업시 동포를 극히 ᄉᆞ랑"[100]하는 인물이라는 서술자의 직접적인 평가는 이 일본인 등장인물이 단순한 조력자의 위치에 머물지 않음을 확인시켜 준다.

국 근대소설사론』, 창작사, 1986, 142쪽.

99 총독부 기관지인 『매일신보』는 창간호에 실린 「동화(同化)의 주의(主義)」(1910.8.30)라는 논설을 필두로 일본 제국주의의 한국 침략을 합리화하고 식민통치의 모순을 은폐하는 한편, 동화주의를 지속적으로 강조한 바 있다. 이에 관해서는 다음의 연구가 상세하다. 장석흥, 「일제의 식민지 언론정책과 총독부 기관지 『매일신보』의 성격」, 『독립운동사 연구』 6, 1992 참조.

100 「춘외춘」, 『매일신보』, 1912.1.17.

「춘외춘」에는 '내외인민'의 동화 정책 뿐만 아니라 작품 내 다양한 장치를 통해 식민주체의 이데올로기를 유포 또는 확산시키고자 하는 의도가 포함되어 있다. 특히 이 작품에서는 군인과 경찰에 대한 이미지가 두드러진다. 학수의 아버지 강참위는 "다년 군딕를 거ᄂᆞ리고 디방의 폭도를 토벌ᄒᆞ기에 죵사를 ᄒᆞ더니 불힝히 즁년신고"[101]를 한 인물로 묘사된다. 학수는 어머니의 뜻에 따라 어의동 보통학교에 입학하였지만, 어머니의 반대에도 불구하고 '륙군유년학교'에 입학하려는 뜻을 당당히 밝히고 결국에는 동경으로 건너가 '정치대학교'에 입학하게 된다. 학수가 동경에서 귀국하여 집으로 돌아오자, 호춘식 일당이 영진을 내놓으라며 행패를 부리고 있다. 학수는 동경 유학시절 친밀하게 지냈던 김경무관의 도움을 받고 사건을 해결하게 되는데, 김경무관은 일본 경찰학교를 먼저 졸업하여 경찰서에 근무하고 있던 인물이다. 영진의 계모 성씨와 조소사, 호춘식 등은 모두 경찰서에 취조를 받고 결국 재판소로 넘어가게 되며, 작품 속 갈등의 해결을 경찰과 근대적 법률에 의지하고 있다는 점 역시 인상적이다. 특히 작가는 의식적으로 순사의 이미지 묘사에 힘을 쏟고 있음을 알 수 있다. 가령, 순사는 "구쓰쇼리가 뚜걱〱 나며 도군쇼리가 데그럭 데그럭 나더니",[102] "검은 두루마기에 환도를 차고",[103] "뚜걱〱 구쓰소리가 나며"[104] 등의 이미지로 묘사된다. 검은 제복, 구두소리, 허리춤에 찬 칼 등은 당시 순사가 지닌 권력을 상징적으로 드러내는 장치이며,[105] 이러한 이미지의

101 「춘외춘」, 『매일신보』, 1912.2.29.
102 「춘외춘」, 『매일신보』, 1912.3.7.
103 「춘외춘」, 『매일신보』, 1912.3.9.
104 「춘외춘」, 『매일신보』, 1912.3.9.

강화는 식민체제의 규율과 통제를 강화시키는 효과를 발생시킨다. 이렇게 순사에 의해 악한 인물들이 처벌을 받거나 사건이 해결되는 방식은 식민지 규율권력의 정당성을 입증하는 동시에 독자로 하여금 자연스럽게 현 체제의 질서에 순응하도록 만든다. 군인에 대한 호의적인 시선이나 순사가 식민체제의 치안과 질서를 담당하고 있다는 믿음은 작가의 태도가 식민체제에 대한 순응 내지는 동조의 차원을 넘어서고 있다는 점을 보여준다.

「춘외춘」에서는 신문연재소설 중 처음으로 삽화(揷畵)가 도입되었는데, 이는 문자텍스트로 제한되었던 소설 속 인물과 사건을 시각적 이미지를 통해 구현해 놓았다는 특징을 지닌다.[106] 삽화는 근대적 인쇄미술(印刷美術)의 한 종류이며, 인쇄미술은 이미지의 대량복제와 광범위한 유통을 통해 평균화된 일상과 균질화된 의식을 공유하는 근대적 대중 창출의 주요 수단이었다. 『매일신보』는 1912년의 체제 변화를 통해 침체된 판매부수를 올리기 위한 전략의 일환으로, 삽화를 비롯한 인쇄미술을 적극적으로 활용하였다.[107] 이러한 특성은 신문을 '읽을거

---

105 순사에 대한 이러한 묘사는 삽화로 인해 시각적 이미지로 구체화되었으며, 그 효과는 더욱 증폭되었을 것으로 짐작된다.

106 『매일신보』 소설 삽화에 대한 대표적인 연구는 다음과 같다. 강민성, 「한국 근대 신문소설 삽화 연구—1910~1920년대를 중심으로」, 이화여대 석사논문, 2002; 이영아, 「1910년대 『매일신보』 연재소설의 대중성 획득 과정 연구」, 『한국 현대문학 연구』 23, 2007; 박계리, 「『매일신보(每日申報)』와 1910년대 전반 근대 이미지」, 『미술사논단(美術史論壇)』 26, 2008; 김지혜, 「일제강점 초기 식민지 문화의 재편, 신문소설 삽화 「장한몽(長恨夢)」」, 『미술사논단』 31, 2010.

107 『매일신보』가 도입한 인쇄미술은 크게 사진, 삽화, 광고 등으로 이루어져 있다. 이중 사진은 보도사진・기획사진・특집화보 등으로 세분화되며, 삽화는 제호 도안・풍물삽화・현장삽화・소설삽화 등으로, 광고는 광고 삽화와 광고 사진 등으로 이루어져 있다. 이에 관한 상세한 내용은 박계리의 논문을 참조할 것. 박계리, 위의 글 참조.

리'에서 '볼거리'로 변화시켜 대중 독자들의 시선을 한 눈에 잡아끄는 한편, 시각 중심의 근대를 형성하는 데 중요한 역할을 하게 된다.[108] 특히, 삽화는 독자의 상상 속에 맡겨있던 소설 속 인물 형상을 구체적으로 제시하고, 매회 연재분 중 가장 인상적인 장면을 이미지화하여 작품 내 서사에 좀 더 적극적으로 몰입할 수 있도록 만드는 장치였던 셈이다. 이러한 삽화는 소설이라는 문자텍스트에 시각적 이미지를 추가함으로써, 소설에 별다른 관심을 갖지 않던 독자의 시선까지도 소설 내적 이야기 속으로 유인할 수 있었다. 이러한 측면은 빠르게 '시각성'이라는 새로운 감각에 열광하는 새로운 독자들을 만들어 내는 데 기여하였으며, 이해조의 신소설을 대체하여 신연극공연과 연계된 번안소설이 커다란 인기를 끌게 되는 데 중요한 영향을 미치게 되었다.

앞서 살펴보았듯이 1912년의 체제 변화는 5호 활자의 개발을 통한 지면확장을 바탕으로 기획되었으며, 이는 『매일신보』 국문판의 합병 이후의 독자 전략을 강하게 염두에 둔 것이었다. 하지만 계획과는 다르게 5호 활자의 개발과 국문판의 합병은 1912년 3월 1일에나 이루어질 수 있었는데, 그동안 각각 1면과 4면에 연재된 이해조 소설의 배치와 전략은 의도한 목표에 미치지 못한 것으로 보인다.

1면에 연재된 판소리 산정 작품인 「옥중화」는 국한문 혼용 표기를 사용하여 한자와 전고(典故), 구소설의 문법에 익숙한 보수적인 남성 중심의 독자들을 겨냥하였으며, 4면에 연재된 「춘외춘」은 순한글 표기와 기존 신소설 문법에 익숙한 여성 위주의 독자들을 염두에 두고

108 이효덕은 '시각성'을 근대라는 특정한 시공간이 지닌 중요한 특질로 파악하고 있다. 이효덕, 「제6장 시각혁명」, 박성관 역, 『표상공간의 근대』, 소명출판, 2002, 176~209쪽 참조.

연재되었다. 하지만 이러한 계획은 『매일신보』가 기대한 효과를 발생시키지 못한 채 일회적인 기획으로 끝나고 말았다. 「옥중화」와 「춘외춘」의 연재가 끝난 뒤에도 『매일신보』는 애초의 의도대로 1면에 판소리 산정을, 그리고 4면에 신소설을 연재하였다. 하지만 「강상련」부터 판소리 산정은 여전히 어려운 한자어휘나 전고 등을 사용하였으나 그 표기 방식을 모두 순한글로 바꾸었으며, 「탄금대」부터 「우중행인」까지 이후의 신소설은 순한글 표기를 유지하되 남성과 여성 독자 모두를 포괄하는 방식으로 바뀌게 되었다.

「탄금대」는 5호 활자를 통해 확장된 지면을 바탕으로 이루어진 체제변화가 시행된 며칠이 지난 1912년 3월 15일부터 5월 1일까지 삽화와 함께 4면에 연재되었다. 「탄금대」 연재가 시작되기 하루 전날인 3월 14일 자 2면에는 잡보 기사 사이에 조그맣게 다음과 같은 기사가 게재되어 있다.

> 소셜예고(小說豫告)
>
> 졔군의 익독ᄒᆞ시던 츈외츈은 동경에셔 류학ᄒᆞᄂᆞᆫ 강학슈 한영진 남녀 량 학싱의 도라옴을 기다리노라고 아직 뎡지ᄒᆞ고 괴이ᄒᆞ고 긔묘ᄒᆞ고 통분ᄒᆞ고 상쾌하야 독쟈졔군의 칠졍을 감발케 ᄒᆞᆯ만ᄒᆞᆫ 탄금ᄃᆡ(彈琴臺)라ᄂᆞᆫ 신쇼셜을 ᄎᆞ호브터 긔직ᄒᆞ겟ᄉᆞ오니 일층 더 ᄌᆞ미잇게 구독ᄒᆞ심을 ᄇᆞ라오
>
> ᄆᆡ일신보샤 소셜계[109]

109 『매일신보』, 1912.3.14.

위 예문에 따르면 「탄금대」는 괴이하고, 기묘하고, 통분하고, 상쾌한 이야기를 통해 독자들의 칠정(七情)을 감발케 하는 것을 목표로 삼고 있으며, 이를 통한 '재미'의 요소를 강조하고 있음을 알 수 있다. 이 작품은 「춘외춘」이 여성을 중심으로 한 한글 독자들을 크게 염두에 두었던 것과는 달리 기존의 보수적인 국한문판의 독자를 중심으로 하되 새로 유입된 국문판 독자들을 동시에 겨냥하고 있다는 점에서 특징적이다.[110] 「탄금대」는 이전 서사의 화소를 적극적으로 차용하여 전통적인 이야기 문법에 익숙한 독자들을 고려하는 한편, 남성독자와 여성독자들을 모두 배려하는 전략을 취하고 있다.

이 작품은 시간적 배경은 대부분의 신소설이 그러하듯 비교적 최근으로 설정되어 있지만, 작품 속 이야기는 다분히 의고적인 분위기 속에서 이루어지고 있다. 이러한 특성은 이 작품이 전통적인 이야기 화소를 적극적으로 차용하고 있다는 점과 관련이 있다. 기존 연구에 따르면 이 작품은 이광정(李光庭)의 야담집에 실린 「복수설(復讎說)」[111]과 「변사행(邊士行)」, 「구복막동(舊僕莫同)」, 「휘흠(徽欽) 돈(頓)」, 「가칭진기(假稱鎭基)」, 「서(曙)」 등의 한문단편[112] 또는 『김학공전』[113]이나 『신계후전』[114] 등 구

110 「탄금대(彈琴臺)」 이후 연재된 「소학령(巢鶴嶺)」, 「봉선화(鳳仙花)」, 「비파성(琵琶聲)」, 「우중행인(雨中行人)」이 모두 이 같은 독자전략을 취하고 있는 셈이다.

111 「복수설(復讎說)」은 이광정(李光庭, 1674~1756)의 『눌은집(訥隱集)』(1808) 卷6 '잡저(雜著)'에 실려 있는데, 정준식은 「살신성인(殺身成仁)」이 추노계 야담 중에서도 특히 「복수설」의 개작임을 밝힌 바 있다. 정준식, 「추노계 야담의 소설화와 살신성인」, 『한국문학논총』 19, 1996 참조.

112 최원식, 『한국 근대소설사론』, 창작사, 1986, 143쪽.

113 「탄금대」와 『김학공전』의 연관관계를 다루고 있는 연구들은 다음과 같다. 최운식, 「『김학공전(金鶴公傳)』 연구(研究)」, 『국어국문학(國語國文學)』 74, 1977; 이혜순, 『김학공전(金鶴公傳)』에 나타난 복수 플롯의 수용양상(受容樣相)」, 『진단학보』 45, 1978; 정준식, 「추노계 서사문학의 전개양상과 사회적 의미」, 부산대 박사논문, 1998; 함태영, 「1910년대 『매일신

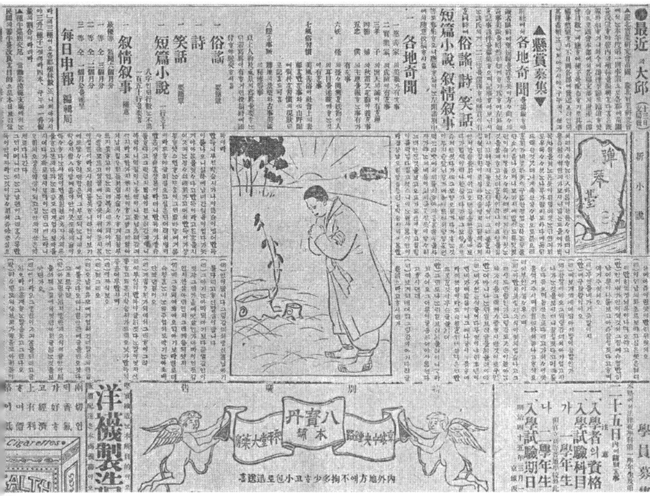

(좌) 「탄금대」의 『매일신보』 연재 모습(1912.3.15)
(우) 단행본 『탄금대』의 표지(판권지 유실, 아단문고 소장)

소설 작품과 관련을 맺고 있음을 알 수 있다.[115] 또한 「탄금대」는 이미 『제국신문』에 게재되었던 「살신성인(殺身成仁)」의 모티프를 그대로 차용하고 있다는 점에서 특징적이다.

「살신성인」은 『제국신문』 1906년 10월 22일부터 11월 3일까지 총 8회에 걸쳐 연재되었다. 앞서 살펴보았듯이 『제국신문』은 1906년 7월 12일부터 8월 11일까지 '이어기담(俚語奇談)'란을 설치하고 5개의 짧은 단편 서사들을 게재하였으며, 1906년 9월 18일부터는 '소설(小說)'란을

보』 소설 연구」, 연세대 박사논문, 2008.

114 강진옥, 「『신계후전』의 예비적 검토－삽화결합양상을 통한 이야기 구성원리 규명을 위한 시론」, 『이화어문논집』 9, 1987.

115 이중 이해조의 「탄금대」를 『김학공전』이나 『신계후전』과의 관련 양상 속에서 다루는 연구들은 모두 「탄금대」가 『김학공전』이나 『신계후전』의 번안・개작된 것이라는 점을 전제로 삼고 있다. 하지만 이들 연구에서 주된 텍스트로 사용된 『김학공전』과 『신계후전』은 모두 「탄금대」의 연재 이후에 발행되었거나 필사되었다. 앞서 살펴보았던 「구의산」과 『김씨열행록』, 「소양정」과 『소양정기』, 『봉선루』와의 관계를 고려할 때, 오히려 『김학공전』과 『신계후전』이 「탄금대」를 번안・개작했을 가능성도 충분히 고려되어야 한다.

만들고 몇 편의 소설들을 연재하였다.[116] 이때 실린 소설들은 저자가 드러나지 않는 것으로 보아 편집진이 작성한 것으로, 주로 조선 후기 야담집 소재의 한문단편을 적절히 소개하는 차원에 머물고 있었다.[117] 「살신성인」은 주인공이 아버지의 원수인 노비의 딸과 결혼하였다가 아내의 죽음으로 대신 목숨을 구하고 결국 복수에 성공한다는 이야기인데, 이는 「탄금대」 서사 중 일부와 거의 일치한다. 재미있는 것은 「살신성인」에서 도망노비의 이름이 '만득'임에 반해, 「탄금대」에서는 주인공 이름을 '만득'으로 설정하였다는 점이다. 비슷한 화소를 지닌 다른 작품들에서 '만득'이라는 이름을 찾아 볼 수 없다는 점을 감안할 때, 이러한 특성은 단순한 우연으로 보기 어렵다. 이와 더불어 이해조가 이후 『제국신문』에서 본격적인 소설 연재를 하는 것으로 미루어 본다면 「탄금대」는 『제국신문』에 연재된 「살신성인」을 읽고 그 화소를 부분적으로 차용했을 가능성이 높다.

또한 이 작품은 서사 전개의 대부분을 운명에 의한 것으로 조직하였다. 주인공 만득은 아버지를 독살하고, 불을 질러 자신을 죽이려는 주오위장의 음모로부터 도망쳐 통도사 주승 운유암(雲遊菴)을 만나 자신의 운명을 예언하는 글귀를 받게 된다.[118] 만득은 운유암의 예언대로

116 이때의 소설란은 먼저 제목이 없는 세 편의 이야기를 싣고, 「정기급인(正己及人)」(1906.10.9~10.12), 「보응소소(報應昭昭)」(1906.10.17~10.18), 「견마충의(犬馬忠義)」(1906.10.19~10.20), 「살신성인(殺身成仁)」(1906.10.22~11.3), 「지능보가(知能保家)」(1906.11.17), 「허생전(許生傳)」(1907.3.20~4.19)을 연이어 게재하였다.

117 정준식은 이들 작품에 공통적으로 나타나고 있는 소재의 전통성, 짧은 분량, 작품 말미에 첨부된 평결부분 등을 들어 조선 후기 야담과의 친연성을 주장하였다. 정준식, 「추노계 야담의 소설화와 살신성인」, 『한국문학논총』 19, 1996, 7쪽.

118 그 예언은 다음과 같다. "고금도 달ㅅ밤에 원슈가 은인이 되고 련광정 가을 바룸에 잠ㅅ간 그짓 인연을 만나고 탄금디 져녁볏헤 우연히 길인을 만나다", 「탄금대」, 『매일신보』, 1912.3.20.

고금도에서 주오위장의 동생의 딸과 결혼하였으나 자신의 정체가 탄로나 죽을 위기에 처하게 되고, 부인의 희생으로 인해 가까스로 목숨을 건진다. 만득은 다시 연광정에서 평양집을 만나 괴질로 죽은 그 집안의 시체를 수습해주고 부부의 연을 맺기로 하였는데, 고향으로 향하던 중 평양집은 배가에게 겁탈당하고 배가를 따르기로 한다. 그러던 중 만득은 탄금대에서 어릴 적 옆집에 살던 아버지의 죽마고우 채대신을 만나고, 그의 상처한 딸과 결혼하게 된다. 결국 만득은 채대신의 도움으로 아버지의 원수를 갚게 되고, 배가를 잃은 평양집과 재회하여 후처로 삼는 한편 고금도에서 죽은 첫 번째 부인의 시체를 찾아 밀양으로 돌아와 장례를 치러준다. 이러한 서사 전개의 뼈대는 모두 운유암의 예언에 따른 것이며, 아버지의 원수를 갚는 일과 평양집과 재회하여 그를 후처로 맞이하는 일은 아무리 화나는 일이 있어도 참으라는 채대신의 당부에 의한 것이다. 만득은 주체적인 인간으로서의 면모를 보이지 못한 채 자신의 삶을 운명에 맡기는 수동적인 인물인데, 이는 이 작품을 통해 말하려는 작가의 메시지가 운명론적 세계관에 크게 기대고 있음을 확인시켜 준다.[119]

이처럼 이전 이야기의 화소를 적극 차용하거나, 사건의 전개를 운명에 의해 진행시킨 것은 모두 구소설의 독자들을 배려한 결과로 보인다. 특히 남성 주인공 만득이 운명에 따라 세 명의 여성과 인연을 맺는 것을 주된 이야기의 뼈대로 설정한 것으로 미루어 볼 때, 이 작품은 주

119 이러한 부분에 대해 최원식은 "이 작품의 메시지는 바로 운명에 항거하지 말고 철저히 순종할 것을 요구하는 숙명론에 있으니 식민지 상황 속에서 숙명론이 가지는 의미는 곧 노예적 굴종에 다름아니다"라며 강렬히 비판한 바 있다. 최원식, 『한국 근대문학사론』, 창작사, 1986, 144쪽.

로 남성 독자들의 취향을 고려한 것으로 보인다. 고금도에서 만난 부인은 아버지와 형제들보다 남편과의 의리를 더욱 중요하게 생각하였고, 평양집은 만득이와 결혼을 약속하였지만 겁탈을 당한 뒤 배가를 따르게 된다. 또한 만득의 두 번째 부인인 혜강은 평양집과의 사연을 듣고 만득에게 후취를 삼을 것을 적극적으로 권유한다. 이러한 부분은 모두 남성 독자들의 여성에 대한 보수적 취향을 반영한 것으로 유교적 이데올로기의 강화와 관계가 깊으며, 이는 앞서 살펴본 작품들과 마찬가지로 식민지 치안과 질서를 보수적 가치의 재현을 통해 안정시키려는 식민주체의 의도가 일정부분 반영된 것으로 보인다.

하지만 이 작품에서는 남성 독자뿐만 아니라, 국문판에서 흡수한 여성 독자들에 대한 고려 역시 엿볼 수 있다. 작가는 「홍도화」에서 한 번 인용했던 『제국신문』 논설을 다시 한 번 이용하여 채대신의 상처한 딸 혜강이 마음을 바꿔 재가를 결심하게 만든다.[120] 혜강은 결국 마음을 돌려 만득과 혼인하게 되는데, 이러한 과정에 상당한 공을 들인 것으로 보아 여성 독자들에 대한 계몽을 강하게 의식하고 있음을 확인할

120 "(채) 이 신문에, 청상과녀들, 지가 가라고 경고ᄒᆞᄂᆞᆫ, 론셜이 잇스니, 그것을 져다려 보라ᄒᆞ며, 말시작을 ᄒᆞ시오 (…중략…) (김) 혜강아, 이 신문 론셜 좀 드러보아라 녜날, 황희황정승이, ᄌᆡ가ᄌᆞ손은, 쳔환을 안이준다ᄂᆞᆫ, 쥬론을 ᄒᆞ야, 그 이후로ᄂᆞᆫ 반명의 집에셔, 쳥환의 욕심을 ᄂᆡ여, ᄌᆡ가녀ᄌᆞ를 취ᄒᆞ기를, 큰 변괴만 녁이고, 큰 슈치만 녁이어, 인ᄒᆞ야, 수ᄇᆡᆨ년릭에, 쳥샹의 원긔가, 텬디에 가득ᄒᆞ고, 참혹ᄒᆞᆫ 셔리가, 오월에 날니니, 이ᄂᆞᆫ 식자(識者)의 ᄆᆡ양 탄식ᄒᆞ던 바이라, 원녀(寃女)와, 광부(曠夫)가 업슴은, 셩인의 정치라, 황승샹의, 일시 실언ᄒᆞᆫ 바를, 표준을 삼지말고 쳥샹의 ᄯᆞᆯ과, 며ᄂᆞ리가 잇ᄂᆞᆫ 부모들은, 아모됴록, 그 ᄯᆞᆯ 그 며ᄂᆞ리를, 반복 효유ᄒᆞ야 슈례박휘를 밧구고, 활시위를 곳치어, 원통ᄒᆞᆫ 긔운이, 사라지게 ᄒᆞᆯ지며, 쳥샹으로 평싱을 그르트리ᄂᆞᆫ 부인들은 오괴ᄒᆞᆫ 언론에, 국츅ᄒᆞᆫ 바ㅣ 되야, 한 번 가면 두 번 못올 쳥츈을, 슈심과 눈물로, 속졀업시 보ᄂᆡ지 말고, 어셔々々 하로밧비, 자격이 샹당ᄒᆞᆫ 남ᄌᆞ에게, ᄌᆡ가를 ᄒᆞ야, 쳣지ᄂᆞᆫ, ᄌᆞ긔 일신의 ᄒᆡᆼ복을 누리고, 둘지ᄂᆞᆫ 일문화긔가, 가득케 ᄒᆞᆯ지어다", 「탄금대」, 『매일신보』, 1912.4.9~4.10.

수 있다. 덧붙여 만득과 혜강이 혼인하는 과정에는 둘 사이의 인간적인 감정 교류는 존재하지 않는다. 그들의 선택은 상대방에 대한 기본적인 호감이나 연애감정 없이 오직 운유암의 예언이나 부모의 권유에 의해 이루어지고 있다. 결국 이 작품은 남성·여성 독자들을 모두 고려하고 있지만, 남성 독자들에 대한 배려와는 달리 여성 독자들을 단지 계몽의 대상으로 여기고 있음을 알 수 있다.

이 작품이 지닌 이러한 특성은 서사 내적인 균열들을 만들어내고, 이를 감지한 독자들에 의해 크게 비판을 받은 것으로 보인다. 『제국신문』 기사를 인용하는 것으로 보아 작품의 시간적 배경은 비교적 최근이지만 다루는 이야기 구조나 인물의 성격은 전근대적이며, 남성 중심의 보수적 가치의 재현과 과부의 재가 허용과 같은 여성 계몽에 대한 메시지가 혼합되어 있다. 또한 서사의 진행이 우연(예언)에 기대고 있다는 점도 있는 그대로의 사실에 바탕한 신소설의 양식적 기반과는 크게 충돌하는 부분이다. 작가는 「탄금대」 연재를 마친 뒤 후기를 통해 자신의 입장을 다음과 같이 피력한 바 있다.

> 긔쟈가, 쇼셜을 져슐ᄒᆞᆷ이, 임의 십여ᄌᆡ광음이라, 날로 붓을 드러, 수쳔만언을 긔록ᄒᆞᆷᄋᆡ, 실로 지리신산ᄒᆞᆷ을, 왕々 견ᄃᆡ기 어려온 ᄯᅢ가 만으나, 한ᄀᆞᆺ 결심ᄒᆞ기를, 아모조록 힘과 졍신을, 일층 더ᄒᆞ야, 악ᄒᆞᆫ 쟈를 징계ᄒᆞ고, 착ᄒᆞᆫ 쟈를 찬양ᄒᆞ며, 혹 직셜도 ᄒᆞ며, 혹 풍ᄌᆞ도 ᄒᆞ야, 사ᄅᆞᆷ의 칠졍에 감측될만ᄒᆞᆫ, 공젼절후의 신쇼셜을, 져슐코져ᄒᆞ나, ᄆᆡ양 붓을 들고 조희에 림ᄒᆞᆷᄋᆡ, ᄉᆡᆼ각이 삭막ᄒᆞ고, 문견이 고루ᄒᆞ야, ᄆᆞ음과 글이 ᄀᆞᆺ지 못ᄒᆞᆷ으로, ᄋᆡ독제씨의, 진々ᄒᆞᆫ 취미를 돕지 못ᄒᆞ얏스니, 이ᄂᆞᆫ 긔쟈의, 비ᄒᆞᆯᄃᆡ업시, 붓그러온 바이로다, 그러나 취미 업ᄂᆞᆫ 글

도, 취미잇게 보면, 취미가, ᄌᆞ연 ᄉᆡᆼ기ᄂᆞᆫ 법이며, ᄯᅩ 혹자의, 말을 드른즉 본 긔쟈의, 져술ᄒᆞᆫ 바, 쇼셜이, 취미ᄂᆞᆫ 업지 안이하나, ᄆᆡ양 허탄무거ᄒᆞ고, 후분을 다 말ᄒᆞ지 안이ᄒᆞᄂᆞᆫ, 두 가지 결뎜이, 잇다ᄒᆞ나, 이ᄂᆞᆫ 결코, ᄉᆡᆼ각지 못ᄒᆞᆫ, 언론이라 ᄒᆞ노니, 엇지ᄒᆞ야 그러ᄒᆞ냐 ᄒᆞ면, 쇼셜의 셩질이, 눈에 뵈이고 귀에 들니ᄂᆞᆫ, 실젹만 드러 긔록ᄒᆞ면, 취미도 업슬 ᄲᅮᆫ안이라, 한 긔ᄉᆞ에 지나지 못ᄒᆞᆯ 터인즉, 쇼셜이라, 명칭ᄒᆞᆯ 것이 업고, ᄯᅩᄂᆞᆫ 긔쟈의, 져술ᄒᆞᆫ 쇼셜 삼십여죵이, 확실ᄒᆞᆫ 쇼력ᄉᆞ(小歷史)가 업ᄂᆞᆫ 쟈ᄂᆞᆫ, 별로 업스니, 볼지어다, 뎌 슈호지, 삼국지, 셔상긔 등의, 유명ᄒᆞᆫ 즁국쇼셜이며, 불여귀, 곡간잉, 혈루 등의, 긔졀ᄒᆞᆫ ᄂᆡ디 쇼셜이, 모다 후분을 력々히 말ᄒᆞᆫ 바이 잇ᄂᆞᆫ가, 이ᄂᆞᆫ, 쥬역계ᄉᆞ합이불슈(周易係辭闔而不遂)의 ᄯᅳᆺ과, 일반이라 ᄭᅩᆺ을 보ᄆᆡ, 이울기에, 이르지 말나ᄂᆞᆫ 말이 안이 잇ᄂᆞᆫ가, 비록 결ᄉᆞ를 후분ᄭᆞ지, 지리히 긔록지 안이ᄒᆞᆫᄃᆡ도, ᄋᆡ독졔군의, 츄샹으로 그 다음 일은 족히 요희ᄒᆞᆯ 줄로 밋ᄂᆞᆫ 바이로라, 수삭동안을 일반졔씨에게, 비상ᄒᆞᆫ 대환영을 밧던, 탄금ᄃᆡᄂᆞᆫ, 임의 긔ᄉᆞ를 맛치고, ᄎᆞ호브터, 소학령(巢鶴嶺)이라ᄒᆞᄂᆞᆫ, 탐험쇼셜(探險小說)을, 게ᄌᆡ코져 ᄒᆞ노니, 이ᄂᆞᆫ 긔쟈가, 여러히 동안을 보고 듯던, 혜지의 실젹이라, 필법의 용록ᄒᆞᆷ을 용셔ᄒᆞ고, ᄉᆞ실의 긔괴ᄒᆞᆷ을 착미ᄒᆞ시오[121]

위 인용문에 따르면, 이해조는 내적으로든 외적으로든 자신의 소설 창작에 일정한 위기가 왔음을 인식하고 있다. 그는 스스로 '생각이 삭막하고, 문견이 고루'하여 독자들의 '취미'를 돕지 못해 부끄럽다고 고백하고 있다. 이러한 표현이 겸양(謙讓)의 의미를 포함하고 있음을 짐작할 수 있지만, 실제로 최근 그의 소설이 독자들의 좋은 평가를 받지 못하고 있다는 점은 분명해 보인다. 이러한 반성과 자기고백은 일정한

121 「탄금대」, 『매일신보』, 1912.5.1.

독자들의 비판에 스스로 대응하여 이루어진 것이기 때문이다. 특히 이 글에서는 더 이상 앞선 지식인으로서 일방적으로 독자를 계도하는 입장을 찾아 볼 수 없다. 이러한 사정은 이미 「소양정」의 '소설예고(小說豫告)'부터 예고되어 있었다. 이해조는 '구소설을 극복하기 위해 신소설 체제를 발명하였지만, 신소설도 여러 해를 반복하니 지루하므로 연구하고 또 연구하여 소설체제를 또 한번 변하게 하여' 「소양정」을 저술한다고 밝힌 바 있다.[122] 이를 통해 볼 때, 독자의 흥미를 지속적으로 유지시키는 것이 이해조에게는 매우 중요한 사안이었음에 틀림없어 보인다. 하지만 새로운 체제를 통해 '구소설의 허탄맹랑함은 버리고 정대한 문법만을, 신소설의 천근각삭함은 버리고 정밀한 의취만을 취하겠다는' 이해조의 각오는 이후 「소양정」, 「춘외춘」, 「탄금대」와 같은 소설을 지속적으로 연재했음에도 불구하고 그 목적을 달성하기엔 부족했던 것으로 보인다.

결국 그는 '허탄무거'하고 '후분을 다 말하지 않는다'는 독자들의 비판을 언급하며 이에 대한 나름의 입장을 제시하였다. 먼저 「탄금대」의 경우에는 서사의 골격이 운유암의 예언이라는 비합리적인 장치에 기대고 있거나, 주인공 만득이 부인과 복장을 바꿔서 살아난다는 설정 등이 '허탄무거'하다는 비판의 대상이 되었을 것으로 보인다. 게다가 작품의 맨 마지막에서는 죽은 주씨부인의 시체를 물속에서 발견하였지만 썩지도 않은 채 그대로 발견되었다는 설화적 처리를 그대로 사용하였는데, 이러한 대목은 '사실'에 기반한 이야기를 지향하던 신소설의 핵심적 가치가 심각하게 균열을 일으키고 있다는 점을 드러낸다. 또한

122 『매일신보』, 1911.9.29.

'후분을 다 말하지 않는 것'은 이해조 소설이 지닌 특성 중 하나인데, 이는 사실 '권선징악', '해피엔딩'과 같은 고소설이 지닌 천편일률적인 결말방식을 지양하기 위한 자구책이었다. 결국 이해조는 이와 같은 비판에 대해 자신의 소설은 실제 사실(소역사)을 기반으로 하되 실제 사건을 있는 그대로 제시하는 일반 신문 기사와는 달리 독자의 '취미'를 고려하여 다양한 소설적 요소들이 더해진다고 하였고, 또한 결말을 다 말하는 것이 작가의 입장에서는 실상 지루한 작업이며 생략된 결말에 대해서는 독자의 적극적인 해석이 필요한 부분임을 강조하고 있다.

결국, 이해조는 '허탄무거'하고 '후분을 다 말하지 않는다는' 독자들의 비판에 일면 대응하면서 「소학령(巢鶴嶺)」 연재를 예고한다. 그 이튿날부터 이해조는 여러 해 동안 보고 듣던 실제 사건을 기반으로 한 새로운 소설인 '탐험소설' 「소학령」의 연재를 시작하는데, 이는 독자들의 비판을 인식하고 독자들의 취미를 만족시키기 위한 적극적인 방편이기도 했다.

「소학령」은 「탄금대」의 연재를 마치고 다음날인 1912년 5월 2일부터 7월 6일까지 연재되었으며, 러시아 추풍으로 노동이민을 떠난 강한영의 편지를 받고 추풍으로 향하는 홍씨부인의 험난한 여정과 재회를 중심축으로 삼고 있는 작품이다. 「소학령」은 여타의 신소설과는 달리 해삼위(海蔘威, 블라디보스토크의 옛말), 소학령(巢鶴嶺), 추풍(秋風)에 이르는 러시아 극동지방을 서사의 주된 공간 배경으로 삼고 있다는 점에서 특징적이다.[123] 「소학령」의 서사 공간은 '지금' 그리고 '여기'의 문제를

123 「소학령(巢鶴嶺)」이 지닌 이러한 특징에 주목한 연구는 다음과 같다. 최원식, 「신소설과 노

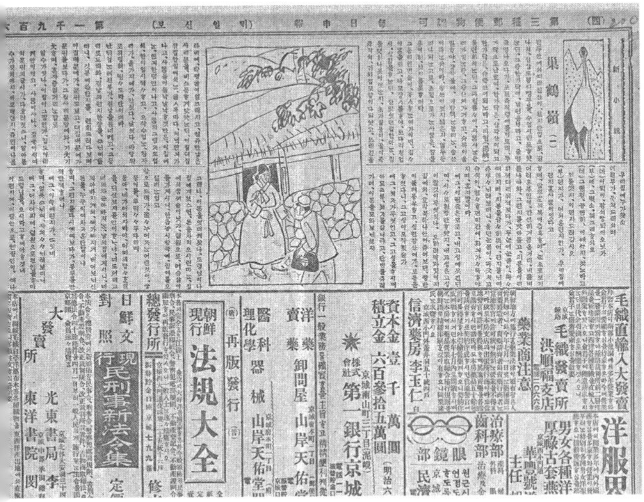 

(좌) 「소학령」의 『매일신보』 연재 모습(1912.5.2)
(우) 단행본 『소학령』의 표지(신구서림, 1913, 보성고 오영식 선생 소장)

다루는 신소설 일반의 관습을 넘어 '저기', 즉 재외(在外) 공간으로 확장된다.[124]

일본이나 미국 등 대부분의 신소설에 등장하는 조선 외부의 공간 배경은 주로 근대적 지식을 체험하고 학습해야 하는 장소이며,[125] 작품

동이민」, 『한국 근대문학사론』, 창작사, 1986; 송현호, 「유이민 소설 「소학령」 연구」, 『아주어문연구』 2, 1995; 졸고, 「이해조의 「소학령(巢鶴嶺)」 연구」, 『사이間SAI』 5, 2008; 김형규, 「일제 식민화 초기 서사에 나타난 해외이주 형상의 의미」, 『현대소설 연구』 46, 2011.

124 '재외(在外) 공간'이라는 표현은 '외국(外國)', '해외(海外)' 등의 용어가 지닌 협소함을 넘어, 식민지 체제의 조선이라는 특수한 상황과 그것 외부에 존재하는 공간을 포괄하기 위한 것이다. 당시 식민지 조선의 상황을 하나의 독립된 국가로 보기 어렵기 때문에 '외국'이라는 상대적 용어를 쓰기에 곤란한 측면이 있으며, '해외'의 경우에도 육로를 통해 도달할 수 있는 간도나 만주, 연해주를 포괄하기에 적절치 못하다. 특히, 「소학령」의 주된 배경이 되는 해삼위, 소학령, 추풍은 러시아라는 근대적 국가 체제 안의 영토임이 분명하지만 러시아의 법률과 제도의 힘이 특별한 규정력을 발휘하지 못한 채 다양한 인종, 언어, 문화가 섞여 있는 혼종적이고 이질적인 공간으로 형상화되어 있다. 따라서 여기에서는 '재외 국민'이나 '재외 동포'와 같은 오늘날 쓰임을 참조하여, '재외 공간'을 당시 식민지 조선 외부의 국가나 지역을 포괄하는 용어로 사용하고자 한다.

125 임선애는 신소설에 나타난 미국에 대한 인식을 『혈의누』, 『은세계』, 『모란병』을 중심으로

의 주된 배경보다는 작품의 계몽적인 효과를 달성하기 위한 구조적 장치로서 기능하는 것이 일반적이다.[126] 지금까지의 이해조 소설 속 재외 공간 역시 이러한 특성을 공유하고 있었다. 특히, 「빈상설」, 「원앙도」, 「모란병」, 「구의산」, 「춘외춘」 등에서 나타나는 재외 공간은 특히 작품의 결말 부분에서 주인공이 근대문명을 체험하고 학습하기 위한 유학지(留學地)로서의 성격이 강하다.[127] 이러한 방식은 제국주의와 식민주의를 기반으로 하는 거대한 폭력적 세계에 맞서기 위해서거나, 때로는 서구적 근대를 모방하기 위한 나름의 방편처럼 제시되곤 했다. 그러나 「소학령」의 경우 해삼위, 추풍, 소학령에 이르는 광활한 공간 배경은 서구적 근대를 표상하는 추상적인 공간에서 벗어나 서사를 이끌어가기 위한 구체적이고 사실적인 공간으로 기능한다. 이러한 특성은 미지의 세계에 대한 독자의 관심을 이끌어내며, 전 세계적 인식 지평 위에서 조선의 현실을 반추할 기회를 얻도록 한다.

「소학령」은 무엇보다 구체적인 공간 묘사에 힘을 쓰고 있다. 작품의

살펴본 바 있다. 그는 이들 소설에 등장하는 미국이 문명국이며, 배울 가치가 있는 서구지식을 보유한 나라이며, 조선을 도와주는 나라로 재현되어 있다고 파악했다. 임선애, 「신소설(新小說)에 나타난 미국에 대한 인식 연구－이인직(李人稙)과 이해조(李海朝) 소설을 중심으로」, 『한국 사상과 문화』 35, 2006, 29～53쪽 참조.

126 예외적인 작품이 있다면 육정수의 『송뢰금』과 이해조의 「월하가인(月下佳人)」이 대표적이다. 하지만 『송뢰금』의 경우 이주의 동기나 배경에 주된 초점이 맞춰져 있고, 「월하가인」의 경우 멕시코 노동이민의 실상을 매우 구체적으로 제시하고 있지만 멕시코에서 일어나는 사건의 비중은 전체 서사의 일부분에 그친다. 「월하가인」에는 총 62회의 연재분 중 총 12회만이 심진사를 중심으로 멕시코와 미국에서 일어나는 사건들이 다루어져 있고, 나머지는 심진사의 부인인 장씨부인을 중심으로 한 이야기가 조선을 배경으로 다루어지고 있다.

127 「빈상설」은 중국(상해), 「원앙도」는 미국(하와이), 「모란병」은 미국, 「구의산」과 「춘외춘」은 일본이라는 조선 외부의 공간이 작품의 후반부에 상징적으로 그려진다. 이러한 해외 공간은 상해로 유람을 떠났다가 공부를 하고 돌아오는 「빈상설」의 경우를 제외하고, 주로 근대문명을 학습하기 위한 유학지로서의 성격을 띠고 있다.

첫 부분은 주인공 강한영이 러시아 추풍으로 떠나고, 처 홍씨부인이 어린 아들과 살고 있는 경기도 송산에서 시작한다. 송산이라는 작은 동네의 지명 묘사가 작품의 서두에 제시되고, 가장의 편지를 받은 홍씨부인은 아들 동이, 시동생 강위영과 함께 러시아 추풍으로 떠나게 된다. 이후 가장을 찾아가는 홍씨부인의 험난한 여정이 작품의 중요한 뼈대를 이루고 있는데, 작가는 경기도 송산에서 추풍까지의 경로를 매우 구체적으로 제시하고 있다.

송산을 떠난 홍씨부인 일행은 우선 서울로 가서 기차를 타고 부산으로 간다. 부산에 도착한 그들은 배를 타고 원산으로, 다시 원산에서 배를 갈아타고 청진까지 향한다. 청진에 도착한 그들은 육로를 포기하고 다시 배를 타고 '해항(해삼위 항구)'에 도착하게 된다. 이러한 이동경로의 상세한 묘사는 이 작품의 시대적 배경이 경부선 철도가 개통된 1905년 무렵이라는 정보와 함께 그 당시 러시아 유이민의 구체적인 이동경로를 보여주고 있다는 점에서 특징적이다.

해항에 도착한 일행은 우선 조선인 부락 신개척지의 어느 객주집에 당도하게 된다. 기나긴 여정에 몹시 시장한 그들은 밥을 시켜 먹게 되는데, 곧 이곳 해삼위라는 공간이 근대적 영토 경계를 벗어난 타국임을 깨닫게 된다. 이곳은 러시아 땅이며 러시아 화폐를 쓸 뿐 아니라, '몸표'라고 불리는 외국인들의 신분을 보장하는 증서를 구입해야 하는 곳이다. 그들은 강한영이 보내 준 돈을 '송전은행'이라는 곳에서 '아라사(러시아의 옛말)' 돈으로 환전하고, 12원에 '몸표'를 구입하게 된다.

이렇게 도착한 해삼위라는 낯선 공간은 기존의 신소설에 나오던 재외 공간과는 달리 매우 구체적으로 제시되고 있다. 기존의 신소설에 등장하던 재외 공간이 주로 근대문명을 선취할 수 있는 유학지로서의 공간을 표상했다면, 이곳은 오히려 노동과 자본의 논리에 더욱 크게 좌우되는 이질적인 공간으로 묘사된다.

㉠ 죠션사ᄅᆞᆷ들 사ᄂᆞᆫ 부락 「거렁이쓰기」에ᄂᆞᆫ 사ᄅᆞᆷ의 됴사와, 각ᄉᆡᆨ 셰금이 과다ᄒᆞ야, 날로 당ᄒᆞᄂᆞᆫ 곤난이, 이로 형언ᄒᆞᆯ 수 업겻마는, 블상ᄒᆞᆫ 인민들이, ᄒᆡ마다 달마다, 수업시 건너가 남녀 총수가, 오십만명에 이르기ᄂᆞᆫ, 부득이ᄒᆞᆫ ᄉᆞ졍 두 가지가 잇스니, 한 가지ᄂᆞᆫ, 농토가 업셔〻, 싱활을 도리가 업ᄂᆞᆫ 즁, 그곳은, 루쳔년 묵은 ᄯᅡᆼ이라, 토리가 심히 기름져, 힘자라ᄂᆞᆫ ᄃᆡ로, ᄆᆞ음썻 농ᄉᆞ를 지으면, 가히 십비의 츄슈를 ᄒᆞᄂᆞᆫ 연고이오, ᄯᅩ 한 가지ᄂᆞᆫ, 죠션은, 돈이 흔치 못ᄒᆞ고, 가가죵 싱활ᄒᆞᄂᆞᆫ 긔관이 발달치 못ᄒᆞ야, 로동ᄒᆞ야 버러먹을 일도 별로 업고, 셜혹 여간 잇더라도, 고가〻 박약ᄒᆞ야, 의지식지ᄒᆞᆯ 거리가, 못 되는ᄃᆡ, 그곳은 각국 부상대고가, 구름뫼듯ᄒᆞ야, ᄆᆡ일 품갑이, 죠션 몃갑절인고로, 한사ᄅᆞᆷ 두사ᄅᆞᆷ, 건너가기를, 시작ᄒᆞ야, 풍셩학려(風聲鶴唳)로, 그 모양으로 모야드ᄂᆞᆫᄃᆡ[128]

㉡ 소학령에ᄂᆞᆫ 죠션사ᄅᆞᆷ이 극히 만히 모혀드러 사니, 이ᄂᆞᆫ 소학령이, ᄒᆡ삼위보다, 거디가 됴흔 것이 아니라, ᄒᆡ삼위ᄂᆞᆫ 관리의 됴사가, 빈번ᄒᆞ고, 각죵 세금도 역시 업ᄂᆞᆫ 즁, 일막무졔 황무디가, ᄀᆡ척 곳ᄒᆞ면, 극히 무셩히 곡식이 되야, 싱활이, 심히 풍부ᄒᆞᆫ 곡졀로, 하나 둘식, 그곳으로 모혀드러, 호구가 날로 만어짐이라, 웬만치, 게르지만 안이ᄒᆞᆫ 쟈이면, 일년만, 엇지〻〻 둥굴고 나면 ᄲᅮ리를 착실히 붓허, 밥걱정은 안이ᄒᆞ고, 살만ᄒᆞᆫᄃᆡ[129]

128 「소학령」, 『매일신보』, 1912.5.7.
129 「소학령」, 『매일신보』, 1912.5.24.

㉠과 ㉡은 각각 해삼위와 소학령에 대한 묘사이다. 이곳은 관리의 조사와 각색 세금이 많은데도 불구하고 많은 조선 사람들이 몰려가는 곳이다. 당시의 조선에는 농사지을 농토와 일자리가 부족한 곳이지만 해삼위는 토지가 기름지고 품값이 조선의 몇 갑절인 곳이다. 또한 소학령은 각색 조사와 세금이 적어 조선인들의 수가 이미 오십만 명에 이르는 해삼위 보다 생활하기 좋은 곳으로 그려지고 있다. 이러한 지역에 많은 수의 조선인들이 모이는 이유는 더 이상 서구의 앞선 근대 문명을 학습하기 위한 것이 아니다. 농토가 부족하고 자본의 흐름이 정체되어 있는, 일자리가 부족하고, 곡가가 박약한 당시 조선의 현실이 이러한 나라 밖 지역으로의 이동을 가속화시키는 것이다.

뿐만 아니라 해삼위에서 소학령, 추풍으로 이어지는 그들의 험난한 여정 속에서 각각의 공간은 매우 구체적으로 묘사되고 있다. 특히, 해삼위는 바람이 워낙 강해 눈이 와도 쌓이기 전에 흩어지지만, 소학령은 바람이 불지 않아 많은 눈이 온다는 설명은 이러한 공간 배경의 구체성을 확인할 수 있는 대목이다.[130] 이처럼 「소학령」의 공간 배경은 상세한 묘사를 통해 작품 안에서의 리얼리티를 높이는 데 크게 기여하고 있다는 점을 확인할 수 있다.

또한 재외 공간의 구체적인 묘사와 함께 이 작품은 당시 노동이민의

130 "기실은, 칩기로 ᄒᆡ도, ᄒᆡ삼위ᄂᆞᆫ ᄒᆡ풍이 드리쳐셔, 몃 갑절 밍독ᄒᆞ고, 눈도 얼마씀 더 오것만은, 원ᄅᆡ 바ᄅᆞᆷ이 심ᄒᆞ닛가, 눈방울이, 밋쳐 ᄯᅡᆼ에 ᄯᅥ러져, 싸여보지를 못ᄒᆞ고 공즁에셔, 바ᄅᆞᆷ에 불니어셔, 흔젹도 업시 몰녀가, 깁흔 산곡 구렁ᄃᆡᆨ이에 가, 길々히 싸여 잇ᄂᆞᆫ 연고로, 쳐음 보ᄂᆞᆫ 사ᄅᆞᆷ은, 눈이 안이온 줄로 알고, 소학령으로 말ᄒᆞ면, 바ᄅᆞᆷ이 ᄒᆡ삼위에다, 비교ᄒᆞ면, 아죠 안이 분다고 ᄒᆞ야도 가ᄒᆞᆯ만ᄒᆞᆫ ᄭᆞ닭에, 눈이 오ᄂᆞᆫᄃᆡ로 싸여셔, 지붕이, 가즈런ᄒᆞᆫᄃᆡ, 그곳에셔ᄂᆞᆫ, 집々마다 큰 개를 길너셔, 눈 곳 오면, 개가 눈위로 싸단여, 사ᄅᆞᆷ 단일 길을 ᄂᆡ고, 눈위ᄂᆞᆫ 마챠를 못 ᄐᆞ고, 개챠를 ᄐᆞ고 단임이러라", 「소학령」, 『매일신보』, 1912.5.25.

참상을 매우 구체적으로 다루고 있다. 특히, 이 작품에서는 각각의 인물들이 어떠한 지역에서 어떠한 계기를 통해 만리타국으로 이주하게 되었는지가 상세하게 드러나 있는데, 이는 이무렵 노동이민이 접경 지역에 국한되지 않고 조선 전체의 문제와 결부되어 있다는 점을 부각시키고 있다.

강한영은 경기도 송산에서 홀로 추풍으로 이주한 사람이다. 그는 집에서 호박 하나 주워보지 않은 양반이며, 책상물림으로 상업이고 농업이고 아무 물정을 모르던 사람이다. 그는 고향에서 가난한 살림을 견디지 못해 온다간다 말도 없이 훌쩍 혼자 추풍행을 택한다. 또한 동생 강위영은 형이 떠나고 난 뒤 집을 나와 철원에서 머슴살이를 하며, 밤마다 짚신을 삼아 번 돈을 형수에게 부치며 살고 있었다.[131]

홍씨부인에게 가장 큰 도움을 주는 민장부인은 '호중 유명한 학자의 딸로 같은 학행가 유씨의 집으로 출가한' 사람이며, 그 남편 유씨 역시 '초립동이 때부터 학자로 자처하여 숭상하는 바가 춘추의리 뿐'이었던 사람이다. 유씨는 시대가 변하여 고민 끝에 해삼위로 이주하였는데, 참혹한 고생 끝에 문명한 신사가 되어 개척지 민장이 되었다.[132]

가장 악행을 거듭하던 방인철 · 방의철 형제는 춘천 읍에서 살던 사람들로, '제 집 가세도 아주 말이 못될 뿐 아니라 제 위인이 부랑하여' 밤마다 윷판, 투전판만 찾아다니던 사람들이다. 이들은 견디다 못하여 '촌촌걸식 하며 돌아다니다가 어떻게 굴러 함경도 · 청진까지 왔고, 결국 두만강을 건너 해삼위'까지 오게 되었다.[133]

---

131 「소학령」, 『매일신보』, 1912.5.3.
132 「소학령」, 『매일신보』, 1912.5.22~5.23.

방가 형제를 돕다가 개과천선하게 되는 안국삼은 칠십 노모를 모시고 간도로 넘어와 농사를 짓던 사람이다.[134] 하지만 흉년을 만나 농사가 어렵게 되자, 두만강을 넘어 강도질하는 조선 사람들 수백 명에게 선생님 호칭을 들으며 나쁜 짓을 일삼는다. 그러다가 강한영의 용서로 회개하고 개과천선한다. 그밖에도 부산에서 온 동포, 원산 살던 동포 등이 해삼위에 들어왔다가 비참하게 죽음을 맞이했다는 것을 민장의 연설 내용에서 확인할 수 있다.[135]

이렇듯 「소학령」의 서사 공간은 이러한 각각의 인물들의 만남을 통해 더욱 구체성을 획득할 수 있었다. 러시아 유이민은 압록강과 두만강 근처의 사람뿐 아니라, 송산, 철원, 춘천, 부산, 원산 등 조선의 영토적 경계를 상상하도록 만드는 모든 곳에서 일어나던 보편적 현상이었던 것이다. 또한 각 인물들의 신분이 살 곳을 잃은 가난한 평민부터 몰락 양반, 전통적인 유학자까지 모든 계층에 걸쳐 있다는 사실 역시 이러한 노동이민의 문제가 일부 계층에 치우친 문제가 아니라는 점을 보여준다. 결국 「소학령」이 다루는 러시아 유이민의 실상은 특수한 계층과 지역 사람들만의 문제가 아닌, 당시 조선의 암울한 제 조건을 기반으로 발생하는 비참한 현실을 반영하는 것이다.

「소학령」은 공간 배경의 구체적인 묘사와 함께 당시 노동이민의 현실을 상세하게 다루고 있다는 특징을 지니고 있지만, 그것을 다루는

133 「소학령」, 『매일신보』, 1912.5.10.

134 「소학령」, 『매일신보』, 1912.6.26.

135 "지나간 히에도, 부산 사는 동포가, 아라스 스룸의 집에셔, 여러히 고역을 ᄒ고, 젼만이나 져축ᄒ야, 고향으로 도라가는 것을, 즁로에셔 엇던 놈이, 륙혈포로 노아쥭이고, 그 지물을, 탈취ᄒ야 간 일도 잇고, 십여일 젼에, 원산사는 동포가, 쳐ᄌ를 다리고 온 것을, 모야무지에, 칼로 질너 죽이고, 그 쳐를 쎄아셔 간 일도 잇고", 「소학령」, 『매일신보』, 1912.5.17.

작가의 시선은 다분히 이중적인 균열을 내포하고 있다. 예고에서 표방한 '탐험소설'이라는 표제에서 짐작할 수 있듯, 「소학령」의 재외 공간과 그곳에서 일어나는 사건들은 독자들의 관심과 흥미를 이끌어내기 위한 효과적인 전략이었다. 또한 이를 통해 식민체제를 긍정하고, 내외인민의 동화정책을 옹호하려는 시선도 감지된다. 하지만, 근대적 국가 경계 밖의 이야기가 자연스럽게 나라를 잃은 백성들의 수난과 의지를 반영하고 있으며, 식민지 체제의 균열과 모순을 내포하고 있다는 점 역시 간과할 수 없다.

먼저 이 작품이 총독부 『매일신보』의 식민담론을 일정한 부분 반영하고 있음은 다음과 같은 대목에서 확인할 수 있다.

> 지금 이십셰긔에, 뎌 딕만 싱번의, 부락들도, 모국의 문명을 밧아, 날로 진화되야 상당훈 범위에셔, 능히 싱명직산을, 보존ᄒᆞ거던, 함을며 우리가, 그 문명을 못 밧고 동포의, 싱명직산을 침탈ᄒᆞ면, 엇지 붓그러온 일이 안이겟소[136]

위 예문은 개척지 조선 동포들을 대상으로 한 민장의 연설 중 일부이다. 민장이 해삼위 개척지에서 벌어지는 일련의 범죄 사건들을 경계하기 위해 이끌어 온 사례는 바로 대만의 '생번'이다. 생번(生蕃)은 대륙의 문화에 동화되지 않은 대만의 선주부족을 부르던 말이다. 대만은 조선보다 15년 정도 먼저 일본의 식민지가 된 곳으로,[137] 일본의 제국

136 「소학령」, 『매일신보』, 1912.5.17.

137 청일전쟁의 결과에 따라 대만은 시모노세키조약에 의거 1895년 5월 8일 일본의 제국의 영토가 되었다. 손준식, 「일본의 대만 식민지 지배」, 『아시아문화』 18, 2002, 10~18쪽 참조.

주의 침략 정책에 의해 비슷한 운명을 걷게 된 당시 조선의 상황을 고려할 때 작가의 이 같은 표현은 대단히 충격적이다. 작가는 문명과 야만의 이분법적 구도 속에서 대만의 생번 부락을 야만스런 존재로 인식하고 있으며, 그들이 모국(母國) 즉 일본의 문명한 혜택을 입어 진화하였다는 생각을 노골적으로 표현하고 있다. 식민주체를 모국으로 인식하는 것이나, 그들의 문명을 받아 상당한 범위에서 생명재산을 보존하고 있다는 표현은 식민주체의 담론을 일정부분 내면화한 것으로 파악된다.

또 다른 사례를 보자.

> 가이 업슨 일이로다, 죠션인민들이, 졍치의 부ᄑᆡ와, 샤회의 문란을 인ᄒᆞ야, 일즉이 상당ᄒᆞᆫ 지식을, ᄇᆡ오지 못ᄒᆞ고, ᄉᆡᆼ활의 ᄀᆞᆫ궁을, 못견ᄃᆡ여, 남부여ᄃᆡ로, 리치척기분묘ᄒᆞ고, 타국에를 뎌와ᄀᆞᆺ치, 류리ᄒᆞ야 모여와셔, 풍셜을 무릅쓰고, 각ᄌᆞ 도ᄉᆡᆼ을 ᄒᆞᄂᆞᆫ 즁, 샹당ᄒᆞᆫ 관리가 통할ᄒᆞ야, ᄉᆡᆼ명과 ᄌᆡ산을, 보호ᄒᆞ야 주지 못ᄒᆞ고, 법업ᄂᆞᆫ 텬디가 되어, 셔로 짓밟고, 셔로 죽이기로 능ᄉᆞ를 삼으니, 엇지 가셕지 안이ᄒᆞᆯ고, 내가 그 위에 잇지, 안이ᄒᆞ얏스닛가, 그 졍치ᄂᆞᆫ 계획지 못ᄒᆞ려니와, ᄀᆡ인간, 참혹ᄒᆞᆫ 사ᄅᆞᆷ이 잇스면, 내 힘 밋치ᄂᆞᆫᄃᆡ로ᄂᆞᆫ, 엇의ᄭᆞ지 구졔ᄒᆞ리라[138]

위 예문은 홍씨부인과 강위영을 한 차례씩 도와주는 일본인 조력자가 개척지 조선인들의 실상을 보고 한탄하는 한편 개인적 차원에서 그들을 돕겠다는 의지를 다지는 대목이다. 이 일본인 조력자는 '조도전

138 「소학령」, 『매일신보』, 1912.5.31.

(早稻田)' 대학교 졸업생으로 지리박사가 되기 위해 구주(歐洲) 각국을 유람하다가 해삼위까지 온 사람인데, 작가가 근대지식과 실제 경험을 갖춘 일본인 조력자를 내세운 의도가 무엇이었는지 쉽게 짐작할 수 있다. 그는 조선인들의 노동이민의 계기를 정치의 부패와 사회의 문란으로 파악하고 있으며, 개척지 참상의 원인이 적절한 통치가 이루어지지 않음에 있다고 지적한다. 이러한 표현은 해삼위라는 재외 공간의 범주를 넘어, 식민통치의 정당성을 이해시키는 한편 식민주체의 담론을 확산시키기 위한 장치임이 분명하다. 「춘외춘」부터 구체화된 내외인민의 동화주의는 근대지식을 갖춘 문명한 일본인 조력자의 도움으로 표출되었으며, 식민주체의 통치는 근대적 법률제도를 기반으로 개인의 생명과 재산을 보호하는 당위로 제시되었던 것이다.

그 밖에도 민장부부의 이주를 제국주의 세력의 침략과 함께 이루어진 정치・사회의 구조적 모순으로 설명하기보다, 시대의 조류를 읽지 못한 유학자 개인의 어리석은 선택으로 제시하고 있다는 점도 작가의 빈곤한 역사인식을 읽어 낼 수 있는 단서가 된다.[139] 작가는 이러한 노동이민 대신 사농공상의 신사업을 구체적인 대안으로 제시하고 있는데, 이러한 측면 역시 당시 『매일신보』의 식민정책과 밀접한 관련이 있다.

---

139 "민쟝부인의 셩은, 리씨니, 본릭 호즁 유명훈 학쟈의 뚤로, 곳은 학힝가, 유씨의 집으로 츌가를 ᄒᆞ얏는딕, 그 남편이 역시; 초립동이 때브터, 학쟈로 ᄌᆞ쳐ᄒᆞ야, 슝샹ᄒᆞ는 바가, 츈츄의리 뿐이러니, 시딕풍죠가 변ᄒᆞ야, 녯것은 물너가고, 싀것은 나아오니, 아모됴록 졍신들을 ᄎᆞ려, ᄉᆞ농공샹에, 신ᄉᆞ업을 ᄒᆞ는 것이 안이라, 소위 샹등 의견 닉다는 것이, 약훈 쳐 어린 ᄌᆞ식을 딕리고, 북간도나, 셔간도나 히삼위 등디로 가기로, 뎨일능를 삼는딕, 유학쟈도, ᄌᆞ긔 부인 리씨와, 어린 아돌 졍셕이를, 압셔거니 뒤셔거니, 젼々류리ᄒᆞ야, 히삼위를, 건너왓는딕, 쳐음에는, 완고로, 남의 류에, 셕기지 못ᄒᆞ고, 고싱이 참혹ᄒᆞ다가 년구세심 ᄒᆞ닛가, 유학쟈의 신ᄉᆞ상이, 날로 젼진ᄒᆞ야, 문명훈 신ᄉᆞ가 되니", 「소학령」, 『매일신보』, 1912.5.22.

내가 싱활에 곤난ᄒᆞ야, 오날날 안이 타국으로, 이ᄉᆞᄂᆞᆫ 갓지마ᄂᆞᆫ, 아모죠록 부즈러니 벌고, 졀용경졔ᄒᆞ야, 자본을 넉々히 작만ᄒᆞ야 가지고, ᄂᆡ 싱젼에, 고국으로 다시 나와, 실업을 발달ᄒᆞ기로, 결심ᄒᆞᆫ다 지금 이십셰긔ᄂᆞᆫ, 금젼시ᄃᆡ라, 금젼 곳 만히 뎌축ᄒᆞ면, 자격이 ᄌᆞ연 ᄯᅡ라 놉하지고, 자격이 놉하지ᄂᆞᆫ 날, 큰 ᄉᆞ업을 셩취ᄒᆞᆯ 것이라, 아즉 고국 ᄯᅥ나ᄂᆞᆫ 것을 셥々하야, 심회를 상ᄒᆞ면, 엇지 졸쟝부를 면ᄒᆞ겟ᄂᆞ냐[140]

노동이주를 한 지 오륙년 만에 잠시 조선에 돌아온 강한영은 심난한 마음을 다잡으며 위와 같이 다짐한다. 적어도 강한영에게 노동이주는 잠시 돈을 벌기 위한 어쩔 수 없는 선택이었으며, 경제적인 성공을 바탕으로 한 고국으로의 귀환이 자신의 선택에 대한 본질적인 목표가 된다. 작가는 강한영의 목소리를 빌려 지금의 이십세기를 '금전시대'라고 규정한다. 이러한 발화의 근원에는 조선의 식민지 현실을 경제적인 문제로 환원시켜 이해하려는 작가의 내밀한 욕망이 숨어 있다. 당시 『매일신보』는 '농공상(農功商)의 병진주의(竝進主義)'라는 미명아래 겉으로는 모든 산업분야의 분발을 대대적으로 촉구하고 있었는데, 이는 식민지 경제체제로의 급속한 편입을 통한 경제적 예속을 강화하고 수탈을 가속화하기 위한 것이었다.[141] 이해조는 이러한 식민통치자, 그리고 『매일신보』 편집 주체의 시선을 내면화한 채 나라 잃은 피식민자로서의 정체성을 유지하기 위한 나름의 방편을 모색하였고, 그러한 욕망

140 「소학령」, 『매일신보』, 1912.6.9.

141 장석흥, 「일제의 식민지 언론정책과 총독부 기관지 『매일신보』의 성격」, 『독립운동사 연구』 6, 1992 참조.

은 '금전시대'라는 단어 하나로 집약되었던 것이다.

하지만 식민주체의 시선을 내면화하려는 자기동일성의 욕망은 아직 불완전하였으며, 여전히 남아 있는 조선인으로서의 정체성은 수시로 충돌하여 작품 곳곳에 균열을 일으킨다. 다음 예문은 작가의 이러한 모순과 균열을 상징적으로 드러낸다.

> 셰샹 리치를, 이로 다 알 수가 업다, 그러나 이 셰상에, 사ᄂᆞᆫ 사ᄅᆞᆷ들의, 가텩을 휘황찬란ᄒᆞ게 짓고, 호강ᄉᆞ럽게, 살던 사ᄅᆞᆷ들이 왕々 당ᄃᆡ에나, 이삼ᄃᆡ에, 그 집이 터만 남ᄂᆞᆫ 것이, 뎌 신루와, 다를 것이, 조곰이나 무엇이 잇슬구 에그 내가, 쳐음 싀집을 오닛가, 그ᄯᅢᄂᆞᆫ 우리 싀부모가, 다 계셧ᄂᆞᆫᄃᆡ, 송산 동리 안에 쳣지 가ᄂᆞᆫ 부호로 지금, 리존위든 집에셔 긔구잇게, 잘 살앗더니, 두분이 샹셔나신 이후로, 불과 십여년에, 이 모양으로 못살고, 류리기걸을 ᄒᆞ니, 금방 잇다 업셔진 신루일반이지[142]

위 지문은 가장을 찾아 나선 홍씨부인이 고국을 떠나는 심회를 표현한 대목이다. 홍씨부인은 부산에서 원산으로 배를 타고 이동하던 중 갑판 위에서 공중에 솟아있는 "단청이 휘황찬란한 층층전각"[143]을 발견한다. 그러자 같은 배를 타고 있던 한 사람은 물리학을 동원해가며 그것이 바로 '신루(蜃樓)'라고 설명해준다. 홍씨부인은 신기루를 발견하고 이를 자신의 처지에 빗대어 한탄하고 있는데, 이는 한낱 신기루와 같던 조선왕조의 영화(榮華)에 대한 작가 자신의 심회를 표현한 것에

142 「소학령」, 『매일신보』, 1912.5.5.
143 「소학령」, 『매일신보』, 1910.5.4.

다름 아니다. 이러한 탄식은 러시아 유이민들의 고단한 실상은 물론 당시 조선의 암울한 현실을 상징적으로 드러내고 있다.

또한 「소학령」이 다루고 있는 재외 공간과 유이민의 문제는 식민주체가 설정한 제국과 식민지 프레임에서 벗어나 있다는 점에서 특징적이다. 이해조 스스로가 이러한 점을 의도하건 하지 않았건 간에 노동이민이나 디아스포라의 문제는 근대적 국가 경계를 넘어서 탈국가적 맥락에 위치하게 된다. 예컨대 1900년대 주로 민족주의적 입장에서 제국주의의 침탈에 저항하기 위해 중요한 요소로 다루어졌던 영토 문제가 1910년 국토를 상실한 이후에는 그 성격을 달리하게 된다. 즉 국가의 정신은 일반적으로 영토를 경계로 정의되지만 이제는 그 영토의 경계를 넘어 존재해야 한다는 것이다.[144] 특히, 만주와 연해주, 하와이, 샌프란시코 등 재외 공간과 그 곳에 살고 있는 디아스포라의 문제는 1910년 국토를 상실한 이후 새로운 영토 인식의 가능성을 내포하고 있었다. 정부의 존재를 상실한 식민지 현실에서, 이러한 재외 공간은 우리의 문화적 정체성을 잃지 않는 한 국가가 생존할 수 있는 새로운 대안으로 떠오르고 있었다.[145]

이때 「소학령」에서 다루는 재외 공간은 대한제국, 일본, 러시아와 같은 국민 국가의 구성요소로서의 영토가 아니라 탈국가적 맥락에서 배치된다. 작가는 동북아시아의 정치적 연관 가운데 1905년 무렵 연해주로의 노동이민이 이전보다 어려워졌다는 실제 사실에는 큰 관심을

144 앙드레 슈미드, 정여울 역, 『제국 그 사이의 한국』, 휴머니스트, 2007, 513쪽.

145 블라디보스토크(해삼위)의 『해조신문』, 『권업신문』, 하와이의 『신한국보』, 『국민보』, 『태평양잡지』, 샌프란시스코의 『공립신보』, 『대동공보』, 『신한민보』 등 해외에 거주하는 디아스포라들의 활발한 언론 출판활동은 이러한 인식을 확산시켰다.

두지 않는다.[146] 따라서 「소학령」이 다루고 있는 연해주 지역은 근대적 국가의 영토를 넘어서는 새로운 생존조건의 한 장소로 표상된다. 즉, 이곳은 문화적 특질이 다른 다양한 인종들이 모여 서로 경쟁하고, 때로는 인종간의 갈등에 의해 폭력이 난무하는 혼돈의 공간이다. 또한 각각의 사연을 지닌 채 모인 조선인들 사이에서 간혹 폭력적 사건이 발생하기도 하지만 나름의 규율과 원칙에 의해 새로운 삶의 형태를 만들어 가려는 가능성의 공간이기도 하다. 물론 이러한 재현 방식은 균질한 세계 체제 하에서 존재하던 당시 조선과 러시아 사이의 관계를 깊이 있게 이해하지 못한 것으로 비판받을 수 있는 대목이다. 하지만 역으로 「소학령」의 재외 공간은 서사 공간의 확장을 통해 균질한 네이션 체제에 균열을 일으키는 시도의 일단으로 읽어낼 수 있다.

이해조가 당시 「소학령」을 통해 재외 공간에 주목한 점은 당시의 소설사적 맥락에서 보았을 때 상당히 이질적이고 문제적인 사건이라 할 수 있다. 1860년대부터 시작된 러시아 유이민의 문제가 하필 조국이 식민지로 전락한 이후 정치적 망명객들이 한창 독립운동을 벌이던 시기에 다루어지는 이유는 무엇일까? 그것도 주로 애국계몽운동의 노선에서 계몽적인 소설들을 다수 발표하던 그가 총독부 기관지인 『매일신보』에서 이러한 재외 공간에 대한 새로운 관심을 표현하고 있다는

146 시베리아 철도의 완성으로 러시아 당국은 한인들을 비롯한 황색인종의 유입보다는 유럽 러시아인들의 극동지역이민을 장려하였다. 또한 1905년 연해주총독으로 부임한 운테르 베르게르는 한인들이 연해주 개척에 기여한 사실을 인정하면서도, 한인들은 러시아인들에게 쉽게 동화되지 않고, 러시아의 토지를 잠식한다고 보았다. 특히 그는 러일전쟁 이후 황화론적 시각을 바탕으로 한인들의 연해주 이주를 막기 위해 여러 가지 조치를 취해야 한다고 주장하였다. 이채문, 「한인(韓人)의 러시아 극동지역(極東地域) 이주(移住) ― 역사(歷史)와 이론(理論)」, 『슬라브학보』 15-1, 2000, 358~359쪽.

것은 꽤나 흥미로운 대목이다.

이렇게 볼 때, 「소학령」의 서사 공간은 국가를 잃은 식민지 현실에서 영토에 대한 새로운 시각을 제시한다. 「소학령」의 재외 공간은 근대적 국가의 구성요소로서의 영토가 아닌 노동과 자본의 흐름에 따라 자유로운 이동과 정착이 가능한 공간이자, 고국을 잃은 피식민자로서의 울분을 넘어설 수 있는 새로운 가능성의 공간이기도 하다. 물론 이해조가 이러한 점을 온전히 이해하고 「소학령」을 구상했다라고 보기는 어려울 듯싶다. 하지만 「소학령」의 재외 공간이 나라를 잃은 백성들이 주체로서 살 수 있는 가능성을 환기시키고 이를 자극한 것은 분명해 보인다.

「봉선화」는 1912년 7월 7일부터 11월 29까지 '해관자(解觀子)'라는 필명으로 연재되었다. 다음의 '소설예고' 기사에서 『매일신보』 편집진이 이 작품을 통해 얻으려는 효과가 무엇이었는지를 쉽게 짐작할 수 있다.

> 『峰봉仙선花화』
>
> 巢鶴嶺次에 鳳仙花
>
> 보시오. 이 ᄌᆞ미가 진진ᄒᆞ고. 불가ᄉᆞ의의 일이. 층싱텹츌ᄒᆞ야. 독쟈의 눈이. 번쩍씌여. 심야잔등에. 오던 잠이. 쳔리만리로. 다라날만ᄒᆞᆫ 신쇼셜 봉션화를. 보시오. 이 쇼셜을 못 보시면, 셰상쳔만가지. ᄌᆞ미즁에. 첫 손가락을. 셥을만ᄒᆞᆫ 한 가지를. 일어버림이라고 ᄒᆡ도. 과ᄒᆞᆫ 말이 안이오. 이 쇼셜을. 보시랴면 쉽고도 어려오니. 어려운 것은. 경향칙ᄉᆞ를. 모다단이며. 금젼을. 닥산가지고. 봉션화라ᄂᆞᆫ 쇼셜을. 차즈려 ᄒᆞ야도 업슬터이니. 엇지. 어렵지 안이ᄒᆞ며 쉬운 것은.

본보를 쳥구ᄒᆞ야. ᄆᆡ일 보시기 곳 ᄒᆞ시면 비먹고. 이닥기로. 신문보고. 쇼셜보고. 그 안이. 훌륭ᄒᆞ오. 보시오 독쟈 졔군이여

斬絶珍奇의 新小說[147]

『매일신보』 편집진이 「봉선화」를 통해 얻으려는 효과는 무엇보다 구독자의 확대에 있었던 것으로 보인다. 위 광고에서는 무엇보다 '재미'의 측면을 강조하고 있는데, 이러한 '재미'는 '심야잔등에 오던 잠이 천리만리로 달아날만한' 또는 '세상 천만가지 재미 중 으뜸'이라는 등의 수사와 결합되어 독자의 관심을 이끌어내고 있다. 중요한 점은 이러한 '재미'가 『매일신보』의 출판부수와 밀접한 관련이 있었다는 점이다. 이 소설은 어떠한 곳에서도 구할 수 없으며, 아무리 돈이 많아도 쉽게 볼 수 없다. 오직 『매일신보』를 통해서만이 이 '재미'있는 소설을 읽을 수 있으며, 『매일신보』를 구독하여 매일 본다면 한 번에 두 가지 이익을 쉽게 취할 수 있다는 것이다. 여기에서 『매일신보』의 판매량과 이해조의 소설이 밀접한 연관이 있으며, 특히 「봉선화」의 경우 '재미'의 측면에 무게를 두고 기획되었다는 점을 알 수 있다.[148]

「봉선화」는 주인공 박씨부인의 수난과 극복을 중심으로 하되, 계모

---

147 「신소설예고(新小說豫告)」, 『매일신보』, 1912.7.5~7.7.

148 혁신단은 「쌍옥루(雙玉淚)」의 신파극 공연이 성공하자, 급히 「봉선화(鳳仙花)」를 각색하여 공연한 바 있다. 혁신단이 이해조의 작품 중 「봉선화」를 선택한 이유는 아마도 다른 작품에 비해 흥행의 요소가 강하다고 판단했기 때문일 것이다. 『매일신보』는 혁신단의 「봉선화」 공연을 홍보하며, 반액 할인권을 증정하여 관객을 유치하였다. 흥행의 성공으로 인해 원래 3일간 예정되었던 공연이 이틀간 연장되기도 하였다. 이에 관해서는 다음의 기사를 참조할 것. 「쌍옥루차(雙玉淚次)에 봉선화(鳳仙花)」, 『매일신보』, 1913.5.4; 「봉선화성황(鳳仙花盛況)과 연기(延期)」, 『매일신보』, 1913.5.8; 「혁신단(革新團)」, 『매일신보』, 1913.5.9; 「혁신단」, 『매일신보』, 1913.5.13.

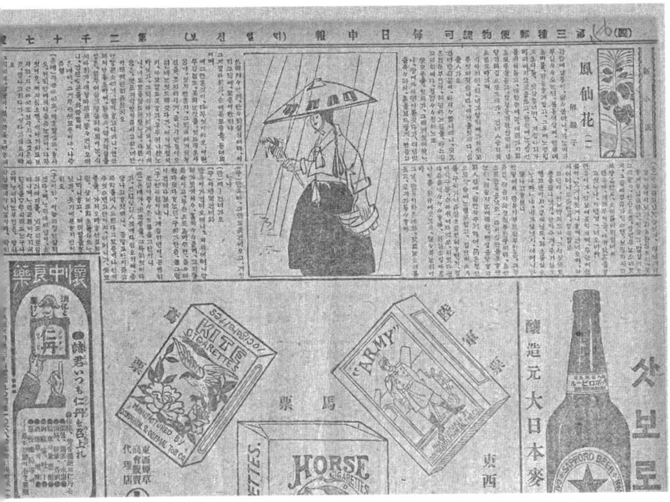

(좌) 「봉선화」의 『매일신보』 연재 모습(1912.7.7)
(우) 단행본 『봉선화』 상 · 하권의 표지(신구서림, 1913, 아단문고 소장)

의 핍박과 인신매매, 살인, 복수 등의 요소를 활용하여 독자의 흥미를 만족시키고자 하였다. 특히, 이 작품은 여성독자와 남성독자, 구소설에 익숙한 독자와 신소설에 익숙한 독자 모두를 배려하려는 시도를 보이는데, 작가의 과욕은 작품의 심각한 균열을 일으키는 중요한 원인이 되기도 하였다.[149] 예컨대, 여성 주인공의 수난을 강조하여 여성 독자들의 공감대를 형성하는 한편 어려운 한자어들을 다수 사용하여 한자에 익숙한 남성 독자들을 배려하고 있다. 또한 이전 이야기의 화소를

149 최원식은 이 같은 특징에 주목하여 '상투적인 신파조가 더욱 노골화된 작품'으로 평가한 바 있다. 최원식, 『한국 근대소설사론』, 창작사, 1986, 145쪽.

차용하여 구소설의 문법에 익숙한 독자들을 유인하고,[150] 사건의 해결을 근대적 법률·치안 제도에 의해 마무리하여 사건의 합리적 해결을 지양하는 신소설에 익숙한 독자를 납득시키고자 하였다. 이러한 특성은 성별, 계층, 취향 등 다양한 차이를 지닌 독자층을 분명히 인식하고, 그에 대응하려는 이 무렵 이해조의 소설의 특수한 성격을 보여주는 대목이다.

특히, 독자에 대한 고민과 배려는 작품의 흥행과 밀접한 관련이 있는데, 「봉선화」에는 독자에 대한 배려가 더욱 강화된 지점들이 발견된다. 특히, 「탄금대」 후기의 언급 중 매양 '허탄무거'하다거나 '후분을 자세히 기록하지 않는다'라는 독자의 비판은 여전히 이해조의 소설 창작에 영향을 주고 있었던 것으로 보인다. 일본 유학을 떠났던 경현은 방학을 맞아 집안에 큰 풍파가 일어났던 사실을 까마득히 모른 채 귀국하게 되는데, 작가는 독자들의 비판을 염려하여 다음과 같은 변명을 직접 늘어놓는다.

> 경현의, 이 말을 듯고 보면, 아모라도 의심두기를, 지금 뎐보우톄가, 락역부절ᄒᆞᆫ 세계에, 박씨가 ᄌᆞ긔 신셰된, 말을, 엇지ᄒᆞ야 긔별을 안이얏스며, 려승지ᄂᆞᆫ 집안에, 그런 큰 변이, 련쳡 낫거ᄂᆞᆯ, 엇지ᄒᆞ야, 큰아ᄃᆞᆯ에게 통지를 안이ᄒᆞ얏노 ᄒᆞᆯ터이지만은, 박씨ᄂᆞᆫ ᄌᆞ긔ᄂᆞᆫ 팔ᄌᆞ가, 긔구ᄒᆞ야, 십싱구ᄉᆞ ᄒᆞᆯ지언졍, 그ᄃᆡ 긔별을 ᄒᆞ얏다ᄂᆞᆫ, ᄌᆞ긔 남편의 ᄆᆞ음이, 샹ᄒᆞ야 공부를, 친일히 못ᄒᆞᆯ가 염려ᄒᆞ야,

150 여승지의 삼취부인 구씨는 죽은 생쥐를 이용하여 박씨부인이 유산한 것처럼 꾸미는데, 이는 『장화홍련전』에서의 화소를 차용한 것이다. 또한 박씨부인이 위기에 처하자 난데없이 새 한 마리가 나타나 그녀를 구하게 되는데, 이 역시 『숙향전』의 이야기 화소를 차용한 것으로 보인다.

이를 깁을고, 참아가며, 뎐보나, 우톄로 긔별을 안이ᄒᆞᆫ 일이오, 려승지ᄂᆞᆫ, 졔가 동긔방학에나, 온다 ᄒᆞ얏슨즉, 미구불원간, 집에를 올터인ᄃᆡ, 귀틱여 급보를 ᄒᆞ얏다가, 어린 가슴에 놀나, 병이 나면 엇지ᄒᆞ리 십은, ᄉᆡᆼ각으로, 모로ᄂᆞᆫ뎨 ᄒᆞ고, 잇슴이러라[151]

상식적인 독자라면 분명 박씨부인이 계모의 흉계에 의해 팔려가고, 계모인 구씨부인과 종 추월이 잔인하게 살해되었는데도 불구하고 집안의 장남인 경현이 이를 까맣게 모르고 있다는 사실에 의문을 가질 것이다. 근대적 우편제도의 도입으로 인해 편지나 전보 한 통이면 손쉽게 소식을 전할 수 있었음에도 불구하고, 박씨부인은 자신의 곤경을 알리지 않았고, 여승지 역시 부인과 종의 죽음을 경현에게 알리지 않았다. 작가는 독자의 이러한 의문을 해결하기 위해 자신이 직접 그 이유를 설명하는데, 이는 '허탄무거'하다는 독자의 비판에 대응하기 위한 나름의 전략인 셈이다. 하지만 이러한 부분은 작가의 의도와는 다르게 작품의 균열을 직접적으로 노출시키는 한편 서사의 균열을 작가의 직접적인 개입을 통해 봉합한다는 면에서 작품의 수준을 떨어뜨린다. 뿐만 아니라 이 작품에는 장면의 전환 시 이전 내용을 정리하여 서술하는 대목들이 쉽게 눈에 띄는데, 이 역시 작가의 독자에 대한 배려가 엿보이는 부분이다.[152]

---

151 「봉선화」, 『매일신보』, 1912.11.9.

152 이러한 측면은 신문연재소설이 지닌 대중적 특성 중 하나로 분량을 늘리고, 독자의 관심을 지속적으로 유지시키는 전략이기도 하다. 그밖에도 이해조의 신문연재소설이 시의성(時宜性)을 중시하거나, 줄거리 전개에 치중하는 것 역시 신문소설로서의 특성을 보여주는 사례가 된다. 신문연재소설의 특성에 관해서는 다음의 글을 참조할 것. 임성래, 「신문소설의 입장에서 본 「혈의 누」」, 대중문학연구회 편, 『신문소설이란 무엇인가?』, 국학자료원, 1996,

또한 작가는 '후분을 자세히 기록하지 않는다'는 독자의 비판에 대응하기 위하여 사건의 종결 이후 매우 구체적인 결말을 제시하고 있다.

려승지가, 여러 사ᄅᆞᆷ을 모다, ᄌᆞ긔 집으로 ᄃᆡ리고 와셔, 면々히 샤과겸, 위로를 다시 ᄒᆞᆫ 후, 치란은 깁흔 말로, 반복효유 ᄒᆞ야, 아모됴록 이왕갓치, 협ᄋᆡ악착ᄒᆞᆫ 마음을, 두지 말나 ᄒᆞ야, 가합ᄒᆞᆫ 혼쳐에 츌가게 ᄒᆞ고, 그 남아 쳔만가지, 쳐리ᄒᆞᆯ 일은, 모다 그 아ᄃᆞᆯ 경현과, 며ᄂᆞ리 박씨에게, 쓰러맛기고, ᄌᆞ긔ᄂᆞᆫ 강가 언의 정결ᄒᆞᆫ 곳에, 한가히 거쳐ᄒᆞ야, 날마다 낙ᄃᆡ를 들고, ᄇᆡᆨ구를 ᄉᆞ괴여, 남져지 셰월을 보ᄂᆡ더라

경현이가, ᄌᆞ긔집 이웃에, 집 한치를 ᄉᆞ셔, 은네 ᄂᆡ외를 와셔 살게 ᄒᆞ고, 죠셕으로 친형뎨 갓치, 지ᄂᆡ며, 셔산 갈춘영의 집과, 피차 통가지의가 되야, 한집안쳐럼 지ᄂᆡ더라

박씨부인은, 가슴에 싸엿던, 원통ᄒᆞᆫ 일을, 시원이 신셜ᄒᆞ얏스나, 한이 업시 깃부련마ᄂᆞᆫ, ᄌᆞ긔로 인ᄒᆞ야, 그 ᄉᆡ어머니 참혹히, 세상을 버린 일을 ᄉᆡᆼ각ᄒᆞ고, ᄒᆞᆼ샹, 죄인으로 ᄌᆞ쳐ᄒᆞ야, 평시라도 웃ᄂᆞᆫ 이몸을, 타인의 눈에, 뵈이지 안이ᄒᆞ더라

이ᄯᅢ 치란이ᄂᆞᆫ, 뎐동 평참의, 아들에게로, ᄉᆡ집을 가더니, 져의 어머니 남은 죄를 밧노라고, 그러튼지, 불과 몃달이 못되야, 과부가 되얏ᄂᆞᆫᄃᆡ, 쇼년과부로 엇지 슈졀을 ᄒᆞ야, 유々ᄒᆞᆫ 세월을, 보ᄂᆡ리오마ᄂᆞᆫ, ᄀᆡ가ᄒᆞᆯ ᄯᅳᆺ이 잇스면, 가합ᄒᆞᆫ ᄌᆡ리를 듯보아, ᄀᆡ가를 ᄒᆞᄂᆞᆫ 것이 안이라 하례비와, 간통이 되야, 승야도쥬를 ᄒᆞ더니, 이리뎌리 넘어단이다가, 죵ᄅᆡ에ᄂᆞᆫ, 박씨부인 사가려던, ᄉᆡ문안 최가에게로, 팔니어가셔, 비샹ᄒᆞᆫ 고초를 격더라[153]

9~11쪽 참조.

153 「봉선화」, 『매일신보』, 1912.11.29.

이와 같은 마무리는 지금까지 다루었던 이해조 소설에서는 찾아보기 힘든 독특한 사례임이 분명하다. 작품 후반부의 갈등은 구씨부인과 추월을 살해했던 조선각이 스스로의 죄를 밝힌 뒤 끝내 자결하는 것으로 해결된다. 하지만 작가는 작품의 결말을 나머지 혐의가 있던 사람들 모두 무죄백방 되는 것으로 끝맺지 않고, 주요 인물들의 각기 다른 뒷이야기를 소상히 기록하여 독자들의 호기심을 충족시키고 있다. 하지만 이러한 마무리는 단순히 독자들에 대한 배려 차원에 그치지 않는다. 작가는 권선징악이나 해피엔딩처럼 익숙한 문법에서 벗어나 이후 주요 인물의 결말을 각각의 상황에 맞도록 사실적으로 배치하고 있다. 특히, 각 인물들의 감정의 차이를 깊숙이 들여다보고 이를 이후의 삶의 모습을 통해 제시하고 있다는 점이 흥미롭다. 이 같은 마무리는 '후분을 자세히 기록하지 않는다'는 독자의 비판에 대한 적극적인 대응의 결과인데, 당시 독자들의 많은 공감을 이끌어 낼 수 있었을 것으로 보인다.

「봉선화」는 분명 '재미'를 전면에 내세워 대중적 요소를 강화하고 있지만, 총독부 기관지 『매일신보』의 식민담론과 밀접한 영향관계 하에서 연재된 작품임에 틀림없다. 이 작품에서 여전히 강조되고 있는 것은 바로 충효제와 같은 보수적 가치의 이념화이다. 작가는 각각의 인물들의 행동을 유교윤리에 따른 신념으로 정당화시키고, 독자로 하여금 이러한 가치의 중요성을 일깨우고자 하였다. 특히, 난데없이 '갑'과 '을'을 등장시켜 경현의 집에서 일어난 사건에 대한 소문과 평판을 언급한 대목에서는 '부자유친, 군신유의, 부부유별, 장유유서, 붕우유신'이라는 오륜(五輪)을 제시하고 이를 통해 각각의 인물들을 평가하여 작가의 의도를 직접적으로 노출시키고 있다.[154]

또한 이 작품에서 두드러지는 것은 바로 근대식 학문 또는 일본 유학에 대한 강조이다. 작품 초반 려승지와 구씨부인은 경현을 유학 보낼 논의를 하는데 려승지는 오늘날 세상에 한문만 가지고는 출세하기 어려우며 산술, 어학, 법률학, 경제학, 농학, 공학 등의 학문을 배워야 한다고 강조한다. 또한 경성에는 학교설비, 경비, 교사 등 모두가 변변치 못하여 동경에 가서 사오 년이면 넉넉히 배울 것을 경성에서는 육칠 년 내지 칠팔 년을 해도 부족하다고 말한다.[155] 결국 경현은 동경의 '성성학교(成城學校)'에 입학하게 되는데,[156] 이 학교는 일본의 육군사관학교의 예비과정을 수학하는 곳이다. 작가가 경현을 근대적 군사학교에 유학하는 것으로 설정한 것은 「춘외춘」의 학수가 군인이었던 아버지의 뜻을 따라 육군유년학교에 입학한 것과 마찬가지로 근대적 군사제도에 대한 작가의 일정한 의식이 개입된 것으로 보인다. 이후에 연재된 「우중행인」에서도 무관학교 출신 리참령을 주인공으로 설정한 것 역시 근대적 교육과 훈련을 받은 '군인'에 대한 작가의 관심과 관련이 있다.

이와 마찬가지로 작가는 이전 시대의 법률과 제도를 강하게 비판하며, 핵심적인 사건의 해결을 근대적 법률과 경찰의 치안 유지에 의해 마무리 짓는다. 가령 작가는 작품 속 화자의 목소리를 빌려 이전 시대를 법이 어두운 시대로, 현재를 법률이 밝은 시대라고 규정하거나,[157]

154 「봉선화」, 『매일신보』, 1912.11.20~11.21.

155 「봉선화」, 『매일신보』, 1912.7.24.

156 「봉선화」, 『매일신보』, 1912.7.25.

157 "법률이, 지금ᄀᆞᆺ치 밝아셔, 범죄쟈를 징치ᄒᆞᄂᆞᆫ ᄣᅢ ᄀᆞᆺ힛더면, 조심 만은, 갈츈영이가, 구두쇠 즉시, 법소로 고소ᄒᆞ야 엄즁 심문ᄒᆞᆫ 후, 죄를 샹당히, 다ᄉᆞ리게 ᄒᆞ얏스련만은, 그ᄣᅢᄂᆞᆫ 법이 좀, 어둔 ᄣᅢ이라, 관쳥으로 보니엿다ᄂᆞᆫ, 무슨 즁병이 ᄯᅩ 싱길ᄂᆞᆫ지, 츄측키 어려워셔, ᄉᆞᄉᆞ로,

이전 시대를 군수의 폭정이 횡행한 '완고시대'로 규정하고 상대적으로 현재의 법률과 치안제도를 문명한 것으로 제시하고 있다.[158] 이러한 특성은 작가가 지닌 식민체제에 대한 나름의 순응적인 시선을 내포하고 있는데, 이는 총독부 기관지 『매일신보』의 담론과 동일한 지향점을 목표로 삼고 있다. 결국 「봉선화」의 이러한 특성은 신문연재소설이 결국 그것을 담아내는 매체의 프레임에서 결코 자유로울 수 없다는 점을 보여주는 사례이다.[159]

1912년 7월 7일 「봉선화」의 연재가 시작되고 열흘 뒤인 7월 17일에는 조중환의 번안소설 「쌍옥루(雙玉淚)」의 연재가 시작된다. 「쌍옥루」는 1면에 연재되던 이해조의 판소리 산정 작품인 「토(兎)의간(肝)」의 뒤를 이어 연재되었는데, 이는 그간 『매일신보』의 소설란을 독점해오던 이해조의 위상에 변화가 시작되었다는 점을 의미한다. 이러한 변화를 가장 상징적으로 보여주는 사건은 그간 이해조 연재소설의 제목 앞에 붙던 '신소설(新小說)'이라는 표제가 10회부터 사라진다는 것이다.[160] 이는 「쌍옥루」의 연재가 시작된 지 불과 3일 만에 발생한 변화라는 점에서 의미가 있다. 이는 구소설을 타자로 설정하고, 그와의 상대적인 변

신문을 ᄒᆞᄂᆞᆫ 것이라", 「봉선화」, 『매일신보』, 1912.9.7.

158 "그ᄯᅢ는 완고시ᄃᆡ라, 군슈의 ᄀᆡ구가 엇지 굉장ᄒᆞ던지, 방을 한 번만, 쩔넝ᄒᆞ면 야ᄎᆞᆽ흔 관ᄎᆞ가, 긴 ᄃᆡ답을 ᄒᆞ고, 각촌으로 나가ᄂᆞᆫ 날이면, 돈량소필이나 가진 ᄇᆡᆨ셩이, 범이나 맛난 ᄃᆞᆺ이, 벌〻ᄯᅳᆯ던 세월이라, 크고 적고 관ᄎᆞ를 맛나, 관 ᄯᅳᆯ을 한 번만 ᄇᆞᆲ으면, 기동ᄲᅮ리가, 턱〻 ᄉᆞᆺᄂᆞᆫ 터인ᄃᆡ", 「봉선화」, 『매일신보』, 1912.9.13.

159 물론 이러한 측면은 신문연재소설로서의 특성보다 작가의 역사인식의 한계로 파악할 수 있다. 하지만 이러한 경우에는 그것을 해석하는 해석 주체의 주관적인 입장이 강하게 반영될 수밖에 없다. 예를 들어, 이를 식민체제에 대한 순응 또는 협력으로 보지 않고, 힘없이 나라를 빼앗긴 망국의 백성이 지닌 작가의 식민지적 무의식을 반영한 결과로도 이해할 수 있기 때문이다.

160 김영민, 『한국 근대소설의 형성과정』, 소명출판, 2005, 161쪽.

별점을 강화시키는 의도에서 고안된 '신소설'이라는 표제가 더 이상 의미를 갖지 못하게 되었다는 점을 의미한다. 각각의 소설이 1면과 4면에 각각 배치된 이상 이해조의 소설은 더 이상 구소설이 아닌 조중환의 번안소설과의 상대적인 관계 하에 위치하게 되었고, 이해조의 소설은 번안소설에 비해 더 이상 새로울 것이 없었던 셈이다.[161]

「비파성(琵琶聲)」은 1912년 11월 30일부터 1913년 2월 23일까지 '해관자(解觀子)'라는 필명으로 연재되었다. 「비파성」이라는 제목은 남편을 기다리는 장사꾼 아내의 비파소리를 듣고 지었다는 백거이의 시 「비파행(琵琶行)」에서 유래한 것으로 보이는데, 이는 중국문학에 대한 이해조의 관심이 꽤나 깊었음을 보여주는 대목이다.[162] 「비파성」은 1면에 연재되고 있던 조중환의 「쌍옥루」와 함께 4면에 연재되었는데, 「쌍옥루」가 이후 독자들의 폭발적인 반응을 이끌어내던 것을 상기할 때 작가는 의식적이든 무의식적이든 이러한 반응을 인식한 채 「비파성」 연재를 시작한 것으로 보인다.[163] 「쌍옥루」는 일본의 키쿠치 유호(菊池幽芳, 187

---

161 그렇다고 해서 '신소설'이라는 표제가 번안소설로 이동하지는 않았다. 이는 '신소설(新小說)'이 이 무렵 소설 독자들에게 이해조 소설을 비롯한 특정한 부류의 소설을 지칭하는 용어로 익숙해져 있었기 때문으로 보인다.

162 다음의 지문에서 작가는 「비파행(琵琶行)」의 배경이 되었던 심양강 비파소리를 직접적으로 언급하고 있다. "창々훈 두 쇼년이, 히안에 마조셔셔, 눈물을 뿌리며, 작별을 ᄒᆞ는 광경은, 심양강 피파소리가, 바롬결에, 들니는 듯 한업시 쳐량ᄒᆞ고, 연연훈 경황은 참아 사롬의 눈으로 못 볼너라", 『매일신보』, 1913.1.24.

163 이미 일본 신파극 〈비파가(琵琶哥)〉가 일본은 물론 조선에서도 크게 인기를 끌었던 작품임을 고려할 때, 「비파성(琵琶聲)」은 이러한 일본식 신파극을 일정 부분 염두에 두고 연재되었던 것으로 보인다. 양숙국의 논문에 따르면 〈비파가〉는 1907년부터 1911년까지 조선에서 일본인 극단에 의해 총 12회 상연되었는데, 이는 〈불여귀(不如歸)〉, 〈오노가츠미[己が罪]〉에 이어 세 번째로 많은 횟수이다. 〈비파가〉는 大倉桃郎의 소설 작품을 원작으로 삼아 일본 본토에서 큰 인기를 얻은 신파극이었다. 양승국, 「1910년대 한국 신파극의 레퍼터리

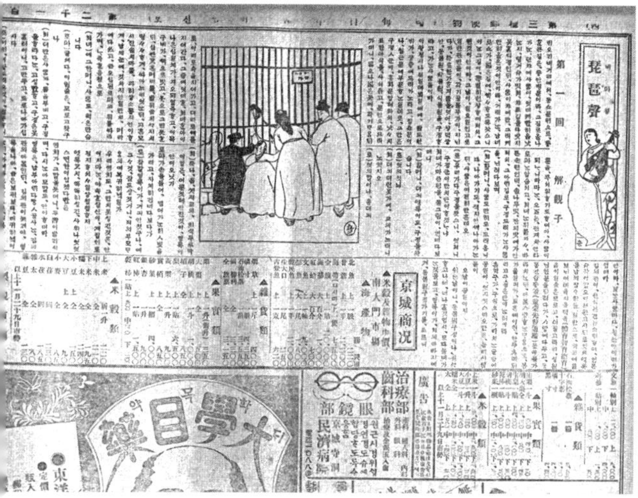

(좌) 「비파성」의 『매일신보』 연재 모습(1912.11.30)
(우) 단행본 『비파성』의 표지(신구서림, 1913, 국립중앙도서관 소장)

0~1947)의 『오노가츠미[己が罪]』를 번안한 것인데, 『오노가츠미』는 이미 일본에서 크게 인기를 끌었던 작품이다.[164] 특히, 이 작품은 『매일신보』에 연재되기 이전에 일본에서는 물론 조선에 파견된 일본인 신파극단에 의해 활발하게 공연된 레퍼토리였다.[165] 『매일신보』의 편집진은 이러한 새로운 대중의 취향을 파악하고 이를 연재소설의 형식으로 기획하였는데, '문수성'의 창립 일원이자 『불여귀』의 각본을 써서 공연에 올린 바 있는 조중환은 이러한 기획에 적합한 인사였던 셈이다.[166] 게

연구」, 『한국 극예술 연구』 8, 1998, 20~42쪽 참조.

164 박진영, 『번역과 번안의 시대』, 소명출판, 2011, 308~310쪽.

165 『오노가츠미[己が罪]』는 조중환에 의해 번안되어 『매일신보』에 「쌍옥루(雙玉淚)」라는 이름으로 연재되기 전, 일본에서 크게 인기를 끌어 신파극으로 공연되었으며 조선에서 역시 '혁신단'을 위시한 신파극단이 활성화되기 이전부터 일본인 극단에 의해 주요 레퍼토리로 사용되었다. 양승국, 앞의 글, 20~41쪽 참조.

166 조중환은 1912년 3월 윤백남과 함께 극단 '문수성'을 창립하였으며, 『불여귀』를 번안・각색하여 '원각사' 무대에 올리는 한편 직접 가라오카[片岡] 중장 역을 맡기도 하였다. 박진영, 「일제 조중환과 번안소설의 시대」, 『민족문학사연구』 26, 2004, 214쪽.

다가 이 무렵 3면에는 1912년 11월 17일부터 조중환의 '희극(喜劇)' 〈병자삼인(病者三人)〉이 '脚本(각본)'란에 연재되고 있었는데, 이러한 신파극과의 밀접한 관련을 지닌 조중환의 연재소설 또는 각본의 연재는 「비파성」 연재에 일정한 영향을 미쳤을 것으로 짐작된다.

본보에 게직ᄒᆞᄂᆞᆫ 봉션화鳳仙花ᄂᆞᆫ 익독졔위의 박슈갈치 ᄒᆞ시ᄂᆞᆫ 가온ᄃᆡ에셔 ᄇᆡᆨ여회를 장ᄎᆞ 맛치게 되얏ᄉᆞ오니 감사무비ᄒᆞ온 즁 졔위의 진々ᄒᆞᆫ 흥미를 더욱 도읍기 위ᄒᆞ야 본 긔쟈의 여러달 연구로 긔묘졀도ᄒᆞᆫ 신소셜 비, 파, 셩,(琵琶聲)을 져슐ᄒᆞ야 봉션화 ᄭᅳᆺ나ᄂᆞᆫ 날부터 장차 게직ᄒᆞ기로 쥰비ᄒᆞ오니 이 소셜은 소셜계에 쳐음 산츌ᄒᆞᄂᆞᆫ ᄑᆡ왕(覇王) 소셜계에 쳐엄 과장ᄒᆞᄂᆞᆫ 특ᄉᆡᆨ(特色) 소셜계에 쳐엄 뎐람ᄒᆞᄂᆞᆫ 도화(圖畵) 소셜계에 쳐엄 ᄃᆡ면ᄒᆞᄂᆞᆫ 거울이라 아모라도 이 소셜을 못 보시ᄂᆞᆫ 이ᄂᆞᆫ 이 셰상에 살으시ᄂᆞᆫ 자미 가온ᄃᆡ ᄒᆞᆫ 가지를 스ᄉᆞ로 포기홈이니 됴흔 시긔를 일치 말으시고 일회도 루락 업시 차데로 열람ᄒᆞ시오[167]

지금 게직ᄒᆞᄂᆞᆫ 봉션화(鳳仙花) 다음에ᄂᆞᆫ 『비파셩(琵琶聲)』이 나오니 이 쇼셜은
▲ 소셜계에 쳐음 산츌ᄒᆞᄂᆞᆫ ᄑᆡ왕(覇王)
▲ 쇼셜계에 쳐음 과쟝ᄒᆞᄂᆞᆫ 특ᄉᆡᆨ(特色)
▲ 쇼셜계에 쳐음 뎐람ᄒᆞᄂᆞᆫ 도화(圖畵)
▲ 쇼셜계에 쳐음 ᄃᆡ면ᄒᆞᄂᆞᆫ 거울(鏡)
이 쇼셜 못 보시면 세상에 사ᄂᆞᆫ ᄌᆞ미가 업소[168]

167 「신소설예고(新小說豫告)」, 『매일신보』, 1912.11.8~11.14.
168 「신소설예고」, 『매일신보』, 1912.11.17~11.28.

「비파성」에 대한 이 같은 예고는 연재를 시작하기 무려 이십여 일 전부터 꾸준히 3면에 게재되었는데, 「비파성」의 연재가 오랜 준비와 기획에 의해 이루어진 것임을 알 수 있다. 특히, 이해조는 스스로 이 작품이 독자들의 '진진한 흥미'를 더욱 돕기 위해 '여러 달 연구로 기묘절도한' 소설이라며 '재미'의 요소를 더욱 강조하고 있다. 또한 「비파성」은 '이 세상을 살아가는 재미 가운데 한 가지'이므로 '일회도 누락 없이 차례로 열람'할 것을 요청하고 있는데, 여기에서 알 수 있듯 이 작품이 『매일신보』의 판매 전략과 밀접한 연관을 맺고 있었음을 확인할 수 있다. 이러한 '재미'에 대한 강조는 이미 1912년 1월 1일 「춘외춘」부터 지속된 현상이지만, 조중환의 등장은 작품 속 '재미'를 더욱 의식적으로 강화하도록 한 것으로 보인다.

「비파성」의 내용은 거짓 편지로 인한 오해와 살인, 그에 대한 복수를 중심으로 이루어져 있다.[169] 특히, 작가는 끔찍한 살인 장면을 몇 차례나 생생히 묘사하고 있는데, 이는 작품의 긴장감을 높이고 더욱 자극적인 것을 요구하는 독자의 취향을 반영하고 있다. 예를 들어 악인으로 등장하는 황공삼은 자신의 집으로 찾아온 김의관을 칼로 난자하여 죽이고,[170] 그것을 목격한 노파(옥이 모친)을 꾀어내어 절벽 아래 바다로 밀어내 버린다.[171] 또한 황공삼은 영록의 아이를 가진 연희에게

169 이해조의 작품 중에는 '편지'를 서사 전개의 중요한 매개로 사용한 작품들이 많은데, 특히 거짓 편지를 매개로 사건을 전개하는 작품은 「모란병」, 「춘외춘」, 「소학령」, 「비파성」 등이 있다. 이러한 특성은 근대적 우편제도를 통해 서사의 현재성을 획득하는 한편 서사의 긴장도와 흥미성을 배가시킨다. 서형범, 「이해조 신소설의 '흥미 요소'에 관한 시론—서사 전개의 변환 장치로서의 '편지'와 '추리의 구조'를 중심으로」, 『한국학보』 28, 2002, 167~193쪽 참조.

170 「비파성」, 『매일신보』, 1913.1.19~1.21.

171 「비파성」, 『매일신보』, 1913.1.21.

독한 약을 먹여 낙태시키려고 하며,[172] 죽을 위기를 모면한 옥이 모친은 그동안 품고 다니던 칼로 황공삼의 가슴을 찌른다. 노파의 칼을 손으로 막아낸 황공삼이 달아나려 하자, 옥이는 황공삼을 넘어뜨리고 노파는 아버지의 원수를 갚으려는 영록을 만류하고 결국 자신의 손으로 황가를 죽인다.[173] 황공삼을 직접 처단한 노파는 스스로 자신의 목을 찔러 죽게 되는데,[174] 이러한 끔찍한 장면의 잦은 등장과 상세한 묘사는 지금까지 이해조 소설에서 보기 드문 장면임에 분명하다.[175] 이러한 장면은 '소설계에 처음 전람하는 도화(圖畵)'라고 광고한 것처럼 삽화로 생생하게 묘사되었는데, 이는 같은 시기의 여타 연재물에 비해 우위를 점할 수 있는 「비파성」만이 지닌 특성이었음에 분명하다. 하지만 이러한 점은 「쌍옥루」, 「병자삼인」과 같은 여타 연재물과의 차이를 부각시키기 위한 전략 중 하나였을 뿐, 「비파성」이라는 작품의 모든 것을 대변해 주지는 못한다. 「비파성」은 그동안 실험해 온 『매일신보』 연재 이해조 소설의 다양한 특성들을 고루 담아내고 있다는 점에서 흥미롭다.

비오ᄀᆡ 네 거리에셔, 동쇼문 편으로, 통ᄒᆞᆫ 큰 길은, 통안 병문이라, 그 길로 올나가ᄂᆞᆫ, 뎐챠에 사ᄅᆞᆷ이, 엇더케 만히 올낫ᄂᆞᆫ지, 뎡거슈가 밋쳐, 챠표갑을 다 밧지 못ᄒᆞᆯ 디경인ᄃᆡ, 사ᄅᆞᆷ이 챠에만, 그러케 만히 올은 것이 안이라, 거러가ᄂᆞᆫ, 남

172 「비파성」, 『매일신보』, 1913.2.5.

173 「비파성」, 『매일신보』, 1913.2.22.

174 「비파성」, 『매일신보』, 1913.2.23.

175 「구의산」이나 「소학령」, 「봉선화」 등에서도 살인을 하거나 스스로 자결을 하는 선정적인 대목이 등장하나 그 빈도나 묘사의 선정성에서 「비파성」에 미치지 못한다.

녀로쇼가, 넓은 길에, 삑〻 ᄒᆞ도록 찻스니 이ᄂᆞᆫ 그 길이, 특별히 번챵ᄒᆞ여져셔, 그런 것이 안이라, 그 날이, 일요일인 고로 일반 관민들이, 각기 골몰무가이, 지닉다가, 하로 한가ᄒᆞᆫ 겨를을 엇어, 챵덕궁 안, 동물원, 박물원, 식물원을, 구경ᄒᆞ랴고, 가ᄂᆞᆫ 사ᄅᆞᆷ들이라[176]

동물원·식물원·박물원을 구경하려고 인산인해를 이루던 당시 공휴일의 여가문화를 묘사한 「비파성」의 시작은 예사롭지 않다. 이미 1909년 창덕궁은 그 안에 동물원·식물원·박물원을 설치하여 조선왕조의 궁궐로서의 상징적 가치를 상실한 채 일반 대중에게 공개되었다. 작가가 창덕궁이 동물원 등으로 전용된 사실의 역사적 의미를 외면한 채 식민지 여가문화의 일상을 보여주기 위한 장치로 사용하고 있다는 점은 이 작품이 단순한 '재미' 이상의 것들을 내포하고 있음을 보여준다.

또한 작가는 주인공인 영록과 연희의 부모인 전근대적인 삶을 고수하는 김의관과 식민지 체제에 안착하여 근대적인 삶을 살아가는 서주사를 대비시키고 있는데, 이 역시 이 작품을 통해 말하려는 작가가 의도가 무엇을 지향하고 있는지 이해할 수 있는 중요한 대목이다.

㉠ 김의관이 신식문견은 소ᄆᆡᄒᆞ야, 언론슈작이 갑오 이젼 완고시ᄃᆡ로 잇셔 영록을 남의집 ᄋᆞ히들, 일반으로, 학교에를 보니여 톄육지육덕육(體育智育德育)을 식일 줄은 모로고, 싀골 고라리, 싱원님 한 분을 ᄃᆡ려다가, ᄉᆞ랑에다 두고, 동몽션습통감(童蒙先習痛鑑) 등속을 가라치ᄂᆞᆫᄃᆡ[177]

176 「비파성」, 『매일신보』, 1912.11.30.
177 「비파성」, 『매일신보』, 1912.11.30.

ⓛ 서쥬ᄉᆞ는, 가셰가 넉々치 못ᄒᆞᆫ 탓으로, ᄂᆡ디인 고목(高木) 변호ᄉᆞ의, ᄉᆞ무원이 되야, 낫이면 그 ᄉᆞ무소에 가, 있다가, 밤이면 집으로 도라오ᄂᆞᆫᄃᆡ, 그날은, 일요일이라, ᄉᆞ무소에를 안이 가고, 집에셔 々류를 졍리ᄒᆞ노라니[178]

위 예문에서처럼 김의관은 고루한 사상을 지닌 전근대적 인간형을, 서주사는 새로운 사상을 지닌 근대적 인간형을 대표한다. 작가는 김의관이 영록에게 '지육체육덕육'과 같은 근대식 학교 교육을 시키지 않고, 여전히 '동몽선습통감' 등을 가르치는 것을 비판적인 시각으로 다루고 있다. 그와는 달리 서주사는 식민체제의 질서 안에서 변호사 사무실의 사무원이라는 새로운 직업을 선택한 인물인데, 작가는 그의 직업이 일주일 단위로 구획되는 근대적인 시간 속에 위치하고 있다는 점을 강조하고 있다. 연희가 동물원 구경을 간 것은 "오늘이 공일이지, 쉬ᄂᆞᆫ 날이니, 동물원 구경이나, 갈ᄭᆞ"[179] 하는 대중 다수의 인식을 반영하며, 일요일을 여가 시간으로 활용하는 근대적 질서 안에서 매우 자연스럽게 이루어진 것이다. 하지만 영록의 경우 "촌학구가, 구식으로, 가라치ᄂᆞᆫ 글방에 공일이, 엇지 잇스리오"[180]라는 표현처럼 아버지 김의관을 졸라서 간신히 이루어진 것이다. 작가는 이러한 차이를 의도적으로 대비시키고 식민지 체제의 질서에 편입된 근대적 삶을 긍정적인 것으로 제시하고 있다.

그뿐 아니라 작가는 연희의 목소리를 통해 조혼의 폐해를 강조하는 한

178 「비파성」, 『매일신보』, 1912.12.1~12.3.

179 「비파성」, 『매일신보』, 1912.11.30.

180 「비파성」, 『매일신보』, 1912.11.30.

편,[181] 관상쟁이를 등장시켜 그들이 사람들을 속이는 수법을 알리고 이를 비판하기도 하였다.[182] 또한 우편제도, 경찰서, 문서위조법, 청바지(죄수복), 남대문 정거장, 영등포 정거장, 기차, 경관, 명함, 경원선 철도 등 다양한 근대적 문물과 제도들을 서사 흐름의 중요한 장치로 활용하고 있다. 그밖에도 황공삼과 이주사(영록 고모의 아들)를 상업에 종사하는 인물로 설정하고 있다는 점도 눈여겨볼 만하다. 이러한 특징은 이 작품이 오직 통속적인 '재미'만을 의도한 것이 아니라 『제국신문(帝國新聞)』 연재소설에서부터 이어져 온 이해조식 '풍속개량'을 여전히 고수하고 있다는 점을 보여준다. 차이가 있다면 전근대적 관습을 비판하고 새로운 시대에 맞는 근대적 가치와 제도의 중요성을 강조하는 계몽적 목소리가 결국은 식민 제체의 질서 안정과 '동화주의'를 추인하는 방향으로 귀결된다는 점이다.

이렇듯 「비파성」은 독자들의 반응을 염두에 둔 '재미'의 요소를 크게 강조하면서도 작가 우위의 계몽적 목소리를 여전히 고수하려다 보니 '사실성'을 중심으로 한 서사의 구성 원리는 균열을 일으키게 되었고, 둘 중 어느 것 하나에도 충실하지 못한 채 스스로 그 한계에 맞닥뜨리게 되었다. 가령 작가는 무자비한 황공삼에게서 영록과 연희를 도피시

181 "평일에, 아버지 말숨이, 혼인을 일즉 ᄒᆞᄂᆞᆫ 것이, 큰 폐해라, 남ᄌᆞᄂᆞᆫ 십팔구셰나, 이십셰 가량이 되야 골격이, 쟝셩ᄒᆞ여야, 요측ᄒᆞᄂᆞᆫ 일이 안이 싱기고, 녀ᄌᆞᄂᆞᆫ 십오셰 이샹, 십륙칠셰, 가량이 되야, 긔혈이 츙분하여야, 싱식에 리로으니", 「비파성」, 『매일신보』, 1912.12.15~12.17.

182 "그날 왓던 마누라ᄂᆞᆫ, 졔가 마의샹셔[麻衣相書]나 희이젼셔[希夷傳書]를 공부ᄒᆞ야 관상ᄒᆞᆫ 것도 안이오 특별ᄒᆞᆫ 의ᄉᆞ ᄒᆞᆫ 가지로 도쳐마다 령험ᄒᆞ다ᄂᆞᆫ 말을 듯고 단이며, 젼곡간 젹지 안이 벼러드려, 태평싱활을 ᄒᆞᄂᆞᆫ, 혹셰무민의 무리이니 그 의ᄉᆞᄂᆞᆫ, 별것이 안이라, 아모리 싱면부지 모로ᄂᆞᆫ 집이라도, 드러가랴면, 몬져 그 근동 사ᄅᆞᆷ에게, 그 집 ᄂᆡ용을, 일々히 치문ᄒᆞ야, ᄌᆞ셰 듯고셔야 드러가, 능쳥스럽게 짓거려, 지각업ᄂᆞᆫ, 부녀들로 고혹ᄒᆞ게 ᄒᆞᆷ이러니", 「비파성」, 『매일신보』, 1912.12.11.

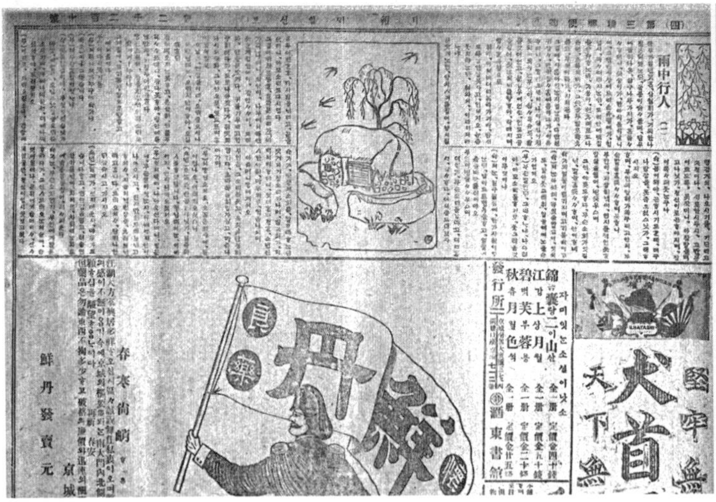

(좌) 「우중행인」의 『매일신보』 연재 모습(1913.2.25)
(우) 단행본 『우중행인』의 표지(신구서림, 1913, 국립중앙도서관 소장)

키기 위해 난데없는 강도를 등장시키고,[183] 절벽에서 뛰어내린 영록과 연희를 우연히 떠내려 온 배 위로 떨어지게 만든다.[184] 또한 영록과 연희가 탄 배가 철로 밑을 지날 때 우연히 서주사의 명함이 배 위로 떨어지고, 이내 서주사가 나타나 그들을 구출하도록 하였다.[185] 이러한 무리한 설정은 서사의 긴장을 떨어뜨리고, 극적인 재미를 크게 반감시키는 결과를 낳는다. 결국 내용과 형식의 불화는 이미 신소설의 문법에 익숙한 독자들에게 지루한 것이 되었고, 새로운 이념과 형식을 요구하는 독자들의 취미에도 미치지 못하였다. 이제 신소설은 더 이상 새롭지 않았으며, 새로운 공연 문화와 결합한 새로운 이야기 형식에 의해 그 자리를 내어줄 운명에 도달하고 말았던 것이다.[186]

183 「비파성」, 『매일신보』, 1912.1.12.
184 「비파성」, 『매일신보』, 1912.1.8.
185 「비파성」, 『매일신보』, 1912.1.10.

「우중행인」은 1913년 2월 25일부터 5월 11일까지 삽화와 함께 4면에 연재되었다. 이 작품은 『매일신보』에 연재된 이해조의 마지막 작품인데, 『매일신보』 소재 이해조 소설이 결국 다다른 지점이 과연 무엇이었는지를 보여준다는 점에서 의미가 있다. 「우중행인」 역시 연재 시작 전 다음과 같은 소설예고를 통해 작품의 대개를 설명하고, 독자들의 지속적인 관심을 유지하고자 하였다.

> ᄉᆞ면초두의비파셩, ᄉᆞ면초두의비파셩
> 비파셩을다다르면, 우즁ᄒᆡᆼ인을볼터이니,
> 우즁ᄒᆡᆼ인우즁ᄒᆡᆼ인, 알기쉽다우즁ᄒᆡᆼ인,
> 　그ᄅᆡ도화투의우즁ᄒᆡᆼ인인줄알지마소
> 슉덕잇ᄂᆞᆫ졍렬부인, 남편공경극진ᄒᆞ고,
> 동긔우ᄋᆡ유명타가, 젼ᄉᆡᆼ의무슨죄로,
> ᄋᆡᄆᆡ죄명웬일이냐, 쳥명시절에우분々,
> 로샹ᄒᆡᆼ인이욕단혼, 슯흐다이ᄂᆡ몸이
> 빗물눈물에싸여, 갈곳장ᄎᆞ어ᄃᆡᆯ넌고,
> 　그ᄅᆡ도물은골로가고죄ᄂᆞᆫ진데로가나니라
> 명쳔이ᄂᆡ려다보시고, 신명이엇지무심ᄒᆞ랴,
> ᄇᆡᆨ々ᄋᆡᄆᆡᄒᆞᆫ이ᄂᆡ몸이, 쳔인ᄀᆡᆼ참을버셔나셔,

---

186 이해조 신소설의 퇴장과 번안소설의 득세를 다룬 기존의 연구들 역시 약간의 차이가 있지만 대개 비슷한 관점을 취하고 있다. 대표적인 것들을 소개하면 다음과 같다. 최원식, 『한국 근대소설사론』, 창작사, 1986; 김영민, 『한국 근대소설의 형성과정』, 소명출판, 2005; 이희정, 「1910년대 『매일신보』 소재 소설 연구」, 경북대 박사논문, 2006; 이영아, 「1910년대 『매일신보』 연재소설의 대중성 획득 과정 연구」, 『한국 현대문학 연구』 23, 2007; 함태영, 「1910년대 『매일신보』 소설 연구」, 연세대 박사논문, 2008; 박진영, 『번역과 번안의 시대』, 소명출판, 2011.

어화됴타, 쳥련빅일을다시보눈고나[187]

위 소설예고는 지금까지의 소설예고와는 달리 운문으로 이루어져 있다. 또한 지금까지의 소설예고가 독자의 반응에 대응하여 자신의 생각을 표현하거나 '재미', '영향' 등의 키워드를 강조하여 독자의 관심을 이끌고자 했던 것과는 달리 작품의 내용을 설명하는 것이 대부분이다. 이러한 작품의 내용은 운문의 형식과 결합하여 독자의 정서적인 부분을 자극하고 있다는 점에서 특징적이다.

이 작품은 1면에 연재되던 조중환의 「쌍옥루」가 종결되고, 그 뒤를 이어 연재를 시작한 이인직의 「모란봉(牧丹峰)」과 동시에 연재되었다. 특징적인 것은 「탄금대」와 「소학령」에서도 공통적으로 발견되는 사항이지만, 저자 표기가 사라졌다는 점이다. 「모란봉」이 '국초 이인직(菊初李人稙)'이라는 저자표기를 분명히 밝히고 있던 것과는 대조적이다. 이는 지금까지 4면의 연재소설이 모두 이해조 소설이었기 때문에 굳이 저작자의 이름을 강조할 필요성을 느끼지 못했던 편집진의 의도를 드러내는 대목일 가능이 높으나, 『매일신보』 내에서 차지하던 이해조 소설의 위상이 크게 감소하였다는 것을 짐작케 하는 사례이기도 하다.

「우중행인」은 신식 군인인 이참령을 주인공으로 설정하고, 남동생 차옥과 부인 백씨와의 관계를 오해하여 벌어지는 고난과 재회를 다루고 있다. 특히, 신소설에서는 보기 드문 남성 주인공을 등장시키고, 그의 직업을 군인으로 설정한 부분은 이 작품의 중요한 특징이 된다. 근

187 원문의 느낌을 살리기 위해 띄어쓰기를 하지 않았다. 「신소설예고」, 『매일신보』, 1913.2.11~2.22.

대식 군사 제도를 거친 신식 군인에 대한 관심은 이미 몇몇의 작품에서 소품으로 제시된 바 있다. 예컨대 「춘외춘」의 학수는 군인이었던 아버지 강참위를 쫓아 육군유년학교에 다녔으며, 「봉선화」의 경현은 일본 육군사관학교의 예비과정인 동경의 '성성학교(成城學校)'에 입학한 바 있다. 「우중행인」에 이르러 작가는 이러한 군인에 대한 관심을 본격적으로 표출하고 있다.

작가는 주인공 이참령을 다음과 같이 묘사하고 있다.

> 그 군인은 별 사ᄅᆞᆷ이 안이라, 무관학교출신으로, 다년 군ᄃᆡ에 죵ᄉᆞᄒᆞ야, 령관으로 승ᄎᆞᄒᆞᆫ 리참령이오 (…중략…) 과연 최우등 졸업을 ᄒᆞ야, 즉시 륙군참위가 되얏ᄂᆞᆫᄃᆡ, 그 ᄢᅢ 맛ᄎᆞᆷ, ᄃᆡ방에 폭도가, 챵렬ᄒᆞ야, 무죄인민의 ᄉᆡᆼ명ᄌᆡ산을, 침탈ᄒᆞᄂᆞᆫ고로, 졍부에셔 토벌ᄒᆞᆯ 계획을, 협의ᄒᆞᆫ 결과로, 리참령이 쇼ᄃᆡ쟝으로, 관군을 거ᄂᆞ리고, ᄃᆡ방에를 ᄂᆡ려 일변 효유귀순(曉諭歸順)케 ᄒᆞᆫ다, 일변 토벌셩죄(討伐聲罪)를 ᄒᆞ야, 여러 번 큰 공을, 셰웟슴으로, ᄀᆡ션(凱旋)ᄒᆞ던 날부터, 벼슬을 승차ᄒᆞ야, 몃 달 동안에 륙군참령이 되야, 훈쟝을, 가슴에 그득이 달엇더라[188]

이참령은 무관학교 출신 엘리트 군인이며, 지방에 창궐한 폭도들을 토벌하여 큰 공훈을 세운 인물이다. 서사 전체의 비중을 고려했을 때 주인공 이참령을 군인으로 설정한 것은 단순치 않다. 작가는 단순히 근대 사회의 다양한 직업 중 하나로 군인을 제시하지 않고, 군인이 갖는 의미를 강조하는 한편 이를 전체 서사 안에 유기적으로 결합시키고자 하였다. 가령 작가는 이참령을 '내목(內木) 대장'[189]의 휘하에서 러일

188 「우중행인(雨中行人)」, 『매일신보』, 1913.2.26.

전쟁에 참여한 것으로 설정하였는데, 이는 가정 내에서의 갈등을 발생시키는 중요한 장치로 사용된다. 또한 모든 것이 자신의 오해에서 비롯되었다는 사실을 깨달은 이참령은 동생 차옥을 찾아 떠나게 되는데, 그를 두령으로 추대하려는 무리에 의해 붙잡혔다가 탈출하는 과정이 서사 전개의 중요한 축으로 되어 있다. 이 무리는 '토호의 행악과 관리의 포학'이라는 전근대적인 부패 현실로 인해 산속에 칩거하며 도적질을 일삼는 사람들인데 근대적 군사훈련을 받고 러일전쟁에서 큰 공을 세운 이참령을 두령으로 모시고자 한다는 점이 흥미롭다. 작가는 이미 「고목화(枯木花)」에서 사용한 바 있는 이 같은 이야기 화소를 다시 한번 반복하고 있다. 하지만 「고목화」에서는 학식이 뛰어난 심진사를 우두머리로 추대하고자 하였고, 「우중행인」에서는 근대식 군사훈련을 받은 군인을 두령으로 모시려고 했다는 점에서 차이가 있다. 게다가 무관학도 신영구가 '원족회(遠足會)'에 참여하여 북해도 지방에 갔다가 차옥을 만났다는 설정도 작가가 가진 군인에 대한 관심을 확인할 수 있는 대목이다. 사건의 발단 역시 아우 차옥과 부인 백씨와의 관계에 대한 이참령의 오해에서 비롯되는데, 전쟁으로 인해 오랫동안 집을 비울 수밖에 없는 군인이라는 직업은 이러한 사건 전개에 유기적으로 호응하고 있다.

다음은 이 작품이 전쟁과 군인의 이미지를 어떻게 형상화하고 있는지를 보여주는 대목이다.

---

189 내목(內木) 대장은 노기 마레스케(乃木希典, 1849.11.1~1912.9.13)를 말하는데, 그는 일본 러일전쟁의 영웅이며 1912년 메이지 천황이 죽자 부부가 자결한 인물이다.

㉠ 이번 싸홈에, 물론 로국이, ᄑᆡ홀터이닛가, 별 걱정이야, 잇스릿가마는 젼장이라는 ᄃᆡ는, ᄉᆞ디라, 살아오기를, 바랄 슈 업는 즁, 더구나 이 싸홈은 텬하에 뎨일되는, 강국들이, 싸호는 터이라, ᄒᆡ상에 병함이, 파죵드러셔듯ᄒᆞ고, 대포알이, 우박 쏘다지듯 ᄒᆞ는 곳이니, 엇지 위험치 안이ᄒᆞ오[190]

㉡ 텬지신지(天祇神祇)가, 동양세계의 만년승령을 도으시랴고, 로셔아의, 견고ᄒᆞᆫ 려슌구 포ᄃᆡ가, 하로밤 동안에, 함락이 되야, 승젼ᄒᆞᆫ 뎐보가, 빗발ᄀᆞᆺ치 드러오니, 경셩 각 시가의, 환텬희디 ᄒᆞ는 소ᄅᆡ, 물ᄭᅳᆯ틋ᄒᆞ며

잇ᄲᅮᆼ갓다, 로셰아, 마겟다

노ᄅᆡ가, 일시에 놉흐니, 그ᄯᅢ를 당ᄒᆞ야 동양셰계에 사는 인민이, 누가 안이, 뎨국만셰를 부르고, 즐겨ᄒᆞ리오마는, 그 즁 특별히, 더 됴화ᄒᆞ는 사ᄅᆞᆷ은, 리참령의 부인 ᄇᆡᆨ씨라[191]

㉢ (리) 군인의 몸이, 여간 그ᄭᅡ짓ᄃᆡ 가기를, 어려워 ᄒᆞ겟소, 내가 일로젼역시에, 려슌포ᄃᆡ를 넘어갈졔, 죽을 ᄉᆞㅅ자를, 등에다 짊어지고, 비오듯ᄒᆞ는 탄환을, 무릅쓰고, 험ᄒᆞ고 위틔ᄒᆞᆫ 곳을 드러갓스릿가, 비금리는, 내 집 ᄉᆞ랑에 누어 잇는 일반이오

(병) 령감ᄭᅴ셔, 경란을, 참 만히도 ᄒᆞ셧습니다, 져는 군인이 되고 십어도, 그런ᄯᅢ를 당ᄒᆞᆯ 갑아, 겁이남니다

(리) 그게 무슨, 졸장부의 말이오, 남아가 세상에 나셔, 군인의 몸이 되야, 활발ᄒᆞᆫ 긔셰와, 용감ᄒᆞᆫ ᄆᆞ음으로, 풍우를 무릅쓰고, 만리젼장에 나아가, 일합에,

---

190 「우중행인」, 『매일신보』, 1913.2.27.
191 「우중행인」, 『매일신보』, 1913.3.1.

젹군을 시살ᄒᆞ고, 개가를 놉히 불으며, 승젼고를 크게 울니어, 나라에 큰 공을 셰우고, 집에 영화를, 빗님이, 한 번 홀만ᄒᆞᆫ, 본분이라 홀지어놀 겁이 나다니, 그게 무슨 말이오

(병) 령감쟝력은, 대단ᄒᆞ심니다, 져는 록々ᄒᆞᆫ 셔싱이라, 그러ᄒᆞ온지, 젼장이라면, ᄆᆞᄋᆞᆷ에 무셥습니다

(리) 그ᄂᆞᆫ, 지금 셔싱시더닛가, 그럿치 만일 군젹에, 투신만 ᄒᆞ면, ᄆᆞᄋᆞᆷ이 일층 견확ᄒᆞ야, 유약ᄒᆞᆫ 싱각이, 업셔짐니다[192]

㉣ 셰상에 측량키 어려온 것은, 사ᄅᆞᆷ의 일이로다, ᄂᆡ가 군복을 장속ᄒᆞ고, 대군을 좃차, 려슌으로 향홀젹에, 로국 ᄇᆡᆨ만장졸을, 한 칼에 뭇질을 뜻, 긔셰 늠々ᄒᆞ야, 하날에 다을 뜻 십더니, 급기 려슌을 함락식여, 로국 국디에 가셜ᄒᆞᆫ 포ᄃᆡ와, 희상에, 미만ᄒᆞᆫ 함ᄃᆡ를 시멸ᄒᆞ고, ᄀᆡ션가를 불너, 돌아올 ᄉᆡ 산쳔도 나를 보고, 반기ᄂᆞᆫ듯, 초목도 나를 보고, 춤츄ᄂᆞᆫ듯, 그ᄯᅢ에 ᄂᆡ가 스ᄉᆞ로 싱각건ᄃᆡ, 동셔양을, 셕권(席捲)ᄒᆞ야, 만고에 큰 공을 셰올 뜻ᄒᆞ더니[193]

㉤ ᄒᆞᆫ날이 인도ᄒᆞ셔々, 셰계에 유명ᄒᆞᆫ 강국 아라사를 한북에 물니치고 놉흔 일홈이 ᄉᆞ희에 진동ᄒᆞᄂᆞᆫ 리참령 령감을 뫼셔왓스니[194]

위 예문에서 보이듯이 작품 곳곳에서 작가는 전쟁의 긴급한 상황을 묘사하고 있으며, 강인한 군인의 이미지를 강조하고 있다. 또한 러일

192 「우중행인」, 『매일신보』, 1913.4.2.
193 「우중행인」, 『매일신보』, 1913.4.12.
194 「우중행인」, 『매일신보』, 1913.4.16.

전쟁이라는 역사적 사건을 바라보는 자신의 입장을 노출시키고 있다. 이러한 점은 지금까지 살펴보았던 이해조 소설에서는 찾기 어려운 것이며, 「우중행인」이 지닌 독특한 특징이라 볼 수 있다.

이는 당대에 유행하던 신파극의 영향 내지는 「쌍옥루」의 성공과 관련이 있는 것으로 보인다. 「우중행인」이 연재된 1913년 무렵에는 이미 메이지 초기 일본에서 유행하였던 신파극 레퍼토리들이 조선의 극단에 의해서 공연되어 큰 인기를 끌고 있었다. 「우중행인」의 경우 이러한 신파극 레퍼토리의 특성을 일정한 부분 수용하고 있는데, '군인' 주인공의 등장과 전쟁 장면에 대한 묘사 등으로 미루어보아 특히 '군사극'의 영향을 받은 것으로 보인다.[195] 실제로 1913년 5월 4일에는 「봉선화」가, 며칠 뒤인 5월 17일부터 3일간은 「우중행인」이 임성구가 주도한 '혁신단'에서 신파극으로 공연되었다. 「봉선화」의 경우 연재가 끝난 지 5개월 이상이 지나서야 공연되었는데, 이 작품의 성과에 대해 자신이 없다가 「쌍옥루」의 공연이 성공을 거두자 부리나케 각색하여 공연한 것으로 보인다.[196] 이에 비해 「우중행인」의 경우 작품 연재를 마친 직후 3일 동안 공연되었는데, 이로 미루어 보아 「우중행인」은 「쌍옥루」의 성공을 의식하여 신파극으로 공연할 목적으로 연재되었을 가능성이 높다. 이렇듯 이해조의 두 작품이 신파극으로 상연되었으나 두

---

195 신파극 레퍼토리는 대개 '군사극', '탐정극', '계몽극', '의리인정극' 등으로 유형화되는데, 공통적으로 '군인'이나 '학생'을 주인공으로 삼는 경우가 일반적이었다. 특히 '군인'은 제복이나 육혈포, 폭약, 선혈 등을 동반하여 전쟁을 배경으로 한 스펙터클을 제공하여 곽광을 받았으며, 근대 국가의 충성스러운 국민을 표상하기 위한 장치로 활용된다. 우수진, 「연극개량론과 초기 신파극에서의 국민화 기제 연구」, 한국예술종합학교 석사논문, 2004, 49~57쪽 참조.

196 양승국, 「1910년대 한국 신파극의 레퍼터리 연구」, 『한국 극예술 연구』 8, 1998, 49쪽 참조.

작품은 별다른 관심을 받지 못한 채 막을 내리고 말았다.

이와 더불어 또 한 가지 흥미로운 점은 이참령을 군인으로 설정한 것과는 달리 그의 동생 차옥을 근대적 실업가로 설정했다는 점이다. 차옥을 설명하는 대목을 소개하면 다음과 같다.

> 차옥이가 단이던 학교에, 졸업을 ᄒᆞᆫ 후, 즉시 ᄌᆞ긔 동지 몃 사ᄅᆞᆷ과, 유신조합(維新組合)이라ᄂᆞᆫ 것을 발긔ᄒᆞ야 쥬금을, 다수히 모집ᄒᆞ야, 식산을 시작ᄒᆞ얏ᄂᆞᆫᄃᆡ, 쳐음에ᄂᆞᆫ, 차옥이가 그 조합 젼임셔긔가 되야, 아조 그 ᄉᆞ무소에 가 슉식을 ᄒᆞ고 잇게 되얏ᄂᆞᆫᄃᆡ, (…중략…) 젼심치지ᄒᆞ야, 젹공을 드리면, 텬하에 셩취 못될 일이 업ᄂᆞᆫ 법이라 챠옥이가 유신조합에, 헌신(獻身)을 ᄒᆞ야, 오륙년 고ᄉᆡᆼ을 ᄒᆞ더니, 그 조합이, 점々 확장이 되야, 확실ᄒᆞᆫ 금융긔관(金融機關) 한아히 되니, 규측도 ᄉᆡ로 졔뎡ᄒᆞ고, 임원도, 은ᄒᆡᆼ 모범을 ᄒᆞ야, 션거ᄒᆞᄂᆞᆫ 동시에 젼무취뎨역의 즁ᄒᆞᆫ 쇼임을 밧하 더욱 조심을, 극진히 ᄒᆞ야, 신용 엇기를 힘쓰ᄂᆞᆫ 고로, 쥬식에 눈을, 도모지 쓰지 안이ᄒᆞ니[197]

작가는 이참령의 동생 차옥을 '유신조합(維新組合)'을 설립하여 이를 하나의 금융기관으로 확장시킨 실업가로 설정하였는데, 이는 신소설에서 보기 드문 직업의 등장이기도 하거니와 이를 구체적으로 설명하였다는 점에서 특징적이다. 또한 이러한 차옥의 직업은 단순히 근대적 세계의 삶을 표상하는 기호 중 하나로 제시되기보다 전체 서사의 진행 과정에 유기적으로 기능하고 있다는 점에서 중요하다. 차옥은 형수와의 불륜이라는 가정 내에서의 오해로 인해 조합 내에서 신용을 잃고

---

197 「우중행인」, 『매일신보』, 1913.2.27.

유신조합 동료들에 의해 죽을 위기까지 겪게 되었으나, 결국 신의를 바탕으로 위기를 극복한다는 점에서 그러하다.

이렇듯 작가는 작품의 주요 인물을 군인과 실업가로 설정하고 있는데, 이는 결국 제국주의 담론을 내면화하고 이를 소설이라는 이야기 형식을 통해 유포 확산시키려는 의도로 파악된다.[198] 안으로 실업을 장려하고, 바깥으로는 축적된 힘을 바탕으로 군사력을 키운다는 것은 결국 제국주의 담론의 본질을 그대로 반영한 결과이다. 작가는 이참령의 목소리를 빌려 "나는 군인이 되얏스니, 시셕(矢石)을 두려 안이ᄒᆞ고, 유진무퇴(有進無退)ᄒᆞᄂᆞᆫ 것이 당연ᄒᆞᆫ 본분이오, 너는 실업계에, 투족ᄒᆞ얏스니, 아모죠록 졀용졀검ᄒᆞ고, 각 방면에, 신용을 일치 말아셔, 셰계에 유명ᄒᆞᆫ, 자본가 되는 것이 당연ᄒᆞᆫ 직분"[199]이라며 군인과 실업가의 중요성을 강조하는데, 이러한 대목은 『매일신보』 연재 이해조의 소설의 마지막 종착점이 과연 어디를 향하고 있었는지를 이해하는 데 도움을 준다는 점에서 의미심장하다.

이뿐만이 아니다. 작가가 제국주의 담론을 내면화하고, 식민지 체제의 일상을 긍정하고 있음을 보여주는 사례는 곳곳에서 찾을 수 있다. 5회 연재분에서는 이참령이 김씨부인에게 보낸 전보는 일문으로 되어 있어 차옥의 번역을 거쳐야 그 의미를 알 수 있었다.[200] 그런데 30회 연재분에서는 또 한 번 이참령이 보낸 일문 편지가 부인에게 도착한다.

---

198 이와 관련하여 신소설에 나타난 '군인'이 식민주의 담론의 논리를 내면화한 존재들이었다는 점을 밝힌 이영아의 논문은 주목할 만하다. 이영아, 「신소설에 나타난 '군인'의 형상화 고찰」, 『민족문학사연구』 32, 2006 참조.

199 「우중행인」, 『매일신보』, 1913.2.27.

200 「우중행인」, 『매일신보』, 1913.3.1.

그때 김씨부인은 편지 겉봉의 주소를 "나이디 오々스가 오々스가"[201] 라고 읽으며 행랑어멈에게 이 편지가 '일본 오사카(대판)'에서 온 것임을 알려주는데, 그녀는 평소 일본어책을 더러 보았다고 고백한다. 이러한 대목은 근대적 우편제도를 통해 연결된 식민체제의 일상을 부각시키는 한편, 일본어를 아는 사람과 그렇지 못한 사람을 대비시키고 일본어를 아는 것이 마치 문명한 국민의 자격인 것처럼 표현하고 있다. 또한 작가는 혼절한 김씨부인을 구제해 준 의사이자 정일갑의 동생 기옥을 등장시키는데, 그는 "그 의ᄉᆞᄂᆞᆫ, 총독부 의원 졸업싱으로, 부산항 ᄌᆞ혜의원에 와, 근무를 ᄒᆞ난디, 의술이 고명ᄒᆞ야 죽을 사름의 병을, 무슈히 치료ᄒᆞ얏슴으로, 명예가 날로, 놉하가ᄂᆞᆫ"[202] 인물로 제시된다. 이는 우체국, 신문, 광고, 기차 등의 제도나 문물 등의 장치와 함께 총독부 휘하의 삶을 문명한 것이자 긍정적인 것으로 파악하고 있는 작가의 입장을 구체적으로 확인할 수 있는 사례가 된다.

(3) 판소리 산정(刪正)의 특질과 의미

①1면 배치와 독자전략

1912년 신년호부터 『매일신보』는 대대적인 체제 변화를 시도하였다. 특히, 더 작고 정교해진 5호 활자의 개발은 동일한 지면 안에 더 많은 양의 정보를 담아 낼 수 있다는 점에서 획기적이었으며, 사진 인쇄기술의 도입은 시각성을 중심으로 한 근대적 신문 매체로서의 위상을

201 「우중행인」, 『매일신보』, 1913.4.1.
202 「우중행인」, 『매일신보』, 1913.5.10.

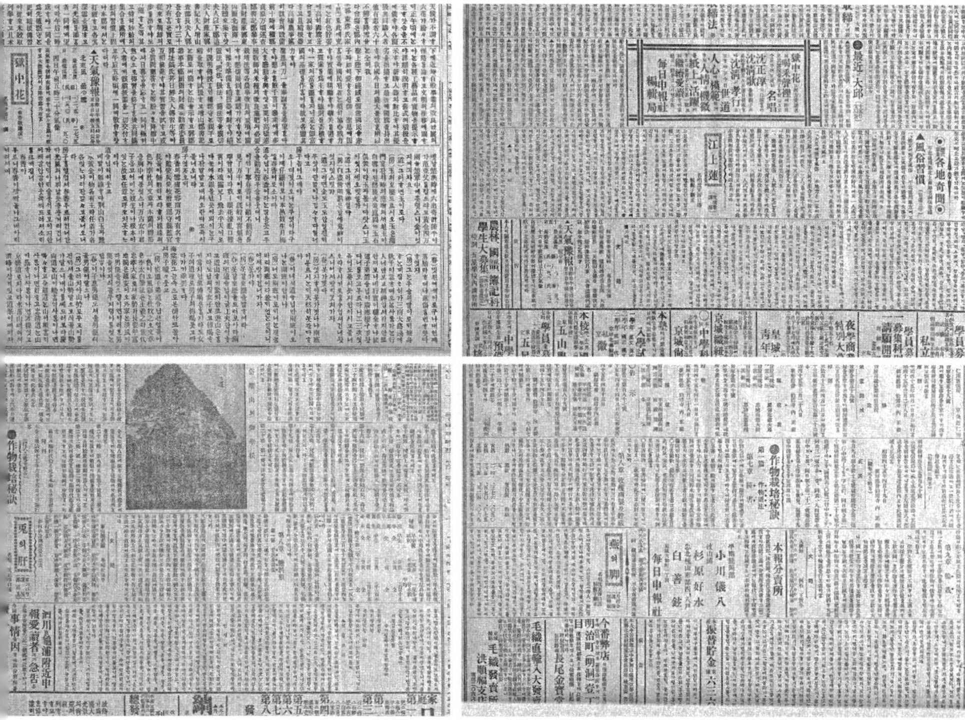

『매일신보』 연재 판소리 산정. 왼쪽 위부터 시계방향으로
「옥중화」(1912.1.5), 「강상련」(1912.3.17), 「연의각」(1912.4.29), 「토의간」(1912.6.9)

획득하고 그간의 판매 부진을 만회할 만한 기회가 되었다.[203] 이 중 가장 눈에 띄는 변화는 바로 이해조 연재물의 확장이다. 1912년 1월 1일부터 이해조는 판소리 산정(刪正)과 신소설을 각각 1면과 4면에 동시에 연재하였다. 특히, 1면에 연재된 판소리 산정 작품들은 당시 고전문학의 수용 양상과 의미는 물론 신문 연재를 중심으로 한 이해조 문학의

203 물론 본격적인 체제 개편은 1912년 3월 1일 5호 활자의 도입이 구체화되는 시점부터 이루어졌지만, 1912년 1월 1일부터 이미 구상했던 새로운 기획들을 실시하게 된다. 『매일신보』의 편집진은 1911년 12월부터 신년의 체제 변화를 대대적으로 홍보하고 있다. 『매일신보』, 1911.12.7~12.20.

특수성을 이해하는 데 필수적이다.[204]

1912년 1월 1일 「옥중화」를 시작으로 「강상련(江上蓮)」, 「연(燕)의각(脚)」, 「토(兎)의간(肝)」까지 총 4편의 판소리 산정 작품이 『매일신보』 1면에 연재되었다. '허탄무거'하다는 속성 때문에 비판받던 전대의 이야기 문학이 판소리 산정이라는 형식을 취하며 근대적 신문 매체의 지면 안에 배치되었다는 사실은 주목할 만한 사건임에 틀림없다.

〈표 7〉 『매일신보』에 연재된 이해조 판소리 산정 목록

날짜(1912)	제목	부기	창(唱)	예고	표기방식	특이사항
1.1~3.16	獄中花	春香歌 講演	名唱 朴起弘 調	無	국한문	
3.17~4.26	江上蓮	沈淸歌 講演	名唱 沈正淳 口述	無	순한글	9회차부터 '(禁轉載)' 표현 추가
4.29~6.7	燕의脚	朴打令 講演	名唱 沈正淳 口述	有	순한글	(禁轉載)
6.9~7.11	兎의肝	토기타령 講演	名唱 郭昌基·沈正淳 口述[205]	有	순한글	(禁轉載)

※ 모두 1면에 '解觀子 删正'으로 표기되어 연재됨.

위 작품들은 모두 작가 이름 뒤에 '산정(删正)'이라는 표현을 매회 이해조의 필명 중 하나인 '해관자(解觀子)' 뒤에 표기하고 있다. 분명 이해조는 이러한 작업이 기존의 소설 창작 또는 번역 작업과는 다른 성격을 지니고 있다는 점을 인식하고 있었다. '산정'이란 단어의 의미로 짐작컨대, 이러한 작업은 다양한 요인에 의해 변형된 텍스트를 원전텍스

---

204 이해조의 판소리 산정에 관한 기존의 연구 경향은 엄태웅의 논문에 잘 정리되어 있다. 특히, 엄태웅의 논문은 기존 연구와는 달리 『매일신보』 연재물로서의 특징을 구체적으로 살피고 있다. 엄태웅, 「이해조 산정(删正) 판소리의 『매일신보』 연재 양상과 의미」, 『국어문학』 45, 2008 참조.

205 「토(兎)의간(肝)」 1회에는 "(郭正基) 名唱 沈正淳 口述"으로 표기되어 있으나 2회부터는 "名唱 {郭昌基 沈正淳} 口述"로 바뀌었다. 1회의 곽정기(郭正基)는 곽창기(郭昌基)의 오식인 것으로 보인다.

트에 가깝도록 바르게 고치는 것으로 이해된다.[206]

익히 알려진 것처럼 이해조는 『자유종(自由鐘)』을 통해 『춘향전』, 『심청전』, 『홍길동전』 등의 고전문학 작품들을 신랄하게 비판한 바 있다. 그렇다면 불과 2년이 채 안된 시점에서 왜 고전문학 텍스트를 다루게 되었는지 의문이 생긴다. 이러한 문제를 단순히 이해조 개인의 심리 변화로 이해해서는 곤란하다. 판소리 산정의 계기와 지향점을 살피는 일은 1912년을 기점으로 한 『매일신보』의 기획을 중심으로 그 밖에 다양한 변수들을 입체적으로 고려해야 가능할 것이다.

먼저 판소리 산정은 1912년 5호 활자의 개발로 인한 체제 변화와 밀접한 관련이 있다. 더욱 작고 정교해진 5호 활자의 개발은 상대적으로 늘어난 지면을 채우기 위한 안정적인 기사원을 필요로 했으며, 이해조의 판소리 산정은 그 형식이 충분한 분량을 필요로 하는 연재물이라는 점에서 이러한 요구에 적합했던 셈이다. 따라서 『매일신보』 편집진은 1912년 신년호부터 1면에 연재되던 신소설을 4면으로 이동시키는 동시에 이해조의 판소리 산정 작품을 1면에 배치하게 되었다. 한 작가의 작품 두 개를 하나의 매체에 동시에 연재한다는 것은 매우 예외적인 사건임에 분명하다. 이러한 기획은 작가의 부담이 늘어 작품의 질이 떨어지게 되는 문제를 야기할 뿐만 아니라, 다양한 작가의 작품을 읽고자 하는 독자들의 기대와는 어긋나는 시도였을 가능성이 높다. 그럼에도 불구하고 『매일신보』의 편집진과 이해조는 충분히 이러한 기획이 가능하다고 여겼던 것 같다. 왜냐하면 우선 판소리 산정이 창자의

206 산정(刪正)은 산수(刪修)의 동의어로 '쓸데없는 부분을 깍아 내어 정리함'이라는 의미를 지니고 있다. 민중서림 편집국 편, 『한한대자전(漢韓大字典)』, 민중서림, 2003, 287~288쪽.

구술을 기반으로 정리하는 것을 목표로 삼기 때문에 새로운 이야기를 창작하는 신소설에 비해 부담이 적었으며, 1면의 판소리 산정과 4면의 신소설이 각기 다른 대상 독자들을 염두에 둔 것이어서 다양한 독자들의 관심을 이끌어 낼 수 있었기 때문이다.[207]

판소리 산정이 1면에 연재되었다고 해서 『매일신보』의 기획이 신소설에서 판소리 산정 중심으로 이동하였다고 파악하기엔 무리가 따른다. 왜냐하면 「옥중화」의 경우 1912년 체제 변화에 대한 대대적인 홍보 기사는 물론 신소설에 할당되던 '예고' 조차 없이 바로 연재를 시작하였기 때문이다. 이에 비해 1912년 체제변화와 함께 4면에 연재된 신소설 「춘외춘」의 경우 일찍부터 '소설예고'를 통해 독자의 관심을 증폭시켰으며, 「춘외춘」부터 포함된 '삽화'는 『매일신보』 편집진이 1912년 체제 변화에서 가장 중요한 변화로 손꼽았던 요소임에 틀림없다. 따라서 '판소리 산정'이 1면에 연재된 것은 그 중요도에 따른 배치라기보다 1면의 기사들이 주로 국한문체를 중심으로 이루어져 있다는 점과 '판소리 산정'이 지향하는 독자들이 국한문체에 익숙한 독자였기 때문일 가능성이 높다. 이와 더불어 신소설의 경우 삽화를 배치하기에 적합한 4면에 배치되었던 것이다. 또한 이 같은 시도가 1912년 3월 1일 국문판 신문을 통합하여 1·2면을 국한문으로 3·4면을 순한글 체제로 분할하려던 기획과 연동되어 있었을 가능성도 배제할 수 없다.

1912년의 체제 변화는 5호 활자와 더불어 사진, 삽화와 같은 시각적

207 함태영 역시 이해조의 판소리 산정이 한학 교양이나 한문 독해능력이 없으면 이해가 불가능하다는 점을 들어 신소설에 비해 상대적으로 수준이 높은 계층을 염두에 둔 것이라고 주장하였다. 함태영, 「1910년대 『매일신보』 연구」, 연세대 박사논문, 2008, 103~106쪽 참조.

인 이미지를 효과적으로 동원하여 독자들의 호기심을 만족하고자 했으며, 두 개의 연재물을 동시에 연재함으로써 그간의 판매부진을 만회하고자 했다. 판소리 산정 역시 그간 소외받던 한자에 익숙한 독자층 내지 여전히 고전적인 이야기 텍스트를 향유하던 독자들을 동시에 매체의 지면 안으로 유인할 수 있는 텍스트로 기획되었다. 처음 판소리 산정이 추구하는 대상 독자층은 주로 국한문 혼용 표기에 익숙한 계층이었다. 실제로 판소리 산정 중 가장 먼저 연재를 시작한 「옥중화」는 국한문 혼용 표기로 연재되었다. 신소설의 경우 때에 따라 한자를 괄호 안에 병기하던 것과는 달리 「옥중화」는 대부분의 어휘들을 한자로 표기하고 있다는 특징을 지닌다. 이는 판소리 산정이 『매일신보』에서 연재되던 기존의 신소설과는 확연히 구분되는 성격과 의도를 지니고 있었다는 것을 의미하며, 이러한 점은 기존의 서사 관습과도 배치되는 조금은 낯선 기획이었던 것이다.[208] 이러한 특성은 「옥중화」의 언어 선택이 그것을 포함한 매체의 지면 구성에 강한 영향을 받고 있었다는 점을 짐작케 한다. 하지만 「옥중화」와는 달리 이후에 연재된 판소리 산정 작품인 「강상련」, 「연의각」, 「토의간」은 모두 순한글 표기로 연재되었으며, 필요한 경우 한자를 괄호 안에 병기하였다. 이러한 변화는 「옥중화」의 국한문 혼용 표기가 의도한 목적을 실현시키기에 적합하지 않았다고 판단한 이해조 또는 『매일신보』 편집진의 의도를 반영한다. 특히, 「옥중화」의 국한문 혼용 표기가 염두에 둔 독자층이 주로 한자에 익숙한 지식인 계층에 한정되어 있다는 점은 판매부수를 증가시키려는

208 근대계몽기 서사물들이 대부분 한글과의 친연성을 바탕으로 형성되어 왔음을 상기할 때, 「옥중화(獄中花)」의 국한문 혼용 표기의 선택은 꽤나 낯선 상황이라 볼 수 있다.

『매일신보』 편집진의 의도와 어울리지 않았던 것으로 보인다.[209]

② 구극(舊劇) 개량과 근대적 독서물(讀書物)로의 전환

판소리 산정은 기본적으로 『춘향전』, 『심청전』, 『흥부전』, 『토끼전』과 같은 활자화된 고전 텍스트가 아닌 '~가', '~타령'과 같은 구술(가창) 텍스트를 전제로 삼고 이루어진 작업이다. 매회 연재분마다 '춘향가 강연(春香歌 講演)', '심청가 강연(沈淸歌 講演)', '박타령 강연(朴打令 講演)', '토기타령 강연(講演)'과 같은 표지를 명확하게 제시한 것은 판소리 산정의 의미를 이해조가 정확하게 인식하고 산정의 효과를 의식적으로 지향하고 있었다는 점을 뒷받침한다. 또한 각각의 작품에서 '명창 박기홍 조(名唱 朴起弘 調)', '명창 심정순 구술(名唱 沈正淳 口述)', '명창 곽창기 · 심정순 구술(名唱 郭昌基 · 沈正淳 口述)' 등의 표기를 분명히 한 것도 역시 일련의 작업이 전래되어 오던 설화나 고전 소설의 개작이 아니라 판소리 구술 텍스트를 '산정'하려는 의지를 강하게 보여주고 있는 사례가 된다.[210]

그렇다면 왜 이해조는 고전소설의 개작이 아닌 판소리 산정을 시도한 것일까? 『자유종』에서 직접적으로 그 이름을 제시하며 비판하고 있었던 고전텍스트는 바로 『춘향전』, 『심청전』, 『홍길동전』이다. 이들 텍스트를 바로잡고자 했다면 그는 판소리의 '산정'이 아닌 '전(傳)'이라

---

209 엄태웅 역시 한글 중심의 표기체계로의 전환을 수용 가능 독자의 범위를 확대시키기 위한 것으로 파악하고 있다. 엄태웅, 앞의 글, 178~181쪽 참조.

210 「옥중화」의 경우에는 다른 작품들과는 달리 '구술(口述)'이라는 표현 대신 '조(調)'라는 표현을 사용하고 있다. 따라서 「옥중화」의 저본(底本) 텍스트가 「박기홍조 춘향가」라는 활자 텍스트인지, 아니면 실제 명창 박기홍의 구술인지 또는 박기홍 조를 구현한 제3의 인물의 소리인지 정확하게 밝혀지지 않은 상황이다. 하지만 「옥중화」를 제외한 나머지 텍스트들은 모두 심정순의 구술을 통해 산정된 것으로 보이므로, 이해조의 판소리 산정은 기본적으로 구술된 판소리를 원 텍스트로 삼고 있는 것으로 파악된다.

는 고전 국문서사의 양식을 개량하는 데 집중했을 것이다. 하지만 이해조는 고소설 대신 판소리를 선택하여 '산정'하고자 했는데, 이는 당시 유행하던 '구극(舊劇)'에 대한 관심과 그것의 개량과 관련이 있다.

그가 산정한 네 개의 판소리 작품들은 이미 1인창 형태의 전통적인 공연방식에서 벗어나 창극이라는 새로운 형태의 공연 문화의 레퍼토리로 자리 잡고 있었다.[211] 당시 설치된 연극장 중 연흥사에서 주로 신파극이 공연되었다면, 광무대・단성사・장안사 등에서는 여전히 전통연희가 활발하게 공연되고 있었다.[212] 신파극단인 임성구의 혁신단이 설립된 것이 1911년이니, 이해조의 판소리 산정이 기획되고 연재되었던 1912년 무렵까지만 해도 고전 레퍼토리를 각색한 창극이 큰 인기를 끌고 있었음이 분명하다. 하지만 이러한 전통연희는 풍속을 문란하게 만들고 질서를 어지럽힌다는 이유로 많은 비판을 받고 있었다.[213] 이러한 가운데 창극의 유행과 그것이 문란해지는 과정을 상세히 목격한 이해조는 창극의 레퍼토리로 활용되는 판소리 대표작을 산정하여 이를 개량코자 한 것이다. 물론 이 과정에는 문란해진 풍속을 바로잡고, 건강한 피식민 주체를 만들려는 『매일신보』 기획 역시 영향을 미쳤을 것이다.[214]

---

211 이에 대해서는 다음의 논문이 상세하다. 정충권, 「초기 창극의 공연 형태와 위상」, 『국어교육』 114, 2004, 245~263쪽 참조.

212 백현미, 「창극의 역사적 전개과정 연구」, 이화여대 박사논문, 1996, 56~57쪽.

213 다음의 기사들에는 당시 연극장과 전통연희에 대한 부정적인 시각이 잘 드러나 있다. 「춘향가금지(春香歌禁止)」, 『매일신보』, 1910.9.15; 「연희개량(演戲改良)의 필요(必要)」, 『매일신보』, 1911.2.15; 「연극엄금(演劇嚴禁)의 필요(必要)」, 『매일신보』, 1911.3.29; 「단성사(團成社)의 풍속괴란(風俗壞亂)」, 『매일신보』, 1911.4.7; 「악연극(惡演劇)의 폐해(弊害)」, 『매일신보』, 1911.6.17; 「장안사(長安社)의 악폐(惡弊)」, 『매일신보』, 1911.6.29.

214 특히, 「옥중화」의 삽입되어 있는 "장부사업가(丈夫事業家)"에는 '학교(學校)', '호협소년(豪俠少年)', '대양(大洋)', '기선(汽船)', '문명국(文明國)', '사회(社會)', '청년(青年)' 등 〈춘향가〉에

그렇다면 이러한 이해조의 판소리 산정을 통한 풍속 및 연극 개량의 의지는 과연 어떠한 지향점을 향하고 있었는지 살펴보도록 하겠다.

㉠ 獄中花는 四方愛讀者의 喝采聲裡에 昨日로 其講演을 畢了ᄒᆞ얏슴으로 今日부터는 更히 名唱 沈正淳의 口演ᄒᆞᆫ 바 沈淸歌를 解觀子의 高妙ᄒᆞᆫ 刪正으로 連日揭載ᄒᆞ야 沈淸의 孝行으로 ᄒᆞ야곰 今日 世道人心에 模範되게 ᄒᆞ되 人情의 機微를 紙上에 活躍케 ᄒᆞ오니 僉君子는 其 第一號브터 繼續愛讀ᄒᆞ야 家庭의 一助를 삼으시면 幸甚[215]

㉡ 죠션 ᄌᆞ릭로, 젼히오는, 타령 즁, 츈향가, 심청가, 박타령, 토끼타령 등은, 본릭 유자ᄒᆞᆫ 문장지ᄉᆞ가, 츙효의열의, 됴흔취지를 포함ᄒᆞ야, 징악창션ᄒᆞ는 큰 긔관으로, 져술ᄒᆞᆫ 바인디, 광디의 학문이 부족홈을 인ᄒᆞ야, 한 번 젼ᄒᆞ고, 두 번 젼홈의, 경대ᄒᆞᆫ 본뜻은 일어ᄇᆞ리고, 음란천착ᄒᆞᆫ 말을, 징연부익ᄒᆞ야, 하등무리의, 찬셩은 밧을지언뎡, 초유지각ᄒᆞᆫ 사ᄅᆞᆷ의 타미가 날로 더ᄒᆞ니, 엇지 개탄홀 바가 안이라 ᄒᆞ리오, 이럼으로 본 긔쟈가 명챵광디 등으로 ᄒᆞ야곰, 구술케ᄒᆞ고, 축조산졍ᄒᆞ야, 임의 츈향가(獄中花)와, 심청가(江上蓮)는, 이독ᄒᆞ시는, 귀부인 신ᄉᆞ, 졈각하의, 박슈갈치ᄒᆞ심을 밧엇거니와, ᄎᆞ호브터는 박타령(燕의脚)을, 산뎡게지 홀터인디, 츈향가의 취지는, 렬힝을 취ᄒᆞ얏고, 심청가의 취지는, 효힝을 취ᄒᆞ얏고, 이번에 게지ᄒᆞ는, 박타령은, 형뎨의 우이를, 권장ᄒᆞ기 위홈이니, 왕々 허탄ᄒᆞᆫ 듯ᄒᆞᆫ 말은, 실샹 그 일이 잇다, 질론홈이 안이라 한갓 탁ᄉᆞ로, 사ᄅᆞᆷ

는 어울리지 않는 이질적인 단어들을 사용하며 총독부 기관지『매일신보』의 담론을 직접적으로 반영하고 있다. 함태영, 앞의 글, 120~121쪽 참조.

215『매일신보』, 1912.3.17.

의 ᄆᆞ음을 풍간홈이니, 아모됴록, 광ᄃᆡ타령이라고, 등한히 보지마르시고, 그 타령 져슐ᄒᆞᆫ, 녯 사ᄅᆞᆷ의 됴흔 뜻을 깁히 ᄉᆞᆲ히시오[216]

예문 ㉠과 ㉡은 각각 「강상련」과 「연의각」의 연재를 알리는 광고기사이다. 위 예문에서 알 수 있듯이 고전 판소리 텍스트는 애초부터 '충효의열'과 같은 주제를 포함하여 '징악창선'의 효과를 나타낼 수 있는 것이었다. 구술 전파되는 판소리의 특성상 특정한 원전 텍스트가 존재하지 않으며, 광대의 의도에 따라 '음란천착'해진 판소리는 하층계급에게 인기를 끄는 요인이 되기도 하였지만 '초유지각한 사람', 즉 상층계급의 사람들에게 부정적인 인식을 갖게 하는 원인이 된다는 것이다. 결국 판소리 산정은 문란해진 판소리를 산삭하여 열행, 효행, 형제간의 우애 등을 강조하고, 이를 통해 오늘날 세도인심에 모범이 되도록 하는 것을 목표로 삼고 있음을 알 수 있다. 특히 '인정의 기미'를 매체의 지면상에 생생히 묘사하겠다는 표현이나 1호부터 계속 애독하길 권장하는 대목은 구연되던 판소리를 근대적 읽기 텍스트로 만들어, 이를 하나의 정전(正典)으로 만들려는 산정자의 의지를 반영하고 있다.[217]

이러한 측면에서 볼 때 「옥중화」를 비롯한 이해조의 판소리 산정은 일차적으로 가창(歌唱)을 목적으로 산정된 것이 아니라 읽기, 즉 독서를 목적으로 가공된 텍스트임을 알 수 있다. 우선 판소리 산정은 명창

---

216 「〈연(燕)의각(脚)〉(박타령 朴打令) 예고(豫告)」, 『매일신보』, 1912.4.27.

217 대표적인 판소리 작품들 중 〈변강쇠가(가루지기 타령)〉은 근대적 텍스트로 개량하기엔 불가능한 작품이었던 것으로 보인다. 그 이유로는 근대 사회가 조선시대와는 달리 성담론을 금기시하는 사회로 바뀌었으며, 병을 이해하는 세계관 및 시체의 취급과 시체에 대한 관념 역시 완전히 달라졌다는 점을 들 수 있다. 신동원, 『호열자, 조선을 습격하다』, 역사비평사, 2004, 139~144쪽 참조.

의 구술 내용을 그대로 옮겨 적은 것이 아니라, '음란천착'한 표현 등을 고치고 바로잡는 산정자 이해조의 의식이 일정한 정도 반영되어 있다.[218] 중요한 것은 산정자 자신이 가진 의식의 지향성이다. 소리와 몸짓, 표정 등 명창의 신체를 통해 구현되는 판소리 강연 텍스트는 노래 즉 소리를 중심으로 이해조의 감각에 전이된다. 이때 이해조는 일정한 의식을 지향하며, 그것을 활자를 중심으로 하는 시각적인 텍스트로 전환시키고 있는 것이다.

물론 일회적인 시도에 그치고 말았지만 「옥중화」의 국한문체 선택은 판소리 산정이 지닌 근본적인 의미를 이해하는 데 매우 유효한 시각을 제공한다. 「옥중화」는 국한문 혼용 표기는 산정자(刪正子) 이해조의 개입 여부를 가장 구체적으로 보여주는 사례이다. 이해조가 명창의 소리를 들었을 때는 한글과 한문의 구별이 존재하지 않고 오직 우리말의 소리 체계로 구연된다. 하지만 이해조는 소리로 구현될 때의 하나의 언어체계를 자신의 신체로 받아들인 뒤, 다시 나름의 의식지향을 반영하며 두 개의 활자화된 언어로 분리시키고자 했다. 다시 말해 이해조는 한국어라는 음성 체계를 한글과 한자라는 두 개의 문자 언어로 분리하여 표현하고 있는 것이다. 대부분의 기본적인 가락은 모두 우리말로 기록하되, 전고가 있는 한자어나 우리말로는 그 의미를 파악하기 어려운 표현일 경우에는 한자로 표기함으로써 독자의 효과적인 읽기를 돕고자 했다. 이는 청각의 시각화 과정으로 볼 수 있으며, 판소리라

218 함태영은 「옥중화」와 「강상련(江上蓮)」을 사례로 들어 음란성과 비속성을 약화시키거나 이를 제거하려는 노력이 엿보인다고 주장한 바 있다. 또한 이러한 시도를 양반층 독자들을 의식한 적극적인 노력의 결과로 파악한다. 함태영, 「1910년대 『매일신보』 소설 연구」, 연세대 박사논문, 2008, 112~113쪽.

는 전통적인 공연 양식을 신문이라는 가장 최신의 근대적 매체의 지면 안에서 활자화한 획기적인 사건이었던 것이다. 듣기 텍스트의 읽기 텍스트로의 전환, 이것이 바로 이해조 판소리 산정의 핵심적인 속성이다.

그런데 「옥중화」의 경우 국한문체의 사용을 통해 근대적인 독서물(讀書物)로 만들려는 시도는 문체 선택의 측면에서 볼 때 성공하지 못한 것으로 보인다. 「옥중화」는 단행본으로 출판되면서 한자 표기 옆에 루비식의 한글 음가를 부기하고 있는데, 이는 신문연재본의 국한문 표기가 독자의 요구를 충분히 만족시킬 수 없다는 단행본 출판업자들의 영민한 감각을 반영한다. 게다가 「강상련」부터는 순한글체를 중심으로 기록하되 필요한 경우에만 괄호 안에 한자를 병기하여, 한자의 의미보다는 구술자의 발화를 기록하는 데에 초점을 맞추게 된다.

더욱 중요한 점은 「옥중화」에서는 찾아 볼 수 없는 표현들이 「강상련」, 「연의각」, 「토의간」에서 뚜렷하게 나타난다는 점이다. 이들 작품부터 이해조는 '자진모리', '즁모리', '엇즁모리', '진양조', '안이리' 등 전통음악에서의 장단(長短)을 적극적으로 표기하고 있다. 이러한 특성은 판소리가 지닌 서사성은 물론 음악성을 적극적으로 표현하고자 했던 산정자의 의도를 구체적으로 드러낸다.[219] 「강상련」, 「연의각」, 「토의간」에서 공통적으로 나타나는 전통음악에서의 장단표기는 판소리가 지닌 서사성과 음악성을 동시에 재현하고자 하는 작가의 의도가 강하게 반영된 결과이며, 또한 이것이 『매일신보』라는 최신의 근대 미디어

219 작가의 음악에 대한 관심과 깊은 조예는 이미 「쌍옥적」, 「모란병」 등의 작품에서 확인한 바 있으며, 이후 『(정선(精選))조선가곡(朝鮮歌曲)』(1914)을 출간했던 사정을 떠올린다면 쉽게 짐작할 수 있다. 『(정선)조선가곡』은 판소리 산정의 연장선에서 이해할 수 있는 텍스트인데, 다음 장에서 상세히 다루도록 하겠다.

를 통해 표출되었다는 점은 이해조 판소리 산정이 갖는 매우 중요한 속성임에 틀림없다. 하지만 이들 작품들이 단행본으로 출판되면서 이러한 장단 표기는 사라지게 된다. 이해조가 소설이 아닌 판소리의 '산정'임을 분명하게 인식하고 강조했던 것과는 달리 단행본 출판업자에게 이들 텍스트는 '산정'보다는 그것이 지닌 '이야기'로서의 가치가 더욱 중요했기 때문이다. 『매일신보』에 연재된 판소리 산정은 단행본으로 출판되는 순간 판소리가 지닌 '서사성'과 '음악성'을 동시에 구현하고자 했던 애초의 의미를 상실한 채 그저 '이야기책'의 계보 아래에 놓이게 된다.[220]

「옥중화」의 연재가 끝나고 「강상련」 연재 도중에는 제목 아래 '금전재(禁轉載)'라는 표기가 추가된다.[221] 「강상련」 연재 도중 표기된 '금전재'는 지금까지의 『매일신보』는 물론 근대계몽기 신문 연재물의 경우에도 전례를 찾기 어려운 독특한 표현 방식이다. '금전재', 즉 무단 전재를 금한다는 표현은 같은 시기 4면에 연재되고 있던 이해조의 신소설의 경우에서는 단 한 차례도 사용된 바가 없는데, 이로 미루어 보아 판소리 산정의 특수한 성격을 이해하는 데 중요한 관점을 제공한다. 아마도 이러한 표현은 「옥중화」의 대중적인 성공 가능성을 간파한 당시 출판업자들과의 마찰을 줄이고, 저작권을 지키기 위한 수단으로 활용된 것으로 보인다.[222] 그렇다면 왜 동시기 『매일신보』에서 연재되던

---

220 참고로 신지연은 이인직의 『혈의누』가 신문연재본보다 단행본에서 전시대 어법에 가까워진다는 것을 사례로 들어 신문연재소설이 단행본으로 묶이는 순간 이야기책의 계보 아래에 놓이게 된다고 진술한 바 있다. 신지연, 『글쓰기라는 거울』, 소명출판, 2007, 50쪽.

221 「강상련」 연재 9회차부터 이러한 표현이 부기된다. 「강상련」, 『매일신보』, 1912.3.28.

222 엄태웅은 이해조 산정(刪正) 판소리의 특징을 설명하며 '금전재(禁轉載)'의 표기에 주목한 바 있다. 그는 '금전재'라는 표기를 "부당한 방식으로 상업적 이윤을 추구하려는 사람들에

신소설에는 보이지 않는 표현이 판소리 산정 작품에는 나타나는 것일까? 이것은 이해조의 신소설이 개인의 창작된 저작임을 명백하게 인정받을 수 있었던 반면에, 「강상련」, 「연의각」, 「토의간」 등은 개인의 창작물이 아니라 '산정'된 작품이라는 점과 관련이 있다. 이 무렵 근대적 출판물에 대한 저작권법이 확실하게 정착되지 못한 사정을 이해할 때,[223] 이미 존재하던 고전텍스트의 산정이나 외국 소설을 번안할 경우 단행본 출판물에 대한 저작권에 혼란이 생길 수 있었던 것으로 보인다. 특히, '금전재'의 표기가 없었던 「옥중화」의 경우 『춘향전』을 저본으로 삼은 다양한 이본들이 단행본으로 출판되었던 점을 감안한다면 이러한 표현은 이후 연재할 판소리 산정 작품에 대한 확실한 저작권을 획득하려는 의지로 파악된다. '금전재'를 표기하지 않았던 「옥중화」에 비해 '금전재'를 표기했던 나머지 작품들의 이본 숫자가 크게 줄었다는 점은 이러한 사정을 짐작케 한다.

'금전재'의 표기는 이해조 판소리 산정의 마지막 작품인 「토의간」의 연재가 끝나고, 그 뒤를 이어 연재된 조중환의 번안소설 「쌍옥루」에서도 찾아볼 수 있다. 「쌍옥루」는 일본의 키쿠치 유호(菊池幽芳, 1870~1947)의 『오노가츠미[己が罪]』를 번안한 작품인데, 이 작품에도 역시 '금전재'라는 표현이 부기되어 있다.[224] 이 경우 원텍스트와 저작자가 분명한 경우인데도 불구하고 '금전재'라는 저작권 관련 표기가 붙어 있는 것을

대한 합법적 제어장치 수립"을 위한 것으로 파악하고 있으며 "고전소설의 변질과 타락을 우려한 측면" 또한 추정이 가능하다고 말했다. 엄태웅, 앞의 글, 184~185쪽.

223 방효순, 「일제시대 저작권 제도의 정착과정에 관한 연구」, 『서지학연구』 21, 2001 참조.

224 박진영은 '금전재'의 부기를 통해 "『쌍옥루』의 번안이 『매일신보』의 시장 예측과 기획에 의한 것이었다"라는 주장을 뒷받침하고 있다. 박진영, 「일재 조중환과 번안소설의 시대」, 『민족문학사연구』 26, 2004, 212쪽.

보면, 외국 작품의 번안에 대한 저작권 문제 역시 아직 정리되지 않은 상황이었던 것으로 보인다. 마찬가지로 『오노가츠미』의 번역 또는 번안은 누구나 시도할 수 있지만, 『매일신보』에 연재된 조중환의 「쌍옥루」는 저작권자의 동의 없이는 무단으로 출판할 수 없었던 것이다.

결국 '금전재'라는 표현은 이해조의 판소리 산정 작품이 당대의 출판문화와 밀접한 관련 하에 존재하는 매우 근대적인 독서물이라는 점을 확인시켜준다. 따라서 이해조의 판소리 산정 작업은 가창과 구술이라는 음성을 중심으로 한 판소리 텍스트를 시각적 이미지를 중시하는 근대적인 읽기 텍스트로 변환시켰다는 데 그 의미가 있다. 또한 이해조의 판소리 산정은 '산정'이라는 표현에서 알 수 있듯이 문란해진 판소리의 불필요한 부분을 삭제하고 산정자의 의도를 반영하여 모범이 되는 정전(正典) 텍스트를 만들려는 시도였다는 의미를 지닌다.

③ 구극 공연의 활성과 단행본 출판업계의 부흥

앞서 살펴본 것처럼 『매일신보』에서 진행된 이해조의 판소리 산정은 문란해진 구극 공연을 개량하려는 의지와 함께 이를 읽을거리로 만들어 당시 구극 독자들을 『매일신보』의 지면 안으로 끌어들이려는 데 있었다. 이러한 작업은 당시 연극장의 형성과 함께 이루어진 근대적 공연문화의 유행을 반영하고 있으며, 저속하고 문란해진 표현들을 산삭(刪削)하여 충·효·열·제와 같은 전통적인 유교윤리를 강조하고자 했다. 물론 「옥중화」의 성공이 단순히 정절이라는 유교윤리의 강조 때문에 이루어진 것은 아니다. 이미 많은 연구에서 지적되었듯이, 「옥중화」에는 신분갈등과 인간해방이라는 주제 대신 남녀 간의 애정을 작품 전면에 내세우고 있다.[225] 이러한 측면은 「옥중화」의 대중적 성공이 '자유결혼'과 같은 당시 대중들의 바람을 담고 있었기에 가능했다는 추측을 가능케 한다. '자유결혼'은 분명 1920년대의 '자유연애'에는 미치지 못하였지만 기생과 양반 남자 사이의 신분갈등은 사라지고, 양자 간의 믿음에 의한 결혼이 중요한 주제로 다루어지고 있다. 따라서 「옥중화」는 〈춘향가〉가 지닌 정치적인 주제를 약화시키고 세 인물을 중심으로 한 애정 갈등을 부각시키고 있는데, 이는 더 이상 신분간의 갈등이 중요하지 않게 된 당시의 사회적 현실을 반영할 뿐만 아니라 대중소설이 즐겨 사용하는 '삼각관계'라는 공식을 사용하고 있다는 점에서 특징적이다.

실제로 이 같은 시도는 구극 공연의 활성화와 관련하여 얼마간 성공을 거둔 것으로 보인다. 1913~1914년 광무대, 장안사, 단성사에서 공연 예고된 구극 작품들을 정리해 보면 다음과 같다.[226]

〈표 8〉 1913~1914년 공연 예고된 구극 작품과 그 횟수

극장명	공연제목(예고 횟수)
광무대	〈춘향가〉(33), 〈옥중화〉(10), 〈어사출도〉(12), 〈개량 춘향가〉(1), 〈어사순찰광경〉(1), 〈암행어사시찰〉(1), 〈농부가〉(3), 〈심청가〉(29), 〈연의각〉(1), 〈박타령〉(18), 〈개량 제비타령〉(1), 〈장자고분지탄〉(19), 〈백상서타령〉(5), 효자소설〉(6)
장안사	〈춘향가〉(9), 〈옥중화〉(2), 〈심청가〉(23), 〈박타령〉(15), 〈연의각〉(1), 〈홍부가〉(1), 〈화용도〉(6), 〈배비장가〉(6), 〈장자고분지통〉(1), 〈삼남교자〉(11), 〈영남루〉(27), 〈삼생기연〉(1), 〈효자소설〉(2), 〈효양가〉(8), 〈황공자가〉(5), 〈꼭두각씨〉(14)
단성사	〈춘향가〉(4), 〈옥중화〉(2), 〈옥중가인〉(1), 〈심청가〉(2), 〈박타령〉(1), 〈톡기타령〉(6), 〈수중가〉(30), 〈배비장가〉(1), 〈영남루〉(1), 〈삼생기연〉(12), 〈삼남교자〉(1)

225 대표적으로 권순긍은 〈춘향전〉이 「옥중화」로 개작되면서 신분갈등이 약화되고, 여성존중의 애정관이 부각되었다고 주장하였다. 권순긍, 『활자본 고소설의 편폭과 지향』, 보고사, 2000, 150~157쪽 참조.

226 아래의 표는 정충권의 논문에서 정리한 것이다. 그가 밝히고 있듯이, 괄호 안의 숫자는 공연 예고된 횟수이므로 절대적 수치는 아니다. 정충권, 「1910년대 구극(舊劇)으로 공연된 고전서사물」, 『국문학연구』 20, 2009, 36~37쪽.

위 목록에서 보이듯 1913~1914년 사이의 구극 공연이 광무대, 장안사, 단성사를 중심으로 매우 활발하게 실시되고 있었음을 알 수 있다. 또한 공연의 레퍼토리의 대부분이 〈춘향가〉, 〈심청가〉, 〈박타령〉, 〈토끼타령〉 등 이해조가 산정한 목록 또는 유관 작품들이며, 〈옥중화〉, 〈연의각〉처럼 이해조가 산정한 작품 이름을 그대로 제시한 경우도 눈에 띈다. 특히, 〈옥중화〉와 〈연의각〉의 경우 이해조가 산정한 작품을 대본으로 사용했을 가능성도 있다. 이 시기에는 『매일신보』 번안 소설의 성공과 함께 신파극이 매우 활성화된 시기였는데, 구극 공연 역시 예상보다 활발하게 이루어지고 있었음을 알 수 있다. 이러한 구극 공연의 활성화와 이해조 판소리 산정의 직접적인 연관성을 파악하기는 어렵다. 다만 이해조의 판소리 산정 작업이 당대의 구극 공연 문화와 밀접한 연관 하에 이루어진 작업이었으며, 구극 개량 및 풍속 개량, 구극 공연의 활성화에 중요한 영향을 미친 것을 알 수 있다.

또한 이해조의 『매일신보』 연재 판소리 산정은 고전소설을 중심으로 한 단행본 출판 업계의 상업적 성공에 커다란 영향을 미쳤다.[227] 1910년 병합 이전부터 일제의 검열제도는 신문과 잡지는 물론 단행본 출판 업계에도 커다란 영향을 미쳤다. 1910년 이전부터 박문서관, 회동서관 등 근대 서포들은 단순히 영리를 목적으로 한 것이 아니라, 당시 국권을 지키기 위한 애국계몽운동의 일환으로 다양한 서책들을 출

227 구활자본 고전소설의 대표적인 연구자인 이주영과 권순긍 모두 1912년 무렵 구활자본 고소설의 단행본 출판과 확산이 이해조의 『매일신보』 연재 판소리 산정 작품들의 영향을 받은 것으로 보고 있다. 이전까지 고전소설은 주로 방각본으로 출판・유통되고 있었는데, 이해조 판소리 산정을 계기로 그 상업적 성공을 직감한 출판업자들이 출판업계의 활로를 고전소설들을 통해 극복하였다는 것이다. 이주영, 『구활자본 고전소설 연구』, 월인, 1998, 164~165쪽; 권순긍, 『활자본 고소설의 편폭과 지향』, 보고사, 2000, 22쪽.

다양한 「옥중화」 계열의 이본들(국립중앙도서관 소장). 왼쪽 위부터 시계방향으로
『옥중화』(보급서관, 1914), 『광한루』(동양서원, 1913), 『선한문 춘향전』(동미서시, 1913),
『증상연예 옥중가인』(신구서림, 1914)

판하였다. 하지만 일제의 출판법은 이 시기 출판된 많은 책들을 금서로 지정하여 출판금지 또는 압수 처분하였다.[228] 한동안 침체기에 빠져 있던 단행본 출판 시장은 1912년부터 크게 활성화되었는데, 이때 그들이 주목한 것이 바로 이해조의 「옥중화」를 비롯한 판소리 산정 작품들이었다.

특히, 「옥중화」는 활자본 고소설의 부흥을 이끄는 데 가장 중요한 역할을 한 작품이다. 1912년 8월 박문서관에서 단행본 『옥중화』가 출판된 이후 판을 거듭하며 명실상부한 베스트셀러 작품이 되었는데, 『옥중화』의 상업적 성공은 동시기 출판업자들에게 기폭제 역할을 하였던 것으로 보인다. 예컨대, 1913년 한 해에 출판된 「옥중화」 계통의 이본이 무려 6종이나 되는데,[229] 이는 「옥중화」의 상업적 성공을 직감한 출판업자들의 대처로 인해 가능했으며 여전히 전통적인 이야기 문법에 익숙한 독자들의 열광적인 지지를 얻었던 것으로 보인다. 각종 이본들은 각기 다른 문체와 언어, 독자전략 등을 내세우며 「옥중화」와의 차별화된 지점들을 공략하고자 했는데, 이는 「옥중화」가 〈춘향가〉라는 고전 판소리 텍스트를 저본으로 삼은 판소리 산정 작품이라는 점에서 가능했다. 저작권이 명시되어 있지 않은 여타 고전 텍스트의 출판 역시 이러한 맥락에서 활발하게 이루어질 수 있었던 것이다.

---

228 한일병합 이후 총독부의 언론출판정책과 서적상들의 상황은 한기형의 연구에 잘 나타나 있다. 한기형, 『한국 근대소설사의 시각』, 소명출판, 1999.

229 이들 작품들을 나열하면 다음과 같다. 『광한루(廣寒樓)』, 동양서원(東洋書院), 1913.4.20; 『증상연예(增像演藝) 옥중가인(獄中佳人)』, 신구서림(新舊書林), 1913.4.30; 『별춘향가(別春香歌)』, 유일서관(唯一書館), 1913.7.20; 『고본(古本) 춘향전(春香傳)』, 신문관(新文館), 1913.12.20; 『선한문(鮮漢文) 춘향전(春香傳)』, 동미서시(東美書市), 1913.12.25; 『증수(增修) 춘향전(春香傳)』, 회동서관(滙東書館), 1913.12.30. 권순긍, 앞의 책, 25쪽.

「옥중화」를 필두로 이루어진 이해조의 판소리 산정은 판소리 계열의 고전 텍스트를 수용한 것이지만, 신문이라는 근대적 출판 매체에 새로운 활자로 표기되었다는 점에서 기존의 판소리와는 차별화된다. 또한 단행본으로 출판된 판소리 산정 작품들 역시 방각본, 필사본을 중심으로 이루어진 이전 시대의 문학 유통방식과는 달리 신식 연활자로 인쇄되었으며 근대적 출판 기구와 제도를 통해 유통되었다는 점에서 근대적인 텍스트이다. 특히, 「옥중화」의 성공으로 인해 촉발된 〈춘향전〉의 인기는 이후 단행본 출판 시장에 국한되지 않고, 창극, 영화, 유성기, 라디오 등 최신의 대중매체들과 결합하여 오랜 시간 동안 대중에게 많은 사랑을 받을 수 있었다.[230]

3) 『신해음사(辛亥唫社)』에 수록된 이해조의 한시 두 편

이해조의 소설이 총독부 기관지 『매일신보』에 배치된 이상 일정한

---

230 「옥중화」에 대한 다음의 평가는 특히 주목할 만하다. "폭발적인 인기를 누려 고소설의 대명사가 된 『춘향전』의 경우에 잠시 주목하자. 『춘향전』은 조선말의 방각본을 통해 널리 수용되기 시작하였지만, 이 작품이 대중적으로 폭발적인 인기를 누리며 수용된 것은 1910년대에 구활자본으로 된 『춘향전』과 그 이본들이 간행됨으로써이다. 그리고 1930년대까지 이 책은 추산 불가능할 정도로 많은 독자들에게 읽힌다. 이러한 맥락에서 볼 때는 『춘향전』이야말로 '古'소설의 대명사가 아니라, '신문학' 또는 근대소설의 대표작이다. 왜냐하면 『춘향전』은 한편 이해조의 『옥중화』(1912)와 그 계열에 속한 『절대가인』·『옥중가인』 등 현대적으로 가공된 서사물이며, 이전에 볼 수 없던 전혀 새로운 작품들 사이에서 존재하기 때문이다. 즉 이 『춘향전』은 영화와 연극·창극 등의 새로운 텍스트로 그것을 가공한 예술의 새로운 배치 사이에 놓여 있으며, 『장한몽』과 『무정』을 위시한 당대의 소설들과 밀접한 연관성을 지닌 '상호텍스트'이다. 이 수용의 맥락은 여권(女權)과 자유연애에 대한 당대인들의 새로운 인식과 연관성을 가지고 있을 것이다", 천정환, 「한국 근대소설 독자와 소설 수용 양상에 대한 연구」, 서울대 박사논문, 2002, 40쪽.

한계에 도달할 것은 이미 예상된 결과였다. 애초부터 이해조의 신소설은 여성을 중심으로 한 일반 대중독자들을 염두에 둔 『제국신문』에 배치되어 형성되었으며, 애국계몽운동의 일환으로 근대적인 지식의 전파와 풍속개량을 주된 목적으로 삼고 있었기 때문이다. 하지만 1910년 한일강제병합 이후 모든 민족 언론들을 총독부의 탄압으로 인해 강제 폐간된 상황에서 이해조의 선택지는 그리 다양하지 않았다. 단행본 시장마저 크게 위축된 상황에서 전문 소설가에게 안정적인 지면의 확보는 자신의 생존의 문제와도 직결되는 절박한 문제였다. 결국 이해조는 『매일신보』의 요청을 받아들여 소설 연재를 시작하게 되는데, 분명 이 안에서도 나름의 소설 세계를 창조하여 자신이 해왔던 일련의 작업들을 지속할 수 있을 것이라고 믿었던 것 같다.[231]

그러나 상황은 생각처럼 만만한 것이 아니었다. 당시의 신문연재소설은 특히 신문이라는 매체의 프레임에 어떠한 방식으로든 종속될 수밖에 없는 운명을 지니고 있었다. 『매일신보』의 담론, 언어, 지면배치, 독자지향성 등은 그 안에 배치된 이해조 연재소설에 적지 않은 영향을 미치고 있었다.

『매일신보』는 이해조에게 식민체제 초기의 혼란한 상황을 안정시키거나 식민통치의 정당성을 확산시키기를 직접적으로 요구하지는 않았던 것으로 보인다. 다만 이해조는 정치적인 문제에 대한 직접적인 언급을 피하고, 민족의식을 고취시킨다거나 식민체제에 대한 비판적

231 『매일신보』 편집진 역시 이해조의 소설 창작에 대해서는 별다른 주문 없이 소설 연재를 요청한 것으로 보인다. 김영민 역시 "『매일신보』 편집진들이 문필가에게 요구한 것은 이념이나 체제의 홍보가 아니라 대중적 흥미의 제고"였다는 점을 강조한 바 있다. 김영민, 『한국 근대소설의 형성 과정』, 소명출판, 2005, 159쪽.

인 목소리를 내지 않을 것에 대해서는 동의하였던 것으로 보인다. 이러한 상황에서 이해조는 이야기가 지닌 대중적 친화력을 바탕으로 풍속개량의 차원에서 여전히 계몽적 역할을 수행할 수 있다고 믿었다.

이러한 가운데 이해조가 『매일신보』에서 소설 연재를 시작하며 제일 먼저 주안점을 두었던 것은 바로 대상 독자였다. 모든 글쓰기가 그러하듯 어떠한 독자를 염두에 둘 것인가는 텍스트의 내용과 형식을 결정짓는 데 매우 중요한 요소였으며, 대중문학으로서의 속성이 강한 신소설의 경우에는 더욱 절실한 문제였다. 당시 『대한매일신보』를 인수하여 만든 『매일신보』는 『대한매일신보』가 그랬던 것처럼 국한문판과 국문판(한글판)이 분리되어 발행되었으며, 『매일신보』는 특히 국한문판을 계승한 것이었다. 따라서 국한문 혼용체는 주로 남성을 중심으로 하는 지식인 독자들을 염두에 둔 것이며, 『매일신보』 역시 이러한 범주의 독자들을 대상으로 삼고 있었던 셈이다. 『대한매일신보』의 경우 소설이라는 양식은 국한문판보다는 국문판 신문에서 주로 활용되었는데, 『대한매일신보』의 국한문판의 체제와 구성을 그대로 계승한 『매일신보』가 소설 연재를 시작한 일은 매우 낯선 일이었다. 게다가 주로 여성을 중심으로 한 일반 대중 독자들을 염두에 두고 형성된 이해조의 신소설의 경우 국한문판의 독자와는 잘 어울리지 않는 조합이었다.

『매일신보』에 연재된 이해조 문학의 경우 체제 변화와 함께 하루에 두 개의 작품 연재를 시작한 1912년 1월 1일을 기점으로 중요한 변화를 보인다. 우선 1912년 1월 이전 초기 연재작품의 경우 국한문체에 익숙한 남성 중심의 지식인 독자들을 염두에 두고 있음을 쉽게 확인할 수 있다. 이해조는 「화세계」를 시작으로 「월하가인」, 「화의혈」, 「구의산」, 「소양정」을 차례로 연재하였는데, 내용이나 형식이 다분히 의고적이며 여성의 정절과 같은 남성 중심의 이데올로기를 주제로 다루고 있었음을 알 수 있다.

그와는 달리 1912년 1월부터 1면에는 판소리 산정을, 4면에는 신소설을 동시에 연재하였다. 판소리 산정은 당대 유행하던 구극 개량을 염두에 두고 이루어졌으며, 판소리가 지닌 서사성과 음악성을 동시에 하나의 읽기 텍스트로 만들고자 하는 작업이었다. 판소리 산정은 3월 1일부터 본격적으로 이루어진 국문판 신문의 통합과 지면 분할을 염두에 둔 것이며, 주로 1·2면의 국한문 혼용체에 익숙한 남성 중심의 지식인 독자들을 염두에 둔 것이다. 특히, 「옥중화」가 국한문 혼용체로 연재되었다는 사실은 이러한 점을 뒷받침한다. 판소리 산정이 다루는 주제 역시 절행, 효행, 우애와 같은 남성 중심의 전통적 독자들과 어울리는 보수적인 유교 이데올로기였다. 이와 동시에 신소설은 4면에 연재되었는데, 삽화를 도입하여 시각을 중심으로 이루어지는 근대적 문화를 적극적으로 반영하였다. 신소설 역시 3월 1일부터 이루어진 지면 개편을 염두에 두고 3·4면의 한글 독자들을 주된 대상으로 삼고 있었다. 이때부터 연재된 신소설들은 여성독자와 남성독자들을 동시에 포괄하려는 노력을 시도하게 되었으며, 1면에 연재된 판소리 산정과는 달리 당대적 삶의 문제에 대한 이야기를 다루고자 하였다. 또한 신파극이나 번안소설 등을 의식한 나머지 점차 자극적이고 선정적인 표현들이 늘어나게 된다.

「쌍옥루」의 연재는 이해조 소설의 1인 독주 시대를 마감하는 결정적인 계기가 되었다.[232] 판소리 산정은 구극 공연의 개량 및 활성화와 활자본 고전소설을 중심으로 한 단행본 출판의 확대를 가져왔으나, 『매일신보』의 지면 안에서는 애초에 기대했던 효과를 나타내지 못했던 것으로 보인다. 판소리 산정의 연재가 끝나고 『매일신보』는 신파극단의 창립 멤버였던 조중환을 끌어들여 같은 1면에 번안소설 「쌍옥루」를 연재하는 한편, '희극(喜劇)' 〈병자삼인(病者三人)〉을 연재하기도 하였다. 조중환의 등장은 신파극의 활성화와 밀접한 연관이 있었는데, 『매일신보』는 번안소설과 신파극의 결합을 통해 새로운 독자 전략을 취하고자 했던 셈이다. 「쌍옥루」의 폭발적인 인기는 『매일신보』의 기획이 이해조 중심에서 조중환 중심으로 이동하는 데 결정적인 역할을 하였다. 『매일신보』는 번안소설의 연재를 신파극 공연과의 관련 하에 배치시키고, 『매일신보』의 소설 독자와 신파극의 독자를 동시에 포섭하기 위한 전략을 펼친다. 예컨대, 신문연재본을 모두 모아 놓으면 하나의 책이 될 것이라는 광고라든가, 신파극 공연의 할인 티켓을 제공하고, 이와 관련한 독자들의 목소리들을 지면 안에 배치하려는 입체적인 전략이 이에 해당한다.

이해조 역시 이러한 상황 속에서 자신의 소설이 지닌 한계와 모순을 절감하였다. 또한 구소설과의 상대적인 위계 속에서 '새롭다'는 의미를 획득해 온 '신소설'은 '번안소설'의 출현과 함께 더 이상 '새롭다'는 의미를 가질 수 없었으며, 이해조는 이러한 위기 속에서 드러난 신소설의 한계를 결국 갱신하지 못하였다.

물론 이해조 소설이 지닌 '새로움'은 이전 시대의 서사와는 다른 새로운 서사의 지평을 열었음에 분명하다. 예컨대 신소설은 전대 소설이

232 김영민, 『한국 근대소설의 형성과정』, 소명출판, 2005, 161쪽.

지닌 '서사성'을 가장 핵심적인 속성으로 계승한 채 출발하였으나, 근대성의 지표이자 신문 매체의 중요한 속성인 사실성을 기반으로 전대 이야기의 허구성과 결별하고자 했다. 또한 고소설이 지닌 천편일률적인 결말 방식을 지양하여, 시간의 역전 구성이나 극적인 마무리 등 다양한 구성 방식을 실험하였다. '지금 여기'의 문제를 펼진한 인물 형상을 통해 다루고자 한 것 역시 이해조 소설이 지닌 중요한 특성 중 하나이다. 그럼에도 불구하고 이해조 신소설의 '서사성'은 계속된 다작으로 누적된 피로를 감당하기 어려웠으며, 새로운 서사를 창조하기에 어려움을 느끼고 있었다. 게다가 이러한 '서사성'이 강조되다 보니 더 이상 사건의 진행 사이에 놓여 있는 인물들의 내면과 갈등을 부각시키기가 어려워졌다. 이해 비해 이해조의 신소설과 경쟁한 번안소설의 경우 확대된 분량을 통해 갈등 구조와 서사 진행 속도를 바꾸었으며,[233] 죄, 회개, 눈물과 동정과 같은 새로운 코드를 제시하여 인물들의 내면과 갈등을 부각시키는 데 성공하였다.[234] 결국 『매일신보』는 신파극 또는 번안소설의 독자층을 중심으로 새로운 소설 기획을 실행하였고, 자연스럽게 이해조의 신소설은 더 이상 '새롭다'는 수사를 사용하지 못한 채 활자본 고전소설과 함께 '이야기책'의 범주 안에 놓이게 된다.

「우중행인」을 마지막으로 더 이상 이해조 소설은 『매일신보』에 연재되지 않았다. 앞서 살펴본 것과 같이 『매일신보』의 담론이나 언어, 독자층 등이 이해조 소설과 잘 맞지 않았던 점, 신소설 내적인 한계, 번안소설을 중심으로 한 『매일신보』의 새로운 전략은 이러한 사정의 중

233 박진영, 『번역과 번안의 시대』, 소명출판, 2011, 121쪽.

234 권보드래, 「죄, 눈물, 회개」, 『한국 근대문학 연구』 16, 2007 참조.

요한 요인이 된다. 하지만 이러한 계기가 전적으로 외부적인 요인들에 의해 이루어진 것은 아닐 것이다. 어떠한 결정적인 계기가 없이 삼년 남짓한 시간 동안 『매일신보』의 소설란을 독점하였던 당대 최고의 작가가 『매일신보』 편집진에 의해 일방적으로 퇴출당했다는 사실은 좀처럼 납득되지 않는다. 그렇다면 이해조가 『매일신보』에서의 소설 연재를 그만둔 것에는 어떠한 계기가 작동하고 있는 것일까?

이러한 계기를 찾기 위해서는 물론 내부적·외부적인 요인들을 입체적으로 다둘 수 있어야 하는데, 이해조는 일기나 회고 등을 남기지 않아 작가의 내적 심리를 파악하기엔 어려운 점이 많다. 하지만 『매일신보』 시절 이해조의 심리 상태를 짐작할 수 있는 자료가 있어 소개하고자 한다. 1912년 '신해음사(辛亥唫社)'에서 간행한 『신해음사 신해집(辛亥唫社 辛亥集)』에는 이해조의 한시 두 편이 수록되어 있는데, 이는 『매일신보』 연재 시절 작가의 심경을 이해하는 데 얼마간의 단초를 제시하고 있다.

'신해음사'는 친일파 귀족 이기용(李埼鎔)이 출자하고 이재극(李載克), 안왕거(安往居), 정운복(鄭雲復), 이해조(李海朝), 선우일(鮮于日), 이철주(李喆柱) 등이 발기하여 1911년 11월 10일 설립하였는데, 1910년대 보수반동운동의 분위기 속에서, '이문회(以文會)', '문예구락부(文藝俱樂部)' 등과 함께 1910년대 친일적 성향을 띤 구지식인들의 문예활동을 대표하는 단체 중 하나이다.[235] 특히 정운복, 이해조, 선우일 등 『매일신보』 참여 인물들이 발기인으로 참여하고 있다는 특징이 있다.

---

235 이에 대해서는 다음의 논문을 참조할 것. 강명관, 「일제 초 구 지식인의 문예활동과 그 친일적 성격」, 『창작과 비평』 62, 1988, 155쪽.

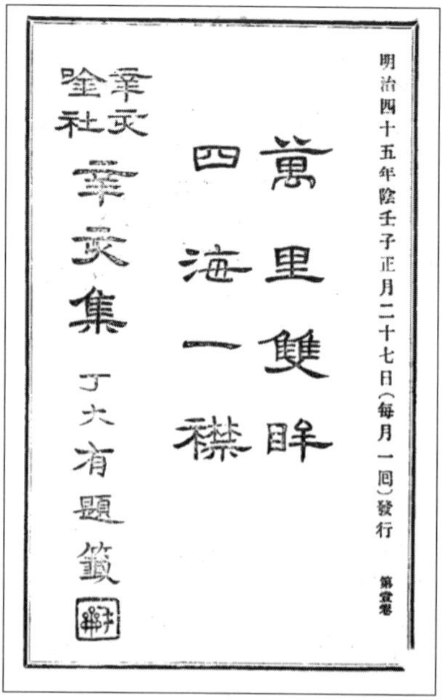

萬里雙眸 四海一襟

明治四十五年陰壬子正月二十七日(每月一回)發行 第壹卷

辛亥唫社 辛亥集

丁大有題籤

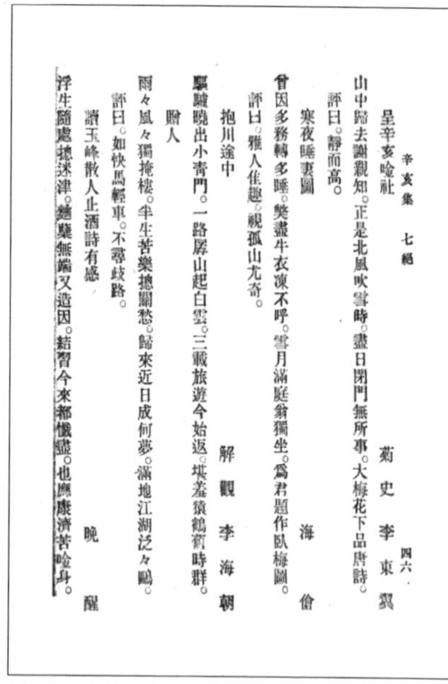

辛亥集 七絕 四六

呈辛亥唫社 菊史 李東翼

山中歸去謝親知。正是北風吹雪時。盡日閉門無所事。大梅花下品唐詩。

評曰。靜而高。

寒夜睡妻圖 海儈

曾因多務轉多睡。奬盡牛衣凍不呼。雪月滿庭翁獨坐。爲君題作臥梅圖。

評曰。雅人佳趣。覩孤山尤奇。

抱川途中 解觀 李海朝

驪驢曉出小靑門。一路孱山起白雲。三載旅遊今始返。堪羞猿鶴罪時群。

贈人

雨々風々獨掩樓。半生苦樂摠關愁。歸來近日成何夢。滿地江湖泛々鷗。

評曰。如快馬輕車。不尋歧路。

讀玉峰散人止酒詩有感 晚醒

浮生隨處摠迷津。麴糵無端又造因。結習今來都懺盡。也應康濟苦唫身。

(좌) 『신해음사 신해집』(1912)의 표지
(우) 『신해음사 신해집』에 수록된 이해조의 한시(漢詩) 두 편.

‘신해음사(辛亥唫社)’는 안왕거(본명 안택중)[236]가 편집을 맡고, 시집이 간행되던 해의 간지를 시집의 제목에 추가하여 『신해음사 ○○집(集)』이라는 형태의 한시집을 꾸준히 발간하였다. 『신해음사』는 ‘시학부흥’을 목표로 한시 창작에 관심이 있는 전국 각지 독자들의 투고를 받고, 그에 대한 짤막한 평을 실어 독자들의 큰 호응을 얻었다. 다만 『신해음사』는 정치의사를 포함한 시는 받지 않겠다는 의지를 분명히 함으로써 일제의 식민통치에 대한 저항, 풍자 등이 스며들 소지를 완전히 제

236 신상필은 『신해음사(辛亥唫社)』의 편집장인 안왕거(安往居)가 법관양성소 교수, 한성사범학교 부교관, 외국어학교 교관, 수학원 교관을 지낸 안택중(安宅重)임을 밝힌 바 있다. 자세한 내용은 다음의 논문을 참조할 것. 신상필, 「근대한문학의 성격과 신해음사」, 『한문학보』 22, 2010, 115~119쪽 참조.

거하고, 그간 소외받던 구지식인들을 위로하고 현실과는 관계없는 '음풍농월'이나 '문자유희'의 장을 제공하는 역할을 하였다.[237] 1912년 3월 15일 처음으로 발간된 『신해음사 신해집(辛亥集)』에는 안국선, 유길준, 장지연, 권상로, 한용운, 이보상, 권도용 등 유명 인사들의 축시가 채워졌는데, 그 중 이해조의 한시 두 편이 수록되어 있다.

「抱川途中」

驅驢曉出小青門. 一路孱山起白雲. 三載旅遊今始退. 堪羞猿鶴舊時群.

「贈人」

雨々風々獨掩樓. 半生苦樂摠關愁.歸來近日成何夢. 滿地江湖泛々鷗.

評曰. 如快馬輕車. 不尋岐路.[238]

이해조가 남긴 이 두 편의 한시는 대강 다음과 같은 의미로 해석될 수 있겠다.[239]

「抱川途中」

237 강명관, 앞의 글, 155~159쪽 참조.

238 해관(解觀) 이해조(李海朝), 『신해음사(辛亥唫社) 신해집(辛亥集)』, 1912, 46쪽.

239 한시의 해석에는 고전시가 전공이신 윤덕진 선생님의 도움을 얻었다. 이 자리를 빌려 감사의 인사를 드린다.

말을 몰아 새벽에 소청문(동소문)을 나서니
일로의 험한 산에 흰 구름이 일어난다.
3년 동안 떠돌다가(나그네 생활하다) 이제야 비로소 물러나니
옛날에 무리지어 어울렸던 원숭이와 학에게 못내 부끄러워하도다.

* 원숭이와 학은 은자가 거처하는 산 속에서 어울려 사는 존재로 공치규의 〈북산이문〉에서 유래.

「贈人」

비바람이 몰아쳐 홀로 문을 닫고 있자니
반평생 고락은 모두 시름을 일으킨다네.
돌아와서 요사이에 무슨 꿈을 꾸는가?
온 땅에 가득 찬 강과 호수에 둥둥 떠 있는 갈매기라네.

* 요사이에 무슨 꿈을 꾸냐면 강과 호수에 둥둥 떠 있는 갈매기 꿈을 꾼다는 말. 즉 갈매기와 벗하여 은거하며 유유자적하는 삶을 살고 싶다는 말.

평하여 말하였다. 달리는 말과 가벼운 수레가 샛길을 찾지 않음과 같다.

『신해음사 신해집』에 실린 이해조의 한시 두 편은 1912년 무렵 『매일신보』에서 활동하던 이해조의 심경을 얼마간 짐작 가능케 한다. 두 작품 모두 일반적인 강호한정(江湖閑情)의 의미를 담고 있지만, 행간에

담긴 작가의 심경이 예사롭지 않다. 이해조는 병합 직후부터 총독부 기관지 『매일신보』에서 활발한 작품 활동을 하고 있었지만, 그의 마음은 항상 고향을 향하고 있었으며 유유자적하는 삶을 꿈꾸고 있었던 것으로 보인다.

「포천도중(抱川途中)」에서 포천은 이해조의 고향이다. 제목에서 짐작할 수 있듯이, 이 작품은 『신해음사』의 창간을 축하하는 축시의 성격과는 거리가 멀다. 자신의 고향인 포천을 직접적으로 드러낸 것으로 보아, 이 시가 이해조 자신의 개인적인 심경을 노래하고 있다는 것을 알 수 있다. 새벽에 말을 타고 '소청문'[240]을 나서서 고향인 포천으로 향하는 화자는 서울에서 지내던 삼 년이라는 시간을 떠돌이의 삶으로 인식하고 있다. 이제야 비로소 물러난다고 했으니 그에게 지난 삼 년간 지내온 서울은 진작 떠나야 했던 곳이며, 고향인 포천은 그에게 돌아가고 싶은 이상적 공간이자 안식처인 셈이다. 화자는 서울에서 보낸 지난 삼 년간의 삶이 옛날에 어울렸던 원숭이와 학, 즉 고향의 동료들에게 부끄러운 것이었다고 고백한다.

이해조가 『매일신보』에 처음 작품 연재를 시작한 것이 1910년 10월이니 1912년은 햇수로 따지면 삼 년째가 되는 해이다. 또한 1912년은 신소설과 판소리 산정을 동시에 연재하며 가장 정력적인 작품 활동을 하고 있었던 시기이다. 따라서 이 시에서 말하는 지난 삼 년간의 서울 생활, 즉 떠돌이의 삶은 아무래도 강제병합 이후 『매일신보』에서 활동하던 시기를 의미하는 것으로 보인다. 이해조는 1912년 3월 무렵 『매일신보』에서 작품 연재에 몰두하고 있었지만, 그럼에도 불구하고 그

240 현재 성북구에 동소문동에 위치한 서울 8대문 중 하나로 동소문, 혜화문이라고도 불렸다.

의 마음은 항상 고향인 포천을 향하고 있었던 셈이다. 이러한 심리의 근원에는 '부끄러움'이 자리 잡고 있었던 것으로 여겨진다. 이 시에서 포천은 원래 자신이 있던 자리이며, 방황하던 삶을 마치고 다시 돌아가야 할 안식처이기도 하다. 그곳에 함께 있던 사람들에 대한 '부끄러움'은 한창 『매일신보』에서 작품 활동을 하던 당시 이해조의 심경을 이해할 수 있는 중요한 단서가 된다.

「증인(贈人)」에서 드러나는 작자의 심경 역시 크게 다르지 않다. 비바람이 몰아치는 가운데 홀로 문을 닫고 있는 모습은 나라를 빼앗긴 상황에서도 홀로 소설 세계에 침잠(沈潛)해 있는 이해조 자신을 연상시킨다. 하지만 그의 마음은 시름에 가득 차 있으며, 항상 갈매기와 벗하며 유유자적하는 삶을 살기를 꿈꾸고 있다. 1912년 무렵 이해조는 『매일신보』에서 가장 왕성한 작품 활동을 하고 있었지만, 그의 내면은 항상 고독하고 외로웠으며 현재의 삶을 벗어나고 싶어 했음을 짐작할 수 있다.

이 두 편의 한시는 항일과 친일이라는 양 극단의 경계, 그 사이에 머물렀던 한 작가의 심리 상태를 여실히 보여준다. 애국계몽운동의 최전선에서 다양한 작품 활동과 교육·계몽사업 등을 실천했던 이해조가 총독부 기관지인 『매일신보』에서 소설 연재를 이어갈 것을 결심했을 때 과연 그는 어떠한 생각을 했던 것일까? 전업 작가인 그에게 유일하게 허락된 소설 연재 지면을 포기하기는 쉽지 않았을 것이다. 또한 자신의 소설을 통해 교육과 계몽을 여전히 지속할 수 있다는 낙관적인 기대 역시 일부 포함되었을 것이다. 하지만 원하던 소설을 쓰면서도 마음 속 깊숙이 남아 있는 '부끄러움'은 쉽게 지워지지 않았다. 어쩌면 그는 결국 신문연재소설이란 매체의 프레임에 종속될 수밖에 없는 운명이며, 주체가 결여된 근대화는 결국 제국주의의 함정에 빠질 수밖에 없다는 사실을 이미 짐작하고 있었을지 모른다.

결국 이해조는 「우중행인(雨中行人)」을 마지막으로 『매일신보』를 떠나게 된다. 3년 남짓한 시간 동안 11편의 신소설과 4편의 판소리 산정을 연재하였던 이해조의 자리는 조중환, 이상협 등의 번안소설 작가에 의해 대체되었다. 1913년 5월 이해조가 『매일신보』를 떠나자, 즉시 조선총독부 경무국은 이해조의 작품 중 『철세계(鐵世界)』와 『자유종(自由鐘)』을 금서(禁書)로 지정하고 출판을 금지하였다.[241] 물론 『화성돈전(華盛頓傳)』의 경우 강제병합 직후 대부분의 역사전기소설과 함께 불허가출판물로 지정되었지만,[242] 『철세계』와 『자유종』의 경우 이해조가 『매일신보』를 퇴사한 직후 불허가출판물로 지정되었는데 이는 이해조의 『매일신보』 소설 연재 및 퇴사와 관련이 있는 것으로 보인다. 특히, 『자유종』의 경우 이해조의 소설 중 대한제국의 자강과 독립을 바라는 작가의 목소리를 가장 직접적인 방식으로 표현한 작품이다. 그럼에도 불구하고 『자유종』과 『철세계』는 꽤나 오랜 시간 동안 총독부의 검열로부터 자유로운 상태였는데, 이는 이해조를 『매일신보』의 지면으로 끌어들여 지속적인 작품의 연재를 맡도록 하기 위한 회유책의 일환이었던 셈이다. 총독부는 이해조가 『매일신보』에서 퇴사하자마자 미루

241 『자유종(自由鐘)』은 1913년 7월 3일, 『철세계(鐵世界)』는 1913년 7월 19일에 각각 불허가출판물로 지정되었다. 『월간 신동아』 편집실 편, 『일정하(日政下)의 금서(禁書) 33권(卷)』, 동아일보사, 1980, 259쪽.

242 『화성돈전(華盛頓傳)』은 1910년 11월 16일 『을지문덕』, 『이태리건국삼걸전』, 『갈소사전』, 『파란말년전사』, 『미국독립사』, 『애급근세사』 등과 함께 출판금지되었다. 위의 책, 257쪽.

어 두었던 이들 두 작품을 불허가출판물로 지정했는데, 이로 미루어 보아 이해조와 총독부 또는 『매일신보』 편집진 사이에 어떠한 갈등이 있었을 것으로 짐작된다. 앞서 논의한 두 편의 한시는 이러한 갈등의 근본적인 원인을 추정할 수 있는 소중한 단서가 된다.

2. 『매일신보(每日申報)』 이후 이해조 문학의 향방

「우중행인」을 마지막으로 『매일신보』에서 퇴사한 이해조는 당대 공론장의 중심에서 벗어나 주로 고향인 포천에 머물며 1927년 숨을 거둘 때까지 몇 편의 단행본만을 출간하였다. 서양추리소설을 번역한 『누구의 죄』, 전통 가곡을 정리한 『(정선(精選))조선가곡(朝鮮歌曲)』, '역사소설'의 새로운 가능성을 모색한 『홍장군전(洪將軍傳)』과 『한씨보응록(韓氏報應錄)』, 기생의 자살이라는 당대적 이슈를 소설화한 『여(女)의귀(鬼)강명화전(康明花傳)』, 『여(女)의귀(鬼)강명화실기(康明花實記)』가 그것이다. 특징적인 것은 『매일신보』 퇴사 이후에는 더 이상 '신소설'을 쓰지 않았으며, 또 다른 다양한 문학적 글쓰기 실험을 보여주고 있다는 점이다. 그렇다면 왜 이해조는 자신의 전문 분야라고 할 수 있는 신소설 집필을 더 이상 하지 않았던 것일까? 그 이유에 대해서는 몇 가지 가능성을 짐작해 볼 수 있다.

우선 이해조가 『매일신보』 내 소설 연재 과정에서 자신의 신소설이 지닌 한계를 분명히 인식하고 있었을 가능성이 높다. 강도 높은 '서사성'을 중심으로 한 '풍속개량'이 더 이상 새로운 소설의 가치를 지닐 수 없게 된 사정을 직감한 그에게 더 이상의 신소설 창작은 의미가 없었을지 모른다. 또한 애초에 이해조의 신소설이 신문 연재를 기반으로 삼아 출발했던 사실을 기억한다면 신문이라는 매체의 지면에서 벗어난 이상 구태여 신소설이라는 양식에 집착할 필요가 없었던 것으로도 볼 수 있다. 토론체 소설인 『자유종』, 번역소설인 『화성돈전』과 『철세계』가 모두 신문 연재를 거치지 않고 바로 단행본으로 출간되었다는 사실 역시 이러한 사정을 짐작케 한다. 그리고 신문이나 잡지에 수록된 소설이 주로 근대적 가치에 익숙한 새로운 독자층과 상호 결합하고 있었던 것과는 달리, 단행본 소설이 주로 전대의 이야기 방식에 익숙한 전통적 독자층을 겨냥하고 있었던 점도 영향을 미쳤을 것이다.

『누구의 죄』는 1913년 6월 5일 보급서관에서 발행되었다. 표지에는 '신소설'이라는 표제가 붙어 있으며, 본문의 첫 머리에는 '은국산인(隱菊散人)'이라는 필명이 표기되어 있다. 판권지를 보면 '편집 겸 발행자(編輯兼發行者)'에 보급서관의 사주인 김용준(金容俊)의 이름이 게재되어 있다. 일찍이 김태준은 이 작품을 이해조의 것으로 제시한 바 있으며,[243] 이용남이나 최원식 역시 그렇게 정리하고 있다. 1918년 '오거서창(五車書廠)'에서 간행된 『화(花)의혈(血)』(재판)의 판권지에 수록된 '지급광고(至急廣告)'에는 『누구의 죄』가 이해조의 저작임을 보여주는 단서가 있어 눈길을 끈다.[244]

---

243 김태준, 박희병 교주, 『(교주)증보조선소설사』, 한길사, 1990, 230쪽.

244 이 '지급광고(至急廣告)'는 1918년 오거서창에서 간행된 『홍장군전(洪將軍傳)』의 판권지에

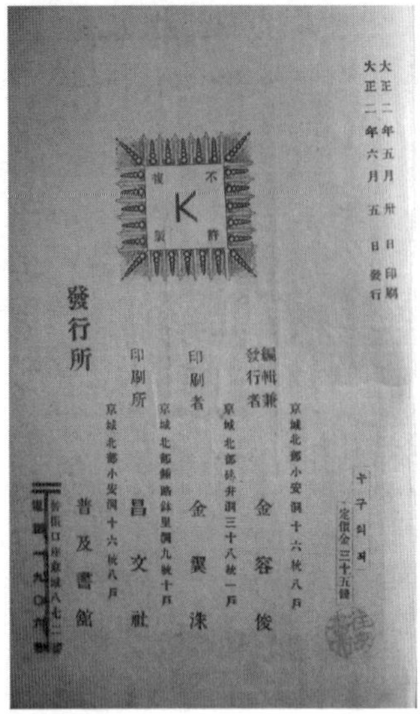

『누구의 죄』의 표지와 판권지
(보급서관, 1913, 함태영 박사 소장)

○ 普通高等學生과 一般官廳試驗者의 必要흔 日鮮文作文法과 現時代交際에 羅針盤되는 日鮮對譯漢語速成과 朝鮮古代英雄 洪將軍傳, 韓氏報應錄 兩種小說을 著述大家 李海朝氏가 特別編輯ᄒ고 花의血, 雙玉笛, 鬢上雪, 누구의 죄 四種小說도 李海朝氏가 一新校正ᄒ야 本廠에셔 印刷發行 ᄒ오니[245]

위 광고문에 따르면 이해조가 출판에 관여한 것으로 보이는 책은 『일선문작문법(日鮮文作文法)』과 『일선대역한어속성(日鮮對譯漢語速成)』, 『홍장군전』, 『한씨보응록(韓氏報應錄)』, 『화의혈』, 『쌍옥적(雙玉笛)』, 『빈상설(鬢上雪)』, 『누구의 죄』까지 총 8권이다. 대부분이 이해조의 저작으로 확인된 것들이니 『누구의 죄』 역시 이해조의 작품일 가능성이 높다.[246]

도 동일하게 수록되어 있다.

245 『화(花)의혈(血)』, 오거서창(五車書廠), 1918.

『누구의 죄』는 세계 최초의 장편 추리소설인 에밀 가보리오(Émile Gaboriau)의 『르루주 사건(*L'Affaire Lerouge*)』(1863)을 원작으로 삼았으며, 구로이와 루이코(黑岩淚香)가 일본어로 번안한 것을 다시 한국어로 옮긴 것이다.[247] 이해조가 이미 1908년 '정탐소설' 「쌍옥적」을 『제국신문』에 연재하여 한국 추리소설의 서막을 열었던 사실을 떠올린다면 『누구의 죄』라는 서양 추리소설의 번안은 매우 자연스러운 일일 뿐더러, 그의 문학적 취향이 다양한 분야에 미치고 있었음을 확인할 수 있는 근거가 된다.

작품의 대개는 과부 구소사의 끔찍한 살인사건을 중심으로 판사 다부톤과 탐정 지구론 및 가부루, 사도 노무 등이 사건의 실마리를 풀어가는 과정으로 이루어져 있다. 이 작품은 원작의 분위기를 최대한 그대로 살리고자 노력하고 있지만 번역보다는 번안에 가깝다. 특히, 작품의 마지막 부분에는 서술자가 필명인 은국산인을 직접적으로 노출시키며 이 작품을 저술한 취지를 밝히고 있어 눈길을 끈다.

> ᄯᅩ 이 협회가 실ᄃᆡ로 일을 ᄒᆞ야가는ᄃᆡ 뎨일 먼져 ᄒᆞᆫ 일은 그 협회의 목젹을 인쇄ᄒᆞ고 ᄯᅩ 이 이약이ᄅᆞᆯ 쳠부ᄒᆞ야 ᄆᆞᆫ국에 의로은 샤ᄅᆞᆷ들에게 노누와 쥬엇는데 역슐자 은국산인도 우연히 한 권을 엇은고로 둔삽ᄒᆞᆫ ᄇᆞᆺ으로 이러케 쟝황ᄒᆞ게 긔록ᄒᆞ얏노라 이즘 불란셔 신문의 보도ᄒᆞᄂᆞᆫ 것을 본즉 지구론과 다부톤은 ᄉᆞ형폐지의 쥬의ᄅᆞᆯ 연셜ᄒᆞ면셔 셰게ᄅᆞᆯ 도라단이자 쥬챵ᄒᆞ고 다부톤은 셔편 남북아메리카로 향ᄒᆞ야 츌발ᄒᆞ고 지구론은 동편 아세아로 향ᄒᆞ야 ᄯᅥ낫다 ᄒᆞ니 우리들

---

246 필자가 직접 확인하지 못하였으나, 『누구의 죄』 재판(박문서관, 1921)에는 '해관(解觀) 산정(刪正)'이라는 저작표기를 명기해 두었다고 하였다. 박진영, 『번역과 번안의 시대』, 소명출판, 2011, 221쪽.

247 박진영, 위의 책, 221~222쪽.

도 독자 여러분과 갓치 더머리진 노인의 열심히 ᄒᆞ는 연셜을 필연 이삼년 안에 드르리라 ᄒᆞ노라[248]

사도 노무는 지구론에게 보낸 유서를 통해 다시는 잘못된 재판으로 인한 억울한 죽음이 없도록 '만국사형제폐지협회'를 설립하여 활동해 줄 것을 부탁한다. 지구론은 사도 노무의 뜻을 받아 협회를 설립한 뒤, 협회의 목적을 인쇄하고 이러한 이야기를 만국의 의로운 사람에게 나누어 주었다고 한다. 이해조는 이러한 과정에서 얻은 한 권의 책을 이처럼 기록하였다며 이 책의 저술 계기를 알리고 있다. 하지만 이는 실제가 아니다. 이해조는 원작 소설의 허구적 이야기를 마치 실제로 있었던 사실인 것처럼 포장하여 독자들에게 여운을 남기고자 하였는데, 이 같은 대목은 이 작품이 단순한 번역에 그치지 않음을 보여주는 사례이다.

『(정선)조선가곡』은 1914년 11월 7일 '신구서림'에서 출판되었다. 여기에는 '저작 겸 발행자(著作兼發行者)'가 신구서림의 사주인 지송욱으로 되어 있고 본문 앞에는 '박춘재 구술(朴春載 口述)'이라고만 기재되어 있어 이해조의 저작임을 알기 어렵다. 하지만 1924년에 신구서림에서 간행된 3판의 판권지에는 '저작자 이해조(著作者 李海朝)', '발행자 지송욱(發行者 池松旭)'라고 표기되어 있어, 이해조의 저작임을 분명히 확인할 수 있다.[249]

248 은국산인(隱菊散人), 『누구의 죄』, 보급서관, 1913, 187쪽.

249 초판의 경우 이창희가 펴낸 『정선조선가곡』(다운샘, 2002)에 원본이 부록으로 수록되어 있으며, 3판은 서강대학교 로욜라도서관에서 원문DB 서비스를 제공하고 있다.

『(정선)조선가곡』은 이해조의 음악에 대한 관심과 영역이 매우 폭넓게 자리하고 있었음을 보여주는 중요한 텍스트이다. 예컨대 이해조는 이전에 발표한 신소설 작품들에서도 음악에 대한 관심을 부분적으로나마 표현한 바 있다. 상술한 것처럼 「구마검」에서는 금방울의 〈진배송〉, '최씨부인의 〈자탄가〉 등의 노래를, 「만월디」에서는 이 시기 장례문화의 일면을 살필 수 있는 '상여소리'를 구체적으로 재현해 내고 있으며, 「쌍옥젹」에서는 단소와 초금이라는 악기를 서사 전개의 필수적인 소품으로 등장시키는 한편 '영산회상', '상영산오장' 등 악곡에 대한 관심 또한 드러낸다. 또한 「모란병」에서는 당시 기방에서 불리던 노래와 춤의 레퍼토리를 줄줄 읊어대고, 색주가에서 불리던 잡가와 '조 있는 노래'를 대비시켜 재현함으로써 음악에 대한 깊은 관심을 표현한 바 있다. 뿐만 아니라 『매일신보』에 연재된 판소리 산정은 당시 명창의 구술을 통해 전해지는 판소리 텍스트를 '산정(刪正)'하여, 판소리가 지닌 서사적 요소와 음악적 요소를 동시에 근대적 읽기 텍스트로 전환시키고자 했다. 이는 이해조가 지닌 음악에 대한 관심을 가장 적극적으로 드러낸 사례이자, 구술 텍스트의 시각 텍스트로의 전환이라는 점에서 『(정선)조선가곡』과 그 맥락을 같이 한다. 『(정선)조선가곡』은 구술자 박춘재의 음성으로 전해지는 가곡 텍스트를 한글과 한자를 병기하여 '산정'하였는데, 이는 이러한 작업이 가창을 위한 것이라기보다 효과적인 읽기를 전제로 삼고 있다는 점을 짐작케 한다.

그리고 『(정선)조선가곡』은 서두에 수록된 조선가곡의 목록을 제시하고 있다. 이 목록은 이해조의 '산정'이 어떠한 지향점을 목표로 삼고 있었는지를 이해하는 데 도움을 준다. 전체의 목록은 작가의 활동 시

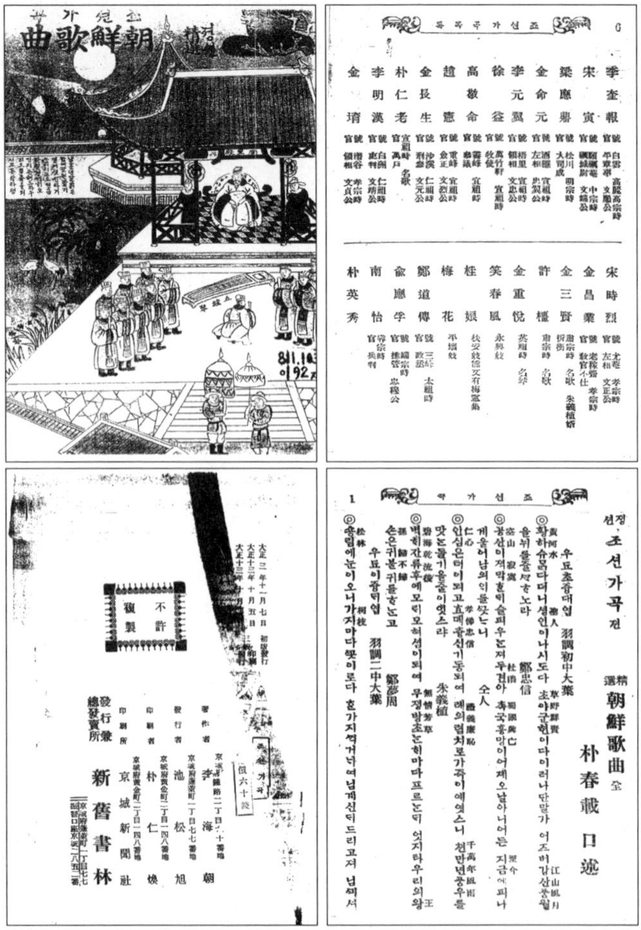

왼쪽 위부터 시계방향으로 『정선조선가곡』
(3판, 신구서림, 1924, 서강대 로욜라도서관 소장)의 표지, 목록, 본문, 판권지.

기나 작품의 발표 시기를 따르지 않고, 우조·계면·우평조·계평조·평지름·사설지름·가사의 순서로 정리되어 있다. 또한 각각의 장은 초중대엽·이중대엽·삼중대엽 등으로 세분화되어 있다. 이러한 작품의 배치를 통해 이 가곡집이 음악적 요소를 매우 중요하게 생각하고 있음을 알 수 있다. 또한 이 목록에는 수록된 작품들의 작가들을 나열되어 있으며, 작가들이 활동한 시대와 호(號), 관(官)을 함께 기록하고 있다는 점이 특징적이다. 이러한 측면은 음악적인 요소는 물론 각각의 작품들의 역사·문화적 배경을 함께 제시하려는 의도와 관련이 있다.

이렇듯 『(정선)조선가곡』은 전통 가곡에 대한 당대적 문화적 관심을 반영하는 한편, 우리의 전통 가곡을 '정선'하여 후세에게 남기려는 의도와 관련이 있다. 『(정선)조선가곡』은 가곡, 시조, 가사와 같은 정악에 속하는 성악곡, 즉 한국 전통 음악에 있어 정가(正歌)로 포함되는 모든 장르 양식을 끌어안고 있는 가집이다. 이는 곧, 『(정선)조선가곡』이 잡소리를 사용하지 않고, 화려한 멋을 부리지 않으며, 법도를 지켜 자유로운 감정의 표현을 엄격하게 금하는 것이 원칙인 정가의 미의식을 기반으로 생성된 가집임을 말해준다.[250] '신구서림'은 『(정선)조선가곡』을 출판하기 한 달 전인 1914년 10월 『신구시행잡가(新舊時行雜歌)』을 발행하였다. 동일한 출판사에서 비슷한 시기에 '가곡'과 '잡가'를 구분한 가집이 편찬되었다는 사실은 각각의 책이 수록한 텍스트의 장르적 차이를 분명하게 인식한 상태에서 기획된 것이라는 점을 짐작케 한다.[251] 따라서 이해조의 『(정선)조선가곡』의 편찬은 대중적 유행가인 '잡가'와는 달리 고상하고 품격 있는 '정가'를 대상으로 삼고 있으며, 이러한 특징은 전통적인 문화유산을 보존 계승하려는 의식과 일정한 관련이 있음을 알 수 있다. 결국 『(정선)조선가곡』은 특히 '판소리 산정'과 더불어 저

250 윤설희, 「20세기 초 가집 『(정선(精選))조선가곡(朝鮮歌曲)』 연구」, 성균관대 박사논문, 2007, 71쪽.
251 위의 글, 65~66쪽.

작자 이해조의 음악에 대한 관심이나 창극·유성기와 같은 당대의 공연 문화 및 매체, 구술문화의 근대적 독서물로의 전환, 전통 문화의 보존과 계승 등을 이해할 수 있게 하는 중요한 텍스트 중 하나인 것이다.

『홍장군전(洪將軍傳)』과 『한씨보응록(韓氏報應錄)』은 『매일신보』 퇴사 이후 이해조 소설 세계의 변모가 극명하게 드러나는 작품이다. 먼저 『홍장군전』은 1918년 5월 27일 오거서창에서 상하권으로 발행되었으며, 판권지에는 '저작 겸 발행자 이해조(著作兼 發行者 李海朝)'라고 표시되어 있어 이해조의 저작임을 분명히 확인할 수 있다. 『한씨보응록』의 경우 판권지가 유실되어 정확한 출판서지를 확인하기 어려우나 『홍장군전』 판권지에 포함된 '지급광고(至急廣告)'의 내용으로 미루어 볼 때 오거서창에서 같은 해에 출간된 것으로 보인다.

이 두 작품은 모두 지금까지 출판되었던 이해조 소설이 주로 '신소설(新小說)'이라는 표제를 달고 있었던 것과는 달리 '고대소설(古代小說)'이라는 표제를 부기하고 있으며, 회장체 구성을 띠고 있다. 또한 띄어쓰기나 발화자 표기, 대화지문 구분이 되어 있지 않으며, '각설', '차설' 등의 고소설의 화제 전환 수법을 사용하고 있다. 따라서 이 작품은 주로 고소설 독자들의 취향을 만족시키기 위한 의도로 저술된 것임을 짐작할 수 있다.

이들 작품은 모두 세조정변의 두 주역이었던 홍윤성과 한명회를 각각 주인공으로 삼아 이를 영웅서사의 구조로 조직하고 있는데, 역사적 사건과 인물을 바탕으로 여기에 풍부한 작가적 상상력을 발휘하고 있다는 특징을 지닌다. 세조정변은 어린 조카를 내치고 왕위를 찬탈한 전통적인 유교윤리 안에서는 용납되기 어려운 비극적 사건이었지만,

(좌) 『홍장군전』의 표지(오거서창, 1918)
(우) 『한씨보응록』의 표지(오거서창, 1918)

기존의 질서나 체제에 순응하지 않고 개인적 욕망을 극단적으로 표출하였다는 점에서 드라마틱한 요소가 강하게 내재되어 있다.[252] 이해조는 이러한 세조정변이 지닌 극적인 요소에 주목하고, 여기에 허구적 상상력을 풍부하게 결합시키는 방식으로 소설화했다. 작가는 세조정변에 대한 기존의 부정적인 평가와는 달리 평가를 유보하거나 긍정적인 시각을 언뜻 보이기도 하는데, 이는 역사적 대상을 낯설게 파악하고자 하려는 작가적 취향과 관련이 있으며, 봉건적인 체제와 질서에 대한 반감의 표현일 수도 있다. 세조는 왕이 될 수 없는 운명을 타고 났지만 과정이 어찌되었든 이를 자신의 능력을 통해 극복한 인물이다.

---

252 세조정변은 이후에도 박종화의 「목매이는 여자」, 이광수의 『단종애사』, 김동인의 『대수양』 등으로 소설화 되었으며, 최근까지도 영화, 연극, 드라마 등의 소재로 활용되고 있다.

또한 자신의 처지가 그러했듯 신분질서로부터 비교적 자유롭게 인재를 등용하여 자신의 목표를 달성할 수 있었다.

소설 속 홍윤성과 한명회는 미천한 신분이었으며 모두 도덕적으로 완벽한 인물이 아니다. 가령 작가는 역사 속 홍윤성이 문과에 급제한 인물임에도 불구하고 그러한 내용을 생략하고 오직 무력이 출중한 장수로 형상화 하였다. 소설 속 홍윤성은 술을 좋아하여 여러 차례 살인을 저질렀으며, 한명회는 부모의 분묘를 훼손한 송아지를 쏘아죽이고 도적에게 납치된 여성을 범하고 책임을 지지 않는 등 불완전한 인물로 묘사되어 있다. 그럼에도 불구하고 이들 주인공은 봉건적 체제 질서 속에서 결국 성공한 인물로 묘사된다. 또한 이들 작품은 모두 세조정변의 과정에서 이루어진 이들의 활약보다 평범한 개인이 자신의 능력을 발휘하게 되는 과정에 초점을 맞추고 있다. 작가는 그간 혹독한 비판을 받아왔던 세조정변에 대한 자신의 입장 대신 개인의 욕망과 그것의 성취 과정을 부각시키고자 했는데, 홍윤성과 한명회는 불우하거나 혹은 평범한 개인이 시대적 한계를 넘어 자신의 능력을 극대화시킨 인물로 적합했던 것이다. 결국 작가는 역사적 사실에 의존하기보다는 이들 주인공과 관련된 다양한 설화를 채록하고 여기에 소설적 상상력을 풍부하게 결합시키고자 했다. 이러한 측면은 기존의 역사전기소설이 지닌 정론성과는 달리 역사와 소설의 결합에서 발생할 수 있는 새로운 가능성을 제시하였다는 점에서 의미가 크다.

1923년 기생 강명화의 자살 사건은 당시 조선 사회에 커다란 화제가 되었다.[253] 이해조는 이 비극적인 강명화의 이야기를 소재로 하여 『강

---

253 기생 강명화의 음독자살은 당시 근대적 연애 담론의 한 측면을 형성하였으며, 기사・소

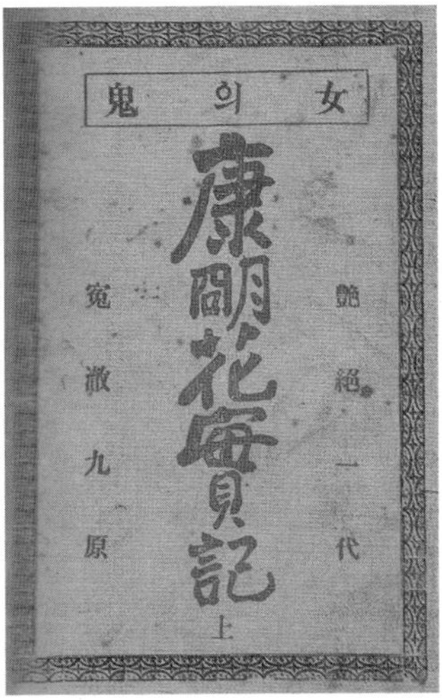

『강명화실기』 상권의 표지
(『한국의 딱지본』(범우사, 1999)에서 재인용)

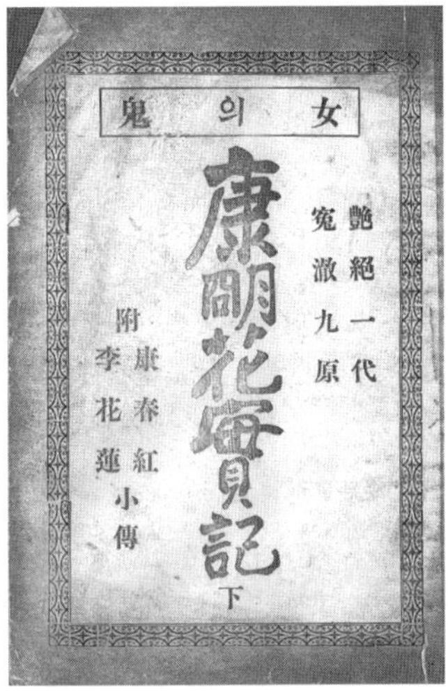

『(여의귀)강명화실기』 하권의 표지
(회동서관, 1926, 동덕여대 춘강학술정보관 소장)

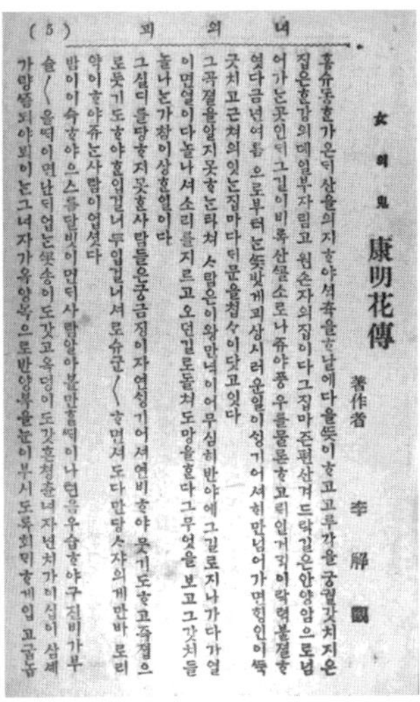
(5) 녀의긔

女의鬼 康明花傳 著作者 李解觀

홍슈동호가온디 상을의지호야셕축을호날에다을뜻이호고고루가을궁궐갓치지온
집은호남의제일부자림고 원손자의집이다그집마즌편산거드락길은안양암으로넘
어가논곳인디그길이비록산골소로나쥬야풍우를물론호고리인거긱이락력불졀호
엿다금년여름으로부터논뜻밧게괴상시러운일이싱기어셔히만넘어가면힝인이뚝
긋치고근처의잇논집마다디문을첩〃이닷고잇다
그곡졀을알지못호논타처 스람은이왕만녁이어무심히반야에그길로지나가다가열
이면열이다놀나셔소리를지르고오던길로돌처도망을호다그무엇을보고그갓치들
놀나논가참이상호일이다
그십디를당호지못호사람들은궁금징이자연싱기어셔연비호야 뭇기도호고죽졀으
로뭇기도호야호입걸너두입걸너셔로슈군〃호면셔도다만당스쟈의게만바 로리
약이호야쥬논사람이업셧다
밤이이슉호야으스름달빗이먼디사람알아볼만홀써이나면음우습호야구진비가부
슬〃올떡이면난디업논옷송이도갓고옥덩이도갓혼청춘녀자년치가이십이 삼세
가량쯤되야뵈이논그녀자가옥양목으로반양부을눈이부시도록회미호게입고굽놉

『강명화전』의 표지와 본문
(회동서관, 1927, 국립중앙도서관 소장)

설 · 노래 · 영화 등 다양한 텍스트로 구현되었다. 자세한 내용은 다음의 논문을 참조할 것. 황지영, 「근대 연애 담론의 양식적 변용과 정치적 재생산－강명화(康明花) 소재 텍스트 양식을 중심으로」, 『한국 문예비평 연구』 36, 2011, 505～536쪽 참조.

명화실기(康明花實記)』라는 작품을 발표하였다. 이 작품은 실제로 있었던 사건을 기반으로 창작되었다는 점에서 지금까지의 이해조 소설과는 또 다른 특징을 지닌다. 『강명화실기』는 일찍이 임화가 이해조의 저작으로 언급한 이후, 별다른 의심 없이 이해조의 것으로 알려져 왔다.[254] 이후 하동호의 논문에서 『강명화실기』가 해관(解觀) 이해조(李海朝)의 작품이며, 1925년 1월 18일 초판, 1926년 2월 8일 재판이 회동서관에서 발행되었음을 정리한 바 있다.[255] 또한 이용남은 하동호 소장본을 참고하여 작품의 서지를 확인하고, 이 작품이 강명화, 강춘홍, 이화련 세 기생의 이야기를 다루고 있음을 상세히 밝히고 있다.[256]

현재 동덕여자대학교 춘강학술정보원에는 『강명화실기(康明花實記)』 下편이 소장되어 있다. 이를 확인해 보니 1926년 2월 8일에 재판 발행된 것이며, 1925년 1월 18일 초판이 발행되었음을 알 수 있었다. 이 책에는 강명화의 이야기와 함께 부록으로 강춘홍(康春紅)과 이화련(李花蓮)의 '소전(小傳)'이 포함되어 있다. 또한 판권지에는 "저작 겸 발행자 이해조(著作兼 發行者 李海朝)"가 표기되어 있으며, 본문 첫 페이지에도 "저작자 이해관(著作者 李解觀)"이라고 표시하여 이해조의 작품임을 명확하게 밝히고 있다. 따라서 이 책은 이용남이 정리한 하동호 소장본과 정확하게 일치함을 알 수 있다. 하지만 하동호와 이용남은 이 책이 『강명화실기』의 하편임을 누락하고 있어, 『강명화실기』가 상 · 하편으로 분리되어 있는 작품임을 간과하고 있다.[257] 이 책의 표지에는 '강명화실

254 임화, 임규찬 · 한진일 편, 『임화 신문학사』, 한길사, 1993, 248쪽.

255 하동호, 「개화기소설의 서지적 정리 및 조사」, 『동양학』 7, 1977, 42쪽.

256 이용남, 「이해조 연구」, 서울대 석사논문, 1982, 88~96쪽.

257 최원식 역시 이러한 정리를 그대로 인용하여 『강명화실기(康明花實記)』라는 제목으로 목

기'라는 제목 밑에 '하'편임을 명시하고 있으며, 본문 첫 장에는 "女의鬼康明花實記 第二"라는 표시가 되어 있다.

그런데 흥미로운 것은 『강명화전(康明花傳)』의 존재이다.[258] 이 작품은 1927년 1월 25일 회동서관에서 발행되었는데, '저작 겸 발행자(著作兼發行者)'에 회동서관의 사주인 고유상의 이름이 기재되어 있다. 하지만 '머리의 말'이 끝나고 본문이 시작되는 5페이지 첫 머리에는 "저작자 이해관(著作者 李解觀)"이라고 표기되어 있어, 이 역시 이해조가 저술한 작품임을 확인할 수 있다. 그렇다면 이 두 작품은 동일한 작품인가? 최근의 한 연구에서는 『강명화전』이 『강명화실기』 下의 상편임을 주장하였지만,[259] 그것 역시 의심스러운 부분이 있다. 왜냐하면 『한국의 딱지본』에 『강명화실기』의 상편의 표지 사진이 수록되어 있기 때문이다.[260] 이 표지 사진 아래에는 '회동서관 1924'라며 발표 시기까지 앞당겨져 있어 사정은 더욱 복잡해진다.

결론부터 말하자면 이 두 작품은 각기 다른 작품으로 보는 것이 타당하다. 왜냐하면 『강명화실기』 상·하편이 동일한 표지 디자인으로 구성되어 있는 반면, 『강명화전』은 강명화의 사진을 표지에 사용하고 있다. 또한 현재 확인할 수 있는 『강명화실기』의 하편의 경우 "저작 겸 발행자"에 이해조의 이름이 표시되어 있으나, 『강명화전』의 경우 회동

록에 포함시킨 것으로 보인다. 하지만 그는 『강명화실기』를 "문학사적 의의가 빈약"하다는 이유로 작품 분석에서 제외한 바 있다. 최원식, 『한국 근대소설사론』, 창작사, 1986, 33쪽.

258 이 작품은 계명문화사에서 출판한 『신소설전집』 20권에 수록되어 있으며, 국립중앙도서관 전자도서관에서도 그 원문을 확인할 수 있다.

259 김영애, 「강명화 이야기의 소설적 변용」, 『한국문학이론과 비평』 50, 2011, 87쪽.

260 하지만 아직까지 『강명화실기』 상편의 소재는 찾을 수 없었다. 소재영·민병삼·김호근 편, 『한국의 딱지본』, 범우사, 1996, 137쪽.

서관의 사주인 고유상이 "저작 겸 발행자"로 되어 있다. 만약 이 두 권의 책이 상하권으로 이루어져 동시에 출판되었다면 "저작 겸 발행자"도 동일한 이름으로 발행되었을 가능성이 높다. 결국 이해조는 1925년에 『강명화실기』를 상하권으로 출판하였고, 1927년에 다시 『강명화전』을 출판한 셈이다.

그렇다면 먼저 확인이 가능한 『강명화실기』 하편을 살펴보도록 하자.

> 토ᄭᅵ가 죽으면 여호가 셜워ᄒᆞ고 소나무가 셩ᄒᆞ면 잣나무가 깃거워ᄒᆞᆷ은 만물이 각〻류를 ᄯᅡ라 셔로 감홍ᄒᆞᄂᆞᆫ ᄌᆞ연의 리치이다
>
> 더구나 사ᄅᆞᆷ이야 얼마나 셔로 사랑ᄒᆞ고 셔로 고호ᄒᆞᆷ이 고금과 동셔를 달음이 업시 오장에셔 울어나올소냐
>
> 『져ᄂᆞᆫ 아모리 동류로 친밀히 지ᄂᆡᆺ지마는 비밀ᄒᆞᆫ ᄂᆡ용을 알지 못ᄒᆞᆷ니다』ᄒᆞ며 얼골의 처량ᄒᆞᆫ 긔식을 가득이 ᄯᅴ우고 ᄌᆞ연의 눈물이 눈가에 가랑〻〻 ᄒᆞᄂᆞᆫ 것을 남이 볼셰라 죠심ᄒᆞ야 슬며시 고ᄀᆡ를 돌니고 손에 가졋던 슈건으로 얼픗 씨셔바리ᄂᆞᆫ 녀ᄌᆞᄂᆞᆫ 강명화 ᄉᆡᆼ젼에 친형데나 달음업시 죽자살자 갓가히 지ᄂᆡ던 친구 ○○○이다 강명화의 력ᄉᆞ를 자세히 듯고져 ᄒᆞᄂᆞᆫ 엇던 사ᄅᆞᆷ이 일부러 슈소문을 ᄒᆞ야 ○○○이를 차자가 보고 말〻ᄭᅳᆺ헤 강명화의 일의 ᄌᆞ초지죵을 차례〻ᄭᅵ 무르니 ○○○이ᄂᆞᆫ 그와 갓치 ᄂᆡᆼ락히 ᄃᆡ답을 ᄒᆞ엿다[261]

위 인용문은 『강명화실기』 하편의 도입부분이다. 작가는 전지적 시점에서 강명화의 이야기를 다루기보다, 강명화의 친구인 '○○○'의 증언을 통해 강명화의 죽음에 관한 숨겨진 이야기를 풀어내고 있다는 점

261 이해조(李海朝), 『강명화실기』 下(재판), 회동서관(滙東書館), 1926, 1쪽.

이 특징적이다. 특히 강명화의 죽음에 깊은 관심을 가진 '엇던 사람'을 등장시켜 '○○○'의 발화를 이끌어내고 있는데, 이는 기존의 신소설에서는 보기 드문 근대소설의 기법이라는 점에서 눈길을 끈다. 또한 발화자와 발화내용을 구분하여 대화지문을 표기하던 기존의 수법과는 달리 발화자를 표기하지 않은 채 괄호를 사용하여 대화지문을 표기하는 방식도 새롭다. 이와는 달리 『강명화전』은 발화자를 지시하는 기존의 이해조 신소설의 대화지문 표기 방식을 여전히 고수하고 있는데, 이러한 차이 역시 『강명화실기』와 『강명화전』이 각기 다른 작품임을 입증하는 근거가 된다. 강명화의 친구인 '○○○'는 장병천의 죽음까지 이야기를 마친 뒤 손님인 '엇던 사람'에게 다른 두루마리 하나를 내어 주는데, 각각의 두루마리에는 강춘홍과 이화련의 '소전(小傳)'이 기록되어 있다. 결국 작가는 세상이 인정하지 않는 외로운 사랑을 하다가 결국 자살하게 된 세 기생들의 이야기에 주목하여 이를 『강명화실기』로 저술한 것임을 알 수 있다.

이해조는 1925년 『강명화실기』에 이어, 1927년에 『강명화전』을 저술 출판하였다.[262] 이 작품은 제목에서 보이듯 '전(傳)'이라는 양식 명칭을 전면에 내세우고 있지만, 완연한 고소설의 형식을 차용한 『홍장군전(洪將軍傳)』과는 달리 회장체 구성이나 '각설', '화설', '차설'과 같은 전통적인 장면 전환의 기법을 사용하지 않았다. 가장 두드러지는 특징은 '~다'라는 종결어미의 사용이다. 물론 이전의 신소설에서도 '~다'는 간간히 사용되었지만 전면적으로 수용되지 못했으며 '~더라', '~이라', '~지라' 등의 표현이 강세를 보이는 것에 비해 『(여의귀)강명화전』에서

262 이해조, 『강명화전(康明花傳)』, 회동서관, 1927.

는 '~다' 이외의 종결어미를 찾아보기 어렵다. 이는 단순히 당시 일반화된 언어 관습을 따르는 것 이상의 의미를 지닌다. '~다'는 '~더라'에 비해 서술자의 초월적 성격 대신 단순한 관찰자로서의 면모가 부각되는 특성을 지닌다.[263] 이 작품이 '소문' 내지는 '풍문'에 근거한 것이 아니라 명백히 있었던 실제 사건을 다루는 이상 '~다'는 강명화의 죽음을 다루는 데 효과적인 서술 방식이었음이 분명하다. 특히, 작품의 말미에 당시 신문의 기사를 그대로 인용하고 있는 대목이 있는데,[264] 이러한 점 역시 '~다'라는 종결어미의 사용이 서술자의 역할을 객관화시키고 대상과의 일정한 거리를 확보하려는 의식으로 인해 나타난 결과임을 짐작할 수 있다.

결국 '강명화전'이라는 제목은 '전'이라는 양식을 표방하기보다는 당시 단행본 독자들의 취향을 반영한 결과로 여겨진다. 『강명화전』이 발표된 1927년에는 이미 신문과 잡지 등의 매체를 통해 지식인 독자들을 위한 다양한 근대소설 실험이 지속적으로 이루어지고 있었다. 『강명화실기』가 '근대적 대중 독자'를 의식하고 근대적 소설 양식의 기법을 사용하였다면, 『강명화전』는 애초에 구활자본 고전소설 및 일부 신소설의 독자를 포괄하는 '전통적 독자층'을 주된 독자로 설정하고 이들 독자층을 공략하기 위한 소설로 기획된 것이다.[265] 귀신이라는 비현실

---

263 권보드래, 『한국 근대소설의 기원』, 소명출판, 2000, 245쪽.

264 이해조, 『강명화전』, 회동서관, 1927, 90~93쪽.

265 천정환은 1920~1930년대 소설 독자층을 다음과 같이 구분하고 있다. "① 구활자본 고전소설(딱지본) 및 일부 신소설의 독자, 구연된 고전소설과 일부 신소설 등의 향유자 : '전통적 독자층' ② 대중소설, 번안소설, 신문 연재 통속소설, 일본 통속소설, 1930년대 야담, 일부 역사소설 등의 향유자 : '근대적 대중 독자' ③ 신문예의 순문예작품, 외국 순수문학 소설, 일본 순문예작품 등의 향유자 : '엘리트적 독자층'", 천정환, 『근대의 책읽기』, 푸른역사, 2003, 53쪽.

적인 존재를 등장시켜 기생 강명화의 비극적인 죽음을 환상적으로 처리하고, 이러한 이야기를 통해 독자에 대한 계몽적 목소리를 담고자 했던 것도 '전통적 독자'의 취향을 고려하고 이들을 효과적으로 계몽하기 위한 시도였던 셈이다.[266] 작가는 자살로 생을 마감한 강명화의 죽음을 유교적 효(孝) 이데올로기를 통해 비판하는 한편, 그녀의 죽음이 다분히 신사상(新思想)의 유행에서 비롯된 것이라 지적하기도 한다.[267] 하지만 무엇보다 중요한 것은 그녀를 자살이라는 극단적인 상황으로 내몰게 한 시대의 폭력이며, 작가 자신을 비롯한 독자 모두가 그녀를 죽음으로 몰고 간 또 다른 가해자일 수도 있다는 사실이다. 이해조가 강명화의 이야기에 주목하여 소설화한 것도 어쩌면 그녀의 억울한 원혼을 달래주는 해원(解寃)의 과정이었는지 모른다.

『매일신보(每日申報)』를 퇴사한 이후 이해조는 간간히 위와 같은 작품 활동을 하는 동시에 대부분을 포천의 고향에서 보냈던 것으로 보인다. 그의 행적을 확인한 결과 그는 1920년 『동아일보(東亞日報)』의 창간을 맞아 축사를 보내기도 하고,[268] 동포천을 대표하여 경기도평의회에 참석하기도 하였다.[269] 또한 1926년에는 김광서림의 사주 김익수와 덕

266 '머리의 말'에는 이 소설의 집필 동기가 잘 나타나 있다. "필쟈가 이 긔사를 홀 쎄에 지공무사훈 쥬지를 잡아 력々히 긔록홈은 결코 누구를 미워ᄒᆞ고 누구를 사랑ᄒᆞ야 후박의 사졍이 잇슴이 안이라 오즉 허물이 업ᄂᆞᆫ 쟈는 쥬마가편(走馬加鞭)으로 더욱々々 죠심ᄒᆞ도록 허물이 잇ᄂᆞᆫ 쟈ᄂᆞᆫ ᄒᆞ로 밧비 회긔ᄌᆞ신 ᄒᆞ야 텰져히 인ᄌᆞ(仁慈)훈 ᄌᆞ격되기를 깁히々々 옹망ᄒᆞᄂᆞᆫ 바이니 독자제씨시여 이 소셜을 등한히 간과(看過)치 말르시고 필쟈의 고심함을 깁히 량히할지어다", 이해조, 『(여의귀)강명화전』, 회동서관, 1927, 4쪽.

267 김경연, 「주변부 여성 서사에 대한 고찰—이해조의 『강명화전』과 조선작의 『영자의 전성시대』를 중심으로」, 『문창어문논집』 42, 2005, 17쪽.

268 「축사급축전(祝辭及祝電)」, 『동아일보(東亞日報)』, 1921.4.1.

269 「도평의원숙소(道評議員宿所)」, 『동아일보』, 1921.3.17.

홍서림의 사주 김동진 사이에서 벌어진 『옥루몽(玉樓夢)』 저작권 침해 관련 재판에 '고대소설계의 권위자'로 촉탁을 받아 표절 시비를 가려 준 일도 있었다.[270] 『조선일보(朝鮮日報)』에 실린 부고기사에는 『조선일보』 편집주임을 역임하였다는 대목이 있는데, 본고에서는 확인하지 못했지만 이 역시 살펴볼 필요가 있겠다.[271]

특징적인 것은 친일 성향의 보수적 지식인들과 함께 벌인 유교운동과 관련된 활동이다.[272] 친일 유생단체인 유도진흥회(儒道振興會)가 1921년 2월에 발행한 『유도(儒道)』 창간호에는 이해조의 논설 「온고이지신(溫故而知新)」이 게재되었으며, 1921년 4월에는 '유민회(維民會)'의 평의원이 되어 자치청원운동에 가담하기도 하였다.[273] 이러한 이해조의 활동은 결국 친일의 세계로 접어들게 된 개인의 한계로 지적되곤 했으나,[274] 이러한 지적은 조금은 성급한 느낌이 드는 것이 사실이다. 총독부기관지 『매일신보』에 소설을 연재했다고 해서 이를 무조건적인 친일행위로 볼 수 없듯이,[275] 친일 유생 단체 기관지에 「온고이지신」이라는 글

---

270 「『옥루몽(玉樓夢)』 재판」, 『동아일보』, 1926.12.30.

271 "일즉이 중추원의관(中樞院議官) 매일신보편집국장(每日申報編輯局長)과 긔왕 조선일보 편집주임 등을 력임하는 일방 쏘다른 한편으로는 여러 가지 작품(作品)을 발표하야 신소설(新小說)의 길을 연 해관(解觀) 리해조(李海朝)씨는 그동안 포천(抱川) 자택에서 신병으로 신음하든 중 지난 십일에 드듸어 세상을 써나고 말앗다는데 동씨의 영면은 여러 가지 의미로 일반이 애석(哀惜)함을 마지 안는 바이라더라", 「이해조(李海朝)씨 장서(長逝)－신소설의 길을 연 공로자」, 『조선일보(朝鮮日報)』(夕刊), 1927.6.14.

272 최원식은 이갑주 선생의 증언을 토대로 쓰인 이명자의 글(「새로 밝혀낸 이해조의 얼굴과 생애」, 『문학사상』 92, 1908.7, 61쪽)을 바탕으로 대동사문회에 관여하였다고 했다. 하지만 1920년 4월 30일에 발행된 『대동사문회보(大東斯文會報)』 창간호를 확인한 결과 이해조의 이름은 어디에서도 찾아볼 수 없었다. 현재까지도 '대동사문회' 관련 활동은 정설처럼 여겨져 이해조 만년 행적의 오점으로 인용되고 있는데, 이 문제는 좀 더 실증적인 고찰이 필요해 보인다. 최원식, 『한국 근대소설사론』, 창작사, 1986, 29쪽.

273 「유민회임원개선(維民會任員改選)」, 『동아일보』, 1921.4.26.

274 최원식, 『한국 근대소설사론』, 창작사, 1986, 29쪽.

한 편을 투고하였다고 해서 '유도진흥회'라는 단체의 이념과 성격을 온전히 공유한다고 보기는 어렵기 때문이다. 또한 '유민회'의 경우 일제의 식민 지배를 전제하고 있다는 점에서는 일정한 한계를 지니고 있었으나, 일제의 무단통치에 대해 저항하여 조선인이 스스로 내정운영을 담당하는 것을 목표로 삼고 있었다.[276] '유민회'라는 조직 역시 '유교'를 구심점으로 모인 집단이긴 하지만 여기에도 다양한 스펙트럼의 입장이 존재하고 있었음을 인정한다면 '보수적 유생으로 퇴행'하였다거나 '친일의 세계로 귀결'되었다는 등의 극단적 평가는 유보될 필요가 있다. 가령 양계초는 1차 세계대전 직후 서구 여행을 통해 서구적 근대의 파멸을 보았으며, 지배와 착취에서 발생하는 자본주의의 모순을 깨닫고 유·불·도를 포괄하는 동양사상으로 회귀하였다고 한다.[277] 그동안 신뢰하던 근대성 자체에 커다란 균열과 모순이 있음을 발견한 순간 이해조의 선택지는 그리 다양하지 않았을 것이다. 또한 1차 세계대전과 3·1운동의 경험은 이해조의 유교와 관련된 만년의 행적을 이해하는 데 중요한 열쇠가 될 수 있을 것이다.

결국 이해조는 59세가 되는 1927년 6월 10일 포천군 신북면 신평리 자택에서 신병을 이유로 삶을 마감하였다.[278] 현재까지 '신소설의 길

275 참고로 1945년 『매일신보(每日申報)』가 폐간될 때까지, 『매일신보』의 소설란에는 김동인, 염상섭, 최서해, 채만식, 이태준, 박태원 등 한국 문학사를 대표하는 작가들이 대거 참여한 바 있다. 김영민, 「『매일신보』 소재 장형 서사물의 전개 구도-1920년대 이후를 중심으로」, 『현대문학의 연구』 45, 2011, 211~241쪽 참조.

276 이태훈, 「1920년대 초 자치청원운동과 유민회(維民會)의 자치 구상」, 『역사와 현실』 39, 2001, 66~99쪽 참조.

277 최향순, 「교육개혁사상가 량치차오[梁啓超]의 문화운동기(1919~1929) 철학 및 리학세계 고찰」, 『한국 교육사학』 22, 2000, 285~309쪽 참조.

278 참고로 이명자, 이용남, 최원식 모두 이해조의 사망 날짜를 1927년 5월 11일로 기록하고 있으나, 이는 1927년 6월 10일의 음력 날짜이다. 학계의 관행을 따라 양력 날짜를 사용하는 것

을 연 공로자', '최초의 근대적 전문 작가'로 기억되고 있는 '해관(解觀)' 이해조. 그의 작품 활동은 여기에서 멈췄지만, 척박한 근대문학의 토양에 그가 뿌려 놓은 씨앗은 한국 근대문학의 형성과정에 있어 너무나 소중한 자산임에 틀림없다.

이 타당할 듯싶다. 당시 언론에서 역시 그 날짜를 6월 10일로 표기하고 있다. 「소설가 이해조 씨 별세(小說家李海朝氏別世)」, 『동아일보』, 1927.6.14; 「이해조(李海朝)씨 장서(長逝)－신소설의 길을 연 공로자」, 『조선일보』(夕刊), 1927.6.14.

제4장

결론

한국 근대소설에 관한 연구는 작가 또는 작품에 대한 연구를 넘어 언어, 제도, 매체, 문화에 이르기까지 다양한 관점에서 이루어졌다. 특히, 최근의 연구 경향은 국문학이라는 분과 학문의 경계를 넘어 연구 대상과 범주의 외연을 차츰 넓혀가는 추세를 보인다. 물론 이러한 연구 경향은 그동안 정체되어 있던 국문학 연구에 새로운 활력을 불어넣는 한편, 해석의 지평을 한층 확장시켰다는 점에서 중요한 의미를 갖는다. 하지만 새로운 연구 대상을 포착하거나 새로운 방법론을 찾기 위한 분주한 노력은 오늘날 문학의 위치를 반영하듯 문학 그 자체를 소홀히 하고 있다는 느낌을 주기도 한다. 요즘 한 작가의 작품세계에 대한 깊이 있는 연구를 찾기 어려운 이유도 이러한 연구가 더 이상 새로울 것이 없는 또는 이미 시효가 만료된 것처럼 여기는 분위기를 반영한 결과일 것이다.

근대 초기 작가와 텍스트를 다루는 경우에도 크게 다르지 않다. 과거의 텍스트가 지닌 역동적 자질을 소거하고 오늘날 문학 또는 소설의 관점에서 재단하는 한 그 이상의 진전된 논의는 불가능하다. 오늘날 해석 주체가 지닌 보편에의 욕망은 근대 초기 문학이 지닌 특수한 자질과 차이를 무화시킨 채, 이미 자신이 의도한 체계 안에서 필요한 자료들을 선택하고 그것에 질서를 부여하도록 강제한다. 가령 후대 연구자들이 만들어 놓은 '신소설'이라는 양식을 먼저 전제한 뒤 대상 텍스트에 접근하는 방법이나, '판소리 산정'을 고소설의 맥락에서 이해하려는 시도가 그렇다. 또한 현대문학 연구자들이 이해조의 신소설에만 집중하거나 고전문학 연구자들이 이해조의 '판소리 산정'이나 『정선조선가곡(精選朝鮮歌曲)』, 『홍장군전(洪將軍傳)』, 『한씨보응록(韓氏報應錄)』 등에만 관심을 갖는 것도 마찬가지이다.

더욱이 지금까지 이해조를 포함한 신소설 연구의 대부분은 단행본을 대상으로 이루어져 있는데, 이는 근대 초기의 주된 문학 유통 양식인 미디어의 물질성을 간과하고 있다는 점에서 한계를 지닌다. 이러한 방식은 자칫 연구자의 시선을 작품의 내용 및 주제에 한정시켜 연구대상이 지닌 역동적 자질을 드러내는 데 방해가 될 수 있다. 이해조 문학 연구의 가장 탁월한 성과이자 한계로 작용했던 '계몽성'과 '통속성'이라는 기준이 최근까지 강력한 영향력을 행사하고 있는 사정도 바로 이러한 연유에서 비롯된 것이다. 근대 초기의 문학을 출판·인쇄 매체와의 관련 양상 속에서 살피는 일은 텍스트와 컨텍스트 사이의 관계를 입체적으로 조망할 수 있는 시야를 제공하며, '작가-미디어-독자' 사이의 관계에서 이루어진 근대 문학의 형성 과정을 더욱 구체적으로 확인할 수 있는 계기가 된다.

이 책은 이러한 관점에서 출발하여 한국 근대소설의 형성 과정에서 가장 활발한 작품 활동을 했던 작가 이해조의 문학 세계를 근대 출판・인쇄 매체와의 관련 양상을 통해 살피는 것을 목적으로 삼았다. 이해조의 문학 세계는 신문・잡지・단행본 등 새롭게 형성된 근대 매체와의 결합을 가장 적극적으로 보여준다는 점에서 주목할 만하다. 동시기의 작가들 중 가장 많은 수의 작품을 발표하였기도 하거니와 다양한 문학적 실험을 시도하였다는 점에서도 특징적이다. 굳이 한 작가의 작품 세계를 다루려는 이유는 한 작가의 일관된 문학적 지향점이 그것을 담고 있는 매체와의 관련 양상 속에서 각각 어떻게 변화하는지를 보여줄 수 있기 때문이며, 이러한 방법은 이 시기 근대 문학이 지닌 핵심적 속성을 드러내기 위한 효과적인 전략이 되었다.

따라서 이 책은 이해조 문학 텍스트 전체의 규모를 확인하고, 이를 신문・잡지・단행본 등 당시의 출판・인쇄 매체와의 관련 양상 속에서 입체적으로 다루고자 했다. 특히, 1907년 5월 이후에 발행된 『제국신문(帝國新聞)』 원본을 입수하여, 그동안 자세히 알려지지 않았던 『제국신문』 연재소설의 특성을 밝히고, 『제국신문』에 연재된 「륜리학」의 소재를 파악하여 이해조 소설의 사상적 원리를 제시하였다. 또한 『대한민보(大韓民報)』에 수록된 「만인산(萬人傘)」이 이해조의 작품임을 입증하고, 『강명화실기(康明花實記)』와 『여(女)의귀(鬼)강명화전(康明花傳)』이 각기 다른 작품임을 밝혔다. 그밖에 『신해음사(辛亥唫社)』에 수록된 한시 두 편의 소재를 파악하고, 이를 통해 『매일신보』 재직 중 작가의 내면 심리를 살피기도 하였다. 이 책의 핵심적인 대목들을 짚어 보면 다음과 같다.

1906년 11월 이해조는 국민교육회가 만든 잡지 『소년한반도(少年韓半島)』에 한문현토소설 「잠상태(岑上苔)」를 연재하며 본격적인 문학 활동을 시작하였다. 『소년한반도』는 '소년'이라는 표상을 적극적으로 호명하며, 소년 독자들을 근대 국민국가의 국민을 이끌어 내기 위한 목적으로 만들어졌다. 따라서 다루는 내용의 대부분이 근대지식의 보급에 있었으며, 소설 「잠상태」는 이러한 매체의 담론을 소설이라는 양식으로 재현하고자 했다. 「잠상태」는 소년 독자들이 좋아할 만한 재자가인의 만남과 사랑을 다루되 그것을 특정한 삶의 인과율로 객관화시키고자 했다. 하지만 「잠상태」는 잡지라는 매체의 특성과 효과적으로 결합하지 못한 채 결국 미완으로 마무리되고 말았다. 그럼에도 불구하고 「잠상태」의 실패는 이해조로 하여금 국한문체 잡지 소설 연재 대신 순한글체 신문 소설 연재를 선택하도록 하는 계기가 되었다.

1907년 5월 이해조는 이인직, 박정동과 함께 『제국신문』으로 자리를 옮겼다. 잡지 『소년한반도』와는 달리 『제국신문』은 소설 연재에 안정적인 환경을 제공할 수 있었다. 예컨대, 신문연재소설은 매일 발행되는 신문의 특성상 독자들의 흥미를 지속적으로 유지할 수 있는 바탕이 되었으며, 순한글 표기의 사용을 통해 등장인물의 발화를 생생하게 재현하는 등 더욱 효과적인 서사 전략을 취할 수 있었다. 또한 신문 매체의 특성은 구소설의 '허탄무거'한 속성과 결별하고 당대 현실을 기반으로 한 '사실성'을 새로운 소설의 원리로 형성하는 데 중요한 역할을 하였다. 특히, 1907년 5월 『제국신문』의 지면 확장과 체제 변화 속에서 이해조 소설은 오랜 시간 1면을 차지하던 논설 대신 근대지식과 함께 『제국신문』의 새로운 변화를 이끌었다.

현재 확인할 수 있는 『제국신문』 소재 이해조 소설은 「고목화」, 「빈상셜」, 「원앙도」, 「구마검」, 「홍도화」, 「만월딕」, 「쌍옥젹」, 「모란병」으로 총 8편에 이른다. 이해조는 『제국신문』의 안정적인 환경 속에서 독점적인 소설 연재를 하였는데, 이를 통해 다양한 소설 실험을 시도할 수 있었다. 특히, 『제국신문』에 연재된 「륜리학」은 이해조가 집필한 것으로 보이며, 이는 이해조 소설의 사상적 기반을 확인할 수 있는 소중한 자료가 되었다. 또한 『제국신문』 연재소설에는 '연극소설', '정치소설', '가정소설', '정탐소설' 등의 표제가 적극적으로 표현되어 있는데, 이는 각각의 작품이 지닌 의도와 지향점을 분명하게 확인할 수 있는 지표가 된다.

또한 『제국신문』의 소설 연재는 이 시기 신소설이 그것을 담고 있는 신문 매체와 밀접한 연관 속에서 이루어진 것임을 입증하는 중요한 사례가 된다. 특히, 『제국신문』에 연재된 이해조 소설은 기본적으로 신문의 독자와 소설의 독자를 통합할 뿐만 아니라, 이전 소설의 독자를 적극적으로 수용하고 이를 새로운 소설 독자로 견인하는 데 중요한 역할을 하였다. 가령 논설과 잡보의 독자들을 소설 독자로 만드는 동시에 소설을 통해 유인한 독자를 여타 신문 기사의 독자로 만들었으며, 신문 매체의 담론을 이야기의 층위에서 재현하여 신문 독자와 소설 독자를 결합시킬 수 있었다. 또한 익숙한 전대 이야기의 화소는 『제국신문』이 상정한 독자 유인에 효과적이었으며, 근대문명을 상징하는 도구나 장치의 활용은 새로운 소설 독자를 형성하기 위한 방편이 되었다. 그밖에 국가의 영토 경계를 상상하게 만드는 다양한 공간 배경을 작품 속에서 구체화하여, 소설의 독자를 대한제국의 국민으로 통합시키려는 모습을 보이기도 한다.

이후 이해조는 『대한민보』에 「현미경(顯微鏡)」, 「만인산(萬人傘)」, 「박정화(薄情花)」를 연재하였다. '대한협회'는 통감부가 허가한 합법적 테두리 안에서 이완용 내각 및 일진회 세력과 경쟁하며 정치적·계급적 이권을 장악하려 했던 정치 단체의 하나이다. 이들은 『대한민보』를 발행하여 국한문체에 익숙한 지식인 계층을 주된 독자로 삼아 병합 직전의 여론을 주도하고자 하였다. 이해조의 소설은 이러한 『대한민보』의 성격을 일부 반영하고 있다. 특히, '풍속개량'에 치중하였던 『제국신문』 연재소설과는 달리 『대한민보』의 연재소설은 독자 계몽보다는 주로 현실 세태에 대한 비판적인 시각이 주를 이루며, 각각의 등장인물이 지닌 내부적 욕망을 생생하게 재현하고자 했다는 특징이 있다. 또한 『대한민보』의 독자전략에 따라 한자 어휘를 빈번하게 사용하고 있다는 점도 『대한민보』 소재 이해조 소설의 특질 중 하나이다.

한편 이해조는 『제국신문』과 『대한민보』에 다수의 소설을 연재하는 동시에 신문연재를 거치지 않은 단행본 소설 몇 편을 출판하였다. 『화성돈전(華盛頓傳)』과 『철세계(鐵世界)』는 모두 번역(번안)소설이라는 점에서 공통점을 갖지만, 『화성돈전』은 실제 역사적 인물의 일대기를 서술하고 있다는 점에서, 『철세계』는 '과학소설'을 표방하고 있다는 점에서 차이가 있다. 또한 『화성돈전』은 국한문 혼용 표기를 사용하여 한자에 익숙한 지식인 독자를, 『철세계』는 순한글 표기를 사용하여 한글에 익숙한 일반 대중 독자를 대상으로 삼아 출판되었다. 한편 『자유종(自由鐘)』은 1910년 강제병합을 목전에 둔 상황에서 출판되었는데, '토론소설'을 표방하여 대한제국의 독립을 염원하는 작가의 목소리를 가장 정론적인 형태로 기술하였다는 특징이 있다. 이들 작품은 모두 이해조의 교육·계몽운동과 관련이 있으며, 신문연재소설과는 달리 좀 더 직접적인 애국계몽운동의 일환으로 기획되었던 것이다. 이러한 성격으로 말미암아 이들 단행본 소설은 결국 강제병합 이후 총독부에 의해 출판금지 처분을 받게 되었다.

1910년 8월 한일병합 이후 총독부는 언론·출판에 대한 대대적인 억압 정책을 실시하여 대부분의 언론 매체들을 강제 폐간시켰다. 그리고 총독부는 민족 언론의 상징이라 할 수 있는 『대한매일신보(大韓每日申報)』를 매수하여 『매일신보(每日申報)』로 제호를 바꾼 뒤 식민체제의 질서를 안정시키고 식민담론을 유포하기 위한 기관지로 삼았다. 특히, 『매일신보』 편집진은 '조선 제일 소설가' 이해조를 포섭하여 판매부수를 확장하고자 했다.

이해조는 한 달이 조금 지난 1910년 10월부터 당시 유일하게 남은 한국어 중앙 신문인 『매일신보』에 참여하여 지속적인 작품 연재를 시작하였다. 당시 『매일신보』는 국한문판과 국문판으로 나뉘어 발행되었는데, 이때 이해조의 소설은 국한문판과 국문판에 동시 연재되었다. 따라서 초기 『매일신보』 연재소설들은 국한문판과 국문판의 독자 모두를 대상으로 기획되었는데, 주로 국한문판의 독자 즉, 한자에 익숙한 중류 이상의 남성 독자들의 취향에 초점을 두고 있었다. 1912년 이전에 연재된 「화세계(花世界)」, 「월하가인(月下佳人)」, 「화(花)의혈(血)」, 「구의산(九疑山)」, 「소양정(昭陽亭)」은 주로 남성 중심의 보수적 가치의 재현에 치중하고 있으며, 이들 작품은 기존 작품과는 달리 다분히 의고적(擬古的)이며 효(孝), 충(忠), 우애, 정절과 같은 유교적 가치를 강조하고 있다는 점에서 특징적이다.

1912년 3월 『매일신보』는 대대적인 체제 변화를 시도한다. 더 작고 정교해진 5호 활자의 개발로 인해 한정된 지면을 대폭 확장할 수 있게 되자, 『매일신보』는 국문판을 폐간하고 이를 국한문판에 통합시키고자 했다. 이에 따라 『매일신보』는 1・2면에 이른바 '경파기사(硬派記事)'를 국한문으로, 3・4면에는 '연파기사(軟派記事)'를 순한글로 편집하였다. 이러한 기획의도 속에서 이해조는 동시에 두 개의 작품을 연재하는 파격을 보인다. 1면에 연재된 판소리 산정은 주로 한자에 익숙한 구소설의 독자들을 염두에 두었으며, 4면에 연재된 신소설은 한글에 익숙한 신소설의 독자층을 대상으로 삼고 있었다.

1912년 1월부터 4면에는 신소설 「춘외춘(春外春)」, 「탄금대(彈琴臺)」, 「소학령(巢鶴嶺)」, 「봉선화(鳳仙花)」, 「비파성(琵琶聲)」, 「우중행인(雨中行人)」이 차례로 연재되었다. 「춘외춘」은 『매일신보』 한글판에서 유입된 여성 중심의 한글 독자를 염두에 두고 연재되었으나, 「탄금대」부터는 남성여성의 구별 없이 구소설과는 대비되는 신소설의 독자들을 포괄하고자 했다. 이들 신소설은 삽화(挿畵)를 도입하여 독자들의 관심을 유도하였으며, 식민주체의 담론을 더욱 적극적으로 유포하려는 전략을 취하게 된다. 이에 따라 초기 연재소설의 의고적 성격은 사라지고 다시 당대 현실을 배경으로 인물 간의 갈등을 근대적 도구나 장치를 통해 해결하려는 특성을 보인다. 일본인 조력자를 등장시켜 식민주체의

'동화주의'를 추인하거나 식민체제의 제도와 문물, 일상을 긍정적으로 그리고 있다는 점도 특징적이다. 또한 잔혹한 살해 장면 등을 구체적으로 묘사하여 대중적 흥미를 극대화하려는 의도 또한 엿보인다. 이러한 가운데 이해조의 신소설은 식민주체의 담론과 충돌하는 모습을 보이기도 하며, 서사 내적 균열과 한계를 드러내기도 하였다.

또한 1면에는 「옥중화(獄中花)」를 비롯하여 판소리 명창의 구술을 '산정'한 작품들이 4면의 신소설과 동시에 연재되었다. 판소리 산정은 국한문 혼용 표기를 사용한 1・2면에 배치되어 한자에 익숙한 독자들을 대상으로 삼고 있으며, 절행・효행・우애와 같은 보수적 유교이데올로기를 담아 이전 서사 문법에 익숙한 독자들을 유인하고자 했다. 판소리 산정은 명창 박기홍, 심정순, 곽창기 등의 구술 텍스트를 근대적 활자 텍스트로 변환시켰으며, 이는 당시 유행하던 '구극(舊劇)'에 대한 관심과 그것의 개량과 관련이 있었다. 이해조는 '음란천착'해진 판소리를 산정하여 '구극' 공연에 적합한 정전(正典) 텍스트로 바꾸고자 했다. 「옥중화」의 국한문 혼용 표기는 한국어의 음성 체계를 한글과 한자 두 개의 활자화된 언어로 분리시켰다는 점에서 산정자 이해조의 개입 여부를 가장 구체적으로 보여주는 사례이다. 또한 「강상련(江上蓮)」, 「연(燕)의각(脚)」, 「토(兎)의간(肝)」에 표기된 '금전재(禁轉載)'는 이해조의 판소리 산정이 당대의 출판문화와 밀접한 관련 하에 존재하는 매우 근대적인 독서물임을 확인시켜준다. 이러한 이해조의 판소리 산정은 당시 광무대, 장안사, 단성사 등에서 이루어지던 구극 공연을 활성화시켰으며 단행본 출판시장에서 활자본 고소설의 부흥을 이끄는 데 중요한 역할을 하였다.

1913년에 이르러 이해조의 신소설은 일정한 한계에 봉착하게 되었다. 이해조는 계속된 다작으로 누적된 피로를 감당하기 어려웠으며, 새로운 서사를 창조하기에 어려움을 느끼고 있었다. 또한 '서사성'을 강조하다 보니 더 이상 사건의 진행 사이에 놓여 있는 인물들의 내면과 갈등을 부각시키기가 어려워졌다. 그러던 중 이해조가 독점해 오던 『매일신보』의 지면에 새롭게 등장한 번안소설과의 경쟁은 이해조 신소설의 모순과 한계를 더욱 노출시키는 계기가 되었다. 이해조 신소설과 경쟁한 번안소설의 경우 확대된 분량을 통해 갈등 구조와 서사 진행 속도를 바꾸었으며, 죄・회개・눈물과 동정과 같은 새로운 코드를 제시하여 인물의 내면과 갈등을 부각시키는 데 성공하였다. 이에 따라 『매일신보』는 신파극 또는 번안소설의 독자층을 중심으로 새로운 소설 기획을 실행하였고, 자연스럽게 이해조의 신소설은 더 이상 '새롭다'는 수사를 사용하지 못한 채 활자본 고전소설과 함께 '이야기책'의 범주 안에 놓이게 되었다. 결국 이해조는 「우중행인」을 마지막으로 『매일신보』에서 퇴사하게 된다.

이후 이해조는 당대 공론장의 중심에서 벗어나 주로 고향인 포천에 머물며 몇 편의 단행본을 출간하였다. 서양추리소설을 번역한 『누구의 죄』, 전통 가곡을 정리한 『(정선(精選))조선가곡(朝鮮歌曲)』, '역사소설'의 새로운 가능성을 모색한 『홍장군전(洪將軍傳)』과 『한씨보응록(韓氏報應錄)』, 기생의 자살이라는 당대적 이슈를 소설화한 『여(女)의귀(鬼)강명화실기(康明花實記)』와 『여(女)의귀(鬼)강명화전(康明花傳)』이 그것이다. 이들 단행본은 모두 신소설이 아니라는 점에서 공통점을 지니며, 작가의 다양한 문학적 관심을 살필 수 있는 자료가 된다.

이해조는 한국 근대 문학사에서 최초의 전업 작가였다. 이인직은 일본에서의 유학경험을 토대로 신문소설의 모델을 도입하였으나, 소설을 자신의 정치적 욕망을 실현시키기 위한 도구로 사용하였다. 하지만 이해조는 이인직과는 달리 문학 자체에만 전념하여 죽기 직전까지 다양한 문학 활동을 지속했다. 이해조의 문학을 제외한 다른 양식의 글들을 찾기 어려운 것도 이와 관련이 있다.

이해조는 전통적 이야기 화소를 적극적으로 수용하여, 이를 사실주의에 기반을 둔 근대적 소설 모델로 변용시킨 작가이기도 하다. 이해조의 문학적 편폭이 새롭게 형성된 신문・잡지・단행본 등 근대적 출판・인쇄 매체와 적극적으로 결합하여 이루어진 것임을 상기할 때, 그의 소설이 전통적 서사 양식을 일정부분 계승하면서도 이 시기 소설의 특수한 모델을 확립하였다는 점을 부인할 수 없는 사실이다. 또한 다양한 비유와 속담을 활용하여 우리말의 다채로운 멋을 계승하고, 생생한 구어체 한글 문장을 구사하여 당시 민중들의 언어 사용을 풍부하게 재현하였다.

근대 문학의 형성기에 이해조가 이룬 공헌은 신소설에 국한되지 않는다. 그는 판소리 산정 작업을 통해 구술 문화로 전해지던 판소리를 근대적 독서물(讀書物)로 전환하였으며, 이를 통해 구극 공연의 활성과 단행본 출판업계의 부흥을 이끌 수 있었다. 또한 무가, 상여소리, 잡가와 시조 등 우리 노래에 대한 관심은 다양한 소설 작품을 통해 재현되었으며, 명창 박춘재 구술의 '정가(正歌)'를 기록한 『(정선)조선가곡』 역시 구술로 전해지던 음악 텍스트를 근대적 읽기 텍스트로 전환시킨 소중한 작업이었다. 이해조는 근대 추리소설의 기원이라 할 수 있는 「쌍옥적」을 창작하였고, 세계 최초의 장편 추리소설인 에밀 가보리오의 『르루주사건』을 『누구의 죄』로 번역하였다. 추리소설이라는 장르 문학의 형식을 최초로 시도하였다는 점 역시 이해조의 공적 중 하나이다. 또한 『홍장군전』과 『한씨보응록』을 통해 역사소설의 새로운 가능성을 열었다는 점도 지나칠 수 없다.

문학사 기술의 오랜 관행처럼, 문학 양식의 발전사를 염두에 둔다면 신소설은 여전히 완성된 근대에 미달하는 과도기적 존재 양식에 불과하다. 또한 이러한 시각이 이미 전제된 상태에서 당시의 텍스트는 온통 균열과 한계를 노출하는 불완전한 대상으로 여겨질 수밖에 없다. 물론 그 반대도 마찬가지이다. 신소설에 대한 지나친 의미 부여는 당시 신소설이 다양한 글쓰기 양식과의 경합 속에서 생성하고 소멸된 양식이라는 점을 간과하거나 신소설 이외의 다양한 문학적 글쓰기의 존재를 외면하게 되는 결과를 초래하기도 한다.

하지만 이해조에 대한 연구는 기존 연구가 봉착한 한계를 비켜갈 수 있는 효과적인 전략이 되었다. 이해조는 한문현토소설, 신소설, 번역소설, 토론체 소설, 판소리 산정, 한시, 추리소설, 역사소설, 가곡집 편찬 등 근대 초기 문학적 글쓰기의 가능성을 다양한 방면에서 실험했던 작가이다. 또한 이해조의 문학 활동은 새롭게 형성된 근대적 출판・인쇄 문화와 밀접한 연관 속에서 이루어졌기 때문에 근대 문학의 형성 과정을 더욱 입체적으로 확인할 수 있는 계기가 된다. 이해조의 문학 활동이 1910년 강제병합이라는 초유의 사건 전후에 이루어져, 저항과 협력의 갈등 속에서 이루어진 근대 문학의 제 모습을 여실히 보여준다는 점에서도 주목할 만하다.

본 연구의 목표는 이해조라는 한 개인의 작가론적 탐색 그 자체에 머물지 않는다. 결국 본 연구는 전통적인 것과 근대적인 것, 민족적인 것과 제국주의적인 것들이 충돌하는 지점에서 발생한 근대 문학의 일면을 한 개인의 모색과 고투의 흔적을 통해 드러내고자 한 것이다. 오늘날 해석 주체의 편향된 시각을 경계하고, 당시 텍스트의 존재 양상과 그것의 배치에 착목한 것도 이 때문이다. 이해조의 문학은 새로운 출판・인쇄 문화 속에서 이루어진 한국 근대 문학의 특수한 성격을 드러내기에 적합한 대상임이 분명하다. 이러한 작업이 기존 문학사 기술에 대한 반성과 그간 문학 연구에서 소외되었던 개별적이고 특수한 것들에 대한 관심으로 이어지길 바란다.

보론
'정탐소설' 「박쥐우산」의 작자 문제

1. 머리말

근대 초기 소설의 작자를 밝히는 일은 여전히 진행형이다. 근대 초기 소설 중 많은 수가 서명이 없거나 실명 대신 필명을 사용하였으며, 단행본으로 출간된 경우 '저작 겸 발행자'에 출판사주의 이름을 사용하는 경우가 흔했기 때문이다. 물론 잘 알려져 있는 필명의 경우에는 그 작자를 쉽게 파악할 수 있지만 그렇지 않은 경우도 무수히 많다. 이러한 사정에 관해서는 여러 가지 추측이 가능하다. 가령 '소설'을 패관잡기에 불과한 것으로 여기던 전근대적 관성이 여전히 영향을 미치고 있었던 점이나, 저작권과 관련된 당시 출판업자들의 판권지 표기 관행 역시 근대 초기 작자 표기 방식을 이해하는 중요한 단서가 될 수 있다.

지금까지 다양한 접근 방법을 통해 근대 초기 주요 작가의 필명과 그의 작품들이 밝혀진 바 있으나, 아직도 주인을 찾지 못한 작품의 수는 헤아리기 어렵다. 따라서 근대 초기 소설의 작가를 밝히는 일은 문학사의 지형을 더욱 섬세하게 복원하는 일과 같으며, 이후 문학 연구의 중요한 토대가 된다.

특히, 근대 문학의 형성과정에서 중요한 역할을 하였던 이해조는 많은 필명을 사용하던 작가이다. 이해조는 '동농(東儂)', '열재(悅齋)'와 같은 호는 물론 '해관자(解觀子)', '우산거사(牛山居士)', '이열재(怡悅齋)', '신안생(神眼生)', '수문생(隨聞生)', '석춘자(惜春子)', '선음자(善飮子)', '하관생(遐觀生)' 등 수많은 필명을 사용한 것으로 알려져 있다.[1] 이러한 사정을 감안한다면 아직 밝혀지지 않은 필명은 물론 더 많은 이해조 작품이 존재할 것으로 추정된다. 필자는 얼마 전 『대한민보(大韓民報)』에 연재된 「만인산(萬人傘)」과, 『여(女)의귀(鬼)강명화전(康明花傳)』 상・하, 『신해음사(辛亥唫社)(신해집(辛亥集))』에 수록된 두 편의 한시(漢詩) 「포천도중(抱川途中)」, 「증인(贈人)」을 이해조의 작품으로 포함시킨 바 있지만,[2] 아직도 무서명 또는 비실명으로 발표된 많은 수의 작품들이 구체적인 증거를 찾지 못해 이해조 작품 목록에서 제외되어 있는 상황이다.[3]

그런데 최근 발표된 최성윤의 「『조선일보』 첫 연재소설 관해생의 「춘몽」 고찰」은 이해조 연구에 대한 새로운 과제를 제시하였다는 점에

---

1 특히 최원식의 선구적인 업적으로 인해 이해조의 다양한 필명이 밝혀졌으며, 다수의 작품이 이해조 것으로 밝혀진 바 있다. 최원식, 「이해조 문학 연구」, 서울대 박사논문, 1986 참조.

2 배정상, 「이해조 문학 연구—근대 출판・인쇄 매체를 중심으로」, 연세대 박사논문, 2012.

3 근대 초기 소설의 작가 표기 관행 중 '비실명', '무서명' 등의 용어와 관련해서는 다음의 논문을 참조할 것. 김영민, 「한국 근대문학과 원전(原典) 연구의 문제들—정전 재구성 논의의 기초 작업」, 『현대소설 연구』 37, 2008, 9~35쪽 참조.

서 주목할 만하다.[4] 이 논문은 초창기 『조선일보』에 '관해생(觀海生)'이란 필명으로 연재된 「춘몽(春夢)」이라는 작품이 이해조가 집필한 것임을 주장하고 있다. 그는 '관해생'이라는 필명이 이해조가 편집을 맡았던 잡지 『기호흥학회월보』의 「동서격언」, 「청구미담」에 동일하게 사용되었던 점, 『조선일보』의 창간 당시 역량 있는 신문연재소설 작가가 필요했다는 점, 「춘몽」이 1910년대 전형적인 신소설의 형식과 내용을 보여주고 있으며 「구마검」을 연상시키는 인물 유형이 등장한다는 점 등을 들어 『조선일보』 첫 연재소설 「춘몽」이 이해조의 작품임을 입증하고 있다. 또한 그는 「춘몽」과 비슷한 시기에 게재된 단편서사 「창승과 밀봉」이 '이열자(怡悅子)'라는 필명을, 「농가월령가」가 '동해농인(東海農人)'이라는 필명을 사용하고 있다는 점을 들고, 이들 작품이 지닌 이해조의 여타 저작과의 유사성을 통해 이해조의 집필 가능성을 제시하였다. 이러한 최성윤의 주장은 충분한 설득력을 지니고 있으며, 향후 이해조 연구에서 본격적으로 다뤄져야 할 중요한 과제임에 분명하다.

『조선일보』에 대한 추가적인 검토를 진행한 결과, 「춘몽」 다음으로 연재된 「박쥐우산」 역시 비록 무서명으로 연재되었지만 이해조의 작품일 것으로 추정된다. 「박쥐우산」은 '정탐소설'이라는 특징적인 표제와 독자의 호기심을 자극하는 모던한 제목에도 불구하고, 아직까지 그 작자가 밝혀지지 않아 특별한 관심을 받지 못했던 작품이기도 하다.[5]

---

4 최성윤, 「『조선일보』 첫 연재소설 관해생의 「춘몽」 고찰」, 『정신문화연구』 35-3, 2012, 121~143쪽 참조.

5 최근 고은지는 '정탐소설'이라는 표제에 주목하여 「쌍옥적」과 「박쥐우산」에 대한 연구를 시도한 바 있다. 고은지, 「'정탐소설' 출현의 소설적 환경과 추리소설로서의 특성－『쌍옥적(雙玉笛)』과 『박쥐우산』을 중심으로」, 『비평문학』 35, 2010.

이러한 가운데 본 글은 『조선일보』에 연재된 「박쥐우산」의 작자 문제를 다루어, 이것이 이해조의 작품임을 입증하고자 한다. 또한 이를 바탕으로 이해조가 남긴 '정탐소설'의 계보를 살펴보고, 그것이 지닌 특질과 의미에 대해 논하고자 한다. 이는 이해조의 『조선일보』 소설 연재 사실을 더욱 상세하게 드러내는 한편 근대 추리소설의 형성과정에서 이루어진 이해조의 선구적인 작업을 구체적으로 확인하는 계기가 될 것이다.

2. 『조선일보』 소재 「박쥐우산」과 이해조

이해조의 말년 행적은 아직까지 소상히 드러난 바가 없다. 현재까지 밝혀진 사실들은 몇 개의 단편적인 작품 활동을 통해 추정된 것일 뿐 큰 줄기는 여전히 베일에 가려져 있다. 이해조는 『제국신문(帝國新聞)』, 『대한민보(大韓民報)』, 『매일신보(每日申報)』 등을 거치며 왕성하게 활동한 신문기자이자 작가였다. 그는 1913년 「우중행인(雨中行人)」의 연재를 끝으로 『매일신보』를 퇴사한 후 『누구의 죄』(1913), 『(정선(精選))조선가곡(朝鮮歌曲)』(1914), 『홍장군전(洪將軍傳)』(1918), 『한씨보응록(韓氏報應錄)』(1918), 『(여(女)의귀(鬼))강명화실기(康明花實記)』(1925), 『(여(女)의귀(鬼))강명화전(康明花傳)』(1927) 등 몇 편의 단행본 저술을 남긴 것으로 알려져 있다. 하지만 이러한 사실에는 중요한 의문이 따른다. 7년 남짓한 기간 동안 쉼 없이 정력적이고 왕성한 활동을 해오던 그의 작가적 기질과 역량을 감안할 때, 지금까지 알려진 몇 편의 단행본 저술 활동은 그의 말년 행적을 납득하기엔 부족한 감이 있다. 또한 그의 작품 활동의 중요한 토대라 할 수 있는 신문 연재를 그만 둔 이유가 무엇이었는지 역시 명확한 해답을 얻기 어려운 상황이다.[6] 이러한 사정에는 이해조의 행적과 관련된 자료를 찾기 어렵다는 점과 함께 소설 연재 시 다양한 필명을 사용하던 관습이나 오늘날과는 다른 저작권에 대한 인식 등이 복잡하게 얽혀 있다. 따라서 근대 초기 소설의 많은 수가 무서명 또는 비실명으로 발표되어 그 저자를 밝히기 어려운 실정이며, 아직 발굴되지 않은 이해조 작품 역시 상당수 존재할 것으로 예측된다.

이러한 가운데 최근 밝혀진 이해조의 『조선일보』 소설 연재 사실은 『매일신보』 퇴사 이후의 행적을 소상히 밝히는 데 중요한 계기가 된다. 최성윤의 연구는 『조선일보』의 첫 번째 연재소설인 「춘몽」은 물론 단편서사 「창승과 밀봉」과 「농가월령가」를 이해조가 집필하였음을 단계적인 가설의 검증을 통해 주장하고 있다.[7] 그렇다면 그가 밝힌 작품들 이외에 이해조의 또 다른 작품은 없을까? 이해조가 초창기 『조선일보』에 다수의 작품을 연재하였다면 또 다른 작품이 숨겨져 있을 가능

6 물론 지금까지 이해조가 『매일신보』를 그만 둔 이유에 대해서는 여러 가지 가설이 존재한다. 특히, 번안소설이 등장함에 따라 신소설의 내적 한계에 직면하게 된 것을 중요한 요인으로 꼽는 견해가 대체로 설득력을 얻고 있는 실정이다. 여기에 덧붙여 필자는 『신해음사(辛亥唫社)(신해집(辛亥集))』에 수록된 이해조의 한시(漢詩) 「포천도중(抱川途中)」과 「증인(贈人)」을 소개하고, 총독부 기관지 『매일신보』에서 활동하던 시기 작가의 심리 상태를 통해 『매일신보』 퇴사의 원인을 조심스레 제기한 바 있다. 『매일신보』를 퇴사한 직후 『자유종』과 『철세계』가 불허가출판물로 지정된 것 역시 총독부 또는 『매일신보』와의 갈등을 짐작할 수 있는 단서가 된다. 배정상, 「이해조 문학 연구－근대 출판・인쇄 매체와의 관련 양상을 중심으로」, 연세대 박사논문, 229～236쪽 참조.

7 최성윤, 앞의 글, 2012.

성도 충분히 존재한다. 다음의 예문은 이러한 가설을 뒷받침하는 중요한 근거가 된다.

> 일즉이 중추원의관(中樞院議官) 매일신보편집국장(每日申報編輯局長)과 긔왕 **조선일보 편집주임 등을 력임**하는 일방 또다른 한편으로는 여러 가지 작품(作品)을 발표하야 신소설(新小說)의 길을 연 해관(解觀) 리해조(李海朝)씨는 그동안 포천(抱川) 자택에서 신병으로 신음하든 중 지난 십일에 드듸어 세상을 떠나고 말앗다는데 동씨의 영면은 여러 가지 의미로 일반이 애석(哀惜)함을 마지 안는 바이라더라[8](강조－인용자)

위 인용문은 1927년 6월 14일 『조선일보』에 실린 이해조의 부고(訃告) 기사인데, 위 기사를 전적으로 신뢰한다면 이해조의 주요 활동을 파악할 수 있는 매우 중요한 실마리가 될 수 있다. 최근 이해조가 중추원의관 관직을 역임하였다는 사실이 소상히 밝혀진 바 있으며,[9] 『매일신보』의 편집국장 역시 이해조가 초기 『매일신보』의 소설란을 전담하였다는 점을 떠올린다면 충분히 납득할 만하다. 게다가 『조선일보』 편집주임을 역임하였다는 진술 역시 같은 신문사 내에서 불과 7년 전 직임에 대한 것이므로 상당한 설득력을 지니고 있다고 볼 수 있다. 따라서 이 기사는 이해조의 『조선일보』 소설 연재 가능성을 뒷받침하는 결정적인 근거가 될 뿐만 아니라 이해조의 또 다른 작품을 발굴할 수 있는 중요한 전제가 된다.[10] 결국 이후의 과제는 이해조가 『조선일보』에

8 「이해조(李海朝)씨 장서(長逝)－신소설의 길을 연 공로자」, 『조선일보』(夕刊), 1927.6.14.

9 송민호, 「열재 이해조의 생애와 사상적 배경」, 『국어국문학』 156, 2010, 245~249쪽 참조.

머무르며 편집주임을 맡았던 시기를 추정하여, 이해조의 저작임을 확인할 수 있는 또 다른 작품을 찾는 일일 터이다. 이러한 사정을 고려할 때 가장 눈에 띄는 작품은 바로 '정탐소설'이라는 표제로 연재된 「박쥐우산」이다.

「춘몽」(1920.3.5(?)~7.7)[11]의 연재가 끝나고, 「박쥐우산」은 1920년 7월 14일부터 9월 5일까지 총 41회 연재되었다.[12] 그 정확한 이유를 알기는 어렵지만, 이 작품에는 아예 작자 표기가 생략되어 있다. 그럼에도 불구하고 「박쥐우산」은 이해조가 집필했을 가능성이 높은 작품인데, 그 이유는 다음과 같다.

먼저 작품의 연재시기를 고려할 때 「박쥐우산」은 이해조가 편집주임을 역임하며 초기 『조선일보』의 소설란을 전담하던 시기에 연재되었던 것으로 보인다. 앞에서도 언급하였듯이 연재소설 「춘몽」과 단편서사 「창승과 밀봉」, 가사 「농가월령가」는 이해조의 작품임이 분명하다. 이들 작품이 연재될 때는 이해조가 편집주임을 맡고 있던 시기이므로, 이들 작품과 동시에 다른 작품의 연재가 이루어졌을 가능성이

---

10 결국 최성윤이 제기한 『조선일보』의 첫 번째 연재소설인 '관해생(觀海生)'의 「춘몽」이나 '이열자(怡悅子)'의 「창승과 밀봉」, '동해농인(東海農人)'의 「농가월령가」는 모두 '해관(解觀)' 또는 '해관자(解觀子)', '열재(悅齋)', '동농(東儂)'의 호 또는 필명을 사용하던 이해조의 작품으로 보는 것이 타당할 것이다.

11 현존하는 『조선일보』의 지면은 1920년 3월 9일부터인데, 「춘몽」은 3월 5일 창간호부터 연재된 것으로 보인다. 3월 9일 자 연재분에는 회차 표기가 없으며, 지령 8호인 5월 12일 자 연재분의 '八'이라는 회차표기를 신뢰한다면 「춘몽」은 창간호인 3월 5일부터 연재를 시작한 것임을 짐작할 수 있다. 최성윤, 앞의 글, 2012, 127~128쪽 참조.

12 『조선일보』는 1920년 9월 5일 자를 마지막으로 제2차 정간조치에 의해 한동안 발행이 중단되었는데, 이러한 가운데 「박쥐우산」도 완결을 보지 못한 채 더 이상 연재되지 않았다. 하지만 범인과 범행동기가 밝혀지고 사건이 마무리 되는 상황이라 전체의 구조를 살피는 데 큰 어려움은 없다.

있다. 특히, 첫 번째 연재소설 「춘몽」이 끝난 직후 「박쥐우산」의 연재가 시작되었는데, 「농가월령가」는 「박쥐우산」의 연재가 한창이던 1920년 7월 23일부터 8월 6일까지 4면에 동시 연재되었다. 이와 더불어 「박쥐우산」은 1920년 9월 5일까지 연재되었는데, 이는 정확하게 『조선일보』의 2차 정간일자와 겹친다.[13]

『조선일보』는 1920년 9월 5일 자를 마지막으로 약 세 달 동안 정간되었으며, 12월 2일에서야 비로소 복간되었다. 12월 2일 복간된 『조선일보』에는 두 편의 서사물이 1면과 4면에 동시에 게재되었다. 1면에는 '빙허생(憑虛生)'의 「초련(初戀)」이 4면에는 '격공생(擊空生)'의 「발전(發展)」이 연재되었는데, 이들 작품은 모두 현진건의 번역 또는 번안 작품인 것으로 추정된다. 현진건은 1920년 12월 2일 『조선일보』의 복간 시점부터 약 1년여 가량 1면과 4면에 다수의 번역(번안) 작품과 창작소설을 연재하였으며, 이는 '예술소설'과 '통속소설'을 구분하여 각각 1면과 4면에 배치하였던 『조선일보』의 새로운 소설 정책과 맞물려 있었다.[14]

이러한 점으로 미루어볼 때 이해조는 1920년 3월 5일 창간부터 2차 정간에 들어가는 1920년 9월 5일까지 『조선일보』의 소설란을 전담하였으며, 1920년 12월 2일 복간시점부터는 이해조 대신 현진건이 『조선일보』의 소설란을 전담하게 된 것으로 보는 것이 타당하다. 이를 기점으로 소설란의 성격 역시 변화하는데, 이해조가 전담하던 시기에 1개

13 참고로 1920년 8월 27일 『조선일보』는 1주일가량 1차 정간 조치를 당한 후 9월 3일 복간되었으며, 이틀 후인 9월 5일 「우열(愚劣)혼 총독부 당국자(總督府當局者)는 하고(何故)로 우리 일보(日報)를 정간(停刊)식혓느뇨」라는 논설을 게재한 후 3개월가량 2차 정간 조치를 받게 되었다.

14 1920년 12월 2일부터 새롭게 복간된 『조선일보』 연재소설과 현진건의 역할에 대해서는 다음의 논문을 참고하였다. 최성윤, 「『조선일보』 초창기 연재 번역 · 번안소설과 현진건」, 『어문논집』 65, 2012, 463~485쪽 참조.

의 창작소설이 연재되었던 것과는 달리 현진건이 전담하던 시기에는 '예술소설'과 '통속소설'을 구분하여 각각 1면과 4면에 동시에 두 편을 연재하였으며 번역 또는 번안소설 위주로 변모하였다.

〈표 9〉 2차 정간 전후 이해조 저작 텍스트 및 『조선일보』 연재소설 목록

필자 표기	작품이름	연재기간	표기방식	연재면	작자
觀海生	춘몽(春夢)	1920.3.5(?)~7.7	순한글	4면	이해조
怡悅子	창승(蒼蠅)과 밀봉(蜜蜂)	1920.3.(?)~3.9[15]	순한글	4면	
	박쥐우산	1920.7.14~9.5	순한글	4면	
東海農人	농가월령가(農家月令歌)	1920.7.23~8.6	국한문	4면	
2차 정간 기간 (1920.9.6~1920.12.1)					
憑虛生 譯	초련(初戀)	1920.12.2~1921.1.23	국한문	1면	현진건
擊空生	발전(發展)	1920.12.2~1921.4.21	순한글	4면	
憑虛生 譯	부운(浮雲)	1921.1.24~4.30	국한문	1면	
隱坡 朴容奐	금강석(金剛石)	1921.4.24~5.12	순한글	4면	박용환

게다가 「춘몽」과 「박쥐우산」이 신소설의 내용과 형식을 그대로 계승하고 있는 것과는 달리 2차 정간 이후 새롭게 연재된 소설들은 근대소설에 한발 다가선 내용과 형식을 지향하고 있다는 점도 「박쥐우산」의 이해조 저작 가능성을 높여주는 단서가 된다.

㉠ (쟝) 웨그리 ᄒᆞ심닛가

(리) 나는 곳 드러가야 ᄒᆞ겟셔요

(쟝) 텬만의 말삼도 ᄒᆞ심니다[16]

---

15 「창승과 밀봉」의 1회는 유실되어 확인할 수 없는데, 3월 9일 자가 2회인 것으로 보아 그 전 3월 5일에서 8일 사이 어느 날 시작하여 2회 연재된 것으로 추정된다.

16 「춘몽」, 『조선일보』, 1920.3.9.

㉡ (부) 누구신데 무엇이라고 ᄒᆞ셧슴닛가

(변) 예- 우리는 형ᄉᆞ뎡탐 단이는 사ᄅᆞᆷ이올시다

(부) 그러시고 보면 도젹놈을 잡아 우리 원수를 감게 좀 ᄒᆡ쥬셔오[17]

㉢「나의 쳣사랑은 果然 普通사랑과는 달나」 머뭇々々 ᄒᆞ면서 英植이가 對答ᄒᆞ엿다[18]

㉣ 이것을 보고잇던 ᄋᆞ경쇼져는 별안간 쇼리를 질느며

「큰일낫네 숙히 살녀야지」 ᄒᆞ고 바우에셔 급히 ᄂᆡ려 그집 엽으로 가더니

「갓난ᄋᆞ- 갓난ᄋᆞ-」

부르니

「우에 불너요」[19]

위 인용문은 차례로 「춘몽」, 「박쥐우산」, 「초련」, 「발전」의 일부분이다. 위에서 가장 눈에 띄는 부분은 바로 대화 지문의 표기 방식이다. ㉠과 ㉡이 발화자를 지시하여 대화지문 표기를 하고 있다면, ㉢과 ㉣은 문장부호를 활용하여 발화내용을 구별하였다. 이미 1913년부터 『매일신보』에 연재되던 번안소설들은 일본 소설의 대화지문 표기 방식을 따라 발화자 표시를 생략하고 근대적 문장부호인 낫표를 사용하여 대화지문을 구분하고 있었다. 1920년이면 이미 대화지문의 낫표 사용이

17 「박쥐우산」, 『조선일보』, 1920.7.14.

18 「초련」, 『조선일보』, 1920.12.2.

19 「발전」, 『조선일보』, 1920.12.3.

일반화되어 있던 시점에서 「춘몽」과 「박쥐우산」은 우직하게 이전 신소설의 대화지문 표기를 사용하고 있다. 마치 연극의 대본처럼 발화자와 발화내용을 구분지어 표시하는 방법은 신소설 일반은 물론 이해조 소설의 중요한 특징이기도 하다. 하지만 복간된 이후 새롭게 연재된 『조선일보』의 소설에서 이러한 신소설의 대화지문 표시는 더 이상 찾아 볼 수 없게 된다. 이 역시 「박쥐우산」의 이해조 저작 가능성을 높여주는 단서가 될 수 있다.

「박쥐우산」은 이해조가 「쌍옥적(雙玉笛)」(1908)에서 처음 사용했던 '정탐소설'이라는 표제를 그대로 따르고 있으며, 이해조가 번역한 『누구의 죄』(1913)의 모티프를 그대로 차용하고 있다는 점에서도 특징적이다. 한국의 근대소설사에서 처음 '정탐소설'이라는 표제를 사용한 사람이 이해조였다는 점을 떠올린다면 「박쥐우산」에서 사용된 '정탐소설'이라는 표제는 쉽게 지나치기 어려운 부분이다. 또한 「박쥐우산」은 최근 한 연구에서도 소상히 다루어졌듯이, 이해조가 번역한 『누구의 죄』와 거의 동일한 구조로 이루어져 있다. 가령 출생의 비밀과 상속권을 둘러싼 살인사건이라는 기본적인 설정, 끔찍한 범죄 현장에서 주인공이 증거를 수집하는 서두, 결정적인 단서가 '박쥐우산을 든 하이카라'라는 점, 조사의 서사와 심문의 서사가 교차하는 구조 등은 두 작품에 공통적으로 나타나는 특징이다.[20] 따라서 「박쥐우산」은 이해조 자신이 번역한 『누구의 죄』를 다시 한국적 정서에 맞는 작품으로 재창작

20 이 같은 두 작품의 공통점은 고은지의 연구에서 상세하게 다뤄진 바 있다. 단지 그는 「박쥐우산」의 이해조 저작 가능성에는 미치지 못한 채, 「박쥐우산」이 『누구의 죄』의 독서경험을 통해 영향을 받아 창작된 것으로 추정하고 있다. 고은지, 「'정탐소설' 출현의 소설적 환경과 추리소설로서의 특성—『쌍옥적』과 『박쥐우산』을 중심으로」, 『비평문학』 35, 2010, 15~18쪽 참조.

한 사례로 볼 수 있다.

결국 이러한 점들로 미루어 볼 때, 『조선일보』에 연재된 「박쥐우산」은 이해조의 작품으로 보는 것이 타당하다. 이해조는 초창기 『조선일보』에서 편집주임을 역임하며 몇 편의 작품들을 연재하였으며, 1920년 9월 5일 『조선일보』가 총독부에 의해 장기간 정간 조치를 받자 『조선일보』를 떠나게 되었다. 『조선일보』는 석 달가량이 지난 12월 2일에야 속간호를 발행하였으며, 이후의 『조선일보』 소설란은 현진건이 주도하게 된다.

3. '정탐소설'의 계보와 「박쥐우산」

'정탐(偵探)'이라는 단어의 용례는 조선시대에서부터 근대 초기에 이르기까지 다양한 문서자료에서 발견되지만,[21] 이것을 '소설(小說)'과 결합시켜 사용한 흔적은 쉽게 찾기 어렵다. 처음 이인직이 『혈의루』 광고에서 '신(新)'이라는 수식을 붙여 종래의 소설 일반과의 구별을 시도하였던 것처럼, 당시의 출판업자들은 주로 단행본 소설 광고에 '가정소설', '정치소설', '과학소설', '실업소설' 등의 표제를 사용하여 다른 소설들과의 차별성을 부각시키고 독자들의 관심을 끌고자 하였다.[22] 이

21 '정탐'이라는 단어의 용례에 대해서는 다음의 논문이 자세하다. 김지영, 「'탐정', '기괴' 개념을 통해 본 한국 탐정소설의 형성 과정」, 『현대 문학이론 연구』 41, 2010, 96~97쪽 참조.

인직이 사용한 '신소설'이라는 표제가 이전의 '구소설'과의 양식적 차별성을 전제로 한 것이라면,[23] 당시 출판업자들이 사용한 표제는 각 작품의 장르적 차이를 부각시키기 위한 것으로 볼 수 있다. 물론 이 시기는 근대적 소설 장르에 대한 인식이 자리 잡기 전이었지만, 당시 출판업자들이 각각의 작품이 지닌 범주의 차이를 단편적이나마 인식하고 이를 주요한 판매 전략으로 삼고 있었던 점은 분명한 사실이다.

근대 초기 신문 매체에 처음 소설란이 설치되고, 연재된 서사물 앞에는 '소설(小說)'이라는 명칭이 표기되어 있었다. 이 '소설'이라는 표기는 글쓰기 양식의 명칭인 동시에 논설, 잡보, 관보, 광고 등과는 구별되는 '난(欄)', 즉 신문에서의 '섹션(section)' 이름이기도 했다. 자신의 소설을 '신소설'이라 강조했던 이인직의 경우에도 『만세보』에 「혈의루」, 「귀의성」을 연재할 당시 모두 제목 앞에 '신소설' 대신 '소설'이라는 표제를 사용하였다. 이때의 '소설'이라는 표기는 논설, 잡보, 관보, 광고 등과 병렬적으로 구획된 신문 매체의 섹션 표기에 가깝다.

그런데 이해조는 『제국신문』 소설 연재 시 이인직과는 달리 '소설'이

22 예컨대 '가정소설'은 『귀의성』과 『치악산』, '정치소설'은 『애국정신』·『설중매』·『홍도화』·『서사건국지』, '과학소설'은 『철세계』, '실업소설'은 『송뇌금』의 광고에 활용되었다. 그밖에도 『금수회의록』은 '골계소설', 『경세종』은 '종교소설', 『한월』은 '인정소설', 『이태리소년』은 '교육소설'로 명명되어 신문 지면에 광고되었다. 위 내용은 1900년대 주요 발행 신문인 『만세보』, 『황성신문』, 『제국신문』, 『대한매일신보』 등을 직접 조사한 것이다.

23 1907년 3월 29일 『만세보』에는 단행본 『혈의루』에 대한 광고가 '소설'이라는 표제로 게재되었으나, 다음날인 3월 30일부터는 '신소설'이라는 표제로 바뀌어 소개되었다. 또한 새로운 광고에서는 저자 이름 앞에 가격을 병기하고, '평양성중에 살던 옥련이라는 김씨 여아'가 겪은 실사(實事)로부터 출발한 이야기임을 강조하였다. 구장률은 이러한 광고 문안의 변화가 이전 소설의 전통으로부터 자신의 소설을 구별하려는 이인직의 의도를 직접적으로 반영한 것이라고 설명하였다. 구장률, 「신소설 출현의 역사적 배경－이인직과 「혈의누」를 중심으로」, 『동방학지』 135, 2006, 290～292쪽 참조.

라는 난 이름 앞에 해당 소설의 특징을 집약적으로 드러내는 다양한 수사를 활용하였다. 1907년 6월부터 이해조는 『제국신문』의 소설란을 전담하여 「고목화」, 「빈상설」, 「원앙도」, 「구마검」, 「홍도화」, 「만월대」, 「쌍옥적」, 「모란병」을 차례로 연재하였다. 처음 「고목화」, 「빈상설」, 「홍도화」는 '소설'이라는 표제로 연재되었지만, 「구마검」부터는 '연극', '정치', '가정', '정탐' 등의 단어를 부기해 놓았다. 이러한 표제는 무엇보다 독자들의 관심을 이끌어내는 전략인 동시에 다양한 소설 형식에 대한 작가의 관심을 살필 수 있는 대목이기도 하다.[24]

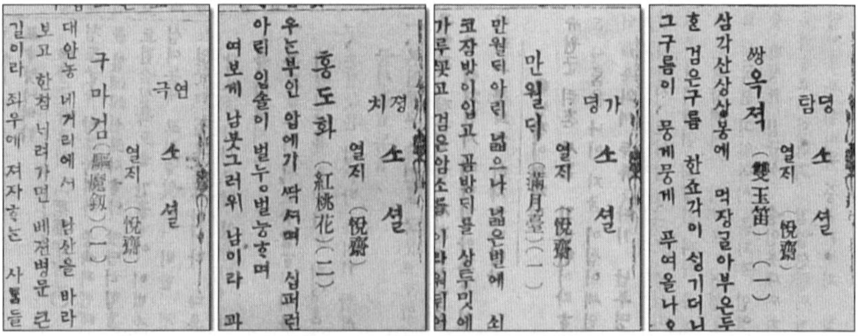
연극 소설 열지(悅齋)
구마검(驅魔劍)(一)
대안동 네거리에서 남산을 바라
보고 한참 너려가면 배전병문 큰
길이라 좌우에 져자ᄒᆞᄂᆞᆫ 사ᄅᆞᆷ들

정치 소설 열지(悅齋)
홍도화(紅桃花)(二)
우ᄂᆞᆫ부인 압에가 싹셔며 십퍼런
아티 입술이 벌누ᄋᆞ벌눙ᄒᆞ며
여보게 남붓그러위 남이라 과

가뎡 소설 열지(悅齋)
만월디(滿月臺)(一)
만월디 아리 넓으나 넓은벌에 쇠
코잠방이입고 굴방디를 상투밋에
가루꼿고 검은암소를

뎡탐 소설 열지(悅齋)
쌍옥적(雙玉笛)(一)
삼각산상상봉에 먹장갈아부은듯
ᄒᆞᆫ 검은구름 한쇼각이 싱기더니
그구름이 뭉게뭉게 퓨여올나ᄋᆞ

『제국신문』 소재 이해조 소설의 표제 전략

이해조는 이러한 소설의 표제가 지닌 차이를 비교적 분명하게 인식하고, 이를 적극적으로 활용한 최초의 소설가였다. 이해조는 『제국신문』의 안정적인 환경 속에서 새로운 소설의 가능성을 다양한 방식으로 실험하였으며, '연극', '정치', '가정', '정탐' 등의 표제는 작가의 관심이 매우 다양한 영역에 걸쳐 있음을 확인할 수 있는 지표가 된다. 그런

24 이러한 표제는 당시 일본이나 중국의 영향을 받은 것으로 짐작되나 현재까지 그 구체적인 영향 관계가 밝혀지지는 않았다.

데 특이한 것은 이들 소설이 단행본으로 출간되면서 이러한 표제가 사라지거나 바뀌는 경우가 발생했다는 점이다. 가령 '연극소설'이라는 표제는 사라졌으며, '정치소설'은 '최근소설'로 '가정소설'은 '윤리소설'로 바뀌었다.[25] 하지만 『쌍옥적』의 경우 단행본에서도 '정탐소설'이라는 표제를 그대로 사용하였는데, 이는 '정탐소설'이라는 표제가 판매부수를 올리는 데도 효과적일 것이라는 당시 출판업자들의 기대가 반영된 결과로 보인다.

하지만 '정탐소설'은 독자들의 관심을 이끌 수 있는 매력적인 표제였음에도 불구하고, 더 이상 대중 독자들의 새로운 기호를 창출하지 못한 채 일회적인 시도로 그치고 말았다. 이후 '정탐' 또는 '탐정' 소설의 유형에 속하는 여러 작품들이 창작 또는 번역(번안) 되었으나 '정탐소설'이라는 표제를 사용한 것은 거의 찾기가 어려우며, 이해조 자신도 한동안 '정탐소설'이라는 표제를 사용하지 않았다.[26] '정탐소설'이라는 표제는 『도리원(桃李園)』(박문서관, 1913)[27]이라는 작품을 제외하고는 찾

25 자세한 내용은 다음의 논문을 참고할 것. 배정상, 「『제국신문(帝國新聞)』 소재 이해조 소설 연구」, 『동양학』 49, 2011.

26 가령, 이해조는 「구의산」에서 또 한 차례 '정탐소설'적인 요소들을 실험하였지만 '정탐소설' 대신 '신소설'이라는 표제를 사용하였으며, 세계 최초의 장편 추리소설인 에밀 가보리오의 『르루즈 사건』을 번역한 『누구의 죄』(초판), 1913에서도 '신소설'이라는 표제를 사용하였다. '정탐소설'이라는 표제는 십여 년이 지난 1920년 「박쥐우산」에서야 비로소 또 다시 사용된다.

27 『도리원』은 서양 추리소설의 동아시아적 맥락과 수용의 복잡한 일면을 보여주는 흥미로운 텍스트이다. 『누구의 죄』의 원작자인 에밀 가보리오의 『목에 걸린 줄(*La Corde au cou*)』(1873)이 일본의 구로이와 루이코에 의해 『유죄무죄(有罪無罪)』(1889)라는 제목으로 번역되었고, 중국에서는 구로이와의 일역본을 대본으로 하여 상무인서관에서 『한도기(寒桃記)』(1906)라는 제목으로 재번역 출간되었다. 『도리원』의 실제 작자는 밝혀지지 않았으며, 일역본 『유죄무죄』와 중역본 『한도기』를 동시에 참조하여 집필되었을 가능성이 높다고 한다. 이에 관해서는 다음의 논문을 참조할 것. 강현조, 「한국 근대 초기 번역·번안소설의 중국·일본문학 수용 양상 연구」, 『현대문학의 연구』 46, 2012, 21쪽.

아보기 어렵다. 하지만 이 역시 본문 첫 머리에 조그맣게 표기되었을 뿐 겉표지에는 '신소설(新小說)'이라는 표제가 선명하게 부각되어 있다.

그 이유에 대해서는 여러 가지 추측이 가능하겠지만 가장 중요한 이유는 '정탐소설'에 대한 당시 대중 독자들의 반응이 그다지 크지 않았기 때문일 것이다. 신소설의 주된 독자가 한글에 익숙한 여성을 중심으로 한 일반 대중 독자였다면, 이들 독자들은 복잡하게 얽혀있는 사건의 내막을 풀어가는 '정탐소설'의 지적인 유희보다 가정 내 수난이나 남녀 간의 애정문제에 더욱 호응하였을 가능성이 높다. 또한 이해조의 경우 주로 신문연재소설을 썼다는 점을 기억한다면, 신문연재소설과 '정탐소설'의 형식이 잘 맞지 않았을 것이라는 추정도 가능하다. 왜냐하면 '정탐소설'의 경우 합리적인 사건의 해결을 위해 차근차근 복선을 배치해야 하는데 매일매일 연재되는 신문연재소설의 경우 지나간 소설의 내용을 되짚어보기 어렵기 때문이다. 실제로 「쌍옥적」 이후 이해조가 『대한민보』나 『매일신보』에 연재한 소설들을 살펴보면 대체로 가정 내 수난이라든가 남녀 간의 애정문제를 기본 골격으로 삼는 것이 대부분이다. 이러한 측면은 신문 매체의 편집 방침이나 편집진의 의도에 일정한 영향을 받을 수밖에 없는 신문연재소설의 속성을 보여주는 것이기도 하다.

이후 이해조의 '정탐소설'에 대한 관심은 『누구의 죄』로 이어진다. 총독부 기관지 『매일신보』를 퇴사한 이해조는 1914년 『누구의 죄』라는 번역소설을 출간하였다. 『누구의 죄』는 세계 최초의 장편 추리소설인 에밀 가보리오(Émile Gaboriau)의 『르루주 사건(*L'Affaire Lerouge*)』(1863)을 원작으로 삼았으며, 구로이와 루이코[黑岩淚香]가 일본어로 번안한 것을 다시 한국어로 옮긴 것이다.[28] 재미있는 점은 『누구의 죄』가 「쌍옥적」, 「박쥐우산」과 매우 밀접한 관련을 맺고 있다는 것이다. 사실 『누구의 죄』는 김태준의 언급 이후 이해조의 작품으로 여겨져 왔으나, 이해조의 작품인지 아닌지에 대해서는 의견이 분분했다.[29] 이러한 사정에는 『누구의 죄』 원본을 쉽게 확인하지 못하는 현실적인 어려움도 한 몫 했던 것으로 보인다. 그동안 잘 알려지지 않았던 두 개의 판본을 소개하면 다음과 같다.

『누구의 죄』 초판(보급서관, 1913, 함태영 박사 소장)과 재판(박문서관, 1921, 영남대 중앙도서관 소장)의 표지와 본문 첫 페이지

위 사진은 『누구의 죄』 초판과 재판의 표지와 본문의 첫 페이지이다. 1913년 보급서관에서 출판된 초판의 경우 이해조의 이름은 찾을

28 박진영, 『번역과 번안의 시대』, 소명출판, 2011, 221～222쪽.

29 『누구의 죄』는 김태준이 『조선소설사』에서 처음 언급한 이후, 대체로 1918년 '五車書廠'에서 간행된 『화(花)의혈(血)』(재판)의 판권지에 수록된 「지급광고(至急廣告)」에 기록된 내용에 따라 이해조의 작품으로 알려져 왔다. 하지만 이를 결정적인 증거로 보기는 어렵다는 견해 역시 존재한다. "◯普通高等學生과 一般官廳試驗者의 必要훈 日鮮文作文法과 現時代交際에 羅針盤되는 日鮮對譯漢語速成과 朝鮮古代英雄 洪將軍傳, 韓氏報應錄 兩種小說을 著述大家 李海朝氏가 特別編輯ᄒᆞ고 花의血, 雙玉笛, 鬢上雪, 누구의 죄 四種小說도 李海朝氏가 一新校正ᄒᆞ야 本廠에서 印刷發行 ᄒᆞ오니", 「지급광고」, 『화의혈』, 五車書廠, 1918.

수 없으며, 본문 첫 페이지에 '은국산인(隱菊散人)'이라는 필명과 판권지에 보급서관의 사주인 김용준이 '편집 겸 발행자(編輯兼發行者)'로 기록되어 있을 뿐이다. 본문의 첫 머리에 실제 저자를 기록하던 당시의 출판 관행을 따른다면 '은국산인'이 이 작품의 실제 저자일 것이다. 그런데 이 '은국산인'이라는 필명은 매우 낯선 것이어서, 이 작품이 이해조의 저작이라는 주장의 결정적인 증거가 되진 못했다. 하지만 최근 1921년에 발행된 『누구의 죄』 재판에는 본문 첫 페이지에 '해관 산정(解觀 刪正)'이라는 표기가 명기되어 있음을 확인할 수 있었다.[30] '해관'은 이해조가 가장 즐겨 사용하던 필명이며, '산정'이라는 표현은 이 작품이 창작이 아니라 번역 또는 교열한 것임을 의미하는 것이다.[31] 따라서 '은국산인'도 이해조의 필명으로 포함시켜야 하며, 『누구의 죄』는 이해조의 저작으로 보는 것이 타당하다.

더욱 중요한 사실은 표지에 인쇄된 '신소설'이라는 표제가 '정탐소설'로 바뀌었다는 점이다. '정탐소설' 「박쥐우산」의 연재 이후 발행된 『누구의 죄』 재판은 1920년대의 새로운 문화적 흐름을 반영하듯 이제는 낡은 '신소설'이라는 수사 대신 '정탐소설'이라는 표제를 사용하였다. 처음 보급서관에서 『누구의 죄』를 출간하였을 때 '신소설'이라는

30 『누구의 죄』 재판은 영남대학교 도서관에 소장되어 있는 것인데, 연세대 박진영 선생의 도움으로 사진을 얻을 수 있었다. 이 자리를 빌려 감사의 인사를 드린다. 『누구의 죄』 재판에 '해관(解觀) 산정(刪正)'이라고 표기되어 있다는 사실은 다음의 저서에서도 확인할 수 있다. 박진영, 앞의 책, 2011, 221쪽.

31 원래 '산정(刪正)'은 '쓸데없는 부분을 깎아 내어 정리함'이라는 의미를 지니고 있는데, 이해조는 『매일신보』에서 판소리 4작품을 연재할 때도 '산정'이라는 표현을 사용한 바 있다. 『매일신보』에 연재된 이해조의 판소리 산정에 대해서는 다음의 논문을 참고할 것. 배정상, 「『매일신보(每日申報)』 소재 이해조 판소리 산정(刪正) 연구—근대적 변환과 그 효과를 중심으로」, 『열상고전 연구』 36, 2012 참조.

표제를 붙였던 이유는 아마도 이 무렵만 해도 '정탐소설'보다는 '신소설'이라는 표제가 판매부수를 높이는 데 도움이 될 것이라는 판단 때문일 것이다. 『누구의 죄』 재판은 8년이라는 긴 시간이 지나서야 비로소 출간되었는데, 이로 미루어보아 당시 '정탐소설'에 대한 독자들의 요구가 새롭게 부상하고 있었음을 짐작할 수 있다. 또한 표지의 경우에도 새롭게 출간된 『누구의 죄』 재판은 '정탐소설'의 모던한 분위기를 그림으로 잘 표현하였다. 검은색 선글라스와 중절모로 비밀스러운 느낌을 자아내는 남성과 그를 보고 놀란 듯 비스듬히 누워 있는 여성의 대비는 당시 독자들의 흥미를 효과적으로 자극하였을 것이다. 결국 『누구의 죄』 재판은 『조선일보』에 연재된 「박쥐우산」의 영향을 받아 출간되었을 가능성이 높으며, '정탐소설'이라는 표제와 새로운 표지 디자인은 이러한 추론을 뒷받침하는 근거가 된다.

이해조는 「쌍옥적」 이후 오랜 기간 사용하지 않았던 '정탐소설'이라는 표제를 「박쥐우산」에서 다시 사용하게 된다. 앞장에서 살펴본 바와 같이 「박쥐우산」은 저자의 이름이나 필명을 기재하지 않은 무서명 소설이지만 이해조 소설이 분명하다. 이 작품은 처음 1회부터 5회까지는 '제일막(第一幕)', '제이막(第二幕)' 등으로 연재 횟수를 표기하였지만, 6회차부터는 '제육(第六)', '제칠(第七)' 등으로 표기 방식을 바꾸었다. 처음이 작품은 연극공연을 염두에 두고 기획된 것으로 보이는데 사정상 중단된 것으로 보인다.

'정탐소설' 「박쥐우산」의 『조선일보』 연재 모습(1920.7.16)

이 「박쥐우산」은 이해조 자신이 번역한 『누구의 죄』를 한국적 정서에 맞도록 재번안한 작품이다. 따라서 인명이나 지명 표기 방식은 물론 원작의 분위기를 충실히 반영하였던 『누구의 죄』와는 달리 「박쥐우산」은 인물과 지명을 한국식으로 바꾸었으며 이야기의 구조 역시 한국적 정서에 맞도록 새롭게 배치하였다. 두 작품은 끔찍한 살인사건 현장을 작품의 서두에서 배치하고, 현장의 증거로 진흙에 파인 구두 자국이나 시체의 손톱에 끼여 있던 장갑 조각 등을 동일하게 사용하고 있다. 또한 용의자의 인상착의를 '박쥐우산을 든 하이카라'로 제시하고 있다는 점이나 조사의 서사와 심문의 서사가 교차하는 서술 구조 역시 공통적이다. 하지만 「박쥐우산」은 적자와 서자가 바뀐다는 원작의 설정 대신 진범인 영로를 '개구멍받이' 즉 업둥이로 바꾸어 놓았다. 또한 자기 욕망에 충실하였던 원작의 아버지를 「박쥐우산」에서는 합리적이고 정의로운 아버지로 바꾸었다. 그밖에도 원작에서 상당한 부분을 차지하던 멜로적 요소를 제거하고, 추리소설로서의 특징에 집중

하고 있다는 점도 특징적이다.[32]

무엇보다 십여 년 전에 사용하였던 '정탐소설'이라는 표제를 다시금 소환한 것으로 볼 때, 「박쥐우산」의 연재는 「쌍옥적」, 『누구의 죄』를 거쳐 한국식 '정탐소설'의 뿌리를 내리고자 하는 작가의 욕망이 반영된 결과인 셈이다. 또한 일본 유학을 거친 새로운 문학 세대의 대거 진입과 함께 다양한 소설 장르가 분화되던 1920년대의 새로운 분위기 속에서, 기존의 신소설로서는 『매일신보』나 『동아일보』의 연재소설에 비해 더 이상 작가적 우위를 점하기 어렵다는 작가의 판단이 반영되었을 것이다. 당시의 출판 시장 역시 이러한 분위기를 감지하였는지 그동안 큰 반응을 얻지 못하였던 『누구의 죄』를 다시금 출판하였으며, '정탐소설'이라는 표제와 표지의 세련된 그림은 이를 제작한 출판업자의 기대감을 짐작케 하는 단서가 된다.

하지만 '정탐소설'이라는 표제는 그 선구적인 시도에도 불구하고 특정한 장르 명칭으로 자리 잡는 데 실패하고 만다.[33] 이후 '정탐소설'은 '탐정소설'이라는 용어에 밀려 결국 자취를 감추게 된다.[34] 이는 훨씬 이전 시대부터 상당히 폭넓은 의미로 사용되던 '정탐'이라는 용어가 서구 추리소설에 등장하는 직업적 의미의 '탐정'으로 대체되는 현상과 다

---

32 『누구의 죄』와 「박쥐우산」의 공통점과 차이점은 고은지의 논문이 상세하다. 고은지, 앞의 글, 18~20쪽.

33 물론 '정탐소설'이라는 용어가 완전히 사라진 것은 아니다. 간혹 잡지에 수록된 단편소설의 표제로 사용되거나 소설 광고에서 활용되기도 하였다. 이러한 현상은 '탐정소설'이라는 용어의 활발한 사용에 비하면 예외적인 것이다. 모리스 루브란, 「금고의 비밀」, 『청년』 제2권 7호, 1922.7; 「단행본 무쇠탈 광고」, 『동아일보』, 1923.9.21.

34 이주라 역시 1910년 후반에서 1920년대 초반으로 넘어가면서 'detective novel'의 번역어가 '정탐소설'에서 '탐정소설'로 바뀌었다고 지적한 바 있다. 이주라, 「근대 초기 번역・번안 추리소설의 수용양상 연구」, 『어문논집』 61, 2010, 81~105쪽 참조.

릅없다. 이러한 현상은 서구로부터 수용된 '탐정소설' 또는 '추리소설'이 하나의 장르문학으로서의 위치를 공고하게 만드는 과정인 동시에 「쌍옥적」에서 시작된 이해조의 한국적 '정탐소설'이 결국 한계를 맞이하게 되는 안타까운 모습이기도 하다.

4. 맺음말

지금까지 1920년 『조선일보』에 연재된 소설 「박쥐우산」이 신소설 작가 이해조의 작품임을 입증하고, '정탐소설'을 개척한 이해조의 선구적인 업적에 대해 살펴보고자 했다.

3·1운동 직후 문화통치의 영향을 받아 발간된 『조선일보』는 『매일신보』나 『동아일보』에 뒤지지 않는 영향력 있는 작가를 초빙하고자 했으며, 마침 명망 있는 신소설 작가 이해조를 영입해서 경쟁력을 높이고자 했다. 1913년 『매일신보』를 마지막으로 신문사의 소설전담기자를 그만둔 이해조는 몇 편의 단행본을 발표하며 세월을 보내다가, 1920년 3월 5일 『조선일보』의 창간과 동시에 편집주임을 맡게 된다. 이해조는 『조선일보』의 2차 정간조치가 내려지는 1920년 9월 5일까지 소설란을 담당하여 「춘몽」과 「박쥐우산」을 연재하였고, 단형서사물인 「창승과 밀봉」, 가사인 「농가월령가」 등을 게재하였다.

1920년 7월 14일부터 9월 5일까지 총 41회 연재된 「박쥐우산」은 필자의 정보를 알 수 없는 무서명 소설이다. 그럼에도 불구하고, 「박쥐우산」은 이해조 작품일 가능성이 매우 높다. 그 이유는 다음과 같다. 첫째, 1927년 6월 14일 『조선일보』에 수록된 이해조의 부고 기사에 따르면 이해조가 『조선일보』의 편집주임을 맡았었다는 사실을 알 수 있는데, 이로 미루어보아 「춘몽」 이외에 또 다른 소설을 연재했을 가능성이 높다. 둘째, 『조선일보』는 1920년 9월 5일 2차 정간 이후 3개월이 지난 12월 2일에서야 복간되었는데, 이때의 소설란은 현진건이 전담하게 되며 번역(번안) 소설을 중심으로 1면과 4면에 각각 '예술소설'과 '통속소설'을 연재하게 된다. 따라서 이해조가 『조선일보』에 머물렀던 기간은 최대 1920년 9월 5일까지일 것인데, 현진건의 번역(번안) 소설과 달리 「춘몽」과 「박쥐우산」이 예전 이해조 신소설의 대화지문 표기를 그대로 사용하고 있다는 점도 「박쥐우산」의 이해조 저작의 근거가 된다. 셋째, 「박쥐우산」은 이해조가 「쌍옥적」에서 처음 시도했던 '정탐소설'이라는 표제를 사용하고 있으며, 이해조가 번역한 『누구의 죄』의 모티프를 그대로 차용하고 있는데 이는 「박쥐우산」이 이해조의 작품임을 입증하는 결정적인 단서가 된다.

결국 『조선일보』에 연재된 「박쥐우산」은 이해조의 작품이며, 십여 년 전에 사용했던 '정탐소설'이라는 표제를 다시금 사용하고 있다는 점에서 특징적이다. 이해조는 『제국신문』 소설 연재 시 '연극', '정치', '가정', '정탐' 등의 표제를 적극적으로 실험한 바 있는데, 그중 「쌍옥적」은 '정탐소설'이라는 표제를 전면에 내세우고 두 명의 별순검이 여정탐 '고소사'와 함께 일어버린 결세 상납금을 되찾는 과정을 실감나게 그려낸 바 있다. 하지만 이 '정탐소설'이라는 표제와 형식은 당시 독자들의 반향을 불러일으키지 못한 채 일회적인 시도로 그치고 말았다. 이해조는 이후 『대한민보』와 『매일신보』에서 다수의 소설을 연재하였지만 이들 대부분이 가정 내 수난이라든가 남녀 간의 애정문제를 축으로 삼고 있었다.

그런데 이해조는 1913년 『매일신보』 퇴사 이후 세계 최초의 장편 추리소설이라 불리는 에밀 가보리오의 『르루주 사건』을 번역하여 『누구의 죄』라는 이름으로 출간하였다. 이 소설은 처음 '신소설'이라는 표제로 발간되었는데, 당시 독자들에게 큰 인기를 끌지는 못하였던 것으로 보인다. 이후 『조선일보』에 입사한 이해조는 『누구의 죄』를 한국적 정서에 맞게 새롭게 재번안하여 '정탐소설'이라는 표제 하에 「박쥐우산」을 연재하였다. 이러한 영향으로 1921년에는 『누구의 죄』 재판이 출간되었는데, 파격적인 표지의 디자인과 함께 '정탐소설'이라는 표제가 새롭게 사용되었다. '정탐소설'이라는 용어는 이후 '탐정소설'이라는 용어에 의해 대체되었지만, '정탐소설'에 대한 이해조의 관심과 노력은 한국 추리소설의 형성 과정에 중요한 영향을 미쳤다.

이해조의 『조선일보』에서의 소설 연재 사실은 지금까지 이루어진 이해조 연구에 대한 반성과 앞으로의 과제를 동시에 제시한다. 특히, 근대 초기 다수의 신문연재소설이 필명을 사용하고 있거나 단행본 판권지에 실제 저작자 대신 주로 출판사주의 이름이 표기되어 있던 관행을 염두에 둔다면 아직도 밝혀지지 않은 이해조 작품들이 연구자의 손길을 기다리고 있을 것이다.[35] 결국 작가 연구에 있어서 작가의 생애와

35 최근 박진영은 이해조 소설 단행본의 판권지를 상세히 분석하여 근대 초기 출판문화의 일면을 소상히 드러낸 바 있다. 그는 지금까지 밝혀지지 않은 이해조 작품들의 가능성을 제시

관련된 부분이나 작품과 관련한 서지 정리 작업은 언제나 추후 보완이 필요한 진행형이라는 사실을 염두에 두어야 할 것이다. 또한 이러한 부분이 작가 연구에 필요한 실증적인 토대가 된다면, 그것의 풍부한 해석은 과거의 문학을 현재의 삶으로 호출하기 위한 효과적인 방법론을 찾는 데에서 비롯되어야 할 것이다.

하는 한편 이해조 소설로 알려져 있는 작품들에 대한 근본적인 재고 역시 필요하다고 주장하였다. 박진영, 「이해조와 신소설 판권」, 『1920년대 한국의 출판문화』 II(제2회 근대서지학회 학술대회 자료집), 2012.11.17.

■ 부록

『제국신문』 소재 「륜리학(倫理學)」

(1908년 6월 20일~10월 27일)

뎨일장	륜리학의 셕의와 및 범위
뎨이장	ᄌᆞ긔의 관념
뎨삼장	ᄌᆞ긔의 관념
뎨ᄉᆞ장	ᄌᆞ긔의 관념
뎨륙장	덕셩함양의 대요
뎨칠장	가족륜리
뎨팔장	가족륜리(부ᄌᆞ의 도리)
뎨구장	가족륜리(혼인)
뎨십장	샤회륜리
뎨십일장	샤회륜리(공익론)
뎨십이장	샤회륜리(례의론)
뎨십ᄉᆞ장	샤회륜리(ᄌᆞ션론)
뎨십오장	샤회륜리(명예론)
뎨십륙장	샤회륜리(소송론)
뎨십팔장	샤회륜리(오락론)
뎨십구쟝	샤회륜리(헌신론)
뎨이십장	샤회륜리(싱명론)
뎨이십일장	샤회륜리(직산론)

뎨이십이장	국가륜리(국가의 조직)
뎨이십삼장	국가륜리(국민의 피ᄎᆞ관계)
뎨이십ᄉᆞ장	국가륜리(납셰와 병역의 의무)
뎨이십오장	국가륜리(권리와 의무)
뎨이십륙장	국가륜리(칙임론)
뎨이십칠쟝	국가륜리(국졔론)
뎨이십팔쟝	국가륜리(인류젼톄와 국가의 관계)
뎨삼십쟝	국가륜리(인민계급론)
뎨삼십일쟝	국가륜리(국민의 관념)
뎨삼십이쟝	ᄉᆞ상륜리(思想倫理)(ᄉᆡᆼ존경ᄌᆡᆼ과 덕의의 관계)
뎨삼십삼쟝	ᄉᆞ상륜리(ᄌᆞ긔를 보존ᄒᆞᄂᆞᆫ 리법과 한도)
뎨ᄉᆞᆷ십ᄉᆞ쟝	ᄉᆞ상륜리(로동과 안식의 관계)
뎨삼십오장	ᄉᆞ상륜리(ᄌᆞ긔를 ᄉᆞ랑홈과 타인을 ᄉᆞ랑ᄒᆞᄂᆞᆫ 관계)
뎨삼십륙장	ᄉᆞ상륜리(직업의 션턱)
뎨삼십칠장	ᄉᆞ상륜리(지와 ᄒᆡᆼ의 관계)
뎨삼십팔쟝	ᄉᆞ상륜리(욕망론)
뎨ᄉᆞᆷ십구쟝	ᄉᆞ상륜리(검소와 ᄉᆞ치)
뎨ᄉᆞ십장	ᄉᆞ상륜리(잔인의 마암을 버릴 일)
뎨ᄉᆞ십일장	ᄉᆞ상륜리(안심과 의심)
뎨ᄉᆞ십이장	ᄉᆞ상륜리(경우)
뎨ᄉᆞ십삼장	ᄉᆞ상륜리(기호론)
뎨ᄉᆞ십ᄉᆞ쟝	ᄉᆞ상륜리(ᄌᆞ유와 졔한)
뎨ᄉᆞ십오장	ᄉᆞ상륜리(긔과론)
뎨ᄉᆞ십륙장	ᄉᆞ상륜리(도덕의 졔지)
뎨ᄉᆞ십칠쟝	ᄉᆞ상륜리(ᄉᆞ상과 실ᄒᆡᆼ의 관계)

뎨일장 륜리학의 셕의와 밋 범위

문 륜리학은 무엇ᄒᆞᄂᆞᆫ 학문이뇨

답 륜리학은 인륜의 리치를 궁구ᄒᆞ야 그 실ᄒᆡᆼᄒᆞᄂᆞᆫ 방법을 구ᄒᆞᄂᆞᆫ 학문이니라

문 물리학과 윤리학을 셔로 비교ᄒᆞ면 그 ᄎᆞ별이 엇더ᄒᆞ뇨

답 무릇 물리학은 론리와 응용 두 가지로 난호아셔 론리ᄒᆞᄂᆞᆫ 쟈는 뷔인 리치를 밀우워 실ᄉᆞ를 베풀며 ᄯᅩ 이것을 인ᄒᆞ야 아지 못ᄒᆞ던 것을 발명ᄒᆞ기로 위쥬ᄒᆞ되 륜리학의 셩질은 그러치 안이ᄒᆞ야 다만 실답게 발바 ᄒᆡᆼᄒᆞᆷ을 귀히 녁여 학리를 발명ᄒᆞᆷ을 위ᄒᆞ지 안나니 이ᄂᆞᆫ 곳 륜리학이 물리학보다 다른 소이니라

문 륜리학의 범위도 력학(力學) 화학(化學) ᄉᆡᆼ물학(生物學) 등과 갓치 일뎡ᄒᆞᆷ이 잇나뇨

답 륜리학은 일평ᄉᆡᆼ을 한ᄒᆞ고 ᄇᆡᆨ만가지 ᄒᆡᆼ위에 쓰ᄂᆞᆫ 것이니 그 계한이 멀고 아득ᄒᆞᆷ으로 엇더ᄒᆞᆫ 학쟈들이 츙효신의ᄌᆞ션(忠孝信義慈善)의 마암과 즉졉 관계 잇ᄂᆞᆫ 일만 륜리학 범위를 뎡ᄒᆞ고 ᄌᆡ지ᄀᆡ능(才智技能) 등의 가히 션ᄒᆞᆯ만ᄒᆞ고 가히 악ᄒᆞᆯ만ᄒᆞᆫ 것은 륜리학 범위 밧그로 돌녀보ᄂᆡ니 이ᄂᆞᆫ 실로 ᄯᅳᆺ이 좁은 범위오

ᄯᅩ 엇던 학자ᄂᆞᆫ ᄉᆡᆼ각의 엇더ᄒᆞᆷ을 물론ᄒᆞ고 그 ᄒᆡᆼ위에 ᄉᆡᆼ기ᄂᆞᆫ 바 션악의 결과로 륜리학의 결과를 뎡ᄒᆞ야 그 범위를 넓히어 이 셰상사ᄅᆞᆷ ᄒᆡᆼ위로 ᄒᆞ야곰 누구던지 이 범위 안에 모다 들게 ᄒᆞᆫ다 ᄒᆞ니라 (1908.6.20)

문 두 학쟈의 언론을 비교ᄒᆞ야 보면 그 우열이 엇더ᄒᆞ뇨

답 덕의상으로 보면 가히 ᄉᆡᆼ각이 엇더케 동ᄒᆞᆷ을 말ᄆᆡ암아 그 션악이 판단되고 샤회발달상으로 보면 가히 ᄒᆡᆼ위의 결과로 그 션악이 판단되나니 두 학쟈의 말이 셔로 장단이 잇나니라

문 그 장쳐 단쳐를 깁히 론난ᄒᆞᆷ이 가ᄒᆞ뇨

답 인류가 싱긴 이상에 다만 한낫 샤회 가온딕에셔 싱활ᄒᆞ는 것이 안이라 반다시 다른 샤회로 더부러 셔로 련락이 되나니 이는 우리 인싱의 ᄉᆞ상과 힝위가 하나도 샤회에 관계되지 않는 것이 업셔 즉졉(直接) 혹 간졉(間接)으로 그 발달을 돕기도 ᄒᆞ고 방애도 되나니 샤회는 본래 한 싱명의 긔관이라 그 긔관 안에 잇는 기인이 일거일동과 밋 일졀 ᄉᆞ위를 학파(學派)와 학셜(學說)의 엇더홈으로뻐 한갓 닷홈은 모다 지엽의 의론이니라

문 륜리상으로부터 구별을 난호면 무엇무엇이뇨

답 한가지는 슈신(修身)이오 ᄯᅩ 한가지는 쳐세(處世)이라

문 슈신은 엇던 것이뇨

답 슈신이라는 것은 뻐 그 덕셩을 함양ᄒᆞ며 그 품격을 고상케 ᄒᆞ는 바이니라

문 쳐셰는 엇던 것이뇨

답 쳐셰라는 것은 인류샤회를 발달케 ᄒᆞ는 큰 길을 닉몸으로 뻐 먼져 인도ᄒᆞ는 바이니라 (1908.6.21)

문 그 두 가지 목덕을 달ᄒᆞ랴면 엇더케 ᄒᆞ면 가ᄒᆞ뇨

답 이 목덕을 달ᄒᆞ자면 반다시 한가지 쥬의(主義)를 셰워 표쥰을 삼아 힝ᄒᆞ면 이는 곳 도덕상의 이른바 착훈 것이오 이것을 억의면 ᄉᆞ사룸이 되나니 이는 곳 도덕상의 이른바 악훈 것이라 그러나 셰상사룸의 션악을 분별ᄒᆞ기를 왕왕 이왕 경험으로 츄칙ᄒᆞ야 소위 격언과 습관 등으로 쥬의를 삼고 샤회가 날로 복잡ᄒᆞ야 진보됨이 심히 속ᄒᆞ거날 샤회에 맛지 안일 것은 분명훈 리치라 그런고로 반다시 여러 가지 륜리의 학셜을 비교ᄒᆞ고 그 리취를 연구ᄒᆞ야 오늘날 ᄉᆞ상에 맛도록 ᄒᆞ는 것이 가장 됴흔 쥬의라 이 쥬의를 임의 뎡훈즉 비단 참된 리치를 발명홈에 족홈 ᄲᅮᆫ더러 곳 이로 말미암아 사룸의 ᄉᆞ상 힝위를 관할홀지니 그런즉 륜리학은 론리ᄒᆞ는 학문이 안이오 이에 실답게 밥는 학문이니라

뎨 이쟝　ᄌᆞ긔의 관념

문　ᄌᆞ긔라 ᄒᆞᄂᆞᆫ 것은 엇더ᄒᆞᆫ 물건이라 ᄒᆞ면 가ᄒᆞ뇨

답　우희로 하날을 우러러 보ᄆᆡ 일월셩이 뎌ᄀᆞᆺ치 죠요ᄒᆞ고 아릐로 ᄯᅡ를 굽어보ᄆᆡ 산쳔초목이 이갓치 번셩ᄒᆞᆫᄃᆡ 그 가온ᄃᆡ 잇ᄂᆞᆫ 사ᄅᆞᆷ이 되야 ᄌᆞ긔가 무슨 물건인지 모롬이 가ᄒᆞ리의 지혜가 점점 열니고 식견이 더욱 넓어짐으로 비로소 ᄌᆞ긔가 텬디 사이에 한 동물인쥴 ᄭᆡ다랏나니 그러나 ᄌᆞ긔의 정신은 실로 각식 만물밧게 별로한 셰계를 열엇나니라 (1908.6.23)

문　그 셰계의 일홈이 무엇이뇨

답　그 셰계ᄂᆞᆫ 령혼셰계니 그 령혼이 육신과 합ᄒᆞ야 ᄌᆞ긔가 되엿슴으로 하등동물과 갓지 안이 ᄒᆞ니라

문　사ᄅᆞᆷ의 젼ᄉᆡᆼ 후ᄉᆡᆼ이라ᄒᆞᆷ은 무엇을 가라침이뇨

답　죵교가의 ᄆᆞᆯ로보면 사ᄅᆞᆷ의 젼신이라ᄂᆞᆫ 것은 물질이 외에 잇셔 육신의 죽고 사ᄂᆞᆫᄃᆡ 관계가 업슴으로 사ᄅᆞᆷ이 셰상에 나기젼에도 령혼은 임의 잇고 육신이 비록 죽더릐도 령혼은 죽지안이ᄒᆞᆫ다 ᄒᆞ니 이 말의 올코 그름은 고사 물론ᄒᆞ고 몸보다 먼져 나신 이ᄂᆞᆫ 나의 죠상이니 곳 젼ᄉᆡᆼ이오 몸보다 나죵난 쟈ᄂᆞᆫ 나의 ᄌᆞ손이니 후ᄉᆡᆼ이라 공로와 훈명과 ᄉᆞ업을 젼ᄉᆡᆼ에셔 ᄎᆞᄉᆡᆼ으로 ᄎᆞᄉᆡᆼ에셔 후ᄉᆡᆼ으로 셔로 계속ᄒᆞ야 젼ᄒᆞ면 장구히 썩지 안이ᄒᆞ나니 이ᄂᆞᆫ 셰상 사ᄅᆞᆷᄆᆞ다 눈으로 보며 귀로 듯ᄂᆞᆫ 바이니라

문　ᄌᆞ긔의 범위를 몃 가지로 구별ᄒᆞᆷ이 가ᄒᆞ뇨

답　ᄌᆞ긔의 범위를 대톄상으로 구별ᄒᆞᄌᆞ면 일은 ᄌᆞ긔 신톄의 상ᄐᆡ요 이ᄂᆞᆫ ᄌᆞ긔 ○상의 상ᄐᆡ요 삼은 ᄌᆞ긔와 샤회의 관계요 ᄉᆞᄂᆞᆫ ᄌᆞ긔와 텬리의 관계니라

문　뎨일 ᄌᆞ긔 신톄의 상ᄐᆡᄂᆞᆫ 엇더ᄒᆞ뇨

답　사ᄅᆞᆷ의 신톄도 금슈초목과 갓치 ᄉᆡᆼ물 ᄉᆡᆼ기고 자라ᄂᆞᆫ 법을 좃차 ᄉᆡᆼ장ᄒᆞ나니 그런즉 반다시 ᄉᆡᆼ존케 ᄒᆞᄂᆞᆫ 하날리치의 절졔를 밧을지라 그 리

치에 젹당ᄒᆞ면 션량홈이 되고 젹당치 못ᄒᆞ면 션량치 못ᄒᆞ나니 이로 표쥰을 삼아 신톄의 엇더홈을 뎡ᄒᆞ며 혹 텬품이 후하던지 박ᄒᆞᆫ 것은 사ᄅᆞᆷ의게 운과 명의관가 잇나니라 (1908.6.24)

그런고로 신테가 강건ᄒᆞᆫ 쟈는 하놀이 쥬신 힝복을 누림이오 허약ᄒᆞᆫ 쟈는 불힝ᄒᆞᆫ 경우에 ᄲᅡ짐은 ᄌᆞ연ᄒᆞᆫ 슈라 쟝차 하날을 향ᄒᆞ야 그 불평홈을 하소ᄒᆞ야도 하날이 그 험을 밧지 안이홀지오 오쟉 우리 사ᄅᆞᆷ의 육톄밧게 다시 졍신이 초목금슈보다 다름이 잇셔 능히 텬리ᄌᆞ연의 법을 알며 ᄯᅩ 능히 직앙을 피ᄒᆞ고 힝복을 엇을 바를 구ᄒᆞᄂᆞᆫ고로 사ᄅᆞᆷ의 지죠와 지혜의 작용으로 텬품의 허약ᄒᆞᆫ 바를 보츙ᄒᆞ나니라

문 그와갓흘진ᄃᆡ 엇지ᄒᆞ야 직앙을 죵릭 면치 못ᄒᆞᄂᆞᆫ 사ᄅᆞᆷ들이 왕왕 잇나뇨

답 그는 믹양 졍욕에 ᄭᅳᆯ닌바 되야 텬품의 허약홈을 보츙치 못홀ᄲᅮᆫ안이라 강건ᄒᆞᆫ 품질ᄭᆞ지 감손케 ᄒᆞ나니 이로 볼진ᄃᆡ 텬품의 힝불힝을 비록 엇지홀 슈 업다ᄒᆞ나 그러나 션량ᄒᆞᆫ 졍신을 가히 길너 신톄의 부족홈을 보츙홀지니 실로 밋엄이 잇고 두려올 것이 업셔 ᄌᆞ긔 신톄에 ᄃᆡᄒᆞᆫ 의무가 이로죳차 싱기니라

문 의무라 ᄒᆞᄂᆞᆫ 것은 무엇이뇨

답 의무는 갑(甲)이을(乙)에 ᄃᆡᄒᆞᆫ 의무가 잇스면 을이 갑에 ᄃᆡᄒᆞ야는 불가불 상당ᄒᆞᆫ 권리가 잇슬지니 이제 ᄌᆞ긔에 ᄃᆡᄒᆞ야 의무가 잇다홈은 ᄌᆞ긔 일신 중에도 의무와 권리의 구별이 잇나니 이 말이 비록 긔괴허탄ᄒᆞᆫ 듯ᄒᆞ나 셰밀케 분셕ᄒᆞ면 실로 망령된 몰이 안이니라 (1908.6.25)

무릇 이 사ᄅᆞᆷ의 신톄가 셰상에 난 날이 잇ᄂᆞᆫ 이상에 필연 쥭난 긔한도 잇셔 가히 도망키 어려온 것이라 사ᄅᆞᆷ이 사라인ᄂᆞᆫ 동안이 대긔 륙십년이면 그 륙십년을 날로 난호면 이만일쳔구빅십오일이라 믹일을 각각 사ᄅᆞᆷ 하나로 보게되면 좌와 갓흔 결과가 싱기ᄂᆞ니 본릭 사ᄅᆞᆷ의 셩졍은 비단 셰월로 변홀 ᄲᅮᆫ 안이라 오늘의 릭힉가 왕왕 릭일의 릭힉와 갓지 안이ᄒᆞ니

일시의 경욕ᄃᆡ로 ᄒᆞ면 곳 후일의 ᄌᆡ앙될 원인이라 비컨ᄃᆡ 인ᄉᆡᆼ 륙십년이 이만여긔나 되ᄂᆞᆫ 리허가 다른 사ᄅᆞᆷ과 흡ᄉᆞᄒᆞ야 오날 이 사ᄅᆞᆷ이 릭일 이 사ᄅᆞᆷ과 복과 ᄌᆡ앙의 보복지리가 셔로 계속ᄒᆞᄂᆞ니 만일 그 즁에 한 사ᄅᆞᆷ이 욕심이 과도ᄒᆞ면 그 뒤에 오ᄂᆞᆫ 사ᄅᆞᆷ의 몸의 그 앙화가 밋치고 그 즁에 한 사ᄅᆞᆷ이 쳥심과욕ᄒᆞ야 쳐ᄉᆞ를 공경히 ᄒᆞ면 그 뒤에 오ᄂᆞᆫ 사ᄅᆞᆷ의 몸의 그 복록이 밋치ᄂᆞ니 엽헤 잇ᄂᆞᆫ 오날 이 사ᄅᆞᆷ이 뒤에 오ᄂᆞᆫ 릭일 이 사ᄅᆞᆷ에게 의무가 ᄉᆡᆼ기ᄂᆞᆫ 소이연이니라

문 사ᄅᆞᆷ의 고락이 항상 한 가지로 뎡ᄒᆞ엿ᄂᆞ뇨

답 엇지 그러ᄒᆞ리오 사ᄅᆞᆷ의 괴로온 것과 깃거온 것은 반ᄃᆞ시 셔로 사괴여 왕ᄅᆡᄒᆞᄂᆞᆫ 고로 열가지 락이 열가지 고를 쥬어 락이 진ᄒᆞ면 고가 오고 고가 진ᄒᆞ면 락이 오ᄂᆞ니 (1908.6.26)

비컨ᄃᆡ 아참히와 져녁히가 비록 광션을 빗겨보ᄂᆡ나 그러나 올으ᄂᆞᆫ 쟈ᄂᆞᆫ 더욱 올으고 ᄂᆡ려가ᄂᆞᆫ 쟈ᄂᆞᆫ 더욱 ᄂᆡ려가 그 빗이 ᄌᆞ연 대상부동 ᄒᆞ나니 이와갓치 괴로온ᄃᆡ에셔 깃거온ᄃᆡ로 옴겨갈 ᄣᅢᄂᆞᆫ 더욱 그 깃거옴을 ᄭᆡ닷고 깃거온 ᄃᆡ에셔 괴로온ᄃᆡ로 옴겨갈 ᄣᅢᄂᆞᆫ 더욱 그 괴로옴을 ᄭᆡ닷나니 먼져 괴롭다가 뒤에 깃거옴은 더욱 쾌락ᄒᆞᆫ도어니와 먼져 깃겁다가 뒤에 괴로옴은 지혜잇ᄂᆞᆫ 쟈의 취치 안이ᄒᆞᄂᆞᆫ 바라 이로 말ᄆᆡ암아 말ᄒᆞ면 사ᄅᆞᆷ의 ᄉᆡᆼ애ᄂᆞᆫ 불가불 초면에 슈고를 앗기지 말고 졍신을 ᄃᆞᆫ련ᄒᆞ야 후분의 쾌락을 쥰비ᄒᆞᆯ지니라

문 이 몸이 죠상과 ᄌᆞ손과ᄂᆞᆫ 엇더ᄒᆞᆫ 영향이 잇나뇨

답 사ᄅᆞᆷ의 리허ᄂᆞᆫ 비단 ᄂᆡ몸 일신에만 밋칠 ᄲᅮᆫ 안이라 우흐로 죠상에셔부터 아ᄅᆡ로 ᄌᆞ손에게ᄭᆞ지 그 영향을 밋치지 안이ᄒᆞᄂᆞᆫ 법이 업ᄂᆞᆫ고로 먼져 죠상에 욕되지 안이ᄒᆞᆯ 바를 구ᄒᆞ고 뒤에 ᄌᆞ손에 영예됨을 구ᄒᆞᆷ은 인졍의 ᄯᅥᆺᄃᆞᆺ함이라 사ᄅᆞᆷ의 지혜가 유치ᄒᆞᆫ 시ᄃᆡ에도 이 갓흔 ᄉᆞ상은 가장 발달된 고로 ᄌᆞ손의 번영ᄒᆞᆷ으로ᄡᅥ 사ᄅᆞᆷ의 뎨일 큰 힝복을 삼앗스니 그런즉 사ᄅᆞᆷ의 일신이 우흐로 션죠와 아ᄅᆡ로 ᄌᆞ손에 모다 의무가 잇셔 제 몸 ᄒᆞᆫ 사ᄅᆞᆷ만 외로히 셔 잇지 못ᄒᆞᆷ을 가히 알지니라 (1908.7.2)

뎨삼장 ᄌᆞ긔의 관념

문 뎨이 ᄌᆞ긔졍신의 상틱는 엇더ᄒᆞ뇨

답 사ᄅᆞᆷ이 다른 동물보다 다른 쟈ᄂᆞᆫ 졍신을 발달홈에 잇스니 무릇 졍신이라ᄂᆞᆫ 쟈ᄂᆞᆫ 우쥬사이에 한 가지 특별ᄒᆞᆫ 현상(現象)이라 각식 동물의 현상으로 더부러 비록 밀졉의 관계가 잇스나 그러나 그 운동홈이 가히 홀연독립홈이 잇스니 그 셩질을 의론홀진딕 닉부의 운동(內部運動)과 신톄의 영향(身體影響) 두 가지가 잇나니라

문 닉부운동은 엇더ᄒᆞ뇨

답 졍신의 닉부운동은 곳 그 즁심에셔 불ᄒᆞᄂᆞᆫ 알고 씨닷ᄂᆞᆫ 판단과 션ᄒᆞ고 악ᄒᆞᆫ 관출(觀察)과 아름답고 츄흠의 감졍 등이라 졍신의 현상이 물질의 현상과 갓지 안이ᄒᆞ야 황연히 바다 가온딕 외로온 셤이 각각 외로히 션 것과 갓흐나 그러나 텬디간 각죵 현상을 씨닷기를 거울로 만물을 빗침과 흡ᄉᆞᄒᆞᆫ고로 셩현의 말삼에 명인의 마음은 젹은 텬디라 ᄒᆞ셧나니라

문 실졔에 힝ᄉᆞ도 그와 갓흐뇨

답 졍신운동은 비록 그갓치 넓으나 사ᄅᆞᆷ의 지식은 능히 만ᄉᆞ를 모다 셥엽지 못ᄒᆞ고 그 사이에 얼마쯤 졔한이 잇ᄂᆞᆫ고로 혹 실디 시험을 말믹암아 경영이 싱기기도 ᄒᆞ고 혹 학문을 말믹암아 지식을 넓히어 그 범위가 넓기도 ᄒᆞ고 좁기도 ᄒᆞ야 각각 갓지 안이ᄒᆞ니 대긔 사ᄅᆞᆷ의 사ᄂᆞᆫ 것은 가이 잇고 아ᄂᆞᆫ 것은 가이 업슴으로 특별히 학과를 난호아 젼문으로 연구ᄒᆞᄂᆞᆫ 소이연이니라 (1908.7.3)

문 젼문연구를 엇지ᄒᆞ야 ᄒᆞ나뇨

답 오날은 여러 가지 학문이 발달되ᄂᆞᆫ 시딕라 각각 한 가지로부터 졈졈 지식의 범위를 넓히나니라

문 그런즉 다만 한 가지 ᄉᆞ리로 쎈 통ᄒᆞ야 편벽되히 좁을 념려가 업나뇨

답 그러치 안이ᄒᆞ니 텬하만ᄉᆞ를 모다 알고져 ᄒᆞ야 론리상으로 지식을

넓힐 쑨이면 주긔 마암에는 만죡홀 뜻 ᄒᆞ나 실디의 시험은 도뎌히 업슬지니 그 아는 바를 무엇에 쓰리오 사룸의뻐 사룸된 바는 샤회의 셩립과 국가의 셩질에 모다 관계가 잇슴으로 보통지식이 불가불 업슬 슈 업나니 보통지식과 젼문의 학문이 셔로 도아 ᄒᆞᆫ 가지도 폐ᄒᆞ지 못홀지니라

문 사룸의 싱각은 엇더ᄒᆞᆫ 현상이 잇나뇨

답 무릇 사룸의 싱각은 지식에 비ᄒᆞ면 더욱 졀근ᄒᆞ니 사룸의 쾌ᄒᆞ고 불쾌홈이 비록 졍신상티를 인ᄒᆞ나 신톄의 엇더ᄒᆞᆫ 경무에 밋쳐 비로소 싱기나니라

문 신톄의 무삼 경우와 상관이 잇나뇨

답 신톄 경우의 엇더홈을 불문ᄒᆞ고 한갓 망령된 ᄉᆞ상만 품어 근심치 안이ᄒᆞᆯ딕 근심ᄒᆞ고 깃거ᄒᆞ지 안이ᄒᆞᆯ딕 깃거ᄒᆞ는고로 혹 로심쵸ᄉᆞᄒᆞ야 심력을 모손ᄒᆞ며 졍신의 활발홈을 방히ᄒᆞ고 혹 국량이 협소ᄒᆞ야 죠곰ᄒᆞ야도 마암에 족히셔 심지를 게으르게 홈에 이르는고로 교육의 칙임을 맛흔쟈ㅣ 맛당히 망령된 싱각의 무익홈을 발명ᄒᆞ야 (1908.7.4)

졍신의 고락으로 ᄒᆞ야곰 실디 경우와 셔로 응케홈이 뎨일 필요ᄒᆞ니 졍치가와 리지가는 밧곳으로 긔량ᄒᆞ기를 힘쓰고 죵교가와 교육가는 안으로 망령된 싱각을 비각ᄒᆞ야 두 가지의 궐홈이 업시 졍신의 발달을 구ᄒᆞ야 힝복을 징진케홈이 극히 가ᄒᆞ니라

문 졍신과 신톄의 영향은 엇더ᄒᆞ뇨

답 무릇 어린 아히가 쳐음으로 나미 긔식이 미약ᄒᆞ야 혹 두어시 동안의 보호만 업셔도 곳 요ᄉᆞᄒᆞᄂᆞ니 그 졈졈 자라 ᄉᆞ지의 운동을 능히 주유ᄒᆞ면 의ᄉᆞ의 작용이 인ᄒᆞ야 발달되야 가히 거러당기고 가히 물건을 잡을만 ᄒᆞ면 맛참닉 일톄 물톄의 운동과 텬품으로 타고난 힘을 ᄉᆞ용ᄒᆞ는 것이 모다 그 졍신 범위 안에 잇ᄂᆞ니 만일 이 범위를 위비ᄒᆞ면 비단 싱명을 보존치 못홀 쑨더러 다힝히 죽기를 면ᄒᆞᆫ다히도 쏘ᄒᆞᆫ 불힝ᄒᆞᆫ 디경에 빠져 필경 멸망ᄒᆞ는딕 일을지니라 그러나 하늘이 나를 닉심의 쓸바이 반듯이 잇ᄂᆞ니 이는 비단 인력으로 텬지를 능히 피ᄒᆞ는 것만 귀히 녁이는 바가

안이라 반닷이 텬품으로 타고난 힘을 ᄉᆞ용ᄒᆞ야 사ᄅᆞᆷ의 ᄒᆡᆼ복을 징진케 홀지니 각죵 학과의 가히 보ᄇᆡ롭고 귀혼바ㅣ 이 곡졀이니라

뎨ᄉᆞ장 ᄌᆞ긔의 관념

문 ᄌᆞ긔와 샤회의 관계는 엇더ᄒᆞ뇨

답 이 사ᄅᆞᆷ의 사는 것이 반닷이 샤회에셔 ᄉᆡᆼ장ᄒᆞ야 이 샤회의 경우가 실로 션텬으로 좃ᄎᆞ나ᄂᆞ니 (1908.7.5)

이상에 말혼바와갓치 사ᄅᆞᆷ이 샤회에 ᄃᆡ혼 의무도 ᄯᅩ혼 뎡혼 바 잇나니 이졔 그 관계의 엇더홈을 의론ᄒᆞ야 셰상에 쳐ᄒᆞ는 도음을 짓고져 ᄒᆞ노라 무릇 샤회는 한 단톄 되기 위ᄒᆞ야 셔로 결합ᄒᆞ야 셔로 유지케 홈이나 그러나 그 결합ᄒᆞ야 유지케 ᄒᆞ랴면 그 가온ᄃᆡ 불가불 물건이 업슬 슈 업나니 곳 인죵의 셔로 ᄀᆞᆺ흠과 긔후의 셔로 맛는 등이며 ᄯᅩ 결합혼 후에 ᄉᆡᆼ기는 바 여론 풍속 습관 법률 등은 다 단톄를 결합게 ᄒᆞ는 쟈라 고로 샤회의 셰력이 각 사ᄅᆞᆷ에게 밋침이 일광과 공긔가 동물 식물에 밋침과 흡ᄉᆞᄒᆞ야 샤회에 ᄉᆡᆼ존ᄒᆞ는 쟈ㅣ 그 감화홈을 밧지 안임이 업나니 감화홈은 가령 션혼 것을 보면 션혼 것을 보면 션히지고 악혼 것을 보면 악히지기를 붉은ᄃᆡ 갓가히 ᄒᆞ면 붉어지고 검은ᄃᆡ 갓가히 ᄒᆞ면 검어짐과 일반이니 이는 리셰의 ᄌᆞ연 그러홀 바이니라 대긔 사ᄅᆞᆷ은 동물 즁의 한 죵류로 각각 특별히 발ᄉᆡᆼᄒᆞ는 힘이 잇는지라 그런고로 비록 갓흔 경우에 셔로 나셔도 그 텬품의 엇더홈을 ᄯᅡ라 혹 강대홈에 나아가기도 ᄒᆞ고 미약홈에 맛치기도 ᄒᆞ며 ᄯᅩ 감화ᄒᆞ는 뎡도에도 혹 깁기도 ᄒᆞ고 혹 얏기도 ᄒᆞ나니 이는 갓흔 샤회 속에 각죵 인물이 ᄉᆡᆼ기는 소이연이니라

문 ᄐᆡ고시ᄃᆡ에는 샤회졔도가 엇더ᄒᆞ얏나뇨

답 ᄐᆡ고 ᄯᅢ에는 샤회의 죠직이 완비치 못ᄒᆞ야 만민이 평등ᄒᆞ야 크게 ᄎᆞ등이 업고 겨오 친족의 졔도만 그 사이에 잇더니 졈졈 진보홈에 밋침의 소위 영웅호걸이라는쟈ㅣ 나셔 혹 무력(武力)을 빌며 혹 귀신을 가탁ᄒᆞ야 인민을 통일홈애 드ᄃᆡ여 친족졔도가 변ᄒᆞ야 국가졔도가 되엿나니라 (1908.7.7)

이에 사ᄅᆞᆷ을 다ᄉᆞ리는 쟈와 사ᄅᆞᆷ에게 다ᄉᆞ림을 밧는 쟈와 귀족과 평민의 계급이 ᄉᆡᆼ기어 그 인ᄉᆡᆼ의 발달이 ᄯᅩᄒᆞᆫ 셔로 열니ᄆᆡ 비로소 샤회셰력에 흔들니는바ㅣ 되지 안이ᄒᆞ고 도로혀 샤회의 셰력을 흔들님이 잇나니 그런즉 ᄀᆡ인이 특셩이 우연홈애셔 발ᄉᆡᆼ홈이 안이라 실로 력ᄉᆞ로 갓치 발돌되야 샤회변쳔의 결과라 홀지니라

문 ᄀᆡ인의 발달과 국가의 통일의 관계가 엇더ᄒᆞ뇨

답 혹쟈ㅣ 말ᄒᆞ되 ᄀᆡ인셩품의 발달과 국가졍치의 통일이 셔로 용납지 안이홀 형셰가 잇다ᄒᆞ니 이는 일편지론이라 그름이 심ᄒᆞ도다 통일이라 ᄒᆞ는 쟈는 여러 가지 갓지 안이ᄒᆞᆫ 물건으로 ᄒᆞ야곰 한 가지 목뎍으로 향ᄒᆞ야 셔로 겹합ᄒᆞ야 통일케 ᄒᆞ는 쟈ㅣ라 그 샤회의 셩질은 더욱 강ᄒᆞᆫ고로 녯적 국가난 그 결합이 혹 무력(武力)을 ᄌᆞ뢰ᄒᆞ며 혹 귀신을 빙ᄌᆞᄒᆞᆫ고로 그 통일이 외양으로 보기는 비록 아름다오나 그러나 큰 형셰가 한 번 변ᄒᆞ면 곳 ᄯᅡ라 멸망ᄒᆞ더니 이십셰긔 문명이 크게 열닌 후에 비단 졍치 샹공 종교 교육 등의 샤회가 모다 발달될 ᄲᅮᆫ더러 각 샤회 가온ᄃᆡ에 잇는 ᄀᆡ인들도 그 셩질이 ᄯᅩᄒᆞᆫ 각각 발달된고로 샤회발돌이 드ᄃᆡ여 진보되야 통일의 범위가 더욱 확장되나니 국가의 통일로 말미암아 국졔상 통일ᄒᆞ는 형셰에 밋치기ᄭᅡ지 ᄀᆡ인의 셩질이 셔로 모슌(矛盾)되지 안이홀 ᄲᅮᆫ 안이라 두 가지가 셔로 인연ᄒᆞ야 셩취되나니 (1908.7.8)

문 통일ᄒᆞ는 방법이 고금의 갓지 안이홈은 엇짐이뇨

답 고ᄃᆡ에는 일이 심히 간단ᄒᆞ야 인심을 슈습ᄒᆞ기 어렵지 안이ᄒᆞ더니 근셰에 이르러는 샤회의 죠직이 복잡ᄒᆞ야 비록 한둘의 호걸이 잇더리도

결코 한두 사룸의 힘으로 능히 권리를 엇어 힝홀 슈 업나니 이는 기명훈 셰상에는 여러 사룸의 의론을 쓰는 연고니라

문 셰상만亽가 순젼 리롭고 순젼 히로은 리치도 잇나뇨

답 엇지 그러훈 리치가 잇스리오 미양 한 가지가 리ᄒ면 한 가지는 히ᄒ나니 샤회가 임의 복잡훈 디경에 나아감애 우리가 그 실픽 안이됨을 도모코져 홀진뒨 반닷이 만흔 시일을 허비ᄒ야 한 가지 직죠라도 졍통ᄒ여야 홀지니 고로 교육ᄒ는 칙임이 싱기어 아모죠록 시속 랑픽훈 무리에 빠지지 말고 실디에 뜻을 셰우게 홀지니라

문 각 사룸의 亽량과 샤회의 여론이 셔로 합ᄒ쟈면 엇지ᄒ여야 가ᄒ뇨

답 그는 亽리의 곡직과 시셰의 형편을 숣히여 혹 ᄌ긔의 말을 굽히어 여론을 좃기도 ᄒ고 혹 힘써 자긔의 의론을 가져 문허진 풍속을 바르게 ᄒ나니 이는 녜로부터 현인군ᄌ의 여론을 뎌항ᄒ다가 비록 형벌을 당히도 쥭기를 직히어 변치안이 ᄒ는 쟈가 잇슴이나 그러나 경위를 ᄌ셰히 숣히지 안이ᄒ고 망령되히 ᄌ긔말만 쥬장ᄒ야 한갓 혈긔디로 ᄒ면 비단 스亽로 그릇될 쑨더러 실상의 히를 끼침이 불소홀지니라 (1908.7.9)

문 ᄌ긔와 텬연의 관계가 엇더홈이뇨

답 텬디간의 숨라훈 만가지 형상이 비록 만흐나 도모지 텬연과 졍신 두 디경에 버셔나지 안나니 녯적 사룸은 아모죠록 졍신으로 ᄒ야곰 텬연의 복죵ᄒ야 힝복을 더ᄒ게 ᄒ엿나니라

문 텬연이라는 것은 무엇을 가라침이뇨

답 텬명과 텬운이라 ᄒ야 하늘게 긔도ᄒ며 신앙ᄒ는 등 일이 다 텬연이라 홀지니 우리 사룸의 능력으로는 능히 좌지우지를 못ᄒ고 반다시 복죵홀 싸름이니 이는 곳 텬연을 슝비ᄒ던 원인의 비롯훈쟈ㅣ라 그러나 지식이 졈졈 열니고 과학이 날로 셩ᄒ야 우리 사룸들의 텬연사상과 관계됨이 크게 변경되엿나니라

문 그 변경이 엇더케 되엿나뇨

답 과학이 발달됨애 격치학쟈와 물리학쟈가 나셔 풍우와 뢰졍 등 텬지

로 질병과 긔근 등 시변을 모다 예방 혹 피ᄒᆞᄂᆞᆫ 도리가 잇스며 ᄯᅩ 그것을 리용ᄒᆞ야 거대ᄒᆞᆫ 효력을 취키도 ᄒᆞ야 텬연으로 ᄒᆞ야곰 사ᄅᆞᆷ의 노례의 형셰를 ᄆᆡᆫ드러 드듸여 텬연 가온ᄃᆡ에셔 사ᄅᆞᆷ의 셰력을 더욱 확장ᄒᆞᆷ이 한량ᄒᆞᆯ 슈 업나니라

문 사ᄅᆞᆷ의 욕망 즁 무엇이 그즁 크뇨

답 사ᄅᆞᆷ의 욕망이 살고져 ᄒᆞᄂᆞᆫ 바가 뎨일 크니 인ᄉᆡᆼ의 슈명이 ᄇᆡᆨ년의 지나가지 못ᄒᆞ나 그러나 사ᄅᆞᆷ의 욕망은 비록 하로라도 그 ᄉᆡᆼ명을 보젼코져 안이ᄒᆞᄂᆞᆫ 법이 업ᄂᆞᆫ고로 그 욕망을 만족코져ᄒᆞ야 령혼과 육톄를 구별ᄒᆞ야 육톄ᄂᆞᆫ 비록 쥭어도 령혼은 쥭지안이ᄒᆞᆫ다 ᄒᆞ나니 이ᄂᆞᆫ ᄌᆞ고 이러로 죵교의 본지니라 (1908.7.10)

문 종교의 목뎍이 몃 가지나 잇나뇨

답 죵교의 목뎍이 두 가지가 잇스니 한 가지ᄂᆞᆫ 사ᄅᆞᆷ의 오ᄂᆞᆫ 셰샹 희망을 말ᄒᆞ고 한 가지ᄂᆞᆫ 쥭을 ᄯᅢ 그 마음을 편안케 ᄒᆞᆷ이며 ᄯᅩ 션악의 보복지리로 이 셰상에 죄악을 회긔케 ᄒᆞ나니 그 진리ᄂᆞᆫ 장황히 말ᄒᆞᆯ 것 업거니와 대뎌 우리ᄂᆞᆫ 이 셰상 사ᄅᆞᆷ이니 그 희망과 안심ᄒᆞᆯ 것을 이 다음 셰상을 기ᄃᆡ릴 것 업시 안으로ᄂᆞᆫ ᄂᆡ 몸을 닥고 밧그로ᄂᆞᆫ 나라를 ᄉᆞ랑ᄒᆞ면 곳 안심이 되며 됴흔 결과가 ᄉᆡᆼ기나니 혹 아ᄅᆞᆷ답고 혹 악ᄒᆞ야 소소ᄒᆞᆫ 텬리로 보복되ᄂᆞᆫ 리치가 장ᄅᆡ에 일음을 의로ᄒᆞᆯ 것 업시 당장에 이름을 ᄉᆞᆷ갈지니라

문 텬연의 긔후와 산쳔 등이 사ᄅᆞᆷ과 엇더ᄒᆞᆫ 관계가 잇나뇨

답 긔후와 산천의 인심에 감화(感化)ᄒᆞᆷ이 부지불각 즁에 이르러 셰력이 심히 크니 긔후가 온화ᄒᆞᆫ ᄯᅡ에ᄂᆞᆫ 사ᄅᆞᆷ의 셩품이 온슌ᄒᆞ고 산쳔이 험쥰ᄒᆞᆫ 곳에ᄂᆞᆫ 사ᄅᆞᆷ의 셩품이 야ᄆᆡᆼᄒᆞ나니 비록 사ᄅᆞᆷ마다 모다 그러ᄒᆞᆯ리ᄂᆞᆫ 업스나 그러나 대긔로 의론ᄒᆞ건ᄃᆡ 혹 슈십년의 통계로 보면 비록 맛지 안이ᄒᆞ나 과히 틀니지ᄂᆞᆫ 안이ᄒᆞᄂᆞᆫ 고로 감화의 셰력이 이갓치 가히 두려오니 부득불 교육에 힘을 다ᄒᆞ며 그 단졔를 보츙ᄒᆞᆯ지니 침잠ᄒᆞ고 고명ᄒᆞ야 모름즉이 ᄯᅢ를 ᄉᆞᆲ히고 형셰를 헤아려 인지를 좃차 가라쳐 그 편벽됨을 구원ᄒᆞᆯ지니라 (1908.7.11)

뎨륙장 덕셩함양의 대요

문 덕셩의 함양은 무엇을 말홈이뇨

답 대학의 삼강령 팔죠목과 셔젼 고요모의 아홉가지 덕을 말홈과 론어의 이른바 온량공검(溫良恭儉)과 극긔복례(克己復禮)와 즁용의 계신공구(戒愼恐懼)와 뮝즈의 존심양셩(存心養性) 등이 모다 덕셩을 길으는 바이니 녯날 셩인이 임의 붉히 우리를 가라치셧나니라

문 사룸의 덕셩이 몃 가지나 잇나뇨

답 덕셩이 두 가지가 잇스니 하나는 하늘이 품부ᄒᆞ심이오 하나는 힘뻐 비홈이니 각각 그 셩품의 달음을 좃차 발달ᄒᆞ는 방향도 ᄯᅩᄒᆞᆫ 갓지 안이ᄒᆞ니 혹 온후ᄒᆞ고 독실홈으로 나아가며 혹 탁이ᄒᆞ고 호미홈으로 나아감이 갓지 안이ᄒᆞᆫ 죵ᄌᆞ를 심으면 가지와 입이 달음과 갓흐나 그러나 사룸으로ᄒᆞ야곰 품격이 고상케 홈은 일반이니 사룸되고셔는 가히 결치 못홀쟈니라

문 하늘이 품부ᄒᆞ신 덕셩은 한 가지 ᄲᅮᆫ이뇨

답 그도 ᄯᅩᄒᆞᆫ 두 가지가 잇스니 한 가지는 죵ᄌᆞ의 션량(種子의 善良)이오 한 가지는 유젼의 션량(遺傳의 善良)이니 이는 인력으로 좌우치 못 ᄒᆞ나니라

문 힘으로뻐 비온 덕셩은 엇더ᄒᆞ뇨

답 이는 교육홈을 인ᄒᆞ야 셔로 달으니 혹 그 경우의 감화를 밧기도 ᄒᆞ고 혹 가뎡의 물들믈 말미암기도 ᄒᆞ고 혹 스승과 벗의 교도ᄒᆞ며 츙고홈을 좃기도 ᄒᆞ야 모진 것을 만나면 모지고 둥근 것을 만나면 둥그니라 그러나 교도와 츙고의 힘으로 하늘이 품부ᄒᆞ심을 변치 못홈이 더러 잇스되 오즉 일뎡ᄒᆞᆫ 범위 안에 한뎡ᄒᆞ야 지나지 안이ᄒᆞ면 비로소 효험을 가히 볼지니 고로 사룸의 셩몸을 삼칭에 난호아 상등 즁등 하등이 잇셔 상등은 항상 착ᄒᆞ고 하등은 항상 악ᄒᆞ되 오즉 즁등은 가라침을 인ᄒᆞ야 올마간다는 말이 잇스되 하우불이라도 만일 하날이 품부ᄒᆞ신 착ᄒᆞᆫ 밧탕만 잇고보면 가라쳐셔 교화의 발달이 쉬움은 가히 의심홀 바 안이니라 (1908.7.12)

문 덕셩을 함양ᄒᆞᆷ은 시세를 ᄯᅡ라 변쳔ᄒᆞᆷ이 업ᄂᆞ뇨

답 엇지 변쳔ᄒᆞᆷ이 업스리오 학ᄉᆡᆼ시ᄃᆡ를 당ᄒᆡ셔ᄂᆞᆫ 학ᄉᆡᆼ의 덕셩이 잇슬 것이오 관리 시ᄃᆡ에 당ᄒᆡ셔ᄂᆞᆫ 관리의 덕셩이 잇슬 것이오 폐관ᄌᆞ슈(閉關自守)ᄒᆞᆯ 시ᄃᆡ와 렬국경ᄌᆡᆼ(列國競爭)ᄒᆞᆯ 시ᄃᆡ에 다 ᄀᆞᆨ각 그 덕셩이 달으며 ᄉᆞ농공상의 그 덕셩을 함양ᄒᆞᄂᆞᆫ 바ㅣ ᄯᅩᄒᆞᆫ ᄒᆞᆫ결ᄀᆞᆺ치 표쥰키 어려우니 밧그로ᄂᆞᆫ 셰계의 대셰를 참작ᄒᆞ고 안으로ᄂᆞᆫ 쳐디 경우를 슌히 응ᄒᆞ야 국가의 부강을 도모ᄒᆞ여야 비로소 진션진미ᄒᆞ다 ᄒᆞᆯ지니라

뎨칠쟝 가죡륜리

문 사ᄅᆞᆷ의 가죡은 무슨 관계잇ᄂᆞᆫ 쟈를 이름이뇨

답 가죡은 반ᄃᆞᆺ이 부ᄌᆞ 부부 형뎨가 결네를 모도 아사라 통솔ᄒᆞ며 복죵ᄒᆞᄂᆞᆫ 관계가 잇슴이니 이ᄂᆞᆫ 가죡이 인졍ᄌᆞ연에셔 이러남이니라

문 가죡관계ᄂᆞᆫ 동셔각국이 일반이뇨

답 가죡은 동셔각국을 물론ᄒᆞ고 반ᄃᆞᆺ이 가죡의 시ᄃᆡ가 잇스니 이ᄂᆞᆫ 곳 샤회발달의 근본이 되야 국가의 뎨도에 밋쳐 완젼ᄒᆞᆫ 죠직이 되엿ᄂᆞ니라

문 그러면 가죡의 뎨도도 일뎡ᄒᆞ게 ᄀᆞᆺᄒᆞ뇨

답 이ᄂᆞᆫ 각각 그 나라의 지식이 엇더ᄒᆞᆷ을 ᄯᅡ라 략간 변ᄒᆞᆷ이 피ᄎᆞ에 업지 못ᄒᆞ니 그럼으로 동셔각국 가죡뎨도가 셔로 ᄀᆞᆺ지 못ᄒᆞᆫ 소이연이니라

문 가죡뎨도가 임의 셩립됨애 무엇이 그즁 소즁ᄒᆞ뇨

답 그 소즁ᄒᆞᆷ은 가장 혈통인고로 한 가지ᄂᆞᆫ 각각 그 민죡의 션조를 츄모ᄒᆞ고 슝비ᄒᆞ며 한 가지ᄂᆞᆫ 각각 그 ᄌᆞ손의 번셩ᄒᆞ야 계계승승ᄒᆞᆷ을 구ᄒᆞ야 두 가지가 셔로 ᄯᅦ할 슈 업셔 가죡의 뎨일 큰 긔쵸가 되엿ᄂᆞ니라 (1908.7.14)

문 구라파쥬 사ᄅᆞᆷ의 가족졔도도 동양과 일반이뇨

답 구라파쥬 가족제도가 고ᄃᆡ에ᄂᆞᆫ 동양과 흡ᄉᆞᄒᆞ더니 긔독교가 전파되고 졍치가 ᄀᆡ혁된 이후로 고ᄃᆡ졔도ᄂᆞᆫ 졈졈 쇠ᄒᆞ야 가족의 관념이 ᄃᆞ듸여 변ᄒᆞ엿스니 긔독교국의 가족은 죠상과 ᄌᆞ손의 관계가 심히 가뷔여워 샤회샹으로 남녀의 질셔를 졍리ᄒᆞ야 한 사ᄂᆡ와 한 겨집의 졔를 셰워 인졍을 졔지ᄒᆞᆫ고로 혼인곳ᄒᆞ면 스ᄉᆞ로 한집을 이루나니 ᄌᆞ식을 나셔 부모가 양육ᄒᆞ다가 급기 셩취ᄒᆞᆫ 후에 가산을 계속ᄒᆞᄂᆞᆫ 능력이 ᄉᆡᆼ기니 이ᄂᆞᆫ 동양의 가족졔도라 가족졔도의 셔로 갓지 못ᄒᆞᆷ은 동셔양샤회죠직으로 좃ᄎᆞ 난호엿나니라

문 가족이 샤회에 ᄃᆡᄒᆞᆫ 의무가 몃 가지나 되나뇨

답 그 의무의 즁요ᄒᆞᆫ ᄉᆞ건이 여러 가지가 잇스니 뎨일 가죡이라ᄂᆞᆫ 쟈ᄂᆞᆫ 각 사ᄅᆞᆷ의 편히 쉬ᄂᆞᆫ 마당이니 무릇 인류가 홀로 혈혈히 셔기 불능ᄒᆞ야 반다시 ᄉᆡᆼ계를 경영ᄒᆞ며 혹 공무를 담임ᄒᆞ야 분운ᄒᆞᆫ 츄축이 날로 겨를이 업셔 ᄯᅳᆺ의 맛지 안이ᄒᆞᄂᆞᆫ 일이 ᄯᅢ로 눈과 마음에 졉촉ᄒᆞ나니 만일 그 졍신을 안양ᄒᆞ며 그 신톄를 휴식지 안이ᄒᆞ면 다만 로고ᄒᆞᆷ만 잇고 쾌락ᄒᆞᆷ이 업셔 사ᄂᆞᆫ 것이 쳐량ᄒᆞᆯ지라 그럼으로 가죡은 곳 편안히 쉬ᄂᆞᆫ 마당이오 연락ᄒᆞᄂᆞᆫ 근원이라 ᄒᆞ나니라

문 가죡의 됴흔 영향이 뎨일 무엇이뇨

답 한 가죡은 곳 아동의 학교라 할만ᄒᆞ니 가뎡의 습관이 아동의 졍신에 밋침이 ᄯᅡ의 긔후가 쵸목에 밋침과 흡ᄉᆞᄒᆞ니 만일 감화를 잘 ᄒᆞ고보면 지긔가 원대ᄒᆞ고 문견이 고상ᄒᆞ야 밋 장셩ᄒᆞᆷ애 심상ᄒᆞᆫ 무리보다 투쳘ᄒᆞᆯ 것이오 그러치 못ᄒᆞ면 악습에 물들어 그 션입지견이 쥬인이 되면 아모리 긔질을 변화코져 ᄒᆞ되 실로 용이치 못ᄒᆞ니라 (1908.7.15)

문 아동이 악ᄒᆞᆫ 습관에 물들어 용이히 변화치 못ᄒᆞ면 ᄌᆞ긔 가족에만 불ᄒᆡᆼᄒᆞ뇨

답 그 불ᄒᆡᆼᄒᆞᆫ ᄒᆡ가 엇지 가족에만 긋치고 말니요 장찻 샤회에 큰 영향이 밋칠지라 고로 가족이 아동에게 ᄃᆡᄒᆞᆫ 의무ᄂᆞᆫ 곳 샤회가 가뎡교육의 ᄃᆡ

ᄒᆞᆫ 의무와 일반이니 대단히 쥬의ᄒᆞ야 경홀히 녁이지 못ᄒᆞᆯ지니라

문 가족의 관계가 이갓치 즁대ᄒᆞ니 이 다음에ᄂᆞᆫ 엇더ᄒᆞᆫ 결과가 잇겟나뇨

답 이 다음으로 졈졈 샤회가 발달되야 놀로 식롭고 달로 다름이 잇스면 가족졔도도 ᄯᅩᄒᆞᆫ ᄯᅡ라 변경ᄒᆞᆯ지니 무릇 한 집안을 셰우고 한결네를 일우미 이 가족은 결코 한 사름의 ᄉᆞᄉᆞ물건이 안인쥴로 아라 그 영향이 족히 국가 샤회에 밋침은 다시 의론ᄒᆞᆯ 바ㅣ 안이니 한갓 혈통을 계속ᄒᆞᄂᆞᆫ 한가지 쥬의로 가족의 완젼ᄒᆞᆫ 의무로 아지 물지니라

뎨팔장 가족륜리(부ᄌᆞ의 도리)

문 부ᄌᆞ의 셔로 친애홈이 사름과 즘싱이 일반이뇨

답 부ᄌᆞ의 친애홈은 비단 인류만 그러홈이 안이라 비록 하등동물이라도 모다 갓흐니 그런고로 부모가 ᄌᆞ식에게 ᄌᆞ이ᄒᆞᄂᆞᆫ 졍이 잇고 ᄌᆞ식이 부모에게 효뎨ᄒᆞᄂᆞᆫ 뜻이 잇스니 이ᄂᆞᆫ ᄌᆞ연의 감졍에셔 싱겨셔 엇지 못ᄒᆞᄂᆞᆫ 것이라 그러나 풍속이 효박ᄒᆞ야 왕왕 일시의 분노를 인ᄒᆞ고 ᄒᆞᆫ 가지 졍욕에 혹하야 맛참ᄂᆡ 한 부역자가 되나니 이ᄂᆞᆫ ᄌᆞ연의 방임홈이 넘오 과ᄒᆞᆫ 소이니 가라치ᄂᆞᆫ 법의 일어난 것이 일노 말ᄆᆡ암음이니라

문 아비와 어미의 도ᄂᆞᆫ 엇너ᄒᆞ뇨

답 공ᄌᆞㅣ 가라ᄉᆞᄃᆡ ᄌᆞ식이 되야셔ᄂᆞᆫ 효홈에 긋치고 아비가 되야셔ᄂᆞᆫ ᄌᆞ애홈에 긋친다 ᄒᆞ셧스니 이ᄂᆞᆫ 아비로 량친을 ᄃᆡ표ᄒᆞ야 말삼ᄒᆞ심이나 기실은 아비와 어미가 그 셩질이 셔로 다르니 아비ᄂᆞᆫ ᄌᆞ이ᄒᆞᄂᆞᆫ 즁에 위엄이 ᄯᅡ라 잇고 어미ᄂᆞᆫ ᄌᆞ애ᄒᆞᄂᆞᆫ 즁에 온유가 ᄯᅡ라 잇셔 반다시 두 가지가 셔로 합ᄒᆞᆫ 연후에야 비로소 부모되ᄂᆞᆫ 도리를 완젼히 ᄒᆞᆯ 슈 잇나니라 (1908.7.16)

문 ᄌᆞ식이 아비에게 효도록 셤김이 고금이 갓ᄒᆞ뇨

답 효도라 ᄒᆞᄂᆞᆫ 것은 상시와 변시의 분별이 잇스니 평상시 ᄉᆞ친ᄒᆞᄂᆞᆫ 도ᄂᆞᆫ 곳 부모의 마암을 엇기로 위쥬ᄒᆞ야 보기에 형상도 업고 듯기에 소릐도 업ᄂᆞ니 이ᄂᆞᆫ 고금에 밧괴지 안이홀 도리어니와 쳐변ᄒᆞᄂᆞᆫ 도에 이르러ᄂᆞᆫ 그갓지 안이ᄒᆞ니 동양의 륜리ᄂᆞᆫ 츙효로 인륜의 요의를 삼ᄂᆞᆫ고로 무론 엇던 일이던지 반닷이 어버이의 명령 졷기로 위쥬ᄒᆞ야 가량 어버이가 죄악이 잇스면 ᄌᆞ식이 아모죠록 은휘ᄒᆞᄂᆞᆫ 것으로 덕의를 삼으며 ᄯᅩ 군부의 원슈를 불공ᄃᆡ텬이라ᄂᆞᆫ 격언이 잇ᄂᆞᆫ고로 어버이를 위ᄒᆞ야 원슈갑ᄂᆞᆫ 것이 인ᄌᆞ의 결홀 슈 업ᄂᆞᆫ 의무라 그러나 도리라 ᄒᆞᄂᆞᆫ 것은 샤회의 길이니 샤회 발달을 ᄯᅡ라 함게 변쳔ᄒᆞᄂᆞᆫ지라 오날놀 샤회ᄂᆞᆫ 도덕으로ᄡᅥ 즁히넉이며 국법으로ᄡᅥ 신셩홈을 숨아 ᄉᆞ친ᄒᆞᄂᆞᆫ 도리도 ᄯᅩᄒᆞᆫ 부득불 그ᄯᅥᆨ보다 죠곰 다르니 무릇 ᄌᆞ식이 어베를 위ᄒᆞ야 은휘홈은 곳 로마 박ᄉᆞ 시ᄉᆞ로라 ᄒᆞᄂᆞᆫ 사름이 ᄯᅩᄒᆞᆫ 말ᄒᆞ되 아비가 만일 죄에 범ᄒᆞ야 타인의 고소ᄒᆞᆫ 바 되면 ᄌᆞ식이 닷당히 변호ᄒᆞᆫ다 ᄒᆞ얏스니 고ᄃᆡ 동셔양 사름의 ᄉᆞ상이 약합부절ᄒᆞ야 진실로 우연치 안토다 대기 샤회 ᄒᆡᆼ복의 ᄉᆞ상이 아즉 발달치 못ᄒᆞ야ᄂᆞᆫ 혹 가족의 단결로ᄡᅥ 한 샤회로 보ᄂᆞᆫ고로 부ᄌᆞ의 도를 알기를 샤회도덕보다 즁히 아ᄂᆞ니 이ᄂᆞᆫ 리셰의 고연ᄒᆞᆫ바나 그러나 금일갓치 문명ᄒᆞᆫ 셰계에ᄂᆞᆫ 공익을 가장 무겁게 넉이고 국법을 엄히 직히어 만일 어메가 불ᄒᆡᆼ히 죄악에 ᄲᅡ지면 어메의 심지가 엇더홈을 교계ᄒᆞ야 혹 쳬읍ᄒᆞ며 힘ᄡᅥ 간키도 ᄒᆞ며 혹 간ᄒᆞ다 듯지 안이ᄒᆞ면 국법의 신셩홈을 무겁게 알지니 큰 의에ᄂᆞᆫ 친을 멸ᄒᆞᆫ다ᄂᆞᆫ 불ᄒᆡᆼ히 피치 못ᄒᆞᄂᆞ니라 (1908.7.17)

문 부모를 위ᄒᆞ야 복슈홈이 효ᄒᆡᆼ에 엇더ᄒᆞ뇨

답 복슈라 ᄒᆞᄂᆞᆫ 것은 한 사름의 ᄉᆞᄉᆞ의리라 효도에셔 나옴이 안인 바ᄂᆞᆫ 안이나 그러나 복슈의 의미를 ᄌᆞ셰히 궁구ᄒᆞ면 이ᄂᆞᆫ 쥭은 사름의 ᄒᆡᆼ복을 더ᄒᆞ지 못ᄒᆞ고 불과 복슈ᄒᆞᄂᆞᆫ 쟈의 분풀이만 홀 ᄯᆞ름이라 녯젹에 국가뎨도가 미비ᄒᆞᆺ슬 ᄯᅢ에 그 형법이 오날갓지 못하야 샤회를 졔직ᄒᆞᄂᆞᆫ 효험이 잇ᄂᆞᆫ고로 복슈로 ᄯᅥᆺᄃᆞᆫ ᄒᆞᆫ 리치라 ᄒᆞ얏스나 오날놀에 일으러ᄂᆞᆫ 국법의 삼엄ᄒᆞ야 졍당히 쳐치ᄒᆞᄂᆞᆫ 도가 잇스니 맛당히 그 법률의 쳐치를 기ᄃᆞ릴 것이오 ᄉᆞᄉᆞ분을 한 갓 풀어 일시의 쾌홈을 쳐치 안이ᄒᆞ나니라

뎨구장 가족륜리 (혼인)

문 가족륜리 즁에 혼인은 엇더ᄒᆞᆫ ᄉᆞ실이 잇나뇨

답 녀ᄌᆞ가 남의 싀집가고져 ᄒᆞ면 남ᄌᆞ가 남의 장가들고져 홈은 인륜의 뎨일 큰일이라 고로 부부결혼ᄒᆞᆫ 후로ᄂᆞᆫ 곳 친족의 관계가 ᄉᆡ로 ᄉᆡᆼ겨 안으로 가뎡친족과 밧그로 국가샤회에 ᄯᅩᄒᆞᆫ ᄉᆡ로 ᄉᆡᆼ기ᄂᆞᆫ 의무가 잇나니라

문 혼인ᄒᆞᆫ 이후의 의무ᄂᆞᆫ 고금이 일반이뇨

답 고ᄃᆡ 샤회에ᄂᆞᆫ 혼인ᄒᆞᄂᆞᆫ 상틱가 지금보다 달낫스니 부부간의 셔로 힝ᄒᆞᄂᆞᆫ 도가 샤회의 도와 일반으로 갓지 안이ᄒᆞ니 남ᄌᆞᄂᆞᆫ 신톄가 강쟝ᄒᆞ고 려력이 특별홈으로 그 ᄯᆡ에ᄂᆞᆫ 샤회운명이 젼혀 남ᄌᆞ의 슈즁에 ᄆᆡ여 잇ᄂᆞᆫ고로 남ᄌᆞ들이 그 위력을 밋고 녀ᄌᆞ를 압뎨ᄒᆞ야 ᄃᆡ우ᄒᆞ기를 죄슈와 노례와 갓치 ᄒᆞ더니 밋셰운이 문명홈에 나아감애 녀ᄌᆞ의 디위가 졈졈 놉하져셔 남녀가 각기 텬셩의 뎍당ᄒᆞᆫ 바를 ᄯᅡ라 직분을 뎡홈으로 젹은즉 한집을 졍리ᄒᆞ고 큰즉 국가가 진보ᄒᆞ야 남녀가 셔로 도웁ᄂᆞᆫ 일이 ᄉᆡᆼ김은 리셰의 고연홈이니라

문 녯젹에도 지금갓치 부부의 분별이 잇셧나뇨

답 녯젹에ᄂᆞᆫ 부부가 일뎡홈이 업셧고 부부가 일뎡홈이 업슴으로 소위 가족이라ᄂᆞᆫ 것이 업더니 죠곰 진보가 됨애 가족의 구분별이 업슴이 불가홈을 겨오 아랏스나 (1908.7.18)

문 가족의 불가불 잇셔야 가홈을 안 연후에ᄂᆞᆫ 남녀의 분별이 곳 잇셧나뇨

답 그찌도 남녀가 혼잡히 쳐ᄒᆞ야 방한이 도모지 업슴으로 혹 녀인 하나히 남ᄌᆞ 엿럿도 ᄃᆡ리고 살고 혹 남ᄌᆞ 하나히 녀ᄌᆞ 여럿도 ᄃᆡ리고 살앗더니 샤회가 더욱 불달된 이후로부터 부부의 관계가 크고 깁허져 한집 가온ᄃᆡ 우흐로 죠션의 졔ᄉᆞ와 아릐로 ᄌᆞ손의 계승과 및 ᄌᆡ산의 분비ᄒᆞᄂᆞᆫ 법이 잇셔 듸듸여 습관이 되엿나니 이상의 말ᄒᆞᆫ 여러 가지ᄂᆞᆫ 다 직졉 혹 간졉으로 혼인과 크게 관계가 잇나니라

문 혼인의 뎨도가 동양과 셔양이 일반이뇨

답 구쥬 긔독교를 밋ᄂᆞᆫ 나라들은 남ᄌᆞ 하나히 녀ᄌᆞ 한 사ᄅᆞᆷ만 취ᄒᆞᄂᆞᆫ 법이 풍속이 되얏스나 그러나 동양에 쳡 두ᄂᆞᆫ 폐풍이 잇스니 이ᄂᆞᆫ 진실로 야만의 힝습을 면치 못홈이요 ᄯᅩ 구쥬부인은 남편 죽은 뒤에 가히 공번된 리치로 두 번 혼인홈이 ᄯᅥᆺᄃᆞᆫ 도리가 되엿거늘 동양풍속에ᄂᆞᆫ 졍졀홈을 가장 즁히 넉여 만일 그 남편이 죽으면 ᄌᆡ가치 안이홈으로 부인의 덕의라 ᄒᆞ니 이 일에 당ᄒᆞ야ᄂᆞᆫ 그 우열을 거연이 뎡ᄒᆞᆯ 슈 업스나 인졍으로 말ᄒᆞ면 남녀의 ᄋᆡ졍이 셔로 일반이라 피ᄎᆞ의 외ᄃᆡ 안이 밧으랴 홈은 죠곰도 기울고 틀님이 업나니 만일 둘즁에 하나이 그 ᄋᆡ졍을 타인에게 옴기면 반다시 질투ᄒᆞᄂᆞᆫ 마음이 싱겨 불힝ᄒᆞᆫ 일이 ᄯᅡ라 싱기나니 그럼으로 ᄂᆡ외간에 ᄒᆞᆫ 사ᄅᆞᆷ이 비록 죽더릐도 이왕 지ᄂᆡ던 애졍을 잇지 못ᄒᆞ야 ᄌᆡ취와 ᄌᆡ가를 안이홈은 본릐 가히 칭찬ᄒᆞᆯ만ᄒᆞᆫ 일이나 만일 애졍이 셔로 업것마ᄂᆞᆫ 다만 샤회의 제ᄌᆡ를 두려워 속졀업시 억울히 공방을 독슈ᄒᆞ니 결단코 인도의 갓갑다 ᄒᆞᆯ 슈 업나니라 (1908.7.19)

뎨십장 샤회륜리

문 샤회의 결합ᄒᆞᆫ 결과ᄂᆞᆫ 텬연덕(天然的)으로 되엿ᄂᆞ뇨

답 샤회의 결과가 비록 인졍ᄌᆞ연에셔 비롯ᄒᆞ얏스나 그러나 만일 그ᄃᆡ

로 닉아버려두면 그 결합은 더욱 친밀홀겟이나 만일 리히관두되는 경우에는 곳 경징이 나셔 질셔를 문란케 홀 쑨 아니라 또 ᄌ연의 결합은 능히 큰 샤회를 통할치 못ᄒ고 스ᄉ로 삼분오렬ᄒ야 젹은 단톄가 될지니 이는 불가불 국가에셔 권리 의무의 졔한을 마련ᄒ야 강력으로써 그 통일홈을 보젼케 홈이니라

문 혹자 말ᄒ되 샤회와 국가가 판이ᄒᆞᆫ 두 물건과 갓다 ᄒ니 이는 오히ᄒᆞᆫ 말이 안이뇨

답 엇지 오히가 안이리오 국가와 샤회가 셔로 목뎍을 달ᄒ는 슈단은 갓지 안이ᄒ나 그 목뎍은 피ᄎ 동일ᄒ야 입술과 이의 셔로 의지ᄒ며 셔로 보죠ᄒ는 셩질이 잇ᄂ니 가히 한 두 가지를 가지고 말홈이 불가ᄒ니라

문 우리가 임의 발달ᄒᆞᆫ 샤회에 나셔 그 관계가 엇더ᄒ뇨

답 그 관계는 아비와 ᄌ식의 관계와 일반이라 ᄒ야도 불가ᄒᆞᆫ 말이 안이니 이는 곳 우리가 샤회에 딕ᄒ야 가히 다홀 의무니라

문 사룸의 의무가 죵류와 경우를 ᄯᆞ라 각각 다르지 안이ᄒ뇨

답 의무가 비록 죵류와 경우를 ᄯᆞ라 갓지 안이ᄒ나 나아가면 공익을 힘써 꾀ᄒ고 물너가면 타인을 히치 안임을 힘써 구홀 쑨이며 또 사룸의 쳐ᄒᆞᆫ바 경우는 쳔팀만상이나 크게 분별ᄒ면 두 가지밧게 안이되니 한 가지는 샤회상을 위ᄒ는 일이오 한 가지는 ᄌ긔 마암을 위ᄒᆞᆫ 일이며 (1908.7.22)

샤회를 위ᄒ는 경우로 의론ᄒ면 크게 공익을 도모ᄒ야 샤회진보의 방침을 뎡홈으로부터 젹게 각인의 례법과 ᄌ션등ᄉ에 이르기ᄭᆞ지 불가불 각각 그 ᄯᅢ와 쳐디를 응ᄒ야 실힝홀지니 이는 경우와 의무가 셔로 련락홈이오 ᄆ암을 위ᄒ는 상티로 의론ᄒ면 또ᄒᆞᆫ 샤회상에 딕ᄒ야 의무를 다홈이 큰 관계라 홀지니 무룻 ᄒᆞᆫ몸의 리히를 도라보지 안코 사룸을 위ᄒ야 꾀ᄒ는 사룸은 만히 볼 슈 업고 오즉 여론의 비방을 두려ᄒ며 샤회의 졔지를 겁닉여 부득이 의무를 다ᄒ는쟈ㅣ 열이면 아홉이나 그러나 그 량심은 어둡지 안이ᄒ야 착함으로 나아가는 시초이니 이 마암을 확츙ᄒ면 그

의리를 가히 익의여 쓰지 못ᄒᆞᆯ지니라

문 샤회ᄂᆞᆫ ᄀᆡ인의 즙합ᄒᆞᆫ 쟈이니 그 즙합ᄒᆞᄂᆞᆫ 소이연이 엇더ᄒᆞᆫ 경우가 잇ᄂᆞ뇨

답 그 즙합ᄒᆞᆫ 경우가 두 가지니 일은 물질의 경우를 말ᄆᆡ암고 일은 ᄉᆡᆼ리와 정신의 작용을 말ᄆᆡ암ᄂᆞ니라

문 물질의 경우ᄂᆞᆫ 엇더ᄒᆞ뇨

답 물질이라 ᄒᆞᆷ은 거쥬의 상졉과 물산의 교환을 가라쳐 말ᄒᆞᆷ이니라

문 ᄉᆡᆼ리와 정신의 작용은 엇더ᄒᆞ뇨

답 ᄉᆡᆼ리와 정신이라 ᄒᆞᆷ은 동일ᄒᆞᆫ 혈족과 동일ᄒᆞᆫ 력ᄉᆞ와 그 풍속 언어도 갓도 ᄉᆞ상 죵교도 갓ᄒᆞᆷ을 가라쳐 말ᄒᆞᆷ이니라

문 ᄀᆡ인과 샤회의 관계를 무엇에 비ᄒᆞᆷ면 가ᄒᆞ겟ᄂᆞ뇨

답 이 관계ᄂᆞᆫ 열에 한 가지만 업셔도 쓰지 못ᄒᆞᄂᆞᆫ 긔계에도 비ᄒᆞᆯ 슈 업ᄂᆞ니 이ᄂᆞᆫ 정신혈ᄆᆡᆨ이 셔로 련락ᄒᆞ야 일ᄀᆡ ᄉᆡᆼ긔톄가 되어 ᄀᆡ인의 연고ᄂᆞᆫ 곳 샤회의 셩쇠와 함게 그 운명이 잇ᄂᆞ니 고로 한나라 샤회상에 사라잇ᄂᆞᆫ 쟈ㅣ 뭇당히 ᄌᆞ긔 일신에 큰 ᄎᆡᆨ임이 잇슴을 알지니 녯말에 텬하의 흥망이 필부에게 ᄎᆡᆨ망이 잇다ᄒᆞᆷ이 곳 이 뜻이니라 (1908.7.23)

뎨십일장 샤회륜리(공익론)

문 공익을 도모ᄒᆞ랴면 ᄌᆞ긔 몸을 도라보지 안이ᄒᆞᄂᆞ뇨

답 공익을 도모ᄒᆞᆷᄋᆡ ᄌᆞ긔의 몸을 타인에게 희ᄉᆡᆼ을 삼ᄂᆞᆫ 것이 안이라 무릇 사ᄅᆞᆷ의 마암은 만가지로 복잡ᄒᆞ야 지모와 정욕이 어즈러히 왕ᄅᆡᄒᆞᆷ이 샤회의 현상이라 고로 샤회현상이 정신현샹으로 더부러 원인과 결과가 되ᄂᆞ니 혹 정신현상이 원인이 되야 샤회현상이 ᄉᆡᆼ기기도 ᄒᆞ고 혹 샤회현상이 원이이되야 정신현상을 뎨ᄌᆡᆨᄒᆞ기도 ᄒᆞ야 그 셔로 감응ᄒᆞᆷ이 그름

ᄌᆞ가 형샹을 싸름과 갓흐니라

문 기인이 고독쥬의(孤獨主義)를 쥬쟝ᄒᆞ면 엇더ᄒᆞ뇨

답 만일 고독쥬의를 쥬장ᄒᆞ면 일톄ᄉᆞ업이 쇼쳬군석ᄒᆞ야 맛ᄎᆞᆷᄂᆡ 리롭지 못ᄒᆞ려니와 만일 동심렵력ᄒᆞ면 크게 공번됨을 엇어 질셔가 졍연ᄒᆞ고 빅폐가 업셔져 맛참ᄂᆡ ᄌᆞ긔ᄭᆞ지 힝복을 엇을지니 이로 말ᄆᆡ암아 볼진ᄃᆡ ᄌᆞ긔의 리힉와 샤회의 리힉가 죠곰도 범위가 다를 것이 업셔 아올나 힝ᄒᆞ야 억으러짐이 업슬지니 함을며 홀로 질기는 것이 여럿으로 더부러 질김만 못홈이라오

문 사름의 일이 만가지로 가즈런ᄒᆞ지 못ᄒᆞ니 그 질거온 바도 그와갓치 여러 가지로 잇ᄂᆞ뇨

답 그러ᄒᆞ니 혹 의식의 관ᄒᆞᆫ 락과 혹 ᄉᆞ상의 관ᄒᆞᆫ 락과 혹 감졍의 관ᄒᆞᆫ 락과 혹 현시의 쾌락과 혹 이왕의 지나간 락과 혹 장릭의 잇을 락이 셔로 갓지 못ᄒᆞ니라

문 여러 가지 락 즁에 엇더ᄒᆞᆫ 락이 오릭도록 잇ᄂᆞ뇨

답 졍신의 쾌락은 항샹 오릭며 크고 형질의 쾌락은 항상 좁고 엿흔 고로 욕심을 ᄂᆡ여 한도가 업스면 곳 졍신의 쾌락을 감손ᄒᆞ야 그 방탕홈이 샤회의 히가되ᄂᆞ니 편벽된 독 쥬장의 힝동은 샤회의 복이 안이라 (1908.7.25)

문 인졍이 협흡ᄒᆞ야 각득기소(各得其所)케 ᄒᆞ랴면 엇지 ᄒᆞ여야 가ᄒᆞ뇨

답 사름이 각각 욕심이 잇슴의 불가불 각각 스ᄉᆞ로 억졔ᄒᆞ야 닷호고 쌔앗는 것을 막을 것이며 ᄯᅩ 사름이 각각 욕심이 잇슴애 불가불 각각 그 쾌락으로 셔로 교환홀지니 비컨ᄃᆡ 갑(甲)이 그 졍욕을 치오고져 ᄒᆞ거던을(乙)이 모름즉이 죠곰 감ᄒᆞ야 갑에게 ᄉᆞ양ᄒᆞ며 병(丙)이 졍욕을 감ᄒᆞ야 타인에게 ᄉᆞ양ᄒᆞ면 뎡(丁)이 곳 엇는 바가 잇셔 셔로 ᄉᆞ양홈으로 닷홈을 막고 셔로 밧곰으로 질거옴을 더ᄒᆞ야 여긔셔 ᄂᆡ노으면 뎌긔셔 엇고 유형ᄒᆞᆫ 쟈로 쥬면 무형ᄒᆞᆫ ᄃᆡ셔 엇은즉 인욕이 고로 난호아져셔 ᄌᆞ연 인졍이 협흡ᄒᆞ야 더욱 극진ᄒᆞ리니 이도 ᄯᅩᄒᆞᆫ 공익상에 큰 요소니라

문 사룸의 졍신도 타인과 합력ᄒᆞ여야 가ᄒᆞ뇨

답 사룸의 졍신은 본리 독립이니 ᄉᆞ상의 디경에도 ᄯᅩᄒᆞᆫ 불가불 외로히 셧ᄂᆞᆫ 형셰를 일울지나 그러나 실졔에 베풀면 긔인의 힘이 심히 박약ᄒᆞᆫ지라 불가불 셔로 련합ᄒᆞ여야 비로소 큰 업을 일울지니 즉 졍치상의 운동과 교육의 ᄉᆞ업과 실업의 진보가 언의 것이 공동 ᄉᆞ업이 안인 것이 업나니 임의 동지쟈라 일컷고 한 가지 일을 함게 ᄒᆞ다가 일죠의 ᄉᆞ상을 변ᄒᆞ야 이론을 창츌ᄒᆞ고 갓흔 당에 버셔져 나아가 거연히 언약을 위비ᄒᆞ면 이ᄂᆞᆫ 일은바 신의를 가뷔압게 씀이니 신의를 가뷔압게 쓰면 비단 한 사룸의 목뎍에만 방히되ᄂᆞᆫ 것이 안이라 실로 공익의 ᄒᆡ로옴이 더욱 심ᄒᆞ니 그럼으로 쳐셰ᄒᆞᄂᆞᆫ 쟈ㅣ 차라히 쳐엄에 삼갈지언뎡 나죵에 뉘우침이 잇슴이 가ᄒᆞ니라 (1908.7.26)

뎨십이장 샤회륜리(례의론)

문 례의ᄂᆞᆫ 무슨 목뎍이 잇나뇨

답 례의라ᄂᆞᆫ 것은 교졔상의 ᄉᆞᄉᆞ로온 덕이니 인졍을 화합ᄒᆞ기로 목뎍을 삼아 속에 잇ᄂᆞᆫ 졍셩이 밧게 낫하나ᄂᆞᆫ 것이니라

문 례의ᄂᆞᆫ 사룸의 ᄂᆡ외가 셔로 응ᄒᆞ야 감졍의 발동이 지나고 불급홈을 졔한ᄒᆞᆫ다 ᄒᆞ니 과연 그러ᄒᆞ뇨

답 공ᄌᆞㅣ 가라ᄉᆞ되 공손ᄒᆞ고 례가 업스면 슈고롭고 삼가고 례가 업스면 두렵고 용밍ᄒᆞ고 례가 업스면 어지럽고 곳고 례가 업스면 급졀ᄒᆞ다 ᄒᆞ셧스며 슌ᄌᆞㅣ 가라ᄉᆞ되 례라ᄂᆞᆫ 것은 사룸의 당연히 잇을 것이라 ᄒᆞ얏스니 가히 지극ᄒᆞᆫ 말삼이로다 무릇 사룸의 마암의 감동ᄒᆞᄂᆞᆫ 바ㅣ 셩음으로 발ᄒᆞ면 곳노릭가 되며 글로 형용ᄒᆞ면 시가 되며 ᄉᆞ지에 발ᄒᆞ면 운동이 되나니 비록 ᄌᆞ연홈에셔 싱김이나 만일 ᄂᆡ버려 두고 인ᄉᆞ를 더ᄒᆞ지 안이ᄒᆞ

면 장찻 비루용속훈 곳으로 흘너드러 갈지라 고로 셩인이 례의를 지어 절제ᄒᆞ사 일거일동이 모다 규구가 잇게ᄒᆞ시며 일언일어가 모다 규률이 잇게 ᄒᆞ실싀 사룸의 뜻에 근본ᄒᆞ고 공번된 리치에 비교ᄒᆞ셧나니 이는 례의의 니러는 소이연이니라

문 례(禮)와 의(儀)가 일반이뇨

답 례와 의가 형상은 비록 갓흐나 그 밧탕은 실로 갓지 안이ᄒᆞ니 례는 즁심으로 좃차 외모에 발훈 쟈이오 의는 그러치 안이ᄒᆞ야 형식상에 젹당ᄒᆞ기로만 위쥬ᄒᆞ나니라

문 의가 ᄌᆞ고로 젼릭ᄒᆞ는 풍속이뇨

답 의라ᄒᆞ는 것은 비록 고딕의 유물 쑨 안이라 샤회가 일 기인의 거동을 통일코져 홈도 잇고 국가의 대ᄉᆞ가 잇셔 국민이 축하ᄒᆞ는 뜻을 표ᄒᆞ야 기념홈도 잇스며 또 만반ᄉᆞ위의 필요홈을 취홈도 잇나니 만일 의식이 업스면 다슈훈 사룸의 잡답분운홈을 면치 못ᄒᆞ리니 무엇으로 국민의 거동을 일치케 ᄒᆞ야 그 열셩을 경동ᄒᆞ며 졍신을 환볼케 ᄒᆞ리오 셰상 사룸이 례와 의를 혼합ᄒᆞ야 훈 가지로 아는 것은 도뎌히 리치를 요히치 못홈이니라 (1908.7.28)

그런고로 각각 신의를 무겁게 ᄒᆞ야 마암과 뜻의 변경ᄒᆞ는 바를 힘뻐 제어ᄒᆞ되 말을 닉고 보면 엇더훈 곡졀이 잇던지 반닷이 그 말을 발부며 훈 약죠를 셰우면 엇더훈 간고가 잇던지 반닷이 그 약죠를 발분 후에 밧그로 샤회의 질셔가 문란치 안이ᄒᆞ고 안으로 그 사룸의 가치가 놉하질지니 가히 쥬의치 안이훌 바리오

뎨십亽장 샤회륜리(ᄌᆞ션론)

문 샤회 ᄌᆞ션은 무엇을 가라침이뇨

답 사ᄅᆞᆷ이 이 셰상에 남이 혹 ᄒᆡᆼ복잇ᄂᆞᆫ 쟈도 되고 혹 불ᄒᆡᆼᄒᆞᆫ ᄃᆡ경에 빠지기도 ᄒᆞᄂᆞ니 곳 이 세상에 나오ᄂᆞᆫ 쳐엄에ᄂᆞᆫ ᄒᆡᆼ불ᄒᆡᆼ의 차별이 심히 현슈치 안이ᄒᆞ다가 텬연(天然)의 경우와 샤회의 경우에 맛고 억임을 인ᄒᆞ야 크게 셔로 갓지 못ᄒᆞᆷ으로 셰상 사ᄅᆞᆷ들이 이것을 가라쳐 말ᄒᆞ되 텬운이라 ᄒᆞᄂᆞ니 텬운이란 쟈ᄂᆞᆫ 실로 사ᄅᆞᆷ의 일에 극히 큰 관계된 자이라 뎌 샤회상등에 쳐ᄒᆞ야 ᄒᆡᆼ복을 누리ᄂᆞᆫ 쟈ᄂᆞᆫ 비록 그 부즈런ᄒᆞ고 검소ᄒᆞᆫ 수고을 말미암아 된 것이나 그러나 텬운의 보죠도 젹지안이 ᄒᆞ엿고 불ᄒᆡᆼᄒᆞᆫ 경우에 잇ᄂᆞᆫ 쟈로 말ᄒᆞᆯ지라도 모다 ᄌᆞ포ᄌᆞ기ᄒᆞᆫ 바 안이로ᄃᆡ 명운소관으로 그 ᄃᆡ경을 당ᄒᆞᆫ 쟈도 ᄯᅩᄒᆞᆫ 만ᄒᆞ니 이ᄂᆞᆫ ᄌᆞ션의 일이 불가불 잇슬 소이연이니 ᄌᆞ션이라ᄂᆞᆫ 것은 동등 경우에 ᄒᆡᆼᄒᆞᄂᆞᆫ 것이 아니라 ᄒᆡᆼ복 즁에 잇ᄂᆞᆫ 쟈가 불ᄒᆡᆼ 즁에 잇ᄂᆞᆫ 쟈를 구원ᄒᆞ되 그 갑흠을 구ᄒᆞᆷ이 업ᄂᆞᆫ니라

문 ᄌᆞ션의 취지ᄂᆞᆫ 임의 들럿거니와 ᄌᆞ션을 ᄒᆡᆼᄒᆞᄂᆞᆫ 방법은 엇더ᄒᆞ뇨

답 물론 엇던ᄒᆞᆫ 나라던지 반ᄃᆞᆺ이 ᄌᆞ션당(慈善堂)과 ᄌᆞ션사(慈善社)의 베품이 잇셔 뎌 ᄉᆡᆼ계를 엇어 빈고에 견ᄃᆡ기 어려옴을 면ᄒᆞᆫ 쟈이면 불가불 그 슈입의 약간을 난호아 ᄌᆞ션의 ᄉᆞ업을 ᄒᆡᆼᄒᆞᆯ지니 이ᄂᆞᆫ 곳 인ᄉᆡᆼ의 샤회에 ᄃᆡᄒᆞᆫ 의무의 한 가지 일이나 그러나 인심의 갓지 안이ᄒᆞᆷ이 얼골의 갓지 안이ᄒᆞᆷ과 갓하 뎌 ᄌᆞ포ᄌᆞ긔ᄒᆞᄂᆞᆫ 쟈와 명운의 불ᄒᆡᆼᄒᆞᆫ 쟈ㅣ 한갓 ᄒᆡᆼ복잇ᄂᆞᆫ 쟈의 거동만 기다리고 잇ᄂᆞ니 이갓흔 쟈에게 ᄌᆞ션의 아ᄅᆞᆷ다온 일을 베풀면 도로혀 무뢰빈의 량식이 될 ᄯᅡ름이라 장ᄎᆞ 게을은 쟈ㅣ 더욱 게일너 샤회에 독을 ᄭᅵ쳐 그 화를 이로 말하기 어려오니 이도 ᄯᅩᄒᆞᆫ 불가불 됴ᄒᆞᆫ 방법을 구ᄒᆞ야 후폐를 막을 바이니라 (1908.7.30)

문 ᄉᆡᆼ존경ᄌᆡᆼ은 무엇을 가라쳐 ᄒᆞᄂᆞᆫ 말이뇨

답 ᄉᆡᆼ존경ᄌᆡᆼ은 ᄐᆡ고 ᄶᅴ 사ᄅᆞᆷ이 쳐엄 ᄉᆡᆼ겨셔ᄂᆞᆫ 슈효ᄂᆞᆫ 얼마 못되고 토

디는 광활ᄒᆞ야 네것내 것 닷홀 것도 업고 교통ᄒᆞ야 왕릭치도 안이ᄒᆞ더니 점점 인죵이 번다ᄒᆞ야 질ᄉᆞ록 ᄉᆡᆼ활상에 경영과 기능이 진보되야 쳔ᄉᆞ만ᄉᆞ를 남의게지지 안이ᄒᆞ랴 ᄒᆞ야 경ᄌᆡᆼ심이 비로소 니러낫ᄂᆞ니 그럼으로 ᄉᆡᆼ존경ᄌᆡᆼ은 비단 사ᄅᆞᆷ만 그런 것이 안이라 무론 엇더ᄒᆞᆫ ᄉᆡᆼ물이던지 업지 못홀 일이니라

문 이 경ᄌᆡᆼ은 얼마던지 한량이 업시 더욱 극렬ᄒᆞ겟ᄂᆞ뇨

답 그 폐단을 면치 못홀가 념려ᄒᆞ야 먼져 ᄊᆡ다른 학쟈들이 ᄌᆞ연의 법측을 의거ᄒᆞ야 공번된 범위을 일뎡ᄒᆞ엿나니 인류샤회가 이 범위를 지나지 못홈으로 경ᄌᆡᆼ은 부픽홈을 막는 약도 되고 란포홈을 금ᄒᆞ는 법도 되ᄂᆞ니라

문 경ᄌᆡᆼ이 극렬ᄒᆞ면 엇더ᄒᆞᆫ 영향이 ᄉᆡᆼ기ᄂᆞ뇨

답 경ᄌᆡᆼ이 극렬홀ᄉᆞ록 진보가 더욱 속ᄒᆞᄂᆞ니 만일 경ᄌᆡᆼ이 업스면 곳 쇠약ᄒᆞ야 질지니 이는 ᄌᆞ션과 경ᄌᆡᆼ이 졍 반ᄃᆡ되는 소이연이니라

문 엇지ᄒᆞ야 졍반ᄃᆡ라 ᄒᆞ나뇨

답 경ᄌᆡᆼ은 넉넉ᄒᆞᆫ 쟈가 익의고 용렬ᄒᆞᆫ 쟈가 픽홈으로 쥬의를 삼고 ᄌᆞ션은 쇠ᄒᆞᆫ 쟈를 돕고 약ᄒᆞᆫ 쟈를 붓들기로 쥬의를 삼나니 이 두 가지가 본래 셔로 용납지 안이홈으로 사회상의 한 가지 큰 문뎨가 되엿나니라

문 경ᄌᆡᆼᄒᆞ는 일이 엇던 것이 뎨일이 되나뇨

답 동물을 통히 의론홀 디경이면 식물(食物)로 쥬장을 삼으며 인류샤회도 ᄯᅩᄒᆞᆫ 식물을 먼져ᄒᆞ고 그 다음은 혹 명예의 경ᄌᆡᆼ 혹 권력의 경ᄌᆡᆼ이며 기타 일톄 ᄉᆞ위에 경ᄌᆡᆼ치 안이ᄒᆞ는 바ㅣ 업스나 그러나 그 경ᄌᆡᆼ이 비록 극렬ᄒᆞ더릭도 허다ᄒᆞᆫ 사ᄅᆞᆷ이 한 가지 물건을 갓치 닷호며 ᄒᆞᆫ 사ᄅᆞᆷ이 여러 가지 일을 모다 닷호는 리치가 업난고로 가량 갑(甲)이을(乙)로 더부러 명예의 경ᄌᆡᆼ은 홀지라도 그러나 의식권력에는 경ᄌᆡᆼ치 안이ᄒᆞᆫ즉 혹 갑이 을의 의식을 도아쥬기도 ᄒᆞ고 ᄯᅩ 을이 병(丙)으로 더부러 의식의 경ᄌᆡᆼ은 홀지라도 명예권력은 경ᄌᆡᆼ치 안이ᄒᆞ며 혹 병이 뎡(丁)으로 더부러 권력명예는 경ᄌᆡᆼ홀지라도 의식은 경ᄌᆡᆼ치 안이ᄒᆞ는고로 (1908.7.31)

이상에 말ᄒᆞᆫ 바와 갓흔고로 ᄌᆞ션과 경ᄌᆡᆼ이 기실은 모슌치 안이ᄒᆞ며 비

단 모슌치 안이ᄒᆞᆯ ᄲᅮᆫ더러 가히 일뎡ᄒᆞᆫ 범위 안에서 ᄌᆞ션으로ᄡᅥ 경징을 쥰비ᄒᆞ나니라

문 경징ᄒᆞᆫ 결과로 ᄆᆡ양 약ᄒᆞᆫ 쟈가 ᄑᆡᄒᆞᆷ은 필연ᄒᆞᆫ 형셰니 약ᄒᆞᆫ쟈ㅣ 엇지 스ᄉᆞ로 힘을 혜아리지 못ᄒᆞ고 강ᄒᆞᆫ쟈와 경징ᄒᆞᆷ이 잇나뇨

답 경징의 약ᄒᆞᆫ 쟈가 ᄑᆡᄒᆞᆷ은 ᄉᆞ셰에 면치 못ᄒᆞᆯ 일이나 ᄆᆡ양 강약을 셔로 몰으고 경징ᄒᆞ다가 급기 승ᄑᆡ를 본연 후에 그 약ᄒᆞ고 강ᄒᆞᆷ이 각각 표시되ᄂᆞᆫ 일도 잇고 번연히 뎌 사ᄅᆞᆷ이 나보다 강ᄒᆞᆫ 쥴 알지라도 나의 소유를 범위 밧 힝동으로 침식ᄒᆞᄂᆞᆫ 디경이면 졍당방위(正當防衛)로 불가불 경징ᄒᆞ나니 강약 우렬은 표면에 잇ᄂᆞᆫ 형셰의 대소에 잇슬 ᄲᅮᆫ 안이라 지식과 과단과 인ᄂᆡ 등 여러 가지가 압셔ᄂᆞᆫ고로 외면으로 약ᄒᆞᆫ듯ᄒᆞᆫ 쟈라도 이 여러 가지를 겸ᄒᆞ면 강ᄒᆞᆫ쟈의 이 여러 가지 구비치 못ᄒᆞᆫ 쟈를 넉넉히 익의며 ᄯᅩ 사ᄅᆞᆷ이 하필 약ᄒᆞᆫ쟈로 더부러 경징ᄒᆞᄂᆞᆫ 것이 안이라 만일 부득이ᄒᆞᆫ ᄉᆞ졍이 안이면 결단코 어룬이 어린아희와 경징치 안이ᄒᆞᆯ지니 무릇 어린아희가 강보 가온ᄃᆡ 잇셔ᄂᆞᆫ 족히 샤회의 한 사ᄅᆞᆷ이라 ᄒᆞ지 못ᄒᆞ나니 그 심신이 발달치 못ᄒᆞ야 비록 약ᄒᆞᆫ 쟈이라 ᄒᆞᆯ지나 그러나 쟝셩ᄒᆞᆫ 뒤에 쟝찻 샤회의 즁요ᄒᆞᆫ 인물이 될지라 고로 ᄌᆞ션을 물ᄆᆡ암아 봉양ᄒᆞ야 이후에 나아가 경징ᄒᆞᆯ 쥰비를 삼으며 ᄯᅩ 청년의 남녀가 빈한ᄒᆞᆫᄃᆡ 부닥기며 교육업ᄂᆞᆫ 가온ᄃᆡ에셔 싱장ᄒᆞᆫ즉 급기 쟝셩ᄒᆞ야도 불과 싱명만 겨오 잇셔 샤회 하등에 ᄯᅥ러질지니 만일 ᄌᆞ션가의 은혜로 교육밧을 긔회를 엇어 학업이 셩취되면 가히 경징ᄒᆞᄂᆞᆫ 마당에 횡힝ᄒᆞ나니 그럼으로ᄡᅥ ᄌᆞ션은 경징의 쥰비라 ᄒᆞ얏나니라

문 칙은지심으로 좃차 ᄌᆞ션심이 발ᄒᆞ나뇨

답 그러ᄒᆞ나 칙은지심은 사ᄅᆞᆷ마다 일반으로 잇ᄂᆞᆫ고로 비록 샤회의 공의로 칙망치 안이ᄒᆞ야도 어린아희의 물에 ᄲᅡ져 죽ᄂᆞᆫ 것을 보고 감안이 안져 구치 안이ᄒᆞᄂᆞᆫ 쟈ᄂᆞᆫ 업나니 슯흐다 우리동포여 텬부ᄒᆞᆫ ᄌᆞ션심을 포기ᄒᆞ지 말고 ᄂᆡ게 잇ᄂᆞᆫ ᄌᆞ산의 슈젼로가 되지 말아 빈곤즁에 잇셔 교육 못 밧ᄂᆞᆫ 불상ᄒᆞᆫ 남녀를 어셔 교육케 ᄒᆞ야 샤회의 큰 지목들이 되게 ᄒᆞᆯ지어다

(1908.8.1)

뎨십오장 샤회륜리(명예론)

문 명예는 엇더훈 것이뇨

답 명예는 형상업는 직산이니 ᄌᆞ긔소유물 된 것으로 말ᄒᆞ면 한 가지 아름다온 덕이오 타인에게 잇는 것으로 말ᄒᆞ면 칭찬ᄒᆞ는 아담훈 뜻이니라

문 명예라 ᄒᆞ는 것이 외로온 것이뇨

답 대기 션힝과 미덕(善行과 美德)을 ᄉᆞ모ᄒᆞ야 드듸여 그 사름을 존경홈은 명예의 원칙이니 명예가 실로 외로온 쟈ㅣ 안이니라

문 명예는 모다 실디뿐이뇨

답 세상의 심디교사훈 쟈의 일홈을 사고 기림을 낙시질ᄒᆞ는 무리가 허다ᄒᆞ니 엇지 허훈 명예가 업스리오

문 그런즉 무엇으로 표쥰ᄒᆞ야 그 허실을 말ᄒᆞ나뇨

답 이는 륜리상 한 가지 큰 문뎨니 학쟈들의 언론이 비록 일뎡치 못ᄒᆞ나 그러나 소위 명예라는 것은 본릭 공이 잇는 쟈와 칭찬ᄒᆞ는 쟈의 관계로 싱긴 것이니 칭찬의 만코 젹은 바로 그 허실을 뎡ᄒᆞ나니 무릇 소슈의 식견은 착오홈에 빠지기 쉽고 다슈의 식견은 공론이 되나니 고로 사름이 일부분의 젹은 명예를 구홈은 불가ᄒᆞ고 뭇당히 젼국의 명예를 구홀지오 한갓 젼국에만 구홀 뿐 안이라 맛당히 세계에 명예를 구홀지오 쏘훈 현금 세계에 명예 엇슴을 만족히 녁일 것이 안이라 맛당히 세계력ᄉᆞ 중에 그 큰 명예를 오릭 젼홈을 구ᄒᆞ여야 가히 귀ᄒᆞ다 홀지니라

문 명예가 샤회에 딕ᄒᆞ야 엇더훈 세력이 잇나뇨

답 명예는 샤회의 인심을 제지ᄒᆞ는 큰 셰력이 잇나니 붓그럼을 모로는 소인비가 안이고야 누가 명예를 됴화ᄒᆞ지 안이ᄒᆞ리오 오작 그 명예를 됴화홈으로 공부의 품힝에 깁히 스ᄉᆞ로 검찰ᄒᆞ야 방한을 넘지 안이ᄒᆞ나니 고로 죠뎡에 잇는 쟈는 힘뼈 세인의 신용을 넓히고져 ᄒᆞ고 드을에 잇는 쟈는 힘뼈 한몸의 가치를 더코져 ᄒᆞ야 젼젼긍긍(戰戰兢兢)ᄒᆞ야 일죵션량의 습관을 양성ᄒᆞ나니 그 셰력의 큼이 자못 비홀 싹이 업도다 시험ᄒᆞ야 볼지

어다 이 샤회에 잇는쟈ㅣ 누가 능히 이 셰력 밧게셔 아름다온 일홈을 구훈 쟈ㅣ 잇나뇨 (1908.8.2)

문 명예가 임의 무형지산(無形財産)이라 ᄒᆞ니 무릇 타인의 명예 딕ᄒᆞ기를 직산과 갓치 ᄒᆞ나뇨

답 그와갓흘섇 안이라 오히려 더욱 죠심홀바니 가량 참소와 비소ᄒᆞ고 타인의 명예를 괴손홈은 곳 의무를 직히지 안이ᄒᆞ고 타인의 권리를 침노홈이라 그 심ᄉᆞ를 의론ᄒᆞ건딕 참소는 유심히 ᄒᆞ는 힝위니 임의 타인을 악훈 일과 드러온 힝실로 모함ᄒᆞ며 쏘 휘지안코 말ᄒᆞ며 그 사름을 빅쳑ᄒᆞ는 쟈는 그 덕되지 못홈을 다시 의론홀 바 업거니와 비소ᄒᆞ는 일에 일으러는 기즁에 무슨 목뎍이 잇셔 그런 것이 안이라 다만 식견이 쳔노ᄒᆞ고 셩졍이 경박ᄒᆞ야 젼문의 풍셜을 듯고 됴흔 소일거리나 만는 듯이 타인의 악훈 일을 리약이 ᄒᆞ기를 쾌훈 쥴로 녁이나니라

문 그 두 가지 힝위의 부졍홈이 일반이뇨

답 두쟈의 용심은 비록 달으나 그러나 그 권리를 침노홈은 일반이니 고로 타인의 악훈 일이 비록 확실ᄒᆞ더리도 샤회에 방애치 안코 공익에 히되지 안이훈 쟈는 공격ᄒᆞ지 안이ᄒᆞ는 것이 도덕상에 합당ᄒᆞ니 대기 타인의 악훈 일을 공연히 물ᄒᆞ면 ᄌᆞ긔의 리익이 업슬 쑨 안이라 그 사름의 평싱 명예에 크게 관계가 될지니 엇지 삼가지 안이ᄒᆞ리오

뎨십륙쟝 샤회륜리(소송론)

문 샤회륜리에 소송(訴訟)은 엇지ᄒᆞ야 잇나뇨

답 인류가 셔로 모혀 한 샤회가 되고 쏘 샤회가 셔로 조직ᄒᆞ야 국가가 되믹 복잡 분운ᄒᆞ야 그 사이에 리히의 츙돌을 면치 못홀 ᄉᆞ셰라 만일 각

각 셔로 사양치 안이ᄒᆞ면 그 단톄를 유지ᄒᆞ기 능치 못ᄒᆞ나 녜젹에ᄂᆞᆫ 금일 갓치 죵교와 륜리와 법률의 구별이 업고 오즉 신도(神道)와 권력(權力)과 량심(良心) 등을 셔로 향ᄒᆞ야 리히의 츙돌을 방어ᄒᆞ며 인민의 악힝을 졔지ᄒᆞ더니 밋 샤회가 졈졈 진보되니 죵교 륜리 법률이 드듸여 각각 그 특별홈을 발현ᄒᆞ야 크게 확장됨에 그 범위는 세 가지가 안이니라 (1908.8.4)

문 그 범위의 갓지 안이ᄒᆞᆫ 소이연을 가라침이 엇더ᄒᆞ뇨

답 대기 륜리ᄂᆞᆫ 다만 량심의 졔지가 지식의 뎡도를 좃ᄎᆞ 각각 달나셔 법률의 넓히 밋침과 갓지 안이ᄒᆞ고 죵교ᄂᆞᆫ ᄌᆞ유를 신앙ᄒᆞ야 그 졔지가 밋ᄂᆞᆫ 쟈에 밋칠 ᄯᆞ름이라 능히 밋ᄂᆞᆫ쟈밧게 힝치못ᄒᆞ며 ᄯᅩ 국법의 통일홈과 갓지 안이ᄒᆞ니 셰 가지가 비록 셔로 도리와 힝ᄒᆞ야 샤회의 질셔를 바르게 ᄒᆞ나 그러나 뭇참닉 그 샤이에 편벽되히 묵어온 바가 업ᄂᆞ니 죵교ᄂᆞᆫ 본릭 ᄌᆞ유를 신앙ᄒᆞ야 함게 의론홀 바 업거니와 시험ᄒᆞ야 륜리와 법률의 관계를 대강 연구ᄒᆞ리라 대톄상으로 의론ᄒᆞ면 륜리ᄂᆞᆫ 악ᄒᆞᆫ 일을 싱기기 젼에 미리 막기로 위쥬ᄒᆞ고 법률은 악ᄒᆞᆫ 일이 임의 불표된 뒤에 비로소 졔직ᄒᆞ야 샤회의 죄악을 졔ᄒᆞ기로 위쥬ᄒᆞᄂᆞ니 그 관계가 위싱학과 의학 관계와 흡ᄉᆞᄒᆞ니라

문 위싱학과 의학의 관계ᄂᆞᆫ 엇더ᄒᆞ뇨

답 위싱학은 병이 싱기기 젼에 예방ᄒᆞ기로 위쥬ᄒᆞ고 의학은 임의 발ᄒᆞᆫ 병을 다ᄉᆞ려 그 독히를 졔ᄒᆞ기로 위쥬ᄒᆞᄂᆞ니 그 목뎍은 비록 갓흐나 그러나 그 목뎍을 달ᄒᆞᄂᆞᆫ 방법은 맛지 안이ᄒᆞ니라

문 방법의 다름을 듯고져 ᄒᆞ노니 가라쳐 줌이 엇더ᄒᆞ뇨

답 륜리의 실제를 상고홀 디경이면 비단 죄악을 예방ᄒᆞᄂᆞᆫ듸 긋칠 ᄲᅮᆫ 안이라 죄악이 임의 발표된 뒤라도 교졍ᄒᆞ야 소멸케 ᄒᆞ나 그러나 죄악을 예방ᄒᆞ며 죄악을 교졍ᄒᆞ기만 ᄒᆞᄂᆞᆫ 것이 륜리의 큰 목뎍이 안이라 반ᄃᆞ시 인민으로 ᄒᆞ야곰 모다 착홈에 향ᄒᆞ야 죄악의 ᄲᅮ리를 졔홈이 극졈이 될지니 법률인즉 권리와 의무의 계한을 획뎡ᄒᆞ야 각각 타인의 권리를 침범치 못ᄒᆞ게 홈에 긋치어셔 비록 그 가운듸 ᄯᅩᄒᆞᆫ 죄악을 예방ᄒᆞ고 국가의 힝복

을 징진ᄒᆞᄂᆞᆫ 목뎍이 잇스나 그러나 그 시힝ᄒᆞᄂᆞᆫ 바가 다만 권리 의무의 분경을 판단ᄒᆞ고 각인의 죄악을 졔직홀 ᄯᆞ름에 잇ᄂᆞ니라 (1908.8.5)

뎨십칠쟝 샤회륜리(소송론)

문 갑(甲)과을(乙)이 셔로 닷호면 의례히 송뎡에 가셔 결뎡ᄒᆞᄂᆞᇿ

답 갑이 을과 닷호ᄂᆞᆫ 일이 잇스면 반닷이 강화케 홈을 즁믹ᄒᆞᄂᆞᆫ 쟈ᄂᆞᆫ 곳 병(丙)이라 병이 갑을 두 사이에 셔셔 그 시비를 익희 ᄉᆡᆼ각ᄒᆞ며 그 리히를 비교ᄒᆞ며 그 곡직을 판단ᄒᆞ야 갑을이 모다 병에 몰에 복죵ᄒᆞᆫ즉 분징이 가히 업셔질지니 만일 그 즁 ᄒᆞᆫ 사ᄅᆞᆷ이 병에 말에 복죵치 안이ᄒᆞ면 홀 슈 업시 법뎡으로 나아가 법률로 표쥰ᄒᆞ야 ᄌᆡ판관의 결쳐를 기ᄃᆡ리ᄂᆞ니 이것이 일은바 소송(訴訟)이니라

문 소송의 원고와 피고ᄂᆞᆫ 무엇으로 분간ᄒᆞᄂᆞᇿ

답 신소ᄒᆞᄂᆞᆫ 사ᄅᆞᆷ이 스ᄉᆞ로 피히자가 되야 ᄌᆞ긔의 피히ᄒᆞᆫ 바를 회복코져 ᄒᆞᄂᆞ니 이ᄂᆞᆫ 곳 원고라 ᄒᆞ고 원고가 ᄌᆞ긔에게 가히ᄒᆞᆫ 자로 인뎡ᄒᆞᄂᆞᆫ 쟈ᄂᆞᆫ 곳 피고라 ᄒᆞᄂᆞ니라

문 법뎡의 계급이 여러 죵류ᄂᆞᇿ

답 각죵의 계급이 잇스니 구ᄌᆡ판소(區裁判所) 부ᄌᆡ판소(府裁判所) 공소원(控訴院) 대심원(大審院) 등 법뎡의 목뎍이 각각 달으니 구ᄌᆡ판소ᄂᆞᆫ 량쳑으로 ᄒᆞ야곰 화히케 ᄒᆞ기로 위쥬ᄒᆞ야 소송ᄉᆞ건이 업셔지도록 힘을 쓰고 부ᄌᆡ판소ᄂᆞᆫ 일톄소송을 관리ᄒᆞᄂᆞᆫ 쟈이라 만일 소송인이 그 판결을 불복ᄒᆞᄂᆞᆫ 동시에ᄂᆞᆫ 가히 공소원에 상고(上告)홈을 엇고 ᄯᅩ 공소원의 판결을 불복ᄒᆞᄂᆞᆫ 동시에ᄂᆞᆫ 가히 대심원에 상고ᄒᆞ야 그 판결ᄒᆞ여 쥬기를 바라ᄂᆞ니 대심원은 곳 가장 고등의 법뎡이라 국가의 긔관이 되엿ᄂᆞ니 이외에ᄂᆞᆫ 다시 다른 법뎡이 업ᄂᆞ니라

문 강화는 엇더훈 리익이 잇나뇨

답 강화는 분경ᄒᆞ는 ᄉᆞ건을 법뎡에 드러너지 안이ᄒᆞ랴고 갓가온 친쳑이나 정분잇는 친구가 량편을 됴화ᄒᆞ야 셔로 감졍이 풀니게 홈이니 쳣지는 타인이 알아 치욕됨을 피ᄒᆞ도록 홈이오 둘지는 친구와 친쳑이 익히 너용을 알아 피ᄎᆞ에 치우치며 ᄉᆞ졍을 편벽되지 안이ᄒᆞ야 각각 만족홈을 엇게 홈이 강화의 리로온 반이나 그러나 피ᄎᆞ 량쳑이 십분 쥬의홀 쟈는 강화를 소기ᄒᆞ는 쟈의 평일 신분과 힝위를 찬찬히 솖혀본 연후에 비상훈 리히가 싱기지 안이 ᄒᆞ나니라 (1908.8.6)

문 금젼의 취ᄃᆡ를 친밀훈 사이에는 서로 안이홈이 가ᄒᆞ뇨

답 친밀훈 사이에 취ᄃᆡ치 안이훈즉 싱소훈 사룸과 취ᄃᆡ홀 곳이 업스면 군식을 무슨 방법으로 면ᄒᆞ리오 그럼으로 취ᄃᆡ가 미양 친밀훈 사이에 만히 잇스나 그러나 아모리 친절훈 터이라도 리히관계되는 자리에는 모름즉이 계한을 뎡ᄒᆞ며 쏘 징거를 세워 타일 법뎡에 뎨츌홀 쎠에 쓸 것을 쥰비홀지니라

문 이는 죄범을 타인에게 넘기고져 ᄒᆞ는 뜻이뇨

답 안이라 타인에게 히를 당ᄒᆞ지 안이케 홈이니 쏘훈 송ᄉᆞ를 됴화ᄒᆞ는 것이 안이라 샤회의 질셔를 유지랴는 일이니라

뎨십팔장 샤회륜리(오락론)

문 오락(悟樂)은 샤회에 엇더훈 영향이 잇ᄂᆞ뇨

답 세상 사룸은 실로 로고(勞苦)와 오락 두 가지 사이에셔 사ᄂᆞ니 두 가지에 훈아도 업지 못홀 일이니라

문 오락은 업지 못ᄒᆞ려니와 로고는 잇셔 무엇ᄒᆞᄂᆞ뇨

답 로고로 말ᄒᆞ면 사ᄅᆞᆷ이 시시로 로고ᄒᆞ야 편히 쉬일 겨를이 업스면 맛참너 정신이 쇠약ᄒᆞ고 신톄가 피곤ᄒᆞ야 손이가 젹지 안이ᄒᆞ나 그러나 만일 날로 오락만 요구ᄒᆞ야 근로ᄒᆞᆫ 일은 힘쓰지 안이ᄒᆞ면 맛참너 유의유식ᄒᆞ야 능히 샤회풍죠 가온ᄃᆡ 셔지 못ᄒᆞᄂᆞᆫ고로 반ᄃᆞᆺ이 근로와 오락의 종류를 턱ᄒᆞ야 셔로 알맛셔 한편으로 편벽되지 안이케 홈이 필요ᄒᆞ니라

문 오락을 초년에 누려야 가ᄒᆞ뇨 만년에 누려야 가ᄒᆞ뇨

답 오락은 인싱의 죵국(終局)이라 홀만ᄒᆞ니 무릇 아참으로부터 져녁ᄭᆞ지던지 졀머셔부터 늙기ᄭᆞ지던지 마암을 슈고롭게 ᄒᆞ고 몸을 괴롭게 ᄒᆞᄂᆞᆫ 것은 다름이 안이라 모다 오락을 구ᄒᆞᄂᆞᆫ 한싱각에 지나지 안이ᄒᆞᄂᆞ니라

문 오락의 죵류가 ᄒᆞᆫ가지 ᄲᅮᆫ이뇨

답 오락을 독ᄒᆞᆫ 물건에 비ᄒᆞ면 알마초 먹으면 됴흔 약도 되고 분량을 과도히 먹으면 사ᄅᆞᆷ도 쥭이ᄂᆞ니 ᄒᆞᆫ가지 물건으로 이갓치 약도되고 사ᄅᆞᆷ도 쥭임과 갓치 오락도 만일 분슈에 지나면 사ᄅᆞᆷ으로 ᄒᆞ야 타틔ᄒᆞ야 쥭을 디경에 ᄲᅡ지게 ᄒᆞ고 분슈에 맛지면 심지의 운동이 활발홀 ᄲᅮᆫ안이라 ᄯᅩᄒᆞᆫ 진보될 졍신을 양셩ᄒᆞᄂᆞ니라 (1908.8.11)

뎨십구쟝 샤회륜리(헌신론)

문 헌신(獻身)이라 홈은 무신 ᄯᅳᆺ이뇨

답 ᄆᆡᆼᄌᆞㅣ 가라ᄉᆞ사ᄃᆡ 물고기도 나의 소욕이오 웅쟝(熊掌)도 나의 소욕이로ᄃᆡ 두 가지를 겸ᄒᆞ야 엇지 못홀 터이면 물고기를 버리고 웅장을 취호리라 사ᄂᆞᆫ 것도 나의 소욕이요 의(義)도 나의 소욕이로ᄃᆡ 두 가지를 겸ᄒᆞ야 엇지홀 터이면 사ᄂᆞᆫ 것을 버리고 의를 취호리라 ᄒᆞ셧스니 이 말삼을 보면 살고져 홈이 아모리 소욕이나 구ᄎᆞ로히 못ᄒᆞ며 쥭ᄂᆞᆫ 것이 아모리 미운바이나 사양치 못홀 바를 가히 ᄭᆡ다를 지니라

문 살기를 됴화ᄒᆞ고 죽기를 미워홈은 사ᄅᆞᆷ과 만물이 일반이뇨

답 죽기슬혀홈은 일톄동물의 면치못ᄒᆞᆯ ᄉᆞ졍이나 사ᄅᆞᆷ은 만물 가온ᄃᆡ 가장 신령ᄒᆞᆫ쟈ㅣ 되야 ᄌᆞ긔를 단련ᄒᆞ고 지식을 넓히며 기타 각식 ᄒᆡᆼ위가 모다 그 ᄉᆡᆼ명을 안젼코져 홈이라 고로 만일 ᄉᆡᆼ명에 방애되ᄂᆞᆫ쟈ㅣ 잇스면 반닷이 힘을 온젼히 ᄒᆞ야 박멸ᄒᆞ기를 남져지업시 ᄒᆞ겟스나 그러나 ᄉᆡᆼ명이 보즁ᄒᆞ다 ᄒᆞ야도 불가불 ᄒᆡᆼ복을 위쥬ᄒᆞᆯ지니 비유ᄒᆞ건ᄃᆡ 류질(流質)이 만일 멍긔여 류동(流動)ᄒᆞᄂᆞᆫ 셩품을 일흐면 이ᄂᆞᆫ 류질이라 ᄒᆞᆯ 슈 업ᄂᆞᆫ 것과 갓치 사ᄅᆞᆷ이 능히 그 ᄒᆡᆼ복을 보존치 못ᄒᆞ면 일은바 셰상에 헛도히 산 인ᄉᆡᆼ이라 한푼 가치도 업셔지나니라

문 ᄉᆡᆼ명을 보존홈이 이갓치 즁요ᄒᆞᆫ즉 능히 독립으로 ᄉᆡᆼ존ᄒᆞ겟ᄂᆞ뇨

답 멀면 죠상의 유젼홈이 잇고 갓가히 부모의 은애가 잇스며 젹은즉 친쳑 붕우의 친애가 잇고 넓은즉 샤회젼톄의 부죠가 잇셔야 비로소 안젼ᄒᆞᆫ ᄃᆡ경에 ᄉᆡᆼ장홈을 엇ᄂᆞᆫ고로 은혜밧음을 가히 잇지 말아 보은의 긔회를 일치말지니 그런즉 일신의 ᄉᆡᆼ명이 비록 귀즁ᄒᆞ나 혹 죠션을 위ᄒᆞ며 혹 부모를 위ᄒᆞ며 혹 친쳑붕우를 위ᄒᆞ며 혹 샤회젼톄를 위ᄒᆞ며 혹 샤회젼톄를 위ᄒᆞ야 만일 몸을 밧침이 필요홈이 잇스면 가히 애셕지 말아 차라히 희ᄉᆡᆼ으로 이바지ᄒᆞᆯ지니 녯믈에 몸을 죽여 어짐을 일옴이 어짐의 지극홈이라 ᄒᆞ엿ᄂᆞ니라 (1908.8.12)

문 헌신은 반닷이 몸을 죽이ᄂᆞᆫ 것이뇨

답 하필 몸을 죽이ᄂᆞᆫ 것이 안이라 사욕을 죽여 업시셔 타인의 희ᄉᆡᆼ이 됨이니 희ᄉᆡᆼ은 ᄌᆞ긔의 ᄒᆡᆼ복이라 로고를 앗기지말며 훼예를 계교치 말고 공익을 도모홈이 모다 헌신의 ᄉᆞ업이라 ᄒᆞᆯ지니라

문 헌신을 ᄒᆞ자면 미리 쥰비를 ᄒᆞᄂᆞ뇨

답 쥰비홈이 업스면 결코 허신키 어려오니 ᄌᆞ간 학식 결심 등이 다 헌신의 ᄌᆞ료라 고로 청년의 션ᄇᆡ가 학업을 시작할 쳐엄을 당ᄒᆞ야 한갓 박식만ᄒᆞ야 명예를 사던지 혹 몸을 검속ᄒᆞ야 험을 젹음으로 만죡히 녁임이 도뎌히 불가ᄒᆞ니 반닷이 츌신ᄒᆞ야 셰상을 경졔ᄒᆞ고 ᄇᆡᆨ셩을 건지ᄂᆞᆫ 바로 목

덕을 삼을지니라

문 정리로 싱각ᄒᆞ면 사ᄅᆞᆷ을 리롭게 ᄒᆞᄂᆞᆫ 것보다 제 몸을 리롭게 ᄒᆞᄂᆞᆫ 것이 압셜 듯 ᄒᆞ지 안이ᄒᆞᄂᆞ뇨

답 정리로 의론ᄒᆞ면 비록 몸을 리롭게 ᄒᆞᄂᆞᆫ 것을 먼져홀 것이나 그러나 죵국 목뎍으로 의론ᄒᆞ면 불가불 사ᄅᆞᆷ을 리롭게 홈으로 필요를 삼을지니라

문 사ᄅᆞᆷ을 리롭게 홈에 크고 젹음이 무엇으로 죳차 분별이 싱기ᄂᆞ뇨

답 반닷이 그 비온 바의 크고 젹음으로 비례가 되ᄂᆞ나 그럼으로 소년시에 불가불 만ᄉᆞ를 다 버리고 젼심으로 학업만 ᄒᆞ야 안으로 ᄌᆞ긔의 어진 직목됨을 구ᄒᆞ고 밧그로 공익의 쥰비를 넓힘이 곳 몸을 리롭게 ᄒᆞ야 사ᄅᆞᆷ을 리롭게 ᄒᆞᄂᆞᆫ 긔초니라

뎨이십장 샤회륜리(싱명론)

문 싱명의 귀즁홈은 이상에 론난ᄒᆞᆫ 바와 갓거니와 사ᄅᆞᆷ이 하등동물과 갓지 안이홈은 무엇으로 인연홈이뇨

답 하등동물도 ᄯᅩᄒᆞᆫ 그 싱명 보젼ᄒᆞ기를 힘써 구ᄒᆞ야 일톄 거동이 이 목뎍밧게 나아가지 안이ᄒᆞ나 사ᄅᆞᆷ에 이르러는 한 가지 특이홈이 잇스니 곳 정신의 작용(情神의 作用), 동졍(同情), 명예의 마암(名譽心), 바른의(正義) 등이 잇는고로 차라리 만번 죽을지언뎡 덕의가 안이고 명예도 안인 싱명은 구차히 부지치 안이ᄒᆞ랴 ᄒᆞ야 혹 싱명을 버리어 샤회를 위ᄒᆞᄂᆞᆫ 일이 잇시니 이는 사ᄅᆞᆷ이 하등동물보다 우승ᄒᆞᆫ 소이연이니라 (1908.8.13)

문 몸을 죽여 어짐을 이름이 뎟ᄃᆞᄒᆞᆫ 도리뇨

답 몸을 죽임은 뎟ᄃᆞ한 도가 안이라 부득이 ᄒᆞ야 힝ᄒᆞᄂᆞᆫ 권도니라

문 쎠ㄷ흔 도는 엇지흐뇨

답 각각 그 싱명을 온젼히 흐야 샤회을 돕는 바이니 셔양격언(西洋格言)에 흐얏스되 싱명을 가히 범흐지 못혼다 흐엿느니 그런고로 만일 무리흐게 타인의 싱명을 위티케 흐면 비단 피히쟈에게만 방어흐는 권리 잇슬 뿐 안이라 샤회젼톄가 이 사룸에 디흐야 방어의 권이 잇느니 이것이 이른바 국가의 권리니 사룸을 히혼쟈ㅣ 비단 기인의 권리만 범혼 것이 안이라 실상은 국가의 권리를 범흐야 덕의상 죄인이 됨으로 즉 국가의 죄인이라 국가가 맛당히 징계흐는 법이 잇느니라

문 싱명을 무겁게 녁임은 고굼이 일반이뇨

답 엇지 일반으로 갓다 흐리오 문명의 뎡도가 진보될ᄉ록 싱명을 무겁게 녁임이 더욱 놉하지느니 가량 미기혼 셰상에는 잔인흐야 실륙을 만히 흐여도 비단 그르게 녁이지 안이흘 뿐더러 도로혀 도아쥬며 쏘 형법도 결픗흐면 ᄉ형에도 쳐흐고 오족, 구족도 멸흐고 능지 거렬(車裂) 등의 각식 참혹혼 일이 잇셧스나 문명진보된 이후에는 힘의 밋치는 바싸지는 살육의 춈혹홈을 피케흐며 죄인에 이르러도 망녕되히 ᄉ형을 힝치 안이흐느니 지금 구쥬에는 임의 ᄉ형을 젼폐혼 나라이 잇스니 무릇 싱명은 하날이 쥬신 것이니 타인만 가히치 못흘 뿐 안이라 ᄌ긔의 싱명도 쏘혼 망녕되히 스ᄉ로 장히치 못흘지니 이는 ᄌ살흐는 쟈가 도덕의 죄인되는 소이니라

문 사룸의 여러 가지 죄악의 결과가 몃 가지나 잇느뇨

답 그 결과를 크게 분별흐면 셰 가지에 지나지 안이흐니 뎨일은 샤회에 밋치는 악히오 뎨이는 피히쟈의 원한이오 뎨삼은 한탄을 말믹암아 싱기는 원통혼 마암이라 뎌 ᄌ살혼 쟈의 ᄉ졍을 솖힐진디 셰 가지 결과 즁에 혼두가지는 의례히 잇스며 쏘혼 뎨일 결과는 기기히 잇느니 그럼으로 사룸이 죄악을 범흐엿거던 더욱 몸과 마암을 닥가 속량흘 도를 구흘 것이오 스ᄉ로 져른 소견으로 싱명을 버려 죄악을 더홈은 불가흐니라 (1908.8.14)

문 원슈갑는 것은 당연혼 일이뇨

답 원슈갑는 것이 동양 도덕의 흔가지 하낙흔바ㅣ 되엿ᄂᆞ니 무릇 죽은 쟈의 한을 신셜ᄒᆞ야 산쟈의 원통홈을 풀문 극히 마음의 쾌흔 일이나 그러ᄂᆞ 고딕의 국가 죠직이 불완젼ᄒᆞ야 원슈 갑는 것으로 사름을 죽이지 못ᄒᆞ게 ᄒᆞ는 예방을 삼앗더니 금일에 이르러 죄인을 쳐치홈에 정부에셔 그 칙임을 맛핫ᄂᆞ니 직졉으로 원슈 갑는 것은 덕의의 합당치 안이흔 바오 또 법률의 금ᄒᆞ는 바라 고로 만일 사ᄉᆞ로히 분원흔 일에 타인을 히ᄒᆞ야 국법을 범홈은 이는 분원흔 싱각을 잘 못 쓰는 바이니 불가불 삼갈지니라

문 사름의 싱명을 이쳐럼 앗기며 젼정에 나아가는 만히 죽이기로 죵ᄉᆞ홈은 엇짐이뇨

답 그럼으로 셔양죵교가 일파의 언론은 싱명의 귀즁홈으로 젼시를 당히도 병뎡이 되지 안이홈이 가ᄒᆞ다 ᄒᆞ나 이는 극단에 나아간 말이라 대기 한 사름의 싱명이 아모리 귀즁ᄒᆞ나 국가의 싱명보다는 가벼여온지라 그런 고로 불힝히 젼징이 니러나면 정부의 모집ᄒᆞ는딕 나아가 국가를 위ᄒᆞ야 싸홈ᄒᆞ고 직히어 국가를 위ᄒᆞ는 의무를 다흘지니 이는 국가의 관계가 심히 큼으로 기인의 리히는 도라보지 못홈이 잇ᄂᆞ니 젹병을 만히 죽임의 가부는 국졔륜리편(國際倫理篇)에 의론ᄒᆞ겟기 아즉 자셰말ᄒᆞ지 안이ᄒᆞ노라

문 ᄉᆞ형을 젼폐ᄒᆞ기로 의론ᄒᆞ는 쟈의 리유가 몃 가지나 잇ᄂᆞ뇨

답 그 의론이 네 가지가 잇스니 일은 싱명을 가히 범치 못흔다 홈니오 이는 소관 관쳥에셔 오결치 안임을 담보흘 슈 업다홈이오 삼은 아모리 ᄉᆞ형을 힝흘지라도 죄인이 일즉이 감소치 안이ᄒᆞ다 홈이오 ᄉᆞ는 ᄉᆞ형의 혹렬홈이 문명흔 사름의 참아 못흘바라 ᄒᆞ는 이 네 가지 의론이 지극흔 리치가 안인바 안이나 그러나 국가의 귀즁홈을 찬찬히 싱각건딕 그 리치가 십분 완젼치 못ᄒᆞ니 만일 무단히 흉긔를 가지고 사회에 횡힝ᄒᆞ야

(1908.8.16)

싱명직산을 방히ᄒᆞ야 인민이 안도치 못ᄒᆞ게 ᄒᆞ면 그 화를 가히 익의여 말흘 슈 업는지라 고로 한 사름을 죽여 빅을 경동홈이니 무엇이 불가홈이 잇스리오

문 지판관이 착오홈이 잇스면 엇지ᄒᆞ나뇨

답 슈다ᄒᆞᆫ ᄉᆞ건에 혹 한두 가지 착오를 면키 어려오니 그럼으로 즁대ᄒᆞᆫ 옥안에ᄂᆞᆫ 슈십인의 손을 지너셔 졍즁ᄒᆞ고 자상ᄒᆞᆫ 연후에 비로소 판결ᄒᆞᄂᆞ니 착오를 근심홈은 야만국 일이오 문명국에ᄂᆞᆫ 그디 념려홀 것이 업ᄂᆞ니라

뎨이십일장 샤회륜리(지산론)

문 지산은 엇더ᄒᆞᆫ 것이뇨

답 지산은 쳔빅 물품이 너 쯧을 짜라 사용(使用)의 권리가 잇ᄂᆞ니 그 물품을 가라쳐 지산이라 ᄒᆞᄂᆞ니라

문 지산의 귀즁홈이 싱명에 비ᄒᆞ면 엇더ᄒᆞ뇨

답 지산이 싱명의 버금이 되ᄂᆞ니 고로 법률에 일은바 지산의 죵류가 한 가지가 안이라 그 권리를 난호아 말ᄒᆞᆫ즉 소유권(所有權)과 용익권(用益權)과 임차권(賃借權) 등이 잇ᄂᆞ니라

문 소유권은 엇더ᄒᆞᆫ 것이뇨

답 그 물품을 ᄌᆞ유디로 사용ᄒᆞ야 리롬을 취ᄒᆞ며 임의로 쳐분ᄒᆞᄂᆞᆫ 권리니라

문 용익권은 엇더ᄒᆞᆫ 것이뇨

답 용익권은 소유권은 비록 타인에게 잇스나 원질과 본례를 너가 사용ᄒᆞ야 리익을 취ᄒᆞᄂᆞᆫ 권리니라

문 임차권은 엇더ᄒᆞᆫ 것이뇨

답 돈을 쥬어 타인 소유물의 권을 너가 사용ᄒᆞᄂᆞᆫ 권리니라

문 그 자셰홈을 가라침에 엇더ᄒᆞ뇨

답 그 자셰홈에 이르러ᄂᆞᆫ 법률학에 사양ᄒᆞ고 다만 물품에 디ᄒᆞ야 구별ᄒᆞᆫ건디 일은 유형지산(有形財産)이니 그 즁에 동산과 부동산의 두 가지가

잇고 이ᄂᆞᆫ 무형ᄌᆡ산(無形財産)이니 즉 특허권(特許權) 복권(服權) 상표권(商標權) 등이라 이로 ᄆᆞᆯ미암아 볼진ᄃᆡ 사ᄅᆞᆷ에게 ᄌᆡ산은 ᄉᆡᆼ명과 갓흠을 가히 알지로다 (1908.8.18)

문 ᄌᆡ산ᄉᆡᆼ긴 근본이 무엇이뇨

답 그 말에 ᄃᆡᄒᆞ야ᄂᆞᆫ 여러 가지가 잇스니 혹은 ᄌᆡ산이란 쟈ᄂᆞᆫ 사ᄅᆞᆷ의 텬셩에셔 근본ᄒᆞ야 니러난다 ᄒᆞ고 혹은 사ᄅᆞᆷ의 만든 법률이 작만ᄒᆞᆫ다 ᄒᆞ고 혹은 비록 사ᄅᆞᆷ의 텬셩에셔 근본ᄒᆞ얏스나 사ᄅᆞᆷ의 로고가 안이면 엇을 슈 업다ᄒᆞ고 혹은 타인의 차지안이된 물건을 점령ᄒᆞ야 소유권을 엇는다 ᄒᆞ니 이 여러 가지 ᄆᆞᆯ이 비록 갓지 안이ᄒᆞ나 그 ᄌᆞᆼ리ᄂᆞᆫ ᄒᆞᆫ 리치ᄲᅮᆫ이니 곳 사ᄅᆞᆷ의 ᄌᆡ산은 샤회의 공번되히 인허ᄒᆞᆫ 쟈가 되야 피ᄎᆞ 사이에 ᄌᆡ산을 ᄃᆡᄒᆞᄂᆞᆫ 의무가 잇나니라

문 그 의무가 엇더ᄒᆞ뇨

답 타인의 ᄌᆡ산을 ᄃᆡᄒᆞ야 침범치 못ᄒᆞᆷ이 진실로 륜리상의 의무며 법률상의 의무오 ᄯᅩᄒᆞᆫ 샤회질셔의 긔초니라

문 국가에셔 ᄀᆡ인을 ᄃᆡᄒᆞᄂᆞᆫ 시에 공익을 위ᄒᆞ야 부득이 ᄒᆞᆫ ᄃᆡ경이면 맛당히 정당ᄒᆞᆫ 방법으로 그 ᄌᆡ산을 옴겨가기를 요구ᄒᆞᄂᆞᆫ 권리가 잇나뇨

답 ᄌᆡ산이 사권에 잇셔ᄂᆞᆫ 가장 즁요ᄒᆞ나 국가에 ᄃᆡᄒᆞ야ᄂᆞᆫ 우업ᄂᆞᆫ 권리가 되지 못ᄒᆞᆷ으로 공익을 위ᄒᆞ야 옴김을 요구ᄒᆞᄂᆞᆫ 정당ᄒᆞᆫ 방법이 잇나니라

문 그러면 ᄌᆞ긔 ᄌᆡ산에 ᄃᆡᄒᆞ야ᄂᆞᆫ 엇더ᄒᆞᆫ 권리가 잇나뇨

답 ᄌᆡ산이 임의 나의 둔 바가 된 이상에 맛당히 ᄯᅳᆺᄃᆡ로 사용ᄒᆞ며 ᄯᅩ 타인을 쥬어도 불가ᄒᆞᆯ 것이 업ᄂᆞᆫ고로 양여(讓與)의 권과 시여(施與)의 권과 유산(遺産)을 친속에게 난호ᄂᆞᆫ 권 등이 잇나니라

문 양여권은 엇더ᄒᆞᆫ 것이뇨

답 양여권은 ᄆᆡᄆᆡᄒᆞᄂᆞᆫ 일에 관계되야 교환ᄒᆞ기로 위쥬ᄒᆞ며 각기 상품을 가져 상당ᄒᆞᆫ 갑을 취ᄒᆞ며 교환ᄒᆞᄂᆞᆫ 표쥰을 뎡ᄒᆞ야 피ᄎᆞ간 팔고사ᄂᆞᆫ 것이니 간ᄉᆞ치도 말며 속이지도 말아 큰 리익을 ᄒᆞᆯ디에 구치말면 큰 손ᄒᆡ를 당ᄒᆞᆯ 리치도 업스나 여러 가지 원인을 인ᄒᆞ야 부지즁에 손익이 드듸여 대

상부동ᄒᆞ나니 이는 직산분빅에 능히 평균치 못ᄒᆞᆫ 한 원인이니라 (1908.9.19)

문 시여권은 엇더ᄒᆞᆫ 것이뇨

답 시여권은 ᄌᆞ션론(慈善論)에 자세ᄒᆞ얏스니 ᄯᅩ 말ᄒᆞᆯ 바 업거니와 유산에 ᄃᆡᄒᆞ야는 을이 갑에게 비록 요구ᄒᆞᄂᆞᆫ 권리가 업스나 그러나 을이 샤회에 ᄃᆡᄒᆞ야는 갑의 유산을 밧을 권리가 잇나니라

문 동양풍속에는 유산을 ᄌᆞ손에게 ᄃᆡᄃᆡ로 젼ᄒᆞ지 안이ᄒᆞ나뇨

답 동양풍속은 대략 그러ᄒᆞ나 그러나 구미각국인즉 모다 그러치 안이ᄒᆞ니 이 일이 비록 대소롭지 안이ᄒᆞᆫ 듯 ᄒᆞ나 국민독립의 셩품에는 실로 관계가 젹지 안이ᄒᆞ니라

문 혹자의 의론이 사ᄅᆞᆷ의 빈부를 고로게 ᄒᆞ랴면 사유직산의 법졔는 젼폐ᄒᆞ고 일톄 직산을 각 사ᄅᆞᆷ의 로동ᄒᆞᄂᆞᆫᄃᆡ로 분빅ᄒᆞᆫ 연후에 만일 남져지가 잇고보면 사ᄉᆞ로히 져축지 못ᄒᆞ게 ᄒᆞ고 모다 공물을 만드는 것이 가ᄒᆞ다 ᄒᆞ니 그 일이 가부간 엇더ᄒᆞ뇨

답 그 의론이 ᄯᅳᆺ이 가ᄒᆞ지 안인바는 안이나 그러나 사ᄉᆞ 직물의 져축홈은 ᄡᅥ 인심을 쟝려홈이니 만일 공유직산의 졔도를 힝ᄒᆞ면 사ᄅᆞᆷ들이 장ᄎᆞ 라틱홈에 ᄲᅡ져 가히 구ᄒᆞᆯ 약이 업슬 것이오 함을며 사유직산은 실상 ᄌᆞ연홈으로 불달된 것이오 법률로ᄡᅥ 졔뎡치 안이ᄒᆞ얏스니 국가에셔 엇더ᄒᆞᆫ 셰력을 가지고던지 곳치기 쉽지 못ᄒᆞ니라

문 그 졔도가 언의 ᄯᅢ던지 힝치 못ᄒᆞ겟나뇨

답 장릭 샤회가 더욱 진보되야 인지가 더욱 불달된 후에는 이 법을 가히 힝ᄒᆞᆯ는지 알 슈 업스되 현금의 지식뎡도로는 억지로 그 졔도를 힝ᄒᆞ면 이는 텬하를 어지럽게 ᄒᆞᄂᆞᆫ 것이니라

문 그러면 직산분빅의 법을 영영 폐홈이 가ᄒᆞ뇨

답 엇지 그러ᄒᆞ리오 강졔로 힝치는 안이ᄒᆞ려니와 오작 직산의 분빅법인즉 불가불 힘의 밋치는 곳ᄭᅡ지 공평히 분빅ᄒᆞᆯ 방법을 구ᄒᆡ볼지니 이 법은 현금 평균학(平準學)상의 대문뎨가 되엿나니 유지ᄒᆞᆫ 쟈의 맛당히 급히 연구ᄒᆞ야 볼 죠건이니라 (1908.8.20)

뎨이십이장 국가륜리(국가의 조직)

문 국가륜리는 엇더훈 것이뇨

답 국가와 샤회가 비록 셔로 갓흐나 실상은 다름을 젼장에 임의 자셰히 말호얏거니와 대기 샤회의 범위는 일뎡키 불능호야 젹게 친쳑과 붕우의 집합홈으로부터 크게 인류 젼톄에 이르기까지 모다 인류샤회라 일너 인졍의 통호는 바에는 반닷이 샤회의 셩립됨이 잇거니와 국가에 이르러는 그러치 안이호야 그 죠직의 일뎡홈이 잇셔 국민 즁에 그 리히를 갓치호는 쟈ㅣ 비록 만흐나 이 나라와 뎌 나라 사이에는 써로 그 리히의 다름이 잇는고로 국가의 셩립된 긔초는 일즉 인민이 안녕힝복을 구호며 일즉 젹국의 외환을 방어홈에 잇나니라

문 셰상사롬이 미양 국가의 리히를 인류샤회의 리히와 혼동호야 말호는 쟈ㅣ 잇스니 그 뜻이 가호뇨

답 이는 인류의 가장 무거온 의무가 도모지 국가의 힝복을 증가홈에 잇는 것을 아지 못훈 연고이니라

문 국가의 범위가 인류샤회 범위보다 협애치 안이호뇨

답 혹쟈ㅣ 말호되 국가의 범위는 협애호야 죡히 오인의 가장 큰 목뎍이라 홀 슈 업스니 불가불 인류샤회의 힝복을 통합홈으로 목뎍을 숨을지니 죵교 즁 불교 회회교와 밋 학리를 연구호는 쟈들은 셰계쥬의를 힘써 쥬장호나니 그 리치가 놉고 깁지 안이훈 바는 안이로되 국가와 샤회의 죠직에 암미호면 실힝키 극난호니 만일 사롬마다 국가의 리히를 상관치 안이호고 다만 인류샤회의 리히만 구호면 비단 리롭지 안이홀 쑨더러 텬하를 어즈럽게 호지 안코 말지 안이홀지라 고로 오인은 뭇당히 국가단톄의 죠직홈으로 근거를 삼아 그 근거로 인호야 차차 인류샤회의 리익을 도모호여야 바야흐로 질셔가 문란치 안이호나니라 (1908.8.21)

문 국가를 셩립호애 국민의 즈격은 엇더호뇨

답 국민의 ᄌᆞ격은 불가불 국가를 죠직ᄒᆞᄂᆞᆫ 졍톄와 목뎍을 붉히 아라야 홀지니 무릇 국민의 ᄌᆞ격은 혹 국법을 인ᄒᆞ야 뎡ᄒᆞ기도 ᄒᆞ며 혹 ᄌᆞ연ᄒᆞᆫ ᄃᆡ셔 니러나기도 ᄒᆞᄂᆞ니라

문 국민ᄌᆞ격의 국법을 인ᄒᆞ야 뎡홈은 엇더ᄒᆞᆫ 것이뇨

답 이ᄂᆞᆫ 본장의 의론홀 바 취지에 계관이 업스니 이 다음에 말ᄒᆞ리라

문 그러면 ᄌᆞ연한ᄃᆡ셔 국민ᄌᆞ격이 싱김은 엇더ᄒᆞ뇨

답 동일ᄒᆞᆫ 인종에 동일ᄒᆞᆫ 언어와 동일ᄒᆞᆫ 풍속이며 ᄯᅩ 약간년의 력ᄉᆞ를 동과홈이니 만일 이갓흔 ᄌᆞ격이 업시 나라를 셩립ᄒᆞ면 그 죠직이 박약ᄒᆞ야 능히 강고ᄒᆞᆫ 국가가 되지 못ᄒᆞᄂᆞᆫ고로 ᄉᆡ로 엇은 속국이나 ᄉᆡ로 열은 식민디ᄂᆞᆫ 더구나 그 인민이 본국식민의 언어, 풍속, 력ᄉᆞ에 귀화ᄒᆞ기를 힘써 도모홀지니라

문 졍톄의 죵류ᄂᆞᆫ 엇더ᄒᆞ뇨

답 졍톄ᄂᆞᆫ 여러 가지가 잇스니 신졍톄(神政體) 군쥬졍톄(君主政體) 립헌졍톄(立憲政體) 공화졍톄(共和政體) 등의 구별이 잇ᄂᆞ니라

문 신졍톄ᄂᆞᆫ 엇더ᄒᆞᆫ 것이뇨

답 신졍톄라 ᄒᆞᄂᆞᆫ 것은 신(神)으로 일국의 쥬권쟈를 삼ᄂᆞᆫ 것이니라

문 군쥬졍톄ᄂᆞᆫ 엇더ᄒᆞᆫ 것이뇨

답 군쥬졍톄ᄂᆞᆫ 인류 즁에 군쥬 일인을 뎡ᄒᆞ야 국왕으로 놉히ᄂᆞᆫ 것이니라

문 립헌졍톄ᄂᆞᆫ 엇더ᄒᆞᆫ 것이뇨

답 국가의 헌법을 셰워 인군과 빅셩으로 ᄒᆞ야곰 갓치 직히ᄂᆞᆫ 졍톄니라

문 공화졍톄ᄂᆞᆫ 엇더ᄒᆞᆫ 것이뇨

답 국민의 공론으로ᄡᅥ 정치를 베풀고 헌법으로ᄡᅥ 쥬장을 삼아 인군과 빅셩의 분별이 업시 모다 정치에 참여ᄒᆞᄂᆞᆫ 졍톄니 그 자셰홈에 니르러ᄂᆞᆫ 력ᄉᆞ와 정치학을 학습ᄒᆞᆫ 뒤에야 가히 다 알지니라 (1908.8.22)

문 국가의 목뎍을 몃 가지로 말ᄒᆞ나뇨

답 그 의론이 각각 다르니 혹은 국가의 리히가 가장 즁대ᄒᆞ야 ᄀᆡ인의 리히로ᄂᆞᆫ 죡히 비교홀 슈 업다ᄒᆞ고 혹은 ᄀᆡ인의 리히로 쥬장을 슴아 국가

는 인민을 보호ᄒᆞ는 긔관에 지나지 못ᄒᆞᆫ다 ᄒᆞ고 혹은 국가라 ᄒᆞ는 쟈는 다만 법률로써 ᄀᆡ인의 권리 의무를 보호ᄒᆞᆯ ᄯᆞ름이라 ᄒᆞ니 이 여러 가지 의론이 모다 일편지언이라 대ᄀᆡ 국가의 목뎍은 비단 국민의 안녕을 계교ᄒᆞᆯ ᄲᅮᆫ 안이라 ᄯᅩᄒᆞᆫ 국민을 불달케 ᄒᆞᆯ 도를 당연히 구ᄒᆞᆯ지니 오늘날 만국의 경징이 심히 극렬ᄒᆞ야 인류진보ᄒᆞᆯ 계뎨를 당ᄒᆞ얏슨즉 인류의 발둘을 도모코져 ᄒᆞ자면 먼져 ᄀᆡ인의 발달과 국민의 발달을 구치안임이 불가ᄒᆞ니라

뎨이십삼장 국가륜리(국민의 피ᄎᆞ관계)

문 국민호상간(互相間)에 엇더ᄒᆞᆫ 교계가 잇나뇨

답 임의 나라가 잇는 이상에 반닷이 일뎡ᄒᆞᆫ 조직이 잇슬지라 군쥬도 잇고 신민도 잇스며 신민호상간에 ᄯᅩᄒᆞᆫ 각각 계한이 잇슬지라 갑이 을을 ᄃᆡᄒᆞ야 권리가 잇스면 을이 갑의 권리에 ᄃᆡᄒᆞᆫ 의무가 잇나니 국민호상간의 관계가 곳 이것이니라

문 인류가 셔로 모되여 한 샤회를 이루미 각 사름의 덕의와 지능과 진산 등의 다과가 갓지 안이ᄒᆞᆯ지니 피ᄎᆞ에 무슨 방법으로 합ᄒᆞ게 ᄒᆞ나뇨

답 샤회즁에서 그 위치(位置)가 각각 갓지 못홈은 필연ᄒᆞᆫ ᄉᆞ셰라 연이나 샤회에셔 슈용ᄒᆞ기는 시셰를 ᄯᅡ라 변쳔ᄒᆞ며 잇고업는 것을 셔로 밧고게 ᄒᆞᆯ지니 가량 혹 용력을 즁히 녁일 ᄯᅢ도 잇고 혹 지지를 즁히 녁일 ᄯᅢ도 잇고 혹 장력을 즁히 녁일 ᄯᅢ도 잇고 혹 슌연ᄒᆞᆫ 도덕만 즁히 녁일 ᄯᅢ도 잇슴으로 샤회에셔 각인의 길고졀은 것을 별로 버리지 안이ᄒᆞ고 모다 슈용ᄒᆞ나니라

문 ᄀᆡ인의 ᄌᆞ격으로 사회에 ᄃᆡᄒᆞᆫ 위치를 뎡ᄒᆞᆫ다 홈은 엇진 말이뇨

답 가량 란셰에 잇셔셔는 곳 용력이 과인ᄒᆞᆫ 쟈ㅣ 상등 디위를 차지ᄒᆞ고 통상 셰계에 잇셔셔는 곳 지산이 풍부ᄒᆞᆫ쟈 상등계급을 웅거ᄒᆞ나니 이

로 밀어 여러 가지를 다 알지니라 (1908.8.23)

문 샤회가 복잡홈에 이르러는 그 슈용홈에 계급이 엇더ᄒᆞ뇨

답 샤회가 점점 복잡홀ᄉᆞ록 샤회의 슈용과 ᄀᆡ인의 ᄌᆞ격이 그 슈효가 징가될지라 가량 갑의 용력이 비록 을보다 우승ᄒᆞ나 지능은 불급홈이 잇을 것이오 을의 지능은 병보다 비록 우승ᄒᆞ나 그 용력은 동등되라는ᄃᆡ가 업는고로 인류 중에 투철히 쒸여나는 쟈가 안이면 ᄀᆡ인 사이에 상하를 분별키 어렵고 오즉 이 일에는 갑이 을보다 우승ᄒᆞ고 뎌 일에는 을이 병보다 용렬홈을 구별홀 ᄯᆞ름이라 이에 각기 포부ᄒᆞᆫ 바를 가지고 타인의 슈용을 응ᄒᆞ며 그 응홈이 잇슴으로 반닷이 보슈홈이 잇나니 고로 샤회 가온ᄃᆡ 슈용홈도 잇고 공급홈도 잇고 보슈홈도 잇셔 순환홈이 긋이 업고 운동홈이 쉬지 안이ᄒᆞ야 각인의 피차관계가 더욱 심원ᄒᆞ고 쥬밀ᄒᆞ야 가히ᄡᅥ 말로 형용홀 슈 업나니라

문 그러면 공급이라던지 보슈라던지 모다 일뎡ᄒᆞᆫ 규률이 잇나뇨

답 공급과 보슈에 ᄃᆡᄒᆞ야 본ᄅᆡ 뎡ᄒᆞᆫ 규률은 업스나 만일 그 ᄌᆞ연홈에 맛겨두면 혹 로동은 만히 ᄒᆞ고 보슈는 적게 밧으며 혹 보슈는 다슈히 밧고 로력은 적게 ᄒᆞ는 폐단이 잇슬지라 고로 부득불 국가의 권력으로ᄡᅥ 로고와 보슈의 관계가 아모죠록 평균케 ᄒᆞ나니 이 관계로좃차 드듸여 권리와 의무가 싱기여 혹 싱명에 관계ᄒᆞ며 혹 ᄌᆡ산에 관계ᄒᆞ며 혹 명예에 관계ᄒᆞ며 혹 신분에 관계ᄒᆞ야 죵류는 비록 갓지 안이ᄒᆞ나 그러나 법률가에셔 권리 의무를 물권과 인권 두 가지로 크게 분별ᄒᆞ엿나니라

문 인권은 엇더ᄒᆞᆫ 것이뇨

답 인권이라 ᄒᆞ는 쟈는 갑이 을에 ᄃᆡᄒᆞ야 엇더ᄒᆞᆫ 사ᄅᆞᆷ의 엇더ᄒᆞᆫ 일을 요구ᄒᆞ는 권리니라

문 물권은 엇더ᄒᆞᆫ 것이뇨

답 물권이라 ᄒᆞ는 쟈는 엇더ᄒᆞᆫ 일에 타인의 간셥을 거절ᄒᆞ는 권리며 ᄯᅩ 타인 싱명 ᄌᆡ산 명예에 ᄃᆡᄒᆞ야 가히 침범치 못홀 의무 등이니 다시 의론ᄒᆞ겟기에 말 안이ᄒᆞ노라 (1908.8.25)

뎨이십ᄉ장 국가륜리(납셰와 병역의 의무)

문 납셰(納稅) 의무는 엇더ᄒᆞᆫ 것이뇨

답 국민된 쟈는 모다 납셰ᄒᆞᄂᆞᆫ 의무가 업지 못ᄒᆞ나니 무론 엇더ᄒᆞᆫ 나라이던지 그 운용ᄒᆞᄂᆞᆫ 긔관에 불가불 큰 경비가 들지라 그러나 이 호번ᄒᆞᆫ 경비를 구가에셔 능히 졀로나셔 쓰지 못ᄒᆞ겟ᄂᆞᆫ고로 부득이ᄒᆞ야 인민에게 죠셰를 밧아 경비에 보츙ᄒᆞ나니라

문 그러면 죠셰 밧는 법은 텬하만국이 일반이뇨

답 죠셰밧ᄂᆞᆫ 일은 만국에 업ᄂᆞᆫᄃᆡ가 업스나 그 밧는 법에 ᄃᆡᄒᆞ야 규모졀ᄎᆞᄂᆞᆫ 약간 셔로 다르니라

문 인민이 죠셰를 밧칠 의무는 엇지ᄒᆞ야 잇나뇨

답 대긔 지츌ᄒᆞ고 슈입홈은 국가 셩립ᄒᆞᆫ 원소(原素)라 그 원소를 핍진치 안이케 ᄒᆞ지면 인민이 되어 보호ᄒᆞ야쥬ᄂᆞᆫ 졍부에 보슈ᄒᆞᄂᆞᆫ 의무가 불가불 잇슬지니 죠셰 밧치ᄂᆞᆫ 것은 보슈의 의무라 일커르ᄂᆞᆫ 쟈ㅣ 잇나니라

문 인류가 셔로 모여 샤회가 되엿슨즉 샤회 가온ᄃᆡ에셔 무엇으로 단톄를 죠직ᄒᆞ얏나뇨

답 샤회 가온ᄃᆡ에셔 권력과 법률로 단톄를 죠직ᄒᆞ나니 대긔 사ᄅᆞᆷ이 국가 셩립ᄒᆞᆫ 뒤에 싱겨나면 곳 나ᄂᆞᆫ 길로 국가 신민의 셩질이 잇나니 국가와 신민의 관계가 계약의 셩립과 흡ᄉᆞᄒᆞ야 한 싱젼에ᄂᆞᆫ 임의 이 계약이 잇셔 사ᄅᆞᆷ의 임의로 그 계약을 톄결ᄒᆞ거나 ᄒᆡ약지 못ᄒᆞ니 사ᄅᆞᆷ되야 국가에 ᄃᆡᄒᆞᆫ 의무ᄂᆞᆫ 임의 션텬으로 좃차 엇은 바인쥴을 족히 알지니라

문 이로좃차 말ᄒᆞᆯ진ᄃᆡ 납셰의 의무가 실로 사ᄅᆞᆷ이 셰상에 나아올 ᄯᅢ에 함께 싱긴 것인즉 납셰ᄒᆞᄂᆞᆫ 죠건은 ᄉᆞ실상으로 엇더ᄒᆞᆫ 부분이 잇나뇨

답 지산의 다과와 직업의 여하홈에 맛당히 법률의 규뎡ᄒᆞᆫ 바를 ᄯᅡ라가며 젹당ᄒᆞᆫ 죠셰를 국가에 밧치나니 신민이 국가에 납셰ᄒᆞ면 국가에셔ᄂᆞᆫ 신민의 권리를 보호ᄒᆞ야 그 안젼홈을 도모ᄒᆞ나니라 (1908.8.26)

문 병역(兵役)은 엇더ᄒᆞᆫ 것이뇨

답 병역도 ᄯᅩᄒᆞᆫ 국민된 의무에셔 ᄉᆡᆼ기나니 국가가 비록 셩립은 되엿스나 젹으즉 ᄂᆡ란이 잇고 큰즉 외환이 잇기를 면키 어려오니 이 두 가지는 모다 군ᄉᆞ의 힘을 가지고 ᄃᆡ젹ᄒᆞ나니라

문 구쥬각국에셔는 병뎡을 엇더케 ᄲᅩᆸ나뇨

답 구쥬셔는 무릇 남ᄌᆞ가 장뎡의 년긔가 되고보면 모다 징병이 되야 년한을 뎡ᄒᆞ고 병ᄉᆞ를 련습ᄒᆞ얏다가 만일 위급ᄒᆞᆫ 일이 잇스면 국가를 위ᄒᆞ야 젼장에 나아가 힘을 다ᄒᆞ야 ᄊᆞ홈ᄒᆞ며 ᄯᅩ 극단의 언론을 ᄒᆞ는쟈는 말ᄒᆞ되 무릇 국민된쟈ㅣ 남녀와 로유를 물론ᄒᆞ고 맛당히 다 병뎡이 된다ᄒᆞ나 그러나 부유와 로약이야 한갓 도리상은 그러ᄒᆞ겟스나 군즁에 젹당히 쓸슈가 업스니 비단 공이 없슬 ᄲᅮᆫ 안이라 도로혀 방ᄒᆡ가 될지라 고로 남ᄌᆞ 가온ᄃᆡ에도 혹 악ᄒᆞᆫ 병과 외로온 ᄌᆞ식된 쟈는 모다 병역에 면졔ᄒᆞ야 대기 왕도는 인졍에 버셔나지 안이ᄒᆞ나니 진실로 의론홈이 불가ᄒᆞ니라

문 군인은 나라의 ᄃᆡ표쟈가 된다ᄒᆞ니 그 말이 엇더ᄒᆞ뇨

답 병뎡이 젼장에 나아가 젹국을 ᄃᆡ항홈이 츙분ᄒᆞᆫ ᄋᆡ국심으로 신명을 앗기지 안이ᄒᆞ고 슈화를 무릅씀은 각각 의무를 다ᄒᆞ야 젼국인민을 위홈이니 엇지 국민의 ᄃᆡ표가 안이리오 고로 군ᄉᆞ된 쟈ㅣ 국민의게 ᄃᆡᄒᆞ야 ᄎᆡᆨ임도 젹지 안이졋고 ᄯᅩᄒᆞᆫ 이로 인ᄒᆞ야 명예가 낫타나나니 맛당히 명예를 도라보며 ᄎᆡᆨ임을 무겁게 녁여 이 의무를 힘써 다홀지니 만일 치욕의 일이 잇고보면 이는 ᄌᆞ긔 한 사룸의 치욕이 안이라 곳 젼국인민의 치욕이니 가히 삼가지 안이홀 바이리오

뎨이십오장 국가륜리(권리와 의무)

문 권리와 의무를 자셰히 ᄒᆡ셕홈이 엇더ᄒᆞ뇨

답 사룸이 싱겨난 이후 졈졈 장셩홈으로 그 마암의 ᄒᆞ고져 ᄒᆞ는 바를 ᄯᅡ라 ᄉᆞ지를 운동ᄒᆞ야 진퇴와 츄츅이 모다 ᄌᆞ유를 엇으나 그러나 사룸이 욕망도 잇고 텬셩도 잇스되 (1908.8.27)

일테 힝동이 비록 모다 ᄌᆞ유나 그러나 욕망과 텬셩의 구속됨을 면치 못ᄒᆞ나니 비컨ᄃᆡ 니가 질기는 바를 먹고져 홈은 비록 그 마암의 ᄒᆞ고져 홈을 좃침이나 기실은 텽셩에셔 나아옴이니 고로 위싱에 방히되는 물품이면 아모리 구미가 당기나 스ᄉᆞ로 조심ᄒᆞ야 먹지 안이ᄒᆞ며 ᄯᅩ 목젼에 무슨 일이 극히 ᄯᅳᆺ에 쾌락ᄒᆞ나 후일의 싱존에 방히될 것이면 장릭의 위험을 겁니여 일시의 쾌락을 취치 안이ᄒᆞ나니라

문 그런즉 사룸의 ᄌᆞ유는 어ᄃᆡᄭᅡ지 밋치나뇨

답 사룸마다 ᄌᆞ긔 몸을 보존코져 ᄒᆞ는 텬셩이 잇셔 신톄는 비록 한업시 ᄌᆞ유코져 ᄒᆞ나 텬셩에 억졔ᄒᆞ는 바ㅣ 됨을 인ᄒᆞ야 다만 일뎡ᄒᆞᆫ 범위가 잇셔 그 안에셔 ᄌᆞ유를 힝홀 ᄯᆞ름이니라

문 ᄌᆞ유를 붕우에게 ᄃᆡᄒᆞ야 엇지 ᄒᆞ나뇨

답 사룸이 샤회셩(社會性)이 잇셔 붕우로 더부러 사괴는 졍이 ᄌᆞ긔 몸을 보존코져 ᄒᆞ는 셩품과 다름이 업나니 엇더ᄒᆞᆫ 일에 ᄌᆞ긔 ᄒᆞᆫ 사룸의 쾌락을 도모코져 ᄒᆞ다가 혹 붕우의 비방이 싱기겟던지 붕우에게 큰 손히가 밋치겟던지 붕우와 졍의가 상홀디경이면 드듸여 ᄌᆞ긔 욕심을 억졔ᄒᆞ고 붕우의 교졍을 두텁게 ᄒᆞ나니 이도 ᄯᅩᄒᆞᆫ 텬셩이 ᄌᆞ유를 졔어 ᄒᆞ는 것이니라

문 밍ᄌᆞ 뫌삼에 사양지심은례지단(辭讓之心은禮之端)이라 ᄒᆞ셧스니 그 말숨이 권리 의무의 가라치심이 안이뇨

답 소위 권리 의무라는 것이 그 말삼밧게 버셔나지 안이ᄒᆞ엿나니 권리 의무가 본릭 법률상에 쓰는 말이나 그러나 도덕상에도 업지 못ᄒᆞ도다 대기 법률사상이 도덕상으로 좃차 발돌되엿슴으로 법률사상이 발그면 륜리사상도 스ᄉᆞ로 료연홀지니라 (1908.8.29)

문 권리라 칭ᄒᆞ는 것이 형상이 잇는 물건과 갓흐뇨

답 권리는 형상이 없시 사름의 졍신 가온딕에 잇는 것이니 쏘흔 사름의 사상으로 죠직흐야 닉는 것이 안이라 실로 만민이 공동흐게 둔 것이라 고로 사름이 셰상에 난 이후에 잇는 계약이라 가히 업지 못훌 것이라 훌지니라

문 권리와 의무가 셔로 쩌나 잇나뇨

답 권리와 의무는 언의쩌까지던지 셔로 쩌나지 못훌 것이니 가량 갑이 을에게 딕흐야 권리가 잇고보면 을은 갑에게 딕흐야 의례히 의무가 잇나니 맛치 우아릭의 상관과 동셔의 상속홈과 갓하 그가 하나 잇스면 반닷이 그 둘이 짜라잇는 쟈이니라

문 권리에 엇더흔 셩질이 갓초아 잇나뇨

답 법률에 위비치 말고 인졍에 반딕치 안이흐야 닉 마암의 흐고져 흐는 범위를 실힝흐며 나의 소유물을 나의 즈유로 스용흐면 타인은 나의 소유물을 가히 침로치 못흐는 의무가 잇나니 만일 엇던 사름이 나의 소유물을 나의 허락도 업시 망령되이 즈의로 스용흐야 한만히 소비흐면 이는 곳 뎌 사름이 나의 권리를 침로홈이니 닉가 불가불 뎌 사름을 범죄흔 사름으로 지목흐야 쳐치훌 것이오 쏘 가량 갑이라 흐는 쟈가 미일 얼마간 공젼을 을에게 쥬어 고용케 흐면 을은 곳 갑의 품파리군이라 갑이 을을 부리는 권리가 잇고 을이 갑의 명령을 복죵흐는 의무가 잇스며 을은 갑에게 품삭을 둘나훌 권리가 잇고 갑은 을에 쳥구를 슈응흐야 그 품갑 쥴 의무가 잇나니 이는 기인간에 셔로 권리의무가 싱긴 소이연이니라

문 물권이니 인권이니 흐는 명칭은 무엇으로 말홈이뇨

답 이는 권리의무가 이상에 말흔 바와 갓흠을 인흐야 법률가에셔 그 셩질을 짜라 물권과 인권 두 가지에 난호왓나니라 (1908.8.30)

문 물권이라흐는 권리는 엇더흔 것이뇨

답 물권을 가라쳐 보통권리라 흐니 이는 기인이 샤회젼톄에 딕흔 권리니 가령 즈긔의 신톄 직산 명예를 본인의 승낙이 업시는 타인의 간셥을 허락지 안임이 즉 기인이 샤회에 딕흔 특권이라 샤회젼톄는 기인의 신톄

직산 명예를 공연히 손히케 ᄒᆞ지 못ᄒᆞᄂᆞᆫ 의무가 잇나니라

문 그 의무를 직히지 안이ᄒᆞ면 엇더ᄒᆞ뇨

답 니 마암ᄃᆡ로 타인의 물건을 취ᄒᆞ던지 혹 ᄊᆞ홈ᄒᆞ야 사ᄅᆞᆷ의 신톄를 상ᄒᆞ던지 혹 남의 하자를 불각ᄒᆞ야 명예를 손상ᄒᆞᄂᆞᆫ 등의 일이 잇스면 이ᄂᆞᆫ 타인의 권리를 침로홈이라 법률상과 륜리상에 다 죄악으로 인뎡ᄒᆞ나니라

문 인권이라 ᄒᆞᄂᆞᆫ 권리ᄂᆞᆫ 엇더ᄒᆞᆫ 것이뇨

답 인권은 ᄀᆡ인과 ᄀᆡ인 사이에 계약을 말미암아 ᄉᆡᆼ기ᄂᆞᆫ 권리 의무니 가령 쥬인과 고용ᄒᆞᄂᆞᆫ 쟈며 파ᄂᆞᆫ 쟈와 사ᄂᆞᆫ 쟈며 그 외에 일톄 계약에 모다 권리의무가 두 사이에 잇나니 이갓흔 권리 의무ᄂᆞᆫ 다만 계약톄결ᄒᆞᆫ 사ᄅᆞᆷ에게만 잇슴으로 이를 특별권이라 칭ᄒᆞ나니라

문 권리에 다시 구별이 업나뇨

답 ᄯᅩ 공권(公權)과 사권(私權)의 분별이 잇나니 공권은 곳 국가와 인민의 권리니 가령 졍부가 인민에게 ᄃᆡᄒᆞ야 혹 부득이ᄒᆞᆫ ᄉᆞ고를 인ᄒᆞ야 그 가옥을 반이케 명ᄒᆞ던지 혹 직산의 일부분을 버여 불가불 쓸ᄃᆡ 슈용ᄒᆞ던지 및 인민이 졍부에 ᄃᆡᄒᆞ야 그 보호를 요구ᄒᆞᄂᆞᆫ 등을 다 공권이라 일을지오 사권은 ᄀᆡ인과 ᄀᆡ인 사이에 잇셔 기즁에 물권과 인권의 구별이 잇나니 직산법의 권리ᄂᆞᆫ 물권이 되고 계약을 이ᄒᆡᆼ홈을 요구홈은 인권이 되엿나니라

문 권리 의무의 구별을 임의 드럿스나 그 응용ᄒᆞᄂᆞᆫ 자리에 나아가 법률상이나 도덕상이나 일반이 되나뇨

답 권리 의무가 비록 법률상의 일이 될지나 도덕상에 응용홈에도 그 리치가 셔로 통ᄒᆞ엿나니라 (1908.9.1)

뎨이십륙장 국가륜리(췩임론)

문 만물이 사름보다 못훈 리유를 가라침이 엇더훈뇨

답 만물의 셩졍은 한 번 동훈게 훈면 엇의ᄭᅥᆺ까지던지 동훈고 한번 긋치게 훈면 곳 긋쳐 버려셔 죠곰도 자유운동의 리치가 업나니 이는 물리를 연구훈는 학쟈의 아는 바이니라

문 일반 식물과 동물이 셔로 갓흐뇨

답 식물로 말훈면 비록 안으로 불싱훈는 힘이 잇스나 밧그로 운용훈는 능력이 업스며 동물로 말훈면 비록 내부(內部)의 츙동으로 혹 날며 혹 긔며 혹 쒸며 혹 츔추나 그러나 심리학(心理學)으로 상고훈면 그 운동이 모다 일뎡훈 법칙이 잇는고로 먹을 것을 위훈야 동홈애 다만 취코져 훈는 한 싱각 뿐이며 딕젹을 보고 도망홈애 다만 두려워훈는 한 싱각뿐이오 죠곰도 변통훈는 여디는 업나니라

문 사름은 엇더훈뇨

답 사름은 그 운동과 운동훈는 졍신이 극히 복잡훈야 타인이 능히 미리 아지 못훈며 일톄운동이 타인의 외부(外部) ᄉᆞ졍에 졀제를 밧지 안이훈고 모다 ᄉᆞ상ᄌᆞ유로 말미암아 ᄌᆞ긔 닋부(內部)로 좃차 나옴으로 그 ᄉᆞ상과 힝위를 인훈야 결과가 싱기나니 결과의 션불션은 곳 그 사름의 공과 허물을 ᄯᅡ라 가히 알지니 이것이 곳 그 사름에 딕훈 췩임이니라

문 가령 한 사름이 잇셔 남의 명령으로 가옥을 건축훌진딕 그 건축훈는 방법을 모다 명령훈던 사름의 지휘를 밧고 ᄌᆞ유훈지 못훈엿다가 그 건축이 잘못되엿스면 엇던 사름의 췩임이라 훈겟나뇨

답 이는 집 지은 사름의 췩임이 안이라 집 지으라 명령훈 사름의 췩임이니 엇지훈야 그러냐 훈면 명령훈쟈ㅣ ᄌᆞ긔의 ᄌᆞ유 의견으로 도식을 닋여 건축훈라 훈엿던지 말로 일너 건축훈엿던지 그 명령을 밧은쟈는 다만 타인의 명령을 실힝훈는 췩임이 잇고 건축션불션의 췩임은 업나니라 (1908.9.3)

문 만일 기사가 잇셔 ᄌᆞ긔의ᄉᆞ로 교량ᄒᆞᆫ 곳을 놋턴지 도로 한 곳을 ᄂᆡ던지 그 제도를 ᄆᆞᆺ당히 못ᄒᆞ야 ᄒᆡᆼ인에게 방ᄒᆡ가 되면 이ᄂᆞᆫ 그 ᄎᆡᆨ임이 젼혀 기사에게 잇슬지니 엇지 쳐리ᄒᆞᆷ이 가ᄒᆞ뇨

답 과연 그 ᄎᆡᆨ임이 기사에게 잇거ᄂᆞᆯ 만약 치지불문ᄒᆞ야 모로ᄂᆞᆫ쳬 ᄒᆞ면 그 ᄎᆡᆨ임을 무겁게 넉이지 안이ᄒᆞᆫ 결과로 드듸여 샤회의 신용을 일을지니 이후로ᄂᆞᆫ 말ᄒᆞᄂᆞᆫ 바와 ᄒᆡᆼᄒᆞᄂᆞᆫ 바가 필경 샤회에 견즁치 못ᄒᆞ야 장ᄅᆡ샤회에 ᄌᆞ긔 셰력을 산삭ᄒᆞ야 능히 스ᄉᆞ로 셔지 못ᄒᆞ나니라

문 샤회상에 ᄌᆞ긔셰력을 확장ᄒᆞ랴면 무슨 방법이 잇나뇨

답 샤회에 셰력을 확장ᄒᆞ랴면 불가불 ᄌᆞ긔의 명예와 신용을 유지ᄒᆞᆯ지니라

문 명예와 신용을 유지ᄒᆞ쟈면 무슨 도리가 잇나뇨

답 명예와 신용을 유지코져 ᄒᆞ면 반ᄃᆞᆺ이 ᄎᆡᆨ임을 스ᄉᆞ로 무겁게 넉임으로 시초될지라 고로 무슨 일이던지 ᄌᆞ긔 의ᄉᆞ로 ᄒᆞᄂᆞᆫ ᄒᆡᆼ위가 진실로 샤회에 리로오면 곳 명예가 잇슬 것은 의심ᄒᆞᆯ 것 업거니와 그러치 안이커던 맛당히 스ᄉᆞ로 그 ᄎᆡᆨ망을 담임ᄒᆞ야 힘써 곳칠 것이오 망령되히 츄탁지 말지니 그런 연후에야 바야흐로 샤회에 건젼ᄒᆞᆫ ᄀᆡ인이 되며 국가에 건젼ᄒᆞᆫ 국민이 될지니라

문 지금 졍치상에 몃 가지 졍톄나 잇나뇨

답 혹 군쥬독ᄌᆡ 졍치도 잇고 혹 귀족졍치도 잇고 혹 립헌졍치도 잇나니 그 자셰ᄒᆞᆷ은 비록 ᄒᆞᆫ 말로 능히 다 ᄒᆞ지 못ᄒᆞᆯ 바니라 (1908.9.4)

문 인민의 ᄎᆡᆨ임과 정부의 관계를 간략히 다시 셜명ᄒᆞᆷ이 엇더ᄒᆞ뇨

답 군쥬독ᄌᆡ 졍치ᄂᆞᆫ 국가가 군쥬 ᄉᆞ유의 물이 되야 군쥬의 의ᄉᆞᄂᆞᆫ 곳 국가의 법률졔도가 되ᄂᆞᆫ고로 국가의 일톄거동이 모다 군쥬의 ᄌᆞ유ᄉᆞ상으로 발ᄒᆞ야 인민은 다만 군쥬의 명령을 봉ᄒᆡᆼᄒᆞ고 그 일의 가부ᄂᆞᆫ 전혀 군쥬 한몸의 ᄎᆡᆨ임이 되야 인민의 ᄎᆡᆨ임이 안이되ᄂᆞᆫ 고로 독ᄌᆡ졍톄에ᄂᆞᆫ 무릇 국가에 관계된 쟈에 인민은 실로 ᄎᆡᆨ임이 젼혀 업ᄂᆞᆫ ᄯᅡ에 쳐ᄒᆞ얏스며 귀족졍톄ᄂᆞᆫ 군쥬의 ᄌᆞ유ᄉᆞ상으로 국가를 통치ᄒᆞᄂᆞᆫ 것이 안이라 그 권이 항상 한둘 귀족에게 잇셔 국가ᄒᆡᆼ위의 ᄎᆡᆨ임이 군쥬에게도 잇지 안이ᄒᆞ고

인민에게도 잇지 안이ᄒᆞ고 다만 권셰 가진 귀족에게 잇슬 ᄯᆞ름이로ᄃᆡ 립헌정톄에 이르러ᄂᆞᆫ 만가지 일을 모다 헌법으로 근본을 삼아 그 법률과 정부의 의ᄉᆞ가 군쥬로부터 ᄂᆡᄂᆞᆫ 것도 안이오 ᄯᅩ 귀족으로부터 ᄂᆡᄂᆞᆫ 것도 안이라 젼혀 국민으로부터 나오나니 그 졍부의 시ᄒᆡᆼ법률이 실로 국민의 의ᄉᆞ에 지나지 안이ᄒᆞ야 비컨ᄃᆡ 가옥건축ᄒᆞᄂᆞᆫ쟈ㅣ 도식낸 쟈의 의ᄉᆞ를 실ᄒᆡᆼ홈과 흡ᄉᆞᄒᆞ야 그 잘되고 못됨에 그 ᄎᆡᆨ임이 건축쟈에 잇지 안이ᄒᆞ고 도식ᄂᆡᆫ 쟈에 잇ᄂᆞᆫ 것과 흡ᄉᆞᄒᆞᆫ고로 립헌국의 국민은 그 언론이 구차롭지 안이ᄒᆞ야 의견 곳 잇스면 반닷이 실ᄒᆡᆼ홀 바를 구ᄒᆞ나니 대ᄀᆡ 그 언론이 곳 법률이 되며 한 번 법률이 되면 젼국에 관계가 잇ᄂᆞᆫ고이니라

뎨이십칠쟝 국가륜리(국졔론)

문 국졔(國際)의 륜리ᄂᆞᆫ 엇더ᄒᆞ뇨

답 일국민이 타국인에 ᄃᆡᄒᆞᄂᆞᆫ 관계가 일가족이 타가족에 ᄃᆡ홈과 흡ᄉᆞᄒᆞ야 그 사이에 륜리의 잇슴이 ᄯᅩᄒᆞᆫ ᄀᆡ인이 ᄀᆡ인 ᄃᆡ홈과 갓흐니라 (1908.9.5)

문 이상에 말ᄒᆞᆫ 바와 갓흘진ᄃᆡ ᄀᆡ인륜리와 국가륜리가 죠곰도 다름이 업나뇨

답 ᄀᆡ인과 ᄀᆡ인 사이에ᄂᆞᆫ 인졍이 셔로 교통ᄒᆞᄂᆞᆫ고로 륜리가 속히 크게 발달홈이 잇거니와 국가와 국가 사이에ᄂᆞᆫ 교통이 한이 잇ᄂᆞᆫ고로 그 발달이 심히 지완ᄒᆞ나니 이ᄂᆞᆫ 리셰소치로 ᄌᆞ연 면치 못홈이니라

문 셔양의 륜리ᄂᆞᆫ 언의ᄶᅴ 뎨일 불달 되엿나뇨

답 희납젼셩시가 뎨일될지니 기시에 ᄀᆡ인의 륜리ᄂᆞᆫ 찬연히 크게 갓츄엇스나 국민과 군민사이에 륜리에 이르러ᄂᆞᆫ 도모지 듯지 못ᄒᆞ엿노라

문 동양고ᄃᆡ의 륜리ᄂᆞᆫ 엇더ᄒᆞ엿나뇨

답 동양고ᄃᆡ는 ᄉᆞ히지ᄂᆡ가 다 형뎨라 ᄒᆞᄂᆞᆫ 말로 볼진ᄃᆡ ᄀᆡ인의 륜리ᄂᆞᆫ 더 말ᄒᆞᆯ 것 업스며 다른 인죵 사이에도 륜리가 잇는 것 갓거니와 아지못게라 소위 ᄉᆞ히라 ᄒᆞᄂᆞᆫ 것이 금일에 이르ᄂᆞᆫ 바 셰계만국이런가 그러치 안이ᄒᆞᆫ고로 무론 엇더ᄒᆞᆫ 나라이던지 고ᄃᆡ시졀을 당ᄒᆞ야 모다 본국만 신셩히 넉이고 이죵의 사ᄅᆞᆷ을 지목ᄒᆞ야 혹 야만이라 혹 이젹이라 ᄒᆞ야 잔인살육ᄒᆞᆷ을 죠곰도 도덕이 업더니 인정이 졈졈 익어 인죵은 비록 다르나 그 인류됨은 일반이라 ᄒᆞ야 교졔가 ᄎᆞᄎᆞ싱겨 익히 인정의 업지 못ᄒᆞᆷ을 알앗스니 이에 국가와 국가 사이에 국졔법의 관념이 싱기엇나니라

문 국졔법은 엇더케 셜립된 것이뇨

답 국졔법이라 ᄒᆞᄂᆞᆫ 것은 국법과 갓치 립법부의 결의를 말미암아 시ᄒᆡᆼᄒᆞᄂᆞᆫ 쟈가 안이라 국가와 국가가 셔로 승낙ᄒᆞ야 일죵의 륜리를 ᄂᆡᄂᆞᆫᄃᆡ 지나지 안이ᄒᆞ엿나니라

문 그 실졔로 ᄒᆡᆼ동ᄒᆞᆷ을 엇더케 ᄒᆞ나뇨

답 가령 여긔 일대강국이 잇셔 권력을 확장ᄒᆞ야 타국을 압박ᄒᆞ면 뎌와 관계잇ᄂᆞᆫ 각국들이 련합ᄒᆞ야 구원ᄒᆞᆷ은 곳 한나라가 여러나라를 병튼ᄒᆞᄂᆞᆫ 우활을 방비ᄒᆞᆷ이니 이ᄂᆞᆫ 국졔상에 권력평균(權力平均)이라 ᄒᆞᄂᆞᆫ 바이니 비록 명ᄇᆡᆨ히 뎡ᄒᆞᆫ 법률은 안이나 현금 각국들이 셔로 승인ᄒᆞ야 이 규칙에 위비ᄒᆞᄂᆞᆫ 쟈ᄂᆞᆫ 반닷이 용셔치 안이ᄒᆞᄂᆞᆫ 바가 되나니라 (1908.9.6)

문 지금 셰계의 독립국이 모다 동등 권리가 잇ᄂᆞ뇨

답 동등 권리가 독립국 마다 잇ᄂᆞ니 이ᄂᆞᆫ 피ᄎᆞ에 셔로 권리의 확장을 도모ᄒᆞᆷ이니 고로 지금 소위 일국민 일국가 일단톄가 다 그 나라의 흥왕ᄒᆞᆷ을 날로 꾀ᄒᆞᄂᆞ니라

문 ᄌᆞ긔 나라의 흥왕ᄒᆞᆷ을 꾀ᄒᆞᄂᆞᆫ 일국민과 일국가와 일 단톄가 남의 나라에도 ᄒᆡ롬을 밋치지 안이ᄒᆞ게 ᄒᆞᄂᆞ뇨

답 지금은 미ᄀᆡᄒᆞᆫ 시ᄃᆡ와 갓지 안이ᄒᆞ야 아모죠록 ᄂᆡ 나라 남의 나라간 리ᄒᆡ가 편벽됨을 가타 안이ᄒᆞ나 그러나 간혹 남의 나라를 ᄒᆡ케ᄒᆞ야 ᄂᆡ 나라를 리롭케 ᄒᆞᄂᆞᆫ 일이 업지 못ᄒᆞ니 이 일로 ᄀᆡ인륜리에 밀루어보면 그

도덕의 관념이 비단 불달치 못홀 뿐 아니라 도덕업는 야만에 갓가온쟈ㅣ 왕왕 잇느니라

문 권리를 경징ᄒᆞ는 ᄯᅢ에는 도덕심이 도모지 업느뇨

답 경징홀 ᄯᅢ에 비록 약ᄒᆞᆫ 고기를 감춘쟈ㅣ 먹어 도덕심이 아죠 업스나 그러나 긔인 교졔에 이르러는 셔로 친목ᄒᆞ야 읍양악슈(揖讓握手)홈이 자못 한인 영인 미인 덕인 일인 쳥인의 구별을 잇져버리며 학문에 이르러도 ᄯᅩ한 그러ᄒᆞ니 가령 덕국에셔 불명ᄒᆞᆫ 바 학리를 미국셔도 응용ᄒᆞ며 미국에셔 발명ᄒᆞᆫ 긔계를 법국셔도 응용ᄒᆞ며 일본의 미술을 영인 미인도 ᄯᅩᄒᆞᆫ 칭찬ᄒᆞ야 피차 국민의 계한을 셔로 잇져바린 것 갓흐니 이로 말미알아 말홀진ᄃᆡ 사ᄅᆞᆷ은 비록 이갓치 ᄯᅳᆺ이 갓흐나 나라는 계한이 잇스며 나라의 계한이 임의 잇슨즉 각기 본국의 리익을 구ᄒᆞ며 본국의 독립권을 확장코져 홈은 인류진화의 한계급이라 ᄒᆞ야도 불가ᄒᆞᆫ 말이 안이니라

문 국가쥬의(國家主義)는 엇더ᄒᆞᆫ 것뇨

답 무릇 금일의 인류로 금일의 국가를 당ᄒᆞ야 젼심 치지로 국가의 번영을 도모ᄒᆞ야 인류의 진화를 구홈이 곳 바른 도리라 홀 쟈이니 이는 곳 국가쥬의의 소유러니라

문 소위 국가 인류셰계라 ᄒᆞ는 쟈ㅣ 그 일홈이 다른즉 그 물건도 갓지 안이ᄒᆞ뇨

답 일홈은 비록 달나도 물건은 갓흐니 그럼으로 리학쟈ㅣ 말ᄒᆞ되 합ᄒᆞ야 일대국민이 될 ᄯᅢ가 한 번 잇스리라 ᄒᆞ얏느니라 (1908.9.8)

문 근쟈에는 국졔상 도덕이 언의 디경에 이르럿나뇨

답 근일 국제상 도덕으로 말ᄒᆞ면 졈졈 발달된 긔틀이 잇스니 즉 만국평화회의로 젼징을 젼폐코져홈과 밋 국졔의 징론으로 협의ᄒᆞ야 결단코져 ᄒᆞ는 등ᄉᆞ이니 이 일이 비록 국제상에 신용은 엇지 못힛스나 그러나 그 방법인즉 아모죠록 참혹ᄒᆞᆫ 형셰를 힘써 업싀랴홈이라 고로 젹십ᄌᆞ회를 각국에 베풀고 독연화약(毒烟火藥) 등의 씀을 금ᄒᆞ는 등 일이 모다 분명ᄒᆞᆫ 효험과 됴흔 졍젹이니라

문 실용상(實用上)으로 말ᄒᆞ면 엇더ᄒᆞ뇨
답 과학의 지식과 공예의 긔계와 및 문학 법률 등의 학리가 비록 응용ᄒᆞᄂᆞᆫ 일에ᄂᆞᆫ 나라를 ᄯᅡ라 죠곰식 다르나 그러나 지식의 긔계에 이르러ᄂᆞᆫ 곳 만국에 가히 표쥰이 될지나 고로 한나라 인민의 발명ᄒᆞᆫ 바 일이 공번되면 만국이 모다 취용ᄒᆞ야 일호도 긔쳬ᄒᆞᆫ ᄉᆡᆼ각이 그 사이에 업나니 그럼으로 ᄉᆞ상의 교환과 및 발명홈의 교환이 더욱 친밀ᄒᆞ야 인류젼톄로 ᄒᆞ야곰 일가족의 형셰가 잇게 ᄒᆞ엿나니라

뎨이십팔장 국가륜리(인류젼톄와 국가의 관계)

문 인류젼톄가 국가에 엇더ᄒᆞᆫ 관계가 잇나뇨
답 무릇 사ᄅᆞᆷ이 셰상에 난 이후에 반닷이 한 국가에 부속ᄒᆞ야 잇슬지라 가령 대한에 낫스면 대한사ᄅᆞᆷ이 되고 지나에 낫스면 지나사ᄅᆞᆷ이 되고 영국에 낫스면 영국사ᄅᆞᆷ이 되고 일본에 낫스면 일본사ᄅᆞᆷ이 되야 그 나라의 보호홈을 입어 ᄉᆡᆼ장ᄒᆞ나니 국가의 은혜를 임의 듯텁게 밧앗스니 진실로 불가불 장ᄅᆡ에 독립의 일국민이 되야 그 나라에 진력ᄒᆞ야ᄡᅥ 보답홀지니라
문 현금 셰계의 대셰로 볼진ᄃᆡ 무릇 한 나라라 칭ᄒᆞᆫ 곳에ᄂᆞᆫ 반닷이 쥬권(主權)이 잇나뇨
답 나라라 칭ᄒᆞ고ᄂᆞᆫ 쥬권이 업지 안이ᄒᆞ니 쥬권이라 ᄒᆞᄂᆞᆫ 것은 타국에 부속홈이 불가ᄒᆞ고 반닷이 독립불긔(獨立不羈)ᄒᆞᆫ 연후에 가히 쥬권이라 칭홀지니라 (1908.9.10)

문 무릇 한나라를 셰우믹 반닷이 다ᄉᆞ리ᄂᆞᆫ 쟈와 다ᄉᆞ림을 밧ᄂᆞᆫ 쟈가 잇나니 그 다ᄉᆞ리ᄂᆞᆫ 법이 모다 일반이뇨
답 그 다ᄉᆞ리ᄂᆞᆫ 법이 일반이 못됨으로 혹 군쥬독지 졍톄도 되고 혹 귀

족정톄도 되고 혹 립헌졍톄도 되고 혹 공화졍톄도 되얏나니라

문 셰계각국을 이로 다 의론홀 슈 업거니와 우리나라와 기즁 갓갑게 잇는 일본은 무슨 졍톄이뇨

답 일본은 본릭 젼졔졍톄로셔 립헌졍톄로 변ᄒᆞ얏나니 헌법으로써 젼국을 통치ᄒᆞ야 우흐로 군국으로부터 아릭로 인민에게 이르기ᄭᅡ지 모다 헌법의 뎡ᄒᆞᆫ 바를 좃차 각각 분슈와 계한을 직희어 그 의무를 다ᄒᆞᄂᆞᆫ 나라이니라

문 헌법 즁에ᄂᆞᆫ 셔로 다름이 업나뇨

답 갓흔 헌법에도 혹 흠뎡ᄒᆞᆫ 것도 잇고 혹 민뎡ᄒᆞᆫ 것도 잇고 혹 군민이 갓치 뎡ᄒᆞᆫ 것도 잇셔 피ᄎᆞ에 갓지 안이ᄒᆞ니라

문 그러면 일본은 어서ᄒᆞᆫ 헌법이뇨

답 일본의 헌법은 곳 인민이 졔뎡ᄒᆞ야 국왕의 허낙을 쳥ᄒᆞᆫ 쟈이라 졍치를 시ᄒᆡᆼ홈에 이르러ᄂᆞᆫ 립헌부와 ᄒᆡᆼ졍부와 사법부를 남호고 병마의 권을 더ᄒᆞ얏스니 실로 국가의 ᄉᆞ대권이 되엿나니라

문 립법부는 무엿이뇨

답 립법부ᄂᆞᆫ 법률을 제뎡ᄒᆞᄂᆞᆫ 쳐소이니 귀족과 셔민 두 의원에셔 셜립ᄒᆞᆫ 바이라 귀족원 의원은 황칙으로 션뎡ᄒᆞ기도 ᄒᆞ고 귀족의 호상간 츄쳔도 ᄒᆞ고 혹 셰납 만흔쟈 즁에 션뎡ᄒᆞ기도 ᄒᆞ며 셔민원의 의원은 국민을 대표ᄒᆞᆫ 딕의ᄉᆞ로부터 셩립ᄒᆞ나니 이 두 의원은 곳 국민을 딕표ᄒᆞᆫ 각죵 인물의 즙합쳐이라 이 의원에셔 의뎡ᄒᆞᆫ 법률의 결의ᄂᆞᆫ 곳 젼국인민의 의향이라 이것으로 국왕에게 샹쥬ᄒᆞ면 법률의 효력이 즉시 ᄉᆡᆼ기나 그러나 법률이 비록 효력이 잇슬지라도 ᄉᆞ용홀 쟈가 업스면 그 법률은 곳 공문과 다름이 업ᄂᆞᆫ고로 ᄒᆡᆼ졍부가 잇셔 실ᄒᆡᆼ케 ᄒᆞ나니라

문 ᄒᆡᆼ졍부ᄂᆞᆫ 엇더ᄒᆞᆫ 것이뇨

답 ᄒᆡᆼ졍부ᄂᆞᆫ 곳 보통으로 말ᄒᆞᄂᆞᆫ 졍부이니라 (1908.9.12)

문 졍부 즁에 최고등부ᄂᆞᆫ 어딕이뇨

답 최고등부ᄂᆞᆫ ᄂᆡ각이니 ᄂᆡ각에ᄂᆞᆫ 춍리대신으로부터 각부대신으로

셩립된 아문이니 ᄂᆡ각에셔ᄂᆞᆫ 국가 ᄒᆡᆼ졍의 일을 의론ᄒᆞ고 밋 실ᄒᆡᆼ법률의 법을 의결ᄒᆞᆫ ᄉᆞ건을 각도에 명령ᄒᆞ야 각도로 ᄒᆞ야곰 국가의 졍무를 난호아 ᄆᆞᆺ게ᄒᆞ며 이외에도 ᄯᅩ 츄밀원이 잇스니 이 원은 곳 황뎨의 고문관이라 각죵 즁요ᄒᆞᆫ 일을 의론ᄒᆞ나니라

문 ᄉᆞ법셩은 엇더ᄒᆞᆫ 것이뇨

답 ᄉᆞ법셩은 법률의 실ᄒᆡᆼ을 젼혀 맛하 쳐리ᄒᆞ나니 법률은 본ᄅᆡ 복잡ᄒᆞ야 젼문의 법률가가 안이면 쉽게 그 ᄯᅳᆺ을 ᄒᆡ셕ᄒᆞᆯ 슈 업ᄂᆞᆫ고로 ᄉᆞ법셩 안에 ᄌᆡ판소와 공소원과 대심원 등이 잇셔 각 법관들이 각죵법률을 ᄒᆡ셕ᄒᆞ야 셔로 모슌이 안이되게 ᄒᆞ며 ᄯᅩ 글을 희롱ᄒᆞ며 법을 굽히ᄂᆞᆫ 폐단이 업도록 ᄒᆞ나니라

문 그러면 졍부에셔 인민을 다ᄉᆞ리ᄂᆞᆫ 바를 모다 법률을 의지ᄒᆞᆫ다 ᄒᆞ니 이ᄂᆞᆫ 졍부의 의견이라 ᄒᆞ겟나뇨 인민의 의견이라 ᄒᆞ겟나뇨

답 법률이 당초에 인민의 의견을 좃차 졔졍ᄒᆞᆷ이라 인민은 즉 ᄌᆞ긔 의향으로ᄡᅥ ᄌᆞ긔를 관리ᄒᆞᆷ이니 이를 ᄌᆞ치의 ᄇᆡᆨ셩이라 칭ᄒᆞ나니라

문 ᄌᆞ치의 ᄇᆡᆨ셩이면 졍치의 션불션이 ᄒᆡᆼ졍관에게ᄂᆞᆫ 관계가 업나뇨

답 아모리 ᄌᆞ치라 ᄒᆞᆯ지라도 ᄒᆡᆼ졍관의 션불션에 관계가 아죠 업다 ᄒᆞᆯ 슈 업스며 관계가 잇기ᄂᆞᆫ 잇스나 그러나 그 대부분인즉 젼혀 인민 의향의 엇더ᄒᆞᆷ을 인ᄒᆞ야 션불션의 판단이 ᄉᆡᆼ기나니 고로 일톄인민이 맛당히 현시졍치의 ᄉᆞ졍을 통ᄒᆞ야 혹 스ᄉᆞ로 론의도 ᄒᆞ며 혹 ᄌᆞ긔의 신용ᄒᆞᄂᆞᆫ ᄃᆡ의ᄉᆞ도 쳔거ᄒᆞ야 ᄀᆡ량ᄒᆞ기를 도모ᄒᆞ며 진보ᄒᆞ기를 요구ᄒᆞ나니 그러치 안이면 비단 ᄌᆞ긔의 ᄎᆡᆨ임을 져바릴 ᄲᅮᆫ 안이라 ᄯᅩᄒᆞᆫ 국가 ᄉᆡᆼ령을 쟝ᄒᆡᄒᆞᄂᆞᆫ 큰 죄악이라 ᄒᆞᆯ지니라

뎨삼십쟝 국가륜리(인민계급론)

문 인민의 계급은 엇지ᄒᆞ야 잇나뇨
답 무론엇더ᄒᆞᆫ 나라이던지 인민의 각죵 계급이 업슬슈 업나니라(1908.9.13)

문 긔위 일본졍치를 의론ᄒᆞ얏스니 일본인민의 계급은 엇더ᄒᆞ뇨
답 일본 유신 이젼에는 ᄉᆞ농공상의 분별을 셰웟더니 그 다음에는 그 제도를 폐지ᄒᆞ고 화족 ᄉᆞ족 평민 셰 계급에 난호앗스며 화족 즁에 ᄯᅩ 공 후 ᄇᆡᆨ ᄌᆞ 남 다삿 계급을 뎡ᄒᆞ얏나니 영국 덕국이 모다 그러ᄒᆞ거니와 호을노 미국은 평등쥬의로 이갓흔 계급이 업고 혹 대통령도 되고 혹 국회의원이 되엿다가 쳬임곳ᄒᆞ고 보면 도로 평민이 되야 아모 계급도 업나니라
문 계급의 ᄉᆡᆼ김이 몃 가지 칭졀이 잇나뇨
답 두 가지가 잇스니 뎨 일은 졍부에셔 졔뎡ᄒᆞᆫ 바로 인민을 여러 등에 난호앗스니 즉 ᄉᆞ농공상의 분별이라 이 계급은 인력으로ᄡᅥ 억지로 구별ᄒᆞᆷ이니 결코 문명국의 ᄒᆡᆼ위라 ᄒᆞᆯ 슈 업고 뎨 이는 ᄌᆞ연발달의 계급이니 귀족과 평민의 분별이라 귀족의 시작이 나라에 ᄒᆞᆫ로가 잇는 쟈에게 작위를 쥬며 ᄯᅩ 은혜를 더ᄒᆞ고 ᄉᆞ랑ᄒᆞᆷ을 밀우어 그 ᄌᆞ손에게 젼ᄒᆞ야 ᄃᆡᄃᆡ로 상젼케 ᄒᆞ나니 이는 귀족계급의 ᄉᆡᆼ긴바이니라
문 귀족계급은 문명국에 합당ᄒᆞᆫ 일이뇨
답 귀족과 평민의 계급이 장ᄅᆡ 샤회의 큰 폐습될 쥴은 아는 바이나 현금 형편과 력ᄉᆞ의 결과로 말ᄒᆞ면 진실노 급속히 폐지ᄒᆞᆯ 슈 업스니 만일 기량코져 ᄒᆞᆯ진ᄃᆡ 맛당히 졍당ᄒᆞᆫ 법을 구ᄒᆞ야 ᄎᆞᄎᆞ 옴기며 곳칠지니라
문 이외에 다른 계급은 업나뇨
답 이외에 샤회발달 상에 ᄉᆞ셰가 엇지ᄒᆞᆯ 슈 업는 쟈ㅣ 잇스니 곳 부자와 가난ᄒᆞᆫ 쟈의 분별이라 무릇 실업의 셩품을 ᄯᅡ라 ᄌᆞ본가는 더욱 자본가가 되고 로동쟈는 더욱 로동쟈가 되야 부쟈가 더 부쟈에 이르며 가난ᄒᆞᆫ 쟈ㅣ 더 간난ᄒᆞᆷ에 이르니 근일 구미각국의 빈부를 볼진ᄃᆡ 하늘과 ᄯᅡ갓치

현졀ᄒᆞ니 극히 한심하나 바이로다 (1908.9.15)

문 빈부를 평균히 ᄒᆞᆯ 방침이 업나뇨

답 그는 샤회학쟈들이 아모리 빈부편졀ᄒᆞᆫ 폐단을 방어ᄒᆞ랴고 놀로 강구ᄒᆞ야 혹은 실업긔관으로 ᄒᆞ야곰 국가감독 하에 두어 셰력을 평균코져 ᄒᆞ며 혹은 로동샤회를 죠직ᄒᆞ야 자본가를 뎌항ᄒᆞ랴 ᄒᆞ는 여러 가지 방법을 연구ᄒᆞ나 기실은 한 가지도 실힝치 못ᄒᆞ얏나니라

문 빈부현졀ᄒᆞᆫ 폐단이 졍치상에는 관계가 밋치지 안이ᄒᆞ얏나뇨

답 그 폐히가 샤회상으로 말미암아 졍치상에ᄭᆞ지 밋쳣나니 대기 샤회실졔와 력ᄉᆞ발달을 상고ᄒᆞ건ᄃᆡ 부쟈는 항상 상류에 쳐ᄒᆞ고 빈쟈는 항상 하류에 쳐ᄒᆞ고 빈쟈는 항상 하류에 쳐ᄒᆞ얏스나 그러나 부쟈라고 모다 션인이 되며 지ᄉᆞ가 될 슈 업거날 그 직산으로ᄡᅥ 일국의 졍치와 밋 일톄 ᄉᆞ무를 임의로 좌지우지 ᄒᆞ야 국가의 운명이 그 무리 슈즁에 ᄯᅥ러지는고로 국가졔도에 불가불 지혜잇는 쟈를 ᄃᆡ우ᄒᆞ는 법을 베푸러 큰 권셰로 ᄒᆞ야곰 젼혀 부쟈의게 도라가지 안이케 ᄒᆞᆫ 후에 바야흐로 그 폐단이 업셔질지니라

뎨삽십일쟝 국가륜리(국민의 관념)

문 소위 국민의 관념이라 ᄒᆞ는 것은 엇더ᄒᆞᆫ 것이뇨

답 국민은 즉 그 나라 ᄂᆡ디에 거쥬ᄒᆞ야 그 나라 졍부의 단톄가 되엿나니 그러나 단톄만 이루면 가히 국민이 된다는 것이 안이라 반닷이 슈빅년 혹 슈쳔년의 발달을 지나셔 력ᄉᆞ의 유젼홈이 잇슨 연후에야 비로소 국민의 졍당ᄒᆞᆫ 자격을 이르나니 비컨ᄃᆡ 일본인이 일본군도에 쥬거ᄒᆞ야 그 죵족이 대략 셔로 갓흐며 혹 다르나 ᄯᅩᄒᆞᆫ 갓치 화ᄒᆞ야 갓흔 죵족이 되며 언어가 동일ᄒᆞ고 풍속이 동일ᄒᆞ되 슈쳔년 발달이 된 연후에 비로소 국민이

라 일커름을 엇엇나니라

문 구쥬 각국은 그 죵족이나 나라마다 동일ᄒᆞᆫ뇨 한나라 안에도 여러 가지 다른 죵족이 잇기도 ᄒᆞᆫ뇨

답 구쥬는 다른 죵족의 인류가 즙합ᄒᆞ야 ᄒᆞᆫ 나라 국민된 곳이 만흐니라 (1908.9.16)

문 구쥬각국의 다른 인죵이 엇더케 즙합ᄒᆞ얏나뇨

답 비교상으로 방ᄉᆞᄒᆞᆫ 인죵이 아올나 한 나라된 쟈도 잇스며 혹 근ᄉᆞ치도 안이ᄒᆞᆫ 인죵이 만흔 셰월을 지너여 드듸여 한 죵젹으로 화ᄒᆞᆫ 쟈도 잇스며 혹 죵족이 갓지 안이ᄒᆞᆫ 쟈ㅣ 씃씃너 화ᄒᆞ지 못ᄒᆞᄂᆞᆫ 쟈도 잇나니 화ᄒᆞ지 못ᄒᆞᄂᆞᆫ 죵족은 비록 한 경부 아러 잇스나 그 죵족이 다름을 인ᄒᆞ야 죵죵 충돌이 ᄉᆡᆼ겨 나라가 분렬ᄒᆞᄂᆞᆫ 근심이 잇나니라

문 금일 셰계의 문명이 졈졈 진보되는ᄃᆡ 이 폐습을 업도록 쥰비ᄒᆞ지 못ᄒᆞ나뇨

답 문명이 진보됨으로 나라와 나라 사이에 경징ᄒᆞᄂᆞᆫ 것은 당연히 감소되엿거니와 인죵과 인죵 사이에 경징은 더욱 극렬ᄒᆞ니라

문 죵족이 다르면 엇지ᄒᆞ야 경징이 ᄉᆡᆼ기나뇨

답 소위 국민이라 ᄒᆞᄂᆞᆫ 것은 한 경부 아러에 단톄가 되어야 ᄒᆞᆯ지니 그런 연후에 바야흐로 형셰가 공고ᄒᆞ거니와 죵족이 한번 다르면 언어와 풍속이 반닷이 다를 것이오 언어와 풍속이 다르면 리히의 ᄉᆞ상이 ᄯᅩᄒᆞᆫ 갓지 안이ᄒᆞ야 이 죵족에 리로온 일은 뎌 죵족에 히롭고 뎌 죵족의 리로온 일은 이 죵욕에 히로와 ᄉᆞ셰가 부득불 경징ᄒᆞᆯ 것이오 경징이 심ᄒᆞ면 필경 셔로 빅쳑ᄒᆞᆯ지라 빅쳑ᄒᆞᄂᆞᆫ ᄉᆡᆼ각이 ᄒᆞᆫ 번 ᄉᆡᆼ기면 비록 극히 현명ᄒᆞ며 극히 춍혜ᄒᆞᆫ 정치가라도 능히 평화케 ᄒᆞ야 분렬ᄒᆞᆷ에 이르지 안이토록 ᄒᆞᄂᆞᆫ 도리가 업나니 셰계의 력ᄉᆞ를 한 번 보면 맛당히 황연대각 ᄒᆞᆯ지니라

뎨삼십이장 ᄉᆞ상륜리(思想倫理) (ᄉᆡᆼ존경ᄌᆡᆼ과 덕의의 관계)

문 사ᄅᆞᆷ이 셰상에 나셔 무엇으로 뎨일을 삼나뇨

답 이 셰상에 잇ᄂᆞᆫ 사ᄅᆞᆷ되여셔ᄂᆞᆫ 뎨일 즁요ᄒᆞᆫ 일은 의 식 쥬(衣 食 住) 셰 가지니 만일 이 셰 가지가 결핍ᄒᆞᆫ 바이 업스면 반ᄃᆞᆺ이 례의로 셔로 직히며 됴흔 빗으로 왕래ᄒᆞ야 다시 업게 즐길지나 (1909.9.17)

다만 빈핍ᄒᆞ야 긔한의 핍박이 심ᄒᆞ면 인졍이 밧괴여 례졀을 포기ᄒᆞ야 심지어 징탈ᄒᆞ며 상살ᄒᆞ야 사ᄅᆞᆷ의 근심을 ᄭᅵ치ᄂᆞᆫ 일은 ᄉᆞ셰에 면키 어려오니 이ᄂᆞᆫ 샤회의 상틔오 ᄯᅩᄒᆞᆫ 오인의 맛당히 류의ᄒᆞᆯ 쟈이니라

문 사ᄅᆞᆷ의 ᄉᆡᆼ명을 보호ᄒᆞᆷ이 일뎡ᄒᆞᆫ 범위가 잇ᄂᆞ뇨

답 무릇 ᄉᆡᆼ명이 잇고ᄂᆞᆫ 반ᄃᆞᆺ이 ᄉᆡᆼ명을 보호ᄒᆞᄂᆞᆫ 셩품이 잇슬지라 고로 각기 일뎡ᄒᆞᆫ 범위에셔 힘의 밋치ᄂᆞᆫ 바ᄭᆞ지ᄂᆞᆫ 다ᄒᆞ야 젹국을 막아 그 ᄒᆡ를 피ᄒᆞ며 먹을 것을 구ᄒᆞ야 살기를 보존ᄒᆞᄂᆞ니 이ᄂᆞᆫ ᄉᆡᆼ물학의 쥬지니 사ᄅᆞᆷ도 ᄉᆡᆼ물의 한 가지가 되엿슴으로 이 쥬지에 버셔나지 못ᄒᆞ나니라

문 그 상틔가 고금이 일반이뇨

답 고ᄃᆡ에ᄂᆞᆫ 인류가 만치 못ᄒᆞ고 토디가 광활ᄒᆞ야 각기 그 ᄉᆡᆼ명을 유지ᄒᆞ기 어렵지 안이ᄒᆞ더니 인류가 졈졈 번셩ᄒᆞᆷ에 이르러 토디ᄂᆞᆫ 협착ᄒᆞ고 먹을 것이 부족ᄒᆞ야 한업ᄂᆞᆫ 슈고를 허비ᄒᆞᆫ 연후에야 비로소 ᄉᆡᆼ존ᄒᆞᆷ을 엇ᄂᆞᆫ고로 혹 무력(武力)을 쟈시ᄒᆞ야 타인을 침탈ᄒᆞ야 ᄌᆞ긔의 ᄉᆡᆼ명을 보존ᄒᆞᆷ이 형셰의 반ᄃᆞᆺ이 잇슬 바이라 이에 셔로 츙돌이 ᄉᆡᆼ기어 맛참ᄂᆡ 경ᄌᆡᆼ에 이르니 이ᄂᆞᆫ ᄉᆡᆼ존 경ᄌᆡᆼ의 니러ᄂᆞᆫ 소이연이니라

문 인류가 겨오 의식쥬 셰 가지의 욕망만 잇고 다른 욕망은 업ᄂᆞ뇨

답 만일 의식쥬의 욕망만 잇고 다른 욕망이 업고보면 약ᄒᆞᆫ쟈의 고기를 강ᄒᆞᆫ쟈가 먹어 약ᄒᆞᆫ쟈ᄂᆞᆫ 경각에 멸망ᄒᆞᆯ 것이나 오즉 인류ᄂᆞᆫ 비단 의식쥬로만 족ᄒᆞᆫ 욕망을 삼을 ᄲᅮᆫ외라 ᄯᅩᄒᆞᆫ 교제의 욕망과 명예의 욕망 등이 잇슴으로 의식쥬가 그 뎡도에 맛즐만ᄒᆞ면 반ᄃᆞᆺ이 다른 욕망으로 향ᄒᆞ야 그

만족홈을 구ᄒᆞᄂᆞᆫ ᄶᆞ닭으로 비단 타인을 침힉치 안이홀 ᄲᅮᆫ 안이라 ᄯᅩᄒᆞᆫ 여럿으로 더부러 즈길법을 구홀지라 어시에 셩인이 례법을 졔작ᄒᆞ사 혹 인의를 말ᄒᆞ며 혹 도덕을 말ᄒᆞ셧스니 대기 ᄒᆞᆫ 가지ᄂᆞᆫ 인심의 효박홈을 막음이오 ᄯᅩ ᄒᆞᆫ 가지ᄂᆞᆫ 인정의 발달을 구ᄒᆞᆫ 바이니라 (1908.9.18)

문 고셕시ᄃᆡ에ᄂᆞᆫ 오놀갓흔 샤회의 관념이 업셧나뇨

답 그갓흔 관념이 업셧나니 그런고로 언론ᄒᆞᄂᆞᆫ 바가 거반은 사사덕이오 공번된 덕의ᄂᆞᆫ 극히 젹엇ᄂᆞ니 무릇 오인의 이른바 샤회라 ᄒᆞᄂᆞᆫ 쟈ᄂᆞᆫ 비단 다슈 인류의 즙합으로 한 가지 사ᄂᆞᆫ 긔틀이 되야 그 흥폐존망이 젼혀 ᄀᆡ인의 싱활로 보아 정치교육상 공업 등의 거동으로 겨울을 삼앗나니라

문 국가의 경징은 무엇으로 표쥰을 숨나뇨

답 싱존경징은 이왕 말ᄒᆞᆫ 바와 갓치 진실로 인류의 면치 못홀 바이라 의식쥬를 위홈은 소위 ᄀᆡ인의 경징이니 다만 강약으로 경징ᄒᆞᄂᆞᆫ 것이나 그러나 국가가 셩립된 뒤에ᄂᆞᆫ 일톄 경징이 다만 강약만 닷호ᄂᆞᆫ 것이 안이라 반닷이 국가 영원의 리힉로 표쥰을 삼아 경징ᄒᆞ나니 정치상에ᄂᆞᆫ 의견의 경징이 잇고 나라와 나라 사이에ᄂᆞᆫ 국졔의 경징을 졔어ᄒᆞ고 나라를 위ᄒᆞᄂᆞᆫ 경징을 구홈이 일은바 공번된 덕이라 홀지니라

뎨삽십삼쟝 ᄌᆞ상륜리(ᄌᆞ긔를 보존ᄒᆞᄂᆞᆫ 리법과 한도)

문 ᄌᆞ긔를 보존ᄒᆞ기ᄂᆞᆫ 엇더ᄒᆞᆫ 힘으로 ᄒᆞ나뇨

답 지앙을 피ᄒᆞ고 복으로 나아감은 싱몰된 본능이라 초목의 싱장과 동물의 증식과 인류의 발달이 모다 원동력(原動力)이라 ᄒᆞᄂᆞᆫ 힘으로 말미암아 싱존ᄒᆞ나니 그런고로 싱명을 보존ᄒᆞ랴ᄂᆞᆫ 셩품으로 좃차 리로오면 취ᄒᆞ고 힉로오면 버리ᄂᆞᆫ 리법이 싱겻나니라

문 긔후풍토는 싱물의 장셩에 관계가 엇더ᄒᆞ뇨

답 이는 크게 관계가 잇나니 긔후풍토가 싱물의 장셩을 도옵는 쟈는 다시 말ᄒᆞᆯ 것 업거니와 그 싱셩에 방히되는 쟈에 이르러는 반닷이 힘써 뎌항ᄒᆞ야 그 싱명을 보존ᄒᆞ는지라 고로 뎌항의 힘이 잇는 쟈는 번셩ᄒᆞ고 업는 쟈는 멸망ᄒᆞ야 우ᄒᆞᆫ쟈ㅣ 승ᄒᆞ고 열ᄒᆞᆫ쟈ㅣ 픠ᄒᆞᆷ은 ᄌᆞ연의 리치니라

문 인류의 일톄 싱물 등과 갓치 우승열픠의 리치가 잇나뇨

답 세계력ᄉᆞ를 상고ᄒᆞ건ᄃᆡ 인류의 우승열픠ᄒᆞᆷ이 일톄 싱물과 조곰 다름이 업나니라 (1908.9.19)

문 그러면 하등동물의 진화도 인류샤회의 진화와 일반이뇨

답 하등동물의 진화와 인류샤회의 진화가 그 사이에 죠곰도 다른 것이 업스니 뎌 하등동물은 다만 단톄를 죠직ᄒᆞ는 능력이 업고 오즉 각각 경징ᄒᆞ야 셔로 련속지 안이ᄒᆞ고 인류인즉 두어 사ᄅᆞᆷ만 셔로 모되여도 문득 단톄를 이르는고로 그 싱존경징ᄒᆞᆷ이 한사ᄅᆞᆷ이 한사ᄅᆞᆷ으로 더부러 댯호는 것이 안이오 이에 단톄가 단톄로 더부러 닷호나니 단톄의 경징 즁에 갓흔 인죵이 단톄된 쟈가 가장 강경ᄒᆞ고 굿건ᄒᆞᆫ고로 금일 셰계 대세를 숣혀보건ᄃᆡ 뎨일 큰 셰력의 경징은 인죵의 갓고 다른 경징이니라

문 사ᄅᆞᆷ이 졔 몸 하나의 싱존만 필요히 알고 타인의 싱존은 (모)로난톄ᄒᆞ면 엇더ᄒᆞ뇨

답 사ᄅᆞᆷ이 만일 싱명을 보존ᄒᆞ는 능력이 업스면 즉 샤회의 일분ᄌᆞ가 되지 못ᄒᆞᆯ지라 다시 의론ᄒᆞᆯ 여디가 업스려니와 다만 일신의 보존만 알고 타인의 리히를 도라보지 안이ᄒᆞ면 형셰가 반닷이 외로와 도아쥴 쟈가 업나니 그럼으로 ᄌᆞ긔를 보존ᄒᆞ는 ᄉᆞ상과 사회를 결합ᄒᆞ는 능력을 실졔 상에 나아가 아올나 힝ᄒᆞᆯ지어늘 셰상의 무식ᄒᆞᆫ 사ᄅᆞᆷ들은 두 가지가 셔로 모순되는 쥴로 넉이어 과불급ᄒᆞᆫ 거죠가 죵죵 잇스니 엇지 싱각지 못ᄒᆞᆫ 바가 안이니뇨

문 하등동물의 리히관계도 사ᄅᆞᆷ과 갓치 복잡ᄒᆞ뇨

답 하등동물의 리히는 본리 간단ᄒᆞ야 먹을 것을 구ᄒᆞᆫ다던지 자웅을 구

ᄒᆞᆫ다던지 젹국을 피ᄒᆞ랴는 몃 가지 일에 지나지 안이ᄒᆞ되 인류에 이르러는 그 복잡ᄒᆞᆫ 리히를 낫낫치 드러 말ᄒᆞᆯ 슈 업스며 다시 문명의 진보가 될ᄉᆞ록 사ᄅᆞᆷ의 욕망이 더욱 징가되는고로 하등동물은 다만 한두 가지 리히의 츙돌로 쥭을 힘으로ᄡᅥ 뎌항ᄒᆞ야 ᄉᆡᆼ명을 위ᄒᆞ는 경ᄌᆡᆼ을 ᄒᆞ거니와 인류에 이르러는 이갓흔 리히에 비록 츙돌이 잇스나 일변으로 얼마쯤 셔로 용셔ᄒᆞᆷ을 궁구ᄒᆞᆷ이 가ᄒᆞᆫ고로 극항의 힘을 다ᄒᆞ야 경ᄌᆡᆼᄒᆞᆷ은 미ᄀᆡ의 시ᄃᆡ 일이라 문명ᄒᆞᆫ 시ᄃᆡ가 된 이후로 그런 풍긔가 졈졈 소멸ᄒᆞ엿나니라 (1908.9.20)

문 문명시ᄃᆡ에는 단톄되는 힘이 야ᄆᆡ시ᄃᆡ에 츙돌ᄒᆞ는 힘보다 엇더ᄒᆞ뇨

답 문명시ᄃᆡ에는 젹으면 명예경ᄌᆡᆼ과 크면 국력소장(國力消長)의 경ᄌᆡᆼ이 모다 피ᄎᆞ 리히를 인ᄒᆞ야 셔로 용납지 안임이 업셔 맛참ᄂᆡ 단톄가 굿게 되나니 단톄의 힘을 츙돌ᄒᆞ는 힘에 비ᄒᆞ면 항상 강대ᄒᆞ니라

문 ᄌᆞ긔를 보존ᄒᆞ랴는 능력과 샤회를 결합ᄒᆞ랴는 능력이 피ᄎᆞ 졀ᄃᆡ뎍으로 각립이 되나뇨

답 엇지 졀ᄃᆡ뎍 각립이 되리오 인류의 ᄉᆡᆼ존이 비록 ᄌᆞ긔를 보존ᄒᆞ는 원동력(原動力)이 되엿스나 타인의 리히와 셔로 츙돌ᄒᆞᆷ에는 그 용납ᄒᆞᆷ을 불가불 구ᄒᆞᆯ지며 ᄯᅩ 사ᄅᆞᆷ이 샤회동물이 되야 ᄀᆡ인이 ᄀᆡ인과 경ᄌᆡᆼᄒᆞᆷ에 히가 만코 리가 젹이니 반닷이 단톄에 관계된 경ᄌᆡᆼ이 됨이 젹당ᄒᆞᆫ 리치라 ᄒᆞᆯ지니라

뎨습십ᄉᆞ쟝 ᄉᆞ상륜리(로동과 안식의 관계)

문 로동과 안식(勞働과 安息)이 엇더ᄒᆞᆫ 관계가 잇나뇨

답 사ᄅᆞᆷ이라는 쟈는 신톄와 졍신이 련합ᄒᆞ여 된 쟈인고로 유용지인이

되어야홀진디 뭇당히 두 가지가 아올나 발달됨을 구홀지나 정신의 작용은 항상 신톄의 좌지우지홈을 인ᄒᆞᄂᆞᆫ고로 불가불 신톄의 건강을 먼져 구홀지나 그러나 신톄를 건강코져 ᄒᆞ자면 맛당히 건강ᄒᆞᆫ 법도에 마질바를 구홀지니 비컨딕 로동ᄒᆞᆫ 삭에는 반닷이 피곤ᄒᆞᆫ즉 피곤ᄒᆞᆫ 쎄에는 불가불 안식ᄒᆞ여야 홀지라 고로 사ᄅᆞᆷ이 ᄆᆡ일을 삼분ᄒᆞ야 그 일분의 시간은 잠을 자ᄂᆞᆫ 것이 그 자기젼에 로동ᄒᆞ야 피곤ᄒᆞᆫ 바를 회복코져 홈이니 이로보면 로동과 ᄌᆞᆷ자ᄂᆞᆫ 것은 셔로 슌환ᄒᆞ야 신톄를 건강케 홈이니 이갓ᄒᆞᆫ 연후에야 비로소 가ᄒᆞ니라

문 아모리 잠을 자도 신톄의 피곤홈을 회복지 못홈이 잇슴은 엇진 연고이뇨

답 정신의 피곤은 ᄌᆞᆷ자ᄂᆞᆫ 것이 안이면 회복홈을 엇지 못ᄒᆞ되 모름즉이 령혼을 편히ᄒᆞ야 답답ᄒᆞ(고—인용자 주) 억울홈이 업게ᄒᆞ여야 이에 능히 효험이 잇슬지니라 (1908.9.23)

문 영혼을 편히 쉬고져 홈은 무슨 방법으로 ᄒᆞ나뇨

답 그 방법은 만일 학문에 죵ᄉᆞᄒᆞᄂᆞᆫ 쟈ᄂᆞᆫ 그 ᄇᆡ호ᄂᆞᆫ 바를 잠시 버리고 드을밧게 산보도 ᄒᆞ며 화초를 구경ᄒᆞ야 평일에 죵ᄉᆞᄒᆞ던 업무를 돈연히 잇져바려 정신을 안식ᄒᆞ나니 그러나 사ᄅᆞᆷᄆᆞ다 한 가지 셩벽이 각각 잇셔 게으른 셩질이 잇ᄂᆞᆫ 쟈ᄂᆞᆫ 게으름벽이 잇고 부즈런ᄒᆞᆫ 셩질이 잇ᄂᆞᆫ 쟈ᄂᆞᆫ 부즈런ᄒᆞᆫ 벽이 잇ᄂᆞᆫ고로 학싱된 쟈ᄂᆞᆫ 맛당히 부즈런 홀 쎄에ᄂᆞᆫ 모름즉이 한갈갓흔 뜻으로 공부에 죵심치지 ᄒᆞ다가 그 시간이 지나거던 곳 마암에 즐거온 바를 좃차 외계에 경치를 구경ᄒᆞ야 그 졍신을 상쾌활발케 ᄒᆞ나니라

문 ᄆᆡ일 몃 시간쯤을 졍신 안식ᄒᆞᄂᆞᆫ 시간으로 작뎡홈이 가ᄒᆞ뇨

답 ᄆᆡ일 두 시간쯤을 졍신 안식ᄒᆞᄂᆞᆫ 시간으로 작뎡홈이 알맛다 ᄒᆞ더니 현금 풍속은 ᄆᆡ일 두 시의 안식보다 칠일 동안에 하로식 쉬ᄂᆞᆫ 것이 젹당ᄒᆞ다 ᄒᆞ야 셰계 각국이 모다 통힝ᄒᆞ며 ᄯᅩ 험한과 혹셔의 심히 견딕기 어려온 쎄에ᄂᆞᆫ 반닷이 뎡학ᄒᆞ고 혹 바다가에도 가고 혹 산속과 들밧게도 가셔 각기 젹당ᄒᆞᆫ 법으로 신톄와 졍신의 건젼을 ᄭᅬᄒᆞ나니라

문 잠시 쉬지 안이ᄒᆞ고 공부ᄒᆞᄂᆞᆫ 학싱은 필경 지식이 얼마ᄶᅳᆷ 진보가 되지 안이ᄒᆞ겟나뇨

답 그러치 못ᄒᆞ니 더 다만 학문의 진보만 탐ᄂᆡ야 신톄의 ᄒᆡ로옴을 도라보지 안이ᄒᆞᄂᆞᆫ 쟈ㅣ 잇스나 이ᄂᆞᆫ 한갓 시톄에만 ᄒᆡ롭고 학문은 별로 더 진취되ᄂᆞᆫ 법이 업나니라

문 엇지ᄒᆞ야 그러ᄒᆞ뇨

답 사ᄅᆞᆷ의 졍신과 긔억력(記憶力)이 한도가 잇나니 만일 간간히 안식ᄒᆞ야 공부ᄒᆞᆯ ᄯᅢ에 피곤ᄒᆞᆫ 졍신과 허비ᄒᆞᆫ 긔억력을 회복지 안이ᄒᆞ면 골작이에 안긔 올음과 갓하 도로혀 현란ᄒᆞ나니 그럼으로 쉴 ᄯᅢᄂᆞᆫ 쉬여 안식ᄒᆞᄂᆞᆫ 것이 가ᄒᆞᆫ 일이니라

문 이상 문답과 갓흐면 쉬지 안이ᄒᆞ고 공부ᄒᆞᆫ 효험은 죠곰 업다ᄒᆞ나뇨

답 혹 공부 진보가 죠곰 더 되ᄂᆞᆫ 쟈도 잇스나 과도히 피곤ᄒᆞᆫ히로 불과 슈년 후면 졍신이 쇠약ᄒᆞ고 신톄가 잔핍ᄒᆞ나니라 (1908.9.24)

문 로동과 안식 두 가지에 한 가지도 편벽되히 폐치 못ᄒᆞ겟나뇨

답 이ᄂᆞᆫ 결단코 한 가지를 편벽되히 폐치 못ᄒᆞᆯ지나 동양사ᄅᆞᆷ의 ᄉᆞ상은 다만 부즈런ᄒᆞᆫ 리익만 알고 넘오 부즈런ᄒᆞᆫ ᄒᆡᄂᆞᆫ 아지 못ᄒᆞ야 신톄ᄂᆞᆫ 가뷔엽게 녁이고 졍신만 즁히 녁이어 졍신이 비록 용장ᄒᆞ더리도 ᄇᆡᆨ(魄)의 힘이 능히 도아쥬기 부족ᄒᆞ면 일톄 소망이 한갓 뷔인 ᄉᆡᆼ각 ᄲᅮᆫ이되야 그 목뎍을 달ᄒᆞᆯ 날이 업슬줄은 아지 못ᄒᆞ니 엇지 ᄀᆡ탄ᄒᆞᆯ 바이 안이리오 그럼으로 구쥬 각국에셔 교육ᄒᆞᄂᆞᆫ 방법에 덕육(德育) 지육(智育) 톄육(體育) 셰 가지로 난호아 젹당케 ᄒᆞ엿나니라

뎨삼십오장 ᄉᆞ상륜리(ᄌᆞ긔를 ᄉᆞ랑홈과 타인을 ᄉᆞ랑ᄒᆞᄂᆞᆫ 관계)

문 ᄉᆞ랑ᄒᆞᄂᆞᆫ ᄉᆞ상이 ᄌᆞ긔와 타인 간에 엇더ᄒᆞᆫ 관계가 잇나뇨

답 샤회 즁에 ᄉᆡᆼ존ᄒᆞᆫ 일 ᄀᆡ인이 되야 불가불 사ᄅᆞᆷ과 ᄌᆞ긔의 관계에 ᄇᆞᆰ아야 ᄒᆞᆯ지니 대ᄀᆡ 사ᄅᆞᆷ이라 ᄒᆞᄂᆞᆫ 것은 가히 외로히 셔셔 ᄶᅡᆨ이 업슬 슈 업스니 연고로 반ᄃᆞ시 피ᄎᆞ간 관계가 잇셔 혹 사ᄅᆞᆷ을 먼져ᄒᆞ고 사ᄅᆞᆷ을 뒤에도 ᄒᆞ며 혹 ᄌᆞ긔와 사ᄅᆞᆷ이 동등이 되야 일호도 틀임이 업기도 ᄒᆞ나니 혹쟈ㅣ 말ᄒᆞ기를 범ᄉᆞ를 당ᄒᆞ야셔 사ᄅᆞᆷ을 위ᄒᆞ야 ᄌᆞ긔를 잇져바리라 ᄒᆞᆷ은 이ᄂᆞᆫ 불과 극단의 의론이라 대톄로 말ᄒᆞ자면 다만 ᄌᆞ긔 사랑ᄒᆞᄂᆞᆫ 마암으로 사ᄅᆞᆷ을 ᄉᆞ랑홈이 보통의 도덕이 될지니라

문 사ᄅᆞᆷ이 샤회의 동물이 되야 친구가 업스면 능히 ᄉᆡᆼ존치 못ᄒᆞᆫ다 ᄒᆞ니 과연 그러ᄒᆞ뇨

답 그러ᄒᆞ니 사ᄅᆞᆷ이 되야 만일 친구가 업게되면 음식의 결핍홈과 일반으로 그 ᄉᆡᆼ명을 보존키 어려오니라

문 친구가 엇지ᄒᆞ야 음식갓치 소즁ᄒᆞ다 ᄒᆞ나뇨

답 무릇 사ᄅᆞᆷ이 셰상에 나ᄆᆡ 곳 친구가 잇는고로 그 귀즁홈을 ᄭᆡ닷지 못ᄒᆞ야 ᄂᆞᆯ로 호흡ᄒᆞ고 ᄉᆡᆼ명을 보존ᄒᆞᄂᆞᆫ 공긔를 아지 못ᄒᆞ야 급기 공긔가 불통ᄒᆞ야 호흡이 극히 어려온 ᄯᅢ에야 공긔의 즁홈을 ᄭᆡ다름과 흡ᄉᆞᄒᆞ니라 (1908.9.25)

문 공긔는 즘시라도 업스면 사ᄅᆞᆷ이 견ᄃᆡ지 못ᄒᆞ려니와 친구는 엇지ᄒᆞ야 그와 갓다 ᄒᆞ나뇨

답 사ᄅᆞᆷ이 만일 옥즁에 갓치어 잇던지 혹 셤즁에 귀양 가 잇슬 ᄯᅢ에 얼골을 ᄃᆡᄒᆞ야 졉어ᄒᆞᆯ 사ᄅᆞᆷ이 업고보면 비로소 젹막ᄒᆞ고 울답ᄒᆞ야 홀로 잇기 어려옴과 친구의 업지 못홈을 ᄭᆡ다를지라 고로 ᄌᆞ긔와 타인 사이에 결코 과히 구별을 두지 말지니라

문 그 리유를 셜명홈이 엇더ᄒᆞ뇨

답 나의 신톄를 위ᄒᆞᄂᆞᆫ 것은 나의 싱명을 보젼ᄒᆞᆷ이며 ᄯᅩ 나의 친구를 위ᄒᆞ여야 비로소 나의 싱명을 보젼ᄒᆞ나니 이럼으로 ᄌᆞ긔와 친구가 그 형상은 다르나 그 신톄ᄂᆞᆫ 일반이라 반닷이 셔로 도아쥬며 셔로 유익케 ᄒᆞ여야 사ᄅᆞᆷ과 ᄌᆞ긔의 관계를 완젼히 ᄒᆞ엿다 ᄒᆞᆯ지니라

문 리치가 임의 이와 갓흘진ᄃᆡ 샤회상이나 국가상으로 보면 엇더ᄒᆞᆫ ᄉᆞ실이 잇나뇨

답 나와 뎌 사ᄅᆞᆷ이 다 샤회 가온ᄃᆡ 한 사ᄅᆞᆷ이라 형뎨가 부모 실하에셔 장셩ᄒᆞᆷ과 흡ᄉᆞᄒᆞ니 그 친분을 말ᄒᆞ면 그 사이에 형뎨의 구별이 불가불 잇슬지라 형 된 쟈ᄂᆞᆫ 형의 본분이 잇셔 곳 아오 ᄃᆡᄒᆞᄂᆞᆫ 권리가 잇고 아오된 쟈도 ᄯᅩᄒᆞᆫ 아오의 칙임이 잇셔 곳 형을 셤기ᄂᆞᆫ 의무가 잇나니 피ᄎᆞ간에 임의 그런 구별이 잇고보면 형이 아오을 ᄃᆡᄒᆞᆷᄋᆡ 반닷이 아오을 먼져 ᄒᆞ고 ᄌᆞ긔를 뒤에 ᄒᆞ여야 형이 형의 본분이 잇ᄂᆞᆫ 것이 안이라 아오가 비록 형을 먼져 ᄒᆞ고 자긔를 뒤에 ᄒᆞᆫᄃᆡ도 ᄯᅩᄒᆞᆫ 불과 ᄌᆞ긔의 본분을 직힘에 지나지 못ᄒᆞᆷ이니 이로 밀어 국가의 죠직을 말ᄒᆞᆯ진ᄃᆡ 역시 ᄌᆞ긔의 직업을 ᄯᅡ라 혹 먼져도 ᄒᆞ고 혹 뒤에도 ᄒᆞ야 몸의 무거온 칙임을 가진 쟈ᄂᆞᆫ 그 의무도 무거오며 그 의무가 가뷔여온 쟈ᄂᆞᆫ 그 칙임도 ᄯᅩᄒᆞᆫ 젹으니라

문 공ᄉᆞ(公私)와 ᄉᆞ교(私交)의 차별이 잇나뇨 업나뇨

답 다소간 차별이 잇나니 가량 공ᄉᆞ로 말ᄒᆞ면 상하와 션후경즁의 구별이 업지 못ᄒᆞ되 ᄉᆞ교로 말ᄒᆞ면 피ᄎᆞ간에 갑을이 다름이 업셔 모다 평등이 되나 그러나 사ᄅᆞᆷ이 능ᄒᆞᆫ 쟈도 잇고 능치 못ᄒᆞᆫ 쟈도 잇스며 혹 덕망이 넉넉ᄒᆞᆫ 쟈도 잇고 혹 지혜가 넉넉ᄒᆞᆫ 쟈도 잇고 혹 기슐이 만흔 쟈도 잇고 혹 긔모에 소졸ᄒᆞᆫ 쟈도 잇스며 로소남녀의 다름이 ᄯᅩᄒᆞᆫ 잇나니 이ᄂᆞᆫ 교졔상에 구별이 엇지 ᄒᆞᆯ 슈 업시 잇ᄂᆞᆫ 바이니라 (1908.9.26)

문 사ᄅᆞᆷ이 거만ᄒᆞᆷ은 물론 악ᄒᆞᆫ 일이어니와 겸손ᄒᆞᆷ은 극단에 이른ᄃᆡ도 됴흔 일이뇨

답 겸손이 비록 됴흔 일이나 넘오 과도ᄒᆞ면 사ᄅᆞᆷ을 먼져ᄒᆞ고 ᄌᆞ긔를 뒤에 ᄒᆞᆯ지니 이ᄂᆞᆫ ᄌᆞ긔의 지능을 리용치 못ᄒᆞᆷ이라 비록 ᄌᆞ긔의 의무를 다

ᄒᆞ지 못ᄒᆞᆷ일ᄲᅮᆫ더러 샤회상에 손히됨이 젹지 안이ᄒᆞ니라

문 동양의 륜리는 겸손으로 쥬장치 안이ᄒᆞ나뇨

답 동양의 륜리는 ᄌᆞ긔의 ᄉᆞ상은 미련ᄒᆞᆷ으로 ᄌᆞ쳐ᄒᆞᆷ이 아름다온 덕으로 녁이나 그러나 그갓치 과도히 겸손ᄒᆞᆷ으로 도로혀 의무를 져바림이 잇나니 고로 만일 ᄌᆞ긔의 기능에 합당ᄒᆞᆫ 바이 잇거던 맛당히 칙임을 ᄃᆞᄒᆞ야 공익을 도모ᄒᆞᆯ지니 이ᄂᆞᆫ 단톄에 ᄃᆡᄒᆞ야 ᄌᆞ긔의 소장을 자랑ᄒᆞᆷ이 안이오 실로 단톄를 위ᄒᆞ야 ᄌᆞ긔의 힘을 다ᄒᆞᆷ이니라

뎨삼십륙장 ᄉᆞ상륜리(직업의 션턱)

문 사ᄅᆞᆷ의 얼골은 쳔만인이 셔로 갓치 안이ᄒᆞ거니와 그 마암은 엇더ᄒᆞ뇨

답 사ᄅᆞᆷ의 마옴도 갓지 안이ᄒᆞᆷ이 얼골의 다름과 갓ᄒᆞ니라

문 만일 마암이 갓지 안이ᄒᆞ면 피ᄎᆞ간 갓흔 ᄉᆞ업을 뎟지 진힝ᄒᆞ나뇨

답 그럼으로 혹 편벽된 쟈가 잇던가 부족ᄒᆞᆫ 자가 잇스면 반듯이 교육으로 그 이즈러진 바를 기웁나니 이ᄂᆞᆫ 교육의 가히 귀ᄒᆞᆫ 바이니라

문 교육이 잇셔 갓흔 일로 가라치면 한갈갓흔 사ᄅᆞᆷ이 되게 ᄒᆞ겟나뇨

답 이ᄂᆞᆫ 심히 어려온 일이니 엇지ᄒᆞ야 그러냐 ᄒᆞ면 사ᄅᆞᆷ마다 각각 하날이 ᄂᆡ신 긔질이 갓지 못ᄒᆞᆫ 연고이니라

문 긔질이 엇더케 갓지 안이ᄒᆞ뇨

답 셔양 심리학ᄌᆞ의 이른바 그 사ᄅᆞᆷ의 셩품은 비록 활발ᄒᆞ야 일에 나아가기를 용밍케 ᄒᆞ나 그 용밍ᄒᆞᆫ 긔운이 능히 오ᄅᆡ 가지 못ᄒᆞᄂᆞᆫ 쟈가 잇나니 이ᄂᆞᆫ 다혈질(多血質)이라 ᄒᆞ며 (1908.9.27)

셩품이 활발치ᄂᆞᆫ 못ᄒᆞ나 굿셰고 무거워 빅번 썩거도 흔들이지 안이ᄒᆞᄂᆞᆫ 쟈ᄂᆞᆫ 담집질(膽汁質)이라 ᄒᆞ며 혹 언론이 심히 굿건ᄒᆞ야 빅번 변ᄒᆞ야도

밧귀지 안이ᄒᆞᄂᆞᆫ 쟈를 긔울셩(氣鬱性)이라 ᄒᆞ며 혹 호믈만치도 뎡ᄒᆞᆫ 의견이 업셔 쥬착업시 변역ᄒᆞᄂᆞᆫ 쟈ᄂᆞᆫ 졈익질(粘液質)이라 ᄒᆞ나니라

문 이갓흔 여러 가지가 장셩ᄒᆞᆫ 쟈의 긔질을 말홈이뇨 아동의 긔질을 말홈이뇨 아동의 긔질을 말홈이뇨

답 이ᄂᆞᆫ 비록 아동의 긔질을 말홈이나 이제 이 긔질을 여러 가지 시긔에 난호앗스니 아동시긔에ᄂᆞᆫ 다혈질에 갓갑고 쳥ᄌᆞ년시긔에ᄂᆞᆫ 담집질에 갓갑고 장년시긔에ᄂᆞᆫ 긔울셩에 갓갑고 로년시긔에ᄂᆞᆫ 졈익질에 갓가오니라

문 그 다음에ᄂᆞᆫ 더 의론홀 긔질이 업나뇨

답 긔질로ᄂᆞᆫ 더 말홀 것 업거니와 이제 졍신의 경향(傾向)을 의론ᄒᆞ노니 셰상 물리를 연구홈에 젹당ᄒᆞᆫ 사ᄅᆞᆷ은 궁리를 됴화ᄒᆞᄂᆞᆫ 쟈이오 림시쳐변을 잘ᄒᆞᄂᆞᆫ 사ᄅᆞᆷ은 미미를 밀활케 ᄒᆞᄂᆞᆫ 상고가와 응디에 실슈업ᄂᆞᆫ 외교가이오 긔억ᄒᆞᄂᆞᆫ 힘이 극히 만흔 사ᄅᆞᆷ은 화공의 그림 그리ᄂᆞᆫ 것과 문ᄉᆞ가 글짓ᄂᆞᆫ 등의 죵ᄉᆞᄒᆞᄂᆞᆫ 쟈이오 슈리에 졍통ᄒᆞᆫ 사ᄅᆞᆷ은 토목과 긔계학기ᄉᆞ되ᄂᆞᆫ 쟈이니 졍신의 경향은 한 가지에 편벽되지 안이ᄒᆞ나 그러나 대략으로 말홀진ᄃᆡ 혹 리학상으로 편벽된 쟈도 잇고 실졔상으로 편벽된 쟈도 잇고 혹 문학 등ᄉᆞ에 편벽된 쟈도 잇고 혹 토목긔계 등 일에 편벽된 쟈이 잇나니 이ᄂᆞᆫ 사ᄅᆞᆷ의 셩품에 면치 못홀 쟈이니라

문 그 졍신의 경향을 아라셔ᄂᆞᆫ 무엇에 쓰나뇨

답 졍신의 경향을 불가불 아라야 아동을 가라침에 맛당히 그 경향홈을 류의ᄒᆞ야 시암물 인도ᄒᆞᆫ덧 홀지며 쳥년의 션비가 ᄯᅩᄒᆞᆫ 불가불 ᄌᆞ긔의 경향을 ᄉᆡᆰ히어야 아모 일이던지 한 가지 업을 턱ᄒᆞ야 평싱 ᄉᆞ무를 뎡홀지니라

문 그와갓홀진ᄃᆡ 셰젼지업이 어ᄃᆡ로 좃차 싱기나뇨

답 동양의 셰젼지업이라 ᄒᆞᄂᆞᆫ 말이 야미함에셔 싱긴 말이라 ᄒᆞ야도 가ᄒᆞ니 가량 아비가 상업가인ᄃᆡ 그 아달이 상업에 가합지 안이ᄒᆞ면 곳 하우로 지목ᄒᆞ며 아비가 문학가인ᄃᆡ 그 아달이 문학에 젹당치 안이면 곳 졍신이 박약ᄒᆞᆫ 쥴로 넉여 사ᄅᆞᆷ이 각각 한 가지 능이 잇ᄂᆞᆫ 것은 아지 못ᄒᆞ나니 엇지 ᄀᆡ탄치 안이ᄒᆞ리오 (1908.9.29)

그런고로 부형된 쟈ㅣ 맛당히 그 ᄌ뎨 셩질의 갓가온 바를 숣히며 그 지죠의 소장을 취ᄒ야 아모죠록 발달케 ᄒ며 리용케 홀지오 쳥년이 직업을 스ᄉ로 턱홈도 쏘ᄒᆫ 이와 갓치 홀지니 대기 셩질의 맛고 안이 맛는 것을 결뎡ᄒ면 곳 그 일의 셩공여부가 임의 반씀은 뎡ᄒ엿다 ᄒ야도 그른 말이 안이니라

문 사ᄅᆷ의 눈이 능히 쳔리밧은 볼지언뎡 능히 졔 눈셥은 보지 못ᄒ며 일홈난 의원이 남의 병은 곳치되 졔 병은 다ᄉ리지 못ᄒ나니 졍신의 발달이 임의 오린 쟈도 이러ᄒ거던 함을며 혈긔가 미뎡ᄒ야 졍신이 오히려 어린 쳥년이 엇지 능히 ᄌ긔의 졍신으로 ᄌ긔의 직업홀 바를 판단ᄒ나뇨

답 그런고로 직업을 취턱ᄒ랴면 맛당히 부형에게 엿쥬며 친구에게 무르며 스승에게 질뎡ᄒ야 그 방향을 턱ᄒ되 쏘ᄒᆫ 깁히 싱각ᄒ고 익히 궁리ᄒᆫ 연후에야 비로소 평싱의 ᄉ업을 뎡ᄒ나니라

문 ᄉ업을 잘 못 턱ᄒ면 그 영향이 엇더홈에 이르나뇨

답 쳥년의 마암이라는 것은 항상 운무의 마를 입어 각죵의 욕망과 명예 구ᄒ는 졍욕이 싱기나니 욕망과 졍욕이라는 쟈는 곳 ᄉ업을 취턱홈에 희미케 ᄒ는 구름과 안ᄀ|라 가량 군인의 셩ᄒᆫ 복장과 풍치의 활블홈을 보면 곳 ᄌ긔가 만일 군인이면 얼마씀 유쾌홀지니 남ᄌ가 되야셔 불가불 군인으로 평싱을 보니는 일이 가ᄒ다 ᄒ야 마음에 한 번 감동되면 그 소장과 소단을 계교홀 겨를업시 군인되기로 결심ᄒ나니 다힝히 그 사ᄅᆷ이 군인의 셩질이 잇스면 오히려 큰 히가 업거니와 만일 젹당치 못ᄒ야 문학가가 되던지 졍치가가 되던지 가히 뎨 일등의 인물이 될 쟈라도 그릇 군인이 되어 하등졸에 지나지 못ᄒ면 그 한 번 싱각 잘 못 드러간 히가 엇더타 ᄒ겟나뇨 쏘 쳥년의 ᄒᆫ 사ᄅᆷ이 잇셔 셩품이 극히 춍명영오ᄒ야 한 가지 일에 죵ᄉᄒ면 타인보다 우승홀지어날 스ᄉ로 춍명함만 밋고 혹 이 일에 진력ᄒ다가 혹 뎌일을 연구ᄒ야 이일 뎌일 ᄒ는 바마다 사ᄅᆷ의 칭찬은 드럿스나 그러나 그 결과는 심상ᄒᆫ 사ᄅᆷ보다는 죠곰 나흐나 젼문공부ᄒᆫ 사ᄅᆷ에게 비ᄒ면 얼마씀 뒤ᄶ|러져 맛참니 한 가지 지죠도 타인보다 탁월홈이 업나니 이는 졍신을 그릇 씀으로 텬부ᄒ신 특별ᄒᆫ 셩질을 져바림이니

엇지 앗갑지 안이ᄒᆞ리오 (1908.9.30)

문 분업(分業)은 엇지ᄒᆞ야 잇나뇨

답 지금 샤회ᄂᆞᆫ 날로 더 복잡ᄒᆞᆫ 형세가 잇셔 분업ᄒᆞᄂᆞᆫ 일이 ᄉᆡᆼ겻나니 만일 젼문가가 안이면 경ᄌᆡᆼᄒᆞᄂᆞᆫ 마당에 셔기가 어려오니라

문 젼문가ᄂᆞᆫ ᄌᆞ초로 젼문공부를 ᄒᆞ나뇨

답 젼문을 ᄇᆡ호랴 ᄒᆞᄂᆞᆫ 사ᄅᆞᆷ도 반ᄃᆞ시 보통학문으로 긔초를 삼지 안이ᄒᆞ면 거연히 젼문ᄃᆡ경에 드러가지 못ᄒᆞ나니 한갓 젼문만 구ᄒᆞ노라고 보통지식에 암ᄆᆡᄒᆞᆫ 쟈ᄂᆞᆫ 량실ᄒᆞᄂᆞᆫ 폐단이 업지 안이ᄒᆞ니라

뎨삼십칠장 ᄉᆞ상륜리(지와 ᄒᆡᆼ의 관계)

문 사ᄅᆞᆷ의 지(知)와 ᄒᆡᆼ(行)의 관계가 엇더ᄒᆞ뇨

답 ᄌᆞ고이리로 지와 ᄒᆡᆼ을 합ᄒᆞ야 한 가지로 말ᄒᆞᄂᆞᆫ 쟈ㅣ 지와 ᄒᆡᆼ이 ᄌᆞ연뎍으로 합ᄒᆞᄂᆞᆫ 리치가 안이라 그 사이가 비록 ᄯᅥ나고 막혓스나 가히ᄡᅥ 사ᄅᆞᆷ의 힘으로 합일케 ᄒᆞᄂᆞᆫ 리치가 잇다ᄒᆞᆯ ᄲᅮᆫ이오 그리치ᄂᆞᆫ ᄌᆞ셰 셜명치 안이ᄒᆞ얏도다 그러나 이졔 그 합ᄒᆞᄂᆞᆫ 리치를 알고져 ᄒᆞᆯ진ᄃᆡ 모름즉이 지식이 ᄇᆞᆰ아야 ᄒᆞᆯ 것이오 지식이 ᄇᆞᆰ지 못ᄒᆞ면 먹은 음식이 위경에셔 소화키 능치 못ᄒᆞᆷ과 갓치 필경 마암의 건강을 ᄒᆡ롭게 ᄒᆞᆯ지며 ᄯᅩ 겨오 ᄉᆞ리의 일단만 알고 그 젼톄ᄂᆞᆫ 아지 못ᄒᆞ야 항상 오ᄒᆡ ᄒᆞᆷ이 ᄉᆡᆼ기며 혹 반ᄃᆡ의 결과도 잇고 뎨이ᄂᆞᆫ 한 가지 일을 익히 알고져 ᄒᆞ며 ᄯᅩ 한 가지 일만 아ᄂᆞᆫ 것이 족지 못ᄒᆞ야 반ᄃᆞ시 각죵의 관계를 ᄇᆞᆰ히 알아야 ᄒᆞᆯ지니 비컨ᄃᆡ 명예를 연구코져 ᄒᆞᄂᆞᆫ 셩질이 비단 심리상과 샤회샹에 명예의 엇더ᄒᆞᆷ을 구ᄒᆞᆯ ᄲᅮᆫ안이라 반ᄃᆞ시 명예와 일신관계의 엇더ᄒᆞᆷ을 낫낫치 연구ᄒᆞ야 쳐음에ᄂᆞᆫ ᄉᆞ상의 활동ᄒᆞᄂᆞᆫ 힘으로 일톄ᄒᆡᆼ위를 졔어ᄒᆞ고 뎨삼은 가히 실ᄒᆡᆼᄒᆞᆯ ᄉᆡᆼ각과

실힝치 못홀 싱각을 아모죠록 분명히 구별ᄒᆞ야 실힝홈을 구홀지니라

문 그러면 엇더ᄒᆞᆫ 일은 실힝홀 바며 엇더ᄒᆞᆫ 일은 실힝치 못홀 바이뇨

답 물론 경당ᄒᆞᆫ 일은 실힝ᄒᆞ고 젹당치 못ᄒᆞᆫ 일은 실힝치 못홀지나 정치와 도덕 등에 관계되ᄂᆞᆫ 바ᄂᆞᆫ 긔어히 실힝ᄒᆞ기로 목뎍을 삼을지니라

문 그 실힝홈을 엇더케 ᄒᆞ나뇨

답 그 실힝ᄒᆞ기로 목뎍ᄒᆞᆫ 일은 힘의 밋치ᄂᆞᆫ 바ᄭᆞ지 다ᄒᆞ야 뷔인 싱각을 다 바리고 실제를 구ᄒᆞ기만 홀지니라 (1908.10.1)

실졔로 힘뻐 힝ᄒᆞ기를 말지 안이ᄒᆞ면 그 결과ᄂᆞᆫ 졈졈 습관이 변ᄒᆞ야 ᄉᆞ상의 방향과 힝위의 방향이 아올나 힝ᄒᆞ고 억으러지지 안이홀지오 뎨ᄉᆞᄂᆞᆫ 녯날 습관을 버릴지니 무릇 사ᄅᆞᆷ이 여러 가지 경우 가온ᄃᆡ 싱쟝ᄒᆞ야 혹 힝복의 경우에셔 살며 혹 불힝의 경우에셔 살아 그 경우ᄂᆞᆫ 비록 갓치 안이ᄒᆞ나 그러나 그 형사 업시 속박 밧기ᄂᆞᆫ 일반이라 습관의 셰력이 심히 강ᄒᆞ야 비록 착ᄒᆞᆫ 쟈라도 그 범위에 버셔나기 어려온고로 일톄구습을 타파ᄒᆞ지 안이면 슈신(修身)홈에 극히 방히가 잇나니 그 타파ᄒᆞᄂᆞᆫ 것을 긔독교에ᄂᆞᆫ 깅싱(更生)이라 ᄒᆞ고 불교에ᄂᆞᆫ 오(悟)라 ᄒᆞ고 철학가에ᄂᆞᆫ 신싱명(新生命)이라 ᄒᆞ얏스니 실상은 모다 의혹을 바리고 참리치를 구홈이라 이로 말미암아 말홀진ᄃᆡ 지(知)와 힝(行)이 ᄌᆞ연히 합ᄒᆞᄂᆞᆫ 것이 안이오 얼마쯤 공부와 약간의 근면을 허비ᄒᆞᆫ 뒤에야 졈ᄎᆞ 그 목뎍을 달ᄒᆞ나니 힝ᄒᆞ기도 어렵거니와 알기도 쉽지 안이ᄒᆞ니라

뎨삽십팔쟝 ᄉᆞ상륜리(욕망론)

문 욕망이 사ᄅᆞᆷ에게 엇더ᄒᆞᆫ 리히가 잇나뇨

답 욕망이라 ᄒᆞᄂᆞᆫ 것은 사ᄅᆞᆷ이 면치 못홀 바이니 만일 타인과 츙돌이

안이되는 것이어던 맛당히 발달됨을 구홀지니라

문 그 블달됨을 구홈은 고금이 일반이뇨

답 고딕 종교가에셔는 욕심 끈키로 목뎍을 삼아 혹 츄ᄒᆞ게 먹기도 ᄒᆞ며 혹 장가도 안이들어 욕심 끈는 것으로 인싱의 고샹ᄒᆞᆫ 일로 넉이어 급기 결과는 사름으로 ᄒᆞ야곰 용렬타티홈에 빠져 진취의 긔상이 업게 ᄒᆞ엿나니라

문 녯적을 긔명시딕라 ᄒᆞ나뇨 미긔시딕라 ᄒᆞ나뇨

답 곳 미긔시딕니 그ᄯᅢ에는 사름의 욕망이 결픕ᄒᆞ면 법도를 일어 비록 타인의 권리를 범ᄒᆞ야도 죠곰도 변괴로 아지 안이ᄒᆞ야 그 폐가 징탈(爭奪)ᄒᆞ며 상살(相殺)ᄒᆞ야 사름의 근심이 되게 ᄒᆞ는고로 이 시딕에는 불가불 압졔를 힝ᄒᆞ얏슴으로 그ᄯᅢ 륜리를 압제륜리라 ᄒᆞ얏나니라

문 그 뒤로 차차 엇더ᄒᆞᆫ 욕망이 싱겻나뇨

답 문명이 졈졈 열님으로 각 사름의 욕망이 모다 고샹ᄒᆞᆫ 형셰에 날로 나아가 됴흔 질셔(秩序)의 욕망과 사름과 갓치 즐길 욕망 등이 되엿나니라

문 됴흔 질셔의 욕망과 사름과 갓치 즐길 욕망은 엇더ᄒᆞᆫ 것이뇨

답 됴흔 질셔의 욕망은 곳 법률로 근본을 삼은 바이오 갓치 즐기는 욕망은 넓히 사랑ᄒᆞ며 ᄌᆞ션의 일이니라 (1908.10.2)

문 욕망이 임의 블돌된 이러로는 압졔륜리가 업셔졋나뇨

답 욕망이 발달되면 압졔륜리는 ᄌᆞ연 젹당치 못ᄒᆞ며 비단 압제슈단만 쓰지 안이홀 ᄲᅮᆫ더러 아모죠록 고상ᄒᆞᆫ 욕망을 장려ᄒᆞ야 각각 한 가지 큰 욕망으로 그 만죡홈을 구ᄒᆞ나니 그럼으로 샤회의 진보와 인류의 진화가 모다 이에 잇냐니라

뎨ᄉᆞᆷ십구쟝 ᄉᆞ상륜리(검소와 ᄉᆞ치)

문 빈부ᄂᆞᆫ 엇더ᄒᆞᆫ 리치가 잇나뇨

답 사ᄅᆞᆷ이 쳐음 나ᄆᆡ 모다 부모의 빈부뎡도를 의지ᄒᆞ야 ᄉᆡᆼ활ᄒᆞᄂᆞᆫ고로 혹 호부ᄒᆞᆫ 집에셔 ᄉᆡᆼ장ᄒᆞ며 혹 빈곤ᄒᆞᆫ 집에셔 ᄉᆡᆼ장ᄒᆞ나니 이ᄂᆞᆫ ᄌᆞ연의 리치라 하날을 원망ᄒᆞ야도 쓸ᄃᆡ업도다 불교에 인과(因果)를 말ᄒᆞ얏스되 젼ᄉᆡᆼ에 젹덕을 ᄒᆞ면 이ᄉᆡᆼ에 그 갑흠을 밧고 젼ᄉᆡᆼ에 젹악을 ᄒᆞ면 이ᄉᆡᆼ에 그 벌을 밧ᄂᆞᆫ다 ᄒᆞ얏스나 그러나 그 말이 륜리학 범위 밧 의론이라 륜리학쟈ᄂᆞᆫ 다만 장뎡이 되야 부모를 ᄯᅥ나셔 ᄉᆡᆼ계를 ᄒᆞᄂᆞᆫ 쟈의 독립ᄒᆞᆯ 힘이 잇ᄂᆞᆫ 쟈를 언론ᄒᆞ얏나니라

문 독립ᄒᆞᆯ 힘만 잇스면 가히 치부ᄒᆞ겟나뇨

답 사ᄅᆞᆷ이 임의 독립ᄉᆡᆼ활ᄒᆞ야 ᄌᆡ죠가 가히 치부ᄒᆞᆯ 쟈이라도 그 소비가 반ᄃᆞ시 만흘지니 용렬ᄒᆞ고 록록ᄒᆞᆫ 자ᄂᆞᆫ 져절로 검소ᄒᆞ야질지라 이럼으로 비록 사치를 비상히 ᄒᆞᆯ지라도 이ᄂᆞᆫ 남의 것이 안이라 ᄌᆞ긔의 힘으로 ᄌᆞ긔가 사치흠이니 타인으 간셥ᄒᆞᆯ 바 안이라 ᄒᆞ나 다시 ᄉᆡᆼ각ᄒᆞ면 실로 그러치 안이ᄒᆞ니라

문 무엇이 그러치 안이ᄒᆞ다 ᄒᆞ나뇨

답 사ᄅᆞᆷ의 비용을 셰 가지에 남호아 보면 뎨일은 ᄉᆡᆼ활상에 가히 업지 못ᄒᆞᆯ 부비니 곳 의식쥬 등이라 ᄉᆡᆼ계상에 이것을 가라쳐 말ᄒᆞ기를 필요품이라 ᄒᆞ며 뎨이ᄂᆞᆫ 졍당ᄒᆞᆫ 비용이니 이 비용은 비록 ᄉᆡᆼ활상에 의례 잇슬바ᄂᆞᆫ 안이나 그러나 샤회상에셔 그 톄면을 유지ᄒᆞ랴던지 타인에게 신용을 엇으랴 ᄒᆞ던지 그 쓰ᄂᆞᆫ 바가 의식쥬 셰 가지나 일반으로 긴요ᄒᆞᆫ 물품이 되나니 이 두 가지ᄂᆞᆫ 다 한뎡이 잇ᄂᆞᆫ 비용이며 뎨삼은 사치의 쓰ᄂᆞᆫ 것이니 이ᄂᆞᆫ 한뎡이 업셔 녯적 ᄉᆞ긔를 볼지라도 그 젼례가 업지 안이ᄒᆞ니 상나라 쥬의 육산포림과 셕숭의 밀초로 불ᄡᅧ던 것과 ᄯᅩ 로마 일 황후의 우유로 목욕ᄒᆞ던 등ᄉᆞ가 신톄의 건강을 위흠도 안이오 지식발달을 위흠도 안이라 불과 일시의 쾌락을 위ᄒᆞᆯ ᄶᅡ름이니라 (1908.10.3)

문 싱계학에는 샤치와 검소를 엇더케 물호얏나뇨

답 싱계학으로 볼진딕 그 의론이 두 가지로 난호얏스니 일은 사치가 실업을 장려호는 바이라 호고 일은 사치의 실업을 장려홈이 실로 우연호 일이오 실업을 장려홈은 각죵의 방법이 별로 잇다 호엿나니라

문 그 두 가지 의론에 엇던 것이 졍당호다 호겟나뇨

답 나도 또호 사치가 실업을 장려혼다 호나 그러나 실업을 장려호는딕 사치가 필요호다고는 못호겟노라

문 엇지호야 그러호뇨

답 실제로 상고호건딕 사치라 호는 일이 사룸의 정신을 게으르게 홈도 잇고 사룸의 진보홀 형세를 막기도 호야 샤회발뎐에 진실로 큰 히가 되나니 로마 말년을 볼진딕 가히 그 딕기를 알지로다 고로 비록 즈긔의 직력으로써 금젼을 엇엇다 호더릭도 한갓 사치에만 소비호면 갓가오면 신톄상에 지긔가 쇠약홀 근심이 잇고 멀면 풍속을 문란케 홀가 두려워 홈이 잇슬지니라

문 사룸마다 직물 져츅홈은 무엇에 쓰자는 목뎍이뇨

답 사람의 직물을 모음은 결단코 사치에 소비호기로 목뎍홈이 안이라 반닷이 샤회 상에 쓸만혼딕 허비호여야 비로소 가호 도리를 엇엇다 홀지며 검소는 젼직를 싱명갓치 즁히 넉이여 쥴이고 헐벗는 것을 참고 견딕라 홈이 안이라 당연히 쓸딕만 쓰고 무익호 허비는 감싱호얏다가 국가의 쓸 일이 잇슬 씨에 쓰게 호는 바이니라

문 국가의 엇더호 일에 쓰나뇨

답 국가ᄉ업은 이로 다 말홀 슈 업거니와 대강 말호자면 가량 교육ᄉ업과 즈션ᄉ업과 학리를 연구호는 ᄉ업 등이니 즉졉으로 국가의 급무는 안이되나 국가를 위호야 뒷일의 쥰비는 젹지 안이케 되나니 그럼으로 직산이 넉넉호 쟈ㅣ 힘을 합호야 연죠호야 됴흔 ᄉ업을 셩취홈이 실로 국가를 향호야 뎨일 큰 리익이라 홀지니라 (1908.10.4)

문 뎌 구미의 직산가들이 평싱에 져츅호 바를 엇더케 쓰나뇨

답 구미직산가들은 림죵시에 슈ᄇᆡᆨ만금을 연죠ᄒᆞ야 큰학교를 건츅ᄒᆞ야 신긔ᄒᆞᆫ 학리를 불명케ᄒᆞ며 혹 큰 병원을 건츅ᄒᆞ야 빈한ᄒᆞᆫ 병인을 무슈히 구원ᄒᆞ며 혹 큰 고아원을 셜립ᄒᆞ야 불상ᄒᆞᆫ 고아를 붓드러 쥬기도 ᄒᆞᄂᆞᆫ 등 됴흔 ᄉᆞ업이 한두 가지가 안이니 이ᄂᆞᆫ 실로 ᄌᆡ물쓰ᄂᆞᆫ 됴흔 모범이니라

뎨ᄉᆞ십장 ᄉᆞ상륜리(잔인의 마암을 버릴 일)

문 잔인ᄒᆞᆫ 마암은 엇더ᄒᆞᆫ 인격이 잇나뇨

답 사ᄅᆞᆷ이 문명ᄒᆞᆫ ᄯᅢ에 남은 실로 막대ᄒᆞᆫ ᄒᆡᆼ복이라 고로 불가불 문명의 ᄌᆞ격을 갓초아야 ᄒᆞᆯ지니 야만의 사ᄅᆞᆷ은 문명ᄒᆞᆫ 사ᄅᆞᆷ과 구별됨이 여러 가지 일이니 이졔 한 가지만 위션 의론ᄒᆞ자면 야만인의 심졍은 능히 발달치 못ᄒᆞ야 그 츄포 잔인ᄒᆞᆷ을 가히 뎔ᄒᆞᆯ 슈 업셧나니라

문 그 잔인ᄒᆞᆫ ᄉᆞ건을 대강 드러 말ᄒᆞᆷ이 엇더ᄒᆞ뇨

답 뎌 야만ᄉᆡᄃᆡᄂᆞᆫ 각죵 ᄉᆡᆼ물과 일반 인류가 ᄯᅳᆺ을 갓치 ᄒᆞᆷ이 아죠 업셔 그 ᄉᆡᆼ물을 잔ᄒᆡᆨ함은 칙량ᄒᆞ야 말ᄒᆞᆯ 슈 업거니와 동등의 인류사이에도 만일 ᄌᆞ긔의 부탁 곳 안이면 무시로 죽이ᄂᆞᆫ 것을 유쾌히 넉이엇나니라

문 그 다음에ᄂᆞᆫ 사ᄅᆞᆷ의 마ᄋᆞᆷ이 차차 엇더케 되엿나뇨

답 야ᄆᆡᄒᆞᆫ ᄉᆡᄃᆡ가 변ᄒᆞ야 문명ᄒᆞᆷ으로 졈졈 나아옴ᄋᆡ 인류의 셔로 ᄋᆡᆺ기ᄂᆞᆫ 범위가 차차 넓어져셔 한 집으로 한 결네에 이르며 한 결네로 말ᄆᆡ암아 젼국에 밋쳣도다 가량 노례를 ᄆᆡᄆᆡᄒᆞᄂᆞᆫ 한 가지 일로 말ᄒᆞᆫᄃᆡ도 셰계 즁 문명각국은 다 이 졔도를 폐ᄒᆞ엿나니 대ᄀᆡ 뎌 무리들의 신례의 용모와 밋 지식의 뎡도ᄂᆞᆫ 비록 용렬ᄒᆞ나 그러나 하날이 품부ᄒᆞ신 형질은 사ᄅᆞᆷ 우에 ᄯᅩ 샤ᄅᆞᆷ이 업고 사ᄅᆞᆷ 아레 ᄯᅩ 사ᄅᆞᆷ이 업슨즉 인졍의 불돌됨을 ᄯᅡ라 드듸여 일톄 인류가 모다 동등으로 알고 그ᄲᅮᆫ 안이라 젹국 사이에도 한갓 살육ᄒᆞ기로 일을 삼지 안이ᄒᆞ고 셔로 동졍을 표ᄒᆞ얏나뇨

답 이는 곳 적십ᄌᆞ샤의 죠직홈을 보면 가히 짐작홀지니 적십자샤는 물론 엇더ᄒᆞᆫ 나라ᄉᆞ졸이던지 젼투ᄒᆞᄂᆞᆫ 힘을 일어 슯흐고 볼상케 즁상을 당ᄒᆞᆫ 쟈ㅣ 잇스면 젹국 사ᄅᆞᆷ이라고 칭하가 업시 아모죠록 치료ᄒᆞ야 그 건젼홈을 도모ᄒᆞ나니 인졍발달의 젼도가 한량이 업도다 (1908.10.6)

문 아히가 쳐엄 나셔 어릴 ᄶᅢ로부터 장뎡이 되기ᄭᅡ지 소경력의 시긔가 엇더ᄒᆞ뇨

답 그 시긔가 여러 가지니 진화론(進化論)의 말ᄒᆞᆫ 바와 갓치 그 소경력의 시긔가 흡ᄉᆞ히 인류의 슈쳔년을 지ᄂᆡ여 진화홈과 일반이라 그 쳐엄시긔(初始時期)붓터 문명불달의 시긔에 이르기ᄭᅡ지 그 슌셔가 죠곰도 다름이 업는고로 아히들이 미ᄀᆡᄒᆞᆫ 사ᄅᆞᆷ과 흡ᄉᆞᄒᆞ야 그 거동이 츄포ᄒᆞ고 졔직가 아죠 업셔 혹 울며 혹 웃스며 혹 ᄯᅱ며 혹 츔츄어 아모 쥬착이 업는 힝위로 잔인ᄒᆞᆫ 셩품이 업지 안이ᄒᆞ야 각죵 동물을 잡으면 곳 날애와 불을 ᄭᅥᆨ고 잘나 그 엎드러지고 잡바지는 형상을 즐겨ᄒᆞ며 혹 그 싱명을 장힝ᄒᆞ야 그 부르지지는 소리를 드르며 혹 다른 아히를 ᄯᅥ리고 ᄶᅦ밀어 유쾌홈을 취ᄒᆞ나니 이는 인졍의 자연ᄒᆞᆫ 형셰의 반닷이 발ᄒᆞᄂᆞᆫ 바이라 부형과 교사된 쟈ㅣ 불가불 그 형셰를 ᄯᅡ라 리롭게 인도ᄒᆞ야 착ᄒᆞᆫ 법을 힘ᄡᅥ 구ᄒᆞ야 그 잔인의 셩품을 졔홀지니라

문 로마국의 유명ᄒᆞᆫ 잉불ᄉᆞ타라 ᄒᆞᄂᆞᆫ ᄃᆡᄂᆞᆫ 엇더ᄒᆞ뇨

답 로마 잉불ᄉᆞ타는 큰 젼장의 쳐소라 ᄉᆞ면에 창살을 베푸러 그 안에 죡히 슈쳔인을 용납홀 만ᄒᆞ니 혹 밍슈로 셔로 싸호게도 ᄒᆞ며 혹 소와 소가 셔로 밧게도 하며 혹 적국에셔 사로 잡아온 장뎡을 음식을 극히 풍후게 ᄒᆞ야 신톄가 건강ᄒᆞ야지면 곳 소로 더부러 싸호게 ᄒᆞᄂᆞ니 이 ᄯᅢ를 당ᄒᆞ면 구경ᄒᆞᄂᆞᆫ 쟈ㅣ 구름갓치 모혀와 모다 밋친 것갓치 덤벙이ᄂᆞ니 이는 실로 국민의 잔인ᄒᆞᆫ 셩품을 장려홈이러니라

문 지금도 잉불사타라 ᄒᆞᄂᆞᆫ 젼장이 그져 잇ᄂᆞ뇨

답 사ᄅᆞᆷ이 문명ᄒᆞ야 짐으로 즉시 폐지ᄒᆞ야 업싀ㅅᄂᆞ니 그 잔인홈이 임의 폐지 되엿슨즉 불가불 ᄯᅳᆺ을 갓치ᄒᆞ며 ᄯᅳᆺ을 ᄉᆞ랑홈이 업슬 슈 업슨즉

뜻을 갓치ᄒᆞ며 사랑ᄒᆞᆷ은 샤회 결합의 근원이니라

문 그러면 사ᄅᆞᆷ의 호ᄉᆡᆼ오ᄉᆞ(好生惡死) ᄒᆞᄂᆞᆫ 마암이 원근과 친소가 업ᄂᆞ뇨

답 사ᄅᆞᆷ이 부ᄌᆞ형뎨의 관계로부터 국민에게 밋치며 셰계 인류에게 밋침이 그 사이에 차등은 비록 잇스나 그러나 ᄉᆞ랑ᄒᆞᆷ이 업슬 슈 업슴은 일반이니 이ᄂᆞᆫ 넓히 ᄉᆞ랑ᄒᆞᄂᆞᆫ 의론의 니러ᄂᆞᆫ 바이라 이로 ᄆᆞᆯᄆᆡᄋᆞᆷ아 밀어볼진ᄃᆡ 일톄 ᄉᆡᆼ물을 비록 하나라도 망령되히 쥭이지 ᄆᆞᆯ고 사랑ᄒᆞᆷ을 극히 ᄒᆞᆯ 것이니라 (1908.10.7)

뎨ᄉᆞ십일장 ᄉᆞ상륜리(안심과 의심)

문 사ᄅᆞᆷ이 어려셔부터 장뎡될 동안에 그 신톄의 변화ᄒᆞᆷ을 무엇을 가라쳐 말ᄒᆞᄂᆞ뇨

답 신테상으로 좃차 말ᄒᆞ면 십ᄉᆞ오셰로 십팔구셰 사이에 그 신톄에 구죠가 일톄로 변ᄒᆞᄂᆞ니 언어에ᄂᆞᆫ 셩음의 변ᄒᆞᆷ이 잇고 구미에ᄂᆞᆫ 즐기ᄂᆞᆫ 바가 변ᄒᆞᄂᆞᆫ고로 이 시ᄃᆡ를 당ᄒᆞ야ᄂᆞᆫ 불가불 양ᄉᆡᆼ될 바를 련구ᄒᆞ야 만일 양ᄉᆡᆼ이 그 맛당ᄒᆞᆷ을 일으면 악ᄒᆞᆫ 결과가 ᄉᆡᆼ젼에 ᄉᆡᆼ기ᄂᆞ니 부득불 삼갈지니라

문 신톄ᄂᆞᆫ 그러ᄒᆞ려니와 정신은 엇더ᄒᆞ뇨

답 엇지 신톄만 그려ᄒᆞ리오 정신에도 ᄯᅩᄒᆞᆫ 변화가 ᄉᆡᆼ기ᄂᆞ니 죵젼에 듯고 본 일이 비록 만흐나 그러나 긔억ᄒᆞᄂᆞᆫ 정신은 극히 간단ᄒᆞᆫ고로 겨오 간단ᄒᆞᆫ ᄉᆞ실을 알 ᄲᅮᆫ이오 ᄯᅩ 타인의 언론을 드름애 죠곰도 의심이 업고 곳 밋어 그러려니 ᄒᆞᄂᆞ니 이 ᄯᅢ에ᄂᆞᆫ 혼연ᄒᆞ고 슌젼ᄒᆞ야 외부(外部)교육이 업슴을 인ᄒᆞ야 외계(外界)에 이리더리 옴김이 업지 안이ᄒᆞ얏스나 셩년이 됨에 이르러 ᄉᆞ물에 리치를 젹이 히득ᄒᆞ면 이왕의 듯고 본 바에 가지가지 잘못 된 것을 ᄭᆡ다라 드듸여 일톄 ᄉᆞ물에 의아시러온 마암이 발연히 ᄉᆡᆼ기ᄂᆞ니 그 의심이 더욱 심ᄒᆞᆯᄉᆞ록 ᄌᆞ긔의 몸이 엇더케 셰상에 쳐ᄒᆞᄂᆞᆫ지 ᄯᅩᄒᆞᆫ

스ᄉᆞ로 ᄒᆡ득지 못ᄒᆞ야 의심ᄒᆞ고 ᄯᅩ 의심ᄒᆞᆷ의 마암이 더욱 미혹ᄒᆞᄂᆞ니 이럼으로 비록 가히 ᄒᆡᆼᄒᆞᆯ 일이 잇더라도 ᄆᆞᆺ참ᄂᆡ 각죵 ᄉᆞ졍의 옹폐ᄒᆞᆫ 바ㅣ되야 망연히 잡을 바를 아지 못ᄒᆞᄂᆞᆫ 쟈도 잇스며 혹 일시의 분격ᄒᆞᆷ으로 한칼로 쑥 끈어 평ᄉᆡᆼ의 직업을 거연히 뎡ᄒᆞ얏다가 후회를 끼치ᄂᆞᆫ 쟈도 잇ᄂᆞ니 의심이 쳥년을 미혹케 ᄒᆞᆷ이 비록 이갓치 괴로오나 그러나 그 시기를 지ᄂᆡ고보면 운무가 함게 뷔여 의심이 안심으로 변ᄒᆞ며 괴로옴이 유쾌ᄒᆞᆷ으로 변ᄒᆞᆯ지라 고로 의심이 잇슬 시긔를 당ᄒᆞ야 결코 망령되히 결단ᄒᆞᆷ이 불가ᄒᆞ니라

문 의심이 잇슬 ᄯᅢ에 결단치 안이ᄒᆞ면 엇지ᄒᆞ여야 가ᄒᆞ뇨

답 엇지 결단ᄒᆞ야 의심을 ᄭᆡ트리지 안이ᄒᆞ리오마는 오작 ᄌᆞ긔 ᄯᅳᆺ으로 경션히 결단치 물고 교사에게 뭇던지 부형에게 고ᄒᆞ던지 친구에게 질뎡ᄒᆞ야 ᄉᆡᆼ각고 ᄯᅩ ᄉᆡᆼ각ᄒᆞ야 극히 죠심ᄒᆞ고 삼간 연후에야 랑픽가 업다ᄒᆞᆷ이니라 (1908.10.8)

문 그러면 의심이라ᄂᆞᆫ 것이 진보에 극히 ᄒᆡ로온 바가 안이뇨

답 의심은 곳 진보의 어미라 실로 가히 업지 못ᄒᆞᆯ 바라 ᄒᆞᄂᆞ니라

문 엇지ᄒᆞ야 그러ᄒᆞ뇨

답 의아의 마암이 업스면 연구ᄒᆞᆯ ᄉᆡᆼ각이 안이날 것이오 연구ᄒᆞᆯ ᄉᆡᆼ각이 ᄉᆡᆼ김으로 신ᄉᆞ업 불명ᄒᆞᆷ을 엇ᄂᆞ니 니럼으로 의심이 극히 괴로오나 그러나 그 괴로온 자미를 ᄆᆞᆺ보지 못ᄒᆞ고ᄂᆞᆫ 입덕지문(入德之門)이 되지 못ᄒᆞ며 의아의 마암이 임의 업셔지면 안심의 시ᄃᆡ가 즉시 오ᄂᆞ니라

문 안심과 만심(安心與滿心)이 일반이뇨

답 안심과 만심이 혼잡ᄒᆞ기 용이ᄒᆞᆫ즉 이졔 불가불 변론ᄒᆞ노니 안심은 가ᄒᆞᆫ 일이나 만심은 불가ᄒᆞ도다 안심이라ᄂᆞᆫ 것은 아즉 그 목뎍에 도달하기 젼에 미리 ᄌᆞ긔의 직업을 뎡ᄒᆞ야 법에 의지ᄒᆞ야 ᄒᆡᆼᄒᆞ면 필경 그 목뎍에 도달ᄒᆞᆯ 날이 잇슬지라 고로 기름길에 방황ᄒᆞ야 죠슈족ᄒᆞ지 못ᄒᆞᆷ에 니르지 안이ᄒᆞ며 ᄯᅩ 직업을 임의 뎡ᄒᆞ면 곳 ᄌᆞ긔의 당연히 ᄒᆡᆼᄒᆞᆯ 바로 알아 얼마씀 경령ᄒᆞ야 그 진보를 도득ᄒᆞᄂᆞᆫ 쟈이오 만심이라 ᄒᆞᄂᆞᆫ 쟈ᄂᆞᆫ 그릇이

젹고 량이 좁아 우연히 한 가지만 엇음이 잇스면 그만 ᄌᆞ족히 넉여 영영 더 진보홀 날이 업셔지나니 무쟈 사이에 그 분간이 심히 희미ᄒᆞ야 호리의 억으러짐이 쳔리에 틀니ᄂᆞ니라

문 이는 ᄌᆞ고이릭로 일반이뇨

답 이 일이 엇지 고금의 다름이 잇스리오 ᄌᆞ고로 위인(偉人)의 큰 ᄉᆞ업과 큰 리상과 큰 학문이 모다 의심을 품음을 인ᄒᆞ야 로를 슈고ᄒᆞ고 졍신을 다ᄒᆞ야 비로소 셩취ᄒᆞᆫ 바가 잇ᄂᆞ니 무릇 사ᄅᆞᆷ이 슌ᄒᆞᆫ ᄃᆡ경에 잇셔는 심력의 강약을 능히 판단치 못ᄒᆞ다가 반닷이 거ᄉᆞ를 ᄃᆡ경에 나아가셔야 이에 능히 그 졍신을 단련ᄒᆞ거던 함을며 샤회의 실졔에는 거ᄉᆞ르는 ᄃᆡ경이 항상 만코 슌ᄒᆞᆫ ᄃᆡ경이 항상 젹음이리오 고로 청년의 션ᄇᆡ가 불가불 그 험홈을 무릅쓰고 압흐로 나아갈 졍신을 잘 길을지니 속담에 가라ᄃᆡ 분홈이 업스면 열니지 못하고 비방이 업스면 발달치 못ᄒᆞᆫ다 ᄒᆞ얏스며 ᄯᅩ 가라ᄃᆡ ᄉᆡᆼ각ᄒᆞ고 ᄯᅩ ᄉᆡᆼ각ᄒᆞ면 귀신도 통ᄒᆞᆫ다 ᄒᆞ얏스니 이를 두고 이름이니라 (1908.10.9)

뎨ᄉᆞ십이장 ᄉᆞ상륜리(경우)

문 경우라 ᄒᆞ는 것이 엇더ᄒᆞᆫ ᄃᆡ 잇ᄂᆞ뇨

답 사ᄅᆞᆷ의 몸 잇난 곳마다 경우라 ᄒᆞ는 것이 업는ᄃᆡ가 업ᄂᆞ니 그 경우를 ᄯᅡ라가며 나의 몸을 쳐치ᄒᆞ는고로 몸의 쳐치홀 경우는 알기 심히 용이ᄒᆞ니라

문 사ᄅᆞᆷ의 마암도 그와 갓치 일졍ᄒᆞᆫ 경우가 잇ᄂᆞ뇨

답 마암이라는 것은 경우에 한졍이 업셔 변ᄒᆞ고 동ᄒᆞ야 ᄒᆞᆫ곳에 잇는 쟈가 안이라 고로 알기가 극히 어려오니 가량 눈으로 보미 붉기가 비록 츄호를 숣힐지나 그러나 ᄌᆞ긔의 눈셥은 능히 보지 못ᄒᆞ며 눈셥을 보랴면

거울이 안이면 능치 못ᄒᆞ며 ᄯᅩ 나의 눈 속에 잇는 망막을 알고져 홀진ᄃᆡ 각죵 긔계나 과학상으로 밀어 보지 안이코는 ᄇᆰ히 알기 어려옴과 갓치 마암을 상고ᄒᆞ고 ᄉᆞᆲ힘이 극난ᄒᆞ니라

뎨ᄉᆞ십삼장 ᄉᆞ상륜리(기호론)

문 사ᄅᆞᆷ의 졍신은 그 활동이 본ᄅᆡ 복잡ᄒᆞᆫ 즁 무엇을 가장 기호(嗜好) ᄒᆞᄂᆞ뇨

답 이는 두 가지 의론이 잇스니 한 가지 의론은 텬디 간에 사ᄅᆞᆷ의 졍신이 가장 귀즁타 홈은 그 활동의 큰 목뎍이 몸을 리롭게 홈으로ᄡᅥ 쥬장을 삼아 엇던 ᄯᅢ와 엇더 ᄯᅢ를 물론ᄒᆞ고 다른 일을 인ᄒᆞ야 몸 리롭게 ᄒᆞ는 목뎍을 방히치 안이ᄒᆞᆫ다 ᄒᆞ고 ᄯᅩ 한가지 의론은 몸을 리롭게 ᄒᆞ는 것이 인싱의 큰 목뎍이 안이니 부득이ᄒᆞᆫ 경우를 당ᄒᆞ면 불가불 한몸으로 희싱을 삼아 타인을 위ᄒᆞᆫ다던지 국가를 위ᄒᆞᆫ다 ᄒᆞ얏스니 두 가지 의론이 졍 반ᄃᆡ가 되엿도다 그러나 본장의 의론ᄒᆞ는 바는 먼져 말ᄒᆞᆫ 쟈를 드러 사ᄅᆞᆷ의 긔호는 셩질을 ᄃᆡ답코져 ᄒᆞ노라 무릇 긔호라 ᄒᆞ는 쟈는 아ᄅᆞᆷ답고 고흔 것을 보고 유쾌ᄒᆞᆫ ᄉᆡᆼ각이 나는 것을 이름이나 그러나 아ᄅᆞᆷ다온 것과 악ᄒᆞᆫ 것은 일뎡홈이 업셔 아ᄅᆞᆷ다온 쟈ㅣ 아모리 아ᄅᆞᆷ다옵드ᄅᆡ도 나는 그 아ᄅᆞᆷ다옴을 아지 못ᄒᆞ기도 ᄒᆞ며 악한 쟈ㅣ 아모리 악ᄒᆞ드ᄅᆡ도 나는 그 악홈을 아지 못ᄒᆞ기도 홀 ᄲᅮᆫ 안이라 갑의 아ᄅᆞᆷ다온 바를 을에 베풀지 못ᄒᆞ며 을의 아ᄅᆞᆷ답다온 바를 병에 베풀지 못홀지라 고로 각 사ᄅᆞᆷ의 됴화ᄒᆞ는 바를 죳차 아ᄅᆞᆷ다옴이 되ᄂᆞ니 이는 그 사ᄅᆞᆷ의 긔호를 말홈이니라

문 셰상 사ᄅᆞᆷ의 아ᄅᆞᆷ답다 ᄒᆞ는 것이 물건을 인ᄒᆞ야 뎡ᄒᆞ는 것이 안이오 사ᄅᆞᆷ의 긔호를 죳차 이루는 것이뇨

답 그러ᄒᆞ니라 그러나 그 실톄를 상고ᄒᆞ면 사ᄅᆞᆷ의 긔호가 셔로 다른 즁에 ᄯᅩᄒᆞᆫ 일뎡ᄒᆞᆫ 표쥰이 잇ᄂᆞ니 그 표쥰이 도량형(度量衡)의 확뎡홈과는

갓지 안이ᄒᆞ나 여러 사ᄅᆞᆷ의 공론을 좃차 미양 범위 밧게를 나아감이 불가ᄒᆞᆫ지라 고로 교육의 칙임이 잇는 쟈ㅣ 불가불 한 가지 표쥰을 턱ᄒᆞ야 각 사ᄅᆞᆷ의 긔호를 양육ᄒᆞ야 날로 고상ᄒᆞᆷ에 나아가게 ᄒᆞᆯ지니라 (1908.10.10)

문 심리학에 마암의 작용(作用)을 몃 가지로 말ᄒᆞ얏나뇨

답 지(智)졍(情)의(意) 셰 가지로 알앗나니라

문 지와 졍과 의의 작용이 각각 엇더ᄒᆞ뇨

답 지는 지식과 상상과 판단 등의 졍신작용이오 졍은 희와 로와 애와 락 등의 현상이오 의는 심즁의 상상ᄒᆞᆫ 바를 불ᄒᆞ야 실힝의 작용에 표시ᄒᆞ는 바이니라

문 기호는 지졍의 셰 가지 즁에 무엇에 속ᄒᆞ얏나뇨

답 기호가 비록 졍에 속ᄒᆞ얏스나 그러나 마암을 외부작용(外部作用)과 니부작용(內部作用)으로 난홀 디경이면 기호가 ᄯᅩᄒᆞᆫ 니부작용에 속ᄒᆞ야 지식덕의(知識德義)의 외부작용으로 더부러 셔로 디ᄒᆞ야 션 쟈이니라

문 덕의는 무엇으로 의론ᄒᆞ나뇨

답 덕의는 힝위로부터 인심을 의론ᄒᆞᆫ 쟈이니라

문 지식은 무엇으로 의론ᄒᆞ나뇨

답 지식은 힝위의 방법으로부터 기호를 의론ᄒᆞᆫ 자이니라

문 셰 가지가 젼연히 셔로 난호엿나뇨

답 마암의 감각ᄒᆞᆫ 바를 의론ᄒᆞ면 리론상에는 셰 가지가 비록 각각 난호엿스나 그러나 실졔로 상고ᄒᆞ면 셰 가지가 반다시 셔로 도아셔 사ᄅᆞᆷ의 품격이 완젼ᄒᆞ야지나니 비유ᄒᆞ야 말ᄒᆞ면 지덕이 구비ᄒᆞ야도 기호가 졍당치 안이ᄒᆞ면 가옥과 신톄의 장식품으로 언어동작의 례법에 이르기ᄭᅡ지 모다 검속키 능치 못ᄒᆞ야 품격이 완젼ᄒᆞᆫ 사ᄅᆞᆷ이라 칭키 어려오니라

문 덕의와 기호의 경즁이 엇더ᄒᆞ뇨

답 고러로 륜리학쟈가 덕의를 즁히 녁이고 긔호를 가뷔여히 녁임이 그 연고가 업지 안이ᄒᆞ니 대긔 덕의로 실힝덕을 삼고 긔호로 오락덕을 삼음이니라

문 미ᄀᆡ시ᄃᆡ에ᄂᆞᆫ 엇더ᄒᆞ엿나뇨

답 미ᄀᆡ시ᄃᆡ에ᄂᆞᆫ ᄉᆡᆼ존경ᄌᆡᆼ에 ᄂᆞᆯ로 겨를이 업셔 오락뎍 일ᄉᆞᄂᆞᆫ 겸ᄒᆞ야 도라볼 여디가 업슴으로 비단 장려치 안이ᄒᆞᆯ ᄲᅮᆫ 안이라 ᄯᅳᆺ을 ᄢᅦ앗고 공에 ᄒᆡ로올가 ᄒᆞ야 ᄯᆡ로 금지ᄒᆞᆫ 일이 잇셧나니라

문 셰계가 문명ᄒᆞ야짐으로ᄂᆞᆫ 엇더ᄒᆞ엿나뇨

답 셰계가 문명ᄒᆞᆯᄉᆞ록 텬연의 힘을 리용ᄒᆞᄂᆞᆫ 법이 임의 붉어짐ᄋᆡ 샤회의 ᄉᆡᆼ산력이 ᄯᅩᄒᆞᆫ 졈졈 풍족ᄒᆞ야지ᄂᆞᆫ고로 ᄌᆡ산의 남져지로 약간의 오락을 이바지ᄒᆞ야 인ᄉᆡᆼᄉᆡᆼ활에 가히 업지못ᄒᆞᆯ 일도 알앗나니 구쥬각국 력ᄉᆞ를 ᄎᆞᆷ고ᄒᆞ야도 가히 요연ᄒᆞᆫ지라 고로 녜로부터 검박으로 덕의 즁 요졈을 삼앗스나 그러나 국가의 부강을 더ᄒᆞᆷ과 샤회의 ᄉᆡᆼ계를 진보케 ᄒᆞᆷ에ᄂᆞᆫ 반닷이 사치ᄒᆞ여야 ᄒᆞᆯ지라 고로 사ᄅᆞᆷ이 만일 그 기호를 고상케 ᄒᆞ야 오락의 방법을 취ᄐᆡᆨ지 안이ᄒᆞ면 그 영향이 필경 국가와 샤회에 밋칠지니 대ᄀᆡ 오락은 비록 사ᄅᆞᆷ의 마암을 장려ᄒᆞᄂᆞᆫ 졔구ᄂᆞᆫ 되나 ᄯᅩᄒᆞᆫ 사ᄅᆞᆷ의 마암을 부ᄑᆡ케ᄒᆞᄂᆞᆫ 약도 되나니라 (1908.10.11)

문 도덕이외의 일에 사ᄅᆞᆷ의 기호를 발표ᄒᆞᄂᆞᆫ 쟈ㅣ 만흐뇨

답 일용상ᄒᆡᆼ에 가량 가옥의 장식과 의복의 ᄉᆞ치와 신톄의 ᄐᆡ도와 언어의 공교ᄒᆞᆷ이 비록 도덕이외 일이나 그러나 다 사ᄅᆞᆷ의 기호를 발표ᄒᆞᄂᆞᆫ 바이라 곳 그 사ᄅᆞᆷ의 품셩으로 더부러 극히 관계가 잇나니 녯말에 가라ᄃᆡ 교언령ᄉᆡᆨ(巧言令色)이 어진이가 드물다 ᄒᆞ고 ᄯᅩ 가라ᄃᆡ 쳐디에 알맛지 안이ᄒᆞᆫ 의복을 입으면 몸의 ᄌᆡ앙이 된다ᄒᆞ고 ᄯᅩ 가라ᄃᆡ 볼뒤굼치가 놉고 긔운이 양양ᄒᆞ면 ᄑᆡ군(敗軍)ᄒᆞᆯ 죠짐이라 ᄒᆞ얏스니 몸을 닥ᄂᆞᆫ 쟈ㅣ 그 삼갈바를 불가불 알지니라

뎨ᄉᆞ십ᄉᆞ쟝 ᄉᆞ상륜리(ᄌᆞ유와 졔한)

문 ᄌᆞ유의 ᄉᆞ상이 언의 ᄶᅢ부터 블달이 되엿나뇨

답 권리 ᄌᆞ유의 ᄉᆞ상이 근셰에 이르러 비로소 발달이 되엿나니라

문 ᄌᆞ유라 ᄒᆞᄂᆞᆫ 것은 일동일졍에 나의 ᄒᆞ고쟈 ᄒᆞᄂᆞᆫ 바를 타인이 간셥지 못홈을 일음이 안이뇨

답 이ᄂᆞᆫ ᄌᆞ유를 오히ᄒᆞᄂᆞᆫ 쟈의 말이니 ᄌᆞ유라 ᄒᆞᄂᆞᆫ 것은 결단코 ᄒᆞ고져 ᄒᆞᄂᆞᆫ 바를 ᄌᆞ연에 ᄂᆡ버려 두ᄂᆞᆫ 바가 안이니라

문 엇지ᄒᆞ야 그러ᄒᆞ뇨

답 무릇 인류가 셔로 모혀 한 샤회를 일웟슨즉 만일 각각 ᄌᆞ유를 마암ᄃᆡ로 확장코져 홀진ᄃᆡ 뎌 사름의 ᄌᆞ유가 나의 ᄌᆞ유로 더부러 반닷이 호상간 츙돌이 될지라 타인의 ᄌᆞ유를 방히ᄒᆞ야 ᄌᆞ긔 한 사름의 ᄌᆞ유를 확장ᄒᆞᄂᆞᆫ 이ᄂᆞᆫ 이 사름의 ᄌᆞ유ᄂᆞᆫ 극도에 달ᄒᆞ엿거니와 뎌 사름의 ᄌᆞ유ᄂᆞᆫ 극히 부ᄌᆞ유가 될지라 고로 한도(韓圖) ㅣ 가라ᄃᆡ ᄌᆞ유라ᄂᆞᆫ 쟈ᄂᆞᆫ ᄌᆞ유의 법칙이 잇다 ᄒᆞ엿나니라

문 법칙이 엇더ᄒᆞ뇨

답 이ᄂᆞᆫ 곳 샤회의 ᄀᆡ인을 죠직ᄒᆞ야 모다 ᄌᆞ유가 잇게ᄒᆞ되 오즉 타인의 ᄌᆞ유범위를 방히치 안이ᄒᆞᆫ 연후에 비로소 나의 ᄌᆞ유를 발용케 ᄒᆞ나니 이ᄂᆞᆫ 곳 ᄌᆞ긔ᄉᆞ상의 법칙이니라

문 타인의 ᄌᆞ유를 방히ᄒᆞ면 엇더ᄒᆞ뇨

답 만일 타인의 ᄌᆞ유를 방히ᄒᆞ야 ᄌᆞ긔의 ᄌᆞ유를 확장ᄒᆞᄂᆞᆫ 시ᄂᆞᆫ 나의 ᄌᆞ유ᄭᆞ지 ᄯᅩᄒᆞᆫ 타인의 방히를 입을지니 이로죠ᄎᆞ 가히 쳔연의 법칙과 샤회의 법칙이 ᄌᆞ유의 완젼을 함게 보호홈을 ᄭᆡ다를 지니라 (1908.10.14)

문 소위 ᄌᆞ유ᄉᆞ상이 무엇을 죠ᄎᆞ ᄂᆡ러나ᄂᆞ뇨

답 이ᄂᆞᆫ 본ᄅᆡ 사름의 외ᄉᆞᄂᆞᆫ ᄌᆞ유라 ᄒᆞᄂᆞᆫ ᄒᆞᆫ ᄉᆡᆼ각을 위ᄒᆞ야 ᄉᆡᆼ겻ᄂᆞ니 의ᄉᆞᄌᆞ유의 말이 근셰의 심리학과 혹 륜리학에 의론이 불일ᄒᆞ니라

문 그 의론이 엇더ᄒᆞ뇨

답 이ᄂᆞᆫ 자셰히 말ᄒᆞᆯ 겨를이 업스나 그러나 소위 ᄌᆞ유의ᄉᆞ라 ᄒᆞᄂᆞᆫ 쟈ᄂᆞᆫ 즉 나의 ᄒᆞ고져 ᄒᆞᄂᆞᆫ 일을 곤난히 말며 두려워 말며 막히ᄂᆞᆫ 폐단이 잇더릐도 즁지치 말아 타인의 ᄌᆞ유에 방히만 안이되거던 비록 어렵고 위ᄒᆞᆷ ᄒᆞ더릐도 맛당히 그 목뎍을 달ᄒᆞᆷ을 일음이라 고로 한 가지 가히 ᄒᆞᆯ만ᄒᆞᆫ 일이 잇셔 분명히 가히 ᄒᆞᆯ 바인지 알고도 혹 곤난ᄒᆞᆷ에 빠질가 두려ᄒᆞ며 혹 다른 일의 져 알ᄒᆞᆷ이 될가 져어ᄒᆞ야 뭇참ᄂᆡ 그 뜻을 힝치 못ᄒᆞ면 이ᄂᆞᆫ 곳 일은바 ᄌᆞ긔의 ᄌᆞ유를 포기ᄒᆞᆷ이라 ᄒᆞᆯ지니라

문 그러면 ᄌᆞ유의ᄉᆞ가 만일 타인에게 방힝만 안이되면 물론 하ᄉᆞᄒᆞ고 가히 임으로 힝ᄒᆞ겟스며 곳 ᄌᆞ살ᄒᆞᆫ더도 ᄯᅩᄒᆞᆫ 불가ᄒᆞᆷ이 업겟ᄂᆞ뇨

답 그러치 안이ᄒᆞ니 ᄌᆞ살ᄒᆞᄂᆞᆫ 것이 비록 나의 ᄌᆞ유오 타인에게 방히될 것은 업스나 그러나 임의 샤회의 한 사ᄅᆞᆷ이 되야 ᄌᆞ긔의 본분을 완젼히 못ᄒᆞ고 ᄌᆞ긔를 스ᄉᆞ로 쥭인 것이 타인을 쥭인 것과 그 죄악이 실로 일반이라 고로 셔양 엇더ᄒᆞᆫ 나라에셔ᄂᆞᆫ ᄌᆞ살ᄒᆞᆫ 쟈를 살인범과 갓치보아 평상인의 장례를 쓰지 못ᄒᆞ게 ᄒᆞ엿ᄂᆞ니 ᄌᆞ살ᄒᆞᆫ 쟈를 덕의상으로 상고ᄒᆞ면 이ᄂᆞᆫ 이른바 ᄌᆞ유의 람용이라 결코 사회의 용납지 못ᄒᆞᆯ 쟈이니라

뎨ᄉᆞ십오장 ᄉᆞ상륜리(긔과론)

문 긔과ᄂᆞᆫ 엇더ᄒᆞᆷ을 이르ᄂᆞᆫ 말이뇨

답 사ᄅᆞᆷ마다 셩인이 안이 바에 능히 과실이 업슬 슈 업ᄂᆞ니 과실이 잇슨즉 곳치기를 ᄭᅳ리지 말ᄂᆞᆫ 셩인의 훈계가 잇나니라

문 종교상으로 말ᄒᆞ면 긔과ᄒᆞᄂᆞᆫ 일이 고곰이 엇더ᄒᆞ뇨

답 고ᄃᆡ 풍속은 근셰 풍속갓지 안이ᄒᆞ야 고ᄃᆡ 종교에ᄂᆞᆫ 사ᄅᆞᆷ의 범ᄒᆞᆫ 바 죄악을 갑기 위ᄒᆞ야 여러 가지 고통을 밧게ᄒᆞ야 그 죄악을 씻는다 ᄒᆞ

니 곳 인도에셔 죄과를 범훈 쟈ㅣ 잇스면 슈월 혹 슈년을 츄훈 의복과 악훈 음식으로 올연히 홀노 안졋게 ᄒᆞ야 신톄가 쇠약ᄒᆞ야 거의 견ᄃᆡ지 못홀만 ᄒᆞ면 그 몸의 졍신을 쓰셧다 칭ᄒᆞ며 또 유틱인이 험을이 잇는 동시에 악ᄒᆞ게 갑품을 불가불 밧아야 훈다ᄒᆞ야 가량 타인의 눈을 그릇 상ᄒᆞ면 반닷이 ᄌᆞ긔의 눈으로 갑흐며 타인의 이를 상ᄒᆞ면 반닷이 ᄌᆞ긔의 이를 잘나이어쥬엇나니라 (1908.10.15)

문 인지가 졈졈 열닌 이후로는 엇더 ᄒᆞ엿ᄂᆞ뇨

답 근셰에는 모다 과거의 죄는 허물치 안이ᄒᆞ야 다만 장ᄅᆡ의 엇더홈을 푸를 ᄲᅮᆫ인고로 죄인이 모다 ᄌᆞ신홀 길이 잇셔 악홈이 삿삿니 인지 안이ᄒᆞ며 또 참혹훈 형법과 잔혹의 슈단이 졈졈 업셔졋스니 문명의 리로옴이 엇지 젹다ᄒᆞ리오

문 ᄉᆞ교상(社交上)으로 의론ᄒᆞ면 젼의 악홈을 잇지 안이홈이 가ᄒᆞ뇨

답 ᄉᆞ교상에도 또훈 젼일의 악훈 일을 ᄉᆡᆼ각홈이 불가ᄒᆞ니 만일 그 사룸이 우연히 착오홈이 잇스면 곳 졀치부심ᄒᆞ야 시시로 복슈홈을 품음은 실로 야만시ᄃᆡ의 극히 비루훈 풍습이라 고로 모름즉이 측은히 녁여 아모죠록 그 사룸이 ᄀᆡ과쳔션ᄒᆞ야ᄲᅧ ᄌᆞ신토록 홀지니 만일 ᄌᆞ신곳ᄒᆞ면 그젼에 엇더훈 죄를 범ᄒᆞ얏던지 교제상에 ᄌᆞ연 사룸과 ᄃᆡ등되는 권리를 회복ᄒᆞ리로다

문 ᄌᆞ긔가 이왕 죄범이 잇셧스면 엇지ᄒᆞ여야 가ᄒᆞ뇨

답 엇지 타인만 그러ᄒᆞ리오 ᄌᆞ긔도 만일 범과홈을 알거던 맛당히 독훈 빈암이나 사오나온 범 본 듯이 급히 버리고 ᄶᅥ놀지니 만일 타인의 지젹ᄒᆞ야 명예에 손상홈이 잇슬가 두려워ᄒᆞ야 한갓 외양치례만 ᄒᆞ다가 도로혀 그 허물만 더ᄒᆞ면 이왕 범죄훈ᄃᆡ 죠곰도 도음이 업ᄂᆞ니 녯말에 ᄒᆞ얏스되 허물이 잇슨즉 곳치기를 ᄭᅴ리지 말나 ᄒᆞ얏스며 또 가라ᄃᆡ 군ᄌᆞ의 과실은 일월식과 갓다ᄒᆞ니 이는 과실이 붓그러온 것이 안이라 과실이 잇고 곳치지 안이홈이 실로 붓그러옴이니라

뎨ᄉᆞ십륙장 ᄉᆞ상륜리(도덕의 졔직)

문 사ᄅᆞᆷ에게 졔직(制裁)ᄒᆞᄂᆞᆫ 일이 여러 가지가 잇ᄂᆞ뇨

답 졔직가 여러 가지가 잇스니 혹 법률의 졔직 혹 ᄌᆞ연의 졔직 혹 죵교의 졔직 샤회의 졔직 도덕의 졔직가 잇ᄂᆞ니라 (1908.10.16)

문 법률의 졔직ᄂᆞᆫ 이왕 국가 륜리에 ᄌᆞ셰ᄒᆞᆫ 의론을 드럿거니와 가량 이졔 사ᄅᆞᆷ이 잇셔 본릭 음식은 편긔ᄒᆞ되 그 신톄ᄂᆞᆫ 슈약ᄒᆞ면 무ᄉᆞᆫ 졔직를 ᄒᆡᆼᄒᆞ겟ᄂᆞ뇨

답 이ᄂᆞᆫ 음식을 쥰졀히 안이ᄒᆞᆫ 탓으로 질병을 자죠 엇음이니 그 병 근원의 잇ᄂᆞᆫ 바를 ᄭᆡ다르면 아모라도 병이 더ᄒᆞᆯ가 겁이나셔 음식을 졀감ᄒᆞ야 젼일의 잘못 ᄒᆞᆷ을 곳칠지니 이ᄂᆞᆫ ᄌᆞ연의 졔직라 ᄒᆞᆯ지니라

문 죵교의 셰직ᄂᆞᆫ 엇더ᄒᆞ뇨

답 만일 ᄉᆡᆼ젼에 악ᄒᆞᆫ 일을 ᄒᆡᆼᄒᆞ면 ᄉᆞ후에 신벌을 필경 반을가 두려워ᄒᆞ야 감히 망령되게 범치 못ᄒᆞᄂᆞ니 이 이른바 죵교의 졔직니라

문 샤회의 졔직ᄂᆞᆫ 엇더ᄒᆞ뇨

답 그 ᄒᆡᆼᄉᆞ가 ᄂᆡ나 타인이나 도모지 방ᄒᆡᄂᆞᆫ 업스나 그러나 그 거동이 츄괴ᄒᆞ야 사ᄅᆞᆷ으로 ᄒᆞ야곰 혐의ᄒᆞ고 미워ᄒᆞ야 교졔상에 극히 불편ᄒᆞᆷ이 잇슬지라 이에 동양사ᄂᆞᆫ 사ᄅᆞᆷ은 동양의 풍속을 좃차 의식쥬를 ᄒᆞ며 셔양에 사ᄂᆞᆫ 사ᄅᆞᆷ은 셔양의 풍속을 좃차 의식쥬를 ᄒᆞᄂᆞ니 이ᄂᆞᆫ 곳 샤회의 졔직니라

문 도덕의 제직 엇더ᄒᆞ뇨

답 이ᄂᆞᆫ 형용ᄒᆞ야 말ᄒᆞ기 극난ᄒᆞ나 그러나 가량 한 가지 일에 거짓말로 사ᄅᆞᆷ을 속이면 그 일이 곳 셩취될지나 그러나 량심으로 두루켜 ᄉᆡᆼ각ᄒᆞ면 ᄎᆞᆷ아 못ᄒᆞ고 차하리 일은 그릇칠지언뎡 진졍으로 사ᄅᆞᆷ에게 ᄃᆡᄒᆞ리라 ᄒᆞᄂᆞ니 이것이 곳 도덕의 졔직니라

문 도덕의 졔직도 법률의 간셥이 잇ᄂᆞ뇨

답 도덕의 졔ᄌᆡᄂᆞᆫ 본릐 법률 샤회의 졔ᄌᆡ가 안이라 각 사ᄅᆞᆷ의 심 즁에 잇셔 가히 볼 슈 업ᄂᆞᆫ 바이라 비록 그 사ᄅᆞᆷ이 이 졔ᄌᆡ가 업더ᄅᆡ도 타인이 무엇이라 간셥지 못ᄒᆞᄂᆞ니라

문 도덕의 졔ᄌᆡᄂᆞᆫ 사ᄅᆞᆷ마다 잇ᄂᆞ뇨

답 교육상을 언론ᄒᆞ면 엇더ᄒᆞᆫ 사ᄅᆞᆷ을 물론ᄒᆞ고 이 졔ᄌᆡ가 업ᄂᆞᆫ 쟈가 업고 다만 만코 젹음은 사ᄅᆞᆷ을 ᄯᆞ라 갓지 안이ᄒᆞᆫ고로 교육ᄒᆞᄂᆞᆫ 쟈ㅣ 밧닷이 그 졔ᄌᆡ를 확장하야 강ᄒᆞ고 굿건케 ᄒᆞᄂᆞ니 대긔 도덕의 졔ᄌᆡᄂᆞᆫ 실로 법률샤회의 밋쳐 ᄉᆞᆲ히지 못ᄒᆞᆫ 바ᄭᆞ지 ᄉᆞᆲ히어야 비로소 완비ᄒᆞᆫ 졔ᄌᆡ가 되ᄂᆞ니라 (1908.10.17)

문 사람에게 의식쥬와 도덕이 엇던 것이 즁요ᄒᆞ뇨

답 셰상 사ᄅᆞᆷ이 의식쥬의 즁요ᄒᆞᆷ만 알고 도덕의 ᄉᆞ상은 등한히 보아 ᄌᆡ능과 도덕이 셔로 도아 힝ᄒᆞᆷ을 아지 못ᄒᆞ나니라

문 사ᄅᆞᆷ이 도덕의 잇고 업ᄂᆞᆫ 즁간에 셔기도 ᄒᆞ나뇨

답 도덕과 부도덕은 두 길이 되야 즁립ᄒᆞᄂᆞᆫ 리치가 만무ᄒᆞ니 만일 도덕이 업고보면 비록 엇더ᄒᆞᆫ 긔ᄌᆡ이 능이 잇더ᄅᆡ도 맛ᄎᆞᆷᄂᆡ 샤회에 신용을 일으며 샤회에 신용을 일으면 고기가 물 일음과 갓고 ᄉᆡᆼ물이 공긔를 일음과 갓하 그 톄ᄇᆡᆨ은 외연히 잇스나 불과 ᄉᆡᆼ리상 ᄉᆡᆼ활만 보존ᄒᆞᆯ ᄲᅮᆫ이오 ᄉᆡ회상 ᄉᆡᆼ활은 임의 쥭엇나니라

문 도덕은 엇던 사ᄅᆞᆷ의 졔ᄌᆡ를 밧나뇨

답 도덕은 도덕쟈가 일신을 졔ᄌᆡᄒᆞᄂᆞᆫ 졍신이오 타인의 참셥을 구ᄒᆞ지 안이ᄒᆞ나니라

문 도덕가이나 죵교가가 스ᄉᆞ로 그 도덕심과 죵교심을 자랑ᄒᆞᄂᆞᆫ 쟈ᄂᆞᆫ 엇더타 ᄒᆞ겟나뇨

답 이ᄂᆞᆫ 도덕심과 죵교심이 아모리 츙만ᄒᆞ더ᄅᆡ도 스ᄉᆞ로 쟈랑ᄒᆞᄂᆞᆫ ᄉᆡᆼ각이 임의 도덕이나 죵교의 본지가 안이니 녯 말에 ᄒᆞ얏스되 군ᄌᆞ의 도ᄂᆞᆫ 어둠으로 좃차 날로 빗ᄂᆞᆫ다 ᄒᆞ얏스며 ᄯᅩ 가라ᄃᆡ 사ᄅᆞᆷ이 ᄌᆞ긔를 아지 못함을 근심치 안이ᄒᆞ고 사ᄅᆞᆷ을 아지 못ᄒᆞᆷ을 근심ᄒᆞ라 ᄒᆞ얏고 ᄯᅩ 긔독교의 일

넛스되 오른 손으로 사ᄅᆞᆷ에게 은혜를 베푸럿거던 왼손으로 ᄒᆞ야곰 아지 못ᄒᆞ게 ᄒᆞ라 ᄒᆞ얏스니 이것을 보면 가히 도덕을 말ᄒᆞᆯ지니라

뎨ᄉᆞ십칠쟝 ᄉᆞ상륜리(ᄉᆞ상과 실힝의 관계)

문 ᄉᆞ상과 실힝(實行)이 셔로 각립ᄒᆞ엿나뇨

답 녯 사ᄅᆞᆷ이 말삼ᄒᆞ얏스되 셰계만물 즁에 오작 사ᄅᆞᆷ이 가장 즁ᄒᆞ고 사ᄅᆞᆷ의 몸 가온ᄃᆡ에 오작 마암이 뎨일이니 이 마암은 즉 사ᄅᆞᆷ의ᄡᅥ 사ᄅᆞᆷ된 것이라 그러나 ᄆᆞ음과 몸이 셔로 도아쥬어야 비로소 완젼ᄒᆞᆫ 사ᄅᆞᆷ이 될지라 고로 ᄉᆞ상과 실힝 두 가지가 ᄌᆞᆷ시도 ᄯᅥ나지 못ᄒᆞ나니 이ᄂᆞᆫ 지(知) 힝(行)의 합ᄒᆞᆷ이 가ᄒᆞ다ᄂᆞᆫ 의론이 니러ᄂᆞᆫ 소이연이나 그러나 ᄆᆞᆯ이 한 가지 ᄲᅮᆫ이 안이오 ᄀᆡ가 각각 당연ᄒᆞᆷ이 잇나니 다시 궁구ᄒᆞ면 ᄉᆞ상계와 실힝계에도 잇다감 셔로 ᄯᅥ나 호올노 셧슬 ᄯᅢ도 업지 안이ᄒᆞ니라 (1908.10.18)

문 사ᄅᆞᆷ의 ᄉᆞ상에 여러 가지 상상이 잇나뇨

답 각죵의 상상이 잇나니 상상이라 ᄒᆞᄂᆞᆫ 쟈ᄂᆞᆫ 그 실힝 여부를 불문ᄒᆞ고 다만 인싱의 쾌ᄒᆞ고 쾌치 못ᄒᆞᆷ으로 더부러 크게 관계가 잇나니 가량 시가와 미슐과 음악 등이 한갓 귀에 질겁고 눈에 고흘 ᄲᅮᆫ 안이라 대ᄀᆡ 그 상상을 인ᄒᆞ야 졍신이 활발ᄒᆞᆷ으로 별로 일죵의 유쾌를 엇고져 ᄒᆞᆷ이니라

문 이외에 과학상의 지식과 및 쳘학상에 지식은 엇더ᄒᆞ뇨

답 그 두 가지 학문 상에도 ᄯᅩ한 그러ᄒᆞ니 가량 쳘학쟈ᄂᆞᆫ 우쥬간의 진리를 상고ᄒᆞ며 만물의 큰 근본을 연구ᄒᆞᆷ이오 과학이라 ᄒᆞᄂᆞᆫ 쟈ᄂᆞᆫ 물리를 탐ᄉᆡᆨᄒᆞ며 및 텬문디리 등의 일이 학리에 발견되야 비록 실졔에 응용ᄒᆞᆷ이 잇스나 그러나 사ᄅᆞᆷ은 본ᄅᆡ 지식을 구ᄒᆞᄂᆞᆫ 욕망이 잇ᄂᆞᆫ고로 진리를 불명ᄒᆞ야 졍신상에 크게 쾌락ᄒᆞᆷ을 감동케 ᄒᆞ나니라

문 졍신의 ᄉᆞ상이 실힝홈을 인ᄒᆞ야 비로소 밧갓헤 낫타난다 ᄒᆞ니 과연 그러ᄒᆞ뇨

답 그러ᄒᆞ니라 셰상의 학쟈라 칭ᄒᆞᄂᆞᆫ 쟈ㅣ 왕왕 한갓 박람홈만 자랑ᄒᆞ야 문ᄌᆞ와 언어상에 ᄉᆞ물의 리치에만 쳔착ᄒᆞ고 실졔의 엇더홈은 구치 안이ᄒᆞ나니 이는 실로 지식의 람용이라 족히 쳥년의 모범이 되지 못홀지니라

문 다만 그 비온바를 실힝ᄒᆞ야 ᄉᆞ업을 셩취ᄒᆞ여야 바야흐로 귀ᄒᆞ다 홀지니 ᄉᆞ상이라 ᄒᆞᄂᆞᆫ 것은 실힝홀 쥰비의 지나지 못ᄒᆞ나니라

문 학문상으로 보면 젼후에 말ᄒᆞᆫ 쟈가 셔로 다르지 안이ᄒᆞ뇨

답 학문상으로 말홀진ᄃᆡ 젼쟈ᄂᆞᆫ 리론의 학이오 후쟈ᄂᆞᆫ 응용의 학이니 학리를 연구ᄒᆞᆫ즉 족히 샤회의 볼달을 도을지나 그러나 한갓 응용만 구ᄒᆞ고 학리를 구ᄒᆞ지 안이ᄒᆞ면 진실로 힝키 불가ᄒᆞ며 한갓 학리만 구ᄒᆞ고 응용의 여부ᄂᆞᆫ 뭇지 안이ᄒᆞ면 ᄯᅩᄒᆞᆫ 일편의 언론이라 고로 그 인격을 완젼케 ᄒᆞ랴면 외부(外部)의 힝위도 맛당히 검속홀지며 ᄂᆡ부(內部)의 ᄉᆞ상도 ᄯᅩᄒᆞᆫ 맛당히 함양홀지니라

문 다만 힝위의 규측만 연구ᄒᆞ고 졍신의 활발은 구치 안이ᄒᆞ면 엇더ᄒᆞ뇨

답 이ᄂᆞᆫ 일은바 긔계뎍(機械的)의 인물이라 능히 스ᄉᆞ로 변화치 못ᄒᆞ나니라 (1908.10.20)

뎨ᄉᆞ십팔장 ᄉᆞ상륜리(죵교와 륜리의 관계)

문 혹은 물ᄒᆞ되 도덕 외에ᄂᆞᆫ 죵교가 업다ᄒᆞ고 혹은 물ᄒᆞ되 죵교라 ᄒᆞᄂᆞᆫ 것은 도덕을 완젼히 ᄒᆞᄂᆞᆫ 것이라 ᄒᆞ니 두 말에 엇던 것이 가ᄒᆞ뇨

답 이 문뎨를 히득코져 홀진ᄃᆡ 모름즉이 륜리의 엇더홈과 죵교의 엇더홈을 ᄇᆞᆰ히 안 연후에야 두 쟈의 관계를 의론할지니라

문 엇지ᄒᆞ여야 ᄇᆞᆰ히 안다 ᄒᆞ겟나뇨

답 샤회 죠직상에는 인류 호상간의 관계를 붉히어야 홀지니 곳 인군이 되야셔는 어짐에 긋치고 아비가 되야셔는 ᄌᆞ익홈에 긋치고 신하가 되야셔는 공경홈에 긋치는 등이라 죵교는 별것이 안이라 사룸의 텬연의 법칙을 좃차나며 텬연의 법칙을 좃차 죽음을 붉힐지라 고로 륜리를 말ᄒᆞ자면 샤회덕이라 ᄒᆞ고 죵교를 말ᄒᆞ쟈면 텬연덕이라 ᄒᆞ야도 불가홀 바가 업ᄂᆞ니라

문 죵교 가온ᄃᆡ에 불교도 잇고 회회교도 잇고 긔독교도 잇셔 죵교가 셔로 갓지 안이ᄒᆞ며 ᄯᅩ 한 교 가온ᄃᆡ에도 쥬의가 셔로 달음은 엇짐이뇨

답 각죵 교즁에 놉고 깁흔 의론은 히득ᄒᆞ기 쉽지 못ᄒᆞ나 그러나 미양 그 졍도가 유치홈으로 쥬견을 각립ᄒᆞ는 폐습이 ᄌᆞ연 싱겻스나 그러나 죵교의 본지는 일즉이 셔로 모슌됨이 업ᄂᆞ니라

문 륜리와 죵교가 셔로 반ᄃᆡ도 되ᄂᆞ뇨

답 이젼에는 그런 영향이 업지 안이ᄒᆞ얏ᄂᆞ니 고ᄃᆡ 죵교가에셔 혹 사룸을 잡아 귀신에게 공ᄒᆞ기도 하면 혹 남녀 사이에 극히 무례친압ᄒᆞ야 인도상에 위반됨이 젹지 안이ᄒᆞ엿더나 셰계가 문명홈으로 륜리와 위반되는 죵교는 졈ᄎᆞ 소멸되엿ᄂᆞ니 그 일은바 귀신이니 부쳐이니 ᄒᆞ는 것이 기 실은 모다 인졍에 근본ᄒᆞ야 교를 셜명홈인고로 드듸여 죵교에 겸ᄒᆞ야 륜리ᄭᆞ지 잇게 되엿ᄂᆞ니라

문 사룸이 임의 뎡년(丁年)에 달ᄒᆞᆫ 연후에 의례히 죵교의 마음이 싱기ᄂᆞ뇨

답 그는 다시 말홀 바 업거니와 만일 뎡년에 젹당ᄒᆞᆫ 죵교를 턱ᄒᆞ지 못ᄒᆞ면 미신(迷信)에 ᄲᅡ지기 용이ᄒᆞᆫ고로 죵교의 젹당코 안임을 인ᄒᆞ야 일싱의 힝위에 영향이 크게 밋치ᄂᆞ니라 (1908.10.22)

문 죵교에 젹당홈을 엇은 쟈는 엇더홈을 가라침니뇨

답 죵교를 바르게 턱ᄒᆞᆫ 쟈는 망령된 싱각을 버리며 졍신을 용농ᄒᆞ나니라

문 그러치 안이ᄒᆞ면 엇더ᄒᆞ뇨

답 그러치 안이ᄒᆞ면 한 번 발을 들며 한 번 거름ᄒᆞ는ᄃᆡ 륜리와 츙돌이 되야 샤회에 물니친바ㅣ 될지니 가히 삼가지 안이홀가 보냐

뎨ᄉᆞ십구쟝 ᄉᆞ상륜리(션악의 표쥰)

문 륜리라는 쟈는 써 착홈을 권ᄒᆞ고 악홈을 징계홈이니 엇던 쟈가 착ᄒᆞ고 엇던 쟈가 악홈이뇨

답 다만 무엇이 착ᄒᆞ며 무엇이 악ᄒᆞ냐 ᄒᆞ게되면 사ᄅᆞᆷ을 희ᄒᆞ면 악홈이 되고 사ᄅᆞᆷ을 도으면 착홈이 되며 근면홈이 착ᄒᆞᆫ 바이오 타티홈이 악ᄒᆞᆫ 바 되면 리치에 심히 ᄇᆞᆰ은 쟈이라 다시 질문ᄒᆞᆯ 일이 업거니와 쳘학상으로 상고ᄒᆞᄂᆞᆫ ᄃᆡ에ᄂᆞᆫ 녜로부터 학쟈의 언론이 ᄒᆞᆫ두 가지가 안이니라

문 그 언론이 엇더ᄒᆞ게 여러 가지뇨

답 혹은 우쥬 사이 리치에 젹당ᄒᆞ면 착홈이라 ᄒᆞ고 혹은 귀신의 명ᄒᆞᄂᆞᆫ 바가 착홈이 된다 ᄒᆞ고 혹은 인졍의 향ᄒᆞᄂᆞᆫ 바가 착홈이 된다ᄒᆞ고 혹은 샤회의 안젼홈을 유지ᄒᆞᄂᆞᆫ 것이 착홈이라 ᄒᆞ야 갓지 안이ᄒᆞᆫ 말이 비록 만흐나 크게 분별ᄒᆞ면 대긔 두 가지에 지나지 안이ᄒᆞ니라

문 그 두 가지가 무엇무엇이뇨

답 하나ᄂᆞᆫ 사ᄅᆞᆷ의 ᄒᆡᆼ위에 ᄃᆡᄒᆞ야 션악을 의론ᄒᆞ며 하나ᄂᆞᆫ 사ᄅᆞᆷ의 ᄉᆞ상에 ᄃᆡᄒᆞ야 션악을 의론홈이니 먼져 말ᄒᆞᆫ 바ᄂᆞᆫ 보통으로 일으ᄂᆞᆫ 바 슈신학이니 기즁에 ᄯᅩᄒᆞᆫ 갑을의 두 길로 난호아 갑은 ᄒᆡᆼ위의 결과로 셰상 사ᄅᆞᆷ을 리롭게 ᄒᆞ면 착홈이 되고 셰상 사ᄅᆞᆷ을 희롭게 홈녀 악홈이 된다ᄒᆞ나니 이ᄂᆞᆫ 일은 바 실리론(實理論)이오 을은 결과의 엇더홈을 물론ᄒᆞ고 그 ᄒᆡᆼ위가 륜리법칙에 맛ᄂᆞᆫ 쟈ᄂᆞᆫ 착ᄒᆞ다 ᄒᆞ고 맛지 안이ᄒᆞᆫ 쟈ᄂᆞᆫ 악ᄒᆞ다 홈이며 뒤에 말ᄒᆞᆫ 바ᄂᆞᆫ 곳 ᄉᆞ상계에 션악의 표쥰을 뎡홈이니 실리론으로 더부러 크게 갓지 안이ᄒᆞ니 (1908.10.23)

대긔 뎌것은 셰상의 리히로써 근본을 삼고 이것은 사ᄅᆞᆷ의 졍신으로써 근본을 삼앗ᄂᆞ니 다ᄒᆡᆼ이 각인이 다 륜리ᄉᆞ상이 잇스면 샤회가 모다 착홈으로 넉이고 불ᄒᆡᆼ히 인심이 각각 달나 륜리ᄉᆞ상이 ᄯᅩᄒᆞᆫ 셔로 갓지 안이ᄒᆞ야상 여긔셔 착ᄒᆞ다 ᄒᆞᄂᆞᆫ 쟈를 뎌긔셔 착지 안이ᄒᆞ다 ᄒᆞ며 갑이 착ᄒᆞ다

ᄒᆞ는 것을 을은 악홈으로 알아 ᄉᆞ상이 만일 츙돌홈이 잇스면 교육의 방법과 샤회의 졔ᄌᆡ로도 그 ᄉᆞ상을 바르게 ᄒᆞ기 어려오니라

문 션악의 표쥰이 엇더ᄒᆞᆫ 것이뇨

답 한 가지는 졍신 상에 구ᄒᆞ고 ᄯᅩ ᄒᆞᆫ 가지는 리ᄒᆡ 상에 구ᄒᆞᆫᄃᆞ는 두 가지 말이 잇ᄂᆞ니라

문 그러면 두 가지가 필경 셔로 용납지 못ᄒᆞᆯ지나 장ᄎᆞ 졍신의 셩질이 잇겟ᄂᆞ뇨 셰상의 리ᄒᆡ라는 것이 잇겟ᄂᆞ뇨

답 두 쟈 즁에 반ᄃᆞᆺ이 한 가지에 잇슴은 뎡ᄒᆞᆫ 리치나 그러나 이 ᄀᆞᆺᄒᆞᆫ 의론은 비록 륜리학을 연구ᄒᆞ는 범위 안에 잇스되 심리학 샤회학 쳘학 등에 통투치 안이ᄒᆞ면 결뎡ᄒᆞ기 쉽지 못홈으로 특별히 두 말에 ᄃᆡᄒᆞ야는 졔군들의 각기 리치를 궁구ᄒᆞ야 스ᄉᆞ로 졍츙ᄒᆞ는 바가 잇슴을 원ᄒᆞ노라

데오십장 ᄉᆞ상륜리(상도론)

문 진리(眞理)는 복잡ᄒᆞ고 어려오뇨

답 진리는 극히 간단ᄒᆞ고 용이ᄒᆞ거날 셰상 사ᄅᆞᆷ이 놉고 깁흔 쥴로 의심ᄒᆞ야 평상 사ᄅᆞᆷ은 아지 못ᄒᆞᆯ 바로 녁이니 엇지 ᄉᆡᆼ각지 못홈이 이와 ᄀᆞᆺᄒᆞ뇨

문 진리를 궁구함은 엇더ᄒᆞ뇨

답 이는 비록 복잡ᄒᆞ나 그러나 진리를 발명ᄒᆞᆫ 뒤에는 사ᄅᆞᆷ마다 ᄒᆡ득ᄒᆞ기 쉬오니라

문 그 리치를 자셰 가라침이 엇더ᄒᆞ뇨

답 달이문(達爾文)의 불견ᄒᆞᆫ 진화 법칙이 비록 자셰ᄒᆞ되 젼문가가 안이면 능히 아지 못ᄒᆞ나 그러나 그 일은바 ᄌᆞ연도ᄐᆡ(自然淘汰) ᄉᆡᆼ존경ᄌᆡᆼ(生存競爭)의 진리는 한 번 말ᄒᆞ면 모다 ᄭᆡ다르며 ᄯᅩ 셰력이 업셔지지 안이ᄒᆞ는 법칙의 엇더홈을 징명ᄒᆞ면 비록 심원ᄒᆞᆫ 학리라도 그 결과에 일으러는 곳

유치 소아라도 ᄯᅩᄒᆞᆫ ᄭᆡ다르며 (1908.10.24)

ᄯᅩ 유교의 일은바 인(仁)과 긔독교의 일은바 애(愛)와 불교에 일은바 ᄌᆞ비(慈悲)가 그 죠리ᄂᆞᆫ 비록 죠밀ᄒᆞ나 그러나 그 원리는 심히엿고 쉬우니라

문 이로 말ᄆᆡ암아 볼진ᄃᆡ 사ᄅᆞᆷ의 쳐셰ᄒᆞᄂᆞᆫ 도리도 극히 용이ᄒᆞ뇨

답 쳐셰ᄒᆞᄂᆞᆫ 도리를 ᄉᆞ상에 나아가 의론ᄒᆞ면 극히 간단ᄒᆞᆫ 듯 ᄒᆞ되 실ᄒᆡᆼᄒᆞᄂᆞᆫ 시를 당ᄒᆞ야ᄂᆞᆫ ᄯᅩᄒᆞᆫ 심히 곤란ᄒᆞ니라

문 그ᄂᆞᆫ 엇지ᄒᆞᆫ 연고이뇨

답 샤회의 일의 무상히 변경ᄒᆞᆷ이 츈하츄동 ᄉᆞ시의 변ᄀᆡ됨과 갓하 부ᄌᆞᄂᆡ외의 졍의갓치 만셰의 밧귀지 안이ᄒᆞᆯ 것이라도 나라마다 달으고 시ᄃᆡ마다 갓치 안임을 인ᄒᆞ야 혹 인졍의 변역ᄒᆞᄂᆞᆫ ᄃᆡ로 드듸여 변ᄒᆞ고 옴기어 긋칠쥴을 아지 못ᄒᆞ나니 이ᄂᆞᆫ 륜리학상에 상도(常道)와 권도(權度)가 잇ᄂᆞᆫ 소이연이니라

문 상도ᄂᆞᆫ 엇더ᄒᆞᆫ 것이뇨

답 상도ᄂᆞᆫ 샤회를 위ᄒᆞᄂᆞᆫ 긔초(基礎)니 곳 륜리학의 표쥰이 되엿나니 인군에게 츙셩ᄒᆞ고 어버이게 효도ᄒᆞᄂᆞᆫ 등ᄉᆞ이니라

문 권도ᄂᆞᆫ 엇더ᄒᆞᆫ 것이뇨

답 권도ᄂᆞᆫ 변ᄒᆞᄂᆞᆫ ᄯᆡ에 쳐치ᄒᆞᄂᆞᆫ 도리니 얼풋 보게 되면 것고로 ᄒᆞᄂᆞᆫ 도와 흡ᄉᆞᄒᆞ나 그러나 그 결과ᄂᆞᆫ 맛참ᄂᆡ 상도와 셔로 ᄇᆡ치되지 안이ᄒᆞ나니라

문 무삼연고로 그러ᄒᆞ뇨

답 ᄇᆡ가 물에 건너가ᄂᆞᆫ 것과 일반으로 물이 슌류로 평탄ᄒᆞᆫ 곳에 당ᄒᆞ야ᄂᆞᆫ 목뎍ᄒᆞᄂᆞᆫ 곳에를 당도ᄒᆞᆷ에 비록 직션(直線)으로 나아가도 억임이 업스려니와 바람이 급ᄒᆞ고 물이 급히 아ᄅᆡ로 흐르ᄂᆞᆫ 곳에셔ᄂᆞᆫ ᄇᆡ를 불가불 얼마쯤 상류로 향ᄒᆞ고 ᄒᆡᆼᄒᆞ여야 비로소 능히 목뎍ᄒᆞᆫ ᄃᆡ뎜에 도달ᄒᆞ나니 직션으로 진ᄒᆡᆼᄒᆞᄂᆞᆫ 쟈ᄂᆞᆫ 상도라 ᄒᆞᆯ지오 위로 향ᄒᆞ야 거슬너 ᄒᆡᆼᄒᆞᄂᆞᆫ 것은 사ᄅᆞᆷ이 그 ᄇᆡ를 보ᄆᆡ 비록 그 목뎍ᄃᆡ를 바로 향ᄒᆞᄂᆞᆫ 것 갓지 안이ᄒᆞ나 그러나 흐르ᄂᆞᆫ 형셰와 셔로 합ᄒᆞ야 ᄆᆞᆺ참ᄂᆡ 뎌 언덕에 도달ᄒᆞᄂᆞᆫ 쟈ᄂᆞᆫ 권도이니라 (1908.10.25)

문 상도와 권도를 다시 비유ᄒᆞ야 말ᄒᆞ자면 무엇과 갓겟ᄂᆞ뇨

답 사ᄅᆞᆷ의 막ᄂᆞᆫ 바로 비유ᄒᆞᆫ건ᄃᆡ ᄌᆞ양품(滋養品)으로ᄡᅥ 위ᄉᆡᆼᄒᆞᄂᆞᆫ 것은 상도라 ᄒᆞᆯ지오 불ᄒᆡᆼ히 병이 발ᄒᆞᆫ시에 쓰고 ᄆᆡ온 약을 먹어 독ᄒᆞᆫ 것으로 독ᄒᆞᆫ 것을 ᄉᆞ라지게 ᄒᆞᆷ은 권도라 ᄒᆞᆯ지며 ᄯᅩ 남녀가 친히 쥬고 밧지 안이 ᄒᆞᆷ은 례라 곳 상도오 아쥬미가 물에 ᄲᅡ지거던 손으로ᄡᅥ 구원ᄒᆞᆷ은 권도이니 이ᄂᆞᆫ 상도와 권도의 분별이니라

문 상고시ᄃᆡ에도 권도가 잇셧ᄂᆞ뇨

답 력ᄉᆞ를 상고ᄒᆞᆫ건ᄃᆡ ᄐᆡ고에 사ᄅᆞᆷ의 지혜가 열니지 못ᄒᆞ야 그 욕망이 극히 간단ᄒᆞ며 ᄯᅩ 텬연뎍 물건이 만코 인구ᄂᆞᆫ 젹음으로 다 희희호호한 락을 엇어 그 ᄉᆡᆼ애를 삼ᄂᆞᆫ고로 다만 상도만 ᄒᆡᆼᄒᆞ얏ᄂᆞ니라

문 근ᄃᆡ에ᄂᆞᆫ 엇더ᄒᆞ뇨

답 인구가 임의 번셩ᄒᆞ야 경ᄌᆡᆼ이 심ᄒᆞᆷ애 사ᄅᆞᆷ이 스ᄉᆞ로 쾌락의 문뎨를 ᄌᆡᆼ가ᄒᆞ야 고통을 피ᄒᆞ기를 연구ᄒᆞᄂᆞᆫ 문뎨로 옴기ᄂᆞᆫ고로 상도를 ᄒᆡᆼᄒᆞᄂᆞᆫ 자ᄂᆞᆫ 졈졈 감소ᄒᆞ고 권도를 쓰ᄂᆞᆫ 쟈ᄂᆞᆫ 날로 더욱 ᄌᆡᆼ가ᄒᆞ얏더니 금일 셰계 대셰에 일으러ᄂᆞᆫ 인지가 발달ᄒᆞ야 텬연력(天然力)으로 인력을 ᄃᆡ신ᄒᆞᆷ으로 인구가 비록 ᄌᆡᆼ가ᄒᆞ나 공급이 더욱 풍부ᄒᆞ엿ᄂᆞ니 이ᄂᆞᆫ 학리의 진보됨으로부터 긔계의 발명과 ᄌᆡᆼ긔력과 뎐긔력 등의 응용으로 고로 염셰쥬의(厭世主義)를 변ᄒᆞ야 락텬쥬의(樂天主義)가 되야 권도가 졈졈 상도로 회복ᄒᆞᄂᆞᆫ 형셰가 잇ᄂᆞ니 곳 만국의 풍긔가 셔로 달으고 인졍이 각각 갓지 안이ᄒᆞᆷ도 ᄯᅩᄒᆞᆫ 권도의 변화에 지나지 안이ᄒᆞᆷ이오 상도ᄂᆞᆫ 동히에 가셔도 표쥰이 되고 셔히에 가셔도 표쥰이 되ᄂᆞᆫ 쟈이니라

문 유교의 ᄉᆞ상과 셔양의 ᄉᆞ상이 각각 엇더ᄒᆞ뇨

답 유교의 ᄉᆞ상은 다만 요슌의 시ᄃᆡ를 ᄉᆡᆼ각ᄒᆞ야 아모죠록 복고ᄒᆞ기를 바라나 그러나 셔양의 사ᄉᆞᆼ은 쟝릭의 황금시ᄃᆡ를 상상ᄒᆞ야 그 희망이 극히 ᄉᆞ치ᄒᆞᄂᆞ니 일은 과거ᄉᆞ를 ᄉᆡᆼ각ᄒᆞᆷ이오 일은 쟝릭ᄉᆞ를 희망ᄒᆞᆷ이니 두 가지가 비록 셔로 반ᄃᆡ가 되엿스나 그러나 그 텬하로 ᄒᆞ야곰 모다 상도로 돌아오게 ᄒᆞ고져 ᄒᆞᄂᆞᆫ 목뎍은 일반이니라 (1908.10.27)

참고문헌

1. 자료

1) 신문 및 잡지

『관보(官報)』, 『교남교육회잡지(嶠南教育會雜誌)』, 『기호흥학회월보(畿湖興學會月報)』, 『대한매일신보(大韓每日申報)』, 『대한민보(大韓民報)』, 『대한자강회월보(大韓自强會月報)』, 『대한협회회보(大韓協會會報)』, 『대한미일신보』, 『독립신문』, 『동아일보(東亞日報)』, 『만세보(萬歲報)』, 『매일신보(每日申報)』, 『삼천리(三千里)』, 『소년한반도(少年韓半島)』, 『신한국보(新韓國報)』, 『신한민보(新韓民報)』, 『신해음사(辛亥唫社)』, 『제국신문(帝國新聞)』, 『조선일보(朝鮮日報)』, 『통감부문서(統監府文書)』, 『황성신문(皇城新聞)』

2) 전집 · 문집 · 자료집

계명문화사 편집부 편, 『신소설 전집』, 계명문화사, 1987.
김영민 · 구장률 · 이유미 편, 『근대계몽기 단형 서사문학 전집』, 소명출판, 2003.
민족문학사연구소 편역, 『근대계몽기의 학술문예사상』, 소명출판, 2000.
소재영 · 민병삼 · 김호근 편, 『한국의 딱지본』, 범우사, 1996.
안광희, 『한국 근대 연극사 자료집』, 역락, 2001.
이종일, 『옥파 이종일 선생 논설집』, 교학사, 1984.
전광용 · 송민호 · 백순재 편, 『한국 신소설 전집』, 을유문화사, 1968.
조창용, 『백농실기』, 독립기념관 한국독립운동사연구소, 1993.
최덕교 편, 『한국 잡지 백 년』 1~3, 현암사, 2004.
한국학문헌연구소 편, 『신소설 · 번안(번역) 소설』, 아세아문화사, 1978.
__________________, 『역사 · 전기 소설』, 아세아문화사, 1978.
__________________, 『한국 개화기 학술지 총서』, 아세아문화사, 1976~1989.
황현, 임형택 역, 『(역주)매천야록』, 2005.

2. 논문 및 단행본

1) 국내 논저

강명관, 「일제 초 구 지식인의 문예활동과 그 친일적 성격」, 『창작과 비평』 62, 1988.
강민성, 「한국 근대 신문소설 삽화 연구－1910～1920년대를 중심으로」, 이화여대 석사논문, 2002.
강진구, 「한국 근대 초기 소설론(小說論) 연구(硏究)－우연성(偶然性) 논의를 중심으로」, 중앙대 박사논문, 2002.
강진옥, 「「신계후전」의 예비적 검토－삽화결합양상을 통한 이야기 구성원리 규명을 위한 시론」, 『이화어문논집』 9, 1987.
강현조, 「이인직 소설 연구」, 연세대 박사논문, 2010.
______, 「필사본 신소설 연구－새 자료 「황금탑」·「추풍감수록」을 중심으로」, 『현대문학의 연구』 42, 2010.
______, 「한국 근대 초기 번역·번안소설의 중국·일본문학 수용 양상 연구」, 『현대문학의 연구』 46, 2012.
고은지, 「'정탐소설' 출현의 소설적 환경과 추리소설로서의 특성」, 『비평문학』 35, 2010.
구완회, 「수령에 대한 현창의식의 전개와 19세기 말의 「만인산(萬人傘)」」, 『경북사학』 21, 1998.
구장률, 「근대계몽기 소설과 검열제도의 상관성」, 『현대문학의 연구』 26, 2005.
______, 「신소설 출현의 역사적 배경」, 『동방학지』 135, 2006.
권두연, 「신문관의 문화운동 연구」, 연세대 박사논문, 2011.
권보드래, 「양가성(兩價性)의 수사학」, 『한국 개화기소설 연구』, 태학사, 2000.
________, 「죄, 눈물, 회개」, 『한국 근대문학 연구』 16, 2007.
________, 『한국 근대소설의 기원』, 소명출판, 2000.
권순긍, 『활자본 고소설의 편폭과 지향』, 보고사, 2000.
권영민, 「이해조의 소설관에 대하여」, 『관악어문연구』 3, 1978.
______, 「『제국신문』에 연재된 이해조의 신소설－새로 밝혀진 이해조 문학평가에 대한 몇 가지 오류」, 『문학사상』 298, 1997.
김경미, 『소설의 매혹』, 월인, 2003.
김경연, 「주변부 여성 서사에 대한 고찰－이해조의 『강명화전』과 조선작의 『영자의 전성시대』를 중심으로」, 『문창어문논집』 42, 2005.

김교봉, 「『철세계』의 과학소설적 성격」, 『대중서사 연구』 5, 2000.
김도형, 「한말 계몽운동과 동농 이해조(東儂 李海朝)」, 『동농 이해조선생 기념 심포지엄 자료집』, 동농이해조선생기념사업회, 2009.8.17.
김병철, 『한국 근대 번역문학사 연구』, 을유문화사, 1975.
김복순, 「신소설(新小說) 「소금강(小金剛)」과 항일의병운동」, 『연세어문학』 20, 1987.
김봉희, 「한국 근대(韓國近代)의 농서(農書)에 관한 서지학적(書誌學的) 연구(硏究)」, 『한국 문헌정보 학회지』 29, 1995.
______, 『한국 개화기 서적 문화 연구』, 이화여대 출판부, 1999.
김석봉, 『신소설의 대중성 연구』, 역락, 2005.
김성렬, 「이해조 신소설의 재평가」, 『국제어문』 39, 2007.
김영권, 「'첫날밤 신랑 피살담'의 서사적 양상과 의미」, 『한국문학논총』 44, 2006.
김영민, 『한국 근대소설사』, 솔, 1997.
______, 『한국 근대소설의 형성과정』, 소명출판, 2005.
______, 『한국의 근대신문과 근대소설 1－『대한매일신보』』, 소명출판, 2006.
______, 『한국의 근대신문과 근대소설 2－『한성신보』』, 소명출판, 2008.
______, 「한국 근대문학과 원전(原典) 연구의 문제들－정전 재구성 논의의 기초 작업」, 『현대소설 연구』 37, 2008.
______, 「근대 작가의 탄생－근대 매체의 필자 표기 관행과 저작의 권리」, 『현대문학의 연구』 39, 2009.
______, 「『매일신보』 소재 장형 서사물의 전개 구도－1920년대 이후를 중심으로」, 『현대문학의 연구』 45, 2011.
______, 『문학제도 및 민족어의 형성과 한국 근대문학(1890～1945)』, 소명출판, 2012.
김영애, 「강명화 이야기의 소설적 변용」, 『한국문학이론과 비평』 50, 2011.
김욱동, 『번역과 한국의 근대』, 소명출판, 2010.
김재영, 「근대계몽기 '소설' 인식의 한 양상－『대한민보』의 경우」, 『국어국문학』 143, 2006.
김재용・이상경・오성호・하정일, 『한국 근대민족문학사』, 한길사, 1993.
김종욱, 『한국 현대소설의 서사형식과 미학』, 역락, 2005.
______, 「쥘 베른 소설의 한국 수용과정 연구」, 『한국문학논총』 49, 2008.
김주현, 「개화기 토론체 양식 연구」, 서울대 석사논문, 1989.
김지영, 「근대적 글쓰기의 제도화 과정과 변환 양상 연구」, 서강대 박사논문, 2008.
______, 「'탐정', '기괴' 개념을 통해 본 한국 탐정소설의 형성 과정」, 『현대문학 이론

연구』 41, 2010.
김지혜,「일제강점 초기 식민지 문화의 재편, 신문소설 삽화「장한몽(長恨夢)」」,『미술사논단(美術史論壇)』 31, 2010.
김찬기,『한국 근대소설의 형성과 전(傳)』, 소명출판, 2004.
김태준, 박희병 교주,『(교주)증보조선소설사』, 한길사, 1990.
김태희,「이해조 신소설에 나타난 여성상 연구—「구마검」,「모란병」,「자유종」,「홍도화」를 중심으로」, 목원대 석사논문, 2011.
김택호,「「구의산(九疑山)」에 나타난 이해조의 보수적 이데올로기」,『한국 개화기소설 연구』, 태학사, 2000.
김항구,「대한협회 연구」, 단국대 박사논문, 1992.
김형규,「일제 식민화 초기 서사에 나타난 해외이주 형상의 의미」,『현대소설 연구』 46, 2011.
나병철,『근대 서사와 탈식민주의』, 문예출판사, 2000.
______,『탈식민주의와 근대문학』, 문예출판사, 2004.
남석순,「한국 근대소설 형성과정의 출판 수용 연구」, 단국대 박사논문, 2003.
대중문학연구회 편,『대중문학이란 무엇인가?』, 평민사, 1995.
________________,『신문소설이란 무엇인가?』, 국학자료원, 1996.
문선영・한태문,「문화로 읽는 근대 이행기 매체문학—『소년한반도(少年韓半島)』를 중심으로」,『한국 사상(韓國思想)과 문화(文化)』, 51, 2010.
문숙희,「신소설에 나타난 민족주의와 근대의 이념—1900년대 이인직과 이해조의 소설을 중심으로」, 동국대 석사논문, 2000.
문학과 사상 연구회,『20세기 한국문학의 반성과 쟁점』, 소명출판, 1999.
문학사와 비평연구회 편,『한국문학과 계몽 담론』, 새미, 1999.
박계리,「『매일신보(每日申報)』와 1910년대 전반 근대 이미지」,『미술사논단(美術史論壇)』 26, 2008.
박대현,「'국민' 담론 형성과 균열의 기원—『매일신문』을 중심으로」,『한국문학논총』 45, 2007.
박진영,「일제 조중환과 번안소설의 시대」,『민족문학사연구』 26, 2004.
______,『번역과 번안의 시대』, 소명출판, 2011.
______,『책의 탄생과 이야기의 운명』, 소명출판, 2013.
박헌호 외,『작가의 탄생과 근대문학의 재생산 제도』, 소명출판, 2008.
박혜경,「신소설에 나타난 계몽성과 통속성의 관계에 대한 고찰」,『한국문학이론과 비평학회』 28, 2005.
______, 「신소설에 나타난 통속성의 전개 양상」, 『국어국문학』 144, 2006.
______, 「신소설의 통속화 문제를 바라보는 하나의 시각」, 『한국 현대문학 연구』 19, 2006
반민족문제연구소 편, 『친일파 99인』 1~3, 돌베개, 1993.
방효순, 「일제시대 저작권 제도의 정착과정에 관한 연구」, 『서지학 연구』 21, 2001.
배정상, 「근대계몽기 토론체 서사의 특질과 그 위상」, 『현대소설 연구』 28, 2005.
______, 「『대한매일신보(大韓每日申報)』의 서사 수용 과정과 그 특성 연구」, 『현대문학의 연구』 27, 2005.
______, 「이해조의 『소학령(巢鶴嶺)』 연구」, 『사이間SAI』 5, 2008.
______, 「『제국신문(帝國新聞)』 소재 이해조 소설 연구」, 『동양학』 49, 2011.
백현미, 「창극의 역사적 전개과정 연구」, 이화여대 박사논문, 1996.
서형범, 「이해조 신소설의 '흥미 요소'에 관한 시론－서사 전개의 변환 장치로서의 '편지'와 '추리의 구조'를 중심으로」, 『한국학보』 28, 2002.
서혜은, 「이해조의 「소양정」과 고전소설의 교섭 양상 연구」, 『고소설 연구』 30, 2010.
______, 「이해조 「구의산(九疑山)」의 『조생원전』 개작 양상 연구」, 『어문학』 113, 2011.
성균관대학교 동아시아 유교문화권 교육・연구단 편, 『동아시아 민족주의의 장벽을 넘어』, 성균관대 출판부, 2005.
소재영・민병삼・김호근 편, 『한국의 딱지본』, 범우사, 1996.
손병국, 「『원앙도(鴛鴦圖)』 연구」, 『한국 어문학 연구』 47, 2006.
손준식, 「일본의 대만 식민지 지배」, 『아시아문화』 18, 2002.
송민호, 『한국(韓國) 개화기(開化期) 소설(小說)의 사적 연구(史的硏究)』, 일지사, 1975.
______, 「1910년대 초기 『매일신보』의 미디어적 변모와 '소설적 실감'의 형성」, 『한국문학연구』 37, 2009.
______, 「열재 이해조의 생애와 사상적 배경」, 『국어국문학』 156, 2010.
______, 「이해조의 근대적인 교육관과 초기 소설의 윤리학적 사상화의 배경」, 『한국 현대문학 연구』 33, 2011.
______, 「동농 이해조 문학 연구－전대(前代) 소설 전통의 계승과 신소설 창작의 사상적 배경을 중심으로」, 서울대 박사논문, 2012.
송현호, 「유이민 소설 「소학령」 연구」, 『아주어문연구』 2, 1995.

신동원, 『호열자, 조선을 습격하다』, 역사비평사, 2004.
신상필, 「근대한문학의 성격과 신해음사」, 『한문학보』 22, 2010.
신지연, 『글쓰기라는 거울』, 소명출판, 2007.
신지영, 「『대한민보』 연재소설의 담론적 특성과 수사학적 배치」, 연세대 석사논문, 2003.
심재기, 『국어 문체 변천사』, 집문당, 1999.
양문규, 『한국 근대소설사 연구』, 국학자료원, 1994.
______, 『한국 근대소설과 현실 인식의 역사』, 소명출판, 2002.
양세라, 「근대계몽기 신문 텍스트의 연행성 연구」, 연세대 박사논문, 2010.
양승국, 「1910년대 한국 신파극의 레퍼터리 연구」, 『한국 극예술 연구』 8, 1998.
양진오, 『한국 소설의 형성』, 국학자료원, 1998.
엄태웅, 「이해조 산정(刪正) 판소리의 『매일신보』 연재 양상과 의미」, 『국어문학』 45, 2008.
연세대 근대한국학연구소 기초학문연구팀, 『한국 근대 서사양식의 발생 및 전개와 매체의 역할』, 소명출판, 2005.
오순방, 『중국 근대의 소설번역과 중국소설의 쌍방향 번역 연구』, 숭실대 출판부, 2008.
오윤선, 「「옥중화」를 통해 본 '이해조 개작 판소리'의 양상과 그 의미」, 『판소리 연구』 21, 2006.
오혜진, 「근대 추리소설의 기원」, 『한민족문화 연구』 29, 2009.
우림걸, 『한국 개화기 문학과 양계초』, 박이정, 2002.
우수진, 「연극개량론과 초기 신파극에서의 국민화 기제 연구」, 한국예술종합학교 석사논문, 2004.
『월간 신동아』 편집실 편, 『일정하(日政下)의 금서(禁書) 33권(卷)』, 동아일보사, 1980.
윤설희, 『정선조선가곡』, 다운샘, 2002.
______, 「20세기 초 가집 『(정선(精選))조선가곡(朝鮮歌曲)』 연구」, 성균관대 박사논문, 2007.
이기문, 『개화기의 국문연구』, 일조각, 1970.
이명자, 「새로 밝혀낸 이해조의 얼굴과 생애」, 『문학사상』 92, 1980.7.
이문성, 「『매일신보』에 연재된 이해조 산정 「강상련」의 특징과 의미」, 『판소리 연구』 32, 2011.
이보경, 『문과 노벨의 결혼－근대 중국의 소설 이론 재편』, 문학과지성사, 2002.

______, 『근대어의 탄생－중국의 백화문운동』, 연세대 출판부, 2003.
이승윤, 「한국 근대 역사소설의 형성과 전개」, 연세대 박사논문, 2005.
이영아, 「신소설에 나타난 '군인'의 형상화 고찰」, 『민족문학사연구』 32, 2006.
______, 「1910년대 『매일신보』 연재소설의 대중성 획득 과정 연구」, 『한국 현대문학 연구』 23, 2007.
이용남, 「이해조 연구」, 서울대 석사논문, 1982.
______, 「신소설(新小說)의 갈등양상(葛藤樣相) 연구(硏究)－이해조 소설(李海朝小說)을 중심(中心)으로」, 서울대 박사논문, 1986.
______ 외, 『한국 개화기소설 연구』, 태학사, 2000.
이원종, 「구한말(舊韓末) 정치(政治)·사회(社會)·학회(學會)·회사(會社)·언론단체(言論團體) 자료조사(資料調査)」, 『아세아학보(亞細亞學報)』 2, 1966.10.
이유미, 「근대계몽기 '단편소설(短篇小說)'의 위상」, 『현대문학의 연구』, 2004.
______, 「근대 단편소설의 전개 양상과 제도화 과정 연구－신문·잡지를 중심으로」, 연세대 박사논문, 2010.
이재선, 『한국 개화기 소설 연구』, 일조각, 1972.
______, 『한국 현대소설사』, 홍성사, 1979.
이주라, 「근대 초기 번역·번안 추리소설의 수용양상 연구」, 『어문논집』 61, 2010.
이주영, 『구활자본 고전소설 연구』, 월인, 1998.
이지훈, 「신소설에 나타난 법과 일상성의 의미 연구－근대 주체의 형성 과정을 중심으로」, 서울대 석사논문, 2009.
이창희, 「20세기 초 가집 『(정선(精選))조선가곡(朝鮮歌曲)』 연구」, 성균관대 박사논문, 2007.
이채문, 「한인(韓人)의 러시아 극동지역(極東地域) 이주(移住)－역사(歷史)와 이론(理論)」, 『슬라브학보』 15-1, 2000.
이태훈, 「1920년대 초 자치청원운동과 유민회(維民會)의 자치 구상」, 『역사와 현실』 39, 2001.
이혜순, 「『김학공전(金鶴公傳)』에 나타난 복수 플롯의 수용양상(受容樣相)」, 『진단학보』 45, 1978.
이혜진, 「1910년대 초 『매일신보』의 '가정'담론 생산과 글쓰기 특징－'독자'와의 상호작용을 중심으로」, 『현대문학의 연구』 41, 2010.
이화여대 한국문화연구원, 『근대계몽기 지식 개념의 수용과 그 변용』, 소명출판, 2004.

__________, 『근대계몽기 지식의 발견과 사유 지평의 확대』, 소명출판, 2006.
이효덕, 박성관 역, 『표상공간의 근대』, 소명출판, 2002.
이희정, 「『매일신보』에 연재된 이해조 신소설의 근대성 연구」, 『현대소설 연구』 22, 2004.
______, 「1910년대 『매일신보』 소재 소설 연구」, 경북대 박사논문, 2006.
임상석, 『20세기 국한문체의 형성과정』, 지식산업사, 2008.
임선애, 「신소설(新小說)에 나타난 미국에 대한 인식 연구 : 이인직(李人稙)과 이해조(李海朝) 소설을 중심으로」, 『한국사상과 문화』 35, 2006.
임성래, 「개화기의 추리소설 「쌍옥적」 연구」, 『추리소설이란 무엇인가』, 국학자료원, 1997.
임형택, 『한국 문학사의 논리와 체계』, 창작과비평사, 2002.
임화, 임규찬 · 한진일 편, 『임화 신문학사』, 한길사, 1993.
장석홍, 「일제의 식민지 언론정책과 총독부 기관지 『매일신보』의 성격」, 『독립운동사 연구』 6, 1992.
전광용, 「신소설 소양정 고」, 『국어국문학』 10, 1954.7.
______, 『신문학과 시대의식』, 새문사, 1981.
______, 『신소설 연구』, 새문사, 1986.
정선태, 『개화기 신문 논설의 서사 수용 양상』, 소명출판, 1999.
______, 『심연을 탐사하는 고래의 눈』, 소명출판, 2003.
______, 『근대의 어둠을 응시하는 고양이의 시선』, 소명출판, 2006.
정여울, 「근대계몽기 민족담론의 경계와 그 균열」, 『한국 근대문학 연구』 8, 2003.
정영선, 「애국계몽기 이해조 소설의 담론 분석」, 부산대 석사논문, 2002.
정일성, 『도쿠토미 소호』, 지식산업사, 2005.
정준식, 「추노계 야담의 소설화와 살신성인」, 『한국문학논총』 19, 1996.
______, 「추노계 서사문학의 전개양상과 사회적 의미」, 부산대 박사논문, 1998.
정진석, 『인물 한국언론사』, 나남출판, 1995.
______, 『역사와 언론인』, 커뮤니케이션북스, 2001.
______, 『한국언론사』, 나남출판, 2001.
______, 『언론조선총독부』, 커뮤니케이션북스, 2005.
정충권, 「초기 창극의 공연 형태와 위상」, 『국어교육』 114, 2004.
______, 「1910년대 구극(舊劇)으로 공연된 고전서사물」, 『국문학 연구』 20, 2009.

정환국, 「애국계몽기 한문현토소설의 존재방식」, 『고전문학(古典文學) 연구(硏究)』 24, 2003.
정희정, 「『대한민보(大韓民報)』의 만화에 대한 연구」, 홍익대 석사논문, 2001.
조동일, 『신소설의 문학사적 위상』, 서울대 출판부, 1973.
______, 「영웅소설 작품구조의 시대적 성격」, 『한국학논집』 4, 1980.
조상우, 「『황성신문(皇城新聞)』 소재 한문단편 「별계채탐(別界採探)」 연구」, 『한국 언어문학』 65, 2008.
조해숙, 「『대한민보(大韓民報)』 시조에 나타난 계몽기 시가의 전환과 대응 양상(1)」, 『한국 시가 연구』 26, 2009.
조현우, 『고전서사의 허구성과 유가적 사유』, 보고사, 2007.
주형예, 「여성 이야기를 통해 본 20세기 초 소설 시장의 변모—이해조 「원앙도」, 「모란병」을 중심으로」, 『한국 고전 여성문학 연구』 22, 2011.
채백, 『신문』, 대원사, 2003.
____, 「근대 민족주의의 형성과 개화기 출판」, 『한국 언론정보 학보』 41, 2008.
채휘균, 「교남교육회의 활동 연구」, 『교육철학(敎育哲學)』 28, 2005.
천정환, 「한국 근대소설 독자와 소설 수용 양상에 대한 연구」, 서울대 박사논문, 2002.
______, 『근대의 책읽기』, 푸른역사, 2003.
최기영, 『『뎨국신문』 연구』, 서강대 언론문화연구소, 1989.
______, 『대한제국시기 신문 연구』, 일조각, 1991.
______, 「한말 국민교육회의 설립에 관한 검토」, 『한국 근현대사 연구』 1, 1994.
______, 『한국 근대 계몽운동 연구』, 일조각, 1997.
최성윤, 「『조선일보』 첫 연재소설 관해생의 「춘몽」 고찰」, 『정신문화연구』 35-3, 2012.
______, 「『조선일보』 초창기 연재 번역・번안소설과 현진건」, 『어문논집』 65, 2012.
______, 「은국산인의 「누구의 죄」와 무서명 「박쥐우산」의 필자 문제」, 『우리어문연구』 45, 2013.
최수일, 「『소학령(巢鶴嶺)』 연구(硏究)—통속성의 서사내적 원리」, 『반교어문연구』 10, 1999.
최운식, 「「김학공전(金鶴公傳)」 연구(硏究)」, 『국어국문학(國語國文學)』 74, 1977.
최원식, 「이해조 문학 연구」, 서울대 박사논문, 1986.
______, 『한국 근대소설사론』, 창작사, 1986.
______, 「『화성돈전』 연구」, 『민족문학사연구』 18, 2001.

______, 『한국 계몽주의 문학사론』, 소명출판, 2002.
______, 「『심청전』의 전승 양상」, 『판소리 연구』 19, 2005.
______, 「「흥부전」의 전승 양상」, 『어문 연구』 34, 2006.
______, 「출판문화와 〈토끼전〉의 전승」, 『판소리 연구』 25, 2008.
최향순, 「교육개혁사상가 량치차오[梁啓超]의 문화운동기(1919~1929) 철학 및 리학 세계 고찰」, 『한국 교육사학』 22, 2000.
최현주, 「신소설의 범죄 서사 연구」, 서강대 박사논문, 2004.
최혜주, 『근대 재조선 일본인의 한국사 왜곡과 식민통치론』, 경인문화사, 2010.
최희정, 「이해조의 재판소설 연구」, 서강대 석사논문, 2001.
프랭클, 존, 『한국문학에 나타난 외국의 의미』, 소명출판, 2008.
하동호, 「개화기소설의 서지적 정리 및 조사」, 『동양학』 7, 1977.
하정일, 『탈식민의 미학』, 소명출판, 2008.
한국언론사연구회 편, 『『대한매일신보』 연구』, 커뮤니케이션북스, 2004.
한기형, 「신소설(新小說)의 근대문학적(近代文學的) 위상(位相)」, 성균관대 박사논문, 1996.
______, 『한국 근대소설사의 시각』, 소명출판, 1999.
______ 외, 『근대어 · 근대매체 · 근대문학』, 성균관대 대동문화연구원, 2006.
한명근, 「통감부 시기 이완용 연구」, 『한국 민족운동사 연구』 24, 2000.
한수영, 『친일문학의 재인식』, 소명출판, 2005.
한원영, 『한국 근대 신문연재소설 연구』, 이회, 1996.
______, 『한국 신문 한 세기(개화기 편)』, 푸른사상, 2002.
함태영, 「1910년대 『매일신보』 소설 연구」, 연세대 박사논문, 2008.
현영이, 「관재 이도영의 생애와 인쇄미술」, 이화여대 석사논문, 2004.
홍상훈, 『전통 시기 중국의 서사론』, 소명출판, 2004.
홍인숙 · 정출헌, 「『대한자강회월보(大韓自强會月報)』의 운동성과 지향 연구—자강회 내부의 이질적 그룹과 그 성격을 중심으로」, 『동양 한문학 연구』 30, 2010.
황지영, 「근대 연애 담론의 양식적 변용과 정치적 재생산—강명화(康明花) 소재 텍스트 양식을 중심으로」, 『한국 문예비평 연구』 36, 2011.
황호덕, 『근대 네이션과 그 표상들』, 소명출판, 2005.

2) 국외 논저

가라타니 고진, 박유하 역, 『일본 근대문학의 기원』, 민음사, 1997.

간 사토코, 노혜경 역, 『미디어의 시대』, 소명출판, 2012.
고모리 요이치, 『포스트콜리니얼』, 삼인, 2002.
로빈슨, 더글러스, 정혜욱 역, 『번역과 제국』, 동문선, 2002.
리디아 리우, 민정기 역, 『언어횡단적 실천』, 소명출판, 2005.
마에다 아이, 유은경・이원희 역, 『일본 근대 독자의 성립』, 이룸, 2003.
샤오메이 천, 정진배・김정아 역, 『옥시덴탈리즘』, 강, 2001.
슈미드, 앙드레, 정여울 역, 『제국 그 사이의 한국』, 휴머니스트, 2007.
스즈키 사다미, 김채수 역, 『일본의 문학개념』, 보고사, 2001.
앤더슨, 베네딕트, 윤형숙 역, 『상상의 공동체』, 나남출판, 2002.
야마베 겐타로, 최혜주 역, 『일본의 식민지 조선통치 해부』, 어문학사, 2011.
옹, 월터 J., 이기우・임명진 역, 『구술문화와 문자문화』, 문예출판사, 1995.
이연숙, 고영진・임경화 역, 『국어라는 사상』, 소명출판, 2006.
푸코, 미셸, 오생근 역, 『감시와 처벌』, 나남출판, 1994.
________, 이정우 역, 『지식의 고고학』, 2000.
하버마스, 위르겐, 한승완 역, 『공론장의 구조변동』, 나남출판, 2001.

새 천 년이 시작된 지도 벌써 몇 해가 지났다. 식민지와 분단국가로 지낸 20세기 한국 역사의 와중에서 근대 민족국가 수립과 민족 문화 정립에 애써온 우리 한국학계는 세계사 속의 근대 한국을 학술적으로 미처 정리하지 못한 채 세계화와 지방화라는 또 다른 과제를 안게 되었다. 국가보다 개인, 지방, 동아시아가 새로운 한국학의 주요 대상이 된 작금의 현실에서 우리가 겪어온 근대성을 다시 한 번 정리하고 21세기에 맞는 새로운 모습으로 탈바꿈시키는 것은 어느 과제보다 앞서 우리 학계가 정리해야 할 숙제이다. 20세기 초 전근대 한국학을 재구성하지 못한 채 맞은 지난 세기 조선학 · 한국학이 겪은 어려움을 상기해 보면, 새로운 세기를 맞아 한국 역사의 근대성을 정리하는 일의 시급성은 아무리 강조해도 지나치지 않다.

우리 근대한국학연구소는 오랜 전통이 있는 연세대학교 조선학 · 한국학 연구 전통을 원주에서 창조적으로 계승하고자 하는 목표에서 설립되었다. 1928년 위당 · 동암 · 용재가 조선 유학과 마르크스주의, 그리고 서학이라는 상이한 학문적 기반에도 불구하고 조선학 · 한국학 정립을 목표로 힘을 합친 전통은 매우 중요한 경험이었다. 이에 외솔과 한결이 힘을 더함으로써 그 내포가 풍부해졌음은 두말할 나위가 없다. 연세대학교 원주캠퍼스에서 20년의 역사를 지닌 매지학술연구소를 모체로 삼아, 여러 학자들이 힘을 합쳐 근대한국학연구소를 탄생시킨 것은 이러한 선배학자들의 노력을 교훈으로 삼은 것이다.

이에 우리 연구소는 한국의 근대성을 밝히는 것을 주 과제로 삼고자 한다. 문학 부문에서는 개항을 전후로 한 근대 계몽기 문학의 특성을 밝히는 데 주력할 것이다. 역사 부문에서는 새로운 사회경제사를 재확립하고 지역학 활성화를 위한 원주학 연구에 경진할 것이다. 철학 부문에서는 근대 학문의 체계화를 이끌고 사회과학 분야에서는 학제 간 연구를 활성화시키며 근대성 연구에 역량을 축적해 온 국내외 학자들과 학술 교류를 추진할 것이다. 이러한 연구들은 일방성보다는 상호 이해와 소통을 중시하는 통합적인 결과물의 산출로 이어질 것이다.

근대한국학총서는 이런 연구 결과물을 집약적으로 정리하기 위해 마련한 총서이다. 여러 한국학 연구 분야 가운데 우리 연구소가 맡아야 할 특성화된 분야의 기초자료를 수집·출판하고 연구성과를 기획·발간할 수 있다면, 우리 시대 연구자들뿐만 아니라 학문 후속세대들에게도 편리함과 유용함을 줄 수 있을 것이다. 새롭게 시작한 근대한국학총서가 맡은 바 역할을 충분히 할 수 있도록 주변의 관심과 협조를 기대하는 바이다.

2003년 12월 3일

연세대학교 원주캠퍼스 근대한국학연구소